1970년대
민주화운동과
개신교

부문별 민주화운동사 연구총서 2

1970년대 민주화운동과 개신교

1판 1쇄 발행일 2024년 12월 17일
기획 민주화운동기념사업회 **집필진** 이상록, 이유재, 정용택, 황병주, 황용연, 황인구
펴낸곳 (주)도서출판 북멘토 **펴낸이** 김태완
편집주간 이은아 **편집** 김경란, 조정우 **디자인** 안상준 **마케팅** 강보람 **경영기획** 이재희
출판등록 제6-800호.(2006. 6. 13.)
주소 03990 서울시 마포구 월드컵북로 6길 69(연남동 567-11) IK빌딩 3층
전화 02-332-4885 **팩스** 02-6021-4885

🔺 bookmentorbooks.co.kr   ✉ bookmentorbooks@hanmail.net
📷 bookmentorbooks__   Ⓑ blog.naver.com/bookmentorbook

ⓒ 민주화운동기념사업회 2024

ISBN 978-89-6319-620-6 (93910)

1970년대

민주화운동과

개신교

민주화운동기념사업회 기획

북멘토

"1970년대 민주화운동과 개신교"를 발간하며

민주주의는 오늘날 우리 사회의 기본적 정치 원리이다. 1919년 임시정부의 임시헌장에 '민주공화국'이 명시된 이래 제헌헌법을 거쳐 숱한 개헌에도 불구하고 오늘날까지 유지되고 있다. 심지어 유신헌법조차 민주공화국임을 천명했다. 민주주의는 비단 정치영역에 국한되지 않고 사회 여러 분야로 확대되어 우리 사회의 상식적인 원리로 인정받고 있다.

그러나 민주주의가 헌법 조문의 죽어 있는 글귀가 아님도 분명하다. 제퍼슨의 말처럼 자유의 나무는 때때로 압제자의 피로 새로워져야 한다. 한국의 민주주의 역시 수많은 사람의 헌신과 투쟁을 통해 오늘에 이르고 있다. 특히 1970년대 유신체제는 한국 현대사상 최악의 반민주적 억압체제였다. 이에 맞선 민주화운동이 광범위하게 일어났으며 개신교 역시 그 일익을 담당했다.

개신교가 사회적 저항운동에 나선 것은 멀리 1919년 3·1운동까지 거슬러 올라간다. 그러나 해방 이후 개신교는 반공주의에 앞장서며 정권과 긴밀하게 유착한다. 특히 이승만 정권하에서 개신교는 교세 확장에 집중했고 4·19혁명에도 별다른 움직임이 없었다. 한일협정과 삼선개헌 반대투쟁을 통해 서서히 사회운동에 나서게 된 개신교는 유신체제기에 들어서 본격적인 민주화운동에 돌입했다.

개신교의 반(反)유신 민주화운동은 1973년 남산 부활절 연합예배 사건을 계기로 본격화한다. 개신교 민주화운동은 단지 정치적 영역에 국한되지 않았고 노동자, 농민, 도시빈민, 학생 등 넓은 영역으로 확장된다. 1970년 대는 급속한 산업화 효과가 나타나기 시작한 국면이었고 급속한 변화는 그만큼 큰 고통을 수반했다. 수천 년 내려온 농업사회가 불과 수십 년 만에 산업사회로 변모하면서 수백만 농민이 도시와 산업지대로 이주하게 되었다. 노동자는 저임금과 열악한 노동조건 속에서 거친 노동을 감내해야 했고, 농촌에 남은 농민들은 산업화와 도시화의 희생양이 되어야 했다. 이에 도시산업선교회, 수도권도시선교위원회, 기독교농민회, 기독학생총연맹 등 개신교계 조직들이 각 분야의 민주화운동에 앞장섰다.

개신교가 민주화운동에서 각별한 역할을 했던 것은 인권 의제를 통해서였다. 유신체제의 가혹한 탄압은 수많은 피해자를 양산했고 인권이 첨예한 쟁점으로 떠오르게 만들었다. 이러한 상황 속에서 한국기독교교회협의회 (NCCK) 인권위원회는 인권운동의 메카와 같은 역할을 수행했다. 또한 세계교회협의회(WCC) 등 개신교의 광범위한 국제 네트워크를 통해 한국의 민주화운동이 세계적 차원에서 진행되는 데 인권 문제가 큰 역할을 한다.

개신교 민주화운동에서 또 하나 빼놓을 수 없는 것이 민중신학이다. 개신교 전래의 역사가 짧기에 이미 그전부터 신앙의 토착화에 대해 많은 노력이 있었지만, 민중신학은 한국 특유의 신학으로 세계적으로도 큰 주목을 받았다. 1970년대 민주화운동은 민중 개념을 통해 저항적 집단주체에 대한 풍부한 상상력을 발동시켰다. 민중신학은 이와 같은 민주화운동의 특성을 신학과 접목시켜 새로운 차원의 신학적 전망을 보여주고자 했다.

물론 개신교 전체가 민주화운동에 나선 것은 아니었다. 오히려 다수 개신교단은 정권과 밀착해 교세 확장에 몰두했던 것이 사실이다. 유신체제는 급속하게 교세를 확장하고 있던 개신교를 체제 지지기반으로 활용하고자 적극적으로 노력했다. 그렇기에 남산 부활절 연합예배, 3·1민주구국선언,

구속자를 위한 목요기도회, 크리스챤아카데미 활동, 동일방직 민주노조 지원 등의 사례에서 볼 수 있듯이, 억압받는 이들과 함께하고자 했던 개신교 민주화운동의 의미가 더욱 크다고 할 것이다.

그러나 오늘날 한국사회는 민주화 이후 또 다른 문제들로 고통받고 있다. 특히 민주화가 자유화로 연결되어 신자유주의가 팽배하게 되면서 양극화를 비롯해 온갖 사회적 문제가 불거지고 있다. 민주주의가 자유주의에 전유되어 더 이상 약자를 위한 무기가 아니게 된 것은 아닌가 우려될 지경이다. 민주주의와 민주화운동의 의미는 그것이 사회적 약자들의 고난을 넘어서기 위한 노력이었다는 점에서 찾을 수 있을 것이다.

바로 그러한 역사적 맥락에서 이 책의 의의는 크게 네 가지로 정리될 수 있다. 첫째, 개신교 민주화운동을 전체 민주화운동의 부문운동으로서 그 위상을 분명히 하고, 단체와 교회 그리고 주요 운동가들의 활동뿐만 아니라 일반 신도들과 청년학생들의 활동을 최대한 포함하도록 서술했다. 즉, 개신교 민주화운동을 고립적, 자기완결적으로 바라보는 것이 아니라 전체 민주화운동의 한 부문으로서의 성격을 분명히 했다.

둘째, 1970년대 개신교 민주화운동을 국제적인 네트워크의 지평에서 바라봄으로써 세계적 근대성과 한국 근대성의 연결을 포함한 글로벌한 시각에서의 서술을 정립하고자 했다. WCC를 중심으로 한 에큐메니컬 운동의 영향, 국제사면위원회(앰네스티)로부터 자극받은 양심수 문제와 인권운동, 서구 68혁명 이후 인권 의제의 세계적 확대와 카터 행정부의 인권외교 등 세계사적 영향력이 어떻게 개신교 운동을 자극했으며 국제적 네트워크 형성으로 나아갔는지를 살펴보았다.

셋째, 이 책에서는 다양한 층위에 걸쳐 있는 개신교 민주화운동의 이념과 담론을 종합적으로 분석하여 그 내적 연계를 밝혀내고자 했다. 즉, 단순히 개별 이론과 담론에 대한 표면적 서술을 병치시키는 것이 아니라 각각의 이념과 담론 사이의 길항, 모순 등을 분석해 전체적인 담론 지형을 밝혀 보고자 한 것이다. 나아가 민주화운동에서 신앙과 신학이 가지는 의미에 대해서도 분석했다.

마지막으로, 개신교 민주화운동 과정 속 여성들의 역할을 주목하고자 노력했다. 여성들의 역할을 빼놓고 민주화운동사를 서술한다는 것은 큰 문제라 하지 않을 수 없다. 기존의 민주화운동 범주에서 주목되지 않았던 여성의 인간화 운동, 가족법 개정운동, 기생관광 반대운동 등을 중요한 탐구 대상으로 제시한 것 역시 이 책의 의의일 것이다.

이처럼 이 책을 통해 살펴본 20세기 후반 한국 개신교 민주화운동은 21세기 우리 사회에서 민주주의를 새롭게 상상하고 더 나은 민주주의를 만들어 가기 위한 귀중한 역사적 경험이 될 것이라 믿는다.

3년에 걸쳐 진행된 연구는 고단한 과정이었다. 정용택 책임 연구위원 등 연구를 맡아 수고를 아끼지 않은 역사문제연구소와 제3시대그리스도교연구소 소속 연구자 여섯 분께 큰 감사를 드린다. 이 책의 각 장과 절은 황병주(서론, 제1부 1장, 제2부 1장, 제3부 1장, 제5부 1장, 제5부 4장, 결론), 이상록(제3부 2~4장), 이유재(제4부 2장 3~4절), 황용연(제1부 2장, 제2부 2장), 황인구(제4부 1장, 제4부 2장 1~2절과 5절, 제4부 3장), 정용택(제2부 3장, 제5부 2~3장)이 집필을 담당하였다. 여러 차례 진행한 보고회와 공람회에 참여해서 적극적 문제제기와 비평을 해주신 민주화운동사 연구자들과 민주화운동 참가 당사자분들도 마냥 고마울 뿐이다. 적지 않은 분량의 원고를 정갈한 책으로 엮어주신 북멘토 편집부에도 따뜻한 감사 인사를 전한다.

2024년 12월
민주화운동기념사업회 이사장 이재오

차례

제5부 1970년대 개신교 민주화운동의 담론과 실천

서론

1. 민주화운동의 역사화를 위하여

정치 공동체로서 현대 한국은 이른바 '87년 체제'로 불리기도 하는 헌정체제를 유지하고 있다. 주지하듯이 이 체제는 1987년 6월항쟁의 귀결로 등장했다. 6월항쟁은 1980년대 사회운동의 집중적 표출이었고, 그 역사적 연원은 해방 이후로까지 거슬러 올라갈 수 있지만, 1970년대와 직접적으로 맞닿아 있다. 요컨대 연속과 단절의 복합으로서 70~80년대가 현 헌정체제의 역사적 형성기인 셈이다. 다시 말해 오늘의 한국사회는 20세기 후반과 시간적 인과율로 엮인다.

이 시기 사회운동의 지배적 통칭은 민주화운동이다. 다시 말해 민주주의가 정치적인 것의 최종 심급처럼 역할했다. 민주주의는 이미 개항기 이래의 오래된 개념이자 가치였지만, 해방 이후 내부 정치의 중심 가치가 되었고, 1970년대 들어 사회운동의 기초 범주로까지 확장되었다. 특히 유신체제 성립은 민주 대 반민주 구도가 정치의 기본 계선이 되는 결정적 계기였다. 민주화운동은 다양한 갈래로 진행되었는데, 그중에 개신교의 그것을 빼놓을 수 없다.

사실로서의 역사가 시간적 인과율로 설명되는 것이 일반적이라면 서술로서의 역사는 거기에 구조적 인과율이 추가된다. 시간의 오름 차순에 따른 사실 전개는 내림 차순의 인식을 통해 역사로 기술된다. 다시 말해 사실의 시간 순서는 20세기가 21세기에 앞서지만, 사실 인식의 주체는 21세기로부터 20세기를 거슬러 볼 수밖에 없다. 사실 전개의 시간을 역진적으로 파악한다는 것, 이것이 모든 역사는 현재의 역사라는 크로체의 언급이 중요한 이유일 터이다.

따라서 20세기 후반 민주화운동은 21세기 초반과 시간적 인과관계이자 구조적 인과관계를 맺게 된다. 즉 오늘날 한국사회의 정치와 경제는 물론이고 사회와 학문적 차원의 이해관계가 지난 세기의 민주화운동을 역사화하는 주된 인식론적 조건이다. 그렇기에 역사적 인식은 일종의 고고학이지만 동시에 고현학(考現學)이지 않을 수 없다.

1970년대 개신교 민주화운동의 이해를 위해서는 1970년대의 역사적 맥락, 개신교계의 역사와 함께 민주주의 또는 이에 기반한 사회운동 등 3중의 맥락을 입체적으로 교직해야 할 필요가 있다. 물론 세 개의 범주 모두 매우 방대한 것이기에 책 한 권으로 감당하기에는 너무 버겁다. 다만 3중의 맥락을 교직하고자 하는 문제의식을 분명히 하고자 한다.

사회적 현상으로서 운동을 이해하기 위해서는 당대의 역사적 맥락이 충실하게 설명되어야 한다. 운동과 직간접적으로 관련되는 제반 사실들과의 복잡다단한 연관이 설명되지 않는다면 운동의 부조적 사실 기술에 국한될 위험이 다분하다. 다시 말해 운동이라는 사회적 현상·행위를 당대의 역사적 맥락 속에 위치시켜 이해할 필요가 있다.

1970년대 민주화운동에 있어 독특한 점은 종교계의 역할이 두드러진다는 것이다. 개신교와 가톨릭 등 기독교 계통의 종교는 1970년대 민주화운동에서 빼놓을 수 없는 역할을 감당했다. 한국전쟁 이후 기독교는 자타공인 반공주의 진영의 핵심세력으로 사회적 저항운동과는 거의 관련이 없었다. 4월혁명과 한일협정, 3선개헌 반대투쟁 등을 통해 서서히 사회참여와 저항운동에 나서게 된 기독교는 1970년대 들어 반유신 민주화운동의 주축 중 하나로 떠오른다. 개신교의 경우 식민지 시기 3·1운동에 참여한 이래 근 50년 만에 사회적 저항운동의 전면에 나서게 된 셈이었다.

이승만 정권 하에서 개신교는 대통령과 부통령을 비롯해 내각 주요 장관직을 차지하는 등 기득권 세력이 되었으며 또 1970년대 초 무려 400만이라고 주장된 신도 수에서 보이듯이 비약적 성장을 거듭했다. 그럼에도 개신교가 강력한 저항 주체로 거듭나게 된 이유는 무엇일까?

본 연구는 1970년대를 몇 가지 측면에서 주목해 보고자 한다. 먼저 정치적·담론적 대립 구도를 어떻게 이해할 것인가의 문제이다. 1970년대의 특징은 파시즘을 방불하던 독재체제와 민주주의 또는 자유주의적 대립 구도의 전면화이다. 유신체제가 한국 현대사상 최고의 억압체제였다는 점은 분명하다.

근대 민주주의의 주요 특징은 권력의 주기적 재구성이 모든 사람에게 열려있다는 정치적 가정이다. 그런데 유신체제는 이것을 구조적으로 차단하여 독재체제를 제도적으로 완성하였다는 점에서 자유주의와 민주주의 모두에 적대적이었다. 비록 유신헌법은 반자유주의를 분명히 하되 민주주의를 전유하는 이론적 장치를 내장하기도 했지만, 형식적 민주주의를 부정한 것은 명백했다.

이로부터 자유주의와 민주주의가 반유신 저항운동의 이념적 기초가 될 가능성이 주어진다. 1950년대 이래 자유 민주주의는 한국의 공식 통치 이념이었고 박정희 정권은 이를 지속적으로 전유하고자 했다. 행정적 민주주의, 민족적 민주주의 그리고 1970년대 들어 한국적 민주주의라는 신조어를 통해 한국 현실에 맞는 특수한 민주주의를 구성해야 한다고 강변했다.

반면 보수야당과 민주화운동 세력은 세계사적으로 검증된 자유민주주의가 유보없이 관철되어야 한다는 주장을 내세웠다. 일견 보편 대 특수 구도처럼 보이는 이 대립구도는 유신체제 이후 독재 대 민주로 현상하게 된다. 사실상 이 구도가 1970년대 저항운동 전부를 포괄할 수 있을지는 의문이지만, 어쨌든 당시 저항운동 주체들에게 민주 대 반민주 구도는 가장 광범위하게 수용되었던 정치적 경계였다.

절차적 민주주의를 극도로 폐색시켰다는 점에서 유신체제가 반민주주의적인 것은 분명했지만, 사실 더 강력하게 통제하고자 했던 것은 자유주의였다. 장발과 미니스커트 단속에서 단적으로 나타나듯이 유신체제의 반자유주의는 일상의 규율화까지 확장된다. 자유주의의 핵심 원리인 자유경쟁을 정치적 영역에서 배제한 것은 물론 언론과 출판, 문화와 예술, 심지어 개인의 양심의 자유까지 심각하게 침해했다. 경제유신으로 불린 8·3조치에서 보듯 경제분야도 예외가 아니었다.

사정이 이러했기에 반유신 민주화운동의 상당 부분은 자유주의적 가치에 근거했다. 언론·출판, 집회 및 시위는 물론 종교와 선교의 자유가 주요한 쟁점이 되었고 개인의 사상과 양심의 자유가 첨예한 대립 속에 문제화되었다. 이를 집중적으로 보여주는 개념이 인권이다. 정치적 폭압과 저항운동의 활성화에 따라 수많은 정치범이 나올 수밖에 없었고 이들을 후원하고 지지하는 활동이 운동의 주요한 부분을 이루었다. 처음으로 정치범이 양심수로 불리게 되었고 이들의 인권을 보장하기 위한 투쟁이 70년대 내내 치열하게 전개되었다.

유신체제의 반자유주의적 억압정책은 역설적으로 자유주의를 활성화시키는 강력한 계기가 된다. 그렇기에 1970년대 민주화운동은 자유주의라 쓰고 민주주의로 읽는 상황이 자주 반복되었다. 그것은 그만큼 한국 현대사에서 민주주의라는 기표가 가지는 위력이 매우 강했음을 반증해준다. 헌정의 공식 통치이념으로 천명된 민주주의는 4월혁명을 계기로 대중적 저항

담론으로 확장되기 시작했다. 즉 민주주의는 지배와 저항을 넘나들면서 가장 유력한 정치적 담론자원으로 관철되어 갔다.

그렇지만 민주주의라는 동일한 기표를 사용한다 해도 그 기의가 동일할 수는 없다. 서로 다른 정치적 지향과 함의를 담아 다양한 기의로 분산되면서 민주주의는 일종의 경합의 시공간처럼 나타났다. 이는 한국전쟁 이후 좌파 담론이 극도로 억압된 냉전 체제 하에서 거의 유일하게 공식 영역에서 기능할 수 있던 이데올로기가 민주주의와 자유주의로 국한되었던 사정과 무관할 수 없다.

민주주의도 그러하지만 한국에서 자유주의는 상당히 낯선 개념이자 가치였다. 한국 근현대사에 있어 1970년대 이전까지 자유주의가 대세를 이룬 적은 없었다. 동아시아 전체로 시야를 확장한다 해도 사정은 크게 달라지지 않는다. 제헌헌법 제정 과정만 보더라도 우파 정치인들조차 경제분야는 사회주의적 기조를 유지해야 한다는 주장을 공공연하게 피력할 정도였다. 따라서 미국의 강력한 압력 하에 1954년 사사오입 개헌은 경제분야의 자유주의적 수정이 핵심이었다. 사회적으로도 가부장제를 비롯해 집단주의가 강력한 힘을 발휘하고 있었기에 자유주의적 가치의 확산은 제한적이었다.

이러한 맥락에서 1970년대 민주화운동이 자유주의적 가치의 확산과 어떠한 관계에 있었는지 검토가 필요하다. 물론 민주화운동 내부는 다양한 지향과 경향이 혼재되어 있었기에 간단히 정리될 수 있는 문제는 아니다. 민주화운동 관련 성명서만 보더라도 정치적 자유를 주장하면서 서구의 퇴폐문화 유입에 대한 강력한 반감을 표하거나 통일에 대한 열망이 강조된 것이 비일비재했다. 즉 단순한 이데올로기적 구분이 중요한 것이 아니라 여러 이론과 담론이 어떻게 착종되었는가를 구체적으로 분석할 필요가 있다.

이와 관련하여 경제영역에서 확산되고 있던 시장의 자유주의를 주목할 필요가 있다. 1970년대는 산업화와 함께 자본주의적 시장경제가 급속도로 확산되기 시작하면서 자유주의적 경쟁논리가 지배적 가치가 되어갔다. 여러 제약에도 사회적 유동성의 폭발적 증대에 따라 능력주의적 경쟁논리가 바람직한 지향처럼 여겨지기 시작했다. '억울하면 출세하라'는 현대적 격언이 '눈 감으면 코베어 가는' 세상의 지배적 처세술로 수용되었다. 정치적 부자유와 대비되는 시장의 굶어죽을 자유의 번성이 1970년대의 현실이었음을 기억할 필요가 있다.

도시산업선교회를 비롯해 개신교가 적극적으로 개입한 민주노조운동만 보더라도 시장의 자유주의가 초래한 참혹한 현실이 저항의 근원이었음이 분명했다. 정치적 측면에서 자유의 부재가 저항을 불러왔다면, 경제적 측면에서는 시장의 흘러넘치는 자유의 과잉이 역시 그러했다. 그럼에도 신자유주의의 전도사를 자처한 하이에크(Friedrich Hayek)가 1978년 전경련 초청으로 방한한 것에서 알 수 있듯이 자본은 더 많은 자유가 필요하다고 주장했다. 자유의 기묘한 불균형이 초래한 현실이 곧 민주화운동의 저수지였던 셈이다.

민주 대 반민주 또는 자유 대 반자유 구도가 일반적이었다 해도 그 내부에는 복잡한 담론적 경향이 혼재되어 있음도 분명했다. 특히 마르크스주의를 비롯한 좌파 담론이 이 구도의 배면에서 상당한 영향력을 행사했다. 반공주의가 강력했다는 것은 역으로 공산주의의 영향력이 그만큼 강했다는 의미도 된다. 북한의 존재는 유신체제와 반유신 저항운동 모두에게 불가피한 조건으로 작용했다. 또한 지하운동의 형태로 좌파운동이 실재했고 민주화운동과 미묘한 관계를 유지했다.

특히 산업화 효과로 노동문제가 주요한 이슈로 부각되면서 정치경제학적 분석이 중요해진다. 자본주의와 시장경제가 확산되면서 마르크스주의의 현실분석이 가지는 함의가 더욱 크게 다가올 수밖에 없는 국면이었다. 그러나 주지하듯이 좌파담론 특히 마르크스주의는 최대의 금기였고 자칫

운동 전체를 위험에 처하게 할 수 있는 폭발성을 갖고 있었기에 거의 표면에 드러날 수 없는 것이 현실이었다.

아울러 70년대 개신교 민주화운동에 큰 영향을 미친 담론이 민족주의다. 7·4남북공동성명이 당대 운동진영에 미친 영향은 매우 컸다. 반공주의로 일관했던 장준하가 통일 지상주의를 통해 강렬한 민족주의자로 거듭난 중요한 계기이기도 했다. 식민지 경험을 가진 한국에 있어 민족주의는 가장 호소력 높은 담론임이 분명했다. 박정희 체제조차 초기부터 민족주의를 적극 활용했고 70년대 들어 이를 더욱 강화하는 모습을 보여준다. 4·19혁명이 민주주의로 출발해 민족적 문제설정으로 확산되는 모습이나 한일협정 반대투쟁이 보여준 것과 같이 민족주의는 언제든지 계기적으로 분출할 수 있는 폭발적 잠재력을 갖고 있었다.

비록 체제가 주도한 것이었다 해도 7·4남북공동성명은 그러한 계기로 작용했고 민족주의와 통일은 민주화운동의 중요한 의제가 된다. 민족주의는 통일문제로 국한되지 않았다. 경제적 측면에 있어 자립경제 또는 민족경제론이 출현했는가 하면 전통문화에 대한 관심으로도 확장된다. 박정희 체제 역시 1960년대 말부터 전통문화 정책에 깊은 관심을 보였고 그렇게 구축된 콘텐츠가 대학가 탈반의 활동재료가 되기도 했다. 또한 70년대 국사교육 강화 정책은 비판적 지식인 사회에서도 상당한 반향을 불러온다.

민족주의가 새롭게 부각된 맥락은 1970년대가 nation-building의 중요한 국면이었다는 사정과 관련된다. 즉 70년대는 국민형성 메커니즘의 어떤 잠정적 완성태를 보여준다. 국민학생-국민병-산업전사로 이어지는 국민의 재생산 과정이 제도적·관습적으로 안착되었고 민주주의와 자유주의가 정치와 사회문화적 측면에서 지배적 가치·제도·관습으로 관철되고 있었다. 민족/국민국가 형성은 곧 주체의 문제다. 민족적 주체 구성은 교육을 포함해 제도적, 문화적 장치를 통한 장기적 과정일 수밖에 없으며 특히 민족적인 것에 대한 풍부한 내용 구성이 필수적이다. 1970년대가 되어서야 비로소 신생국 한국은 비교적 많은 자원을 투입해 민족적인 것을 구성할 수 있는 물적 토대가 갖추어진다.

요컨대 1970년대 민족적 문제설정을 주도한 것은 국가였지만 민주화운동 진영 역시 이에 적극적으로 대응해 민족담론을 전유하고자 했다. 이 경합은 민족을 국민과 민중으로 분절시키는 결과를 초래했다. 유신체제는 민족의 실체가 국민임을 강조한 반면 민주화운동 진영은 민중으로 연결시키고자 했다. 즉 국가는 무차별적 민족 개념에 국가라는 형식을 부과해 포섭하고자 했다면, 민주화운동에서는 민중을 대입시키고자 한 셈이다. 민족의 실체가 민중이라는 설명방식은 이후 민주화운동의 대표적 주체 인식이 된다. 1974년 민청학련의 민중·민족·민주 선언은 이를 집약적으로 보여준다.

두 번째로 다루고자 하는 문제는 산업화와 경제개발의 영향이다. 1970년대뿐만 아니라 한국 현대사를 가장 크게 규정하고 있는 것은 산업화다. 급속한 경제개발은 사회 전체를 비가역적으로 전변시켰다. 여기서 산업화의 깊고 심대한 효과를 자세히 논할 수는 없지만, 민주화운동 및 개신교의 폭발적 성장과 관련해서도 결정적 영향을 끼쳤다고 할 수 있다. 1970년대는 산업화 효과가 서서히 가시화되고 체험되기 시작한 국면이다. 이촌향도를 통해 수백만의 인구가 도시와 산업지대로 집중되어 노동자와 도시 하층민을 형성했다. 산업선교와 특수지역 선교는 모두 이들을 대상으로 시작된다.

폴라니(Karl Polanyi)에 따르면 근대 자유주의 국가는 자기조정적 시장의 산물이다. 경제적 자유주의는 시장이 확립되지 않으면 이를 확립하기 위해, 일단 확립되면 이를 유지하기 위해 국가의 간섭을 요구할 수밖에 없다. 자유방임과 보호주의 모두 국가의 제도적 실천으로 집행되어야 한다. 산업화는 곧 이러한 시장의 확립을 의미하며 이는 사회가 두 개의 '민족' 즉, 전대미문의 부와 전대미문의 빈곤이 끊을래야 끊을 수 없을만큼 긴밀하게 결합된 상황을 만들어낸다. 그렇기에 보호주의자든 자유주의자든, 자본주의자든 사회주의자든 입을 모아 산업혁명 하의 사회적 상황을 진정한 인간성 말살의 나락이라고 묘사하게 된다. 즉 악마의 맷돌(Satanic mills)이 돌아가기 시작한 것이다. (폴라니 1991, 58~59, 130, 186)

1970년대 유신체제의 반자유주의적 성격은 분명하지만, 경제영역에서는 자유주의적 시장논리가 강화되고 있었음은 분명하다. 돈이면 다 되는 세계란 곧 경제적 자유주의가 하나의 세속적 종교가 되었음을 반증해준다. 이러한 상황 속에서 빈곤과 기아는 노동의 근본 조건이다. 맨더빌(Bernard Mandeville)은 아담 스미스 이전에 개인의 악덕이 사회의 이익이 된다는 자유주의 논리를 설파했다. 그가 보기에 "가난하지 않으면 일하게 되지 않기 때문에, 가난을 덜어주는 것은 속 깊은 일이지만 가난을 없애주는 것은 바보짓이다."(맨더빌, 2011, 172)

1970년도는 수출 10억 달러 달성의 해이지만 다른 한편으로 전태일 분신의 해이기도 하다. 전태일의 분신은 민주화운동이 민중을 새롭게 발견하는 결정적 조건 중의 하나였다. 이 사건을 통해 비로소 새롭게 형성된 노동자와 민중이 가시화되어 운동의 주체로 포착된다. 전태일과 같은 노동자는 전대미문의 부에 결합되어 있는 전대미문의 빈곤이었고 이 빈곤이 그들의 노동을 가능케 했다. 영국의 산업혁명처럼 한국의 산업화 역시 모두가 개탄할 수밖에 없는 인간성 말살의 나락을 연출했고 이것이 산업선교를 비롯한 개신교 민주화운동가들이 직면한 현실이었다.

이 현실로부터 민주화운동의 인간학적 문제설정이 출현한다. 그전까지 한국에서 비인간적인 것의 표본은 공산주의였다. 형식적으로 유엔의 산물인 한국은 유엔 인권선언에 근거해 북한과 공산주의를 비인간적인 악마로 재현하고자 했다. 특히 한국전쟁을 거치면서 북한, 중국, 소련으로 이어지는 국제 공산주의를 전쟁 도발자로 규정하고 반인륜적, 반인권적 음모의 본산으로 비난했다.

반공주의적 '인권의 정치'을 뒤집어 민주화운동의 자산으로 전환시킨 요소는 다양했다. 강원용의 크리스챤아카데미는 이미 1960년대부터 비인간화 현상을 주목하고 비판 담론을 만들어냈는가 하면 70년대 야만적 국가 폭력에 대항한 자유주의적 인권론도 중요했다. 국제앰네스티와 WCC의 인권 의제가 세계적 원심력으로 작용한 것도 사실이다. 그러나 대중의 삶 속에서 최대의 폭력은 빈곤이었고 최고의 비인간화는 가난으로부터 나온다.

숱한 노동자들이 '가난하고 못 배운' 한을 품은 채 거친 노동을 감내했고 그중 일부는 저항운동에 합류했다. 자유주의를 시장의 굶어죽을 자유로 배운 이들은 자신의 목소리를 가지기 힘들었고, '인민의 호민관'을 자처한 이들과의 연대로 나아갔다. 시장의 폭력과 사회적 차별에 맞선 보편적 인간의 권리, 생득적 자연권의 언어는 즉자적이면서도 매력적이다. '우리는 기계가 아니다'는 외침에 '당신들도 인간이다'는 답변을 돌려준 셈이다.

시장의 폭력을 인간의 권리로 대응하는 것은 분명 무시 못 할 효과를 낸다. 노동, 여성, 농민, 빈민 등 사회적 약자를 지시하는 언어 뒤에 인권을 붙임으로써 그들을 보편적 인간으로 호명하고 그 권리에 정당성을 부여하게 된다. 인간학적 문제설정이 비록 악마의 맷돌을 멈출 수는 없었지만, 어쨌든 시장의 가혹한 현실 속에서 저항의 중요한 저수지 역할을 한 것은 분명했다.

한편 전근대적 질서가 강력한 조건하에서 자본주의 시장이 일종의 해방구가 되었음도 분명하다. 조건에 따라 다르기는 하지만, 시장은 신분제와 가부장 질서를 뒤흔들어 이윤율을 최적화할 수 있는 상황을 만들고자 한다. 자본주의는 최대한 많은 노동력이 시장에 투입될 수 있어야 하므로 대가족제를 해체하는 거대한 압력으로 기능한다. 또한 농촌의 농민들은 이촌향도의 흐름을 타고 도시 하층민이나 노동자로 전신하기도 했다.

이들이 맞이한 도시와 공장의 삶이 농촌의 그것보다 더 좋았다고 말하기는 힘들다. 성차별과 억압적 규율, 강도 높은 노동, 가혹한 노동환경과 저임금, 열악한 주거와 사회적 모멸의 시선을 견뎌야 했다. 도시에 비해 상대적으로 평등하고 안정적이었던 농촌에 비해 도시와 공장의 삶은 계급과 계층 사이의 낙차를 온몸으로 느껴야 했다. 입고 먹는 것은 물론 사는 곳도 달랐고 문화와 언어도 낯설기 그지없었다. 자가용도 대저택도 없었던 시골에서는 접해보기 힘들었던 거대한 빈곤이 도시에 널려있었다.

상대적 빈곤은 주관적 감각의 문제가 아니다. 이는 신분과는 다른 차원에서 수직의 질서를 경험하게 했고 돈의 무서움을 만끽하게 만들었다. 게다가 마을이 제공하던 공동체적 안전망도 없었다. 매일매일 일정한 화폐량이 없으면 생존조차 장담할 수 없는 곳이 도시였다. 대신 화폐만 넉넉하다면 모든 것이 가능해 보이는 세계이기도 했다. 따라서 돈을 위해 모든 것을 쏟아붓는 전략이 합리적으로 보이는 세계였다.

화폐 취득을 둘러싼 살벌한 경쟁이 일상인 곳에서 이들이 마주친 것 중에 능력주의가 있다. 각종 편법과 불법, 부정과 비리가 적나라한 세상이었기에 역으로 능력주의에 대한 기대가 컸기도 했다. 성적에 따라 진학하고 일한 만큼 보수를 받으며 능력에 따라 출세하는 능력주의가 사회의 공준이 되어야 한다는 목소리가 커져갔다. 작업량에 따라 임금이 결정되는 성과급의 경험은 능력주의의 현장 경험이기도 했다.

민주화운동 역시 이러한 흐름과 무관치 않았다. 권력의 부정부패를 질타하고 일하는 자들이 정당한 대가를 받아야 한다는 주장에는 능력주의가 관철되지 않는 사회에 대한 비판의식이 깔려 있다. 자본주의 시장이 구축한 교환관계가 새로운 공정성의 규준처럼 작동하기 시작했다. 임노동과 자본 사이의 고유한 모순은 작업량과 임금 사이의 공정한 관계가 이루어져야 한다는 주장으로 현상했다. 공돌이·공순이라는 비하 속에 기능 올림픽 메

달리스트의 능력주의가 만개했다.

개별적 계층 상승과 집단적 저항 사이의 오래된 딜레마가 1970년대에도 반복된다. 산업화가 초래한 부와 빈곤의 거대한 분단 속에서 사회적 유동성의 급속한 상승이 이루어져 계층 상승의 기회 역시 증대된다. 이 기회는 권력과 자본 그리고 사회적 상징자본의 축적 정도에 따라 차등적으로 배분되었다. 학연, 혈연, 지연 등 온갖 비공식 관계망이 사람들을 옭아매 새로운 서열화를 만들어냈다. 연줄의 귀띔 하나로 졸지에 대박을 터뜨리는 일이 드물지 않았다.

개천에서 용이 나오는 자수성가의 황금시대가 곧 이 시대를 상징한다. 모든 것을 학력 자본 증대에 집중시키는 보통 가정의 상승전략 역시 이 시대의 대표적 풍경이다. 특히 교육은 계층 상승의 가장 일반적이면서도 확실한 통로로 기능했다. 수치화된 성적만큼 공정하고 객관적이며 절대적인 능력의 기준으로 통용되는 것은 별로 없었다. '공부해서 남 주냐'는 현대의 속담은 학력이 고독한 개인의 능력임을 상징했다. 고립된 개인 간의 자유 경쟁, 이것이 자유주의가 가정하고 있는 능력주의의 본령일 터이다.

사회가 만인에 대한 만인의 투쟁이 일상화된 시장의 아수라라고 한다면 그것은 지속불가능하다. 사회적 재생산이 가능하기 위해서는 사회적 약자들, 몫 없는 자들의 몫이 배분될 수 있는 최소한의 안전장치가 필수적이다. 국가의 사회복지가 거의 전무하다시피한 1970년대 그것의 일부를 감당한 것이 저항운동과 집단주의적 연대 틀의 창출이었다.

저항은 시장의 자본은 물론 상징자본으로부터 가장 먼 거리에서 능력주의적 경쟁의 나락에 떨어진 밑바닥 난장이들의 몫을 되찾기 위한 최소한의 사회적 실천이어야 했다. 인권과 민주주의, 사상·양심의 자유 또는 민중과 민족의 해방 등 무엇이라 개념화하든 그것은 쪼그라들대로 쪼그라든 난장이들의 몫을 어떻게 확보할 것이냐의 문제였다. 이것이 세상의 가장 낮은 곳에 임하는 예수를 따르고자 했던 도시산업선교나 빈민사목이 주목받은 이유일 것이다.

자본주의 시장과 자유주의-개인주의 계열에 맞선 반자유주의적 또는 집단주의적 대응의 세계사적 일반 형태는 계급과 민족/국민이다. 주지하듯이 한국전쟁을 겪고 냉전의 직접 규정 하에 반공 이데올로기가 지배하고 있던 1970년대 한국에서 계급의 언어가 사회운동의 주류가 되기는 곤란했다.

사회적 분업의 고도화와 함께 시장의 분절화와 원자화가 가속화될수록 어떤 공동체적 질서에의 희구도 강화된다고 보면, 1970년대 교회는 그 구체적 실례의 하나로 볼 수 있다. 시장의 무정부성이 야기시키는 사회적 재난이나 예측하기 곤란한 개인적 불행이 초래하는 위기에 맞서 공동체적 방어막이 필요한 사회적 약자들에게 교회는 비교적 쉽게 접근할 수 있는 곳이었다. 세상의 우발적 불행을 함께 감당해줄 어떤 필연의 왕국이 교회일 수 있다.

교회 문을 두드린 사람들의 상당수는 이제 막 시골에서 도시로 이주한 이들이었다. 산업화는 농민, 농촌, 농업의 결정적 몰락을 의미했다. 농민의 희생을 통한 공업화는 세계사적으로도 그리 낯선 것이 아니다. 녹색혁명과 새마을운동이 요란하게 추진되었지만 사실상 농업의 몰락은 이미 예정된 것이나 다름없었다. 농민에서 노동자와 도시 하층민으로 이어지는 거대한 인구 이동은 산업화에 의해 저항운동의 지반 자체가 재구성되었음을 의미한다.

사실상 한국전쟁 이후 농촌지역이 한국사회의 주요한 변화의 모멘텀을 제공한 경우는 없다. 4월혁명은 도시 중심의 대중봉기였고 그 이후 모든 사회적, 정치적 변화의 계기들 역시 그 패턴을 반복했다. 70년대 후반 기독교 농민회가 조직되기 시작했지만 개신교 민주화운동의 주무대는 도시였다. 도시가 한국사회의 헤게모니를 틀어지게 되는 변화는 개신교의 급속한 팽창에도 깊은 영향을 미친다.

농촌지역의 전통적 보수성은 새로운 종교의 확산에 있어 큰 장애물이 될 가능성이 높다. 반면 '도시의 공기가 사람을 자유롭게 한다.'는 중세 유럽의 속담처럼 도시는 변화와 혁신의 중심지였고 농촌과는 전혀 다른 관습과 문화가 지배하는 공간이다. 토지로부터의 자유와 함께 공동체적 생활로부터도 자유롭게 된 이주민들에게 도시의 삶은 녹록치 않았다. 교회는 심리적 안정과 함께 도시의 공동체적 안전망을 제공해줄 수 있는 유력한 장소가 된다. 이러한 교회의 도시 공동체적 유대가 민주화운동의 토대가 되었음은 분명하다.

개신교의 팽창은 대규모 군중집회로도 확인된다. 1973년 5월 한경직 등이 주도한 빌리 그래함 전도대회, 1974년 8월 김준곤 목사의 CCC가 주관한 엑스플로 74 등의 개신교 행사에는 단일 집회 기준 40만이 넘는 인파가 동원되었고 연인원 160만 이상이 참여했다. 종교 집회로는 전례가 없던 대규모 군중동원은 개신교의 위력을 유감없이 보여주었고 교회의 대사회적 발언권과 영향력을 제고시켰음이 분명했다.

개신교의 팽창은 국가권력과의 밀착의 결과이기도 했다. 기독교 국가인 미국의 군정 하에서 다수 기독교도가 통역정치에 참여하였고 이승만이 대통령이 된 이후 상당수가 권력층으로 포섭되는 등 한국교회는 정치권력과 구조적으로 깊이 유착되었다.(기독교사회문제연구원 1983, 41) 대규모 개신교 행사들은 유신체제의 전폭적 지원 아래 치러졌고 대통령 조찬기도회와 국가조찬기도회는 국가와 보수 교단의 유착을 보여주는 상징적 장면일 터이다.

보수 교단들은 민족 복음화 운동, 전군 신자화 운동 등을 추진하면서 국가와 전략적 동맹관계를 맺게 된다. 박정희는 베트남 파병을 '자유의 십자군'으로 호명했고 개신교는 유순하고 순종적인 병사와 노동자 즉 국민을 만들어주고자 했다. 권력은 자신의 의지가 신의 뜻임을 종교는 신의 뜻이 권력의 의지임을 서로서로 확인해주면서 성과 속은 뫼비우스의 띠처럼 이어졌다.

또한 교회가 새로운 신성성의 공간이었음도 주목할 필요가 있다. 이성과 합리성을 내세운 근대화가 탈주술화를 초래한다고 하지만 실제 근대사회는 재주술화의 결과물이기도 하다. 유신체제는 수시로 교회를 침탈했지만, 어쨌든 세속화된 도시 공간에서 교회는 신과 종교의 이름으로 신성한 영역임을 자임하고자 했고 대중적으로 일정한 영향을 발휘한 것으로 보인다. 예컨대 광주대단지 사건 당시 군중들이 목회자를 대표자로 내세운 것은 세속 권력에 맞설 수 있는 교회의 힘에 일정한 기대 때문으로 보인다. 이는 학생운동권 일부가 교회를 유신의 폭압으로부터 일정한 보호막이 될 수 있다고 기대한 것과도 상통한다.

산업화와 도시화 효과는 민주화운동의 주요 자원이었던 학생, 지식인, 언론인 등 중산층적 배경을 가진 사회집단의 확산으로 연결된다. 이미 60년대 중반부터 시민사회론과 중산층 논쟁이 벌어질 만큼 한국사회의 변화는 지식인들의 화두였다. 지식인 산출의 핵심이라 할 대학교 정원은 1970년 19만 2천여 명에서 1980년 61만 1천여 명으로 폭증했다. 10년 간 3배 넘게 증가한 대학생은 새로운 사회계층의 형성을 예고했다. 여러 논란이 있을 수 있지만, 이는 일종의 '시민사회'의 형성으로 볼 수도 있을 것이다.

도시 중심의 중산층적 배경을 가진 '시민사회'의 형성은 세 번째 문제와 연결된다. 한국사회에 대한 세계사적 규정력이 그것인데 이들이 이것을 매개하는 핵심 역할을 담당했기 때문이다. 1970년대는 한국전쟁 이후 미국을 중심으로 한 해외 유학에 나섰던 사람들이 귀국하여 본격적 사회활동을 개시하는 시점이다. 안병무, 한완상, 백낙청, 함세웅 등 유학 경험을 가진 지식인과 종교인들은 서구 사회의 이념과 가치를 국내에 소개하는 역할에 충실했다.

국가 성립 단계부터 한국은 미소 냉전체제의 결정적 영향 아래 있었고 이후 대부분의 지적, 사상적 권위는 외부로부터 주어졌다. 지식인들을 매개로 사회적 재생산의 중심 기제인 교육 내용의 상당 부분은 미국과 관련된다. 이는 고등교육일수록 그 정도가 더했다. 민주주의 역시 서구의 자유 민주주의를 전범으로 삼았다.

개신교 민주화운동의 경우에도 세계교회협의회(WCC)를 비롯한 해외 개신교의 영향력이 지대했다. 양심수란 개념과 인권 운동 역시 국제사면위원회(Amnesty International)을 비롯한 서구 인권운동 단체들의 직간접적 영향을 빼놓고 설명하기 힘들다. 초기 산업선교의 경우 알린스키(Saul Alinsky)의 영향력이 매우 중요했다. 카터 행정부의 인권외교가 한국에 큰 영향을 미친 것은 말할 것도 없다. 특히 1960년대 미국의 (시)민권 운동이 70년대 들어 인권의 문제설정으로 전환되는 과정이 한국에 미친 영향을 주목할 필요가 있다. 일본과 유럽 그리고 북미지역에 걸쳐 있었던 개신교 민주화운동의 해외 네트워크는 운동의 초국적 성격을 강화시키게 된다.

한편 개신교 민주화운동의 초국적 성격과 국제 네트워크의 원심력은 내적 구심력에 대한 관심을 강화시켰다. 해외 기구들과 연대하면서도 한국의 현실에 기반한 독자적 운동전략에 대한 고민이 심화된다. 국제사면위원회 한국 지부가 본부의 비정치 원칙에 반발해 정치적 활동을 전개할 수밖에 없다고 판단한 것이 대표적이다. (Ingu Hwang, 2022) 이러한 고민이 가장 대표적으로 구현된 것이 민중신학이다. 이미 서구신학에 대당해 토착화가 강조되기도 했지만 1970년대 중반 본격화된 민중신학은 한국의 운동현실에 대한 치열한 고민의 산물이라고 할 수 있다.

마지막으로 개신교 민주화운동이 직면했던 1970년대 운동의 지형 문제가 있다. 1920년대 이래 한국의 저항운동은 좌파적 담론과 세력에 의해 크게 영향받은 바 있다. 그러나 한국전쟁 이후 좌파 세력과 그 이데올로기는 철저한 금기의 대상이 되었고 지하운동으로만 유지되었다. 1950년대에는 지속적 저항운동이 사실상 사라진 형국이었다. 4월혁명은 휴전 후 불과 7년이 채 안된 시점에 터진 거대한 대중봉기였다. 그러나 그 혁명적 열정은 5·16쿠데타로 상쇄되었고 한일협정, 3선개헌 반대투쟁 등이 진행되었지만 일부 학생운동을 제외하면 사회운동의 토대를 확인하기 곤란하다. 좌파 운동이 소멸한 상황 속에서 제도 야당의 정치활동과 일부 학생운동 진영이 사회적 저항의 대부분을 감당하던 형국이었다.

이러한 상황 속에서 1970년대 반유신 저항운동은 운동의 목표, 양상은 물론 담론, 주체, 영역 등에 걸쳐 이전 시대와 확연히 구별되는 모습을 등장했다. 운동의 목표가 사안별 투쟁에 국한되지 않고 유신체제 자체를 부정하는 전면적 반정부 투쟁의 양상을 띠기 시작했기에 운동의 양상 역시 일회적 투쟁을 넘어 지속적이고 항상적이었다. 즉 1970년대는 한국전쟁 이후 처음으로 조직적, 집단적, 이념적 지향이 뚜렷한 저항운동이 출현한 독특한 시공간이다.

2. 선행연구 검토

1970년대 민주화운동에 종교계가 대거 참여한 것은 분명 역사적 사건이다. 역사적 의미가 큰 만큼 1970년대 개신교의 민주화운동에 관해서는 그간 적지 않은 연구성과가 축적되어 있다. 기존 연구를 통해 기초적 사실관계를 비롯해 개신교 민주화운동의 상당 부분이 해명되었다고 생각된다.

그러나 기존 연구들은 몇 가지 점에서 한계 역시 분명하다. 첫째, 기존 연구들은 전체 민주화운동을 염두에 두고 부문운동사로서 개신교 민주화운동을 분석하는 데 있어 한계가 노정된다. 즉 개신교 자체의 운동적 맥락을 중시하다 보니 전체-부문이라는 문제설정이 약화된 양상을 드러낸다.

이것은 개신교 민주화운동을 인권운동으로 파악하는 관점과도 관련된다. 분명 개신교의 인권운동은 중요한 역사적 함의가 있는 것이었지만 전체 운동을 인권운동으로 환원할 수는 없다.

둘째, 특정 개인과 기구 중심의 부분적 연구 경향의 한계를 넘어설 필요가 있다. 개신교는 여러 교단으로 분리되어 있고 교단별로 민주화운동에 대한 입장과 태도가 달랐으며 이는 개인 차원에서도 마찬가지다. 물론 개별 인물과 단체 등에 대한 연구가 축적되어야 더 넓은 지평의 연구도 가능할 것이다. 그럼에도 개별 연구가 가지는 한계 역시 뚜렷하다. 개신교 민주화운동의 전체 상을 보여주기 위해서는 개별 연구들의 한계를 넘어 이를 통합하고 내적 연관을 확보하는 전체적 서술 전략이 필요하다.

셋째, 개신교 민주화운동의 국제연대와 글로벌 네트워크에 대한 연구가 부족하다. 개신교는 전세계에 걸친 방대한 네트워크를 갖고 있다. 특히 2차 대전 이후 세계교회협의회(WCC)가 조직되어 에큐메니컬 운동의 중심이자 글로벌 네트워크로서도 큰 역할을 감당했다. 1970년대 개신교의 민주화운동은 한국을 넘어 북미, 유럽, 일본 등에 걸쳐 초국적 운동으로 전개되었다. 해외 개신교 네트워크의 역할은 운동의 이념과 정당성은 물론이고 각종 정보 교류 그리고 재정지원에 이르기까지 전방위적이었다. 특히 한미관계의 특성상 미국 개신교 네트워크의 역할은 카터 행정부의 인권외교 전개와 함께 특별한 의미를 가지게 된다. 그럼에도 아직까지 개신교 글로벌 네트워크의 활동과 그 함의가 무엇이었는지 종합적으로 분석되지 못하고 있다.

넷째, 개신교 민주화운동 담론과 이념에 대한 체계적이고 종합적인 연구가 취약하다. '이론 없는 운동은 없다'는 말이 보여주듯이 모든 주요한 사회운동은 이념과 이론, 이데올로기와 담론을 생산한다. 따라서 현실의 실천운동뿐만 아니라 이론적 실천 양상까지 아우를 때 운동의 입체적 분석이 가능할 것이다. 개신교 민주화운동은 사회선교, 에큐메니컬, 인권, 민주주의, 민족주의 등 다양한 영역에 걸친 이념과 담론 자원에 근거했다. 그것은 신앙과 신학의 차원은 물론 정치적, 사상적 이론투쟁을 수반하는 운동이었다. 특히 민중신학은 개신교 민주화운동이 생산해낸 독특한 신학이자 운동담론이다.

다섯째, 개신교 민주화운동에서 여성의 역할에 대한 연구가 매우 미흡하다. 운동을 주도했던 성직자 중에 여성들이 거의 없기도 했고 가부장적 풍토가 강했던 당대 현실에서 여성들의 주도적 역할을 기대하는 것은 쉽지 않은 일이었을 것이다. 그렇기에 더욱 더 세심하고 주의 깊게 여성들의 삶과 활동을 살펴볼 필요가 있다고 생각된다. 때로는 여성들의 활동이 미약할 수밖에 없었던 당대 운동현실을 드러내는 것도 필요할 것이다.

마지막으로 개신교의 사회적 팽창과 운동사를 결합하여 분석하는 경우가 매우 드물었다. 개신교 민주화운동은 개신교의 사회적 팽창과 성장 속에서 이해될 필요가 있다. 한국은 아시아 지역에서 유례를 찾기 힘들 정도로 개신교의 폭발적 성장을 보여주었다. 이러한 사회적 특성이 곧 민주화운동을 큰 틀에서 규정짓는 중요한 조건이기도 했다. 북미와 유럽 지역과 긴밀한 관계에 있었던 개신교의 성장은 한국사회의 가치와 관습 등에 큰 영향을 미쳤고 그 연장선상에서 민주화운동이 진행되었다고 할 수 있다. 따라서 개신교의 사회적 역할 증대와 민주화운동 간의 관계를 거시적 맥락에서 검토하는 것이 중요하다고 할 수 있다.

제1부

한국전쟁 이후 사회변동과
개신교의 성장

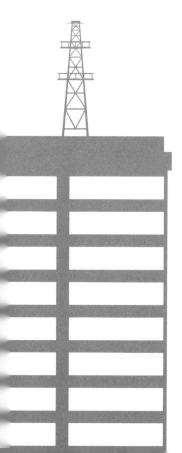

◆ 제1장 ◆
전쟁과 산업화 그리고 개신교

제1절 한국전쟁과 개신교의 성장

1970년대 개신교 민주화운동은 좀 더 긴 역사적 맥락에서 이해할 필요가 있다. 서구에서 도래한 기독교가 급속도로 팽창하는 역사적 현상 속에서 민주화운동 참여도 이루어졌기 때문이다. 한국기독교는 식민지 시기 3·1운동에 적극적으로 참여했는가 하면 신사참배 거부 활동도 전개한 바 있다. 해방 이후에는 남과 북에 걸쳐 다양한 정치활동에도 동참했다. 한국전쟁으로 커다란 피해를 입기도 했지만, 전후 복구와 함께 더 큰 성장을 맛보게 된다.

정부 수립에 있어 한국기독교는 초대 대통령과 부통령을 배출할 정도로 막강한 영향력을 발휘했다. 정부 각료 중에서도 상당수가 기독교도였다. 제1공화국의 장차관 242명 중 38%가 개신교도였고 제2공화국에서는 전체 장차관의 33%에 달했다. 초대 국회의원 208명 중 21%인 44명이 개신교도였는데, 이는 개신교도가 인구 대비 5%도 안 되었던 점에 비춰 매우 큰 비중이었다.

해방 직후 우익 3거두로 일컬어지던 이승만, 김구, 김규식 모두 기독교도였다. 1945년 11월 조선기독교남부대회 주최 임시정부 요인 환영대회에서 김구는 경찰서 열 곳을 세우기보다 교회 하나를 세우자고 주장하면서 강한 나라를 세우려면 "성서 위에" 세워야 한다고 주장했다. 김규식도 강국을 세우기 위해서는 "그리스도라는 반석 위에" 세워야 한다고 강조했으며 이승만 역시 "만세반석 되시는 그리스도 위에 이 나라를 세우자"고 역설했다. (기독교역사학회, 2009: 41~43)

또한 남과 북의 기독교 지도자 모두 적극적인 정치활동에 나서게 된다. 북에서는 조만식의 조선민주당, 한경직의 기독교사회민주당 등이 창당되었고 남에서는 박용희의 사회민주당, 기독교민주동맹, 기독신민회 등이 만들어졌다. (김흥수, 1999: 57) 이렇게 해방 공간에서 개신교는 정당을 비롯해 활발한 정치활동에 나서게 되는데, 개신교가 현실 문제에 매우 민감하게 반응하고 있었다는 점이 주목된다.

정치활동에 적극적이었고 정부 각료와 정치 엘리트 등 상층에 개신교도가 많기는 했지만 한국전쟁 무렵까지 개신교의 대중적 토대는 그렇게 강하지 않았다. 일제 시기인 1922년 2월 15일자 기독신보에 실린 조선기독교회 통계표에 따르면 1921년 장로교 및 감리교인 총계가 24만 명이었고 천주교 등 기타 교단을 합한 전체 기독교인은 35만 명가량이었다. (김흥수, 1999: 44) 1938년 조선기독교연합회 결성 무렵 신도수는 40만 명으로 거론되었다. (조선일보 1938. 5. 6.) 식민지 시기 개신교도의 증가추세는 완만했기에 해방 이전까지 40만 내외였을 것으로 추정된다.

해방 이후 통계를 보면 1950년 남한의 개신교도는 500,198명이었고 1960년에는 623,072명으로 증가해 10년 간 24.6%가 증가한다. 식민지 말기 40만 교도는 남북한 통합이기에 남한의 50만 교도는 놀라운 증가 추세였다고 하겠다. 그런데 1970년에는 3,192,621명으로 증가해 무려 412.4%의 폭발적 증가율을 기록했다. 이어 70년에서 77년 사이에는 56.7%가 증가해 5백만 명을 넘었다. (이원규, 1998: 169) 또 다른 연구에서는 1952년 개신교 신도가 90만에 달했으며 1960년에는 152만을 넘겼다고 추정했다. 천주교는 더욱 급속한 성장을 보여주었는데, 1953년 16만 5천이었던 신도가 1960년에는 40만을 넘어 171%가 넘는 증가율을 기록했다. (강인철, 2003, 132~9)

1960년 문교부 집계에 따르면 당시 한국의 모든 종교 신자 합계는 399만 여명이었으며 이 중 불교가 128만 8천 여명, 기독교가 127만 4천 여명으로 집계되었다. 개신교 교파별로는 예수교장로회가 670,210명, 감리교가 247,899명, 성결교 91,463명, 기독교장로회 173,409명이었다. 천주교는 40여 만 명이었고 대종교 50만, 천도교는 524,664명이었다. (동아일보 1960.3.13.)

이와 같이 개신교도 통계는 자료에 따라 상당한 편차가 있다. 국가 통계와 교회 통계가 서로 어긋나기도 한다. 현재로서는 정확한 통계를 확인하는 것이 쉽지 않은데, 어쨌든 해방과 전쟁을 거치면서 개신교도가 크게 증가했으며 특히 1960년대 이후 폭발적 성장을 보인 추세는 확인가능하다. 증가율은 1960년대가 높았지만 절대 숫자는 70년대에 급증했다.

개신교의 폭발적 성장은 60년대 이후지만 미군정과 한국전쟁이 중요한 계기가 되었음을 기억할 필요가 있다. 주한미군정의 직속 상관이었던 맥아더는 비록 교회를 다니지는 않았지만 매일 성경을 읽었고 교황과 더불어 자신이 기독교 세계의 최고 방어자라고 생각했다. 연합군 최고사령관으로 일본을 점령하고 있을 당시에는 일본을 기독교화시키기 위해 최대의 노력을 경주했다. 그는 기독교가 민주주의의 근원이며 반공의 보루라고 여겼고 일본을 근거지로 아시아 전체에 "십자가"를 퍼뜨려 공산주의와 맞서고자 했다. 미군정 역시 한국의 국가 형성도 그리스도의 정신을 기초로 해야 한다고 생각했다. (기독교역사학회, 2009: 34) 이러한 상황 하에서 선교사와 그 자제들은 미군정과 긴밀하게 협조하면서 개신교도들이 미군정에 참여할 수 있게 물심양면으로 도움을 주었다.

분단과 전쟁 상황에서 미국 교회가 어떻게 대응했는가를 잘 보여주는 문서가 미 장로교 해외 선교부의 보고서들이다. 그중 「1950년 연례보고서」(1951. 2. 5.)를 보면 1950년을 전쟁 이전과 이후 두 부분으로 나누어 보아야 한다고 설명하면서 신생 한국의 정세를 자세히 분석하고 있다. 전전 한국은 경제적으로나 정치적으로 불안정하기는 했지만 점차 안정을 찾아가고 있었고 정부와 미 고문관 사이에 낙관론이 팽배했음도 적시했다. 신생 정부 주요 인사 200여명 중 40명 이상이 기독교도임도 밝히고 있다. 선교기구였음에도 한국의 정치상황을 비교적 정확하게 파악하고 있었으며 매우 큰 관심을 가지고 있었음을 보여준다.

보고서는 월남민에 주목해 한국은 역사상 최고의 선교 기회를 만났다고 단언했다.[*] 월남민은 이 시기 미국 선교사들이 가장 중시한 선교 대상이었다. 선교사로 파송된 존 겐소(John Genso) 부부 역시 덕수교회에서 영어 성경반을 운영하고 있었는데, 월남민 대상 활동을 강화할 계획이었다. 또한 문맹퇴치 활동도 활발했다. 미 공보원은 1,000장의 벽보와 5만 부의 프린트물을 제공했고 예수 이야기도 2만 부 배포되었다. 정부가 운영하는 난민촌은 선교사가 본 가장 절망적인 장소였다. 문맹퇴치 활동과 함께 의복과 식량을 공급하였고 곧 그리스도의 길을 따르게 되었다고 한다.[**]

전쟁이 발발하자 개신교는 대대적인 전쟁 지원활동을 전개한다. 군수물자 보급을 위한 모금과 기부는 물론 직접 병력 모집에 나서기도 했다. 1950

---

[*] Station Reports to Mission, 1950(사료철 AUS293_01_00C0027), Presbyterian Church in the U.S.A. Board of Foreign Missions, Korea Mission Records 1903-1957(사료군 AUS293), 국사편찬위원회 전자사료관.

[**] Missionary Reports, quarterly and annual, 1949-50(사료철 AUS293_01_00C0103), Presbyterian Church in the U.S.A. Board of Foreign Missions, Korea Mission Records 1903-1957(사료군 AUS293), 국사편찬위원회 전자사료관.

년 7월 한경직 등 월남한 개신교 교역자가 중심이 되어 전쟁을 '성전' 혹은 '십자군 전쟁'으로 선포하면서 '기독교대한구국회'를 결성하고 선무 공작, 구호활동 등에 이어 개신교 청년들로 구성된 3,000명 규모의 의용대를 조직하였다. (양현혜, 2020: 224~225)

전쟁 기간 개신교의 두드러진 활동은 구호 및 재건활동이었다. 이는 주로 해외 원조기관들로부터 받은 물자에 기반해 이루어졌다. 원조에 참여한 40여 개에 달하는 외국 교회 및 민간 단체 중 개신교 계통으로 가장 중요했던 것은 미국기독교교회협의회 산하의 기독교세계봉사회(Church World Service)였다. 기독교세계봉사회는 1955년까지 현금 지원만 1억 달러에 달했을 정도로 대규모의 지원활동을 전개했다. (김양선, 1956: 130)

수많은 지원단체들의 원활한 활동을 위해 외국민간원조단체협의회 (KAVA: Korea Association of Voluntary Agencies)가 결성되었는데, 1958년 11월 10개국 59개 단체 중에서 28개 단체가 선교단체들이었다. (김흥수, 2005: 103) 1950년대 KAVA의 활동범위와 예산 규모는 당시 복지정책을 전담하던 보건사회부를 웃돌 정도였고, 넓은 영향력으로 인해 '제2의 보사부'라는 별명을 얻기도 했다. (유승태, 2017: 364~365)

개신교는 전쟁으로 커다란 피해를 보았지만 전쟁을 통해 그것을 상쇄하는 것은 물론 더 큰 규모로 확대재생산된다. 1952년 한국기독교연합회 주도로 각 교파를 망라한 재건연구위원회가 결성되었고 서구 교회의 지원과 결합되어 막대한 원조가 공여되었다. 또한 교파별로 전시 신앙부흥 활동이 본격화된다. 장로교는 1953년 6월 2일 선교협의회를 통해 조속한 복구를 결정했고 감리교도 1954년 6월 22일 미국 선교부 복구위원들의 내한을 계기로 복구 사업이 본격화된다.

이러한 상황을 배경으로 개신교 각 교단은 교세확장에 주력한다. 장로교 총회는 1952년을 신도 전도 총동원의 해로 정하고 총력 전도에 나섰고 감리교는 1953년을 특별 부흥전도의 해로 지정해 부흥운동을 전개했다. 1956년 8월까지 각 교파별로 신설 교회당 통계를 보면 장로교 1,200개, 감리교 500개, 성결교 250개, 기타 100개 등 모두 2,050개에 달했다. (김홍수, 1999: 80~81) 이렇게 교회가 대대적으로 확충된 것은 두말할 것 없이 전쟁의 영향이었다. 서구 교회의 지원을 배경으로 피난민들이 대거 교회로 집결되었기 때문이다. 2,000개가 넘는 신설 교회의 90%가 피난민 교회였다는 점이 이것을 잘 보여준다. (김양선, 1956: 100)

또한 미국의 저명한 부흥사들이 내한하여 대규모 대중집회를 개최했는데, 대표적인 것이 전쟁이 한창이던 1952년 12월 빌리 그래함의 방문이었다. 그는 1956년 2월에도 재차 방한하여 서울 공설운동장에서 부흥회를 개최한다. 포로 수용소 선교도 활발해 수용소 각 교회에 등록된 교인이 15,000명 이상이었다. 1951년부터는 군종제도가 실시되어 39명의 군종 장교들이 활동을 개시했다. 군종제도는 미국 제도를 거의 그대로 모방한 것이었으며 1956년까지 군인 신도수가 8만 명으로 증가했다. (김홍수, 1999: 85~88)

미국 선교회 역시 집중 활동에 돌입한다. 미 장로회 선교회의 보고에 따르면 1951년 한 해 동안 12명의 신규 직원이 도착했는데, 이는 지난 25년 간 가장 큰 규모의 인원 충원이었다. 이에 당시 총 선교인원은 50명에 달했다. 장로회 선교회는 한국의 전쟁이 선교의 중요한 분기점이 될 것으로 예상하고 대대적으로 인적, 물적 자원을 투입했다. 선교회의 주된 활동 영역인 교육 및 의료 분야가 전도의 주된 통로였다.

선교사들의 활동도 활발했다. 일례를 보면 로버트 피어스 박사, 로버트 핀리 등 몇몇 선교사들은 서울과 대구를 비롯해 여러 곳을 방문했는데, 서울 집회에는 16,000명이 참가해 성황을 이루었고 수천 명의 신도가 확충되었다고 보고했다. 선교회의 활동은 한국 정부의 적극적 후원 속에 이루어진다. 예컨대 장로회는 농촌선교 프로그램을 위해 14,000달러의 자금으로 대전 지역에 300에이커의 토지를 구매했는데, 한국 정부는 놀라울 정도로 (wonderfully) 협조적이었다고 했다. *

또한 선교회는 유엔군과 협조하여 영화, 라디오 등의 시청각 매체를 적극적으로 활용했다. 안동의 장로교 선교회는 1952년 3월 초 이틀에 걸쳐 유엔군민사사령부 이동영사반과 협조해 안동 장로교회 앞 광장에서 수천 명의 관중을 모아 '왕중의 왕'이라는 영화를 상영했다. 문맹률이 높았던 당시 영화는 상당히 유력한 선전매체였다. **

라디오도 중요한 매체로 활용되었다. 미 장로회 선교회 대중매체위원회의 1952년 활동 보고를 보면 라디오의 경우 매주 일요일 15분 간 비신도들을 위한 설교가 방송되었다. 드라마도 있었지만 중요한 것은 영화였다. 영화의 경우 1952년 1년 간 '왕중왕'이 비신도 23만 9천여 명을 포함해 총 45만 7천여 명의 관중을 모았다. 상영 회수를 보면 교회 133회에 걸쳐 63,350명, 비신도 일반관중 대상이 134회에 걸쳐 239,205명, 군 기지 50회 98,350, 군병원 49회 21,720명, 군 학교 6회 4,100명, 피난민 수용소 4회 4,320명, 고아원 13회 4,980명, 교도소 5회 2,730명, 학교 28회 13,770명, 양로원 1회 150명, 일요학교 3회 1,220명, 민간단체 5회 945명 등이었다. ***

1957년 12월에는 기독교방송이 개국하여 본격적인 방송 선교가 시작된다. 1959년에는 부산과 대구 1961년에는 광주와 이리(익산)에 지방 방송국

---

* Station Reports to Mission, 1950(사료철 AUS293_01_00C0027), Presbyterian Church in the U.S.A. Board of Foreign Missions, Korea Mission Records 1903-1957(사료군 AUS293), 국사편찬위원회 전자사료관.

** Institutions, Projects - Annual Reports, 1952(사료철 AUS293_01_00C0061), Presbyterian Church in the U.S.A. Board of Foreign Missions, Korea Mission Records 1903-1957(사료군 AUS293), 국사편찬위원회 전자사료관.

*** Institutions, Projects - Annual Reports, 1952(사료철 AUS293_01_00C0061), Presbyterian Church in the U.S.A. Board of Foreign Missions, Korea Mission Records 1903-1957(사료군 AUS293), 국사편찬위원회 전자사료관.

도 설립된다. (민경배, 1993: 534) 방송국 개국 역시 미국 교회의 적극적 후원으로 가능했다. 미국 장로교 한국 선교회 대중매체 위원회 산하 라디오 위원회의 보고서를 보면 "기독교의 목소리가 방송된다면 우리는 단 일주일 만에 과거 모든 선교활동을 통해 수행했던 일들을 할 수 있을 것이다"라는 말로 라디오 방송국 개설의 필요성을 역설했다. 방송국 개설의 최대의 장애물은 정부의 허가인데 공보처장 이철원을 비롯해 이승만 정부가 전폭적으로 지원했음을 밝혔다. [*]

선교 초창기부터 강조되어 온 의료 선교 역시 이 시기에 중요한 활동으로 등장했다. 대구 장로교 병원의 1951~52년 연례 보고서를 보자. 1899년 설립된 장로교 병원은 1949년 병원 감독관 모페(Howard Moffett) 박사에 의해 5가지 목적이 설정되었다. 환자 치료, 의사와 간호사 양성, 공중보건 진작, 과학적 의료연구 진흥 등이 그것인데, 가장 중요한 원칙은 기독교 지도력에 의한 영혼의 안식을 증진시키는 것이었다.

또한 병원 종교부는 경찰 대상 선교를 강조했다. 그 결과 경찰은 대구병원의 최고의 환자가 되었으며 결국 200명의 개종자를 만들어냈다. 병원 종교부는 경찰이 가장 중요한 집단이라고 생각했으며 그들이 퇴원해 돌아가면 지역선교 활동에 훌륭한 자산이 될 것을 기대했다. 경찰은 단지 우리를 돕는 존재로 그치는 것이 아니라 예수 그리스도의 증인이 될 것이라는 기대였다. [**]

전쟁 상황임에도 1951년 병원의 재정 상태는 아무런 문제가 없었다고

---

[*] Institutions, Projects - Annual Reports, 1950(사료철 AUS293_01_00C0059), Presbyterian Church in the U.S.A. Board of Foreign Missions, Korea Mission Records 1903-1957(사료군 AUS293), 국사편찬위원회 전자사료관.

[**] Institutions, Projects - Annual Reports, 1951(사료철 AUS293_01_00C0060), Presbyterian Church in the U.S.A. Board of Foreign Missions, Korea Mission Records 1903-1957(사료군 AUS293), 국사편찬위원회 전자사료관.

하며 통원 환자는 11만 명이 넘어 전해보다 두 배가량 증가했고 입원환자는 8,774명에 달했다. 이렇게 안정적인 병원 상황을 배경으로 종교부의 활동은 설교회(preaching society) 중심으로 이루어졌다. 종교부는 4,526명의 환자와 방문객을 대상으로 전도활동을 전개해 그중 561명을 신도로 만들었다고 한다. 이중 113명은 경찰이었다.

또한 1951년 7월에는 오랫동안 기획해온 이동진료단을 가동하기 시작한다. 이동진료단은 성경, 의료, 합창 그리고 영화팀으로 이루어졌으며 모두 19개 마을을 방문해 1,140명을 치료하고 1,137명의 개종자를 만들어냈다. 저녁에 개최된 모임에는 2천여 명의 주민이 참석할 정도였다. 어떤 경우에는 도지사, 경찰국장, 도 내무국장 등이 동행해 마을모임을 진행하기도 했다. 이 같은 활동은 일제시기에는 불가능했다. •

해방과 전쟁에 이르기까지 농촌 마을은 좌우 갈등의 무대이자 선교활동의 무대였다. 장로회 선교부는 마을 선교에 찬송가 트럭도 운용했는데, 옆면과 후면에 '하느님이 구원하신다', '하느님은 빛이자 사랑이다', '한국은 예수에게로' 등의 문구를 새겨놓았다. 찬송가 트럭은 6개월 전 공산주의자들의 공격으로 36명의 마을 청년이 학살된 한 마을을 방문해 교회 신도를 세 배로 증가시켰다고 한다.

여성 선교사 버그만(Bergman)의 활동을 보자. 그가 대구에 도착해 제일 처음 한 일은 복음화가 진행된 지역은 흰색으로 그렇지 못한 지역은 검은색으로 구분한 지도를 만드는 일이었다. 1949년 상반기 그는 시골지역 선교를 결심하고 한국의 가장 유명한 양반가(gentleman class) 중의 하나인 성씨(Syung clan) 마을의 선교활동을 추진했다.

• Institutions, Projects - Annual Reports, 1952(사료철 AUS293_01_00C0061), Presbyterian Church in the U.S.A. Board of Foreign Missions, Korea Mission Records 1903-1957(사료군 AUS293), 국사편찬위원회 전자사료관.

그는 마을의 반발을 무릅쓰고 8일간 체류하면서 가정 방문은 물론이고 밤에 들판에서 공개예배를 드렸는가 하면 마지막 일요일에는 35명의 새로 태어난 아기들과 함께 예배를 드리기도 했다. 이러한 활동으로 마을 원로 한 명은 3명의 여성이 불과 8일만에 유교가 5백년 간 한 것보다 더 많은 일을 해냈다고 치하했다고 한다. 또 다른 마을에서는 17년 간 북두칠성의 혼을 모시는 제단을 만들어 정한수를 올리며 치성을 드려왔던 70대 노파를 개종하기도 했다.

마을 차원의 활동은 관공서는 물론 군대의 지원 하에 이루어지는 경우도 많았다. 좌익 게릴라의 활동이 활발한 지역에서는 무장 군인들의 호위 하에 개최되었으며 심지어 7명이 학살되고 방화사건이 벌어진 마을에 이틀 뒤 행사를 진행하기도 했다. [*]

또한 장로교 안동지회는 흉작으로 기근이 찾아오자 3천여 명을 감당할 수 있는 5개소의 급식소를 개설해 6주간 운영했다. 영양군에서는 이 활동으로 21명의 신도가 확충되었다고 보고했다. 이러한 선교활동은 미군과 긴밀한 협조 속에 진행되었다. 주한미군사고문단(KMAG)은 모든 마을에 기록된 지도를 제공해 선교활동을 지원했다. [**]

전쟁을 겪으면서 개신교가 탁아소, 고아원, 모자원 등 전쟁의 상흔을 입은 수많은 사람을 대상으로 각종 구호사업을 벌인 것은 일일이 열거하기 힘들 정도이다. 나아가 단순 구호를 넘어 자활, 재정착 등의 활동으로 이어진다. 이렇게 다양한 방법의 선교활동이 이루어지고 막대한 양의 원조가 한

---

[*] Station Reports to Mission, 1950(사료철 AUS293_01_00C0027), Presbyterian Church in the U.S.A. Board of Foreign Missions, Korea Mission Records 1903-1957(사료군 AUS293), 국사편찬위원회 전자사료관.

[**] Missionary Reports, quarterly and annual, 1951-53(사료철 AUS293_01_00C0104), Presbyterian Church in the U.S.A. Board of Foreign Missions, Korea Mission Records 1903-1957(사료군 AUS293), 국사편찬위원회 전자사료관.

국교회로 투입되면서 신앙생활에도 큰 영향을 미치게 된다. 질 좋은 각종 구호품들을 체험하면서 서구 사회의 풍요로운 삶이 가능한 이유가 곧 하나님의 축복으로 이해되었는가 하면 물질 중시 신앙이 강화되기도 했다.(장병욱, 1983: 363)

전쟁의 결과 중 빼놓을 수 없는 것이 미국의 영향이다. 미국의 거대한 생산력과 군사력을 몸소 체험한 한국사회는 급속하게 그 영향 아래로 편입되기 시작했다. 아메리카니즘은 전후 50년대를 상징했다. 미국의 위력은 정치와 군사, 경제는 물론이고 사람들의 의식과 정신세계로까지 뻗치게 된다. 전후 개신교의 폭증은 아시아 지역에서 유례를 찾기 힘든 매우 특이한 현상이었다.

한편 개신교에게 전후 1950년대는 새로운 국가건설의 결정적 국면으로 이해되었다. 전쟁을 통해 좌우 이데올로기 대립의 최종 결과가 도출되었기에 남은 것은 국가/국민 형성(nation building)이었다. 새로운 국가의 이념적 기초는 자유민주주의와 반공주의 그리고 자유시장의 자본주의로 설정되고 있었지만, 기독교는 그것보다 더 근원적인 수준에서 새로운 국가의 기초가 되고자 했다.

> 종교는 위선 신앙자 각 개인 자신 안에서 이성적으로 구극의 실재자와 최종의 의의를 통찰하며 통일된 세계관과 생의 철학을 수립할 수 있게 한다. 신비적인 면에서 영원자와의 친교를 가질 수 있게 한다. 윤리적인 면에서 윤리의 권위를 확립하며 그 최고의 규준을 제시하고 …… 종교는 인생의 각 부문에 정상관계를 수립하므로 말미암아 전적인 대조화를 齎來한다. 하나님과 사람, 현세와 내세, 시간과 영원, 영과 육 등등에 통일된 의의를 부여한 것은 종교였다 …… 하나님과의 정상관계가 수립됨에 따라 세계와의 정상관계도 수립된다 …… 고통과 죽음까지도 하나님 안에서 또는 하나님을 위해서는 숭

고한 미와 영광과 생명으로 통하는 것이다. 종교는 사람과 사람과의 관계, 즉 인간의 사회적 관계를 정상화한다. 근년에 군국주의니 국가지상주의니 공산주의니 민주주의니 하는 것이 서로 충돌하여 그 결과 문명의 몰락이 촉진되는 것은 곧 인간의 사회적 정상관계가 파괴된데서 생긴 비극이다 …… 하나님과 사람과 자연이 대조화를 이루는 행복을 성취하려는 것이 종교의 일이다. (김재준, 1953: 21~22)

인용문은 사상계 창간호에 게재된 김재준의 글로 1950년대 초반 종교에 대한 입장을 잘 보여준다. 이 글은 단지 김재준 개인의 입장만은 아니었다. 좁게는 사상계 진영, 더 나아가 기독교장로회와 서북 기독교 문화주의 그리고 기독교 전체의 입장을 대변한 것으로 보인다. 전쟁이 한창인 와중에 김재준과 사상계는 남한 사회가 어디로 가야 하는지를 명료하게 제시한다. 김재준은 뒤르켐을 인용해 "사회가 구성되려면 그것을 구성할 어떤 뚜렷한 이상이 있어야 하는데 그 이상에 대한 신념이 곧 종교의 본질"이라고 규정한 다음 "인간과 종교는 같이 자란다"고 단언했다. 그렇기에 김재준은 "나는 우리나라 건국의 시초에 있어서 무엇보다도 인간생활 전부문에 종교가 합작해야 한다는 원칙이 명백히 시인되고 실천되기를 희망"했다.

그의 이러한 확신은 미국의 권위로 보강된다. 김재준은 "민주주의의 혼이 종교"라고 주장하면서 "아이젠하워가 종교를 생각지 않고 민주주의 정부를 운위할 수는 도저히 없다"고 한 말을 인용한다. "경영자가 그 예언자요 중역회의가 곧 성찬의식"이라는 말을 인용하는 것을 보면 자본주의 정신도 얼핏 보인다. (김재준, 1953: 19, 23~24) 김재준은 향후 한국사회를 규정할 민주주의와 자본주의 모두 종교에 근거해야 한다고 주장했다.

한국 현대사 최대의 비극이었던 한국전쟁은 내전과 국제전이 뒤섞인 채 공중 폭격을 비롯한 가공할 군사적 파괴, 이념에 따른 학살, 가족과 마을,

이웃과 동료 사이에 벌어진 잔혹한 폭력의 경험을 통해 지우기 힘든 트라우마를 만들어냈다. 이 폭력이 역설적으로 거대한 사회혁명의 기능을 수행하여 기존 가치와 윤리, 관습과 제도에 심대한 타격을 가한 것도 사실이다. 개신교는 이러한 전후 풍경을 후경으로 하여 기독교가 영적 세계는 물론 속세의 기초가 되어야 함을 주장한 것이다.

앞서 보았듯이 실제 전쟁을 거치면서 기독교는 폭발적 팽창의 가능성을 보여주었다. 미국의 지원, 반공주의, 전쟁이 초래한 말세적 풍경 등이 어우러져 기독교는 전후 한국사회의 유력한 사회적 실체로 구성되고 있었다. 전후 기독교의 사회적 팽창을 잘 보여주는 사례로 신흥종교가 있다.

탁명환에 의하면 당시 신흥종교는 대략 200여 개로 추산된다. 이 중 제일 큰 세력을 이룬 것은 기독교 계통이었다.(탁명환 1972, 55) 기독교 계열 신흥종교 중 가장 유명한 것은 통일교와 전도관이다. 당시 기존 윤리나 가치는 폭격당한 시가지처럼 황폐되어 있었고 「났다」하면 불, 「떴다」하면 곗돈, 「섰다」하면 교회라는 3다가 유행했다고 한다. 이 와중에 메시아의 재림과 지상천국의 건설을 외치고 나온 새로운 종파가 세계 기독교통일신령협회(통일교)였다.(이주혁·권영빈 1969, 151)

통일교가 처음으로 사회의 주목을 끈 것은 1955년이다. 이 해에 이화여대 통일교 신도 교수 5명과 학생 17명이 퇴직 및 퇴학되었고 교주 문선명은 사회질서 혼란과 풍기문란 혐의로 구속되었다 10개월 만에 병보석으로 석방되었다. 1958년에는 미국으로 선교사를 파견하여 본격적인 해외선교에 착수했다. 1959년이 되면 교회수가 70여 개에 달할 정도로 교세가 확충되었고 1965년에는 문선명이 40개국에 걸쳐 세계순회를 할 정도로 해외선교도 성공적이었다.(탁명환 1972, 74~6) 1960년대 박보희가 주도해 만든 한미문화자유재단의 구성을 보면 아이젠하워가 명예 회장이고 트루만, 밴플리트, 양유찬, 펄벅 등이 이사진으로 참여한다.(이주혁·권영빈 1969, 155)

신앙촌의 박태선은 1915년 평북 영변 출신으로 1955년 예수교장로회로부터 이단 판정을 받고 1958년 소사 제1신앙촌을 완성했다. 이어 덕소의 제2신앙촌과 부산의 제3신앙촌 건설이 뒤따랐다. 전후 기독교 계통 신흥종교의 발흥에 대해 한 언론은 다음과 같이 설명했다.

사상 유례없는 참화를 입은 민중에게는 감당하기 벅찬 현실이 끝없이 이어져가는 것 같았고 미래란 생각조차 지겨운 시점으로 보였다. 전쟁 중의 긴장도 풀리고 견디기 어려운 가난과 시달림 속에서 기성 가치나 권위 또는 전통에의 신뢰감은 송두리째 상실된 허탈한 시기를 강력히 주름잡아 민심을 샅샅이 보살펴주어야 할 정치는 단지 독재에의 길을 닦기에 여념이 없었다. 전쟁은 강력한 도덕적 단위의 하나였던 가족제도도 붕괴시켰다. 이농자는 도시로 몰려들었으나 그들을 기다리는 직업도 없었다. 요컨대 전쟁을 잊게 해줄 수 있는 전후처리가 너무나 졸렬했던 것이다. 가까이 선량한 정치가 부재하고 건전한 경제가 사라진 사회에서 서민들의 자욱한 절망감은 쉽게 염세사상을 거쳐 종말을 직감하고 말세론을 받아들이게 되는 것이다. 그러나 민중의 말세론은 현세개조에의 절실한 갈망인 것이다. ●

신흥종교는 대부분 말세론과 종말론을 중시했다. 전후라는 조건을 배경 삼아 말세론은 종교적으로 설파된 강렬한 현실 부정의 힘을 보여준다. 즉 현실의 변화를 열망했던 대중의 욕망을 충족시키기 위한 서사형식을 취한 것으로 보인다. 해방 이후 격렬한 정치적 열정이 사그라들면서 종교적 열정이 이를 대신한 것이기도 할 것이다.

종교에 기반한 숱한 저항의 기억들을 상기해보면 신흥종교는 확실히 이

●「그해 그얼굴」,「조선일보」1965. 9. 23.

단을 넘어 사회에 대한 불온한 상상과 접속된다. 그들의 언어와 문법은 기성의 과학과 합리주의를 넘어선다. 이는 과학적 이론을 강조한 마르크스주의와도 대조된다. 그럼에도 그들은 기성 교단도 하지 못한 일들을 해내곤 했다. 거대한 공동체를 만들었는가 하면 기독교의 본고장 미국까지 진출해 상당한 세력을 구축했다.

이것은 신흥종교의 언설이 일견 비현실적인 것처럼 보이지만 실제 그 실천양상은 지극히 현실적이었음을 보여준다. 이를 잘 보여주는 것이 박태선의 신앙촌이다. 박태선은 무엇보다 경제적 욕망을 중시했다. 신도들에게 내세의 피안을 강조하면서 한편으로는 자가용, 피아노, 전축 등을 제공하겠다는 약속이 덧붙여졌다. 실제 신앙촌은 집단살림의 공동체이자 거대한 산업시설이었다. 모두 3개가 만들어진 신앙촌은 주거와 생산이 결합된 형식이었고 '시온'을 비롯해 등록상표가 붙은 수많은 제품들을 생산했다. •

신앙촌 안에는 시온 철강주식회사, 한일물산주식회사, 시온 합성섬유주식회사 등의 대규모 공장 외에도 비닐 공장, 미장원, 건재상, 미곡상, 세탁소, 식당, 연탄공장, 이발소 등이 있었고 직영공장으로 미원, 양재, 이불, 양말, 전구, 장유, 제과, 양복, 참기름 등 30여 개 소규모 공장들이 있었다. 생산하는 품목은 스프링, 모터, 슬레이트 등 무려 80여 종에 달했으며 자체 발행한 쿠폰은 신앙촌 내에서 한국은행권보다 더 신용이 좋았다고 한다.(탁명환 1972, 129~130) 덕소에 들어선 제2신앙촌은 12만 원에서 1천만 원에 달하는 고급 독립가옥까지 구비되었으며 부산의 제3신앙촌은 수출공업단지로 여기 입주하는 것이 신도들의 최대 소망이었다고 한다.

신앙촌은 공동체를 넘어 일종의 대항국가처럼 보인다. 1만 2천에 달하

• 전도관이 특히 경제기업의 형태를 취한 것은 박태선이 기업경영 경험이 있었다는 점과 무관치 않아 보인다. 또한 전도관은 통일교회와 달리 기존 교회에 실망한 고교 졸업생이 제일 많았다. 즉 통일교가 어느 정도 경제력이 뒷받침된 중산층이 주요 대상이라면 전도관은 상대적으로 서민층이 많았다고 하겠다.

는 제1신앙촌 주민들은 자급자족 자력을 강조하며 '국민의 자립경제'란 표현을 사용했다. 취재 기자는 "기성 교계를 전적으로 비난하고 또 속세라고 말하는 일반사회 현실은 물론 정부(대한민국)의 행정시책까지도 노골적으로 부정해가며 천년을 살겠다고 발버둥치는 1만 2천여 신자 군상들"이라 묘사했는데, 신도들에게 신앙촌 외부는 거의 인정될 수 없는 소돔과 고모라처럼 여겨진 듯하다.

박태선이 권력을 구성하는 핵심은 경제력이었다. 그의 종교는 철저한 기업종교였으며 수많은 실업자가 호구지책을 얻지 못해 필사적인 한국 실정 하에서 생계를 주고 영적으로 살길을 마련해준다는 약속을 퍼뜨린 전도관의 에센스는 경공업 중심의 제1신앙촌과 중공업 중심의 제2신앙촌 기업에서 찾아야 할 것이란 주장은 설득력이 크다. 더 나아가 전도관은 후진국인 한국의 경제문제를 우리 손으로 해결하는 것을 중요한 목표로 삼고 국제시장 진출도 모색했다. 선진국에 지지 않는 부민강국 복지정책에 이바지하며, 인간 재창조 성업에 매진한다는 것이 뚜렷한 목표였다는 것이다. 박태선의 자기 확신은 법정에서의 진술에서도 확인된다. 그는 자신의 목을 벤다 하더라도 수백의 박장로가 다시 나온다고 주장했다. •

신앙촌은 박정희 정권의 산업화 전략과 묘하게 연동된다. 자급자립이라는 슬로건에서부터 경공업과 중공업의 시차 개발전략도 그렇고 구성원의 희생을 강조하며 집단살림에의 헌신을 요구하는 이데올로기도 유사하다. 군사주의와 폭력적 권력을 통해 공동체를 규율하고 질서를 확립하고자 한 시도도 비슷하며 확신에 찬 소명의식은 두 사람이 동일하다. 두 사람 모두 경제적 번영을 통한 구원전략에 모든 것을 쏟아부었다.

이들은 한국사회가 바야흐로 자본의 시대로 넘어가고 있음을 상징적으

• 「그해 그얼굴」, 『조선일보』 1965. 9. 23.

로 보여준다. 박태선은 자본의 문법을 익히지 못한다면 성경 말씀 또한 도로아마타불이 될 것이라 믿었던 듯하다. 신앙촌과 국가 모두 상호 참조 텍스트로 보인다. 박정희는 김용기의 가나안 농군학교에 깊은 인상을 받아 새마을운동에 적극 활용하기도 했다. 개발이 사회를 변혁하고 말세를 구원할 가장 확실한 길로 제시된 셈이었다. 맘모니즘에 대한 비판 속에서도 경제적 이익이 하나님의 만나처럼 여겨진 셈이었다.

미군정과 맥아더의 후원, 한국전쟁 당시의 막대한 원조 등을 배경으로 한국의 개신교는 단순한 종교가 아니라 강력한 사회세력으로 급부상했다. 인구 비례를 훨씬 뛰어넘는 정치적 진출은 개신교의 사회적 영향력을 실감케 했다. 개신교는 일종의 선택받은 종교처럼 보였다. 기독교를 기반으로 한 국가 건설을 주장하는 글이 당대 최고의 월간지 지면을 장식했고 종교의 지적, 윤리적 권위가 모든 것의 기초가 되어야 함을 강조했다. 이로부터 개신교는 사회와 국가에 대한 분명한 책임을 느꼈음직하다. 이는 해방과 분단 그리고 전쟁을 겪으면서 개신교 전체가 매우 민감하게 정치화되었다는 사정을 반영한 것으로 보인다.

개신교가 정치적 상황과 밀접하게 관련되면서 성장해왔다는 것은 이미 구한말 이래의 모습이었지만, 전쟁이라는 극단적 상황 속에서 이전과 질을 달리하는 정치화된 모습을 보여주었다. 급기야 전쟁으로 치달은 좌우대립은 개신교에게 무신론에 기반한 공산주의와의 생존을 건 대결이지 않을 수 없었다. 열전과 냉전을 오간 20세기 중반 한반도의 개신교는 그 전선의 최일선에 있었던 셈이었다. 그 기원에 있어 미국과 서구와 밀접했던 개신교는 세계적 규모로 진행된 냉전의 특성에 비추어 더욱 원심력에 강한 영향을 받게 되었다. 미국은 정치적으로나 종교적으로나 개신교의 거대한 젖줄이지 않을 수 없었다. 한국에 대한 미국의 영향력이 커지는 만큼 그와 비례해 개신교의 성장 역시 더욱 가속화되었다.

요컨대 한국 개신교는 현실의 정치상황에 매우 민감해질대로 민감해졌다. 이러한 세속적 관심은 교파를 불문했다. 따라서 정치권력과의 관계는 개신교단의 가장 중요한 관심사 중의 하나일 수밖에 없었다. 특정 정치권력에 대한 반대와 찬성 모두 세속 권력과의 밀접한 관련 하에서 성장한 개신교의 특성을 잘 보여준다. 이는 역설적으로 개신교가 정치권력에 대해 강한 자율성을 가지게 된 사정을 설명해준다. 즉 세속 권력을 활용하되 그 권위에 무조건 복종하지 않는 개신교의 모습은 정치권력을 상대화할 수 있었던 역사적 경험과 무관치 않을 것이다. 한국의 정치권력이 미국을 정점으로 한 세계사적 원심력에 규정당하는만큼 개신교 역시 또 다른 차원에서 그 원심력을 활용할 수 있는 정치적, 종교적 자산이 풍부해진 역사를 보여준다. 요컨대 해방과 전쟁을 거치면서 개신교는 격렬한 정치화를 경험하면서 대중적 토대도 상당한 정도로 강화되었다. 세속 권력을 상대화하는 절대자에 대한 믿음도 확고했다. 이러한 역사적 배경이 1970년대 권력에 대한 민주화운동을 전개하는 중요한 실마리를 제공한다고 할 수 있다.

제2절 산업화·도시화와 개신교의 사회적 팽창

근대 사회를 규정하는 가장 중요한 특징이 산업화임은 이론의 여지가 없을 것이다. 해방 이후 한국사회를 가장 크게 변모시킨 핵심은 한국전쟁과 그 뒤를 이은 산업화다. 전쟁은 외적으로 냉전체제 구축의 결정적 계기가 되었고 내적으로 국가 분단과 사회변혁의 이중적 기능을 수행했다. 휴전 이후 불과 7년이 채 안 되어 발생한 4·19혁명은 정치적 부정에 대한 반대를 넘어 사회 전체적 변화에 대한 강렬한 열망을 드러냈다. 5·16쿠데타 세력은 그 변혁에 대한 정치적 욕망을 경제적 측면으로 변환시켜 생산력주의적 동원전략을 구사하고자 했다. 물론 이것이 케네디 정권 성립과 함께 본격화된 미국의 근대화 전략의 연장선임도 분명했다. 냉전의 다른 이름은 평화공존과 생산력 경쟁이었고 한국은 핵심 쇼윈도우 역할을 부여받게 된다.

산업화가 진행되면서 농어촌 사람들은 도시가 주는 경제적, 교육적, 문화적 기회에 이끌려 대거 도시로 이주했다. 한국은 1970년대를 거치면서 농업과 농민의 비중이 격감하고 공업과 산업자본, 그리고 노동자층의 비중이 급격히 증대했다.(박명규, 1995) 이 과정은 단순히 산업화의 자연스러운 흐름만은 아니었다. 정부와 경제개발 엘리트들은 이촌향도에 따른 다양한 문제에 우려를 표하면서도 농촌으로부터의 대규모 노동력 공급이 산업화에 결정적 조건임을 분명히 했다. 이른바 농촌의 무제한적인 노동력 공급을 나타내는 루이스 곡선이 꺾이게 되는 것은 1970년대 후반에 가서이다. 그전까지 이촌향도는 산업화를 위한 결정적 조건으로 국가와 자본에 의해 널리 조장된 셈이었다.

이렇게 급격한 이촌향도 현상이 발생하면서 자연히 농촌 중심의 촌락 공동체적 생활환경이 무너질 수밖에 없었고 급격한 도시화가 촉진되었다. 도시화가 가져다주는 익명성은 사람들과 사람들 사이의 관계를 이익 중심적인 것으로 변하게 했고, 전통적 가치는 단절될 수밖에 없었다. 급속한 산업화와 도시화는 이러한 현상들과 함께 도시의 주택문제, 교통문제, 환경문제 등에 이르기까지 여러 가지 사회문제를 일으키게 되었다.(한국기독교역사학회, 2009: 122~123)

하지만 산업화와 도시화가 초래한 사회적 변화는 오히려 도시를 중심으로 생겨나기 시작한 개신교의 입장에선 성장의 기회로 작용했다. 도시 속에서 소외감과 정체성의 위기를 느낀 사람들에게 도시에서 가장 쉽게 접할 수 있는 종교였던 개신교는 소속감과 정체성을 제공하는 좋은 장(場)이었기 때문이다. 개인의 구원을 강조한 개신교는 한국에서도 전통사회와 연결되어 있는 불교, 유교, 무교보다 도시인들에게 더 매력적인 안식처로 다가왔다. 실제로 1960년대부터 경제개발이 본격화되면서 상경한 이농인구로 인해 서울의 인구가 기하급수적으로 증가함에 따라 농촌의 교회들은 현저히 축소된 반면, 도시의 교회들이 폭발적으로 증가하면서 개신교 시장이 수도권을 중심으로 팽창하기 시작했다.

1993년 한국종교사회연구소 통계에 따르면 1960년에 5,011개였던 교회가 1970년에는 12,866개로, 1980년에는 21,243개로 증가했다. 10년 단위의 증가율로 보면 1960년과 1970년 사이에 157%, 1970년과 1980년 사이에 65%가 증가했다. 산업화 및 도시화가 일어났던 1960년에서 1980년까지 20년간 4배 이상 증가한 것이다. 이러한 급속 성장은 특히 서울과 수도권, 그리고 대규모 산업단지와 인접한 지방 대도시라는 산업화 및 도시화라는 공간구조의 변화를 배제하고선 설명하기 어렵다. (한국기독교사회문제연구원, 1982: 10~17; 이정연, 2018: 123; 이만열, 2020: 271)

1970년대에 산업화 및 도시화가 본궤도에 오르는 것과 발맞추어 한국 개신교는 사상 유례를 찾아볼 수 없는 급성장을 보이기 시작하였다. 농어촌보다는 도시, 도시 가운데서도 대도시일수록 개신교인의 비율이 높았다. 그렇다면 개신교의 교세가 이렇게 급성장한 주요 요인은 무엇일까? 분단과 개발독재 상황이 조성한 심리적 불안감, 정치경제적 불균형, 사회적 불만, 그리고 가치관의 혼란은 모든 종교가 전반적으로 성장하는 데 유리한 여건을 조성했지만, 특히 물질적 차원에서 상대적 박탈감을 느끼는 사람들을 위로하고 성공하도록 동기유발하며, 그들에게 물질적 축복을 약속하는 데 주력했던 개신교의 성장이 두드러졌다. 적극적 사고, 성공의 복음, 풍요의 복음 등 자본주의화된 축복의 메시지는 이 시기에 크게 번창한 교회에서 공통적으로 들을 수 있는 설교 내용이었다. (한국기독교역사학회, 2009: 124~125)

이러한 설교를 통해 교회는 물질적·현세적 축복을 약속하여 사람들이 사회·경제적 욕구를 긍정하고 축복해주었다. 축복의 효과는 예수를 믿으면 영혼이 구원받을 뿐 아니라 재물과 지위를 얻고 무병장수한다는 '삼박자 축복'을 표방한 여의도순복음교회의 급성장에서 잘 드러난다. (양현혜, 2020: 226~227)

이처럼 개발독재 시대 산업화된 도시 세계 속에서 급성장한 한국교회는 도시 대중들의 사회적 삶의 안전/보장에 대한 억압된 욕망을 있는 그대로 긍정하고 격려하며 더욱 자극하여 신앙적 열정으로 전환시키는 데 성공함으로써, 대중들의 에너지를 자기 성장의 동력으로 흡수했던 대표적인 집단이었다. 물질 만능주의가 팽배했던 이 시기에 물질적 성공을 갈망하던 사람들의 욕구에 가장 효과적으로 대응했던 종교인 개신교는 당시 대중들의 억눌린 욕망을 '삼박자 구원'과 같은 신앙적 욕망으로 전환시켜 그들의 욕구가 교회생활을 통해 해소될 수 있는 길을 제시했던 것이다.

다시 말해 경제개발에 따른 도시화 현상은 한국인들의 오랜 결합방식이었던 지연과 혈연을 해체시키는 한편, 물질주의와 경쟁주의 등 자본주의적 질서에 적응할 것을 요구하였다. 또한 변화된 상황에서 겪게 되는 경험을 설명할 수 있는 궁극적인 해석 틀을 요구하는 한편, 해체된 기존 공동체를 대신할 수 있는 새로운 형태의 일차집단을 필요로 하게 만들었다. 이것이 종교적 욕구와 종교 시장의 활성화를 촉진하였다. (노길명, 2005: 268~269)

한완상 역시 60년대 구조적 급변은 사회적 경쟁을 격화시켰고 이것이 갖다준 사회적 결과를 냉정하게 관찰·분석해야 한다고 강조했다. 그는 그 결과가 공동체의 약화와 파괴로 이어졌다고 본다. 즉 서로가 서로에게 늑대가 되는 자연상태(homo homini lupus)로 비인간화, 동물화 및 물화의 현상을 초래하였다는 것이다. (한완상, 1984:179) 한국전쟁 이래 전쟁터에서 살아남은 자의 신체적 생존욕구와 심리적 안정욕구, 경제개발이라는 사회적 조건 속에서 그러한 욕구들을 충족시키는 것을 종교적으로 정당화시켜 주

는 신앙체계가 필요했다는 분석 역시 이와 일맥상통한다. (김홍수, 1999: 46)

한완상은 그러한 위기가 기존 정체성의 혼미와 파괴, 기존 공동체의 파괴와 유대 약화로 이어졌다는 분석을 정치발전의 지체와 행정 영역 확대의 문제와 결합시킨다. (한완상, 1984: 169~172) 즉 산업화로 인해 사회적 격변이 일어나고 있었음에도 그에 걸맞는 정치가 활성화되는 대신 오히려 행정력만 비대해졌다는 것이다. 특히 유신체제 이후 정치는 급속도로 약화되었고 행정과 사법 영역이 극도로 확장되면서 정치의 행정화 내지 사법화 현상이 광범하게 나타났다. 정치의 사법화, 치안화는 제도 밖에서의 다양한 정치활동의 필요성을 증대시키게 된다.

그런데 산업화를 겪은 모든 나라에서 기독교가 폭발적 성장을 이루지는 않는다. 주지하듯이 아시아에서 제일 먼저 산업화를 경험한 일본이나 그 어떤 지역에서도 산업화와 기독교 팽창 간의 함수 관계를 보여주는 경우는 없다. 특정 종교가 단 시일 내에 폭발적 성장을 했던 경우는 구한말 동학 이래 기독교가 처음이라고 할 수 있다. 한국의 기독교 팽창은 그 유례를 찾기 힘들기에 좀 더 많은 분석과 연구가 축적되어 종합적 이해가 가능한 시점을 기다려야 할 듯하다. 그러나 동학이 국가권력과 치열한 대립 속에 민중에 기반한 아래로부터의 확산과정을 보여주었다면 한국전쟁 이후 기독교는 정치권력과의 유착 속에서 위로부터 팽창하기 시작했음이 주목된다.

개신교의 정치화에 대해서는 앞에서도 언급했지만, 국가와의 관계에 있어서 다양한 양상을 보여준다. 크게 보아 국가와 긴밀한 유착 관계를 형성하는 경향이 가장 일반적이기는 했으나 다른 한편으로 정치권력과의 긴장과 갈등을 보여주기도 했다. 또한 50년대 신흥종교에서 보이듯이 국가를 방불하는 양상도 나타난다. 박태선의 신앙촌은 초교파 또는 국민의 자립경제란 슬로건 밑에 하나의 집단사회를 이룩하고자 했다. 이들은 박태선을 선지자로 삼아 영생의 꿈을 꾸는 천년성이란 이름의 신앙촌을 만들고자 했

다.[●]

개신교는 정치권력과의 긴밀한 관계 속에서 국가를 참조, 모방하며 성장했다. 해방 이후 개신교의 성장은 국가의 성장과 궤를 같이 한다. 앞에서 보았듯이 개신교는 nation-building이 기독교에 근거해야 함을 강조했다. 반공주의의 가장 강력한 보루가 되고자 했고 국민경제 형성을 모방한 집단촌을 만들기도 했다. 가나안 농군학교처럼 농업 공동체를 국민경제의 근간으로 삼고자 하는 기획도 있다.

해방 이후 개신교는 정당과 단체 설립, 정계 투신 등 다양한 방법으로 정치적 영향력 제고를 위해 노력했고 교회와 정부의 유착이 중요한 문제로 부각되기도 했다. 이승만 정권기 감옥 전도, 군종제도, 국기 주목례(注目禮) 등이 기독교적 국가제도로 이해된다. 1954년 군내 개신교도 비율은 20%에 달해 전체 비율을 압도하는 기록을 보여준다. 이어진 1956년 대통령 선거에서 개신교는 이승만 당선운동의 첨병 역할을 했다.(기독교역사학회, 2009: 74~76)

정치권력과의 유착을 통한 위로부터의 선교 전략은 1960년대 이후 대규모 군중선교로 이어진다. 즉 상층 중심의 선교로부터 대중 선교로 전환함으로써 교회의 대중적 토대가 획기적으로 강화되게 된다. 개신교는 1965년 선교 80주년을 맞아 '3천만을 그리스도에게로'라는 슬로건을 내걸고 모든 교파와 교회가 참여한 전국 복음화 운동이 김활란의 주도로 전개되었다.(민경배, 1993: 550) 이는 초교파적 차원에서 1년 간 지속적으로 전개된 최초의 전도운동이자 대규모 부흥집회라는 점에서 주목된다. 또한 한경직 중심으로 전군 신자화 운동도 전개된다. 그러나 교세확장 운동이 본격적으로 전개된 것은 1970년대부터이다. 거의 모든 교단이 다양한 방법으로 교세확장

●「신앙촌의 24시간」,『동아일보』 1958. 9. 14.

에 나섰으며 사회구원에 관심을 기울이던 기독교장로회조차 1975년 1984년 까지 2,000교회로 성장한다는 계획 하에 실천활동을 전개했다. (기독교 역사 학회, 2009: 127)

특히 주목되는 것은 이 시기에 전례를 찾을 수 없을 정도의 대규모 부흥 집회가 빈발했다는 점이다. 1973년의 빌리 그래함 전도집회, 1974년의 엑스플로 74, 그리고 1977년 민족복음화성회 등이 대표적 사례다. 부흥운동은 신도들의 초월적 욕구를 충족시켜 주면서도 물질적, 육체적 축복을 신앙과 연계시키는 통로였다. 이러한 과정을 통해 대부분의 개신교단들은 교회와 신도수를 배 이상 증대시키게 되어 본격적인 기독교의 대중화를 이루어냈다고 할 수 있다.

이를 잘 보여주는 사례가 대형교회의 성장인 바, 오순절 교회 계통의 순복음교회는 1967년 7,750명에 불과했던 신도가 1984년 20만에 달하게 된다. 핵심적 증가시기는 1970년대 중반 이후였다. (한완상, 1984:193) 순복음교회는 딱딱한 기존 교회의 예배와는 다르게 공동체적 공감과 신비체험 등이 어우러진 예배 분위기를 만들어냈으며 강력한 주관주의와 주체의식에 기초한 공동체, 즉 적극적 자아관에 근거한 공동체를 추구했다. 여기에 강력한 조직으로 세포 분열 같은 증식이 가능했다고 평가된다. (한완상, 1984: 209~211)

조용기, 김선도 목사 등은 미국 개신교의 영향으로 적극적이고 긍정적인 사고를 강조했다. 전쟁에 이은 산업화 시기 급격한 사회변동과 격심한 경쟁에 내몰린 사람들에게 '할 수 있다'는 자신감과 심리적 안정을 제공하는 역할을 한 셈이었다. 이 과정에서 기독교의 신앙체계는 실용적, 기능적인 면이 강조되었으며 영혼과 육신의 구원, 현세에서 축복을 주시는 하나님 그리고 적극적 사고의 세 가지 요소들이 구성요소로 자리잡았다. (김홍수, 1999: 175~183)

대형교회와 함께 70년대를 특징짓는 사건이 대규모 부흥집회다. 1973년 빌리 그래함의 전도집회에는 연인원 300만이 넘는 군중이 동원되었고 마지막 날에는 110만 명이 집결해 그의 전도집회 중 최대 인원을 기록했다. 이 대회에는 8천만 원이라는 엄청난 경비가 소요되었고 1만여 명의 합창단·밴드부대가 동원되었으며, 1만 4천여 명의 상담역, 신입 결신자 10만여 명의 성과를 냈다고 대서특필되었다. (문정길, 1973:53) 이 대회의 의의에 대하여 김경재 목사는 "한국 개신교 각 교단이 한마음 한뜻으로 합하여 이 민족에게 한국기독교의 잠재적인 가능성의 국면을 보였다는 것"을 최고의 성과로 꼽았다. 대회에 참석하러 오는 남녀노소 군중을 묘사하면서 "그 옛날 십자군들의 군병같이 제단을 향해 행진해오는 군 장병들"이라는 서술도 등장했다. (김경재, 1973: 55)

이어 근대화의 방향과 목적이 물질적 부의 획득을 위한 경제건설과 공업입국의 한계를 넘어서기 위해 본래적인 의미에서 혁명의 종교인 기독교를 통해 정신의 혁명이요 문화의 혁명이 필요하다는 주장을 폈다. 나아가 "그리스도인과 민중의 하나됨"을 열망하며 "이념과 정체와 빈부귀천의 차이를 극소화시켜 하나의 민족, 하나의 공동체"를 만들어야 함을 강조하였다. 이는 곧 '5천만을 그리스도에게로'라는 슬로건에서 보이듯이 전국 복음화 운동으로 이어진다. (김경재, 1973: 59)

물론 전도대회를 비판적으로 보는 시선도 나타났다. 먼저 선교사 및 미국 교회에 대해 그들의 성서이해 및 신앙관의 피상성과 천박성, 사생활과 교회 치리상의 문제, 차별의식, 교파분쟁의 실질적인 배후 조종 등의 문제가 지적되었다. 전도대회에 대해서는 정신적인 무지와 감정의 천박성 그 부화뇌동성 등을 단적으로 보여주는 사례로 비판했다. 나아가 현대문명 전반에 대한 비판 속에 그것이 곧 구미식 기독교 이해의 심판이라고 결론지었다. (문정길, 1973: 52~3)

1974년에는 엑스플로 1974가 '예수혁명 성령의 제3폭발'을 주제로 8월 13일부터 6일 간 여의도 5·16광장에서 열렸다. 이 대회는 전세계 84개국에서 온 3,400명의 신도를 비롯하여 국내 신자 655만 명이 참가한 매머드급 집회였다. 철야 기도회에 참가한 인원만도 143만 명이나 되었다.

당시 대회를 보도한 신문에 따르면 대회를 처음 창안했던 브라이트 박사조차 한국기독교인의 과민한 영적 태도에 다소 놀라는 눈치였다고 전했다. 대회장 김준곤 목사는 설교를 통해 서울시내에만 4백여 구국기도 그룹이 있고 서울 근교 산골짝마다 바위틈마다 20~30년씩 민족을 위해 기도하는 사람들이 있다고 말했다. 그는 한국에는 기독교 사상 최고의 복음의 기회가 열렸다고도 했다. 집회에 참석한 한 고등학생은 '힘을 과시한 것 같다'며 이 대회를 통해 뭉칠 수 있고 큰일을 할 수 있다는 것을 체험했다고 토로했다. 대회 기간 약 27만 여명의 새로운 신도가 만들어졌다고 대회측은 주장했다. (경향신문 1974.8.20)

이 대회는 1970년대 개신교의 폭발적 성장세를 상징적으로 보여준다. 빌리 그래함 목사의 전도대회를 능가하는 무려 655만 명의 신도가 참여한 거대한 군중집회는 당시로서는 유례를 찾을 수 없는 일이었다. 가장 큰 군중집회는 대통령 선거 유세였지만 유신체제 성립 이후 찾아볼 수 없는 광경이 되었고, 어느 민간 진영도 이 정도 규모의 대중 동원력을 발휘할 수 있는 곳은 없었다. 개신교는 단일 종교집단으로 한국사회의 가장 강력한 세력 중의 하나가 된 것이다. 1980년대 중반 일본의 신학자 후루야(高屋安雄)는 일본 기독교 인구가 10%만 되면 사회적 또는 정치적 영향력과 감화를 끼칠 수 있을 것으로 기대했지만, 당시 한국은 이미 25%를 넘었다. (민경배, 1993: 566)

대회와 관련해 정부의 특별한 지원이 중요했다. 정부와 서울시는 대회 기간 중 12개 버스 노선 운행을 조정해 수송 문제를 해결하고자 했고 수백만이 집결하는 여의도에 숙박 및 취사시설을 대대적으로 지원했다. 숙소를 위해 여의도 국민학교를 빌려 200인용 막사 160개를 지었는가 하면 군 막사 300동을 지원했다. 한 번에 7천 명의 식사를 감당할 취사시설과 연료 등이 정부의 직간접적 지원하에 준비되었다. (조선일보 1974.7.26.)

1974년은 유신 치하 최대의 공안사건인 민청학련 사건이 발생한 해였다. 바로 그 해에 최대 규모의 개신교 부흥집회가 준비된 것이었다. 박정희 체제로서는 민주화운동의 소란을 잠재울 더 거대한 소란이 필요했는지도 모른다. 대회 취지와 내용은 유신체제의 희망과 거의 겹쳐진다. 민권운동과 반전운동으로 소란스러운 미국에서 그 반발로 발생한 엑스플로 운동은 한국에서도 동일한 효과를 노렸다.

대회 핵심 김준곤은 심각한 도덕적 종말의 위기인 히피문화, 광기문화, 마약문화, 섹스문화라는 심리학적 위기에 더해 합리주의를 지나 공산주의가 바닥이 나고 이데올로기의 종말과 인간의 종말 선언 이후 묵시록 시대가 등장하고 있다고 주장했다. 그렇기에 그가 보기에 "오늘의 젊은이들은 흔히 분노와 고발과 발광의 세대"였다. 이 분노한 청년들의 치료는 "예수 그리스도를 통하여 성령을 받아야" 가능하다. 즉 68혁명 대신 "단 한 가지 혁명만이 남아 있다. 사랑과 성령의 혁명"이 곧 엑스플로 74라는 것이다. (경향신문 1974.7.22.)

개신교의 대중적 토대가 강화되면서 그 사회적 역할에 대한 주문도 뒤따랐다. 당대의 저명한 변호사였던 이병린은 "종교인은 그 수와 단결력이 강대하니 사회에서는 항상 종교인에 대하여 큰 기대를 걸고 있다"고 주장했다. 즉 종교인은 수도 많고 단결력이 강하기에 종교인 단체가 치자(治者)에게 항의를 하거나 건의를 한다면 그 비중은 도저히 무시하지 못할 만큼 큰 것이라고 강조했다. 또한 다른 사람의 보호를 받지 않으면 살아가기 힘든 약한 자나 가난한 자에 대한 종교의 의무를 강조했다. 종교적 진리는 불쌍한 사람의 철학 속에서 광부가 금을 캐내듯이 해야 한다는 주장이었다. (이병린, 1972) 이를 통해 보건대 개신교는 이제 치자도 함부로 어쩔 수 없을 정도로 사회적으로 거대한 세력이 되었음이 분명하다.

여기서 또 하나 주목되는 것은 개신교의 위력은 단지 규모에만 있지 않다는 점이다. 단결력이 강하다고 표현된 것은 개신교회가 그만큼 탄탄한 조직력과 내적 응집력을 갖추고 있음을 말해준다. 사실 개신교는 예배, 심방을 비롯한 주기적인 각종 의례와 말단의 세포 조직을 통한 조직관리에 탁월한 성과를 보여주었다. 즉 도시에 있어 교회조직을 능가할 정도의 사적 영역은 거의 없었다고 해도 과언이 아닐 것이다. 이러한 조직력은 개인의 삶을 사회화하는 것은 물론 각종 정치적 동원에 있어서도 큰 효과를 발휘했다.

한편 이렇게 급속하게 확장된 개신교가 주로 중산층을 포괄했다는 주장도 나타났다. 함석헌은 1970년대 한국 개신교가 이미 중류층의 교회가 되었음을 통렬하게 지적했다. 즉 개신교는 애초 불쌍한 민중의 종교였지만 이제 중류계급의 종교가 돼버렸다는 주장이었다. 중류에는 중류의식이 있기에 현상유지를 원하는 기풍이 교회 안을 채워버렸다고 갈파했다. (함석헌, 1971) 개신교의 민주화운동이 본격화된 70년대 교회의 팽창이 중산층 중심이었다는 것은 운동의 성격 문제와도 관련된다.

1970년대 초반 개신교 운동진영에 상당한 영향력을 행사한 사울 알린스키의 주장 역시 이러한 중산층 기반의 운동을 주문한 것으로 보인다. 알린스키는 흑인을 비롯한 가난한 자들이 자조하도록 돕는 일을 중시했다. 그러나 그는 이것이 중산층의 상당한 수의 지지 없이는 불가능하다고 보았다. 또한 중산층 역시 세금과 인플레이션으로 착취당하고 있고 그들이 존중하는 모든 일에 젊은이들이 반발하는데 당황하고 있다고 보았다. 알린스키의 제안은 인민의 대리인 제도이다. 이 제도는 주주총회에서 사용할 위임장을 받아 자연환경 오염을 중지하도록 하거나 또는 보다 나은 대중교통과 같은 사회적 정책을 지지하도록 압력을 가하게 하는 역할을 담당한다. (사울 알린스키, 1970) 알린스키는 중산층까지 포괄한 비교적 온건한 저항운동을 제창했다. 이러한 주장은 급진적 이념 등에 상당한 부담을 느끼고 있던 개신교의 온건한 사람들에게 상당한 관심의 대상이 되었다고 보인다.

1970년대 초반 당대의 저명한 여성 변호사였던 이태영은 그리스도의 가르침대로 진리와 정의를 위해 현실에의 저항을 주장했다. 흥미로운 것은 김수환 추기경이 1970년 크리스마스 메시지에서 대부분 후진사회의 청년들이 그리스도 대신 마오이즘을 숭앙하는 경향이 있다고 지적한 내용을 인용하면서 한국도 유사한 상황이라는 현실진단을 내린 것이다. 게다가 마오이즘보다는 달러이즘(拜金思想)이 더 심하다는 분석이 이어졌다. 그 이유로 든 것은 부조리와 부정, 악폐와 중과세, 불안과 혼란, 부자유와 인권억압 등등으로 정신적 혼미에 빠지고 현실적 한계에 부딪힌 후진사회의 젊은이들에게 현실을 외면한 기독교는 혐오감을 주는 반면 현실을 개혁하자는 마오이즘은 기대감을 주기 때문이라는 것이었다. 이러한 상황 속에서 그리스도인의 시대적 과제는 무엇보다 배금주의를 배격하는 것으로 제시되었다. 이어 민족의 절대 명제인 통일을 추구해 평화까지 달성해야 하며 나아가 한국 기독교의 온상이었던 북한 땅에 다시 그리스도의 정신을 심는 선무반의 역할을 앞장서 담당해야 한다는 주장이 이어졌다. (이태영, 1972: 37~8)

후진사회의 청년층이 마오이즘을 추종하고 있으며 한국도 유사하다는 김수환 추기경과 이태영의 주장은 좀 더 많은 검토가 필요하겠지만 당대 학생운동의 급진화 경향을 시사한다는 점에서 의미심장하다. 결국 두 사람의 주장은 급팽창한 교세를 배경으로 보다 적극적인 사회적 실천과 저항을 요청하고 있지만 그것은 마오이즘이나 배금주의를 극복하는 것이 되어야 함을 주문한 것으로 읽힌다.

개신교에 대한 압박은 지배층으로부터도 이루어졌다. 1972년 11월 22일 주한 미 대사관이 미 국무부로 보낸 전문은 대부분의 개신교 지도자들은 정부의 압력에도 불구하고 10월 유신에 반대하고 있으며 일부는 공개적 반대를 표명하려 하고 있었다고 분석했다. 이들은 유신헌법이 개인의 자유를 심각하게 침해하고 있다고 보았다. 한경직, 김관석, 김재준, 강원용, 백낙준 등이 10월유신을 지지하도록 정부의 압력을 받고 있다고도 했다. •

박정희 체제는 10월유신을 감행하면서 개신교 지도자들에게 집중적 압력을 가했음이 확인된다. 압력을 받고 있는 지도자들 대부분은 반유신 민주화운동에 나섰지만 일부는 유신체제와 협력하는 모습을 보였다. 흥미로운 것은 교회 지도자들 중 한경직을 제일 먼저 그것도 영락교회 소개까지 포함해 언급했다는 점이다. 다른 인사들은 이름만 거명된 것에 비해 한경직을 특별하게 다루고 있음을 알 수 있다.

한편으로 개신교 계열 신흥종교가 정권에 대한 노골적인 연대를 표명하기도 했다. 1974년 12월 신앙촌으로 유명한 전도관 박태선 장로와 신도 5천여 명이 구국기도회를 갖고 극소수의 기독교인들이 현실참여라는 미명 아래 사회적 혼란을 일으키고 있다고 주장하는 선언문을 발표했다. 박태선 장로는 설교를 통해 모든 사람은 위에 있는 권세에 복종하라는 성경구절을 인용해 정부를 미워해서는 안 된다고 강조했다. (동아일보 1974. 12. 7.)

아예 권력 핵심이 신흥종교와 연대하는 모습도 나타난다. 1975년 5월 최태민을 회장으로 하는 대한구국선교단이 주최한 구국기도회가 서울 마포구 동교동 중앙교회에서 개최되었다. 이 기도회에는 박근혜를 비롯해 각 교파를 초월한 신도 1천여 명이 참석했다고 보도되었다. 기도회는 인도차

• Reaction of Christian Leaders to Martial Law and Constitutional Changes, Political affairs and relations : Constitution/ Habib, Philip C., POL 15-5 KOR S, RG 59, NARA(국회 도서관).

이나 사태를 거울삼아 총력안보를 강조하는 내용이 주를 이루었다. 또한 반공구국기독학생운동회 제1차 기도회가 개최된 사실도 보도되었다. 서울 정동 한국대학생선교회 회관에서 1천여 명이 참석해 치러진 이 대회는 캠 퍼스의 언어가 증오와 반항으로 차있음을 개탄하면서 불신과 위기의식이 스며들고 있다고 지적하고 반공구국대열에 앞장서 그리스도와 민족을 위 해 헌신할 것을 다짐한다는 결의문을 채택했다. (경향신문 1975.5.5.)

한편 개신교는 급격한 산업화와 도시화가 초래한 사회적 모순에 의한 아 래로부터의 압력에 직면해 있었다. 이에 일부 교역자들은 노동자, 도시빈 민, 농민을 대상으로 산업선교, 도시빈민선교, 농민선교에 나서게 된다. 이 와 관련하여 두 가지 특징이 발견된다. 첫째, 외부의 선교자금이 풍부하고 도 지속적으로 제공되었으며 대부분 국제적 연계망을 갖고 있었다. 둘째, 이 영역들은 선교사의 보호 하에 그리고 제도교회의 주변부에 자리 잡고 있 기 때문에, 국가의 간섭과 제도화된 교회의 보수적 신학과 통제로부터도 상 대적으로 자유로웠다. 그런 만큼 사회선교 분야는 종교적 실험이 행해지고 종교적 혁신이 활발하게 시도되었던 영역이라는 특성을 갖고 있었다. (강인 철, 2013: 156)

이처럼 개신교는 유신체제의 억압, 산업화가 초래한 거대한 사회적 변 동과 모순 속에서 전방위적인 압력 하에 놓이게 된다. 위로부터는 유신체 제의 협력을 요구하는 압력이 있었다면 아래로부터 민중의 비참한 삶의 압 박이 가중되고 있었다. 이 틈바구니에서 개신교는 다양한 행보를 보여주었 다. 체제와 협력해 더 한층의 팽창을 도모하는 세력이 있었는가 하면 반대 로 반유신 민주화운동을 전개하는 흐름도 나타나게 된다.

또 하나 흥미로운 것은 이 당시 개신교 전도가 기복신앙 등 전통적 샤머 니즘의 방법론을 적극적으로 차용했다는 점이다. 이미 일제 시기부터 개 신교의 기복신앙적 전도방법에 대한 문제제기가 있었을 정도로 이는 오래된 관습이기도 했지만, 70년대의 그것은 극심한 자본주의적 경쟁질서가 자리잡아가는 상황 속에서 이루어졌다는 차이가 있다. 서로가 서로에게 늑대가 되는 시장 질서 하에서, 계층 상승만큼이나 하강의 공포가 배가되는 조건 하에서 불확실성에 대응하기 위한 기복 신앙에의 기대가 커졌다고 할 수 있다.

이러한 모습은 탈춤과 마당극 등 전통을 다른 방식으로 계승하고자 한 민주화운동 진영의 전략과 대비된다. 민족적 전통 속에서 저항적 민중을 발견하고자 한 민주화운동과 달리 보수 교단은 민중의 현세 순응적 속성을 전도에 접합시키고자 한 것이다. 자본주의적 시장이 뒤흔들어 놓은 불안한 세계에서 개신교는 두 갈래 모습으로 나타난 셈이었다.

◆ 제2장 ◆

세계교회의 변화와 한국 개신교계의 현실참여

제1절 WCC의 사회선교 강화와 한국 개신교계의 대응

정병준에 따르면(정병준 2014) 세계교회협의회(WCC)의 창립 이후 1970년대 중반까지의 사회참여에 대한 견해는 다음과 같이 발전한다.

먼저 창립 직후에는 책임사회론을 전개하는데, 이때 책임사회란 자유와 경제정의의 가치를 기반으로 하여 정치/경제권력자들이 그들의 권력행사에 대해 하느님과 사람에게 책임을 지는 사회(김상현 2019, 283)을 의미한다. 1948년 암스테르담 창립총회에서의 책임사회론은 자본주의/공산주의 모두를 초월하는 제3의 길을 제시하고자 하는 의도가 강했다면, 1954년 에반스턴 총회에서는 여기에 탈식민 신생국가, 경제적 저개발지역의 문제를 포괄하고자 하는 문제의식이 추가된다. 짚고 넘어갈 점은 이때 책임사회 개념은 사회정치적 대안이라기보다는 사회질서의 평가기준에 가깝다는 점이다. 한편 이때부터 인종주의 문제에 대한 관심이 나타나기 시작한다.

1961 뉴델리 총회에서는 탈식민 국가의 신생교회들이 정치, 경제, 사회 문제를 직면하도록 도와야 한다는 입장을 천명했으며, 과학기술 남용과 자연파괴에 대한 우려로 창조신학 개념을 발전시키기 시작한다. 인종주의에

대한 관심이 지속되어, 남아공 기독교인들을 향한 메시지를 발표하였다. 그 후, 1966년 제네바 「교회와 사회」 세계대회에서 제3세계의 저발전이 자본주의의 세계적 발전과정에서 조장된 것이며 책임사회론은 이런 현실에는 부적합하다는 자본주의 비판의 목소리가 강하게 제기되었다(김상현 2019, 289). 이런 상황에서 68혁명 시기와 맞물려 개최된 1968년 웁살라 총회에서는, 세계의 혁명적 변화 현장에서 신의 현존을 감지할 수 있어야 한다는 분위기가 지배적인 가운데 "타자를 위한 교회"에 대한 컨센서스가 형성되었으며, 과학기술에 대한 윤리/신학적 고찰이 이루어지고, 군비축소/반전 지지 주장이 표명되었다. 또한 여성을 창조적 동반자로 언급하기도 하였다. 회원교회들에 수입 1%를 제3세계의 개발지원 자금으로 지원하고 각국 정부에 GNP 1% 지원을 촉구하는 운동을 펼치기로 하였으나 이 운동은 잘 전개되지 않았다. WCC는 이후 1969 인종차별철폐위원회(PCR)를 창설하여 아프리카 해방운동을 지원하였는데 이는 1980 짐바브웨 독립, 1990 남아공 민주화 등에 영향을 미쳤다. 한편 1970년에는 교회개발참여위원회(CCPD)를 설립하여 제3세계 개발을 지원하였다. 이리하여 1975 나이로비 총회에서는 교회의 사회참여 목표를 JPSS(Just Peaceful Sustainable Society) 개념으로 집약하였는데, 이는 개발도상국의 개발을 둘러싼 서구와 개발도상국의 갈등 해소 목적을 가지고 있었다. 한편 해방의 우선과제를 인권, 성차별, 인종차별로 집약하였다.

WCC에서의 이러한 논의들은 한국 에큐메니컬 운동에도 영향을 미쳤는데(이하 김상현 2019 참조), 우선 책임사회론의 경우 강원용이 1950년대 말부터 표명하기 시작했으며, 정하은은 1960년대 초 독일 사민당 고데스베르크 강령을 참조하여 책임사회론의 자본주의 비판에 더욱 주목하는 견해를 펼쳤다. 그리고 제네바 「교회와 사회」 세계대회 이후 고범서, 정하은 등이 '인간화' 용어를 도입하여 근대화와 발전에 대한 비판적 성찰을 전개했으며,

웁살라 WCC 총회 이후에는 WCC의 '인간적 발전'이 본격적으로 소개되었다. 그리고 1969년 1월 NCCK가 주최한 제2차 전국교회지도자협의회에서 "하나님의 선교" 개념이 공식적으로 채택되었고, 1969년 KSCM과 대학 YMCA의 통합으로 KSCF가 탄생할 때 내세운 "한국을 새롭게"라는 슬로건은 웁살라 총회의 "만물을 새롭게"에서 따온 슬로건이었다.(안재웅 2021, 50)

　이 시기에 NCCK가 WCC의 논의에 보조를 맞추는 양상을 보여주는 문건이 1968년에 NCCK가 만든 「다국적기업에 대한 WCC 보고서」 문건(민주화운동기념사업회 오픈아카이브 446034)이다. 이 문건은 WCC가 생산한 문서에 기반해 NCCK가 작성한 문서로 경제정의와 교회의 선교라는 해설과 초국적 기업에 관한 제네바협의보고서, 신국제경제질서에 관한 성명서로 이루어져 있다. 문서는 경제정의가 잘 사용되지 않았으나 1960년대 들어 국제연합이 소위 발전 10년기를 설정하고 70년대는 발전 10년 2기를 설정하는 등을 통해 정의로운 국내외 질서가 경제·사회 발전의 선결조건이라는 결론이 강화되고 있음을 강조했다.

　이렇게 경제질서가 점점 더 중요해지면서 다국적 기업에 대한 관심도 올라가기 시작했다. 다국적 기업이 선진 자본주의 경제체제를 좌우하는 국제경제질서라는 인식하에 WCC의 다국적 기업에 대한 전략이 필요해졌다는 설명을 이어갔다. 물질주의적이고 기계기물주의(technocracy)의 팽창으로 사회의 가치관이 위협받고 있으며 사회 전 분야를 극히 비인간화하고 있다는 현실진단과 함께 경제적 불균등과 구조적인 불평등이 혹심한 양상으로 진행되고 있음을 경고했다. 특히 한국 경제는 국제자본에 의존도가 높다는 심각한 문제가 노정되고 있기에 이에 대한 대책이 필요하다는 입장을 개진했다. 이하에서는 WCC 문서를 번역 게재하고 있다. WCC 문서는 유엔이 촉구한 신국제경제질서 수립을 통해 세계 빈곤국가에 대한 지원을 통해 가난을 극복해야 한다는 것이다. 이에 WCC 역시 이를 지지하며 노력해야 함을 강조했다.

한편 WCC가 창립되던 당시부터 아시아교회 지도자들은 에큐메니컬 운동이 서방교회의 주도로 이루어지는 것을 크게 우려하여 WCC의 지평을 벗어나지 않으면서도 아시아 독자적인 에큐메니컬 운동체가 필요하다는 것에 공감대를 이루었다. 이리하여 1949년부터 동아시아기독교협의회(EACC)를 설립하기 위한 논의를 시작하여 1959년 쿠알라룸푸르에서 창립총회를 열었고 1973년 싱가포르에서 아시아기독교협의회(CCA)로 이름과 체제를 변경하였다. 한국에서는 강원용이 1968년 EACC 부의장으로 선출된 후 1973년 공동의장단 체제로 변경된 CCA의 공동의장으로 활동했으며(안재웅 2016, 63~66), 후술하겠지만 EACC에서의 산업선교에 관한 논의와 결정이 한국의 산업전도운동이 산업선교운동으로 자신을 재정립하는 결정적계기가 되었다.

제2절 1960년대 개신교의 사회운동 참여

1. 4·19혁명과 한일협정 반대투쟁

개신교 친화적인 성격이 상당히 강했던 이승만 정부가 4·19혁명으로 무너진 이후 『기독교사상』의 한 좌담에서는 "고려는 불교로 망했고, 이조는 유교로 망했고, 또 대한민국은 기독교로서 망한다"는 발언이 나왔다(고지수 2016, 298~299). 이는 당시 한국교회 자체적으로 자신들이 받을 사회적 지탄을 인식하고 있었음을 의미하며, 이런 의식에 의한 내부 자성의 목소리가 4·19혁명 직후에 높아지기도 했다. 한 예로, 1960년 5월초 서울지역 청년교직자회와 새문안교회 청년회 등이 성명서를 발표하여 한국교회의 부패상을 부패정권 참여, 교권다툼과 분열, 세속주의와의 타협 등으로 규정하고 3·15부정선거에서 자유당에 충성경쟁을 벌인 교직자들의 사퇴를 요구하기도 했다. (고지수 2016, 299)

그러나 이러한 움직임이 있었음에도 불구하고 짧은 시간의 제2공화국과 5·16쿠데타를 거쳐 들어선 박정희 정부 시기에도 개신교 전반의 친정부 성향은 크게 다를 바 없이 유지되었으며 외국 원조 배분과 사회복지 등에서의 개신교의 지분도 유지되고 있었다. 하지만 박정희 정부의 탄생 자체가 해방과 한국전쟁 이후의 미국의 대한국 사회전략─사회 각계각층에 친미적인 근대적 역량 육성─의 영향을 가장 많이 받았던 군대 집단의 주도로 이루어진 것인데다 박정희 개인의 종교 성향은 물론이고 쿠데타로 성립된 정부의 정당화를 위해서도 민족주의와 전통을 많이 강조하게 됨에 따라 이승만 정부 시기와 같은 정도의 개신교와 정부의 밀착 관계가 계속 이어지기는 힘들었던 측면도 있다.

좀 더 자세하게 살펴 보면, 5·16쿠데타가 일어나자 당시 한국 개신교의 유일한 대표기관이던 NCCK가 쿠데타에 대한 지지 의사를 밝혔으며 쿠데타 발생 한 달 후인 6월 20일에 최두선, 한경직, 김활란 등의 개신교 인사들이 참여한 민간사절단이 미국과 일본을 방문하여 쿠데타 지지를 얻어내기 위한 활동을 펼쳤다. (정병준 2021, 15) 그러나 헌정이 재개된 직후부터 박정희 정부가 추진한 한일협정이 전 사회적인 반대운동에 부딪치면서 이 반대운동이 개신교의 친정부 성향에도 영향을 미친다.

한일협정에 관한 개신교 사회운동의 최초의 발언은 1964년 2월 12일 KSCM이 발표한 「일본 기독자에게 보내는 공개장」 발표이다. (이하 내용 김명배 2009, 82~86 참조) 이 공개장에서는 일제강점기의 침략, 한국전쟁으로 인한 일본의 번영 등에 대한 반성을 촉구하고, 재일조선인 북송, 한일회담에서의 일본의 고자세를 일본의 제국주의적 식민 정책이 청산되지 않았다는 징후로 보아 규탄하고 있다.

그 후 1965년 2월 10일 NCCK가 「한일국교정상화에 대한 우리의 견해」를 발표하는데, 이 문서는 한일국교정상화에는 원칙적으로 동의하나 이를 위한 외교 과정 일부에 이의를 제기하는 비교적 중립적 입장을 취했다. 7월 1일 협정 조인 직후 김재준, 한경직, 강신명, 강원용, 함석헌 등 215명이 연서한 성명서가 발표되는데, 이 성명서는 한일협정을 굴욕으로 규정하고, 국내 정비 없이 국제 자본에 경제문호를 개방함으로써 신식민지화를 불러올 것이라 주장했다. 이와 함께 정부에 반대운동 탄압 중지, 부정부패 일소, 국내정치 쇄신을 요구하고 국회에 비준 거부를 요청했다.

이 성명서가 개신교계 반대운동의 기폭제 역할을 하여 각지에서 비준 반대를 위한 기도회가 개최된다. 우선 영락교회에서 7월 5~6일, 11일에 수천 명이 비준 반대 구국기도 연합회를 가졌고 18일까지 구국기도회가 지속되었다. 지방에서도 기독교장로회 전북노회, 군산 기독교연합회, 예수교장로회(통합) 군산노회 등이 공식적인 반대 입장을 발표했으며, 부산, 전주, 목포, 원주 등에서 구국기도회가 열렸다. 그리고, 8월 11일 날치기 비준 이후 8월 13일 새문안교회 철야기도회에서 비준 무효 성명을 발표하였다.

한편, 비준반대를 위한 교직자회 전권준비위원회는 7월 26일 나라를 위한 기독교 교직자회를 구성했는데, 임원진은 회장 한경직, 부회장 김재준, 총무 강신명이었다. 이 조직에서는 8월 8일까지 나라를 위한 금식기도 연합예배를 개최하였고. 8일 예배 후 비준 결사반대 플래카드를 들고 시위를 시도하였다. 그리고 12~14일 새문안교회에서 철야기도회를 가졌으며 15일 해방구국 연합예배를 전국적으로 실시하였다. 이 이후로 운동은 쇠퇴한다.

그런데 개신교는 비슷한 시기에 맞물렸던 베트남 전쟁파병에는 적극적인 찬성 의사를 보였다. 베트남전 군종장교 파견, 기독교인만으로 구성된 '임마누엘 중대' 파견 등을 진행했으며 NCCK는 베트남전으로 인해 일어난 국제적인 반전운동에 대해 반공주의적인 반대 의견을 표했다. (장숙경 2013, 132~134) 또한 개신교는 1965년에 "삼천만을 그리스도에게로!"라는 구호를 내걸고 민족복음화운동을 시작하는데, 이 민족복음화운동이 일어나게 된 계기 중 하나는 베트남 전쟁이 벌어진 상황에서 일부 진보주의자들이 남북 통일론을 제기하는 일 등에 위기의식을 느낀 한국 개신교의 인사들이 한국 교회가 하나가 되도록 하는 운동을 일으키자고 생각한 것이었다. (박명수 2015, 126) 그 '하나가 되도록 하는'의 방향과 관련하여, 이 운동의 클라이막 스였던 전국신도대회에서 당시 국무총리이던 정일권이 "그리스도인의 이 역사적인 신도대회가 민족을 살리고 공산주의를 타도하는 놀라운 계기가 될 것"이라는 축사를 했다는 점(박명수 2015, 127)이 주목할 만한데, 이는 민족복음화운동을 박정희 정부가 반공주의 운동으로 인식했다는 것과 운동 주도측이 그러한 인식에 동의했음을 의미한다. 한편 이 운동의 주 강사로 는 이 운동의 초기 주도자였던 김활란과 한일협정 반대운동에 적극적이었 던 한경직을 비롯해 이기혁, 이상근, 김옥길, 조동진, 지원용, 강원용 등이 참여했는데(김명배 2009, 97), 강사진이 당시의 이른바 보수적/진보적 인사 를 모두 포괄하고 있어 앞에서 언급한 대로 한국교회가 반공주의로 하나가 된다는 의도에 부응하고 있다.

같은 시기에 개신교 내에서 한일협정 반대운동과 베트남 전쟁 파병 찬 성, 민족복음화운동이 이렇게 공존했다는 점을 고려한다면, 한일협정 추진 에 대한 개신교의 반대는 박정희 정부에 대한 반대라기보다는 민족주의적 감정이 주를 이루어 벌어진 당해 사안에 한정된 반대라고 해석하는 것이 더 나을 것이다.

2. 6·8부정선거 규탄 투쟁과 3선개헌 반대운동

한일협정 반대운동이 일어난 다음 해인 1966년 1월 17~20일 NCCK와

EACC가 공동주최한 한국기독교 지도자 협의회에서 교회혁신과 교인의 정치참여 문제 등이 토의 주제로 올라왔으며, 정치참여 연구 기관 창설과 공명선거/부패근절을 위한 계몽 임무를 수행할 것을 자임하였다. 이는 박정희 정권 하에서 개신교의 정치참여 문제가 개신교 지도층에서 토의된 첫 모임이라는 의미를 갖는다. (이하 내용 김명배 2009, 89~93 참조)

1967년 6·8부정선거 규탄 투쟁은 그 전해 10월 박형규 총무 취임 이후 진보 성향이 강화된 한국기독학생운동(KSCM)이 주로 활동하였다. KSCM은 4월 24~25일 「한국 민주주의의 성장과 기독자 현존」이라는 주제로 서울, 대전, 전주, 대구, 부산에서 강연회와 공명선거 캠페인을 벌였으며, 6월 15일 회원 대상의 부정선거 규탄 공개서한을 발표하였다. 그러나 이 외에 개신교 사회운동의 활동은 미약했다.

그 후 박정희 정부가 3선개헌을 추진하면서 개신교 내부적으로 찬반이 뚜렷이 갈라졌다. 1969년 9월 4일 김윤찬, 박형룡, 조용기, 김장환, 김준곤 등의 242명의 목사가 후술하는 김재준의 3선개헌 반대 성명서를 비판하며 3선개헌 찬성 입장 성명을 발표했다. (정병준 2021, 17) 이 242명 중에는 주로 예장합동 교단의 목사들이 많았는데, 역대 교단 총회장들과 교단 신학교인 총회신학교 교수진들까지도 적극 참여했다. 예장합동 교단에서는 이에 그치지 않고, 총신대 재단이사장이었던 백남조가 신학교 확장사업을 위한 차관 도입을 명분으로 적극적인 3선개헌 지지 운동을 벌여 결국 교단 총회에서 지지 성명이 나오게 되었다. (장숙경 2009, 156) 이에 9월 8일 NCCK는 이런 개헌 지지 성명들에 대응하는 차원으로 개헌시도로 인한 국론분열을 비판하는 성명을 발표했고 그다음 날 KSCM도 개신교계의 개헌 지지 성명들을 강하게 규탄하는 성명을 발표하기도 했다. 그러나 개신교 전반적으로는 공식기구의 참여보다는 3선개헌 반대 범국민 투쟁위원회 위원장을 맡아 "전국의 신앙동지 여러분"이라는 성명서로 한국교회에 3선개헌 반대를 촉구한 김재준을 위시하여 함석헌, 장준하, 김상돈, 박형규 등의 개신교 인사들이 투쟁위원회에 개별 참여하는 양상을 보였다. 이와 별도로 반정부 경향을 띤 개신교 인사들은 자체적으로 1969년 8월 12일 염광회를 조직했는데, 염광회의 조직은 회장 정일형, 고문 함석헌, 김재준, 김상돈, 윤보선, 실행위원 박형규, 문옥태, 문장식, 민승 등이었다. 이외에 불광동 은광교회 교인인 박순옥이 단독으로 5일간 서울에서 김천까지 도보행진을 하기도 했다.(한국신학대학 민주화운동 동지회 2023, 91~92) 3선개헌 반대운동의 개신교의 이러한 참여 양상을 앞에서 살펴 보았던 한일회담 반대운동과 비교해 본다면 조직적 활동의 약화 경향이 두드러진다.

한편 이 시기를 전후하여 NCCK의 조직 개편이 일어나는데, 교단들 이외에도 공식 교단 연합기구, 청년학생운동 조직, 각 해외선교회 등이 모두 참여하던 '기독교협의회' 형태의 조직을 교단만이 참여하는 '교회협의회' 형태의 조직으로 바꾸었다. 이 결정에 대해 박형규는 이후 민주화운동에 중요한 역할을 수행하게 되는 김관석 목사가 1968년 NCCK 총무로 선출된 후 그의 반대파가 그를 NCCK 총무로 당선시킨 지지기반이었던 교단 외 조직들을 NCCK에서 배제하려 했던 의도가 깔려 있다고 해석한다.(박형규 2010, 152~153) 이러한 해석이 타당하다면 이 결정은 위에서 언급한 개신교의 조직적 활동의 약화 요인 중 하나가 되었을 것이다.

한편 3선개헌이 성공한 후 박정희 정부는 김준곤에게 CCC 회관 건립에 관한 특혜를 부여하고 총회신학교에 4년제 대학 인가를 내주는 등 개헌 지지 인사들에 대한 물적 보상을 진행했다. 이후 1970년 모든 군인들이 각자 종교를 갖게 하면 반공운동과 정신력 무장에 도움이 될 것이라는 취지를 가진 전군 신자화운동이 시작되는데 이 운동의 주요 제안자 중에 김준곤이 포함되어 있다.(이은선 2019, 370)

제3절 유신 이전 개신교의 사회운동

1. 1960년대 기독학생운동과 한국기독학생총연맹(KSCF) 결성

한국의 개신교 학생운동은 해방 직후부터 한국 개신교 에큐메니컬 운동의 주요 인물들을 배출해 왔으며 운동 자체적으로 에큐메니컬 운동의 주요 영역 중 하나였다. 이 시기 개신교 학생운동의 주요단체로는 각 대학별로 결성된 기독학생회의 연합회인 대한기독학생회전국연합회(영어 약자를 이후의 한국기독학생회총연맹과 같은 KSCF로 쓴다)와 국제적인 개신교 청년학생 조직의 한국 지부로서 자체적인 개신교 청년학생운동을 전개하던 YMCA/YWCA가 있다.

대한기독학생회전국연합회가 1950년대 초중반, 내부의 진보적/보수적 견해 차이에 의한 분열과 재통합을 거쳐 한국기독학생운동(KSCM)으로 재편되면서 YMCA/YWCA의 대학생 조직과의 연합 논의가 시작되어 1950년대 후반 이 세 조직의 공동협의회인 한국학생기독교운동협의회(KSCC)가 결성되었다. KSCC의 결성과 함께 세계학생기독교연맹(WSCF)이 국제적 사업으로 추진하던 「교회와 생명과 사명」 프로그램을 통해 학생지도력 양성은 물론 한국교회의 현실을 반성하고 새로운 사명을 인식하는 본격적인 연합운동을 전개하려 하던 도중에(한국기독학생회총연맹 50주년 기념사업회 1998, 125) 1960년의 4월혁명의 충격을 받은 것이 1960년대 개신교 학생운동의 기본 배경이었다. 4월혁명의 영향력은 회원 학생들의 기성세대에 대한 불신을 높였고 이에 따라 학생지도력 양성이 중요한 과제가 되었으며, 동시에 KSCC가 주최한 연합학생지도력 양성 프로그램에도 기독학생/기독인과 사회, 지역 사회 개발, 기독학생과 정치경제 문제 등의 주제가 중심에 서는 등의 변화를 불러왔다(한국기독학생회총연맹 50주년 기념사업회 1998, 131)

1961년 5·16쿠데타 이후 개신교 학생운동은 독자적인 성경연구와 '대학세계'에 대한 집중연구라는 양자에 중점을 두었고, 이러한 경향이 학원 내에서의 신학 및 학문 연구와 담론 형성에 중점을 두는 방향으로 발전하게 된다. 이때의 연구와 담론 형성의 주제는 그리스도교 내부 영역과 일반 영역 양쪽 모두에 걸쳐 있는데, 그리스도교 내부 영역에서의 주제는 1960년대 중반에 일어난 토착화 신학 논쟁과 그 시기 미국/유럽에서 활발했던 진보적 신학 논쟁 등을 포괄했으며, 일반 영역에서는 근대화/사회발전 개념에 대한 사회과학적 분석 작업을 벌였다. 1980년 전반기에 작성된 것으로 추측되는 「한국의 기독학생운동(KSCF) 발족 이후 1970년대를 중심으로」(민주화운동기념사업회 오픈아카이브 85136번 자료)라는 자료는, 1960년대의 개신교 학생운동은 1964년 한일협정 반대 서한, 1967년 6·8부정선거규탄, 1969년 3선개헌 반대성명 발표 등을 전개했지만 한국기독학생회총연맹 출범 이후와 같은 본격적인 사회참여 활동을 하지는 않았다고 평가한다.

이 시기까지의 개신교 학생운동은 1차적으로 개신교 내부 영역에서 청년학생의 바람직한 존재방식을 찾고자 하는 운동이었으며 이에 따라 일반 학생운동과 어느 정도 차이를 보이고 있었다. 그러나 탈식민 국가의 지식층이 일반적으로 갖게 되는 근대화에 대한 관심에 개신교 학생운동도 예외는 아니었음을 발견할 수 있으며, 개신교 내부 영역에서의 활동에도 근대화에 대한 관심과 조응하는, 내부의 보수적 영역에 대한 반발과 대안 모색의 움직임이 주류를 이루었다. 그리하여 앞에서 보듯이 미국/유럽에서 활발했던 진보적 신학 담론과 국제적 에큐메니컬 운동 담론 등이 개신교 학생운동의 주된 관심사가 되었으며, 당시 정부의 근대화와 민족주의 결합 시도에 조응하는 토착화 신학 논쟁 역시 운동의 주된 관심사가 되었다.

1960년대 전반까지 위와 같은 기조가 유지되다가 1960년대 후반이 되면서 개신교 학생운동 내에 현실참여에 대한 요구가 강화되었고 이 요구가 학생사회개발단(학사단) 활동으로 이어지면서 개신교 학생운동 내에 오래도록 존재해 왔던 조직 통합 이슈의 해결에까지 영향을 미치는 상황이 벌어진다. 개신교 학생운동 내부의 조직 통합 요구는 1955년 명동협의회와 그 후의 KSCC 결성 등을 시초로 잡아도 10여년 넘게 지속되어 온 요구였는데, KSCC 참여 세 조직의 통합을 공식화한 1968년 2월의 「한국학생기독교운동 에큐메니컬 정책협의회 결의문」에서는 그 10여 년 동안 KSCC를 통해 공동의 기독학생운동이 전개되긴 했으나 재정과 지도력 분산, 실무 인력의 불안정성 등의 한계가 있었고 개신교 학생운동의 분열의 인상을 극복하지 못했었다는 평가를 내리고 있다. 이런 상황에서 볼 때 1960년대 후반부터 학사단 활동이 KSCC 참여 조직의 공동 활동으로 이루어진 것은 이 조직의 성원들에게 통합적 활동의 경험을 제공함으로써 조직 통합으로 이어질 수 있는 모티프를 형성한 것으로 보인다. 황인성은 학사단 활동이 1968년의 조직 통합 결의 이후 통합 참가 조직들이 기구의 통합이 완수되기 이전에라도 사업과 행동의 통일을 기하기 위해 시행된 사업이었다고 진술하고 있다. (황인성 1991, 56)

　학사단 활동과 관련해서 배경으로 주목할 것은, 이 시기에 개신교 학생운동 출신으로서 KSCC와 YMCA 간사로 꾸준히 관여하던 오재식 등에 의해서 사울 알린스키의 사회운동론이 소개되고, 알린스키의 동지인 조지 타드와 오재식의 협의를 통해 알린스키의 제자인 허버트 화이트 선교사가 연세대 도시문제연구소에 도시선교위원회라는 포스트를 구축하고 이 포스트를 통해 한국의 도시빈민운동 구축에 주도적 입장으로 참여하는 등의 일련의 일들이 벌어졌다는 점이다. 학사단 활동의 주된 양태 중의 하나가 빈민지역 주민활동이었던 점도 그 영역이 알린스키의 주 활동 영역이었다는 점과 관련이 있었다.

　1969년부터 시작된 학사단 활동의 초기 계획은 주민 조직화 3년의 제1기와 문제 해결 3년의 제2기로 구분되어 있었다. 이는 학사단 활동이 참여

회원의 대학 생활 거의 전 기간을 커버하는 장기적 활동으로 계획되어 있었음을 보여준다. 학사단 활동과 주로 연계된 조직은 수도권특수지역선교위원회와 도시산업선교회였다.

학사단 활동을 통해 통합의 모티프를 형성한 KSCC 참여 조직 중에 통합 마지막 단계에서 여성운동의 독자성을 이유로 하여 최종 불참을 결정한 대학 YWCA를 제외하고 KSCM과 대학 YMCA 두 단체가 1969년 8월 한국기독학생회총연맹(KSCF)을 결성한다. KSCF 결성 당시의 중심 슬로건은 "한국을 새롭게"였는데 이 슬로건이 그 전해인 1968년 웁살라 WCC 총회의 슬로건인 "만물을 새롭게"에서 영향을 받은 것임은 전술한 바대로이다. 통합 KSCF의 초대 회장은 양 단체 어느 쪽에도 지도부에 적극 참여하지 않고 있던 박종렬이었다. 그리고 학사단 활동은 통합 KSCF 초기에도 중추적 활동으로서 구실을 했다.

2. 산업전도와 도시산업선교회 그리고 전태일의 분신

한국 개신교의 산업전도는 1950년대 중후반부터 시작되었다. 한국에서의 산업전도의 시작의 동력은 미국교회의 아시아선교전략에 있었다. 1950년대 후반 산업전도가 시작되었을 때 한국은 아직 산업사회가 아니었으나 미국교회는 한국도 곧 급격한 산업화를 맞아 그에 따른 부작용이 발생할 것을 예견하고 이에 대비하기 위해 산업전도를 추진하기로 했다. 산업사회를 맞이했을 때 교회가 노동자에게 전혀 영향을 미치지 못했던 서구의 전철을 밟지 않기 위함이었다.(장숙경 2013, 30~31)

한국에서 가장 먼저 산업전도를 받아들인 교단은 통합측과 합동측으로의 교단분열 이전의 대한예수교장로회였고 분열 이후에는 통합측에서 사업을 계승한다. 1957년 교단 총회에 산업전도위원회가 만들어진 후 당시로서는 거액인 연 5,000달러의 산업전도 전용 자금 지원이 있었다. 이리하여 산업전도는 한국교회의 대부격으로 인식되던 미국교회의 지지를 받는 사업으로 인식되어 교회 엘리트, 기업주, 대학생들의 상당한 관심을 받았다.(장숙경 2013, 32~33, 37) 또한 초기 산업전도는 기독교인 기업주의 협력은 물론이고 기업주와 중역을 전도하면 노동자들의 전도는 자연스러운 후속 작업이 될 것이라는 생각 하에 진행되기도 했다.(장숙경 2013, 43)

조지 오글의 회고에 의하면 그가 인천산업전도회에서 일하게 되어 처음 한국의 공장에 갔던 날 자신이 미국에서 온 선교사라고 소개를 받은 뒤에 첫 인사를 나누자마자 이런 질문들이 들어 왔다고 한다. "당신은 누구요? 왜 우리와 함께 이야기를 하고 싶어 하는 거요? 설교를 하고 우리를 개종시키려고 하는 거요? 미국 노동자들은 잘 삽니까? 그들은 조직화되어 있나요? 당신 미국 정보국 요원이요?"(짐 스텐츨 엮음 2007, 45) 산업전도에 대해서 노동자들이 기본적으로 의심과 경계의 시선을 보내면서도 오글이 미국인이었기 때문인지 미국 노동현실에 대해 알고 싶어 하는 호기심도 보여 주는 것을 볼 수 있다.

그러나 이미 1960년대 중반에 이르러 산업전도에 종사하는 목회자들 사이에는 산업전도가 산업사회라는 상황에 대한 이해 없이 공장의 비교인을 전도한다는 생각만으로는 불가능하다는 생각이 대세로 자리 잡은 것으로 보인다. 1965년 예장통합 산업전도위원회가 산업전도의 주요지역 중 하나였던 영등포지역의 교회 목회자들을 대상으로 실시한 설문조사(민주화운동기념사업회 오픈아카이브 343262)와, 1967년 감리교 인천산업전도위원회가 전년도까지의 5년의 활동을 결산한 보고서(민주화운동기념사업회 오픈아카이브 343269)를 비교하면 양쪽 모두 이 점에서 비슷한 인식을 보여준다. 예장통합 측의 설문조사는 조사 전 기본 가설로 "산업사회와 그곳에서 일어나는 여러 가지 문제들에 대한 성서적 이해 없이도 산업지대에 있는 개체교회 목회자들은 우선 산업전도 사업을 시작할 수 있다"를 세운 뒤 조사를 시작하였는데 결론은 이 기본 가설의 정반대인 "산업사회에 대한 이해 없이 산업전도 못 한다"로 나오고 있다. 한편 감리교 측의 보고서는 산업선교 시작 당시부터 사회적 공동체에 대한 교회의 메시지를 구체화시켜야 하고 근로대중에 대한 선교는 경제적 차원을 담보해야 한다는 전제를 가지고 있었다고 언급하고 있다. 실제로 인천산업전도회의 조승혁은 오글의 제안을 받아 인천 남부지역의 공장과 노조를 탐방하면서 노동문제에 관해 더 공부해야 할 필요를 느끼고 한국노총을 찾아가거나 독학을 하기도 했다. 이 과정에서 노동문제전문가였던 JOC 지도신부 박성종을 만나 JOC에서 배운 것을 활동에 적용하여 노동자훈련 프로그램을 만들게 되는데 이는 개신교/가톨릭의 산업선교가 연대하는 시작이 되었다. 그리하여 인천산업전도회는 1960년대 중반부터 노동조합 지원을 목적으로 하는 노동자 훈련과 노조 지도자 훈련 프로그램을 강화하고 한국노총과도 협력하게 되었다. (장숙경 2013, 59~61) 이렇게 보면 산업전도가 공장의 비교인을 전도한다는 생각만으로는 불가능하다는 공감대는 이루어지고 있지만 그 공감대가 산업사회에 대한 구체적인 이해로까지 심화되는 데에는 주체의 차이가 없지 않다고도 보인다.

이런 추세가 심화되면서 1960년대 말 산업전도에서 산업선교로의 개념전환이 이루어졌다. 이 개념전환의 직접적인 계기로는 1968년 1월 방콕에서 열린 EACC 도시산업선교 연구협의회에 예장통합과 감리교의 산업전도 단체들이 참석한 일이 꼽힌다. (김상현 2019, 294~295) 이 협의회에서 교회 중심의 낚시질적 전도로는 더 이상 산업사회의 노동자들에게 효과적인 선교가 불가능하며 노동자의 인간으로서의 중요성과 존엄성, 그리고 이에 위협이 되는 문제들에 산업사회 선교의 초점이 맞추어져야 한다는 공감대를 각 국가 참가자들이 전반적으로 공유하고 있음을 발견하여, 협의회 마지막 날 산업화와 도시화의 수반 관계에 주목한 '도시산업선교'라는 명칭을 공식적으로 채택했다. (장숙경 2013, 65~67) 이 결정으로 인해 이미 상당 부분 노동운동 친화적인 활동을 진행 중이던 감리교 측의 인천산업전도회에는 더 더욱 힘이 실렸고, 활동방향에 대한 내부 고민을 진행 중이던 예장 측의 영등포산업전도회는 활동방향을 변화시킬 명분을 얻었다.(장숙경 2013, 68)

영등포산업전도회가 발행하던 회지 「산업전도」는 1969년 3월에 발간된 31호부터 제호를 「산업선교」로 바꾼다. 이 31호는 30호 발행 후 9개월만에 발행된 것이다. 또한 예장통합 산업전도위원회는 1971년 예장통합 총회에 제출한 조직 보고에서 조직 명칭을 산업선교위원회로 바꾸어 달라고 건의하여 통과되었다. 한편, 앞에서 언급한 「산업선교」 31호의 내용을 살펴 보면, 먼저 표지 기사로 일본의 니시진 산업선교회를 소개하는데, 소개의 주 내용은 복음을 통한 지역사회 갱신과 평신도 중심 선교를 목표로 노사교육, 지역사회 조사/상담, 의료사업, 취미활동 등을 진행한다는 것이다. 그리고 연재컬럼으로 직장윤리강좌 성격의 바람직한 직장생활, 남녀관계 등에 관한 주제가 소개되고 있다. 또한 이 「산업선교」 31호에서는 산업선교를 교단 연합으로 진행해야 한다는 고민들이 드러나는데, 그 2년 후의 통합 총회 보고에서는 주요 보고 사업 중 하나로 감리교와의 연합사업이 들어 있다. 다만 그러한 적극적인 '산업선교'로서의 활동은 이 시기까지는 아직 영등포지역 등 일부 지역에 한정되고 다른 지역에서는 전도활동에 주로 머물러 있었던 정황도 같은 보고서에 들어 있다.

이렇게 산업전도에서 산업선교로의 변화가 이루어지던 와중에 1970년 11월 13일 전태일 열사의 분신 사건이 일어났다. 이 사건은 생전의 전태일 열사가 산업선교는 물론이고 전반적인 개신교 사회운동과 일반 사회운동 그 어디와도 접촉이 없었던 상황에서 일어났으며 따라서 당시의 개신교 사회운동을 비롯한 전반적인 사회운동에 그만큼 충격을 줄 수밖에 없었다. 이 사건이 일어난 이후 개신교계에서 가장 먼저 일어난 반응 중 하나였던 11월 22일 새문안교회 대학생회의 "참회와 호소의 금식기도회"에서는 "우리들 기독교인"도 공모자임을 참회한다는 표현이 등장하는데 이 표현이 앞에서 언급한 충격의 징후를 보여준다 할 것이다. 당시 KSCF 사무총장으로 일하던 오재식은『기독교사상』12월호에 전태일의 죽음을 "어떤 예수의 죽음"으로 규정하는 글을 기고하여 개신교 내에서 논란을 일으켰고, 이 글은 이후『전태일평전』초판에도 실렸다.

그 후 11월 25일 개신교와 가톨릭의 주요 사회운동/노동운동 세력이 모두 결집하여 연동교회에서 전태일 열사 추모예배를 가졌다. 이 예배의 주관단체로는 한국기독학생회총연맹(KSCF), 대한가톨릭학생서울대교구연합회(PAX ROMANA), 한국기독교도시산업선교실무자협의회, 한국가톨릭노동청년회(JOC)가 참여했고, 후원단체로 가톨릭중앙협의회, 가톨릭시보, 한국기독교교회협의회, 기독교방송이 참여하였는데, 개신교/가톨릭의 기관들 중 청년학생운동을 비롯한 사회운동에 적극적이었던 기관들뿐만 아니라 교단/교구간의 연합으로 구성되는 공교회 기관까지도 후원의 형식으로 모두 참여하는 양상을 보였다는 점이 주목된다.

한편 산업선교의 지평에서 보면, 전태일 사건보다 더 직접적인 영향을 준 것은 그다음 해에 일어난 김진수 사건이었다. 한영섬유의 노동자였던 김진수는 영등포산업선교회에서 훈련을 받은 뒤 한국노총 섬유노조로 인계된 노동자였는데, 한영섬유에 섬유노조 분회가 결성된 뒤 이를 파괴하려 회사가 동원한 깡패에 폭행을 당해 사망하였다. 그런데 이 사건의 사후 처리과정에서 한국노총과 섬유노조가 발을 뺀 가운데 한영섬유분회와 영등포산업선교회만 분주하게 뛰어다니는 상황이 발생함으로써, 이 사건은 산업선교가 기존의 한국노총 중심의 노동조합과 결별을 시작하는 계기가 되었다.(장숙경 2009, 95~96) 한편 KSCF도 이 사건에 관련한 연대 활동에 참여하여 김진수의 장례식을 학생 주관으로 개최하였다.(한국기독학생회총연맹 50주년 기념사업회 1998, 223)

3. 민주수호국민협의회 결성과 민주수호기독청년협의회의 선거 참관 운동

1970년 하반기 전태일 열사 분신 사건을 위시한 일련의 사건은 사회운동권에 상당한 각성을 낳는 계기가 되었으며 개신교 사회운동권에도 이는 마찬가지였다. 특히 당시 개신교 사회운동의 중요한 집결점이 되던 개신교 청년학생운동의 활동이 격동적으로 이루어지는 시기가 되었다. 1975년 7월 정도에 KSCF 내부에서 작성된 것으로 추정되는 KSCF의 통합조직 결성 이후 약사(민주화운동기념사업회 오픈아카이브 112403) 문건은 전태일 열사 사건 이후 그다음 해인 1971년 대통령선거와 국회의원 총선거까지의 시기를 통합 조직 결성 이후의 제1격동기로 규정한다.

3선개헌을 통해 박정희가 다시 한번 출마하게 된 1971년 대통령선거를 앞두고 김재준, 함석헌, 지학순, 이병린, 천관우를 공동대표로 하는 민주수호국민협의회가 결성되었다. 이 조직은 이후 침잠기에 들어갔다가 유신 이후에 다시 활동을 재개하여 이후 '재야'로 지칭될 정치운동 영역을 구축하는 시발점이 되었다. 그러나 앞서 3선개헌 반대운동과 마찬가지로 이 조직에도 김재준, 함석헌 등의 개신교 인사들이 개별적으로 참여하는 수준 이상을 쉽게 벗어나지 못했으며, 이 조직과 함께 대통령선거 대응에 조직적으로 나선 곳은 후술하듯이 청년학생운동 측이 거의 유일하다시피 했다.

1971년 제8대 대통령선거가 치루어질 4월 27일을 앞둔 4월 10일 KSCF와 대한가톨릭학생연합회는 「부활과 4월 혁명」 행사를 공동개최하고 행사 이후 십자가 행진을 벌였다. 이 십자가 행진이 경찰에 의해 폭력진압되고 참가자들이 연행되면서 이에 항의하는 그리스도교 청년학생단체들의 성명문 발표와 항의 행동이 이어졌고, 4월 12일 교회청년협의회는 단식기도회를 가진다. 이 단식기도회에서 발표한 성명서는 4월 10일의 십자가 행진이 "교회의 자체 회개와 참 민주주의의 실현과 모든 교인이 깨어서 민족의 수난에 동참하는 뜻"에서 이루어졌음을 천명하고 이에 대한 경찰의 폭력은 반민주적 행동일 뿐 아니라 신앙과 종교의 자유 침해이기도 하다고 규정하면서 전국 기독학생들에게 신앙의 자유, 언론의 자유, 교회의 갱신을 위한 총궐기를 촉구하였다.

이어 4월 20일 KSCF와 서울지구교회청년협의회, 전국신학생연합회가 함께 가칭 민주수호기독청년협의회를 결성했다. 이 세 단체는 바로 앞에서 언급한 십자가 행진을 주최하거나 그 행진을 폭력진압한 데 대한 항의성명 및 항의행동을 주최한 단체라는 공통점을 가지고 있었다. 민주수호기독청년협의회의 사무실은 새문안교회 대학생회 사무실이었다. (새문안교회 대학생회 역사편찬위원회 2017, 53)

민주수호기독청년협의회는 결성식 결의문에서 신앙의 자유 수호를 위해서 민주주의가 필수불가결하며 민주주의를 위해서는 협의회 결성 직후에 치러질 예정인 대통령선거와 국회의원 총선거가 공명하게 치루어지는 것이 필수적이라는 입장을 천명했다. 그리하여 모든 국민이 표를 지키기 위한 운동에 나서줄 것과, 결성식 이후 첫 주일인 4월 25일을 모든 교회가 공명선거를 위한 주일로 지켜 줄 것을 촉구했다.

5일 후인 4월 25일 민주수호기독청년협의회는 민주수호전국청년학생연맹과 공동으로 선거참관 지침서를 발행했다. 민주수호기독청년협의회가 부정선거 감시운동을 펼치기로 한 것은 협의회 결성식 결의문에서 대선과 총선의 공명선거가 이루어지는 것이 핵심이라고 천명한 데 대한 자연스러운 귀결이었다. 여기서 한 가지 주목할 점이 있다면 기독청년 부문의 단체인 민주수호기독청년협의회가 일반 청년단체를 표방하는 민주수호전국청년학생연맹과 동등한 위상을 갖는다는 점이다.

이 선거 참관 지침서에서 제시하는 주요 지침을 살펴 보면 다음과 같다.

1) 주민들의 신뢰를 얻어야 하는데, 이를 위해 민중에 대해 계몽적인 자세를 갖는 것이 아니라 동지적 연대감으로 접근할 것.
2) 현지 사정을 신속/정확하게 파악하여 릴레이 투표 거점 등 부정이 벌어지는 아지트를 재빨리 적발할 것.
3) 정보 수집을 위해 막걸리집 등 거점에 대한 수소문과 지역의 민주적 인물 접촉을 병행하고, 지역 기자, 지구당 인사, 선관위 인사 등에게 인사하고 공명선거를 호소하며, 각 정당 활동장, 동/반/면/이장, 농협 조합장, 지서장 등 행태를 예의주시할 것.
4) 현지의 민주적 역량 총동원하기 위해, 대학생, 고등학생, 청년과 교우를 맺고 협조를 요청하여, 지역 교회에 청년 투표 참관인 및 투표구 주변 감시인을 요청하고, 선거 이후에도 연계를 갖도록 제의할 것.
5) 참관 수기 작성하며, 필요 이상의 호의는 거절할 것.

이 지침들의 내용을 보면 이 선거참관 운동은 1차적인 목적인 부정선거 감시운동을 넘어서, 지역의 이른바 '민주적 역량'을 확장하고 이들과 상시적인 조직적 연계 구축을 꾀한 운동이기도 했음을 알 수 있다. 또한 이 '민주적 역량' 내에 지역교회의 청년들을 끌어들이고자 하는 시도도 눈에 띈다. 앞에서 언급했던, 그리스도교 청년학생운동 단체와 일반 청년학생운동 단체가 동등한 위상을 갖는 조직 구조에 상응하는 지역활동의 양상을 상정하고 있다는 점을 주목할 만하다.

그러나 이들의 선거참관 활동은 행정당국과 여당의 방해, 야당의 소극적인 대처 등의 이유로 실질적으로 진행되지는 못했다. 서산에서 간신히 투표소에 진입했던 박남수가 이중투표를 목격하고 선관위에 신고했으나 오히려 경찰에 연행되어 서울로 강제 후송될 지경이었다. (한국신학대학 민주화운동동지회 2023, 100)

유신 전기
개신교 민주화운동

제1장

유신체제 성립과 민주화운동

유신체제 형성은 사실상 5·16쿠데타부터 시작된다고 할 수 있다. 박정희의 사회적 삶을 돌아볼 때 식민지 시기 학교와 군 경험을 통해 형성된 사고방식과 가치관이 절대적 영향을 미쳤으며 그 연장선상에서 통치행위가 진행되었기 때문이다. 5·16쿠데타 직후 박정희는 자신들이 '메이지 유신의 지사들의 심정'으로 거사를 일으켰다고 했으나 실제로는 '쇼와유신'의 영향이 더 컸다고 보인다. 1930년대 쇼와유신은 일본 군국주의화의 본격 출발을 알리는 것이었으며 총력전 체제 구축을 의미했다.

박정희는 1941년부터 45년까지 쇼와유신과 총력전 체제의 한복판에서 군사적 경험을 했고 만주군관학교 교관들은 2·26사건의 열렬한 지지자들이 태반이었다. 해방 이후 미국이 주도하는 상황 하에서도 박정희는 미국식 자유주의에 노골적인 반감을 보였으며 일본군과 만주군 출신들이 주도하는 군대생활을 이어간다. 1952년 부산정치파동 당시 미국은 이승만 제거 계획을 세우기도 했는데, 박정희는 이용문이 주도하던 쿠데타 계획의 행동대장 역할을 수락할 정도로 정치화되어 있었다. 군사 쿠데타에 대한 박정희의 감각은 2·26사건과 가장 가까운 거리에 있었다.

쿠데타 직후 주도세력은 민정이양 계획을 고려하지 않았으며 수십 년 후의 일로 생각했다. 그러나 미국의 압력과 4·19혁명 이후 조성된 민주주의에 대한 대중적 감각, 기존 정치세력들의 반발 등으로 인해 떠밀리듯이 민정이양을 준비한다. 쿠데타 세력 특히 박정희는 총력전 체제의 군사적 효율성에 입각한 지배질서를 원했겠지만 당시 정세상 그것은 쉽지 않은 일이었다.

유신체제의 직접적 전사는 1960년대 후반이라 할 수 있다. 특히 1968년 북한에 의한 일련의 군사적 도발 사건들은 유신체제 형성의 중요한 계기가 된다. 이무렵 박정희는 생존의 문제를 안보와 결합시키기 시작했다. 향토예비군을 만들면서 "생존의 문제"를 강조하였고 "죽음을 각오한 방어만이 자유를 수호할 수 있"다고 역설하는가 하면, "4백만 시민이 한 덩어리가 되어 수도 서울을 지키는 시민 방위전쟁을 각오할" 것을 주문했다.● '힘의 논리'와 '총력전'을 언급하기 시작하는 것도 이 무렵이었다.

> 현대는 군사·정치·경제·과학·문화 등의 총체적인 국력이 승패를 좌우하는 총력전의 시대입니다 …… 문무의 구별도 없고 전선과 후방의 구별도 없을 뿐 아니라 선전포고나 휴전의 의의를 찾아볼 수 없는 특수전쟁에 대비해야 합니다. ●●

총력전 개념이 본격적으로 등장했고 사회 전체를 전쟁 체제로 단일화하는 논리가 나타남을 알 수 있다. 특히 '특수전쟁'으로 표현된 비정규전 및 '간접침략'을 강조한 것은 사회 전체를 모호한 전쟁상태로 재현하는 것으로 읽힌다. 다시 말해 전쟁과 평화의 경계가 흐려지면서 사회를 전쟁 체제로

● 「예비군 창설식 유시」(1968. 4. 1), 대통령 비서실, 1973, 『박정희대통령연설문집』(이하 연설문집) 2, 213쪽.
●●「국방대학원 제13기 졸업식 및 합동참모대학 제10기 졸업식 유시」(1968. 7. 23), 『연설문집』 2, 253쪽.

동원할 수 있는 논리적 장치를 만들고자 한 것이었다.

유신체제 형성의 외부적 배경으로 1969년의 닉슨 독트린을 빼놓을 수 없다. 미중 데탕트, 베트남 철수로 구체화된 닉슨 독트린은 박정희 체제가 안보 위기 담론을 확산하는 중요한 계기로 이용되었다. 북한의 군사적 도발은 1969년 들어 급속하게 줄어들기 시작했고 1970년대 초반 주한미군 부분 철수가 진행되었지만 안보위기는 없었다. 박정희 역시 몇 가지 조건을 붙여 미군철수에 동의할 정도로 안보위기의 실체는 의심스러웠다. •

닉슨 독트린은 박정희 체제의 자율성을 상대적으로 확장시키게 된다. 아시아는 아시아인의 손에 맡긴다는 닉슨 독트린은 그만큼 한국에 대한 미국의 영향력이 줄어들 수 있다는 것을 의미했다. 실제 닉슨 정권은 3선개헌이나 유신체제 성립에 별다른 영향력을 행사하지 않고 묵인 내지 방조하는 입장을 취했다. 베트남에서 철수하는 마당에 한국 내정에 깊숙하게 개입하는 것은 곤란했다. 미국의 개입은 유신선포 기자회견문 내용에 미국을 지시하는 강대국의 횡포 부분을 빼달라는 요구 정도에 그쳤다.

당시 주한미대사 포터((William James Porter)는 유신체제 성립과 관련해 미 국무부에 다음과 같이 보고했다. 그는 유신 선포를 '퇴보적인 단계'로 평가하고 이는 미국이 "한국에서 27년 간 주장하고 지지해온 정치철학에서 박정희가 멀어져가가는 것"임을 분명히 했다. 포터는 유신을 포기하게 하기 위해서는 즉각적 경제·군사원조의 중단 같은 조치가 필요하나 이는 박정희를 파멸시킬 것이며 장래 협력을 불가능하게 할 것이기에 곤란하다고 선을 그었다. 결국 포터는 "미국이 더 이상 한국 내정의 방향을 결정할 수

• 미국은 박정희가 1971년 5월의 대통령 선거 전까지는 어떠한 형태의 미군 철수도 반대한다는 입장이지만, 1975년 이전 철수 반대 입장을 조건부로 변경할 준비가 되어 있다고 판단했다. ("Memorandum for President", June 28, 1970, Box 757, Line Item 60, National Security Council Files, Nixon Presidential Materials.)

제2부 유신 전기 개신교 민주화운동

도 없고 해서도 안 된다는 사실을 받아들"여야 함을 주장했다. 나아가 포터는 "이미 한국에서 미국의 개입수준을 점진적으로 낮추는 작업을 시작했"으며 더욱 "가속화"되어야 한다고 천명했다. (박태균 2006, 341~2)

그러나 미국은 유신체제를 용인한 것이지 그것을 요구한 것은 아니었다. 유신체제 구축은 외부적 요인보다 내부적 요인이 더 컸다. 산업화의 결과로 한국은 1970년 전 인구의 50%가 도시에 몰려사는 도시형 국가로 탈바꿈했다. (강명구 1999, 56) 이는 근대화의 성과이자 새로운 형태의 사회·정치적 위기를 초래하는 것이었다. 특히 대통령 선거가 치러지고 광주대단지 사건이 발생한 1971년이 중요했다. 박정희는 정치인의 무책임한 선동, 과격한 노동쟁의, 학생 데모, 집단 난동 등이 "안보 체제를 크게 약화"시켰음을 강조했다. • 이러한 상황 속에서 박정희는 1971년 대통령 선거 당시 서울에서 패배한다. 정치적 라이벌로 부상한 김대중은 개발이 독재, 부정부패, 빈부 및 도농 격차 등을 초래해 오히려 안보위기를 불러왔다고 비판했다. ••

당시의 노사분규 상황을 보면 1969년 130건, 1970년 165건에 그쳤던 것이 1971년 1,656건으로 폭증했다. 1970년 11월 전태일의 분신이 큰 영향을 미쳤음이 분명했다. 그러나 1971년 12월의 국가보위에 관한 특별 조치법을 공포하고 억압조치가 강화되면서 유신의 해인 1972년에는 346건으로 급감했다. 한편 1970년에는 정인숙 사건이 발생했고 1971년 8월에는 실미도 사건이 일어나 민심에 큰 영향을 미쳤다.

이러한 상황 속에서 1971년 2월 교련 반대시위를 시발로 4월 들어 선거 참관운동, 부정부패 규탄 데모, 10월 전국학생연맹 결성. 71년 4월 15일 동아일보 언론자유 선언문 등 언론자유 수호운동이 일어났고 4월 19일에는 민주수호국민협의회가 결성되었다. 이어 7월의 사법부 파동, 8월 대학교수들의 자주선언도 터져나온다. 대통령 선거에 이은 총선에서 신민당은 44석이던 의석을 89석으로 확대했다.

요컨대 유신체제 성립의 중요한 이유는 권력재생산의 불안이었다고 보인다. 경제개발만 잘 되면 별 문제가 없을 것이라는 믿음이 보기 좋게 배반당하면서 박정희는 특단의 조치를 강구했을 가능성이 컸다. 전태일이 산업화된 도시 한복판에서 깊은 좌절감을 느껴 행동에 나섰다면 박정희는 정반대편에서 유사한 배반감과 좌절감을 느꼈음직하다. 물론 유신체제는 좌절감에 따른 수세적 조치로 볼 수 없다. 오히려 박정희의 오랜 꿈을 실현할 수 있을 절호의 기회로 보았을 가능성도 컸다. 그만큼 쿠데타 이후 권력기반을 튼튼하게 다져놨다는 자신감도 있었을 터이다.

사실 유신체제 이전에도 박정희 정권은 정치영역을 계속 축소해온 반면, 경제성장과 안보를 위한 효율적인 정책 수행을 담당할 군인 및 민간 관료층의 영향력의 증대와 더불어 행정과 통치기능을 강화하고자 했다. 권력의 중심도 공화당을 비롯한 소위 정치인의 손에서부터 점차 행정부의 관료층으로 이전되는 경향을 보여, 60년대 중반 이후 청와대 비서실 및 경호실, 중앙정보부, 경제기획원 등이 권력의 중심을 차지하게 된다. 정부 주도하의 경제개발이 진행됨에 따라 국가 특히 행정관료와 테크노크라트 계층의 역할과 기능은 크게 확대되었고, 정치·경제적 안정을 위하여 정치는 보다 독점적이고 비경쟁적인 것으로 되었다. (기독교사회문제연구원 1983, 23)

주지하듯이 1960~70년대 한국의 경제개발은 불균등 발전전략에 입각했다. 불균등의 계선은 지역, 산업 부문, 기업 규모 등에 따라 다양했다. 그 결과는 거대하고 광범위한 불평등의 산출이었다. 소수의 거대 재벌집단과 영세 중소기업, 서울과 지방, 도시와 농촌, 지역과 지역 간 불균형이 나타났고 이는 전사회적 불평등 상황으로 연결되었다. 이를 상징적으로 보여주는 것이 분배 문제였다.

1970년대 10년간 노동생산성은 2.6배 증가했지만 실질임금 상승율은 2.2배에 그쳐 자본-노동 간 분배의 불균등이 강화되었다. 계층 간 격차도 강화되었다. 1971년 생산직 임금을 100으로 했을 때 관리직 임금은 359, 전문직과 기술직은 250, 사무직은 204였다. 1976년의 경우 그 격차가 더욱 확대되었다. 생산직 임금 100, 관리직 474, 전문직과 기술직 292, 사무직은 222로 증가했다. 1980년도에는 직종 간 임금 격차가 조금 완화되기는 했지만 관리직의 경우 395를 기록해 생산직의 4배에 육박했다.(이정우, 2003: 229~241) 계층 간 격차를 확대시킨 것은 임금뿐만이 아니었다. 대표적인 예가 부동산 투기였다. 1963년과 1979년 사이 땅값은 180배 폭등하였다. 엄청난 지가 상승의 이익이 어떻게 분배되었는지는 굳이 설명이 필요치 않을 것이다.

역사적 경험을 통해 보건대 산업화는 농업, 농촌, 농민의 희생을 통한 공업화와 도시화로 나타나는 것이 일반적이다. 한국 역시 예외가 아니어서 1970년대는 공업화에 따른 도시화가 절정의 동력을 형성한 시기였다. 1960년 28%에 불과했던 도시 인구는 1975년 52%를 넘어섬으로써 본격적인 도시 중심의 삶을 일반화시켰다. 반면에 농촌인구는 1970년 1,440만이 넘던 것이 1980년에는 1,083만여 명에 불과했다. 10년간 360만 명이 감소한 것으로 감소율은 25%에 달했다. 1975년은 특기할 만한 해였는데, 수도권으로의 순 유입인구가 무려 63만 명이 넘어 역대 최고치를 기록했다. 요컨대 1970년대 중반은 이촌향도의 정점이었다.

이에 따라 1970년대 초반부터 이미 도농 격차 문제를 둘러싼 논의가 활발했다. 서울과 농촌 사이의 생활격차는 물론이고 도시인의 선민의식의 특권과 대비되어 농촌은 "현대사회에 적응해 갈 기능적인 능력 저하" 현상을 보이고 있음이 지적되었다. 심지어 '농촌 학생들의 지능계수가 도시보다 평균 10% 쯤 떨어지고 있으며 저질의 인간자원은 나날이 발전하는 산업사회 속에서 설 땅을 잃게 되어 사회문제화 할 것'이란 분석까지 제시되었다. •

1인당 지역주민 소득

단위 : 천 원

구분	1965	1970	1975	1978
경기	23	76.2	289	691
강원	22.9	64.3	207.3	485.1
충북	23.8	69.5	246.7	532.2
충남	21.9	63.9	207.7	476.2
전북	22.6	61.3	208.6	465.9
전남	20.8	56.5	203.4	474.3
경북	26.9	61.2	234.7	526.4
경남	24.1	73.6	294	760
부산	40.1	118.7	317.5	699.2
제주	30.7	65.7	267.6	514.9

출처: 내무부, 『주민소득연보』, 1972·1980년(박상훈, 1998: 215)

위 표에 나오듯이 지역 간 격차가 심각해지는 것은 1970년대 중후반을 지나면서였다. 특히 70년대 후반에는 중화학 공업화의 효과가 나타나면서 가장 낮은 지역인 '전북은 경남의 61%에 불과했다.

이러한 상황에 대한 사회적 반응으로 크리스챤아카데미는 이미 1971년

• 『매일경제』 1970.7.28.

4월 '양극화 문제 인간화'를 위하여 토론회를 개최했다. 이 토론회에서 지적된 내용들 또한 도농 격차 확대, 기업 대형화에 따른 중소기업의 상대적 몰락, 경제적 부의 76%를 차지하고 1인당 소득은 전남의 3배에 달하는 서울로의 집중 상황이었다. 또한 엘리트와 대중 간의 괴리현상, 계층이동 곤란에 따른 불평등과 양극화 심화 등이 지적되었다. 문화적 영역에서도 양극화 현상이 심각하여 서울과 지방, 전통과 서구, 순수와 참여 간의 대립과 갈등을 주요 문제로 제기하였다.●

이와 같이 산업화가 거대한 불균형과 불평등을 초래했다면 다른 한편으로 그것은 곧 기존 질서의 급속한 변화를 의미하는 것이었다. 상대적으로 안정적이었던 농업 경제와 농촌이 급속히 해체되면서 도시화가 진행되었고 이는 곧 사회적 유동성의 급격한 제고로 연결되는 것이었다.

요컨대 1970년대는 자본주의적 산업화의 효과가 전 사회적으로 확산되는 시점이었고 불균등과 불평등이 새롭게 재구성되는 시대였다. 그것은 박정희 체제가 추동했던 근대화의 성과이자 또 다른 위기의 징후이기도 했다. 산업화가 초래한 거대한 사회변화 저항운동에도 큰 영향을 미친다. 전태일의 분신이 보여주듯이 민중이 새롭게 주목되기 시작했으며 사회현실에 대한 치열한 모색이 이루어진다. 유신체제 선포는 이러한 위기에 대한 지배질서의 공세적 대응이기도 했다.

유신 전해인 1971년 학생들의 시위가 격렬해지자 박정희 정권은 10월 15일 서울시 일원에 위수령 발동을 시작으로, 10월 19일 '학원 질서 확립에 관한 대통령의 특별명령'을 공포하였다. 이어 12월 6일 '국가비상사태 선언', 12월 27일 '국가보위에 관한 특별조치법'을 제정 공포하였다. 그리고 이듬해인 1972년 7월 4일에는 그동안의 대북정책과는 다른 남북공동성명을

●『동아일보』1971.4.6.

발표하여 국민의 관심을 집중시킨 후, 1972년 10월 17일 대통령특별선언을 통해 '국회해산, 정당 및 정치 활동의 금지, 대학폐쇄, 조국의 평화통일을 지향하는 새 헌법개정안'을 내용으로 하는 계엄포고 제1호를 발표하였다. 이어 10월 27일 국회를 대신하여 입법권을 행사한 비상국무회의는 계엄령 하에서 대통령의 수중에 입법, 행정, 사법 등 모든 권한을 집중시키는 것을 주내용으로 하는 '유신헌법'을 의결하고 공고하였다. 박정희 정권은 평화통일을 달성하려면 국민총화가 필요하고 국민총화를 달성하고 능률을 극대화하기 위해서는 강력한 지도력이 필요하다는 명분을 내세워 1972년 12월 27일 국민투표를 통해 유신헌법을 통과시키고 유신체제를 성립시켰다.

유신체제 성립 이후 통치는 거의 확실하게 정치를 대체했다. 이것을 잘 보여주는 것이 긴급조치였다. 주지하듯이 긴급조치는 유신체제에게는 전가의 보도였다. 총9호까지 선포된 긴급조치는 권력자의 말 한 마디로 무소불위의 지배를 가능케 했다. 특히 1975년 발표된 긴급조치 제9호는 이전의 긴급조치를 집대성한 결정판이었다. 이 시기는 1973년 8월의 김대중 납치 사건을 비롯해 1974년 8월의 문세광의 육영수 저격사건에 이어 1975년에는 베트남 통일 등이 이어지면서 유신체제의 위기감이 극대화된 시기였다.

유신체제 성립으로 근대 의회 민주주의의 기본인 삼권분립 등 의회정치가 실종되었고 정보, 경찰 정치가 노골화되었다. 74~79년 사이 긴급조치 위반 정치범으로 구속된 사람만 무려 1,086명에 달했다. 여기에는 반공법, 국가보안법 등 여타 죄목으로 구속된 사람은 포함되지 않는다. 1975년 10월까지 민방위대 조직을 완료하여, 학도호국단, 정규군, 예비군, 민방위대로 이어지는 군사 내지 준군사 조직화가 완료된다. 7월 8일에는 4대 전시입법인 사회안전법, 민방위법, 방위세법, 교육관계법 개정안 등이 공포되어 유신체제의 법적 정비가 이루어진다.(기독교사회문제연구원 1983, 184)

유신헌법을 기초로 마련된 정치체제는 기본적으로 비민주적이고 억압적인 것은 물론이고 박정희의 영구집권을 도모하는 "총력안보" 독재체제였다. 유신헌법 이전의 헌법들은 비록 실제 운용에서는 문제가 있었다 하더라도 헌법 조문의 내용 자체는 민주주의 국가의 헌법으로서 큰 손색이 없었지만 유신헌법은 그 자체로 비민주주의적이었을 뿐만 아니라 구체적 조항들도 민주주의의 기본 개념과 절차들로부터 벗어난 것들이 많았다.

그리하여 유신체제에서는 제도적으로 의회공간이 완전히 무력화되고 대통령 1인 독재체제와 종신 대통령제가 가능해졌다.(홍석률 2009, 65~66; 조희연 2007, 143) 결과적으로 유신체제는 시장에 대한 국가의 우위를 넘어 정치에 대한 행정적 효율성의 우위를 확정하는 개발독재체제의 완성을 뜻하는 것이었다.(김일영 2006, 352) 경제개발을 위한 행정적 효율성을 추구하는 것은 소위 발전국가에서 일반적인 경향이지만, 박정희식 개발독재체제는 그보다 훨씬 강도 높은 정치권력의 집중을 동반했다.

특히 대통령의 정치적 목표와 비전, 그의 이해관계와 권력유지를 위한 전략전술들이 경제관료의 자율성 및 전문성보다 더 결정적이었다. 즉 정치(권력)의 논리가 경제관료의 기술합리성보다 우위에 있었던 것이다. 박정희의 개발독재체제 아래서 이를 뒷받침한 것이 중앙정보부를 중심으로 하는 국가안보기구들이었다. 다른 분야에서는 말할 것도 없거니와 경제분야에서도 결정적 역할을 했던 국가안보기구들은 대통령의 수족이 되어 경제안정을 위한 노동운동이나 반체제운동을 감시했을 뿐 아니라 국가관료체제에 규율을 부여하고 통제했다. 나아가 국내기업의 해외팽창과 더불어 개별기업의 해외투자조건에 관한 정보를 제공하고 투자조건을 사전정비하여 경제활동을 지원하는 광범위한 경제적 역할까지 수행했다.(최장집 2005, 97~98)

공안통치의 필요성을 박정희는 효율성 논리로 정당화하고자 했다. 박정희는 조국근대화와 민족중흥을 위해서는 전 국가가 최고의 효율적 시스템으로 조직화되어야 한다고 생각했으며 정치는 가장 낭비가 심한 영역이라고 규정했다. 즉 국회의사당의 소란한 정치는 낭비와 비능률의 대표로 여겨졌고 야당은 정략적 이전투구만을 일삼는 집단으로 낙인찍었다.

공안통치의 전면화는 통치성의 거대한 증대와 관련된다. 산업화 효과로 국가의 물적 토대는 크게 강화되었다. 1970년대 들어서는 미국의 정부재정 직접 원조도 중단될 정도였고 박정희는 이를 '자립경제'의 달성이라고 강조했다. 통치성 강화는 여러 측면에서 검토할 수 있겠지만 병역기피율 저하를 통해서도 볼 수 있다. 1960년대 초반 30%를 넘던 징병 기피율은 지속적으로 하락하여 1972년에는 4.4%로 떨어졌고 1974년 이후에는 0.1% 이하로 급감했다.(임재성 2010, 403) 유신체제의 정당성은 인정받기 힘들었지만 통치성의 증대로 대중은 그 자장을 벗어나기 힘들었다.

이는 대중의 국민화라 부를 수 있는 상황이 연출되었음을 의미했다. 국민화의 대표 지표인 징병제가 관철되었고 중고등학교 평준화로 교육이수 연한이 대폭 늘어났으며 조세 부담률도 지속적으로 상승했다. 요컨대 산업화를 통해 국민경제가 확장되었고 이에 기반한 국민국가의 포섭력이 형식적 수준을 넘어 실질적 차원에서 작동하기 시작했다. 이를 잘 보여준 것이 새마을운동이다. 새마을운동은 전형적인 대중동원 국가 프로젝트였는데, 이전의 여타 사례들에 비해 농민들의 호응이 상당히 높았다. 신품종 보급, 농약과 비료 사용 확대는 물론 고미가 정책에 따른 추곡 수매가 인상 등으로 농업 재생산과정이 국가와 자본에 장악되면서 국가에 대한 농민의 태도 역시 크게 변하게 된다. 아울러 확장된 관료조직으로 농민 동원을 적극적으로 압박한 것도 중요했다.

유신체제하 국가 통치성의 확대는 중앙정보부의 활동을 통해서도 잘 드러난다. 중정은 체제 안보의 첨병 역할을 자임했는데, 대통령 직속으로 무소불위의 권한을 휘둘렀다. 각종 공안사건을 총괄하는 것은 물론 여야를 가리지 않는 정치공작을 자행했는가 하면 선거에도 깊숙하게 개입했다. 1971년 이른바 공화당내 항명 파동시에는 공화당 실세 중의 하나였던 김성곤 재정위원장은 중정에 끌려가 수염을 뽑히는 등 모진 고문 속에 정치활동을 접어야 했다. 1973년 김대중 납치 사건을 주도한 것 역시 중정이었음은 물론이다.

중정의 활동은 사회 곳곳으로 확장되었는데, 흥미로운 것은 정치와 무관한 스포츠 영역까지 중정의 활동무대가 되었다는 점이다. 대표적 사례가 1966년 프로권투 선수 김기수를 후원한 것과 함께 1967년 양지 축구팀의 창단과 운영이었다. 국민적 사기진작이라는 명분으로 중정은 김기수를 적극 후원해 챔피언 타이틀을 획득하는 데 상당한 기여를 했다. 또한 1966년 런던 월드컵에서 북한이 8강에 진출하자 중정은 자체 축구단을 창설한다. 모든 면에서 북한과 치열한 경쟁 상태에 있던 당시 스포츠 분야라고 예외일 수 없었다. 양지 축구단은 국가대표급 선수들로 구성되어 해외 전지훈련을 진행하는 등 북한을 꺾을 수 있는 실력 배양에 총력을 기울인다.

이렇듯 국가기구가 사회 곳곳으로 침투하고 있던 당시 상황은 국가 통치성의 중대로 여겨졌고 박정희를 위시한 권력 핵심부의 자신감을 제고시켰음에 틀림없다. 이러한 자신감에 배경으로 공안통치를 대대적으로 밀어부쳤지만 그것은 또 다른 문제로 연결되었다. 즉 박정희의 입장에서는 공안통치가 시끄럽고 비효율적인 정치과정을 대신한 효율적 국가 경영전략으로 여겨졌겠지만, 다른 한편으로 그것은 더 큰 사회적, 정치적 비용의 지불을 강요했다.

유신체제 하 민주화운동은 박정희 체제에 대한 가장 강력한 도전 중의 하나였다. 그 시작은 1973년 4월의 남산 부활절 연합예배 사건이었다. 이 사건을 계기로 개신교의 반유신 운동이 본격화된다. 같은 해 12월 24일에는 개헌청원 100만인 서명운동이 시작되어 유신체제의 골간인 유신헌법에 대한 공격이 본격화된다. 서명운동이 급속히 확산되자 박정희는 1974년 1월 8일 유신헌법이 부여한 긴급조치권을 발동해 "헌법을 부정·반대·왜곡 또는 비방하는 일체의 행위 및 헌법의 개폐를 주장·발의·제안 또는 청원하는 일체의 행위를 금지"하는 긴급조치 1호를 발동했고, 그 위반자를 처벌하기 위해 비상군법회의를 설치하는 긴급조치 2호도 발동했다. 이후 박정희는 1970년대 내내 긴급조치를 발동해 저항세력을 제지하고 나섰는데, 그것은 매우 강력한 것처럼 보였지만 자기조절 능력을 갖지 못한 유신체제가 한편으로는 얼마나 취약한 것인지를 보여주는 것이기도 했다.(최형묵 2015, 238)

여기서 유신체제의 골간을 이루는 유신헌법의 이데올로기적 특징을 살펴볼 필요가 있다. 유신헌법은 다양한 이론들이 적용되었지만 두드러진 특징은 칼 슈미트(Carl Schmitt)의 영향이다. 주지하듯이 슈미트는 나찌 이데올로그로 알려졌지만, 근대 정치철학상 도발적 주장을 개진한 것으로 유명하다. 슈미트의 주장은 '정치적 통일체(politische Einheit)는 모든 국내법 질서의 근거이며 대외적으로 교전권의 연원'이고 '정치적 통일체는 국민의 결단에 의하여 비로소 생산되는 것이자 정치적인 것의 기초를 이루는 적과 동지에 대한 구별의 전제이며 그 결과'라는 인식으로 요약될 수 있다. 그렇기에 '헌법이란 정치적 통일체가 스스로의 형태를 규정하는 결단의 산물'이라는 것이다.(김효전 1978, 115) 슈미트는 바이마르 공화국 시기 독일의 정치적 혼란상태를 경험하면서 그 혼란과 위기를 종식시킬 수 있는 방안으로 규범 대신 정치적 결단을 선택했고 이것이 예외상태로부터 정치적 통일체가 가능한 방법이라는 입장을 보여주었다. 그렇기에 "정당한 결정보다 중요한 것은 결단 그 자체"라는 주장이 가능해진다.(김효전 1988, 399)

슈미트는 또한 의회주의에 대한 신념 자유주의 사상에 속하는 것이지 민주주의에 속하는 것이 아니라고 주장했다. 그는 '민주주의는 동일한 것은 동일하게' 하고 그 불가피한 귀결로서 '동일하지 아니한 것은 동일하지 않게' 하는 것에 기반한다고 보았다. 즉 민주주의는 첫째 동질성이 필요하며, 둘째로-필요하다면-이질적인 것의 배제 또는 섬멸이 필요하다고 강조했다. 요컨대 "민주주의의 정치적 힘은 이질적이고 불평등한 것, 동질성을 위협하는 것을 배제하고 멀리하는 것"으로부터 가능하다고 보았다.(칼 슈미트 1988, 85~94) 다시 말해 이질적 개인에 근거한 사회계약은 자유주의의 산물일 뿐이며 치자-피치자의 동질성에 근거한 민주주의와는 필연이 아닌 우연적 관계일 뿐이었다. 따라서 그에게 중요한 것은 사적 개인 의견의 합계로서의 전체의지가 아니라 공적 영역에 속하는 '국민'의 일반의지였다.

예외상태 하에서 결단을 내리는 주권자는 결코 규범적 존재가 될 수 없다. 규범에도 규정당하지 않고 공개적 토론도 무의미해진 상황 하에서 주권자의 결단은 결국 독재로 귀결된다. 즉 '예외상태의 규범적 무는 독재를 요구'한다는 것이다.(김효전 1978, 117) 그가 보기에 독재는 유일하게 '정치적인 것'의 본질에 상응하는 것인데, 그것은 반자유주의적이기는 하지만 반드시 반민주주의적이지는 않은 것이다. 의회주의의 위기는 "도덕적인 파토스에 의해서 담당된 자유주의적인 개인주의와 본질적으로는 정치적인 이상에 의해서 지배된 민주주의적인 국가감정과의 대립"으로부터 나오는 것이기에 의회주의의 위기가 곧 민주주의의 위기는 아닌 것이다.(칼 슈미트 1988, 103)

요컨대 슈미트 논의의 요체는 주권자의 결단이다. 이것이 적과 동지의 구별이라는 정치적인 것의 핵심이며, 모든 규범적 정당화를 넘어서는 실질적 결단이고 이를 통해서만 정치적 공동체의 실존이 가능해지고 그 법적 정당화로서 헌법제정이 가능해지는 것이다. 그렇게 결단주의에 따르면 독재는 정치적인 것의 본질에 해당하는 것이고 그것은 반자유주의, 반의회주의일지언정 민주주의와는 필연적 대립관계가 아니라는 것이다.

유신헌법 제정에 상당한 역할을 한 것으로 알려진 한태연, 갈봉근 등은 슈미트에 큰 관심을 가진 법학자들이다. 물론 슈미트의 논의가 유신헌법에 그대로 관철된 것은 아니었다. 한태연, 갈봉근 등의 유신체제 이데올로그들은 슈미트의 논의를 기저에 깔면서도 미국의 대통령중심제, 위기정부론, 프랑스의 드골헌법 및 그 이데올로그들의 견해를 첨가해 슈미트의 논의를 중화시키고자 했다. 나찌 이데올로그라는 슈미트의 악명을 그대로 받아들이기에는 여러모로 정치적 부담이 되었을 것이다. 또한 실질적으로 유신헌법은 슈미트의 논의에 전적으로 기반한 것도 아니었다. 유신헌법은 의회주의를 완전히 폐지하지는 못했으며 독재를 공공연하게 주장하지도 못했다. 그러나 권력 정당화의 주요한 이론적 자원이 슈미트로부터 나왔다는 것은 분명했다. 그 대표적인 예가 통일주체국민회의였다.

'주권적 결단'에 따른 유신헌법의 가장 커다란 특징 중의 하나는 통일주체국민회의였다. 박정희는 그것을 "민주적인 절차에 따라 성립된 국민의 주권적 수임기관으로서 우리의 국가목표에 대한 국민적 동의를 대변"하는 것으로 주장했는데 이를 통해 과거의 선거를 통한 불안, 국정의 낭비와 비능률을 극복할 수 있게 된 것이라고 자평했다. 이것이 바로 한국의 민주주의가 "서구 민주주의와 그 이념을 같이하면서도, 그 제도는 우리의 전통과 현실에 기반을 두고 있으며, 서구제도의 장점을 취하면서 그 약점을 보완"한다는 것의 구체적 실례가 될 것이었다. (박정희 1978, 59, 65) 갈봉근도 통일주체국민회의를 "세계 어느 나라에도 똑같은 기구는 찾아볼 수 없"는 것으로 "그야말로 '한국적 헌법기구'인 것"이며 "한국적 민주주의의 중요한 성패원인의 하나"라고까지 규정했다. 갈봉근은 통일주체국민회의에 대한 가장 자세한 설명을 하고 있는 인물이었다. 그의 논의를 좀 더 살펴보자.

유신헌법 제35조에서 '온 국민의 총의에 의한 국민적 조직체로서 조국통일의 신성한 사명을 가진 국민의 주권적 수임기관'이라고 정의된 통일주체국민회의는 "모든 국가기관의 정상으로 설정"되었다. (갈봉근 1978, 8, 18) 즉 통일주체국민회의는 법적, 논리적으로 국가 최고기관, 다시 말해 국가권력의 최고 기구로 설정된 것이었다. 이때 권력의 궁극적 원천은 주권이었다. 주권은 '국가의사를 결정하는 최고의 원동력'으로 규정되었는데 국가의 주권문제는 결국 '누가 통치하는 권리를 갖느냐'라는 문제라고 주장되었다.

정치적 정통성의 핵심은 국민주권이었는데 갈봉근은 그것을 개체의 주권의 합산으로서의 국민주권이 아니라 전체로서의 국민의 단일한 주권만이 존재한다고 주장했다. 즉 "개별적 이익의 합산보다는 전체적인 일반이익이 우월하다는 전제 아래 정립된 국민주권의 원리"라는 것이었다. 따라서 그 일반이익을 누가 대표하느냐가 중요한 문제로 떠오르는데 기존의 국회, 대통령의 이중 대표론을 비판하면서 대통령의 단일한 대표성을 강조했다. 통일주체국민회의는 대통령이 '불가분적'인 국민의사에 의해서 선출될 수 있도록 하는 주권적 수임기관이 된다는 논리였다. 그는 이 과정이 '추상화된 국민 개념을 가시적인 차원으로 환원하여 인격화'하는 것이라고 설명했다.(갈봉근 1978, 20~1)

그렇기에 간접 선거는 '국민이 개별적으로 처해 있는 환경·집단 등의 굴절작용'을 받게 되는 직선과 달리 "개별이익이 완전히 배제된 '불가분의 상태'로 '여과'된 국민주권의 대표자"로 상정된 통일주체국민회의를 통해 대통령을 선출하는 더 우월한 국민주권의 행사방식이 되는 것이었다. 요컨대 통일주체국민회의는 "개별의사를 배제하고 국민의사만을 정수화한 불가분적인 국민주권의 엣센스"라는 것이었다.(갈봉근 1978, 35~47)

그러나 유신체제 이데올로그들은 단순한 전체주의를 강조하지는 않았다. 전체이익을 강조하고 우선시하면서도 개별이익의 대변을 포기하지는 않았는데, 예컨대 한태연의 말에 따르면 유정희 의원들은 '개별이익 속에 투입된 전체이익'이다. 즉 정당은 개개 정파의 이익을 대변하기에 전체이익이 될 수 없으며 개별이익에 불과한 것이지만 통일주체국민회의는 정당과 관계없는 인사들로 구성되어 '개별이익을 완전히 배제한 단일 불가분적인 국민총의'를 대표한다는 논리였다. 이러한 통일주체국민회의가 선출한 의원들로 구성된 유정회야말로 개별이익의 장인 국회에 전체이익을 관철하는 통로라는 것이었다. (갈봉근 1978, 22~3)

실질적으로 독재체제를 구축했음에도 유신 이데올로그들은 그것을 부인하면서 국회의 민주적 권력과 대통령의 국가적 권력의 결합을 강조했다. 즉 민주적 권력이 우세한 서구식 자유 민주주의 제도와 국가권력을 강조하는 독재체제 사이의 딜레마를 겪고 있는 후진국에서 유신체제야말로 양자를 조화로운 위계질서로 묶어낸 능률적 체제라는 논리를 폈다. 그러나 양자의 관계는 대통령의 국가적 권력의 우위가 확고하게 보장되는 체제였다. 즉 "국가적 권력의 차원은 역전시킬 수 없는 선택, 즉 공동체의 장래가 결정되는 선택의 차원"이기에 "한국의 운명이 걸려있는 차원"인 것이며 "일상적 생활이 전개"되는 민주적 권력과의 위계는 분명하게 규정된다. 이렇게 국가적 권력과 민주적 권력의 조화로운 위계를 강조함으로써 유신체제 이데올로그들은 민주주의를 전면 부정하지 않는 기술을 구사한 셈이었다. 이들은 그 근거를 프랑스로부터 끌어오기도 하였다. 즉 드골 헌법의 기초자 미셸 드브레(Michel Edbré)의 '대통령은 국민의 정통성이며 의회는 민주생활의 표현'이라는 규정과 일맥상통하는 것이 유신체제라는 주장이었다. (갈봉근 1978, 28~31)

따라서 유신헌법은 "국민이라는 兩面頭로부터 2중권력"을 파헤쳐내 "공민개념으로서의 국민(nation)에 기대인 국가적 권력과 사회학적 현실로서의 국민대중(people)의 요구를 표명하는 민주적 권력이라는 2중권력"을 구성해냈다는 주장을 폈다. 그렇기에 "국민회의 대의원들은 국민대중(people)의 요구를 국민전체(nation)의 의사로 여과시킴으로써 국가적 권력의 원천"이 된다는 주장이 뒤따르게 되었다. (갈봉근 1978, 48~9)

이상에서 보건대 유신체에 이데올로그들이 슈미트를 무조건적으로 차용한 것은 아니었지만 기본적 인식수준에서 많은 유사성을 발견할 수 있다. 유신체제를 조국통일 과업을 완수하기 위한 비상체제로 규정한 것은 슈미트의 예외상태 개념과 일맥상통했고 주권자의 결단에 의한 독재, 반개인주의, 반자유주의적인 민주주의 개념과 집단적 일반의지의 강조, 의회주의에 대한 비판, 국민주권 해석 등에 있어서도 슈미트의 그림자가 짙었다. 그러나 유신체제는 의회제, 다당제, 선거제 등을 존치시킴으로써 전체주의의 완벽한 제도화에는 이르지 못했다.

박정희 체제가 집단주의 논리로 민주주의 개념을 전유하기 위한 시도는 쿠데타 이후부터 간단없이 지속되었지만 유신체제 성립 이후 그것이 더욱 강화된다. 유신체제 수립 이후인 1973년 1월 5일 개정된 공화당 강령의 첫 번째 조항은 "우리는 10월 유신의 정신으로 민족적 주체성을 확립하고 민주주의의 토착화를 이룩한다."였다. • 박정희 역시 "우리 실정에 가장 알맞는 우리 자신의 민주주의를 뿌리박는" 것이 중요하며 민주주의는 '민족의 역사적, 문화적 전통을 배경'으로 하고, '국력을 토양으로 하여 생성 발전하는 하나의 제도이며 역사적 산물'임을 강조했다. ••

민족적 전통이 강조되면서 민주주의는 민족의 과거로부터 재발견되어야 할 것이 되었다. 화랑운동은 인간 수양 면에서 도의정신이자, 정치면에서는 "민주정신"으로 규정되었고 갑신정변은 '근대적 민주주의의 원리에

• 그 외 주요 조항은 다음과 같다. 2. 우리는 민족의 자주역량을 배양하고 국력을 조직화하여 조국의 번영과 평화통일을 성취한다. 3. 우리는 국민교육헌장의 이념으로 생산적 인간성을 함양하고 새 역사관을 정립하여 민족정기를 드높인다. 4. 우리는 자유 경제체제의 원칙 아래 합리적인 경제계획으로 균형 있는 국토개발과 산업구조의 고도화를 기한다. 5. 우리는 사회복지제도를 확충하여 안정되고 향상된 생활을 누릴 수 있는 사회를 건설한다. 6. 우리는 고유의 문화를 창조적으로 계발육성하고, 과학기술을 진흥시켜 문화수준의 향상을 기한다. (민주공화당, 1973: 793~4)
•• 「제9대 국회 개원식 치사」(1973. 3. 12.), 『연설문집』 5, 71쪽.

의한 인민평등의 권리를 보장'한 것으로서 "민족적인 자주적 터전 위에 근대적 민주주의의 원리의 정치"를 추구한 것으로 설명되었다. 나아가 동학혁명은 '민중의 자발적 항거운동'으로서 '개화독립당의 서구적인 근대화'와 달리 "반서구적인 근대화"를 지향한 것이자 "민족적 주체정신"과 함께 '귀족층의 압정'에 시달린 농민에게 "만민평등의 복음을 주자는 민주적 자유정신"의 발로로 규정되었다. (박정희 1971, 14, 18, 40~12)

그렇기에 박정희는 서구 자체의 문제도 해결하지 못하는 서구 민주주의를 무비판적으로 받아들이는 경향을 집중 비판했다. '광복'이라는 선물을 안고 온 '서구문명이 내놓은 자유로운 개인주의와 민주주의'가 '감사와 친근감 속에서 무비판'적으로 수용되었다는 것이다. 그런데 박정희가 보기에 "모든 개인에게 자유를 주고 평등한 대우를 실시하여 존엄한 인격과 침해받을 수 없는 기본권을 부여한다는 생각은 우리의 전통적 사고방식에 잘 어울려 들 수 있는 것이 아니었다." (박정희 1971, 265~6)

서구와 민족전통의 차이를 구성하는 방식은 '갈등적 대립' 대 '조화로운 융합'이었다. 즉 "서구의 정치제도는 역사나 사회의 기본관계가 언제나 서로 반대되고 대립되는 것의 갈등"에 기반한 것이며, 이 갈등과 분쟁을 협상과 타협을 통해 합리적으로 해결해 나가는 것이 서구의 '특유한 사상과 전통에 바탕'을 이룬다는 것이었다. 한마디로 "개인이나 집단 간의 갈등과 대립을 표면화시켜 경쟁과 타협으로 해결점을 찾는 것"이 서구적인 정치와 민주주의라고 주장했다. (박정희 1978, 40)

그러나 이러한 인식은 "우리 나라를 비롯한 대부분의 동양사회에서는 갈등과 협상의 정치를 정교하게 지탱시킬 수 있었던 합리주의 정신이나 준법정신"도 투철하지 못했고 "자유에 내재하는 자제와 기율의 경험"도 부족했으며, "권리에 수반되는 책임과 의무의 이행"도 미약했다는 인식과 짝을 이룬다. 즉 '생산적 경쟁의 토대가 되는 국민적 합의'가 부재한 가운데 '갈등의 정치는 그 투쟁의 측면만이 두드러지게 부각되어 극한투쟁이 만성화'되는 상황을 연출했다는 주장이었다. 또한 서구에서 정치는 장기적, 단계적 근대화를 통해 사회·경제발전을 주도, 변화시키기보다는 이미 이룩된 사회·경제의 변화를 안정시키는 역할을 한 반면, 급속한 근대화를 경험하고 있는 한국에서는 정치의 역할이나 목적이 서구의 그것과 같을 수는 없다는 논리를 폈다. 즉 서구 민주제도를 그대로 모방하는 경우 극한 투쟁을 통한 정치불안, 사회 집단 간 격렬한 정치적 상쟁과 혼란이 일어날 것이란 주장이었다. (박정희 1978, 41~3)

> 우리 겨레 특유의 생각과 생활자세는 조화의 정신 또는 화의 정신이라고 해도 좋을 것 같다. 이 정신의 근본은 인간관계나 사회관계를 대립과 투쟁의 관계로 보지 않고, 융화와 협동의 관계로 보는 데 있다. …… 그것은 실로 인간 사회에서 일어나는 대립과 모순이 투쟁이나 흥정을 통해 조정되기보다는, 오히려 인화와 관용 속에 정의와 순리에 따라 원만하게 해결되어야 한다는 신조요, 믿음이다. (박정희, 1978: 17~8)

결국 유신체제가 내세운 것은 서구의 대립과 갈등에 기반한 정치가 아니라 민족전통에 입각한 조화와 융합의 정치였다. 1970년대 유신체제는 국민총화, 총력안보 등을 내세우면서 이른바 '한국적 민주주의'를 주창했는데, 민족주의를 동원해 민주주의를 전유하는 담론적 전략이었다고 할 수 있다. 이는 미국에 의해서도 간파된 내용이었다. 프레이저 보고서는 "박정권은 11년 전 군사쿠데타 이래로 민주주의적 개념을 통해 권위주의적 지배를 정당화해야 하는 문제에 봉착해왔다. '한국적 민주주의'라는 개념이란 그러한 문제를 해결하기 위한 시도였다"고 설명했다. (프레이저 위원회 1986, 69)

요컨대 유신체제는 절차적 민주주의를 유린하면서도 다른 한편으로는 대의제 민주주의를 교묘하게 활용하면서 지배체제 정당화를 추구했다. 대통령 선거가 직선에서 간선으로 바뀌고, 유정회를 통해 대의제의 원칙이 크게 손상되기는 했지만 권력의 기본적 정당성은 인민주권론에 입각한 대의제를 통해 확보되는 모양새를 취했다. 다시 말해 자유 민주주의를 자유주의와 민주주의로 분할하고 전자를 전유하면서 후자를 집중 공격하는 담론 전략인 셈이었다.

반면 야당 및 민주화운동 세력의 주류는 자유주의에 기반한 민주주의 이해가 지배적이었다. 앞서 보았듯이 사상·양심의 자유에 근거한 인권을 비롯해 1970년대 민주화운동의 주된 의제는 자유주의적인 것이었다. 여기에 민중 생존권 문제가 결합되기도 했지만 그 역시 인권의 문제틀로 접근하는 경우가 많았다. 이미 민주주의는 누구도 거부하기 힘든 보편적 정치언어가 되었기에 이를 전유하기 위한 치열한 경쟁이 곧 정치의 요체가 된 상황이었다.

또 하나 중요한 경쟁 대상이 된 것이 민족주의다. 1972년 7·4남북공동성명은 비판적 지식인 사회에 큰 충격으로 다가왔다. 분단 이후 처음으로 남북 정권이 통일문제를 공식 대화를 통해 해결하겠다는 선언이 발표됨으로써 그동안 수면 아래 잠자고 있던 통일문제가 사회의 핵심 의제로 부상하게 된다. 이후 민주화운동 진영에서도 통일이 주된 주제의 하나로 지속적으로 등장한다. 통일과 민족주의를 둘러싼 유신체제와 민주화운동 진영의 대립은 1970년대 민주화운동의 중요한 특징이 된다.

◆ 제2장 ◆
개신교의 반유신 민주화운동

제1절 남산 부활절 연합예배 사건을 전후한 개신교 사회운동의 변화와 초기 반유신 운동

1971년 10월 박정희 정부의 위수령 선포와 12월 국가비상사태 선포 후 1년도 되지 않아 7·4남북공동성명과 10월 유신이 이어지면서 한국사회의 억압의 강도는 한층 더 높아지고 그 강도를 뒷받침할 제도들도 더욱 강화되었다. 그리스도교 사회운동에서 보면 이 시기는 기존에 공교회 조직으로 존재했는데 성향이 변화되거나 혹은 새로이 만들어진 개신교와 가톨릭의 사회운동 조직들이 NCCK와 가톨릭 공식 교구 조직 등 공교회 조직과의 협력을 유지하면서도 공교회 조직 바깥에 독자적으로 존재하는 새로운 방식의 연합체를 만드는 시기이기도 했다. 그 시초가 된 조직이 1971년에 탄생한 크리스챤사회행동협의체였다.

개신교와 가톨릭 단체가 함께 구성한 크리스챤사회행동협의체의 창립 당시 회원조직은 다음과 같다. 대한가톨릭학생총연합회, 가톨릭노동청년회, 안양근로자회관, 크리스챤아카데미, 기독교도시산업선교위원회, 수도권도시선교위원회, 대한가톨릭지성인단체연합회, 가톨릭노동장년회, 서울대교구산업사목위원회, 한국기독학생회총연맹, 대한 YMCA연맹.

크리스챤사회행동협의체는 창립연도인 1971년 신진자동차, 영창산업사 노사분규에 개입하고 신설동 4단지 주민이주에 조력하는 등의 사안별 활동을 벌였으며 수도권 도시선교위원회를 조직하는 데에 직접 개입했다. 그리고 이 해 10월 8일 당시 가톨릭 원주교구 지학순 주교가 원주 MBC의 비리와 관련하여 벌이고 있던 사회정의 구현과 부정부패 규탄대회를 적극 지지하는 사회정의실현촉진대회를 열었다. 또한 11월에는 '썩은 사회를 정화해야 한다'는 퍼포먼스로 가톨릭 센터에서 기독교회관까지 소금을 뿌리며 가두행진을 벌이기도 했다. (민청학련계승사업회 2018, 122)

크리스챤사회행동협의체가 1971년, 1972년에 발간한 내부 활동 보고서를 보면 산업선교와 도시빈민선교가 크리스챤사회행동협의체를 통해 하나의 흐름을 형성한다는 내부 의식이 엿보이는데 이 당시 이러한 내부 의식에 조직적 토대가 실제로 얼마나 상응했는지는 고찰이 필요하겠지만 이런 내부 의식의 출현 자체가 이후 그리스도교/개신교 사회운동의 양태에 하나의 변수가 되었던 것은 분명하다. 이 점과 관련해서 한 가지 짚어 볼 점은 빈민운동에 주로 초점을 맞추었던 KSCF의 학사단 운동이 1971년에는 노동운동 쪽으로도 확장하여 신진자동차 노사분규 개입 등에 참여했다는 점이다. (한국기독학생회총연맹 50주년 기념사업회, 226)

크리스챤사회행동협의체의 창립 다음 해이자 유신이 일어난 해인 1972년의 활동 보고서는 크게 산업선교 활동과 도시빈민선교 활동 양쪽으로 나뉘어 있다. 산업선교 활동의 경우 노조 조직 지원과 개별 노동자 지원이 본격화되고 있고, 전태일 열사 사건 이후 평화시장에서 벌어지던 야학 및 노동자회관 건립 지원 사업도 보고되었으며, 한국노총과의 협력사업, CBS를 통한 주간 노동계 소식 방송 프로그램 송출 등의 대외협력사업도 진행하였다. 그리고 노동자 의식화 훈련, 노조 지도자 훈련, 주민 지도자 훈련, 회원

단체 실무자와 도시선교 조직자 훈련 등도 진행한 것으로 나와 있다. CBS를 통한 노동계 소식 방송 프로그램의 송출이 진행된 것은 앞에서 짚은 대로 크리스챤사회운동협의체와 CBS 등의 공교회 조직 간의 독자 정립과 협력 관계를 보여 주는 예라고 할 것이다.

도시빈민선교 활동의 경우 앞에서 언급한 연세대 도시문제연구소의 도시선교위원회에서 허버트 화이트에게 훈련받은 훈련생들이 수도권의 각 빈민지역에서 주민조직운동을 펼친 것이 그 시작이 되었으며 역시 앞에서 언급한 KSCF의 학사단 운동과도 협력 관계에 있었다. 그러다가 와우아파트 붕괴사건과 광주대단지 폭동 사건 등을 겪으면서 빈민운동과 정부의 대결 양상이 벌어지면서 연세대 도시문제연구소에서 독립한 빈민선교 조직의 필요성을 인식한 박형규가 수도권 도시선교 위원회의 조직 결성을 주도한다.(권호경 2019, 158) 수도권 도시 선교 위원회의 조직 결성은 1971년 9월에 이루어졌으나 본격적인 활동은 주무간사를 맡은 권호경이 1972년 1월 필리핀 마닐라 빈민촌으로 연수를 떠났다가 1972년 4월 귀국한 이후에 시작된 것으로 보인다. 1972년의 활동 보고서는 성남(광주대단지 폭동 사건 직후), 금화시민아파트, 송정동(청계천), 남대문시장, 인천 동구, 도봉동, 영등포구 신정동 등 7개 지역의 활동을 보고하고 있다. 활동가들은 김동완, 김진홍, 이규상, 전용환 등 대부분 개신교 교역자들이었으나 영등포구 신정동의 경우 가톨릭 신도였던 김혜경이 책임자로 참여하고 있었다.

그 후 크리스챤사회행동협의체는 유신이 일어난 후인 다음해 3월 에큐메니컬현대선교협의체로 이름을 바꾸게 되며 2년 후인 1975년 한국도시산업선교연합회와 통합하여 한국교회사회선교협의체를 결성한다.

앞에서 다룬 활동 보고서들은 1972년 9월까지의 활동을 다루고 있는데 바로 다음 달인 10월에 유신이 일어났고 그 직후 개신교 사회운동을 비롯한 모든 사회운동이 억압과 침잠기에 들어가면서 달라진 상황에 대한 변화를 모색하게 되었다. 수도권 도시선교위원회의 경우 역량의 집중이 필요하다고 판단해 청계천 지역에 역량을 집중하여 합숙 겸 훈련/조직화 공간인 '답십리센터'를 구축했고 1973년 1월 수도권특수지역선교위원회로 개칭하여 빈민지역에 집중할 의사를 표했다. (빈민지역운동사 발간위원회 엮음 2017, 45~46) 또한 영등포산업선교회는 유신 직후 서울시경의 강제수색과 영등포경찰서의 사찰을 당하면서 프로그램을 소그룹활동 중심으로 전환하는데 대한모방에 있던 소그룹 회원들이 '예배반대투쟁'을 벌였고 이를 계기로 그동안 산업전도에 호의적이었던 기독교 기업주들과도 결별을 시작하게 되었다. (장숙경 2013, 201~203) 이 시기에 인천산업선교회 역시 조화순 목사 중심으로 조직이 개편되면서 소모임 활동에 주력하는 변화를 맞게 되는데 특히 여성노동자들이 많이 참여함으로써 여성노동자 노동운동을 개척하는 씨앗이 된다. (장숙경 2009, 206~209) 한편 이미 71년 학생운동 탄압에 초점을 맞춘 박정희 정부의 위수령 선포로 임원 등 10여 명이 제적, 입대하는 타격을 입었던 KSCF는 유신이 선포된 이후 각 캠퍼스내 활동이 어렵게 된 상황에 대한 대안으로 사회운동 친화적인 지향을 띠고 있던 새문안교회, 제일교회 등의 교회 대학생회를 회원으로 받아들이게 되었다. (한국기독학생회총연맹 50주년 기념사업회 1998, 227, 234~235) 대체로 이러한 교회 대학생회들에서는 KSCF의 대학 재학생 또는 졸업생 회원들이 이미 중요한 역할을 하고 있었던 것으로 보이며 특히 서경석 등의 졸업생 회원들의 회고에는 이 시기 자신들이 비공개적으로 KSCF를 지도하는 입장에 서 있었다는 진술도 나타난다. 한편 1973년 정기총회에서 신인현 사무총장을 학생총회 불신임으로 해임하는데, 이 해임의 이유로는 사무국이 학생활동 지원에 미흡했다는 것이 꼽혔다. 이는 실질적으로는 신인현의 개인적 온건 성향과 KSCF 회원들의 진보화되어 가던 성향의 충돌로 해석된다. (한국기독학생회총연맹 50

주년 기념사업회 1998, 227, 220)

한편 일본에 사무실이 있던 CCA URM(도시농어촌선교부)의 간사로 일하던 오재식을 비롯해 그와 함께 아시아 에큐메니컬 운동을 위한 자료센터 DAGA에서 아시아 에큐메니컬 운동의 허브 역할을 하고 있던 지명관, 김용복 등이 유신으로 인한 계엄령 상황에 대한 저항을 담은 선언문을 김관석 당시 NCCK 총무와의 협의 하에 기초하여 NCCK를 통해 익명으로 발표하였다. (오재식 2012, 170~171; 김흥수 2017, 158) 이 선언은 「1973년 한국 그리스도인 선언」이라는 이름으로 영문으로 번역되어 국제적으로 유통되었고, 국제 에큐메니컬 운동 진영 내에서 높은 평가를 받았으며 민중신학의 맹아격인 글 중 하나로도 평가된다.

유신으로 인해 개신교 사회운동이 이러한 변화를 맞는 와중에서 1972년 12월 13일 그 전부터 유신헌법 반대 집회를 준비 중이라는 소문이 돌던 전주 남문교회 목사 은명기가 철야기도회 도중 구속되는 사건이 있었고 이는 유신체제 하의 최초의 개신교 탄압사건으로 기록되었으나 사회운동의 능동적 활동에 의한 사건이라고 보기는 힘들다. 능동적 준비가 어느 정도 있었던 국내 개신교 사회운동 최초의 반유신 사건으로는 그다음 해에 일어난 남산 부활절 연합예배 사건이 꼽힌다.

남산 부활절 연합예배 사건의 주동자 중 한 명인 권호경의 회고에 따르면 이 사건은 개신교 사회운동 진영의 조직적인 활동이라기보다는 권호경 개인이 어떻게든 당시 시국에 대한 비판적 의견 표명이 필요하다고 생각해서 김동완과 의기투합하여 준비한 일에 가까웠다. 실제 사건에서 플래카드나 유인물을 만들고 이를 부활절 예배 때 배포할 예정이었던 인원들도 권호경이 자신이 일하던 수도권특수지역선교위원회가 얽혀 드는 것을 방지하기 위해 주민운동 과정에서 알게 된 진산전 등의 지인들을 개인적으로 끌어들였다고 한다. (권호경 2019, 192~196) 또한 이렇게 권호경이 개인적으로 끌어들인 지인들 외에 권호경의 제안으로 김동완이 KSCF의 나상기를 계획에 끌어들였고 나상기에 의해 다른 KSCF 회원들 몇 명이 플래카드와 유인물 배포에 참여하려 했다. (권호경 2019, 196)

하지만 막상 연합예배 당일 플래카드와 유인물 배포 계획은 거의 수행되지 못했으나, 배포 예정이었던 유인물을 입수한 정부 측은 이 사건을 부활절 예배를 대규모 반정부 대중 시위로 유도하려 한 사건으로 왜곡하여 '내란예비음모' 사건으로 칭했다. 그리고 이 사건의 총 주모자로 제일교회와 수도권특수지역선교위원회에서 권호경의 상관으로 활동하였으며 부활절 예배 당일 사용 예정이었던 플래카드와 유인물 제작비를 지원하기도 했던 박형규가 지목되어 구속되면서 개신교 사회운동만이 아닌 개신교 전체가 유신 정부에 반발하는 사건이 된다. 박형규 구속 직후인 1973년 8월에 집중되어 나타나는 개신교 측의 반응을 보면 박형규의 소속 교단인 한국기독교장로회 총회와 여신도회 등의 지원활동은 물론이고 NCCK가 직접 진상조사와 지원활동을 벌였으며, 국내 개신교 인사 중 개신교 사회운동에 관여하지 않았던 한경직도 정부 측에 박형규의 구명을 요청하는 면담 참석 명단에 이름을 올리고 있다. 김관석은 이 사건 관계자들의 구명운동을 아무도 도와주지 않는 현실을 접한 것이 NCCK가 이 사건에 관여하게 된 계기라고 진술하고 있는데, 김흥수의 평가에 의하면 이 사건이 김관석과 NCCK가 인권에 대한 특별한 관심을 갖게 된 계기였다. (김흥수 2017, 144~145) 또한 이 사건이 계기가 되어 구속자들을 위해 교역자들이 모여 기도회를 하는 운동이 처음 시작되었으며 처음에는 법원에서 가까운 정동제일교회에서 모였다. (한국기독학생회총연맹 50주년 기념사업회 1998, 270) 한편 해외 기독교계에서도 구속자들에 대한 지지 선언과 후원금 등을 전달했는데, 특히 WCC는 필립 포터 당시 총무가 직접 지지 선언을 내고 후원금 5000달러를 전달하였으며 이 사건을 조사하기 위한 해외 조사단에 간사를 파견하는 등 적극 개입했다.

당시 이 사건으로 구속된 명단에는 박형규, 권호경, 김동완, 조승혁 등의 교역자들과, 당일에 유인물 배포에 참여하려 했으나 실패한 나상기, 황인성, 이상윤, 정명기, 서창석 등의 KSCF 회원들이 있었다. 이 명단에 올라온 인원 중 상당수가 다음 해의 민청학련 사건 때 다시 구속된다. 이 사건으로 인해 수도권특수지역선교위원회는 활동정지 상태에 빠지는데 당시 홍콩의 「파 이스턴 이코노믹 리뷰」는 그 활동정지 상태를 초래하는 것이 정부가 이 사건을 왜곡한 진짜 의도라고 보는 기사를 게재하였다.(박형규 2010, 229~230)

이 사건으로 인해 교회 담임목사와 교역자가 구속된 서울제일교회의 대학생회는 상당한 책임감을 공유하고 있었는데, 대학생회의 회원 중 서울대학생운동권의 고학년 활동가이기도 했던 나병식, 정문화, 강영원은 새문안교회 대학생회의 신대균 등과 함께 10월 2일 유신 이후 최초의 학생 시위인 서울대 문리대 유신 철폐 시위를 주동했다. 민주화운동기념사업회 오픈아카이브에 공개된 나병식의 구술에 의하면 이 사건은 유신 이후의 탄압으로 학생운동이 위축된 가운데 서울대 학생운동권 중 가시적인 저항이 필요하다고 판단한 일부가 섣부른 행동을 자제하자고 했던 다른 일부의 논리를 극복하면서 결행된 것이었다. 사건 발생 26일 후인 10월 28일 KSCF는 YWCA 대학부, 가톨릭대학생연합회와 함께 구속기독학생대책위원회를 만들었다.(민청학련계승사업회 2018, 167) 이 대책위에서 서울대 문리대 유신 철폐 시위 사건의 구속자들의 변호인단을 구성하는 과정에서 한승헌, 이세중, 황인철 등의 변호사들과 학생들의 연대의 계기가 만들어졌고, 구속학생들의 부모들이 만든 가족대책위원회가 이후 구속자가족협의회로 이어졌다.(한국기독학생회총연맹 50주년 기념사업회 1998, 271~272) 그 후 11월에 들어서는 함석헌, 김재준, 조향록, 지학순 등의 그리스도교 지식인들이 참여한 15인

지식인 시국선언이 발표되었고, 한신대, 감신대, 서울신대, 장신대, 이화여대, 경북대 등에서 동맹휴학과 시위가 이어졌다. 또한 수도교회에 모인 학생들이 '기독청년선언'을 발표하고 새문안교회 대학생회가 횃불시위(11월 27일)를 벌이는 등 신학대 학생들과 교회 대학생들로 저항이 확산되는 양상을 보이기 시작한다.

한편 이 사건으로 개신교 사회운동이 분주한 가운데 8월 9일에 김대중 납치 사건이 터지면서 반유신 분위기가 고조되는 와중에 교회청년운동을 다시금 재건하자는 움직임이 있었다. 이 움직임은 1971년의 서울지구 교회청년협의회(교청)처럼 사회운동에 관심을 가지는 개별 교회 청년회의 연합 방식으로 시도되었는데, 이때 이러한 성격을 가진 청년회가 존재하는 교회로는 새문안교회, 창현교회, 제일교회, 향린교회, 양광교회 등이 있었다. 앞에서 언급한 교회 대학생들의 시위도 이런 움직임의 일환이었으며, 여기에 KSCF 졸업생들 중 일부가 함께 참여했고 그중 일부는 각 교회 대학생회 회원이기도 했다. 그리하여 1973년 12월 향린교회에서 교회청년연합회(교청연)가 창립되었는데 이 교청연에는 20여개 교회가 참여하여 2년 전의 교청보다 더 많은 참여를 이끌어냈다. 교청연은 창립 당일부터 창립 예배 이후의 가두 시위로 20여명이 연행되는 일을 겪었으며, 교청연의 창립 회장이었던 이광일은 다음 해 민청학련 사건에 연루된다. 또한 이 시기에 KSCF가 주도하여 이화여대생, 서울대 기독학생회원, 한신대 여학생 등이 김대중 납치 사건으로 인한 반일적 사회 분위기를 한일간의 정경유착에 대한 비판과 연결시켜 매춘관광 반대와 한일각료회담 중지 등을 주장하는 반일시위와 운동을 펼치기도 했다. (한국기독학생회총연맹 50주년 기념사업회 1998, 272)

제2절 한국기독교교회협의회 인권위원회 결성

한국 사회운동에서 '인권'이라는 용어는 1960년대까지는 그리 큰 비중을 차지하지 못했으나, 1970년대 초부터 한국 사회운동에 인권이라는 용어가 적극적인 운동 이슈의 언어로 정착되기 시작한다. 인권 용어의 정착 과정에는 국제적인 운동 연대의 동학이 영향을 미쳤는데 이와 관련하여 앰네스티 한국위원회의 설립과 운영 과정을 살펴볼 가치가 있다.

앰네스티 한국위원회의 설립은 1960년대 말부터 진행된 앰네스티 인터내셔널의 글로벌 확장 정책과 한국 사회운동의 요구가 만남으로써 이루어졌다. 그 이전부터 앰네스티는 1961년 5·16쿠데타 이후의 민족일보 사건으로 인한 사형수들의 구명운동에 관여하였고 이 중 송지영의 구명에 영향을 미쳤기 때문에 한국사회에서는 앰네스티에 대해 일정한 기대를 갖는 사람들이 있었다. (황인구 2023, 112) 1969년 앰네스티 관계자 아이반 모리스의 일본과 한국 방문 이후 앰네스티 중앙 조직에서는 한국에 앰네스티 지부가 아니라 긴급상황을 모니터링하는 네트워크를 세우고 그 네트워크의 조직을 당시 KSCF에도 관여하던 게르하르트 브레이덴슈타인(한국 이름 부광석)이 담당하게 하였는데, 브레이덴슈타인은 이후 송지영, 윤현 등을 만나면서 앰네스티 한국위원회 설립을 추진하게 되었다. 이에 1972년 김재준, 송지영, 윤현, 한승헌, 이병린, 은명기, 천관우 등이 참여하여 앰네스티 한국위원회가 만들어졌다. 하지만 앰네스티 한국위원회의 활동 방향을 놓고서는 앰네스티 중앙 조직과 한국위원회 구성원들간의 의견차이가 존재했다. 앰네스티 중앙 조직에서는 앰네스티 한국위원회가 지부가 존재하는 해당 국가인 한국의 국내 이슈에는 관여하지 않고 다른 나라의 이슈에만 관여한다는 국제 조직의 원칙을 지킬 것을 촉구했다. 그러나 앰네스티 한국위원회의 구성원 상당수는 이 조직을 인권이라는 프레임을 통해 한국 민주화운동의 이슈를 국제화하는 통로로 삼고자 했다. (황인구 2023, 117) 한편 초대 회장 김재준이나 이후 반유신 운동 혐의로 구속되는 은명기, 이 시기 전후로 NCCK 인권위원회에 전문가 자격으로 참여하게 되는 이병린과 한승헌 등 앰네스티 한국위원회의 구성원 상당수는 개신교 사회운동에 관여하던 인사들이었다. 이러한 영향이 존재하는 가운데 1970년대에 들어 NCCK는 매년 12월 10일 세계인권선언일 부근의 주일을 인권주일로 지정하고 인권선언문을 계속 발표해 왔다.

한편 유신 이전부터 개신교/가톨릭 사회운동과 정부와의 충돌과 이로 인한 경찰 연행 등이 특히 청년학생운동 영역에서 계속 발생해 왔으나 유신 이후 남산 부활절 연합 예배 사건에서 박형규, 권호경 등의 구속이 있은 뒤부터는 청년학생운동 이외 영역의 인사들도 연행과 구속 등의 대상이 된다. 그에 따라 그리스도교 사회운동의 주된 사업 중 하나로 구속자 대책 사업의 비중이 커지게 되며 이는 인권 용어가 운동의 주된 이슈로 부상하는 계기 중 하나가 되었다.

1973년 10월 4일 열린 NCCK 연구위원회 회의에서는 세계 교회의 관심이 개발 문제에서 인권 문제로 옮겨지고 있음에 주목한다는 취지를 내걸고 인권 침해에 관한 특별한 관심을 표명하는 논의를 진행하였으며 이 회의에서 연구위원회 내 국제문제분과위원회에 인권문제협의회 개최를 위임한다. 이에 따라 한 달 뒤, 서울 문리대 유신철폐 시위로 주동자 중 제일교회와 새문안교회 대학생회 회원들이 구속되고 지식인/학원에서의 반유신 운동이 시작되던 시기에 "신앙과 인권"이라는 주제로 열린 인권문제협의회에서는, 반유신 저항운동으로 인한 개신교 인사들의 구속 문제 등에 주목하여 NCCK에 인권을 담당하는 상설 기구를 설치할 것을 건의하는 데에 합의했다. 또한 인권선언을 발표하였는데 이는 인권운동의 개념을 공식 천명한 최초의 문헌으로 평가받는다. (NCCK 인권위원회 엮음 2005, 61) 이에 12월 10일

NCCK는 실행위원회에서 인권위원회 설치를 확정한다. 한편 이 과정에서 앞에서 보듯이 세계 교회의 관심이 인권으로 옮겨진다는 취지나, 인권문제 협의회 개최가 국제문제분과위원회에 위임되는 등 인권 문제에 관한 논의와 인권위원회 결성을 추동하기 위한 시작점으로 인권 이슈의 국제적 성격을 활용하는 경향이 나타난다. 이는 첫 문단에서 언급했던, 한국에서의 인권 이슈가 부각되는 과정이 앰네스티 등의 국제적 기구와의 관계 설정을 수반했던 것과 무관하지 않아 보인다.

이렇게 인권위원회 설치가 확정되고 반유신 사회운동이 재개되며 이에 대해 정부가 긴급조치 등으로 대응하면서 긴장이 점점 높아지던 와중에 민청학련 사건이 터짐으로써 인권위원회의 필요성을 더욱 절감하게 되는 상황이 만들어진다. 그리하여 1974년 5월 4일 NCCK 인권위원회가 정식으로 창립되었는데, 이는 "우리 나라 최초의 민간인권단체"(NCCK 인권위원회 엮음 2005, 25)였다. NCCK 인권위원회가 창립 당시 상정한 주요 사업분야는 5월 4일 조직 결성 이후 처음으로 가진 6월 17일 회의에 상정된 안건에 근거하면 1)인권 문제와 선교의 자유에 대한 연구, 2)실태조사 사업, 3)인권 옹호를 위한 계몽 활동, 4)국내의 인권옹호 활동과의 유대관계 촉진: 구속자 및 재해자(※ 원폭 피해자 언급) 대상, 5)해외 인권옹호 활동과의 유대관계 촉진: 파독 광부, 재일교포, 원폭 피해자, 6)인권옹호 주간 행사 등이다. 이외에 한국교회여성연합회의 인권위원회 실무자 급여 후원도 계획하는 등 개신교 인권운동의 헤드쿼터 역할도 염두에 두고 있었던 것으로 보인다. 이 모든 사업과 후원에 들어가는 자금의 절대 다수는 WCC 후원금으로 충당할 예정이었다.

NCCK 인권위원회가 창립 이후 6월 17일 첫 회의를 끝내자마자 발표한 성명은 창립 직전에 있었던 공화당 이효상 의장서리의 "종교 지도자들이 정치에 참여해서는 안 된다"는 발언에 대한 항의 성명이었다. 이 성명은 이효상의 발언을 "종교의 자유와 인권을 침해한 발언"으로 규정하고 언론의 자유와 집회시위의 자유의 침해가 신앙과 양심의 고민을 일으키게 되며 선교기관과 교회, 그 종사자들이 구속되고 용공 혐의를 받는 것이 중대한 신앙과 인권의 침해임을 주장하고 있다.

NCCK 인권위원회는 창립 당시 이미 발생했던 민청학련 사건 구속자들을 위한 사업을 NCCK의 구속기독자대책위원회와 함께 진행하여, 구속된 기독자들에 대한 신원조사 및 변호와 석방 활동, 국내외 헌금의 집계, 조정기구 등의 활동을 해나감과 동시에 전국 교회에 국가와 교회, 특히 구속된 기독자들을 위해 금식기도를 해줄 것을 호소하였다. 그리고 8월에는 인권위원회가 제안하여 교계 지도자 9명이 김종필 국무총리를 면담하고 긴급조치 철폐와 구속자 석방을 요청하기도 했다. (NCCK 인권위원회 엮음 2005, 88) 다른 한편으로는 창립 이후 그해 말까지 산업사회 인권침해 사건 실태조사와 사건 처리, 제1회 연구협의회, 인권주간 예배 및 자료집 제작, 인권선언문 발표, 동아일보 광고탄압 사건 규탄과 구독촉구 성명서 발표 등의 사업을 전개하였다. 이 사업들에서는 공통적으로 학원, 여성, 언론, 노동자, 사법(구속자) 등의 분야를 주목하고 이 분야들에 대한 현실 조사를 시행하고 있으며 이 모든 분야에 대한 활동을 포괄하는 언어로 "선교의 자유"를 사용하고 있다. 한편 에큐메니컬현대선교협의체에서도 독자적으로 12월 16일 '1973년 한국인권선언'을 발표하였다. 또한 NCCK 인권위원회가 1974년 인권주일에 발표한 인권선언문에서는 그 즈음에 있었던 조지 오글 추방과 민주선언 서명 교수의 징계 착수, 2개월 후에 있을 예정이었던 유신헌법 신임 국민투표 등을 앞둔 어용사회단체 동원 등의 사태에 주목하면서 이러한 행위를 즉시 중단하고 구속자들을 전원 석방할 것을 촉구하였다. 그다음 해 상반기에는 인권연합예배 개최, 유신헌법 신임 국민투표 반대운동, 한승헌 변호사 구속 사건/수도권 선교자금 사건 대책활동, 그리스도인 해직 교수

대책 활동 등을 전개하였다. (NCCK 인권위원회 엮음 2005, 79~80)

특히 1974년 겨울의 동아일보 광고 사태는 김관석의 회고에 의하면 NCCK의 인권운동이 그리스도교 영역 밖으로 확장되는 계기가 되었다. (김관석 1991, 282) 이 확장에 대한 송건호의 진술이 흥미로운데, 비그리스도인인 그는 1974년의 동아일보 광고사태 당시 자신이 전혀 모르던 많은 젊은 이들이 이 사태로 농성하는 기자들을 찾아와 격려하는 것을 보고 그리스도교를 새로운 눈으로 보게 되었다고 한다. (송건호 1991, 86)

제3절 기독청년운동과 민청학련 사건

1973년 12월 13일 이병린, 천관우, 윤보선, 김수환, 김관석, 김대중 등 14인이 참여한 시국간담회에서 민주회복을 요구하는 결의문을 채택한 것을 계기로 민주수호국민협의회가 활동을 재개하였고(민청학련계승사업회 2018, 224), 12월 24일 함석헌, 장준하, 천관우 등이 중심이 되어 '개헌청원 100만인 서명운동'이 시작되었다. 다음 해인 1974년 1월 7일 이희승, 이헌구, 백낙청 등의 문인/지식인의 집단 동참 선언이 있자 그다음 날인 1월 8일부터 박정희 정권은 유신헌법에 올려 놓은 긴급조치권을 적극적으로 사용하여 사회운동을 적극적으로 탄압한다. 박정희는 1월 8일 긴급조치 제1호를 발표하여 유신헌법에 대한 개헌 논의일체를 반국가적 행위로 규정하고 유언비어 금지를 표명해 사회운동의 비판을 범죄로 간주하겠다는 의사를 표명했다. 이에 맞서 수도권특수지역선교위원회는 1, 2월 중에 자체적으로 반대성명 발표와 시국기도회, 이로 인한 구속자 발생시 전국 교회로의 저항확산 시도 등의 긴급조치 반대운동을 조직하려 하고 1월 17일 시국기도회 개최를 이루어 내기도 했으나 전국 교회로의 전환 확산 시도 과정에서 기관원에 탐지되어 좌절되었다. 이 사건 구속자는 권호경, 김동완, 김진홍 등 수도권특수지역선교위원회 목회자들, 그들과 함께 일하던 박상희, 박주환 등 한신대 등의 대학생들(한국신학대학 민주화운동 동지회 2023, 185~190), 그리고 김경락과 인명진 등 영등포산업선교회 목회자들(장숙경 2009, 205)이었다. 한편 같은 시기 도시산업선교회는 유신 지지의 전위부대를 자처하고 있었던 한국노총과 결정적으로 결별하는 계기를 맞이하는데, 한국모방 사장의 노조지부장 구타 사건이 벌어진 후 한국노총과 섬유노조에 대해서 노동자를 착취하는 제2의 기구로 전락했으니 노동자들에게 사죄하고 즉각 해체하라는 혹독한 비판을 퍼부었다. 이에 한국노총은 도시산업선교회가 반노총적 책동을 계속할 경우 이를 조직적으로 분쇄하겠다고 맞받아치는 성명을 발표했다. (장숙경 2009, 99)

이 긴급조치 1호에 저항하기 위해 당시 학생운동 지도부는 전국적으로 동시다발적인 시위를 연 후에 이로 인해 휴교령이 떨어지면 전국 조직을 갖춘 KSCF 중심으로 전국적인 학생운동을 지탱한다는 전략을 수립했다. 3월 6일에 있었던 모임에서 전국적 투쟁을 책임질 현장 1선팀을 이철(현장 총책임), 정문화(서울대 단과대학의 연결), 김병곤(서울시내 각 대학의 연결), 황인성(이화여대와 지방대 연결)으로 결정하였고, 나병식은 이 현장 1선팀에서는 빠져 있었지만 KSCF와 한신대를 비롯한 개신교 학생들과의 연결을 맡았다. (민청학련운동계승사업회 엮음 2003, 95~97) 학생운동 진영의 이러한 논의 과정에 KSCF와 창현교회, 제일교회 등 교청연 참여 교회 회원들도 참여했다. 또한 이러한 계획이 진행되던 와중에 3월 14일 한신대가 가장 먼저 캠퍼스 단위의 학생시위를 열기도 했다(한국신학대학 민주화운동 동지회 2023. 192~193).

3월말 이 계획이 들통나면서 전국적으로 학생운동가들이 검거되어 원래 계획된 총궐기 날짜인 4월 3일에는 예정보다 상당히 축소된 시위가 열렸다. 이 시위에서 전국민주청년학생연맹이라는 명의의 "민중, 민족, 민주 선언", "민중의 소리" 등의 유인물이 등장하자 이날 긴급조치 제4호가 발표 되며 민청학련 사건이 표면화되고 이 사건은 이후 사회운동과 정부가 직접 대립하는 격렬한 지점이 된다.

민청학련 사건에 대해 정부가 그린 그림은 이철과 황인성 등의 학생운동 주동자들을 연결고리로 하여 학생 동원이 가능한 조직들을 함께 엮어 반정 부운동 일반을 공산주의적 정부 타도 운동으로 몰아 탄압하려는 그림이었 다. 물론 사건에 관련되어 체포되었던 당사자들은 지금까지 이 사건의 핵심 조직으로 지목된 전국민주청년학생연맹이라는 단체의 이름 자체가 연합 시위의 주체로 내세우기 위한 명목상의 이름에 지나지 않았다는 주장을 고 수하고 있으며, 실제로 '전국민주청년학생총연맹'이라는 조직의 이름은 4월 3일로 예정되었던 연합시위에 배포할 유인물 초안을 완성한 3월 27일에야 등장하였다. (민청학련계승사업회 2018, 328~329) 그러나 다른 한편으로는 이 사건의 실체였던 전국적 연합시위의 조직책들이 사건 이후에 예상되는 정 부의 용공조작에 대한 대응책으로 처음부터 조직 결성 자체를 하지 않으려 한 측면도 있어서(민청학련계승사업회 2018, 296), 용공조작의 효력이 사라진 오늘날의 지평에서 보면 이 사건의 조직적 준비 측면을 당사자들이 스스로 오히려 약간 약화시키는 효과를 빚는 것으로도 보인다.

개신교 민주화운동의 지평에서 보면, 민청학련 사건은 당시 개신교 청 년학생운동을 담당하고 있었으며 그 역할 자체로 개신교 에큐메니컬 운동 의 중요한 기구 중 하나이기도 했던 KSCF의 중앙 조직의 간사들과 주요 학 생 활동가들이 거의 모두 구속되어 조직의 운영 자체가 위기를 맞게 된 사 건이라는 의미를 갖는다. 이 사건의 KSCF 구속자는 사무국의 이직형, 정상 복, 안재웅 등과 학생 조직에서 당시 학생회장 서창석, 서울중부지구 연합 회장 최민화를 비롯한 주요 활동가들을 총망라하고 있다. 앞에서 언급한 대로 KSCF가 전국적 학생 저항운동의 주요 포스트로 인식되었고 일부 관련 인사들이 저항계획의 중추에 참여하기도 하면서 KSCF 사무국 조직을 중부/서부/동부 지역 총무 체제 중심으로 개편하는 등의 조직적 준비를 하기도 했다. (한국기독학생회총연맹 50주년 기념사업회, 276) 또한 졸업생과 졸업 준비생 신분이었던 김형기, 서경석(서창석의 형) 등이 KSCF 조직의 반유신 경향을 강화하기 위한 전국적 정비활동에 관여하거나(민청학련운동계승사업회 엮음 2003, 155), 김용복 등과의 국제적 정보교류선과 투쟁 지도부의 연결, 김관석을 원천으로 하는 자금조달 알선 활동 등을 펼치기도 했다. (민청학련계승운동사업회 엮음 2005, 95~96) 그러나 학사단 운동을 중심으로 움직이던 당시의 KSCF는 1970년대 전반 학생운동의 저변에 흐르던 민중운동 참여 준비론과 공개적 반정부 투쟁론 중 전자에 기우는 경향이 있었던 데다가(민청학련계승사업회 2018, 441), 직접적으로 전국적 투쟁 논의에 참여하고 있던 황인성, 나병식, 서경석 등은 4월 3일 총궐기에 관해서는 KSCF 조직을 직접 관여시키지는 않는 방침으로 움직였다. (민청학련계승사업회 2018, 441~442) 이로 인해 이 총궐기 계획이 KSCF의 조직 전반에 폭넓게 공유되지는 못한 상태에서 조직 자체가 탄압의 대상이 되는 양상이 펼쳐진 것으로 보인다.

민청학련 사건이 터진 이후 KSCF는 간사와 학생 활동가들이 대부분 구속된 상태에서 개신교 사회운동에 관여한 목회자/교수들이 주 구성원이던 이사회 중심으로 운영되었는데, 이후 공개적인 연합 학생 활동 자체에 대한 압력을 받게 되어 결국 민청학련 사건 다음 해인 1975년 학생 총회를 공식적으로 중단하고 그 기능을 이사회가 대행하도록 하는 결정을 내리게 된다. 이 결정은 1980년대 중반까지 거의 10여년 동안 효력을 발휘했고, 이 기간 중 KSCF의 학생 연합 활동은 비공개적으로 이루어지게 된다.

정부 측의 사건 발표에서는 KSCF 사무국이 이철, 황인성(KSCF 출신) 등의 정부 전복 기도를 지지하여 민청학련의 주축이 되기로 하고 조직의 사업비를 민청학련 자금(시위 조직비와 전단 제작비 등)으로 전용하기도 했으며 1973년 말에 재창립된 교정연도 민청학련의 백업 조직의 역할을 수행하는 것으로 서술되어 있고, KSCF 관련 인사 중에서 황인성이 민청학련 제1선 지도부, 나병식이 제2선 지도부, 서창석이 KSCF책, 김경남이 한신대책 등으로 지목되었다. 또한 이 사건으로 인해 그 전해에 남산 부활절 연합예배 사건으로 구속되었었던 박형규가 다시 구속되고 김찬국, 김동길 등의 개신교 인사들까지 구속되는 등 개신교 사회운동에 관여한 인사들 전반에 그 파장이 미쳤다. 이는 뒤에서 서술하는, 개신교 사회운동뿐만 아니라 개신교 일반이 이 사건에 관련된 정부의 태도에 대해 비판적 입장을 취하는 이유 중 하나가 되기도 한다.

민청학련 사건은 개신교 사회운동의 중추 중의 하나였던 KSCF의 조직 마비를 불러올 정도로 개신교 사회운동에 큰 충격이 되었으며 이 이후부터 구속자 관련 사업이 개신교 사회운동의 주된 사업 중 하나가 되었다. 구속 자 가족들은 7월부터 구속자 가족 협의회를 발족하고 목요 정기기도회를 개최하였는데 이 정기기도회가 그 후 개신교 민주화운동의 주된 자리 중 하나였던 목요기도회의 시발점이 되었다. 때마침 이전부터 창립이 논의되었던 NCCK 인권위원회의 창립이 이 시기에 이루어지면서 개신교 사회운동에서 인권운동의 비중이 상당히 높아지는 계기가 되기도 했다. 그러나 정부 측의 사건 그림에서부터 민청학련과 인민혁명당 재건위가 함께 묶여 있었음에도 불구하고 NCCK 인권위를 비롯한 개신교 사회운동의 대응이 주로 개신교 사회운동의 내부 구성원이자 이른바 용공 혐의를 피할 여지가 있는 민청학련 관련자들에게만 집중되었다는 평가가 이후 제기되었다. 이런 평가는 사건 당시 NCCK 측의 대항 논리 자체가 민주주의 수호를 위해 활동한 것일 뿐인 민청학련 관련 학생들에게 용공 혐의를 씌우지 말라는 것이었기 때문에 어느 정도 필연적인 것이기도 했다. 한편 개신교 도시빈민운동 내부의 해외지원금을 둘러싼 갈등을 유신정부가 형사사건화한 수도권특수지역선교위원회 선교자금 사건을 정부가 사건화한 시점이 인혁당 인사들의 처형시기와 맞물리는데 이에 대해 정부의 의도가 인혁당 사건에 대한 개신교 사회운동의 개입을 통제하기 위한 데 있었다는 분석도 있다. (손승호 2014, 296~299) 민청학련 관련자와 인혁당 관련자의 이러한 분리 경향은 개신교 사회운동에만 한정되지 않았던 것으로 보이는데, 민주화운동기념사업회 오픈아카이브에 공개된 이철의 구술 영상에는 국제적인 관심과 지원이 집중되었던 이철 자신과 같은 '학생들'은 결국 정부의 처형 대상에서 제외되고 '학생'이 아닌 인혁당 관련자들만이 처형 대상이 되었던 것이라는 그의 해석이 등장한다.

민청학련 사건은 개신교/가톨릭 사회운동을 비롯한 한국 사회운동만이 아니라 방금 언급했듯이 전 세계적인 관심을 끄는 사건이기도 했다. 국내 사회운동에서 해외 교민 사회운동과 적극적인 연결을 시도했던 것으로 보이며 해외 교민 사회운동에서는 자신들의 입장 발표와 아울러 거주국 인사들과의 연결을 통해 거주국 정부를 움직이려는 시도를 꽤 한 것으로 보인다. 특히 미국 지역에서 교민 사회운동의 적극적인 입장 발표는 물론 일부 미국 인사들도 한국 정부의 인권 탄압을 이유로 하여 미국 정부에 대한국 군사/경제 원조를 줄일 것을 요청하는 사례들이 있었다. 그리하여 이 사건은 1970년대 후반 한국 사회운동이 미국 국회를 주무대로 하여 한국의 인권문제와 미국의 한국원조 삭감 문제의 연결을 주된 고리로 하는 국제적 인권운동을 펼치고 이에 한국 정부가 맞대응하는 상황이 펼쳐지는 시발점이 된다. 흥미있는 점은 이해 하반기에 영락교회에서 당시 정부가 한국의 국제적 이미지를 많이 손상시키고 있음을 우려하며 이미지 회복을 위해 긴급조치 관련자들 석방과 언론자유 문제 해결 등 인권 문제를 일부 해결할 필요가 있음을 촉구하는 성명서(민주화운동기념사업회 오픈아카이브 525465「행복하여라! 옳은 일을 하다가 박해를 받는 사람들, 하늘 나라가 그들의 것이니」에 수록)를 발표한다는 것인데, 영락교회에서 이런 성명서가 나왔다는 것은 개신교 보수세력 중 일부가 민청학련 사건에 대해 이런 국제적인 관심이 쏠리고 있음을 의식하고 있었다는 증거로 보인다.

한편 이 사건에 대한 당시의 외신 기사 중엔 이 사건이 개신교의 저항을 진압한 것은 물론 지학순 주교 구속에서 보듯이 가톨릭과의 대결까지 정부가 각오하고 있다는 시선을 보이는 기사(민주화운동기념사업회 오픈아카이브 480526, 뉴스위크지 8월 5일자)가 있는데, 이는 이 사건에 대한 해외의 시선 중 그리스도교적 저항에 주목하는 시선의 존재를 보여준다. 이 사건의 재판이 한창 진행 중이던 이해 8월 여의도 5·16 광장에서는 엑스플로 74가 열렸는데, 정부가 이 행사를 전폭적으로 지원한 것도 한국에서의 그리스도교적 저항에 주목하는 시선을 희석하려는 정부의 의도가 들어 있었을 것이며 엑스플로 74 주최측 역시 그런 의도에 대한 인지와 협조가 있었을 것으로 보인다. 이러한 추측을 방증하는 예로 이 행사가 개최되기 직전 이 행사의 일본 참가단이 한국 정부의 종교 탄압을 부정하는 내용의 입장문을 발표하고 이에 대해 김관석이 반박한 사건(김흥수 2017, 191~193)을 들 수 있다. 또한 11월에는 한국예수교협의회라는 단체에서 전도집회 및 반공강연회를 열어 에큐메니컬 운동에 대한 용공시비, 반정부 시위에 대한 비성경적이라는 매도 등의 활동을 벌였으며 개신교 사회운동에 대한 탄압을 종교의 자유에 대한 억압으로 규정한 데에 맞서 종교의 자유가 침해되지 않았다고 주장하는 성명을 발표하기도 했는데 여기에도 정부 측의 일정한 개입과 당사자들의 인지와 협조가 있었을 것으로 보인다. (한국기독학생회총연맹 50주년 기념사업회 1998, 286)

이해 11월 27일 긴급조치 1,4호로 활동이 정지된 민주수호국민협의회를 대신해 민주회복국민회의가 창설되었다. 민주화운동기념사업회의 오픈아카이브는 이 민주회복국민회의가 중앙사무국과 지역조직의 창설을 시도하는 등 이전의 연합운동체와는 다른 상설적 운동을 시도했다고 평가하고 있다. 이 조직의 상임대표는 가톨릭의 윤형중이 맡았으며 공동대표에 강원용과 함석헌 등이 참여했다.

민주회복국민회의가 가장 먼저 벌인 중요사업은 다음 해 2월 12일에 있었던 유신헌법 신임을 묻는 국민투표에 대한 반대운동이었다. 이 운동이 한창 벌어지던 2월 9일 NCCK는 박정희 정부의 박해에 대항해 새문안교회에서 신앙의 자유를 위한 연합기도회를 개최했다. (강원용 1993, 57)

제4절 오글 목사 추방과 외국인 선교사 월요모임

외국인 선교사들의 월요모임의 기원은 1960년대 중반에 결성된 50인 위원회로 거슬러 올라갈 수 있다. 페이 문을 비롯한 몇몇 인사들의 공통적 회고(이하 내용 짐 스텐츨 엮음 2007 참조)에 의하면 1960년대 중반 한일협정 반대운동이 벌어질 때 한국의 공권력이 미국제 진압장비를 사용하는 것을 보고 한미관계가 한국의 민주주의를 지키기 위한 관계인지에 대한 의구심을 가지게 되어 한국에 나와 있는 선교사들과 이 문제를 함께 이야기할 필요를 느꼈다고 한다. 이 선교사들 중에 연세대 도시문제연구소에서 도시빈민 선교에 종사하던 허버트 화이트 장로교 선교사가 주동이 되어 50인 위원회 모임을 조직한다. 50인 위원회는 한국의 억압적인 상황을 알리기 위해 주한 미국 대사와 면담(김용복의 부인이기도 한 매리언 킴의 회고에 따르면 포터 대사와의 면담에 참석한 인원이 50명이어서 50인 위원회로 이름했다고 한다)하고 1968년 박정희의 취임식 참가를 위해 한국을 방문한 험프리 당시 미국 부통령을 만나는 등 주로 미국 정부 인사, 국제 교계/인권단체 인사들과의 면담 활동을 전개했다. 그 후 허버트 화이트를 비롯한 초기 구성원들이 귀국하면서 모임이 침체기에 들어갔으나 1970년대 초반 새로 온 선교사들이 모임에 흥미를 가지면서 이들이 새로운 구성원으로 충원되어 월요모임으로 발전하게 되었다. 이 새로운 구성원들의 입장에서는 월요모임은 자신들이 참여하기 시작한 1970년대 초반에 시작된 모임으로 인식된다는 것을 린다 존스의 회고가 보여 주고 있다.

월요모임의 구성원들은 한국에서 학생 사역, 도시 선교 사역, 일반 목회 등에 종사하고 있었으며 외국인 신분이었기 때문에 주한미군의 도서관과 우편 체계(주한미군 직원이었던 페이 문의 경우) 등을 자료 해외 발송과 정보 수집 등에 활용할 수 있었고 해외에 정보를 유포하는 것이 가능했다. 또한 외신 기자와 한국 민주화운동가들의 접촉을 주선할 수 있었으며 불온 서류가 적발되더라도 추방은 될 수 있어도 감옥은 가지 않는다는 신분상 이점을 가졌다는 회고가 민주화운동기념사업회에서 만든 월요모임 구술 영상에 등장한다.

당시 월요모임과 접촉했던 주요 외신 기자로는 『워싱턴 포스트』의 돈 오퍼도퍼, 『뉴욕 타임즈』의 폭스 버터필드, 『크리스챤 사이언스 모니터』의 엘리자베스 폰드 등이 있다. 앞에서 언급한 월요모임 구술 영상에 따르면, 당시 월요모임에서 이들과 한국 민주화운동가들을 만나게 하는 방법은 다음과 같았다. 1)기자들이 월요모임 구성원 중 1인에게 연락함. 2)전화 도청에 대비해 암호 사용. 3)도청 불가능한 공원/야외 등에서 만남. 경우에 따라서는 통역까지 3명이 만나게 함.

월요모임이 정례화된 것은 유신 이후로 보인다. 정례화된 월요모임은 1973년 10월 1일부터 영문으로 『Fact Sheet』를 발행하여 한국 민주화운동의 상황을 해외에 알린다. 『Fact Sheet』는 1981년 7월 7일까지 총 63회 발행되었고, 자체 작성 내용을 싣거나 때로는 관련 외신 기사를 정리하는 등의 방법으로 발행되었다.

『Fact Sheet』1호는 당시 남산 부활절 연합예배 사건으로 구속 중이던 박형규의 활동을 소개하는 내용이었고, 1974년에 발행된 5호부터 15호까지의 11개 Sheet 중 절반 이상이 민청학련 사건 관련 내용이다. 또한 이해 말에는 조지 오글 추방 사건이 터지면서 15/16호 연속으로 오글 목사 관련 내용을 다루었다.

조지 오글은 1954년부터 미 감리교회 선교사로 3년간 한국에서 일했으나 본격적으로 한국에서 일한 것은 1960년대부터였다. 1961년 9월 인천의 산업선교 사역에 배정받은 오글은 이미 인천에서 산업전도 활동을 하던 목회자들과 함께 인천산업전도위원회를 조직하였다. 이 조직은 목회자들의 직접적인 노동 현장 훈련과 노동 현장에 존재하는 그리스도의 발견을 강조하였고 이는 이후에 있었던 산업전도에서 산업선교로의 변화에도 쉽게 부응할 수 있는 활동 방향이었다. 또한 이 조직에서 활동을 시작한 인사 중에 조승혁, 조화순 등이 이후 산업선교의 중심에서 활동하였다.(이상록 2015, 100~105)

1970년대 초반 박사 학위 공부를 위해 미국으로 귀국했던 조지 오글은 위스콘신대학교에서 노사 관계학으로 박사과정을 마친 후에 서울대 상대의 노사관계학 담당 초빙 교수로 초청되었다. 이렇게 되어 오글은 산업선교 일선에서는 물러났으나 월요모임과 목요기도회에 참여하며 민주화운동 지원활동을 벌였다. 그러던 중 그에게 인혁당 사건 구속자 가족들이 찾아와 해당 사건이 조작되었다는 증언을 했고 오글은 그 직후 10월 9일 목요기도회에서 인혁당 사건이 조작되었다고 이야기했다. 오글은 그다음 날 중앙정보부로 연행되어 이 발언에 대한 추궁과 함께 추방에 대한 경고를 받고, 이후 중앙정보부로부터 도시산업선교회에 대한 정보 제공을 요구받기도 했으나 자신의 뜻을 굽히지 않았다.(짐 스텐츨 엮음 2007, 54~67) 결국 박정희 정부는 선교사 비자로 입국해서 대학에서 강의한 것이 출입국관리법 위반이라는 트집을 잡아 조지 오글을 추방했다. 12월 14일에 오글이 추방된 직후 예수교장로회(통합) 총회의 총회 임원, 노회장, 전 총회장 등이 17일 새문안교회에 모여 성명서를 발표했는데, 이 성명서는 오글의 추방을 선교에 대한 중대한 위협으로 규정하고 긴급조치 관련자 석방과 종교사찰 중지, 자유민주사회 회복 등을 촉구하고 있다.

Fact Sheet 15호에 따르면, 당시 조지 오글 추방을 위해 한국 정부가 내세운 구실은 다음과 같았다. 1)1974년 10월 10일 인혁당 사건 관련자들을 위한 기도회를 인도하며 그들이 무고하게 사형을 선고받았고 무죄석방되어야 한다고 주장함으로써 정부의 반공 정책에 도전하고 재판에 간섭했다. 2)11월 14일 NCCK가 주최한 구속자 가족 시위에 참여했다. 3)11월 24일 흑석동 감리교회에서 열린 기도회에서 포드 대통령이 떠난 뒤에도 아무도 석방되지 않았다고 말하면서 유신헌법 철폐와 민주헌정 수립을 주장했다. 4)11월 1일 기독교 청년 모임에서 1970년대 경제발전이 이루어지는 와중에도 노동자들은 철저히 착취당하고 있다고 발언했다. 5)법무부의 허락없이 서울대 법대에서 노사관계에 대해 강의하여 이민법을 위반했다.

이후 조지 오글은 추방 4일 후인 12월 20일 프레이저 의원이 주도하는 미국 하원의 한국 인권 청문회에서 한국의 인권 상황과 자신의 추방 경위 등을 증언했다. 한편 오글 목사 추방에 대해서 미국 국무부는 대변인이 공식 브리핑을 내고 동아시아 담당 차관보가 당시 주미 한국 대사를 국무부로 부르는 등의 조처를 통해 유감을 표시했다.(이상록 2015, 92~93) 미국 정부의 공식적 조처는 이러한 유감 표시 정도로 그쳤지만, 조지 오글이 미국 하원 청문회에 나선 것에서 보듯이 미국 국회의 한국 인권에 대한 관심과 우려는 더욱 높아졌다.

이외에도 월요모임은 1974년 10월 포드 미국 대통령의 한국 방문을 앞두고 그에게 서신을 보내, 유신헌법의 비민주성과 유신 이후의 한국 정부의 인권 탄압 사실을 간단히 요약하고, 이런 점들에 대해 한국 정부에 경고하지 않는다면 포드 대통령의 한국 방문이 한국 정부의 행동을 미국 정부가 승인하는 효과가 될 것이라고 경고했다. 그에 따라 포드 대통령에게 한국 방문을 할 때 한국 정부에 유신헌법과 긴급조치 철폐, 유신 선포 이후의 모든 구속자 석방을 촉구할 것과 한국 방문 때 반정부 세력의 인사들과의 만남을 가질 것을 촉구했다. 또한 월요모임의 주요 구성원이었던 린다 존스는 KSCF 사무국의 부탁으로 제3세계 인권운동에 대한 강의와 자료 제공을 진행했고, KSCF는 이 자료들을 모아 『제3세계와 인권운동』이라는 단행본을 발간하기도 했다. (안재웅 2021, 82)

◆ 제3장 ◆
개신교의 민중운동

급격한 산업화와 도시화가 초래한 1960년대의 사회변동은 수많은 사회적 모순을 야기했고, 교회의 선교방식과 내용에도 영향을 미쳐 일부 교역자들은 노동자, 도시빈민, 농민을 대상으로 도시산업선교, 도시빈민선교, 농민선교에 나서게 되었다. 개발독재 시대의 산업화와 도시화가 개신교로 하여금 경제성장 과정에서 사회적으로 차별받고 소외되던 민중에 대한 특수선교 또는 사회선교, 그중에서도 특히 도시의 노동자와 빈민을 대상으로 한 산업선교 및 빈민선교에 눈을 뜨게 만든 것이다. (대한예수교장로회 총회 전도부 산업선교위원회 1981; 황인성 2020)

한편, 대학, 공단, 빈민촌, 농촌 등을 대상으로 하는 이러한 사회선교의 영역들이 1960년대 말부터 1970년대 초에 걸쳐 한국교회에서 반(反)독재 민주화운동의 진원지가 되었다는 사실 역시 중요하다. 특히 도시산업선교가 그러했는데, 그 이유는 한국노총이나 산업별 노조가 관변 단체 역할을 하던 상황에서 산업선교 기관들이 급속한 산업화의 부정적 현상들이 나타나기 시작한 1970년대 초반부터 노동운동의 전면에 나서 민주적인 노동조합의 결성과 교육 및 단체 행동을 지원했기 때문이다.

이와 관련하여 도시를 중심으로 하는 사회선교의 영역에서 두 가지 특징이 발견된다. 첫째, 사회선교 영역들은 제2차 세계 대전 이후 피선교지 교회로 종교권력이 본격적으로 이양되기 시작한 후에도 마지막까지 '선교 영지(領地)'로 남아 있었기 때문에 외부의 선교자금이 가장 풍부하고도 지속적으로 제공되었으며 대부분 국제적 연계망을 갖고 있었다. 둘째, 이 영역들은 선교사의 보호 아래 그리고 제도교회의 주변부에 자리 잡고 있었기에, 국가의 간섭과 제도화된 교회의 보수적 신학과 통제로부터도 상대적으로 자유로웠다. 그런 만큼 사회선교 분야는 종교적 실험이 행해지고 종교적 혁신이 활발하게 시도되었던 영역이라는 특성을 지녔다. (강인철 2013, 156) 바로 그런 특징들로 인해 민중의 삶의 현장에 깊게 뿌리 박은 도시산업선교 및 도시빈민선교와 같은 도시의 사회선교 활동이 이후 1970년대 유신체제 아래 한국 개신교의 민주화운동 및 인권운동이 태동하고 전개되는 토양이 될 수 있었다. (한국기독교사회문제연구원 1982, 91; 한국기독교역사학회 2009, 229)

제1절 도시산업선교회 활동

1970년대까지의 산업선교의 발전과정에 대한 다수의 선행연구들은 조화순(인천산선, 기감), 조지송(영등포산선, 예장통합)과 더불어 대표적인 1세대 도시산업선교 실무자로 꼽히는 조승혁의 시대구분을 따라(도시산업선교 실무자들의 세대 구분에 관해서는, 권진관 2005, 191~213 참조), 1950년대부터 1970년대까지의 산업선교가 3개의 발전단계를 거쳤다고 서술한다. (홍현영 2002, 10~32; 김준 2003, 102~104; 김원 2006, 477; 장숙경 2009, 173~209) 특히 조승혁은 1978~1981년 시점에서 산업선교의 신학적·이론적 근거의 변화라는 기준을 중시하면서 세부적으로는 1)단체로서의 조직의 발전과정, 2)활동지역 및 대상, 3)활동내용 및 방법의 발전과정, 4)신학적 입장이라는 네 가지 기준을 적용했을 때, 산업선교의 발전과정을 산업전도활동에 해당하는 초기(1957~67년), 산업선교가 본격화된 중간기(1968~72년), 산업선교에서 노동운동으로 진화한 현단계(1973년 이후)로 구분할 수 있다고 주장했다. (조승혁 1978a, 11~19; 조승혁 1981, 87~139) 이러한 일반화된 시대구분을 염두에 두면서도, 활동내용 및 방법이나 신학적 입장보다도 "노동문제에 대한 접근법, 노동운동과의 관계"를 보다 중시하는 관점에서 보면, 산업전도가 시작된 1957년부터 유신 후기에 해당하는 1979년까지의 산업선교 역사는 1)1957~63년의 공장목회 중심의 산업전도기, 2)1964~70(또는 71)년의 평신도교육·기성노조 중심의 계몽기, 3)1971(또는 1972)~1979년을 소그룹 운동 중심의 의식화, 조직화시기로 구분할 수 있다는 김준의 주장을 수용하여, 본 연구는 그 두 가지 시대구분을 적절히 종합하고자 한다. (김준 2003, 128)

따라서 이 글에서는 전환의 기점을 중심으로 크게 두 시기로 나누어서, 즉 1958년 산업전도에서 시작하여 1968년을 기점으로 산업선교로 패러다임을 전환을 이룩한 1969년까지의 시기를 민주화운동으로서의 노동운동적 산업선교의 전사(前史)에 해당하는 시기로 설정하고, 이어서 1970~71년의 전태일 사건과 김진수 사건을 겪으면서 노동운동의 자율화를 위한 지원과 협력이 본격화된 1970년부터 1975년까지 유신체제 전기-1972년 10월 유신헌법 선포로부터 1975년 5월 13일 긴급조치 9호 선포 이전까지-를 포함하는 시기에 이루어진 도시산업선교회 활동을 집중적으로 살펴본다.

1. 1968년을 기점으로 산업전도에서 산업선교로 전환하는 시기 (1958~1969)

1957년 3월 동아시아교회협의회(Eastern Asian Council of Churches) 산업전도 간사였던 헨리 존스(Henry D. Jones) 목사가 내한하여 각 교파 전도부 책임자 회의를 열어 한국기독교연합회 산하에 산업전도위원회를 설치할 것을 제안했으나 이는 무산되었다. 그러나 이후 각 교단별로 독자적으로 산업전도 활동이 추진되고, 그 가운데서도 1957년 4월 12일 대한예수교장로회(통합) 총회 전도부 산하에 '나도 일한다'(요한복음 5:17)라는 표어를 내걸고 '산업전도위원회'를 설치하게 되면서 한국 개신교의 산업선교가 공식적으로 시작된다. 조지송의 증언에 따르면, "그 이전에도 '공장전도'가 없었던 것은 아니지만 예장 총회전도가 공식 이름을 걸고 이 일을 시작하게 된 것은 미국 장로교에서 파송된 존스 목사와 오철호 전도사의 노력이 있었기 때문이다."(조지송 1997, 282)

이어서 1954년에 연합감리교회 선교사로 한국에 들어와 독자적으로 한국 도시산업선교 활동을 벌이면서 노동자의 권리와 노동법에 기반한 교육 프로그램을 이미 진행 중이었던 미국인 감리교 목사 조지 오글(George E. Ogle, 한국명 오명걸)의 주도로 기독교대한감리회에서 '인천산업전도위원회'가 1961년에 조직되고, 성공회 역시 1961년에, 한국기독교장로회는 1963년에, 구세군은 1965년에 각기 산업전도를 시작한다. 대체로 '공장목회'의 의미를 갖고서 '산업전도'(Industrial Evangelism)라는 이름으로 수행된 이러한 활동은 주로 개신교의 교세 확장이라는 동기에 의해 추동되었는데, 1957년부터 도시산업선교의 성격이 크게 바뀌게 되는 1968년까지 지속되었다. (장석만 2005, 117) 그래서 산업전도를 선전하고 계몽하는 인쇄물(소책자, 팜플렛, 포스터 등)을 많이 만들었으며 "기독학생노동문제연구회", "학생순회전도대", "산업전도사훈련" 모임을 여름과 겨울 방학 때마다 한 달씩 실시하여 공장과 탄광에서 노동 체험과 동시에 노동자의 삶을 이해하고 그들의 의식구조를 배우도록 했다. 그럼에도 불구하고, 이 시기의 선교활동은 전반적으로 "산업화·도시화에 따른 새로운 상황에 적응하기 위해 월남한 교역자를 중심으로 개신교의 새로운 영역을 개척하기 위해 시도"되었던 측면이 강했다. (장석만 2005, 117) 실제로, 이 시기의 산업전도는 "개신교의 노동윤리와 금욕적인 생활태도를 지닌 '성실한 노동자상'을 공장 내에서 노동자들에게 직접적으로 확산"시킨 덕분에, "고용주의 적극적인 협조"를 끌어낼 수 있었고, 결과적으로 고용주들은 "노동자에 대한 통제를 강화"하는 수단으로 산업전도를 활용할 수 있었다. (홍현영 2005, 393~394; 장석만 2005, 117)•

조승혁의 시대구분에서 산업선교의 중간기가 시작되는 1968년은 한국 산업선교 역사에서 중요한 연도로 기록된다. 1968년을 계기로 산업전도에서 '가난한 자에게 복음을'이라는 새로운 표어를 내건 '산업선교'(Industrial Mission)로 그 패러다임을 전환하게 되는데, 이는 단지 표현상 변화에 그치지 않는 중대한 변화를 수반했다. 산업전도 시기 '나도 일한다'는 표어에는 예수를 따라 노동자들도 성실하게 일해야 한다는 뜻이 내포되어 있었다면, '가난한 자에게 복음을' 표어에는 노동자의 권익 향상을 적극적으로 추구한다는 의지가 담겨 있기 때문이다. 이는 결국 기존 산업사회에서의 교회의 역할을 WCC의 '하나님의 선교(Missio-Dei)'에 따른 '책임사회론'에 부합하는 것으로 체질을 개선하는, 곧 근본적인 관점 변화를 의미했다. 따라서 산업선교의 내용과 방법도 기존 산업전도와는 확연하게 차별되는 질적 변화를 가져오는 계기가 된다. 이로 인해 산업선교는 당시 정권과의 우호적 관계에 집착하며 보수적 신학을 고수하던 한국 개신교의 전반적인 분위기와는 분명 노선을 달리하기 시작했다. 산업선교와 개신교 주류 사이에 갈등이 시작될 가능성이 배태된 것이다.

이러한 패러다임 전환이 일어난 1960년대 후반 이후로 개신교의 여러

• 1968년 이전의 산업전도는 대체로 복음전도 및 개인구원에 초점을 맞추었고, 그 활동 주체 역시 교단 중심적이었다. 따라서 이 시기의 산업전도는 단지 그 대상만 지역주민에서 공장의 노동자들로 바뀌었을 뿐 교회에 근거한 전도 방법, 예컨대 예배, 성경공부, 평신도 훈련 프로그램을 산업현장에 맞게 구체화 또는 수정하지 않고 그대로 사용했다는 점에서 기존의 전도활동과 아무런 차이가 없었다. 무엇보다도 산업전도는 피고용인뿐만 아니라 고용주까지도 전도의 대상으로 여겼다는 점에서, 노동운동의 성격이 전혀 드러나지 않았다. 결과적으로 이 시기의 산업전도 참여자와 공장주 또는 군부 정권 사이에는 아무런 갈등도 없었다는 점에서 산업전도는 개신교 민주화운동의 역사에 포함될 수 없다. (황홍렬 2022, 17)

산업선교회들 중에서 가장 활발한 활동을 벌였던 곳은 대한예수교장로회 통합측 소속 '영등포산업선교회'와 기독교대한감리회 소속 '인천도시산업 선교회'였다. (장숙경 2009, 10) 이들이 중심이 된 도시산업선교는 급속한 산업화의 부정적 현상들이 나타나기 시작한 1970년대 초반부터 노동운동의 전면에 나서 민주적인 노동조합의 결성과 교육 및 단체 행동을 지원하였다. 이는 '새신자 영입'을 중시하는 산업전도에서 "노동자를 위한 선교"를 표방하는 산업선교로 전환되면서 나타난 중요한 변화 중 하나로서, 조직화의 대상을 개신교 신자로 제한하지 않고 개방했기 때문에 가능한 것이었다. (홍현영 2005, 438; 한국기독교역사학회 2009, 228) 물론 산업선교로 전환한 이후에도 도시산업선교회는 대체로 한국노총과의 협력 속에서 노동조합 지도자를 양성하고 단위 노동조합을 조직하는 데 활동의 중점을 두었다.

2. 1970~1971년을 기점으로 계몽자에서 조직자로 전환하는 시기
(1970~1975)

1960년대 산업전도, 산업선교는 그 일차적인 대상을 평신도 지도자급의 역량을 강화하는 데 맞추었으며, 1960년대 후반으로 오면서 그 대상이 기독교인 노동조합간부, 비기독교인 노동조합간부 등으로 외연이 확대되었지만, 여전히 초점은 공장 내에서 지도적인 역량을 발휘할 수 있다고 간주된 사람들에 맞추어져 있었다. (김준 2003, 114) 그러나 이러한 평신도 지도자급 중심의 조직 및 교육활동 전략은 1971년을 전후하여, 일반노동자를 대상으로 하는 '소그룹 운동(소모임 활동)' 중심으로 급속한 방향 전환을 하게 된다. 이러한 방향 전환의 배경에 대해 영등포산선은 1970년 「외국인투자기업의 노동조합 및 노동쟁의 조정에 관한 임시특례법」의 제정, 1971년 12월의 「국가보위에 관한 특별조치법」 선포에 따른 단체교섭권 및 단체행동권의 제한, 1972년 '10월 유신'을 기점으로 독재체제의 강화에 이르는 일

런의 정치적 억압 및 노동운동에 대한 탄압 가중, 이에 따른 교회 상층부와 노조 상층부의 유신체제 지지, 그리고 "산업선교회와 함께 일해오던 노조 지도자들도 정부의 감시가 무서워 산업선교와의 관계를 멀리하게" 된 것, 전태일 사건 등 날로 격렬해져 가는 노동자들의 저항 현상 등을 이유로 제시하고 있다. (영등포산업선교회 40년사 기획위원회 1998, 134~135; 김준 2003, 115~116)

더욱이 유신체제의 등장 전후로 한국노총과의 협력 관계는 단절되었고 도시산업선교회의 활동에 대한 정부의 감시도 더욱 심해졌다. 그리하여 이제 "국가와 도시산업선교회의 충돌"이 본격화되는 유신시대의 산업선교의 역사가 시작된다. (홍현영, 2005: 432) 이처럼 1970년 전태일 사건부터 1972년 유신헌법 선포를 기점으로 1975년 5월 긴급조치 9호 발동 이전까지의 유신 전기를 포괄하는 1970~1975년의 산업선교 역사는 한편으로 노동운동에 대한 교회조직의 인식과 실천의 차원에서 산업선교의 신학적·이론적 근거가 변화하는 양상을 주목할 때, 앞선 중간기의 전환을 뒷받침했던 "하나님의 선교"라는 신학적 입장이 체화되고 적극화되어 교회선교에서 사회선교로 나아갔고, 민중운동으로부터 민중 개념을 흡수하면서 민중신학이 형성되는 데 자극을 준 시기였다. 다른 한편으로 노동문제에 대한 접근법 및 노동운동과의 관계의 측면에서 보자면, 평신도 지도자급 중심의 조직 및 교육활동 전략을 소그룹 운동 중심의 의식화·조직화 전략으로 급속한 방향 전환을 이루던 시기였다. (김준 2003, 114~115) 아래에서는 이 두 가지 변화의 측면에서 1970년부터 유신 전기(1972~1975)까지의 산업선교의 현황을 살펴보는데, 그 서술의 순서를 사건으로서의 노동문제의 발생-산업선교가 노동문제에 대해 취한 접근법 및 노동운동과의 관계 설정-신학적 인식과 운동적 실천-민주화운동의 관점에서의 평가로 구성한다.

여러 연구자들에 의해 지적되었듯이, 도시산업선교의 역사에서 중간기 (1968~72) 일부와 현단계(1973년 이후)의 일부, 그리고 유신 전기(1972년 10

월~1975년 4월)를 모두 포함하는 1970~75년의 시기에 산업선교는 이전의 노사간의 중재자 역할을 벗어나 노동자 편에 적극적으로 서기 시작하는 변화된 모습을 뚜렷이 드러냈다. 그러한 변화가 어떻게 해서 나타난 것인지를 상세히 해명하기 위해선, 한편으로 69년 12월의 3선개헌에서 시작하여 72년 '10월 유신(10·17 특별선언)'을 거쳐 11월 국민투표와 12월 유신헌법 공포·시행으로 완결되는 유신체제 성립이라는 역사적 배경과 다른 한편으로 1969년과 1970년, 1971년에 연속적으로 일어난 사건들, 즉 국가와 노동간의 관계 변화를 상징하는 주요 노동자투쟁의 사건들을 살펴봐야 한다.

따라서 먼저 박정희 정권의 노사관계정책이 1970년대 들어서 더욱 억압적인 노동통제정책으로 나타나는 양상을 살펴보자. 윤진호에 따르면, 박정희 정권의 억압적 노동통제정책은 크게 세 가지 형태, 즉 "법률에 의한 통제방식"과 "노동청 등 정부행정기관이나 경찰, 중앙정보부 등 치안기관을 통해 일상적으로 노사관계에 개입하는 것", 그리고 "노동운동에 대한 회유·보상정책"으로 이루어졌다.(윤진호 2012, 249~256) 특히 법률에 의한 통제방식이 1970년을 기점으로 강화되는데, 우선 앞서도 언급했듯이, 1970년 1월에 제정 공포된 「외국인투자기업의 노동조합 및 노동쟁의 조정에 관한 임시특례법」이 있다. 이 법은 외국 투자기업의 파업을 금지할 뿐 아니라 다른 부분에서의 노사분규에 대응하기 위한 다양한 억제조치들을 도입하였다. 이런 움직임은 반대 세력을 막기 위한 권위주의 정권의 정치적 필요 때문만이 아니라 수출지향적 산업화 전략상의 필요에 따른 것으로서 박정희 정권의 노동정책에서 일대 전환점을 이루었다.

1960년대 말의 경제위기와 1970년 11월의 전태일 사건과 잇따른 노동자들의 저항, 3선개헌 이후 처음 치른 1971년 4월의 대선에서 당시 국가 예산의 10%에 해당하는 600~700억 원을 쓰고도 막지 못했던 김대중 후보의 선전, 그리고 1971년 미국 닉슨 대통령의 중국 방문과 주한미군의 부분철수 등으로 국내외의 경제적·정치적 위기가 지속해서 격화되자, 1971년 12월 박정희는 마침내 국가비상사태를 선포하고 동시에 '국가보위에 관한 특별조치법'을 선포하였다. (조희연 2007, 124~125) 노동문제와 관련하여 중요한 것은 이 특별조치들이 헌법에 의해서 보장된 노동3권 가운데 단체교섭권과 단체행동권 두 가지를 모두 정지시켰다는 사실이다. 노동자들의 노조결성권은 새로 도입된 정부의 많은 행정제재 아래서만 허용되었고, 기업주와 교섭하는 데 있어서 노동자들의 유일하고도 효과적 무기인 단체행동권은 법적으로 박탈되었다. 1972년 3월 정부는 '국가비상사태하의 단체교섭에 관한 조치권 등 업무처리 요령'이라는 또다른 억압적인 조치를 발표했다. 이 조치는 이른바 '공공의 이익'에 속하는 기업의 범위를 확대하고 이들 기업에서 노조활동을 금지했다. 또한 산업별 수준의 노조활동에 제약을 가했다. 이러한 모든 특별조치들의 절정으로 나타난 것이 유신체제라 불리는 역사상 가장 폭압적이고 반(反)민주주의적인 권위주의 독재체제의 성립이었다. 유신헌법(維新憲法)은 기존에 형식적으로 남아 있던 모든 자유주의적 정치의 공간들마저도 폐쇄하고 박정희에게 무제한의 행정권을 소유한 종신 대통령직을 부여했던 유례 없는 비(非)민주적 헌법이었다. (구해근 2001, 56~57)

그러나 박정희 정권기 노동정책과 노동운동의 성장과정을 심층적으로 탐구했던 윤진호에 따르면, 박정희 시대 국가와 노동의 상호관계는 "한편으로는 박정희 정권의 노동통제정책, 그리고 다른 한편으로는 노동의 사회화와 노동운동의 성장 과정이 상호 모순관계를 이루면서 그 모순을 심화시켜가는 과정" 속에서 해명되어야 한다. (윤진호 2012, 248) 따라서 노동문제에 대한 접근법 및 노동운동과의 관계 변화의 측면에서든 노동문제에 대한 신학적 인식과 운동적 실천의 발전의 측면에서든 1970년대 들어 나타나는 산업선교의 모종의 변화 역시 1970년대 박정희 정권기의 이러한 모순적이고 이중적인 경제성장 과정, 즉 고도경제성장과 맞물리는 노동세력의 성장이라는 한국 발전국가 특유의 모순이 심화되는 과정 속에서 파악되어야 할 것이다.

실제로 박정희 정권의 억압적 노동통제정책이 강화되던 1970년대 초의 시점에 당시의 노동문제를 드러내는 세 가지 중요한 사건이 잇달아 발생했다.(한국기독교교회협의회 1984, 70; 장숙경 2013, 96) 전태일 사건, 김진수 사건, 광주대단지 사건이 그것인데, 마지막 사건은 산업선교보다는 다음 장에서 살펴볼 도시빈민선교에 보다 직접적인 영향을 미쳤고, 앞의 두 사건이야말로 산업선교가 본격적으로 노동운동의 성격을 드러내게 만든 중요한 전환점이었다고 할 수 있다. 장숙경의 평가대로, "전태일의 비극적 죽음은 노동투쟁과 민주화 투쟁 간에 조심스러운 연대를 모색하는 계기를 부여했고, 김진수 사건은 이들이 구체적으로 연대한 첫 번째 사례로 기억되고 있다."(장숙경 2013, 97)

우선 전태일 사건은 노동운동을 넘어 한국 민주화운동과 민중운동 전체에 거대한 영향을 행사한, 그래서 가히 "군사독재의 암흑의 세월을 뚫고 피어오른 첫 번째 불꽃"이라 해도 과언이 아닐 것이다.(안재성 2008, 92) 전태일은 평화시장 노동자들의 비참한 삶을 제도적으로 개선해 보려던 모든 노력들이 좌절되자 "근로기준법을 준수하라! 우리는 기계가 아니다! 일요일은 쉬게 하라! 노동자들을 혹사하지 말라!"를 외치며 자신의 몸에 기름을 붓고 산화한다. 온몸이 새까맣게 타버린 상황에서도 다시 일어나 "내 죽음을 헛되이 하지 말라!"라고 외치며 쓰러졌던 유언대로(이원보 2013, 215), 전태일의 분신은 당시 그와 유사한 조건에 처해 있었던 노동자들의 저항이 연쇄적으로 폭발하는 계기로 작용했고, 실제로 전태일 사건 이후 노동자들의 분신자살 기도 사건들이 잇따라 일어났다. "한미합작투자업체였던 조선호텔에서 철도노조 관광지부 조선호텔분회를 결성하였다가 분회장이 행방불명되어 노조를 해산당한 바 있던 호텔종업원들이 70년 12월 12일의 전국관광노조 결성대회에 맞춰 노조를 재건하려다가 주동자 5명이 해고당하자 이에 항의한" 조선호텔 종업원의 이삼찬(30세)의 분신자살 기도를 시작으로(1970년 11월 25일), "외기노조 의정부지부에서 조합원 21명이 사용자측이 노조운동을 방해하자 농성

투쟁을 벌이면서 방해를 계속하면 전원 분신자살하겠다고 위협"했던 사건이 곧바로 뒤따랐고(1970년 11월 27일), 이듬해에는 한국회관 종업원 김차호(20세)가 "평화시장 전태일선배의 뜻을 따라 전국 요식업체 종업원들의 근로조건을 죽음으로 호소하겠다"고 외치면서 분신자살을 기도하는 사건이 일어났다.(1971년 2월 2일) 이러한 연쇄적인 분신자살 기도 사건들은 "1970년대 하부 노동운동의 폭발성, 격렬성을 예고하는 사건들"일 뿐만 아니라(한국기독교교회협의회 1984, 85), 전태일 사건과 마찬가지로 법으로 명시된 근로기준법의 준수와 노동3권의 보장을 요구하는 것이었다는 점에서, 노동인권과 작업장 민주주의를 위한 민주화운동의 사건들이다.

1970년대 초반의 노동현실을 폭로하는 두 번째 사건은 1971년 3월 18일 스웨터 보세가공업체 한영섬유에 근무했던 노동자 김진수가 공장장의 지시를 받아 노조파괴행위를 일삼던 구사대 세 명(최홍인, 홍진기, 정진헌)에 의해 드라이버로 머리가 찔려 60여 일 동안 사경을 헤매다가 5월 16일 숨을 거둔 일명 '한영섬유 김진수 사건'이다. 이 사건은 노동조합을 조직하던 중에 일어난 사건으로서 명백히 "노동조합결성을 온갖 수단을 다하여 저지하려던 한 기업주측에 의해 저질러진 청부살인사건"이었다.(한국기독교교회협의회 1984, 70) 그러나 당시 섬유노조와 한국노총(FKTU)은 오히려 회사의 편을 들며 "가해와 피해자 간의 개인적이고 우발적인 사건"으로 왜곡했고(한국기독교교회협의회 1984, 90), 사건을 처리하는 과정에서 노조의 이러한 행태를 목격한 영등포산업선교회는 기존의 노동조합을 통한 산업선교 활동의 한계를 자각하게 되었고, 한국노총과의 대립을 본격화했다.(장숙경 2013, 100) 그리하여 이 사건은 산업선교회로 하여금 노동문제를 단순히 "노동자와 기업주만의 문제가 아닌 사회 전체와 관련이 있는" 문제로 인식하게 만들었고(장숙경 2013, 100), 결과적으로 "기성노조를 우회하여 신생노조의 활동을 직접 지도·지원하고, 어용노조가 걸림돌이 되는 경우에는 치밀한 계획을 세워 어용노조를 민주노조로 탈바꿈시키는 방향으로" 운동 노선을 전환하도록 이끌었다. 실제로 "영등포산선이 1972년 한국모방노조의 민주화를 지원한 것과, 인천산선이 1972년 동일방직의 노조민주화를 지원한 것이 대표적인 사례"로 남아 있다. (김준 2003, 120)

김진수 사건을 계기로 어용노조인 한국노총과 결별하고 독자적인 조직화의 길로 접어들기 시작한 1971년 무렵, "마침 1년간의 미국연수를 마치고 돌아온 산업선교의 중심이 되는 실무자들을 맞이하면서" 산업선교는 "활동방식을 '노동자 중심의 활동'으로 변화시켰으며, '소수 지도자' 중심의 활동에서 '기층 노동자'로, 훈련이나 교육의 방법에서 의식화 활동으로 전략을 변경"하면서, '소그룹 운동(소모임 활동)'에 주력하는 방향으로 운동 방식 역시 수정하게 된다. (홍현영 2005, 411~412)● 물론 이러한 수정은 영등포산선의 경우, 한편으로 1972년 말부터 유신체제 하에서의 계엄사령부가 그동안 매년 실시해 왔던 노동조합 간부교육 등 집회 허가를 내주지 않기 시작한 데서 비롯된 불가피한 선택이기도 했지만, 다른 한편으로 JOC를 비롯한 사회단체들과 함께 한국모방에서 퇴사한 여성노동자들의 퇴직금 받아주기 운동을 하는 과정에서 시도되었던 소그룹 운동에서 노동자들의 의식화 및 조직화의 가능성을 확인한 바 있었기 때문에 이루어진 적극적인 선택이기도 했다. (장숙경, 2013: 117) 즉, 초창기부터 산업전도 모임 등의 방식으로 전개해 왔던 소모임 활동은 한편으로는 "'소수의 간부 지도자' 중심의 활동에서 '밑바닥의 노동자'"를 중심에 둔 활동으로의 전환이라는 산업선교 활동 방식 자체의 변화에 의해서, 다른 한편으로는 "당시 억압적인 정치적 상황에 의

● 잘 알려져 있듯이 소모임 활동의 참여자 대부분은 여성들이었다. (김준 2003; 홍현영 2005: 강인철 2009; 장숙경 2013) 이처럼 1970년대 정부나 사회로부터 관심을 받지 못했던 소외된 산업노동자, 특히 '여공'이라 불리는 여성노동자들을 교회가 산업선교를 통해 돌보았던 것은 역사적으로 중요한 의의를 지니지만(한국기독교역사학회 2009, 229), 최근에는 여성 민주노조운동과 교회 단체 사이의 관계를 둘러싼 담론 분석을 통해 1970년대 노동운동에서 확대 해석된 도시산업선교회를 둘러싼 의미체계에 대한 비판적 성찰도 제기되고 있다. (김원 2006; 장숙경 2013; 김경일 2021)

해서" 강제된 측면도 있긴 했지만 "'훈련과 교육'이란 방법에서 '의식화' 작업으로 그 내용이 바뀌게 된 것"이라 볼 수 있다. (영등포산업선교회 1998, 134; 영등포산업선교회 2018, 53) 실제로, 이 시기 조지송(1964~1982, 영등포산선 총무 역임)과 함께 영등포산업선교회를 이끌었던 인명진(1972~1984, 영등포산선 총무 역임)에 따르면, 1972년 초부터 소그룹 운동을 통하여 의식화를 진행하는 것으로 나타난 영등포산선의 운동 방식 변화는 "전략적으로 몇몇 지도자들 중심의 활동으로부터 노동자 중심의 활동으로의 변화였으며 '지도편달' 프로그램에서 '의식화' 작업으로의 변화"를 나타냈다. 그리고 이와 같은 변화는 당시 정권의 노동통제전략이 점점 더 억압적으로 형태로 치닫는 상황에서 노동자조직과 활동을 강화하는 최선의 방법으로 여겨졌다. (인명진 2013, 57)●

이처럼 영등포산업선교회가 기존의 신용조합을 통해 이루어지던 "뜨개질, 요리강습, 완구 만들기, 조화 만들기 등"의 취미 교양 중심의 소그룹 운동을 '의식화 작업'의 기본 조직으로 발전시키기로 하고 이에 전력투구하고 있던 1972~73년 무렵에,●● 조승혁이 1973년 3월 크리스찬사회행동협의

● 실제로 영등포산선은 1970년대 초반에 이루어진 산업선교 전략 변환의 역사적 배경을 1970년 「외국인투자기업의노동조합및노동쟁의조정에관한임시특례법」 제정, 1971년 12월의 「국가보위에관한특별조치법」 선포에 따른 단체교섭권 및 단체행동권의 제한, 1972년 '10월 유신'에 따르는 독재체제의 강화에 이르는 일련의 정치적 억압 및 노동운동에 대한 탄압가중, 이에 따른 교회상층부와 노조상층부의 유신체제 지지, 그리고 "산업선교회와 함께 일해오던 노조지도자들도 정부의 감시가 무서워 산업선교와의 관계를 멀리하게" 된 것, 전태일 사건 등 날로 격렬해져 가는 노동자들의 저항 현상 등에서 찾고 있다. (영등포산업선교회 1998, 134-135)

●● 소그룹 운동을 "1970년대 영등포산업선교회 전략"으로 채택하는 데 주도적이었던 인명진에 따르면, 기존의 신용협동조합과 소그룹 운동은 실제로 밀접한 관련을 맺고 있다. 그의 회고에 따르면, 영등포산선이 1972년 초 소그룹 운동을 통한 노동자 의식화 활동을 전략적으로 추진하고자 했을 당시에 "노동조합 지도자 교육 프로그램에 참여하지 않았지만 신용조합을 통해 이미 영등포산업선교회와 관련된 많은 여성 모임들이 있었다."(인명진 2013, 57-60) 그들은 여성 실무자 강행림의 주도하에 소그룹 활동을 진행 중이었다. 초기에 뜨개질, 요리, 공예 등의 취미활동을 중심으로 시작되었던 이런 소그룹 활동이 점차 의식화 프로그램으로 발전한 것이다. 1972~73년에 소그룹 운동에 집중한 결과, 1974년까지 그 수는 80개로 증가하였으며, 20개 기업과 연계되었다. 프로그램의 내용은 점진적으로 확대되어, 일반 교양교육에서 정치, 경제, 사회적 문제, 가정 및 개인 문제로 범위가 넓어졌다. 특히 임금, 해고, 노동조합, 강제잔업, 퇴직수당, 산업재해, 휴일 등 노동자의 실질적인 권익 문제를 다루게 되면서 "노동자들의 의식화 활동은 이와 같이 필연적으로 곧 근로조건 개선 투쟁으로 연결되었는데, 70년대 영등포산업선교회에서 다룬 굵직한 노사분규만도 20여 건에 달하고 있다."(인명진 2020, 322)

체로 자리를 옮기면서 조화순 중심의 체제로 재편된 인천도시산업선교회도 소그룹 운동에 더 비중을 두는 쪽으로 방향을 전환한다.(김준 2003, 117) 장숙경에 따르면, 1973년에 기록한 일기에서 조화순은 이제 산업선교의 운동 노선을 "사회정의 실현을 저해하는 악에 대항하여 투쟁할 수 있는 조직을 만들고, 자주적인 힘의 형상의 일환으로 소그룹 확장에 역점을 두며, 민주시민 의식과 개발, 경제적 지위 향상을 위하여 자질 향상에 역점을 두고 개인을 훈련해야 한다"고 썼다.(장숙경 2013, 214) 실제로 장숙경이 정리한 유신 전기 인천산선의 노조활동 지원상황을 살펴보면, 대부분 소그룹 운동 중심으로 전개되고 있음을 확인할 수 있다.(장숙경 2013, 221) 그중에서도 소모임 활동이 이루어진 경우만 소개하면 다음과 같다. 1)삼원섬유: 소그룹 의식화 훈련을 통한 리더 양성, 근로조건 개선운동과 노조결성 지원, 구속된 분회장 유해우 석방운동(1973년 10월). 2)삼송산업: 소그룹 의식화 훈련을 통한 리더 양성과 노조결성 지원, 산업선교 회원 축출 반대 투쟁 지원(1974년 2월). 3)반도상사: 소그룹 의식화 훈련을 통한 리더 양성, 근로조건 개선과 부당노동행위 저지투쟁 지원, 노조결성 지원(1974년 2월). 4)태양공업: 리더 양성과 주요 회원들의 의식화 교육을 통해 노조결성 지원, 회사의 부당노동행위와 노조파괴행위에 대한 투쟁 지원(1974년 3월). 5)신한일전기: 조합원 의식화 교육 지도. 회사의 노조파괴와 부당해고 저지 투쟁 지원(1974년 12월). 이러한 소그룹 운동을 중심으로 유신 전기에 "인천산선은 여성노동자들의 권익을 보호하기 위한 활동을 전개했고, 노조가 조직되지 않은 공장 노동자를 대상으로 의식화 교육을 시켜서 노동자 스스로 동료들을 규합해 노조를 조직할 수 있도록 노력했다."(인천도시산업선교회60주년기념사업회 2021, 22)

그렇다면, 유신 전기에 산업선교가 조직했던 소그룹 운동은 구체적으로 그 규모가 어느 정도였을까? 『영등포산업선교회 40년사』에 따르면, 1972년부터 시작한 소모임 활동이 1973년에 이미 "종교, 사회, 경제, 노동, 교양, 가정, 취미, 건강, 친교, 음악"을 주제로 모임 횟수 1,648, 참가인원 11,536 명에 이르렀고, 1974년에는 본격적으로 "노동자 의식계발, 신앙과 교양"으로 주제를 예각화했음에도 불구하고, 여전히 891회, 참가 인원 7,915명, 그룹 수 70개를 기록했다. 유신 후기에 해당하는 1975년에는 "교양, 노동법, 사회, 경제, 종교 등 30여종"의 주제로 확장했는데, 역시 1,662회, 16,544명, 80개의 종교모임을 조직했다. (영등포산업선교회 1998, 135~138; 김재성 2005, 438; 영등포산업선교회 2018, 53~63; 김명배 2020, 66) **

소그룹 운동을 통한 노동자 의식화 교육의 결과는 노동자들의 조직화, 즉 어용노조에 대항하는 수많은 노동조합의 투쟁으로 나타났다. 노동자 소모임 활동을 통해 1972년에 동일방직의 어용 집행부를 민주적 집행부로 교체하고, 최초로 여성지부장을 탄생시킨 것을 시작으로 1973년 '10월 유신'의 시작과 더불어 1975년 5월 '긴급조치 9호'의 선포 전까지에 해당하는 유신체

---

* 영등포산선의 소그룹 운동은 1974년 실무자 2명의 구속으로 활동이 일시 위축되었으나, 1975년 2월 석방 이후 다시 활성화되었다. 1975년 12월에는 100개의 소그룹이 활발히 운영되었으며, 1980년 5월 17일까지 영등포산업선교회는 100~150개의 소그룹을 조직하였다. 이러한 지속적인 소그룹 활동과 의식화 작업을 통해 영등포산업선교회는 노동운동의 발전에 상당한 기여를 하였다. 결과적으로, 소그룹을 통한 의식화를 기본 전략으로 삼아 선교 활동을 전개한 것으로 볼 수 있다. 이 사례는 1970년대 한국의 산업화 과정에서 종교단체가 노동자 의식 고양과 권익 신장에 기여한 중요한 사례로 평가될 수 있다. (인명진 2013, 60) 아울러 1970년대 영등포산선의 전략에서 주목해야 할 것이 소그룹의 대표자들을 중심으로 조직된 '파이오니어(Pioneer, 개척자) 모임'이다. 원래 1970년에 40여 개의 공장 평신도 지도자들이 매월 모여서 활동 상황을 공유하고, 정책을 논의하는 훈련 과정으로 시작되었다가 이후 영등포산선이 소그룹 운동을 본격화하면서 소그룹 리더 교육을 위한 조직으로 발전했다. (서덕석 2022, 121) 월례 모임의 형태로 정례화된 파이오니어 모임에서는 각 소그룹의 역량 강화, 경험 공유, 지도력 개발을 위한 다양한 프로그램이 체계적으로 실시되었다. 특히 주목할 만한 점은 이러한 활동이 단순한 정보 교환이나 역량 강화에 그치지 않고, 노동환경 개선을 위한 공동 대응 전략 수립과 각 현장과의 연대투쟁 모색으로까지 그 범위가 확대되었다는 것이다. (인명진 2020, 323-324) 실제로 파이오니어 모임에서 연간 노동자 집회 수와 총 참가인원이 보고되었다는 기록으로 보건대, 이 모임은 소그룹 대표자들의 모임인 동시에 영등포산선이 본래 추진했던 평신도지도자 양성 조직, 다시 말해 노동운동 지도자 모임의 성격을 띠고 있었음을 알 수 있다. 이는 1971년을 전후로 하여 소그룹 운동으로 그 방향을 전환하기 전에, 즉 1969년부터 영등포산선이 추진했던 평신도 지도자급 중심의 조직 및 교육활동 전략이 1971년 무렵부터 소그룹 운동과 결합하여 노조 설립 운동 지도자 양성 및 그들을 통한 각 현장 간 연대투쟁 구축으로 실현되었음을 보여준다. (영등포산업선교회 1998, 122-123)

제 전기에 걸쳐 도시산업선교회가 지원한 주요 노동쟁의는 다음과 같다. (김재성 2005, 439; 홍현영 2005, 423; 장숙경 2013, 221) 1)영등포산선이 지원했던 동아염직의 "신앙의 자유와 기숙사 사생활 간섭 금지 요구"(1973년 1월). 2)영등포산선이 지원했던 대한모방의 근로 조건 개선 투쟁(1973년 1월). 3)인천산선이 지원했던 삼송산업의 "노조 결성, 산업선교회원 축출 저지 투쟁"(1974년 2월). 4)인천산선의 '부평지역여성지도자훈련' 및 지원이 이루어진 반도상사의 "노조결성, 근로조건 개선 투쟁, 부당노동행위저지 투쟁"(1974년 2월). 5)인천산선이 지원한 태양공업의 "노조 결성, 부당노동행위 저지 투쟁"(1974년 3월). 6)인천산선의 노조 교육 및 지원이 이루어진 삼원섬유의 "노조 결성, 분회장 유해우 구속 및 분회장직 박탈 저지 투쟁"(1974년 8월). 7)인천산선이 지원했던 신한일전기의 "노조 파괴 저지 투쟁"(1974년 12월). 8)청주도시산업선교회가 지원했던 신흥제분의 "노조 결성, 부당노동행위 저지 투쟁"(1974년 12월). 9)인천산선이 지원했던 태양공업의 "노조 결성, 부당노동행위 저지 투쟁"(1975년 1월). 그외에도 인천산선은 1974년에 한진주철, 뉴코리아전자, GM코리아의 노조결성을 지원했다.

이러한 적극적인 노조활동의 지원 결과 1970~1974년에 걸쳐 개신교의 산업선교 단체들은 100여 개 노동조합에 4만여 명의 노동자를 조직하였는데, 이는 당시 한국노총조합원 총수의 10%에 이르는 것이었다. (홍현영 2005, 422) 이러한 성과는 유신체제 성립 이후 도시산업선교회가 근대화 과정에서 소외된 노동자 민중의 권익을 대변함으로써 이른바 민주노조운동의 산파 역할까지 본격적으로 떠맡게 되었음을 시사한다. 물론 노동운동이 1970년대 유신체제에 대항하여 한국 민주화운동의 견인차 역할을 했고, 특히 그러한 노동운동의 초기 형성 시점에 도시산업선교가 역할이 중요했다는 점에 대해서는 이견의 여지가 없지만, 실제로 도시산업선교가 민주노조

운동에 대해 미친 실제적인 영향의 크기나 노동운동과의 유기적 결합 여부에 관해서는 해석과 평가가 엇갈리고 있다. (김준 2003, 100; 김원 2004, 89; 장숙경 2013, 391; 김경일 2021, 132)

그러나 적어도 산업선교가 노동문제 해결에서 애초부터 스스로를 "문제의 외부나 주변이지 결코 문제의 핵심에 위치에 있을 수 없다는 사실"을 인정했다는 점, 즉 "문제를 위한 해결이나 또는 해방을 위해서 일한다 할 때 협조자(co-worker)는 될 수 있으나 결코 주체(主體) 는 될 수 없다"는 점을 명확히 인지하고 있었음을 주목할 필요가 있다. 따라서 산업선교가 노동운동의 발전 과정에서 미친 공과(功過)는 노동현장에서 발생하는 "문제에 관한 해결이나 해방은 민중들에 의하여 자주적으로 이루어져야 한다"는 자신들의 원칙을 얼마나 철저하게 견지했는가로 평가해야 할 것이다. (조승혁 1981, 343) 유신 전기의 산업선교가 소그룹 운동에 주력하는 가운데 노동조합의 조직화에 적극적으로 나섰던 것 역시 노동자들이 "자신들의 문제를 보고 스스로 해결할 수 있게 하는 것이 바로 선교(mission)란 자각"이 있었기 때문이다. 이는 산업선교의 역할이 스스로 노동운동의 주체가 되는 것이 아니라 노동자들의 "의식화(意識化-conscientization)와 민권의 자율적 운동(自律的運動)을 전개토록 하는" 협력자의 자리였음을 의미한다. (조승혁 1981, 344)

그리고 이러한 산업선교의 협력자적 자의식은 노동조합 및 노동운동의 존재 의의를 임금노동제도 자체를 유지시키는 틀 안에서 자본으로부터 노동력의 가치를 제대로 인정받는 운동으로, 즉 단지 조합원의 권익을 옹호하는 운동으로 파악하는 데 그치지 않고, 비록 아직 초보적인 수준이었을지라도, 일터에서의 시민권의 형성과 민주적 습관의 형성에서 노동조합 활동이 지니는 중요성을 인식하는 지점까지 포괄했다. 역시 조승혁은 1978년 조지송·조화순·이국선 등 각 교단 소속의 실무자들과 함께 산업선교의 현황과 그 정당성을 밝히기 위해 펴낸 보고서 성격의 『노동자와 함께: 산업선교와 노동자 인권』에서 교회와 노동조합 운동의 공동과제를 세 가지로 제시한다. 우선 "인간은 일개 상품이 아니며 인간의 노동 역시 단순한 상품일 수 없다"는 점에서 "인간의 존엄을 지키기 위한 공동과제"를 교회와 노동조합이 지니고 있다고 한다. 요컨대, 인권의 차원에서 "교회와 노동조합은 다 같이 인간의 존엄을 지키기 위한 공동과제를 놓고 상호협력하여 인간의 존엄을 무시하는 그리고 먹고살기에 충분한 임금을 주지 않는 경영자와 사회제도 등에 대하여 공동적으로 투쟁하여야 할 당위성을" 지니고 있다는 것이다. (조승혁 1978b, 43)

둘째, 노동조합은 "노동자들 스스로 참여하여 조합내에서 개인과 그룹들의 비판을 서로 존중하며 또 지도력의 개발 그리고 노동자 스스로의 인격발전을 위한 교육, 조합원간의 우호관계증진, 조합원간의 융화단결, 노사간의 협력 등 많은 정신적 가치를 창조하고 발전시킨다"는 점에서 "민주주의 학교"라 할 수 있다. (조승혁 1978b, 44) 이 부분은 노동자의 관점에서 노동에 참여하는 목적은 단순히 생계유지를 위한 수단으로서, 또는 자아실현을 위한 도구로서 인식되지 않으며, 오히려 "노동의 목적은 그/녀가 사회의 재생산에 기여하고 있다는 것을 상징하는 노동의 성과를 통해 사회구성원으로서의 공적 가치, 사회적 존재로서의 의의를 인정받기 위함"이라는 것을 정확히 포착하고 있는 대목이다. (정용택 2022a, 191) 이는 이후 제시될 노동과 시민권 사이의 접합의 토대가 되는 부분으로서, 노동이 어떤 의미에서 사회에 기여하는 활동인지, 왜 그것이 시민으로서의 기여이자 권리인지를 입증하는 데 결정적인 지점이다.

노동조합을 '시민권의 작업장'이자 '민주주의 작업장'으로 제시하기 위해선, 노동 그 자체를 사회적으로 가치 있는 무언가를 생산함으로써 그 공동체 및 사회에 기여하는 활동으로 재정의할 필요가 있다. 관련하여 마르크스주의 전통에서 민주주의와 시민권에 관한 근본적 재사유를 주도해온 철학자 발리바르는 "우리는 '시민들'로 존재하지 않지만 시민들로 '생성될' 수 있으며, 하나 또는 다수의 시민권 창조 과정 속으로 진입할 수 있"다고 선언하면서(발리바르 2011, 261), 그러한 '시민권으로의 집합적인 진입'을 가능케 하는 이른바 '시민권의 작업장'에 "'노동시간'의 재조직화 기획을 둘러싼 노동조합의 투쟁 및 사회운동의 수렴"을 포함시킨 바 있다. (발리바르 2010, 390ff) 말하자면 1970년대 한국의 산업선교가 직면했던 산업 자본주의 특유의 모순-노동 착취, 노동자 인권 및 시민권의 부정, 빈곤, 불평등, 소외 등-을 극복해 나가는 운동을 새로운 인민주권을 발명하는 민주주의의 작업장 가운데 하나로 지목하고 있는 셈인데, 여기서 그는 이러한 접근이 정당성을 얻기 위해선 무엇보다도 시민권과 직업 사이의 접합의 토대를 재검토하는 것이 요청된다고 강조하면서, 이를 "사회적(또는 '사회적으로 필요한') 활동이란 무엇인가"라는 질문으로 재정식화한다.

발리바르에 따르면, 자본주의에서 "노동자들은 재화나 서비스를 생산함과 동시에 '사회성', '사회적 유대'를 생산"하는, 즉 "(재화, 가치를) 생산하기 위해 노동하는 것이 아니라 노동하기 위해, 다시 말해 기본적인 시민권을 행사하기 위해 (재화, 서비스, 정보, 인식을) 생산하는" 한에서, 그들은 단순히 자본을 위한 잉여가치만 생산하는 것이 아니라 공동체 및 사회를 위한 사회적 가치를 생산하는 '사회적 노동자'이다. (발리바르 2011, 391) 이처럼 사회적 노동의 의미가 사회적 유대의 생산으로서 공동체 및 사회에 대한 생산적 기여로 재정의될 때, 노동 그 자체도 이제 그것의 조직 및 실행 과정 전반이 민주주의와 직접적으로 결부되는 '민주적 노동'(democratic work)이라는 새로운 차원으로 진입한다. 이러한 민주적 노동은 제도적, 법적 변화뿐만 아니라 존 듀이의 용어로 민주적 습관 또는 '삶의 방식'의 배양으로 정의되는 민주주의에 대한 비전도 요구한다. 민주적 목소리를 단순히 대의적

심의 절차를 통한 기업 통제라는 공화주의적 개념 대신, 삶의 방식과 업무 경험 및 집단으로서의 민주주의로 강조점을 전환함으로써 생산적 활동 전반의 민주화를 요구하는 참여적 직장 민주주의 모델이 탄생하게 된 것이다. (Deranty and Breen 2022, 12)

실제로, 조승혁도 교회와 노동조합의 공동 과제의 마지막 항목을 "시민의 자유와 시민권의 보장을 위하여 양자가 다같이 공동적인 관심을 가지고 있으며 이를 위하여 공통된 투쟁의 과제를 갖게 된다는 것"으로 정리하고 있다. (조승혁 1978b, 44~45) 조승혁의 이러한 선구적 통찰은 "노동조합 가입이 정치적 활동과 민주주의 체제에 대한 신념을 강화"할 뿐만 아니라, "노동조합과 노동조합 가입이 민주주의 과정에 시민으로서 참여할 수 있는 노동자의 역량을 개발할 가능성이 더 높다"는 노동 민주주의에 관한 최근의 연구들을 통해서도 충분히 입증되고 있다. (Turner et al. 2020, 279) 그러한 연구에 따르면, 노동조합은 직장에서의 참여와 자율성을 강조하고, 직장에서 민주적 목소리를 높이고, 경제 및 문화 문제에 대해 조합원들의 보다 자유로운 견해를 장려하는 등 민주적 가치를 촉진한다는 점에서, 민주적 절차에 참여하고 민주주의의 핵심적 가치에 애착을 갖는 민주주의 지향적인 시민을 육성하는 데 중요한 요소이다. 왜냐하면, 산업 자본주의 사회에서 대다수의 시민들은 인생의 대부분을 직장에서 보내므로 직장 내 권위 구조가 작동하는 방식은 민주적 행동에 긍정적으로든 부정적으로든 파급 효과를 미칠 가능성이 매우 높기 때문이다. 더욱이 기업은 위계적 권력 관계로 수직적으로 조직되어 있는 반면, 노동조합은 모든 구성원이 본질적으로 평등한 수평적 결사체를 지향하며, 궁극적으로 노동조합은 노동자들의 집단적 대표성과 파업 행동에 참여할 수 있는 능력을 통해 경영권에 도전할 수 있는 잠재력을 지닌다. (Turner et al. 2020, 280)

요컨대, 노조원들의 집단적 참여 행동이 보다 광범위한 긍정적인 민주적 문화 발전에 보완적인 역할을 할 수 있다는 점에서 산업선교가 "노동조합 안에서 정신적 가치를 위한 공동과제를 발견"하고(조승혁 1978b, 44), 노동조합을 통한 "교육의 기회 평등과 민주적 사회운영 더 나가서는 가진 자들의 횡포에 대항하여 사회정의 실현을 위해서 싸워야 할 공통된 투쟁의 과제"를 인식했던 점을 결코 폄하해선 안 될 것이다. (조승혁 1978b, 45) 결론적으로 "자본주의적 노동관계의 모든 측면들(집단적 노사관계에서의 노동조합, 단체협상과 협약, 노동위원회 등등, 그리고 개별적 노사관계에서의 노동계약, 임금, 승진, 휴가)"을 포괄했던 1970년대 전반기 산업선교의 노동운동 지원은 당대의 노동문제 해결의 직접적인 성과를 넘어, 산업 민주화의 장기적 관점에서 "국가와 자본에 대해서 가지는 발언권과 정책에 대한" 노동자들의 견제력을 증대시키는 데 혁혁한 기여를 이루었다고 평가할 수 있다. (장대업 2007, 239)

제2절 도시빈민선교: 수도권도시선교위원회의 활동을 중심으로

1. 도시문제연구소의 설립과 도시빈민선교의 시작

산업전도가 산업선교로 변화의 과정을 겪는 것과 같은 시기, 즉 "실무자 중심에서 노동자 중심으로, 산업전도에서 산업선교로 전환되어 조직적인 선교운동의 시발로 보는 소위 한국산업선교의 중간기(1968-1972)"에 도시빈민을 대상으로 하는 '도시선교' 혹은 '특수지역선교'라 불리는 도시빈민선교운동이 탄생하였다. (권호경 1995, 168) 그 이름과 체제는 여러 차례 바뀌었지만 1960년대 후반부터 1970년대까지 도시빈민선교운동을 이끌었던 조직은 '도시선교위원회' 또는 '수도권선교위원회'라고 부를 수 있을 것이다. 1987년 한국기독교사회문제연구원이 발간한『민중의 힘, 민중의 교회』

는 1968년 도시문제연구소에서 시작하여 1970~1971년 와우아파트 붕괴, 시민아파트 주민들의 시위, 광주대단지 사건 등을 차례로 겪으면서 1971년 9월 '수도권도시선교위원회'로 발전했으며, 10월 유신 이후 1973년 12월 '수도권특수지역선교위원회'로 재정비하여, 다시 1976년 5월 '한국특수지역선교위원회'를 거쳐 1979년 마침내 공식 해체된 도시선교위원회 또는 수도권선교위원회를 중심으로 하는 도시빈민선교의 역사와 활동상을 상세히 기록하고 있다. 이 내용에 따르면, 도시빈민선교 운동의 역사는 수도권도시선교위원회의 설립과 1972년 10월 유신이 선포되는 제1기, 1972년 11월에서 1973년 4월 부활절 연합예배 사건으로 선교위의 실무자들이 대거 구속되는 제2기, 1973년 6월에서 1976년 반공법 사건이 일어나는 제3기, 한국특수지역선교위원회로 개칭된 때부터 1979년 해체가 이루어지는 마지막 제4기로 구분될 수 있다. (이경자 2000, 57~58; 김한수 2019, 152)

도시빈민선교의 역사의 출발점이 되는 도시문제연구소의 설립 배경은 다음과 같다. 1960년 7월 한국학생기독교운동협의회(KSCC) 초대 간사를 맡으며 기독교사회운동에 처음 뛰어들었던 오재식을 당시 미국의 대표적 민권운동가인 사울 알린스키(Saul D. Alinsky, 1909~1972)에게 이끌었던 조지 토드(George Todd) 목사가 1968년 미국 연합장로교 도시산업선교 총무 자격으로 1968년 한국을 방문한다. 이때 도시빈민문제에 관심을 갖고 있던 소수의 기독교인들이 도시빈민문제와 관련하여 미국교회의 도움을 요청하였고, 이에 토드는 미국 북장로교 교단으로부터 3년에 걸친 10만 달러 및 훈련 담당자 지원을 주선했고, 이를 기반으로 1968년 9월, 신·구교가 연합해 박대선 연세대 총장을 운영위원장으로, 노정현 박사를 소장으로 하는 연세대 도시문제연구소(The Institute of Urban Studies and Development at Yonsei University)를 설립하고, 연구소 내에 한국기독교장로회 소속 박형규 목사를 위원장으로 임명하여 도시선교위원회(UMC: Urban Ministry Committee)를 설치하기에 이르렀다. (한국기독교교회협의회 인권위원회 편 1987a, 133; 이원호·최종덕 2017, 39~40) ●

특히 박형규 목사가 이끌었던 도시선교위원회는 1968년부터 1971년까지 빈민 선교자(주민조직 활동에 헌신할 젊은 성직자와 평신도)를 선발해 훈련시키고자 했고, 토드는 이를 위한 훈련 담당자로 미국인 허버트 화이트(Herbert White, 한국명 백호진) 목사를 파송하는데, 화이트는 다름 아닌 알린스키와 미국에서 함께 조직 활동을 진행했던 인물이었다. 그는 1966년 흑인 노동자들을 조직화해 코닥사와의 투쟁을 전개했던 파이트(FIGHT)라는 조직을 만드는 데 큰 몫을 담당했던 조직가였다. (김한수 2019, 134) 물론 화이트는 한국의 도시선교위원회에서도 알린스키의 주민조직 방법론을 훈련생들에게 그대로 전수했고, 그리하여 연세대 도시문제연구소, 특히 박형규의 도시선교위원회는 동시대 오재식의 학사단 운동과 마찬가지로, 알린스키의 조직화 전략을 받아들여 지역사회개발을 위해 빈민지역 주민들을 조직화하겠다는 목적을 뚜렷하게 드러냈다.

화이트는 2년여 동안 박형규 목사와 함께 6개월 단위로 8명의 평신도와 신학생 조직가를 훈련하였고 훈련이 마무리될 즈음 또 다른 8명을 훈련시켰다. 이러한 방법으로 3기의 훈련생을 배출했다. 화이트는 훈련생들을 직접 빈민 지역인 청계천으로 데려가 생활하게 하면서 그들의 이야기들을 듣고 2주에 한 번씩 보고서를 작성하게 하였다. 이는 도시선교위원회의 기본적인 전략이 도시문제를 당장에 해결하려는 것보다는 장기적인 차원에서

● 박형규에 따르면, "가톨릭교회와 개신교회가 연합하여 자금 10만 달러와 훈련담당자를 지원받아서 연세대학교에 도시문제연구소를 설립하였다. 연구소는 연구조사 분야와 도시선교 분야로 나뉘어졌다. 연구소장에는 노정현 교수, 부소장겸 훈련담당자에는 미국의 화이트 목사가 취임하였다. 도시선교 분야, 즉 도시선교위원회의 위원장 나(박형규 목사)였고 위원은 박성종 신부, 오재식, 현영학 등이었다."(한국기독교사회문제연구원 1987, 17)

주민조직가로서의 도시빈민선교 실무자 훈련 및 양성에 더 무게를 뒀음을
시사한다. 실제로 훈련 책임자 화이트 목사는 훈련 프로그램에 대해 다음
과 같이 말했다.

주민조직의 개념들이 한국사회에서 어느 정도로 실제적인 가치를 가지는가
를 알기 위한 시도로서 그 프로그램은 유용한 실험이라고 생각되었다. 한국
의 정치적 사회적 상황의 몇 가지 특수성 때문에 그러한 실험은 거기에 직접
관련된 사람들에게 소중한 경험이 될 뿐만 아니라, 아시아의 다른 나라들에
게 많은 시사를 제공하리라고 생각되었다. 따라서 처음부터 이 프로그램은
시행착오를 통해 배우는 과정으로 간주되었다. (한국기독교사회문제연구원
1987, 18)

이것은 알린스키의 주민조직 이론의 한국사회 적용이 다분히 실험적인
것임을 보여준다. (황홍렬 2022, 22) 이후 서울 시내 무분별한 아파트 건설로
인한 부실건축 그리고 기존 판자촌 철거 등의 이슈들이 생겨났고, 이를 계
기로 1971년 9월 1일, 주민조직 활동을 지속하기 위해 도시연구소 내 연구
위원회가 본격적인 빈민선교 조직으로서 초교파적 기구인 '수도권도시선
교위원회'로 독립되어 활발하게 주민조직 운동을 이어가게 되고, 화이트가
담당한 CO 훈련 프로그램은 1973년까지 지속되었다. (황인성 2020, 169; 이
원호·최종덕 2017, 42; 황홍렬 2022, 22)

관련하여, 주목할 만한 사실은 알린스키가 1971년 6월 아시아를 순방하
던 중에 일본에 들러 재일한국인이 일본에서 겪는 차별과 박해의 현실을 접
하고 이어서 6월 11일부터 15일까지 한국을 방문했다는 점이다. 『S. D. 알
린스키』라는 책을 편역해서 낸 조승혁 목사는 알린스키의 한국 방문 일정
을 수행했는데, 그에 따르면 알린스키는 청계천 철거민(신설동 4번지)을 만

나서 몇 마디 주고 받은 다음, "내가 다시 와서 여러분을 도와드리도록 하겠습니다"하면서 눈시울을 적셨다고 한다. (조승혁 편 1983, 3~4) 그렇게 "다시 돌아오겠다(I will be back)"이라는 말을 남기고 한국을 떠난 다음 해에 알린스키는 서거한다. (최영선 2017, 55)

이처럼 1968년 12월 연세대 도시문제연구소 설립 이후로 본격화된 도시빈민선교는 이후 김진홍, 이해학, 박형규, 허병섭, 권호경, 김동완, 정용환 등의 초기 빈민운동의 주역을 배출하면서 슬럼지역과 시민아파트 지역에서의 훈련 프로그램을 통하여 지역성과 당사자성을 바탕으로 조직된 주민 스스로의 힘으로 자신과 자신의 지역-현장을 근본적으로 변화시켜 나가는 주민조직화운동(CO: Community Organization)의 가능성을 모색했다. 주민조직화운동의 방법론에 따라 수도권의 판자촌 지역이나 농어민들이 이주해온 빈민가에서 도시빈민선교가 이루어진 것이다.

2. 세 가지 사건: 와우아파트 붕괴, 시민아파트 주민들의 시위, 광주대단지 사건

이렇게 1960년대 말 시작된 도시빈민 선교활동은 1970년대로 접어들어 당시 대대적으로 이루어지던 서울의 도시근대화가 갖는 모순을 드러내는 세 개의 서로 연관된 역사적 사건들과 마주하면서 더욱 활동적이고 강화된 빈민선교 기구 결성의 방향으로 나아가게 된다. 그 세 가지 사건은 바로 "인구밀집 문제와 도시근대화 문제를 동시에 해결하기 위한 대표적인 두 사업", 즉 "불량주택을 허물고 그 자리에 효율성 높은 아파트를 건설하는 시민아파트 사업(1969~1971)과 대량의 도시빈민을 위성도시를 만들어 이주시키는 광주대단지 사업(1969~1973)"(박홍근 2015, 237)에 의해 각각 비롯된 '와우시민아파트 붕괴 참사'(1970년 4월 8일)와 '시민아파트 주민들의 시청 앞 시위'(1971년 6월 15일), 그리고 '광주대단지 사건'(1971년 8월 10일)이다. (한국기

독교사회문제연구원 1987, 33)

　이 세 가지 연속적 사건들이 일어난 배경에는 박정희 정권의 출범과 함께 1960년대부터 본격적으로 한국사회에서 급속하게 일어난 국가 주도의 폭력적인 산업화·도시화 과정이 자리 잡고 있다. 특히 1962년부터 시작된 1차 경제개발 5개년 계획을 통해 7%의 기록적인 경제성장률을 기록하자, 이에 고무되어 박정희는 1967년에 2차 경제개발계획(1967~1971)을 통해 본격적인 대외 지향적이고 수출 산업 중심의 공업화를 통한 경제성장 정책을 추진한다. 앞서 살펴봤듯이, (산업전도에서 전환된) 산업선교가 본격화된 중간기(1968~72년)와 소모임 활동 중심의 노동자 의식화·조직화로 활동 방식이 변모하는 시기(1970~71년)와도 거의 겹치는 바로 이 무렵에 서울의 대도시화와 도시빈민층의 집중적인 형성이 이루어졌다. 수출 중심의 기간산업을 육성하면서 제조업에 대해 집중 투자하는 대신에 저임금 정책을 유지하기 위해 저곡가 정책을 썼기 때문에 농촌은 피폐화되고, 1960년대 후반에는 산업화·도시화의 필연적 결과로 대규모 이촌향도 현상이 일어난다. 그리하여 1966년 시점에서 서울은 이미 국내 총생산의 23.7%를 차지함으로써, 정치·경제·사회·문화·교육 등 모든 측면에서 다른 도시들을 압도하기 시작했고(박홍근 2015, 243), 1960년대 전반기에 6.5%였던 서울의 연평균 인구 증가율은 후반기에 9.4%를 기록함으로써, 1960년에 244만 명이었던 인구가 불과 8년 사이에 약 200만 명이 증가하여 1968년에 이미 인구 440만을 헤아리는 대도시가 되었다. 1970년대에도 이러한 추세는 멈추지 않고 계속되어 서울의 인구 증가율의 48%가 외부로부터의 이주에 의해 이루어지면서, 한국의 도시 전체 이입인구 가운데 30% 이상이 서울에 집중되었고, 1960년 240만 명이었던 수도권 인구는 1970년에 550만 명으로 두 배 이상 증가하는 결과를 낳았다. (권호경 1995, 165: 최인기 2012, 58; 박홍근 2015, 243~244; 신명호 2017, 21; 김한수 2019, 108)

1960년대 후반부터 급속한 산업화·도시화에 의해 구조적으로 발생한 서울의 인구과밀과 주택 부족 문제는 쉽게 해소될 수 없는 수준에 이르렀고, 그와 동시에 일자리 접근이 용이한 도심 주변으로 도시빈민들이 몰려들어 판잣집, 천막, 토벽 등의 형태로 된 무허가 불량주택들을 짓고 살기 시작했다. 주택을 구입할 여력이 없는 상황에서 몰락한 농촌을 등지고 일자리를 찾아서 빈손으로 무작정 상경한 도시빈민들의 집단적 불량 주거지역이 "도심 내 하천주변인 청계천이나 면목동, 상습 수해지역인 이촌동 일대 그리고 도심주변의 야산이나 구릉지 등의 지역들"에 형성되기 시작한 것이다. (김한수 2019, 110~111) 실제로, 집단적 불량 주거지역에서 살아가는 "남자의 경우 하루 벌어 사는 날품팔이 노동(70.83%)에 종사하였고, 여성 역시 고정수입이 없는 행상(58.95%)이 대부분"일 정도로 1960년대 초기 산업화 단계에서부터 이미 서울의 노동력은 포화상태였고(박홍근 2015, 245), 1966년 기준 서울의 주택부족률은 약 50%에 달했으며, 1967년 10월 기준 전국 무허가 불량주택 32만 4천 호 가운데 절반이 넘는 약 20만 호가 서울에 집중된 것으로 나타났다. 기독교사회문제연구원이 1970년대 도시빈민선교의 역사와 활동을 정리한 저술에서는 당시 무허가 주택에 살아가던 도시빈민들의 실상을 이렇게 묘사한다.

1960년대 후반부터 가속적으로 진행된 한국의 근대화, 산업화, 도시화는 많은 농촌 주민의 도시로의 탈출을 조장했다. 도시에 아무런 생활 기반을 갖고 있지 못한 이농민들은 도시빈민지대를 형성하였다. …… 소수를 위한 경제 체제 하에서, 물질적·기술적·정신적 경쟁력을 가지지 못한 도시빈민들은 그들의 육체를 산업화와 도시건설의 노동력으로 제공함으로써 간신히 목숨을 부지하는 상태를 벗어날 길이 없다. 비위생적인 생활환경과 영양실조, 중노동으로 인하여 도시빈민의 육체는 병들고 급속히 마멸되어갔다. … 그들은

자신들을 '발전하는' 사회에서 완전히 소외된, 시민권 없는 시민, 권리도 의무
도 없는 시민으로 간주할 수밖에 없었다. …… 도시빈민들의 말로는 너무나
비참했다. 중노동, 질병, 좌절, 무기력, 불평불만, 불화, 퇴폐, 그리고 한맺힌
죽음—이것이 그들의 삶이었다. 절망과 비인간화의 생지옥—이곳이 바로 도
시빈민지역이었다. (한국기독교사회문제연구원 1987, 6)

　　그동안 무허가 주택 거주자들을 대상으로 아무런 대책도 세워주지 않고
무조건 주택을 철거하는 '무대책 철거' 정책으로 일관했던 박정희 정권은
1966년에 이르러 마침내 군 출신의 김현옥을 서울시장에 임명하여 1960년대
후반부터 1970년대 초반까지 빈민 밀집지역에 대한 나름의 정책을 내놓기
시작했다. 당시 서울시의 도시빈민과 도시빈민지역에 대한 도시정책은 크게
세 가지로 나타났다. 첫째 "국공유지를 합법화하고 자재비를 보조해서 건물
을 보수하는" 무허가 건물의 양성화, 둘째 "1967년부터 1981년까지 금화동(최
초 시민아파트, 금화아파트), 응암, 효창, 와우, 응봉 등의 지역에 있는 78만 평에
해당하는 판잣집들을 철거하고 8평형, 5층으로 9만 채의 아파트를 건설하는"
시민아파트 건축, 셋째 "도심지의 무단 점유지역을 철거하고 도시 외곽으로
이주시키는" 이주 정책이었다. 이 세 가지 도시정책 가운데 서울시장 김현옥
이 가장 공을 들인 것은 불량주택을 허물고 그 자리에 효율성 높은 아파트를
건설하는 시민아파트 건축이었고(1968~1971년), 그래도 해결되지 않는 대량
의 도시빈민은 위성도시로 이주시켜 버리는 '집단 이주 정착지 조성 사업'이
었다. (1968~1973년) 물론 전자의 결과가 바로 와우아파트 붕괴로, 후자는 광
주대단지 사건으로 나타났다. (김원 2008b, 69; 박홍근 2015, 240~241; 김한수 2019,
113~116) 도시빈민이라는 동일한 원인에 대한 다른 조치의 결과로 나타난 두
사건이었기에 실제 사건의 전개과정에서도 유사성이 발견된다.
　　서울시는 1969년부터 1971년까지 3년간 시민아파트 2,000개 동을 공급

해 9만 가구가 입주할 수 있게 하겠다는 계획을 세웠다. 그러나 1970년대 빠른 속도전에 밀려 급조된 아파트 건립은 결국, 1970년 4월 8일에 서울시가 마포구 창전동에 추진했던 지상 5층, 15개 동 규모의 와우아파트 한 동이 철근과 같은 재료들을 제대로 사용하지 않은 부실공사로 인해 준공 4개월 만에 붕괴하는 대참사로 이어진다. 건물이 무너지면서 가파른 경사 밑에 지었던 판잣집을 덮쳐 33명이 사망하고 39명이 중경상을 입었다. (최인기 2012, 59~60; 김한수 2019, 114) 이 사건 이후, 시민아파트 사업은 주로 중산층을 대상으로 하는 아파트 건설로 전환되었다. 원래 시민아파트 사업은 철거민을 수용하기 위해 시작되었지만, 예산 부족으로 일부 건설 비용을 입주자에게 전가하게 되었기 때문이다. 결과적으로 도시의 많은 빈민들은 건설 비용을 지불하기 위해 입주권을 담보로 돈을 빌려야 했으며, 상환 능력이 없는 경우 입주권을 판매하고 더 저렴한 지역의 셋방으로 이사 가야 하는 상황이 자주 발생했다. 이러한 상황으로 인해 금지된 입주권 거래가 급증하고 거래 과정에서 부당이득이 발생하여 오히려 처음에 그 정책의 수혜자로 설정되었던 철거민들이 다시 변두리로 내쫓기는 모순적인 사태가 벌어졌다. (박홍근 2015, 241)

와우아파트 붕괴 이후에도 이런 본말이 전도된 상황이 지속되었지만, 이를 바로잡기커녕 서울시는 1971년 6월 15일, "시민아파트를 건축할 당시 입주예정자(철거민)에게 15년에 걸쳐 월부 상환한다는 조건으로 빌려준 공사비를 전매(轉買) 입주자들은 6월 30일까지 일시불로 상환하라" 고지하는 만행을 저질렀다. (기독교사회문제연구원 1987, 36) 아무리 전매 입주자라 하더라도 한 번에 거금 20만 원을 상환하는 것은 불가능했기 때문에 반발할 수밖에 없었다. 3천여 명의 전매 입주자들은 6월 30일 오전 9시 정각, 서울시청 근처 골목에 흩어져 있다가 "마치 성난 홍수" 같이 한번에 쏟아져 나와 시위를 벌였다. 출근길의 시민들은 걸음을 멈추고 구경했으며, 시청 직원들도 사무실 유리창으로 이 광경을 목도했고, 갑작스러운 시위에 경찰은 공무원 출퇴근버스로 주민들을 봉쇄했다. 결국 서울시장은 대표에게 면담을 요청했고, 주민들이 내건 일시불 조기 상환 요구의 백지화와 부실 아파트 수리 요구를 받아들였다. (기독교사회문제연구원 1987, 40; 신명호 2017, 24)

철거민을 아예 서울시 외곽으로 집단 이주시키기 위한 주택지로 개발된 광주대단지에서도 같은 해 8월, 거의 유사한 사태가 그러나 더욱 폭력적이고 야만적인 형태로 전개되었다. 이는 광주대단지가 대외적으로는 "도시빈민을 신도시로 집단 이주시켜 서울의 인구과밀 문제를 해결"하는 것으로 선전되었지만(박홍근 2015, 241), 실상은 아무런 도시기반시설도 갖추지 않은 상태에서 "서울 시내의 귀찮은 존재들인 무허가 주민들을 철거·이주시키자는 목적"으로 서울시에 의해 합법적으로 추진된 대규모 도시빈민 추방 사업이었기 때문이다. (김원 2008b, 69)

"상수도, 전기, 교통 등"과 같은 인프라나 공공성이 근본적으로 결핍된 상태로 급조된 이 거대한 구빈원 같은 도시에서 주민들은 공통적으로 높은 실업률과 고용 불안정에 더하여 저임금과 빈곤에 시달리고 있었으며, 특히 철거민들의 경우 불안정한 거주 환경에 노출되어 있었다. (김원 2008a, 207~209) 광주에서 일자리를 찾을 수 없었던 철거민 가운데 일부는 이른바 '딱지'라 불리던 입주권(광주군의 대지를 불하받을 수 있는 권리증)을 팔고 서울의 무허가 주택 지역으로 되돌아갔고, 전매 입주자들이 이 딱지를 사서 들어오기도 했다. (신명호 2017, 25) 그리하여 1971년 당시, 광주대단지는 새로 들어오는 철거민들뿐만 아니라, 시민아파트와 마찬가지로 생계가 막막해 다시 서울로 돌아가는 철거민들의 분양증을 사서 들어오는 전매 입주자들과 원주민, 무단 입주자, 세입자들이 뒤섞여 전체 인구가 약 14~16만 명까지 늘어난 상황이었다. (임미리 2012, 232) 황무지 같은 열악한 환경에도 불구하고 '선입주 후개발'이라는 그럴듯한 선거용 구호에 현혹되어 부동산 투기 바람이 일면서 천막 복덕방들은 딱지를 매매하려는 브로커와 투기꾼으로 문전성시를 이루었고, 심지어 입주권을 위조하는 사기 사건까지 속출했다. (신명호 2017, 25)

그러던 중에 대통령 선거와 국회의원 선거가 끝난 1971년 7월, 그동안 무분별한 전매 행위를 방관하던 정부와 서울시는 갑자기 입주 중 전매 금지조치를 내리고, 역시 시민아파트의 경우와 유사하게 7월 분양대금 일시불 상환 고지를 일방적으로 통보하게 되면서, 주민들의 거센 저항이 시작된다. (김한수 2019, 116) 결국 정부 시책에 대한 주민들의 불만은 1971년 8월 10일 '광주대단지 사건'이라 불리는 대규모 시위사건으로 발전하게 된다. 그날 오전부터 서울시장 면담을 기다리며 성남 출장소 뒷산에 모여들기 시작한 군중은 빗길에 막혀 시장의 도착이 늦어지자 "우리를 사람으로 보지 않는다", "또 속았다. 내려가자"라고 외치면서 출장소로 몰려가 "허울 좋은 선전 말고 실업군중 구제하라", "살인적 불하 가격 절대 반대" 등의 구호를 내걸었다. 광주대단지 인구의 거의 5분의 1에 해당하는 3만여 명의 군중은 광주대단지 사업소로 몰려가 집기를 부수며 방화를 시도했고, 시영 버스와 트럭을 탈취해 플래카드를 차에 달고 대단지를 누비고 다니는가 하면, 일부는 서울로 진출을 시도하기도 했다. (신명호 2017, 26) 결국 정부가 대책위의 요구를 전면 수용하였지만 이는 주로 전매 입주자의 이해와 직결되는 것으로 철거민들에게는 실질적인 영향을 주지 못했다. 오히려 철거민들은 사건 이후 사회적 배제가 심화되면서 더욱 고통을 받아야 했다. (임미리 2012, 228; 김원 외 2020, 61)

지금까지 살펴본 대로, 1970~71년 박정희 정권의 도시정책이 초래한 세 가지 대표적인 사건들—1970년 4월 8일 와우아파트 붕괴 참사, 1971년 6월 30일의 시민아파트 주민의 시청 앞 시위, 그리고 1971년 8월 10일의 광주대단지 사건—은 1968년에 시작된 도시빈민선교가 공동체조직 내지는 주민조직(CO: Community Organization) 운동의 형태로 더욱 발전하게 되는 중요한 계기로 작용했다. 무엇보다 도시빈민문제가 지닌 구조적 모순이 폭발한

이러한 사건들에 직면하여, 이전부터 연세대 도시문제연구소의 도시선교
위원회를 거점으로 해서 빈민선교를 수행해왔던 사람들은 보다 활동적이
고 강화된 빈민선교 기구를 결성할 필요성을 느끼게 된다. 형식적으로 대
학 연구소의 산하에 있다는 점이 빈민선교의 운신의 폭을 제한하고 있을 뿐
만 아니라, 예비적이고 실험적인 빈민선교의 기구로는 폭발하고 있는 도시
빈민문제에 효과적으로 대응할 수 없다고 판단했기 때문이다. 특히 광주대
단지 사건은 도시빈민선교의 활동 방향에도 결정적인 영향을 미쳤는데, 바
로 그 활동의 일환으로 당시 사건이 발생했던 지역인 광주(현재 성남)에 도
시빈민선교에 주력하는 주민교회가 세워지게 되었을 뿐만 아니라, 사건 직
후인 1971년 9월 1일 서울 전역을 중심으로 한 특수지역(빈민지역)에서 교
회의 선교적 사명을 다하고자 활동가들의 초교파적 연합체인 '수도권도시
선교위원회'(SMCO: Seoul Metropolitan Community Organization)가 조직되는
계기 역시 제공했기 때문이다. •

3. 유신 전기의 도시빈민선교: 수도권도시선교위원회에서
수도권특수지역선교위원회로

수도권도시선교위원회의 활동은 도시문제연구소에서 출발했던 조직가
훈련과 지역사회 조직화를 이어받은 활동이라고 볼 수 있다. 선교위원회는
도시문제연구소가 했던 것처럼 주로 신설동, 청계천, 남대문시장, 도봉동,
답십리, 성남광주대단지, 월곡동 중랑천 영등포, 창신동 등 판자촌 지역을

• 수도권도시선교위원회의 창립 당시 임원진을 보면, 초대위원장은 박형규 목사, 부위원장은 김동수 목사, 총
무는 조승혁 목사, 간사 권호경 목사였다. 위원회의 선교활동은 종래의 자선적 입장에서가 아니라 지역사회
의 주민 스스로가 자기들의 문제를 의식하고 스스로 힘을 모아 해결함으로써 하나님의 뜻을 지역사회 안에
이룩하는 것을 목표로 진행되었다. 이에 따라 위원회는 1971년 신설동 4번지 철거민 이주문제, 통일상가 세
금문제 등에 대응을 했고, 1972년에는 광주대단지, 남대문시장지구, 송정동 뚝방지역, 도봉동 등지에서 주
민조직활동을 전개했다.

근거로 삼아 활동을 벌였는데, 여전히 그 주된 운동 방식은 알린스키의 주민조직 방식을 통해서 지역의 이슈를 발굴하고 이를 토대로 주민들을 조직하는 방식이었기 때문이다. (김한수 2019, 152)

그러나 유신체제가 성립하는 1972년에 이르러, 수도권도시선교위원회의 활동사에서 중요한 전환이 일어난다. 1972년 10월 유신으로 모든 사회운동이 위축된 상황에서, 수도권도시선교위원회 역시 기존의 분산된 활동 방식으로 악화된 정치 상황에 대처할 수 없다고 판단했고, 이를 타개하고자 청계천 지역에 활동 역량을 집중했다. 앞서 소개했던 역사 구분에 따르자면, "지역의 이슈를 발굴하고 주민들이 해결할 수 있도록 지원"하는 데 집중하던 제 1기(1971~1972년 10월) 활동 전략이 "지역 분산에서 답십리 집중 활동"으로 전환한 것이라 하겠다. (이경자 2000, 57~58; 김한수 2019, 152) 유신헌법 선포 후 수도권도시선교위원회는 조직가들이 흩어져서 활동하는 데 따르는 한계와 빈민선교의 전형을 만들어내는 것이 급선무라는 판단으로 청계천 지역을 중심으로 집중적 활동을 펼치게 된 것이다. 1973년 청계천 변을 4개의 지역으로 분할하고 지역실태조사를 통해 조직 활동을 체계화하고, 야학설립, 주부교실, 어린이교실, 의료협동조합 등을 운영하고 계층별로 주민들의 모임(청년회, 부녀회, 학부모 조직 등)을 꾸려내기 시작했다. (김한수 2019, 162)

조직가들은 동대문구 답십리의 판잣집을 전세 내어 합숙했는데, '답십리센터'로 명명된 이곳은 활동가들의 합숙소이자 모든 계획이 수립되고 평가되는 선교 활동의 통제부 역할을 수행했을 뿐만 아니라, 목회자, 신학생, 일반 학생 등과 빈민지역을 연결하는 수도권빈민선교의 근거지로서 기능하게 된다. 답십리센터가 설립됨으로써, 도시빈민 문제를 해결하기 위한 활동이 본격화되었고, 개신교 빈민 선교의 주역들은 직접 판자촌에 들어가 살면서, 의식화 교육을 비롯하여 도시빈민들의 주거권과 생존권을 지키고 확장하기 위한 다양한 사업과 활동을 전개해나갔다. (이원호·최종덕 2017, 45~46)

수도권도시선교위원회는 1973년 12월 총회에서 조직의 명칭을 '수도권
특수지역선교위원회'로 변경하는데(손승호, 2014: 278), 그 이유는 활동 대상
을 판자촌과 같은 도시빈민 거주지를 뜻하는 특수지역으로 보다 분명하게
확정하기 위해서였다. 도시빈민선교의 제3기(1973년 6월~1976)에 해당하는
이 시기에 수도권도시선교위원회의 도시빈민선교는 조직 명칭의 변경과
함께 활동 거점을 답십리에서 중랑천센터로 옮겨 조직을 재정비했고, 도시
빈민선교에 가세한 허병섭 목사와 평신도 이철용, 손학규 등과 신설동과 이
문동에서 철거대책 활동을 펴나가기 시작했다. 사당동에서는 신동욱 전도
사가 지역주민을 위해 복지와 자립생활대책을 추진하고 진료활동을 하면
서 목회활동을 했다. 그는 이후 중랑천변의 중화동에서 '봉화학당'이라는
야학을 운영하며 철거에 대비한 주민조직을 만들기도 했다. 그밖에 성남시
주민교회(당시 이해학 전도사)가 벌인 지역부인회 소비조합과 야학 및 의료
협동조합사업, 그리고 약수동 판자촌의 형제교회(김동완목사)가 벌였던 주
민조직 활동이 주민들에게 큰 호응을 얻었다. 무엇보다도 이때부터 뚝방교
회, 사랑방교회, 갈릴리교회 등의 교회를 세우기 시작한 것이 도시빈민선
교의 변화된 활동 전략을 보여주는 중요한 지점이다.

그런데 얼마 뒤인 1973년 4월 '남산 부활절 연합예배 사건'으로 박형규
목사, 권호경 목사, 김동완 전도사가 구속되어 수도권특수지역선교위원회
는 활동이 사실상 마비상태에 들어갔으나, 1973년 9월 이들이 석방되어 다
시 위원회는 청계천지역, 광주단지, 남대문지역, 성산동, 봉천동 등에서 활
동하였다. 1974년에는 긴급조치 1호에 항거하는 선언을 발표하여 1월에 이
규상 전도사와 이해학 전도사가 구속되었고 이 사실을 알리던 권호경 목사,
김동완 전도사가 2월에 구속되었으며, 박형규 위원장은 4월에 민청학련 사
건에 연루되어 구속되었다. 1974년 6월 남은 위원들이 중심이 되어 위원회
를 재구성하고 새 위원을 보강하여 활동을 이어갔다. 위원회 실무자들은

판자촌 등을 찾아가 예배를 조직하고, 중등과정 야간학교, 주부교실, 직업소녀들을 위한 그룹을 운영하는 등 다양한 활동을 전개해나갔다.

1975년 2월부터 긴급조치 위반으로 구속되었던 실무자들이 형 집행정지로 석방되자 선교 전략을 다시 세우고 중랑천 변 일대의 판자촌에서 집중적으로 활동을 펴기로 했다. 부활절 연합예배 사건으로 '답십리센터'에서 더 이상 활동하기가 어려워졌기 때문에 동대문구 이문 3동 소재의 집을 새로 구입해서 '중랑천센터'로 삼고, 실무자들을 다시 배치했다. 조직가들은 자기 지역에 방을 하나씩 얻어 상주하면서 활동했다. 서울시가 청계천 변과 중랑천 변의 판자촌을 강제로 철거하려는 계획을 강행했기 때문에 조직가들은 철거대책 활동을 중점적으로 펼쳤다.

1975년 4월 정부 수사기관은 수도권특수지역위원회가 서독의 선교회에서 자금을 지원받아 활동한 것을 '선교 자금 횡령 사건'으로 둔갑시켜 조직을 와해하려 들었다. 특히 당시 정권의 철거 정책이 더욱 폭력적으로 진행되면서 조직가들과 주민의 연결 고리를 끊으려는 의도로 정치적 탄압의 강도가 높아졌다. (손승호, 2014: 278~285) 1975년 5월 박정희 군사정권은 긴급조치 9호를 선포했다. 유신 정권에 대한 일체의 반대를 금지했고 국민의 기본권을 완전히 박탈했다. 위원장을 비롯한 다수의 조직가들은 수배와 연행, 고문 수사, 구속 등을 당했고, 중랑천센터도 수색과 감시의 대상이 되었다. 그러나 이러한 악랄한 탄압에도 수도권특수지역선교위원회의 조직가들은 각자의 지역 현장에서 주민조직 운동을 멈추지 않았다. (이원호·최종덕 2017, 48)●

● 수도권특수지역선교위원회는 1976년 5월 다시 한국특수지역선교위원회로 개편되면서 활동 지역을 점차 확장함과 동시에 활동가들의 훈련과 양성에도 힘을 쏟았고, 이후 1979년 공식 해체된다. 감리교의 경우 1975년 9월부터 총리원 선교국을 중심으로 독자적인 도시빈민 선교활동을 전개하기 시작하였으며, 이후 감리교 도시빈민운동의 중심은 서울도시선교회로 이전되었다.

4. 유신 전기 도시빈민선교의 민주화운동사적 평가

유신체제와 긴급조치 등과 같은 정치적·사회적 조건 및 상황의 변화에 따라 수도권도시선교위원회가 수도권특수지역선교위원회를 거쳐 한국특수지역선교위원회로 명칭을 바꾸고 전략을 수정하며 조직을 끊임없이 재정비하는 가운데서도, 도시빈민선교는 1968년 도시문제연구소의 설립과 함께 처음 실시된 주민조직 운동 교육 훈련의 연장선에서, 무엇보다도 빈민지역 현장 중심의 주민조직 운동이라는 근본적인 운동 방식을 유지하면서 그 모든 활동들을 전개해나갔다. (이원호·최종덕, 2017: 54) 도시빈민선교는 출발 초기부터 현안을 중심으로 한 행동 조직이라는 알린스키의 주민조직 방법론에 입각하고 있었기 때문에, 활동방법도 진정, 집단적 호소, 시위 등 보다 행동적인 면이 강조되었다. (한국기독교사회문제연구원 1983, 122)

정치적으로 가장 엄혹했던 유신시대의 탄압과 정면으로 맞서면서 이루어졌던 도시빈민선교는 민중과 유리된 종교인·지식인의 민주화운동에 강력한 민중지향성을 부여했고, 동시에 빈민지역 주민과 지식인을 연결하는 다리 역할을 했다. 특히 도시빈민선교가 보여준 일관된 민중지향적이고 현장지향적인 운동 노선은 민중을 '위하는' 것이라는 관념을 넘어서, 민중이 '주인'이 되지 않는 한 민중지향성은 공허한 수사에 불과하다는 입장을 명확히 보여주었다. 그런 점에서 도시빈민선교는 빈민지역의 주민들의 삶 속으로 깊숙이 들어가 주민의 주체의식을 높이고, 그들의 실제적 필요와 욕구뿐 아니라 빈곤과 불평등이라는 발전국가 자본주의 체제의 근본적 모순을 드러내며 그것을 극복하기 위해 노력하는 사회운동의 모범을 보여주었다. (이원호·최종덕 2017, 54)

한국 민주화운동사의 관점에서, 특히 유신 전기에 해당하는 수도권도시선교위원회와 수도권특수지역선교위원회를 통해 이루어진 도시빈민선교가 갖는 중요성은 극심한 빈곤이 인권의 부정과 동일하다는 점을 드러냄으로써(리스터 2022, 224), 인권의 문제가 곧 정치의 문제이자 민주주의의 문제임을 보여주었다는 사실에 있다. (랑시에르 2008) 빈곤의 인권 개념화는 1971년 9월 수도권도시선교위원회의 결성 동기와 목적에 대한 선언문에 잘 나타난다.

> 인간다운 삶을 누릴 권리는 하나님이 주신 것이다. 그러므로 그것이 인위적이고 제도적인 불의로 인하여 위협받거나 억압받는 경우에 교회는 눌린 자를 억압에서 해방하고 모순적인 제도를 바로잡기 위해 사회적 책임을 수행해야 한다. 이것은 하나님의 엄숙한 명령이다. 눌린 자의 해방을 위한 교회의 모든 행위는 신의 부르심에 응답하는 진정한 산앙고백이자 그리스도인의 사랑의 참된 표현이다. (한국기독교사회문제연구원 1987, 46~47)

여기서는 아직 인권(human rights)이라는 명료한 용어 대신에 "인간다운 삶을 누릴 권리"라는 다소 추상적 표현이 등장하고 있지만, 빈곤으로부터의 해방을 인간이 누려야 할 마땅한 권리의 차원에서 접근하고 있음은 명확히 알 수 있다. 한편『민중의 힘, 민중의 교회』에서는 수도권도시선교위원회가 10월 유신 직후 답십리센터를 중심으로 활동하던 1973년 1월 5일부터 1월 20일까지 15일간의 주민실태조사 결과를 소개하고 있다. 이때는 앞서 언급한 도시빈민선교의 제2기(1972년 11월~1973년 4월)에 해당하는 시기인데, 당시 수도권도시선교위원회의 권호경, 김동완, 이규상, 김혜경 등의 실무자들은 서울대 및 이화여대의 학생 10명의 도움을 얻어 청계천 주변의 용두동, 답십리 3동, 답십리 4동을 대상으로 주민실태조사를 실시했다. 이 실태조사 결과 보고서에서 첫 번째로 주목할 부분은 "극빈 학생도 학교에 다닐 권리가 있다"는 활동가들의 주장과 실제로 그 부모들이 그것을 자각하게 되는 과정에 대한 묘사이다. 당시 실태조사를 통해 활동가들은 의무

교육(국민학교)을 받아야 할 많은 아동들이 육성회비를 내지 못하기 때문에 학교에 다니지 못하고 있음을 알게 되었고, 어느 학교에서나 극빈 학생은 육성회비를 안 내도 된다는 육성회비에 관한 시교육위원회 규칙을 입수하여 이를 부모들에게 알렸다. 결국 진정서를 낸 학부모들은 육성회비 감면조치를 받게 되었는데, 이 과정에서 극심한 빈곤이 인권 침해, 즉 인간다운 삶을 누릴 권리에 대한 부정과 동일하다는 사실을 주민들은 자각하게 된다.

> 30명의 학부모 가운데 대부분은 이 과정에서 처음으로 그들의 아이들은 무료로 교육을 받을 권리가 있고 그것에 관해 미안스럽게 생각하지 않아도 된다는 것을 알았다. 그들은 이전에는 육성회비를 낼 수 없으면 선생님에게 미안하다고 생각하고 자식들을 학교에 보내지 않으려고 했었다. 그들은 이전에는 의무교육이 무엇인지에 대해서 한 번도 생각해 보지 않았었다. 그런데 「육성회비 대책위원회」라는 조그마한 조직을 통해서 그들은 그들의 자식들도 의무교육을 받을 권리가 있다는 것을 알고, 그 권리를 스스로 쟁취하였다. (기독교사회문제연구원 1987, 61~62)

도시빈민선교가 이루어지는 과정에서 빈곤에 대한 인권적 차원의 접근은 단순히 아동의 교육권 문제에만 그치지 않고, 주민의 삶 전반에 관한 문제로 확대된다. 바로 뒤에서『민중의 힘, 민중의 교회』는 수도권도시선교위원회에서 수도권특수지역선교위원회로 개편되는 시기에 답십리센터 활동가들과 송정동의 철거민들 간의 꽤 긴 시간에 걸친 연대 투쟁 일화를 소개한다. 사건의 시작은 송정동 17, 18통 주민들의 거주지가 그들과의 어떠한 합의도 없이 당국에 의해 일방적으로 지하철 차량정비공장 부지로 지정되면서부터였다. 하루아침에 철거민 신세가 되어 삶의 터전에서 쫓겨날 위기에 놓인 송정동 17, 18통 주민들은 「철거대책주민회」를 구성하고 당국에 대해 "주민을 이주시킬 경우 정착지는 현재의 일자리에서 멀지 않은 곳이어야 한다", "정착지를 제공하지 않는 경우 1가구마다 20만 원을 지불하여야 한다"는 요구조건을 제시했는데, 이 과정에서 수도권도시선교위원회의 훈련 실무자이자 철거민 당사자였던 이기성이 당국에 의해 간첩 혐의로 몰리게 된다. 이때 주민들이 이기성을 보호하고자 호소문을 발표한다.

> 우리 송정동 17, 18통 주민들은 …… 청계천 하류 지역에서 600세대가 방 한 칸짜리 판자촌에 몰려살고 있습니다. 이 지역의 대부분의 사람들은 시의 청계천 복개공사와 재개발로 인해 몇 번씩 이주당한 사람들입니다. 따라서 우리는 찢어지게 가난하고, 날품을 팔거나 거리를 헤매며 행상을 하여 연명하고 있습니다. …… 여러분, 우리가 비록 가난할지라도 이 나라의 시민입니다. 우리는 우리의 주장이 인권에 대한 호소로 알려져야 한다고 생각합니다. …… 우리가 정착하게 되면 우리의 인권을 보호하기 위하여 우리가 표현의 자유와 행동의 자유를 가질 수 있도록 도와주십시오. (기독교사회문제연구원 1987, 63~64)

주민들의 호소에서 빈곤의 인권 개념화가 '자유'의 관점에서 시도되고 있는 대목은 음미할 가치가 있다. 주민들은 인권의 실현을 자유의 행사와 동일시하고 있는 것이다. 우리는 이때 주민들이 말한 자유가 소극적 의미에서의 자유, 즉 외부의 강제와 타인의 간섭으로부터의 자유를 의미하는 데 그치지 않고, "표현의 자유와 행동의 자유", 즉 "개인이 가치 있게 여기는 삶을 영위할 수 있는 실질적 자유"로 이해하고 있음을 주목해야 한다. (센 2013, 151) 이러한 관점에서 빈곤은 단순히 소득 수준의 낮음이나 소유한 재산의 적음을 의미하는 것이 아니라 실질적 자유, 곧 '역량(capability)'의 박탈로 규정된다. 도시빈민선교는 빈곤지역의 주민들에게 빈곤이 실질적 자유, 곧 역량의 박탈이라는 점, 따라서 빈곤한 삶은 물질적 수준의 결핍을 넘어 인권과 시민권의 부정과 동일하다는 점을 일깨웠던 셈이다. 이는 도시빈민선교가 1970년대의 맥락에서 이미 "인간다운 삶을 누릴 권리(인권)"의 실현을 가치있는 행함(doing)이나 존재상태(being)를 실현시킬 수 있는 개인의 능력이 확장되는 과정, 곧 인간의 실질적 자유가 확대되는 과정인 인간 발전의 측면에서 바라봤음을 시사한다. 수도권도시선교위원회에서 수도권특수지역선교위원회로 조직을 재편할 때, 특히 선교활동의 대상지역을 서울의 빈민지대로 집중시키면서 그동안의 경험을 토대로 자신들의 신조와 전략을 발표했을 때, 빈곤의 인권 개념화가 전면에 등장하는 것을 확인할 수 있다.

수도권특수지역선교위원회 신조

…… 우리는 이 사회의 소외지역에서 가난과 질병에 시달리고 절망의 수렁에서 몸부림치는 민중의 신음소리를 듣는다. (출 3:7)

…… 우리는 가난한 백성에게 그리스도의 은혜의 해(눅 4:13~18)를 선포하고 그리스도의 몸이 되어 그늘 속에서 하나님의 해방사업에 참여하는 것이 오늘의 교회에 주어진 근본적인 선교사명이라고 믿는다. (마태 25)

이상과 같은 성서적인 확신에 따라 우리는 우리의 신조를 다음과 같이 제정한다.

1. 하나님은 오늘도 선교자를 통하여 가난하고 억눌리고 버림받은 사람들을 찾아오셔서 저들에게 하나님 나라의 기쁜 소식을 전하신다.

2. 예수님은 그의 형상대로 지음받은 사람의 본 모습을 도로 찾으려는 모든 인간의 움직임을 축복하시며 그들에게 힘과 지혜를 주시고 안면에 이를 방해하는 모든 악한 세력을 심판하신다. ……

7. 한 마을 한 사회의 법이 민생운동을 보호치 않고 인권을 유린하고 자유를
   억압할 때에 선교자는 사람됨의 모습을 회복하기 위하여 모든 양심적인
   세력과 더불어 억압적인 모든 요소를 제거하는 운동에 앞장선다. (한국기
   독교교회협의회 인권위원회 편 1987a, 140~141)

위의 신조와 전략은 수도권특수지역선교위원회가 빈곤을 제거하는 인권운동을 곧 민주화를 향한 정치적 투쟁으로 인식하고 있었음을 명확히 보여준다. 도시빈민선교에서 나타나는 빈곤의 인권 개념화는 인권을 그 자체로 민주주의와 동일시하고 있는 것이다. 빈곤을 역량 박탈로 규정하고, 빈곤을 제거하는 것이 인간의 실질적 자유와 역량을 증진함으로써 인권을 실현하는 것이자 궁극적으로는 정치적·시민적 권리를 확대해나가는 민주화운동이라는 문제의식이 도시빈민선교를 추동했다고 볼 수 있다. 랑시에르에 따르면, 인권은 "자신들이 갖고 있는 권리들을 갖고 있지 못한, 그리고 자신들이 갖고 있지 못한 권리들을 갖고 있는 사람들의 권리들"이다. (랑시에르 2008, 7) 랑시에르는 그러한 권리가 두 가지 존재 형식을 갖는다고 말한다. 첫째는 성문화된 권리로서의 인권이다. 비록 현실에서 그것이 부정당한다고 할지라도 인권을 허상이라고 말할 수 없는 것은 그것이 "자유롭고 평등한 것으로서의 공동체의 기입물"이기 때문이다. 예컨대, 1789년 프랑스대혁명에서 선포된「인간과 시민의 권리선언」은 물론이요, 「1973 한국 그리스도인 선언」부터 1973년 11월 NCCK 인권위원회가 발표한「인권선언문」과 1974년 11월 18일 66명의 서명자 명의로 발표된「한국 그리스도인의 신학적 성명」에 이르기까지 한국 개신교 민주화운동 과정에서 선포된 수많은 선언들, 그리고 결정적으로 위에서 인용한「수도권특수지역선교위원회 신조」와 같이 성문화된 권리는 "어떤 물질성을 가지고 있으며, 그 물질성을 주어진 것을 구체화하는 데 필요한 어떤 실질적 요소로 삼는 상징적 능력

을 지니고 있다."(랑시에르 2008, 7) 인권이 저 수많은 선언문들을 통해 이미 성문화된 권리로 존재하고 있다는 사실은 인권 투쟁이 아직 실현되지 않은 것의 요구가 아닌 이미 선언된 것을 입증하는 운동임을 나타낸다.

따라서 "인권은 그러한 기입으로 무언가를 만드는 자들의 권리"라는 사실에서 인권의 또 다른 존재 양식을 발견할 수 있다. 랑시에르가 주장하는 바, "인권은 이러한 기입으로부터 무엇을 만들어내는 사람들, 자신들의 권리를 단순히 사용하는 것이 아니라 '인간' 혹은 '시민'이라는 이름들을 점유하여 그것들을 주체화 과정의 작용자들로 만듦으로써 기입이 갖고 있는 힘이 검증되는 경우들을 구성하기로 결심한 사람들의 권리이다."(랑시에르 2008, 8) 그러므로 "성문화된 권리로부터 배제된 자들이 그 권리가 자신들의 것이라고 주장함으로써 누가 정치의 주체인지, 다시 말해 누가 권리의 주체인가를 쟁점으로 만들 때, 그들이 실천하는 불화의 행동 속에서 인권은 존재하게 된다."(정정훈 2014, 163) 결국 인권 투쟁에 참여하는 개인들이 성문화된 인권을 바탕으로 "아직 기록되지 않은 새로운 권리들을 만들어내고 새로운 권리 주체들을 생산한다"(진태원 2013)는 점에서 인권의 문제는 그 자체로 정치의 문제이다. 이처럼 정치는 아무나 그리고 모두의 정치이며, 그러한 정치에 아무런 자격이나 능력 없이도 누구나 참여할 수 있게 만드는 것이 바로 민주주의인 한에서, 인권과 정치와 민주주의는 의미의 계열화를 이룬다. 그러므로 빈곤을 인권의 관점에서 접근했던 도시빈민선교는 민주화운동사에서 인권의 문제를 민주주의적 정치의 문제로 정식화하는 데 기여했다.

한편 개신교 민주화운동사의 관점에서 교회 중심의 선교 전략에 따라 전개된 도시빈민선교 특유의 주민조직 운동의 경험이 '민중교회', '주민교회', '노동자교회' 등 새로운 교회의 형태를 정착시키는 데 크게 기여했다는 사실도 지적되어야 한다. 이 경험이 1980~1990년대 빈민지역에 세워진 많은 교회에 이어졌으며 지역의 교회가 어떻게 주민과 함께 일해야 하는지를 보여주었다. 실제로 도시빈민선교는 1970년대 초부터 빈민촌을 중심으로 한 교회 설립 움직임을 동반하였다는 점에서 중요한 역사적 의의를 지닌다. 본서의 제5부 제3장에서 보다 상세히 다루겠지만, 활빈교회, 주민교회, 동월교회, 희망교회, 사랑방교회 등이 그런 대표적인 사례들이었고, 1980년대에 민중운동과 민중교회들이 성장하는 밑거름이 되었다. (김명배 2009, 171~172; 강인철 2009, 373~374; 한국기독교역사학회 2009, 232~233) 수도권도시선교회위원회를 중심으로 시민아파트 지역뿐만 아니라 각지의 빈민지역에서도 활동이 개시되어 광주대단지에는 주민교회(72년 4월), 청계천 하류의 송정동에는 활빈교회(71년 10월)가 각각 설립되고, 그 외 남대문 시장지역, 도봉동, 신정동 등지에도 실무자가 파견되어 철거대책, 생활환경 등 지역의 문제를 중심으로 주민조직 운동을 전개해나갔다.

제3부
유신 후기 개신교의 민주화 운동

◆ 제1장 ◆
유신 후기 국내외 정세변화와 공안통치

유신체제의 억압성을 상징하는 사건은 긴급조치 9호 선포였다. 가장 강력한 조항으로 구성된 긴급조치 9호는 그만큼 반유신 민주화운동이 격화되고 있었다는 반증이 된다. 인혁당 관련자 9명의 전격 사형집행은 유신체제의 히스테리가 극한으로 치닫고 있었음을 보여주었다. 민청학련 사건으로 나타난 학생운동의 활성화는 유신체제의 위기감을 증폭시켰고 더욱 강력한 탄압책을 고민하게 만들어 긴급조치 9호가 선포된다.

박정희 정권은 1975년 2월 일방적으로 유신헌법 찬반 국민투표를 실시하여 유신반대운동의 명분을 약화하려 했고, 3월에는 동아일보 광고탄압사건이 동아일보 사측의 기자 해직으로 마무리된다. 그 후 4월에 고려대에서 시위가 일어나자 정권은 긴급조치 7호로 고려대를 휴교시켰고 4월 9일에는 인혁당사건 관련자 8명의 사형을 확정판결 하루만에 집행한다. 그리고 그해 4월 30일 베트남전이 북베트남 정부의 승리로 끝나자 전국적인 반공궐기대회로 안보위기 의식을 강화하려 했다. 이런 상황을 거쳐 박정희 정권은 5월 13일 긴급조치 9호를 발동한다.

긴급조치 9호에 대한 일반적인 평가는 그동안 개별사안에 대한 대응으로 발표되던 긴급조치들의 모든 내용을 종합했다는 것이다. (한국민주화운동사 2권, 181) 긴급조치 9호의 내용은 '유언비어 금지'라는 명목을 앞세운 반정부/반유신 언행의 유포 제제, 유신헌법 개정 주장/청원 금지, 학생의 집회/시위/정치관여 금지 등을 담고 있으며, 위반자의 경우 위반자 개인만이 아니라 위반자의 소속 기업이나 학교 등에 대해서도 폐쇄까지 가능한 제제 조치를 할 수 있게 했고 이런 조치는 사법 심사의 대상이 될 수 없게 했다. 이 조치로 인해 구속된 인사는 1,387명에 달한다.

박정희 정권은 긴급조치 9호 발동 이후에도 베트남전을 구실 삼아 조성해 온 안보위기론을 강조하며 7월에는 사회안전법, 민방위기본법, 방위세법, 교육관계법 개정안 등 이른바 '전시4대입법'을 통과시켰다. 이 '4대입법'의 결과 교수재임용 제도가 실시되어 반유신 입장의 교수의 축출이 가능해졌고 민방위 제도가 시민 통제 제도로 자리잡았으며 이 통제는 주민등록제 강화와 반상회 실시로 더 강화되었다. 또한 학생회를 해체하고 학도호국단을 각 학교에 설립하여 학생운동의 말살과 학원의 병영화 강화를 의도했다.

긴급조치 9호가 발동되자마자 개신교 목요기도회가 직접적인 영향을 받았다. 1974년 7월 민청학련 사건과 기타 긴급조치 관련 사건 구속자들에 대한 기도로 시작된 개신교 목요기도회는 긴급조치 9호 발동 이후 일시 중단과 임시 개최 등의 진통을 겪었고 이 진통에 당국의 방해가 개입하여 좀처럼 재개되지 못하다가 3·1민주구국선언사건 이후 금요기도회로 변경되어 열리게 되었다. (한국교회 인권운동 30년사 2005, 91~94)

한편 같은 해 박정희 정권의 강요로 전국 각 대학에서 이루어진 교수 해직에서 해직당한 당사자의 상당수가 한국기독자교수협의회 회원들이었다. 이 회원들 중의 일부는 그해 개신교 지식인 교회인 갈릴리교회에 참여하였고 그다음 해에는 '3·1민주구국선언 사건(명동 사건)'에도 참여하였다. 그리하여 갈릴리교회는 '3·1민주구국선언 사건' 당시 정부에 의해 이 사건을 주도한 반정부 불법단체로 공개 지목되었다.

이후 유신 말기까지 각종 학생시위와 반유신 운동에 개신교 민주화인사들이 계속 관련되어 당국의 탄압을 받았으며 직접적으로 개신교 기구에 대한 탄압이 이루어진 사례로는 1979년 '크리스챤아카데미 사건'을 들 수 있다. 또한 1970년대 말 반유신 노동운동이 활발하게 이루어지고 이에 대한 당국의 탄압이 거세지면서 도시산업선교회가 배후 조직으로 당국의 직접적인 용공조작의 대상이 되었다.

한국 인권운동의 역사에서 1974년이 중요한 계기를 이룬다는 데는 이론의 여지가 없다. 1974년은 긴급조치와 민청학련 사건이라는 대표적 인권유린이 벌어진 해인 동시에 그러한 박정희 정권의 탄압에 저항하며 KNCC 인권위원회와 천주교정의구현사제단을 중심으로 한 인권운동이 한국에서 본격적으로 시작된 해이기 때문이다. 박정희 정권은 정치적 위기에 처할 때마다 조작 사건을 발표하여 무고한 사람을 공안범으로 몰아 온갖 인권 문제를 발생시켰다.

정치를 공안으로 대체하는 박정희 정권의 논리 핵심에는 북한과 반공 이데올로기가 있다. 또한 '북괴의 광기'가 남한으로 유입되는 결정적 방식인 전쟁은 공산주의와 관련된 모든 공포의 근원으로 배치되었다. 전쟁과 관련된 북한 이미지는 학교 교과서에서부터 대통령의 연설문에 이르기까지 거의 모든 차원에 걸쳐 이루어졌다. 1972년 문교부가 펴낸 『시련과 극복』에서 북한은 기본적으로 "휴전선을 사이에 두고 우리에게 총부리를 겨누고 있는 북한 괴뢰"로 규정되었다. 그들의 특징은 "6·25 남침에서서의 참패"에도 불구하고, "재남침 준비"에 광분한 자들이며 마침내 "무장 공비의 남파 전술을 거쳐 이제 전쟁 준비가 끝났음을 호언하며, 전면 남침의 기회만 노리고 있"는 존재로 설명되었다.(문교부 1972, 5) 요컨대 북한은 무엇보다 전쟁 상대로서 재현되었다.

여기서 '북괴'의 전쟁 도발 가능성의 높낮이는 중요하지 않았다. 박정희는 북한이 도발을 "할지도 모르고 안할지도 모"르지만 중요한 것은 "100가지 중에 하나라도 가능성이 있다면 거기에 대해서 그야말로 만전을 기하는 것, 이것이 국방"이라고 주장했다. 따라서 전쟁 가능성에 대한 항간의 소문은 그 자체로 "위험상태"였다. * 그렇기에 안보 위협 주체로서의 북한은 알 수 없는 존재이자, 나아가 존재론적으로 전쟁과 직결되는 것으로 표상되었다.

북한의 호전성과 전쟁 가능성을 강조하기는 했지만, 박정희는 또한 실제 전쟁 발발을 의도했다고 보이지는 않았다. 1976년 8·18 판문점 도끼 살해사건 당시에도 박정희는 "미친개에게는 몽둥이가 약"이라고 흥분했지만, 스틸웰 유엔군 사령관에게 화력사용 불가 방침을 천명하면서 전면 충돌로의 악화를 우려했다. (류길재 2009, 224)

그렇지만 '전시는 아니지만 평화시대도 아닌 준전시 상태' 개념이 강화되었으며, 특히 1974년 8월 문세광 사건 이후 '전쟁상태'에 대한 강조가 두드러졌다. 박정희는 이 사건에 대해 '놀라거나 슬퍼할 필요조차 없음'을 강조하면서, "그들은 이제까지 수백 만의 우리 동포를 죽인 살인자들"이라는 극한의 언사를 동원했다. 그 귀결은 "싸워서 이기고 우리가 사느냐 하는 문제를 생각"해야 하는 것이었다. ** 이러한 상황에서 1975년의 연두 기자회견은 의미심장한 내용을 담고 있었다.

요즈음 한국에 상당한 지식수준에 있는 사람들 중에도 우리나라 법에 대해서 하나의 착각을 하고 있는 것 같습니다. 정부를 뒤집어엎는데, 공산당이 뒤집어엎고 공산정부를 만들 때에는 굉장히 엄한 벌이 가지마는 그렇지 않고

---

* 「연두 기자회견」(1972.1.11), 『연설문집』 4, 117-122쪽.
** 「연두 기자회견」(1974.1.18), 『연설문집』 5, 207쪽; 「제26주년 국군의 날 유시」(1974.10.1), 『연설문집』 5, 315쪽.

공산주의자가 아닌 사람들이 정부를 뒤집어엎는 것은 크게 잘못이 아닌 것
처럼 이런 착각을 가지고 있습니다 …… 국가보안법에도 폭력으로써 정부를
전복하겠다 하는 데에 대해서는 극형에까지 처할 수 있는 법이 있는 것입니
다. 반드시 그 사람이 공산주의자가 아니더라도 …… (말줄임표 원문 그대
로) •

위 회견문은 민청학련 사건에 대한 것인데, 박정희는 이 사건에 비공산
주의자 내지 반공주의자도 가담되어 있음을 밝히면서 "공산주의자들하고
공산주의가 아닌 사람들이 가령 궁극적으로 노리는 목표는 다르지만, 우선
정부를 폭력으로 뒤집어엎는 데 있어서는 완전히 합치가 되었"다고 단정했
다. ••

이러한 발언 속에는 '내부의 적'에 대한 엄벌 방침을 넘어서는 무언가가
있다. '비공산주의자의 극형 가능성' 운운은 안보국가 담론이 반공으로 환
원될 수 없는 것임을 드러내는 것이었다. 1970년대 후반에 들어서 박정희
는 부쩍 '사회 부조리 척결'을 강조했다. 그것은 "공산주의 외에 또 하나의
적"이기에, "국가의 흥망과도 직결되는 중대한 문제"이기에 "안보와 같은
차원"에서 다루어야 되는 것이었다. •••

내부 문제를 안보의 차원에서 다루겠다는 것은 곧 예외상태가 '북괴' 조
건부가 아님을 증거한다. 유신 이데올로그 갈봉근은 한국의 헌법 현실이
정부 수립부터 '예외상태'이며 북한의 위협으로 '항상적 비상사태'임을 강조
했지만, 박정희는 반공주의적 '정부 전복'과 부조리 또한 주권 권력의 위기
를 초래하는 것으로 간주하였다. (갈봉근 1976, 78) 주권 권력이 내부의 이질

• 「연두 기자회견」(1975. 1. 14), 『연설문집』 5, 379-380쪽.
•• 앞의 글, 381쪽.
••• 「연두 기자회견」(1977. 1. 12), 『연설문집』 6, 154쪽.

적 요소를 '극형'으로 다스리겠다는 것은 동질성의 확보와 이질성의 섬멸에 근거한 칼 슈미트식 민주주의 이해와 연결되는 것이었다.

슈미트 논의의 요체는 주권자의 결단이다. 갈봉근에 따르면, 대통령은 농민·노동자·기술자와 같은 현실적인 선거인단이 아니라 오로지 '공민'이 집합된 선거체, 즉 통일주체국민회의에서 선출되는 것이다. 그것은 개별적인 의사나 이해관계를 넘어선 '민족의지'를 추구하는 것이며, 이렇게 해서 "국가에게 무기를 쥐어주고 조국을 수호할 영도자가 선출되는 것"이었다. (갈봉근 1978, 47)

'무기를 쥔 영도자'는 곧 '벌거벗은 생명'에 대한 생사여탈권을 장악한 주권 권력을 상징한다. 유신헌법 하에서 '민족의지'를 인격적으로 집약한 대통령은 거의 무제한의 권력행사가 가능했는 바 긴급조치권이 그 상징이다. 유신헌법 해설에 따르면 주권 권력으로서의 '국가의 안전과 존립은 성문헌법 이전의 문제이며, 따라서 국가긴급권은 바로 성문헌법 이전의 국가 그 자체의 권리'를 의미하는 것이다. 따라서 "국가가 국민의 정치적 통일체를 의미한다면 헌법에 규정이 있든 없든 비상사태에 있어서 국가의 수호를 책임지고 있는 국가의 원수가 어떠한 비상수단으로서 그것을 극복하는 것은 바로 온 국민의 묵인적 위임을 의미하지 않을 수 없는 것"이라고 설명되었다. (갈봉근 1975, 115)

일반적으로 근대 국민국가의 국민은 자유의지로 사회계약을 맺음으로써 시민권을 획득한 존재로 표상된다. 그러나 아감벤에 따르면 "정치적 영역을 시민권, 자유의지 및 사회 계약이라는 관점에서 규정하는 근대적 관습과는 반대로, 주권의 관점에서 본다면 오로지 벌거벗은 생명만이 진정으로 정치적"이다. (아감벤 2008, 217) 벌거벗은 생명이란 주권 권력에 의해 면책살해의 대상이 되는 존재, 생사여탈권을 장악당한 존재를 의미한다. 다시 말해 신성한 존재이지만 희생제물로 봉헌될 수 없고 면책살해의 대상이 되는 존재를 아감벤은 '호모 사케르'로 정의했다. 호모 사케르는 특정 정치 공동체의 구성원을 의미하는 바, 자신의 생명을 담보로 정치적 권리를 획득한 존재가 된다. 요컨대 주권은 계약의 산물도 신의 선물도 아니다. "정치권력의 최초의 토대는 절대적으로 살해가능한 생명, 바로 죽음의 가능성 그 자체를 통해 정치화되는 생명"이다. (아감벤 2008, 186)

슈미트가 강조한 결단주의는 곧 법적 정당화가 불가능한 주권의 결단을 말하는 것인 바, 호모 사케르에 대한 생사여탈권의 결단인 것이다. 슈미트의 주권 개념을 현실화시킨 대표적 사례는 나치즘이었고, 아감벤에게 나치 수용소는 근대 정치권력의 생명정치를 보여주는 상징과도 같은 것이다. 그러나 근대 정치는 벌거벗은 생명이 더 이상 특정한 장소나 특수한 범주로 국한되지 않고, "모든 살아있는 존재의 생물학적 신체 속에 깃들어" 있는 상황 속에서 작동한다. 그것은 인민에 대한 생명정치적 규정을 통해 확인된다. 주권권력에게 생사여탈권을 장악당한 정치적 주체로서의 인민은 근대이후 '내부의 차이가 극단적으로 제거된 동질적 집단'으로 재현되어야 했다. 요컨대 "나치의 절멸작전은 독일민족을 근원적인 생명정치적 분열을 극복한 인민으로 만들기 위해서였"던 것이다. (아감벤 2008, 269, 336~8)

박정희 체제가 공산주의자 뿐만 아니라 반공주의자까지 극형에 처할 수 있다고 위협한 것은 생명정치의 구체적 실례가 될 것이다. 그런데 그 위협에도 불구하고 4월 8일 처형된 인혁당 관련자 8명의 혐의는 여전히 공산주의자였다. 안보 국가에서 호모 사케르는 여전히 반공주의라는 '정치적 생명형식'을 필요로 했다.● 다시 말해 반공주의를 빌리지 않는 주권 권력의 면책살해는 지극히 곤란했다. 따라서 주권 권력에 의해 '벌거벗은 생명'으로 장

● 나치 인종주의 논리에 충실했던 페르슈어는 '정치란 달리 말해서 …… 인민의 생명에 일정한 형식을 부여하는 것'이라고 주장했다. (아감벤 2008, 283)

악된 호모 사케르는 '간첩의 생명'과 기묘하게 얽히게 된다.

간첩은 안보국가의 내부 규율화를 위해 매우 유용한 존재였다. 국민이 아님에도 국민 속에 뒤섞여 있는, 국민과 비국민의 비식별역에 위치하면서 끊임없이 국가를 위협함으로써 국민 전체를 위험에 빠뜨리는 간첩이야말로 국가 안보의 존재 이유가 된다. 그것은 국민 속에 섞여 있는 이질적 비국민이지만, 또한 국민을 오염시켜 간첩화할 수 있는 바이러스와 같은 것으로 표상되었다. 국민을 숙주로 자기복제할 수 있는 바이러스로서의 간첩은 국민 전체를 잠재적 간첩으로 간주할 수 있게 만드는 근거로 배치된 셈이다.

간첩에게 포섭된 국민의 존재가 끊임없이 제공됨으로써, 사실상 국민은 간첩과 국민 사이의 비식별역, 이행의 경계선상의 의심스러운 국민-간첩이 되었다. 이제 간첩을 처리하는 방식이 국민으로 확장되는 것이 가능해졌고 주권 권력의 생명정치는 이데올로기적 형태를 띠게 되었다. 국민은 벌거벗은 생명이었지만, 이데올로기로 만든 옷을 걸치게 됨으로써 생명정치의 대상이자 안보정치의 대상으로 배치되었다. 그렇다면 국민은 더 이상 국민도 아니고 간첩도 아닌, 식별 불가능한 존재가 되어 칼날같은 경계선상에 서게 된다.

유신체제의 공안통치가 강화될수록 이에 맞선 민주화운동의 주요한 의제가 인권이었다. 여기에 1970년대 후반기 국내외 정세에 큰 영향을 미친 것은 카터 행정부의 등장과 함께 주한미군 철수 문제가 불거진 것과 인권외교였다. 1977년 3월 9일, 백악관은 주한 미 지상군을 4~5년에 걸쳐 단계적으로 철수할 것이라고 공식 발표했다. 1970년대는 국제적으로 인권의제가 본격 제기되어 민권을 대체한 시대였다. 1960년대 흑인 민권운동과 베트남전 반전운동 등 68혁명의 여진 속에 70년대는 인권이 세계적 차원에서 주요한 문제로 부각되었고 카터 행정부는 이를 반영하여 외교정책에 적용하고자 했다. 안보와 외교에 인권 의제가 결합됨으로써 한미관계는 최악으로 치닫게 된다. 여기에 박정희 정권의 핵개발 문제에다 박동선 사건까지 결합되어 더욱 복잡한 상황이 연출된다. 카터의 인권외교는 기만적이라는 평가를 들을 정도로 실제적 효과는 미미했고 안보문제와 연계시킨다던 애초 취지도 무색해졌다. 그럼에도 민주화운동 진영에 상당한 영향을 미친 것도 사실이다.

이렇게 유신체제는 반자유주의적 공안통치로 일관했지만 다른 한편으로 1970년대는 자유주의의 확장기로 볼 수 있다. 민주화운동의 상당 부분이 자유주의에 기반한 것이기도 했지만, 또한 사회경제적으로도 자유주의는 확장일로였다. 예컨대 자유주의의 핵심 가치 중의 하나인 경쟁을 보자. 일견 1970년대는 경쟁의 제한으로 특징되는 것처럼 보인다. 유신체제는 정치적 경쟁을 거의 완벽한 형태로 봉쇄한 셈이었고 유신 직전의 8·3조치는 '경제유신'이라 불릴만큼 자유경쟁의 제한이었다. 중화학공업화 역시 경쟁 대신 국가의 계획적 개입을 보여주었고 74년 고교 평준화 또한 경쟁의 폐해를 정정하기 위한 것처럼 나타났다. 대중문화 영역이나 개인의 신체, 기호에까지 작용하고 있던 국가의 모습을 보건대 확실히 자유 경쟁은 일종의 금기처럼 보일 정도였다. 박정희 체제의 지배담론 역시 동질화와 통합을 집중적으로 강조하는 것이었고 '개발국가'는 대통령이 총사령관이 되어 경제건설을 위한 군대라는 평가를 받을 정도로 국가 주도성이 강했다. (김용복 1998, 293)

그러나 자본주의적 산업화가 본격화된 상황 하에서 자유주의와 경쟁 논리를 빼놓고 사태를 설명하는 것은 매우 곤란하다. 반자유주의적 담론과 정책은 역설적으로 자유주의적 흐름의 실재와 그 강도에 대한 반작용의 성격이 짙은 것이기도 했다. 자본의 입장은 이미 1970년대 초반부터 민간 주도의 시장경제를 강화해야 한다고 주장하고 있었다. 1971년 정점을 찍은 경제위기에 대응해 자본은 불황의 근본적 원인을 과잉투자를 촉발시키고 제도화해 온 정부의 과도한 성장 욕구로 돌리고 정부의 긴축 정책을 비판했다. 이들은 경제위기가 정부 주도형 성장방식의 한계를 드러낸 것으로 규정하고 은행 민영화를 필두로 민간 주도의 경제개발이 진전되어야 한다고 주장했다. (이정은 2010, 259)

물론 이러한 자본의 요구가 곧바로 총자본의 정책으로 연결되지는 않았다. 오히려 8·3조치에서 확인되듯이 자본의 이익은 총자본의 개입을 통해 보장받는 상황이었다. 8·3조치라는 특혜를 끌어내기 위해 전경련은 재무구조 개선, 납세의무 이행, 판매 카르텔 해제, 무차별 외국차관 억제, 노사간 협조, 기업가 정신의 확립, 공정거래법 제정 찬성 등을 자발적으로 약속했지만 결국 거의 대부분 유야무야되었다. 특히 8·3조치로 신고된 사채의 3분의 1은 이른바 '위장사채'였다. 위장사채란 기업주가 자신의 개인 자금을 자신의 기업에 고금리 사채로 제공하여 부당이득을 취하던 행태를 말하는 것인바 '기업가 정신'과는 거리가 먼 것이었다. 결국 8·3조치는 10월유신을 위한, 그리고 중화학공업화를 위한 대자본의 사전 동의와 협조를 받아내는 계기였다고 할 수 있는데, 자본의 입장에서 중요한 것은 정부개입이냐 시장경제냐가 아니라 이윤의 획득 여부였다. (이정은 2010, 265~7)

성장과 발전은 무엇보다 자본의 이윤획득 과정을 통해서만 달성가능한 것이었고 총자본의 정책 역시 그러한 목적과 과정에 충실해야만 했다. 이러한 측면에서 국가 개입과 시장경제는 선택적 친화력을 가진 것이었는바, 자본의 축적방식의 변화가 필요한 시점이 곧 총자본의 정책전환의 시점이기도 할 것이다. 소위 시장경제 또는 (신)자유주의적 정책전환과 관련해 중요했던 시점은 1970년대 후반이었다. 특히 1978년은 상당히 중요한 해였다.

1978년 12월 22일 자신의 최후를 불과 1년도 남겨두지 않은 시점에 박정희는 마지막 개각을 단행했다. 재무장관과 부총리를 합해 9년간 경제정책을 책임졌던 남덕우 대신 신현확이 부총리로 기용된 것이 핵심이었다. 성장론자인 남덕우 대신 대표적 안정론자인 신현확을 부총리로 발탁한 것은 중화학 공업화의 구조조정을 비롯해 안정 기조로의 정책 변화를 의미했다.

그러나 신현확의 부총리 기용은 단순한 정책변화 이상의 의미가 있었다고 보인다. 그는 안정론자이자 경제계와 상당히 두터운 관계를 유지하고 있던 인물이었다. 당시 언론도 남덕우는 특정 재계와의 연관이 깊지 않았던데 비해서 신현확은 그러한 연관을 가진 경험을 갖고 있다는 점을 지적하면서 우려의 시선을 보내고 있었다.● 전경련으로 대표되는 재벌들은 신현확의 등장과 함께 본격적으로 대정부 압력을 행사하기 시작했다. 개각 직후인 1978년 12월 28일 전경련 회장 정주영은 국무총리 초청 간담회에서 정부의 전환기적 결단을 촉구하면서 민간이 담당할 수 있는 부문은 민간에 넘겨 자율성을 부여하고 시장원리에 따라 운영되어야 할 것을 강조했다. (동아일보 1978. 12. 29.)

해를 넘겨 1979년 1월 17일 경제 4단체장과 경영자협회장은 신현확 부총리를 초청해 '관민합동간담회'를 개최했다. 이 자리에서 경제단체장들은 통제 위주 가격정책을 폐기하고 시장경제 원리에 입각한 가격정책의 획기적 전환, 금융기관의 자율적 운영, 자율적 임금결정 등을 요구했다. 무엇보다 이 모임에서는 관민합동간담회를 매월 1회씩 정례화했다는 점이 주목된다. (매일경제 1979. 1. 17.) 이를 통해 자본의 요구가 지속적으로 정부로 유입될 수 있는 통로를 구조화시킨 것이다.

이어 1월 22일 발표된 경제대책의 골자는 시장경제 논리를 강화해 물가구조 정상화, 경쟁제한 행위 규제 및 감시 강화 등이었다. 물가구조 정상화

● 우리는 신기획의 인품으로 미루어 추호도 과거의 인연에 흔들림이 없이 지도자의 뜻과 국민의 여망에 부응할 수 있으리라고 믿어마지않는다. (『경향신문』 1978. 12. 28.)

라는 표현을 사용했지만 실질적으로는 인위적인 물가개입을 줄여 시장기능에 물가를 맡기겠다는 의도의 표현이었다. 이 대책의 골격을 구상한 것은 당시 KDI 원장으로 있던 김만제였다. 그는 대책의 핵심을 '시장기능의 신장과 경제 안정화'로 잡았는데 그 기본철학은 경제의 구조개혁이었다. ●
구조개혁의 방향은 일차적으로 중복, 과잉투자로 문제가 된 중화학 공업 구조조정이었지만 장기적으로 시장 기능을 중시하는 (신)자유주의적 개혁의 전망을 가졌다고 하겠다.

구조개혁의 구체적 대책은 4월 17일 발표된 '경제안정화종합시책'이었는데 주요 내용은 금융긴축과 제도개선, 수입 자유화 추진, 중화학공업 투자조정 등이었다. (박길성·김경필 2010, 148) 이 대책에도 김만제가 깊이 관여했는데 인플레 진정을 통한 물가안정을 위해 금융긴축, 수입 자유화 추진 등은 큰 틀에서 시장 기능을 중시하는 자유주의적 성격을 띠는 것이었다. (경향신문 1979.4.17.) 이 대책은 상공부와 재벌의 중화학 투자 조정 반대, 농촌 지역의 수입자유화 반대 등으로 난항을 겪게 되었고 정책의 일관된 추진이 이루어지지는 않았다.

안정화 대책으로 나타난 정책의 방향전환은 그리 간단한 문제가 아니었는데 이를 잘 보여주었던 것이 4월 26일 KDI에서 개최된 학계와의 경제정책협의회였다. 무려 60여 명의 경제학자가 참여하여 신현확 등 핵심 경제관료와 장장 7시간 반에 걸쳐 진행된 토론과정은 여러 논란에도 불구하고 큰 틀에서 자유경제체제, 자유화, 자율화 등이 불가피하고 바람직하다는

● 『경향신문』 1986.1.8. 김만제는 고교를 졸업한 후 미국 유학길에 올라 덴버 대학과 미주리 주립대 대학원을 졸업한 후 1970년 귀국하여 36세의 나이에 KDI 원장에 취임했다. 이후 초대 한미은행장, 재무장관, 경제부총리, 삼성생명보험 회장, 포철회장, 한나라당 국회의원 등을 역임한 대표적 보수 인물이었다. 정관계 경력을 바탕으로 주요 기업체 회장까지 역임한 전력은 신현확과 유사한데, 재벌의 이익에 민감한 경력의 소유자라 할 것이며 미국 유학에서 습득한 신고전파 이론에 기반해 서강학파의 일원으로 성장 정책을 주도했는가 하면 자유시장 옹호론자이기도 했다.

것으로 모아졌다. 신현확은 경제규모가 확대되고 복잡해지면 "자유경제체제가 불가피하다"고 천명하여 (신)자유주의가 거스를 수 없는 대세임을 확인시켜 주었다. 나아가 그는 이번 조치가 새로운 것이 아니라 그간 말로만 해오던 것을 실천에 옮겼을 뿐이라고 강조했는데, 결국 자유경제체제가 핵심 경제관료들 사이에서 오랫동안 논의돼왔다는 것을 드러낸 셈이었다. 학계에서도 독과점 해소와 자유경쟁, 자유화가 바람직하다는 입장을 표명했다. (동아일보 1979. 4. 27.)

이미 1970년대 중후반경, 재벌의 경제적 지배력은 크게 강화되었다. 1973~78년간 국내총생산은 9.9% 증가했지만 46대 재벌은 22.8%나 증가해 국내총생산에서 차지하는 비중이 9.8%에서 17.1%로 높아졌다. 특히 하위 25개 재벌의 연평균 성장률이 12.8%인데 비해 상위 5대 재벌의 그것은 30.1%에 달해 독점 규모가 성장률과 정비례 관계에 있음을 보여주었다. (박길성·김경필 2010, 143)

이러한 상황 속에서 공정거래법이 제정되었다. 독과점 문제는 어제오늘의 일이 아니어서 이미 1960년대 중후반부터 공정거래법 내지 독과점 규제법 제정 논의가 일어났고 1969년에는 대통령 재가까지 얻어 법 제정이 추진되었으나 재벌 및 경제계의 반대로 무산되곤 하였다. [*] 결국 1980년에 제정되어 1981년부터 시행된 공정거래법은 기존에 없던 독과점 금지에 관한 내용이 핵심이었다. 요컨대 시장의 자유로운 경쟁을 보장하기 위한 사법질서의 구축을 상징하는 것이었는데, 자유주의로의 중요한 제도 정비였다.

당시 핵심 경제관료 중의 하나였던 강경식은 이러한 상황을 "기업하고 관리하고의 싸움에서는 관리 쪽이 백전백패"라는 말로 표현했다. 이 말은 곧 '권력이 시장에 넘어갔음'을 토로한 것이었는데, 안정화 시책이 곧 시장

---

[*] 주종환, 「독과점의 횡포」, 『매일경제』 1970. 5. 23.

경제로의 길이었음을 분명하게 확인해 주었다. •

> 박대통령께서 살아 계실 동안에 정부주도 경제정책에서, 안정화 시책이라는
> 것이 관주도에서 시장경제로 가는 것 아닙니까? 시장경제로 가게 된 것입니
> 다. …… 이때 시장경제로 바꾸니까 성장에서 안정으로, 보호에서 개방으로,
> 경쟁촉진 그리고 총수입관리. 이런 쪽으로 가니까 그때까지의 정부정책의
> 철학을 180도 바꾼 겁니다. …… 수입개방하고 경쟁촉진하고, 농업 쪽에서는
> 고미가 정책 같은 보호를 털고 이렇게 가야 한다. 그렇게 식료품 값이 싸져야
> 지 임금도 싸져서 경쟁력이 생기고 그래야 우리가 더 잘될 것 아니냐. 금융도
> 배급제 하는 것 풀어서 완전히 금융의 논리에 의해서 …… ••

물론 체제의 정책철학이 180도 바뀌는 과정은 일정한 갈등이 있기도 했
다. KDI와 경제기획원 기획국 계통에서는 이미 70년대 중반부터 정부주도
적인 개발전략을 바꾸어야 할 때라는 것을 지속적으로 강조했다. 즉 시장개
방, 대외개방, 금융 자율화 등을 통해 민간주도로 "liberalize하는 것을 해야
된다"는 주장이 77년, 78년경부터 논의가 되고 있었다. ••• 이러한 흐름은 국
가적 개입을 강조하는 상공부 등과 일정한 갈등과 마찰을 빚기도 했고 또
박정희의 기존 정책 고수 경향에 부딪치기도 했지만 결국 대세가 되었다.

유신체제의 (신)자유주의로의 전환과 관련해 흥미롭고 상징적 의미가
있는 사건은 1978년 9월의 하이에크 방한이었다. 철저한 신자유주의자인

• 강경식 구술(국사편찬위원회 구술자료, 「1980년대 전후 경제 안정화 계획」, 면담자: 박태균, 2005년 11월
  28일).

•• 강경식 구술.

••• 사공일 구술(국사편찬위원회 구술자료, 「1980년대 전후 경제 안정화 계획」, 면담자: 박태균, 2005년 11월
  17일).

하이에크의 방한은 전경련의 초청으로 이루어졌는데, 개각 직전이라는 시점은 단순한 우연의 일치만은 아닌 듯 했다. 생존해 있는 "금세기 최대의 석학"으로 소개된 하이에크는 케인지언의 그늘에 있다 오일 쇼크 이후 "자유경제 이론"이 각광을 받으며 노벨 경제학상까지 수상한 것으로 설명되었다.(매일경제 1978.9.11.) 실제로 하이에크는 밀턴 프리드만과 함께 미국 및 유럽의 (신)자유주의의 핵심 이론가였다. •

　　방한 기간 내내 하이에크는 일관되게 자유시장 논리를 설파했다. 그는 자유가 철학적, 윤리적 차원에서뿐만 아니라 "경제원리에서도 자유경쟁이 가장 유효하다"는 생각을 가지고 있었고 dedicated libertarian이란 규정을 흔쾌히 받아들인 인물이었다. 그는 중앙계획을 철저히 반대했는데 능력이나 기술, 취향에 관한 지식이 한 사람의 머리에 집중될 수는 없기에 지식의 분산을 통한 자유시장에서의 경쟁만이 유일한 해법이라고 주장했다. 심지어 그는 화폐까지도 중앙은행 대신 개별 은행이 발행하여 자유경쟁을 하는 것이 좋다고까지 주장했다.(매일경제 1978.9.12.)

　　주지하듯이 하이에크는 자유주의의 전도사였다. 특히 경제적 자유의 중요성을 매우 강조했는데, 개인적 자유와 정치적 자유 또한 경제생활의 자유를 통해 가능한 것임을 주장했다. 이러한 자유가 보장되어야만 인간본성의 자유로운 발휘를 통해 욕망의 폭을 확대하고 생활수준의 향상을 비롯한 전반적 발전이 가능하다는 것이 그의 입장이었다. 그의 극단적인 자유 중심의 사유는 민주주의에 대한 도구적 이해로도 확인된다. 하이에크는 자유는 수단이 아니라 최고의 정치적 목적임을 분명히 하면서 이에 반해 민주주의는 개인적 자유를 보호하기 위한 공리주의적 기획으로 격하시켰다.(하

• 프리드만은 하이에크에 이어 1976년 노벨 경제학상을 수상하는데, 오일 쇼크 이후 세계 자본주의 체제의 신자유주의적 전환의 징후를 보여주는 것이었다.

이에크 1973, 32~7, 118)

이러한 입장에 따르면 계획과 같은 시장개입은 자유에 대한 최대의 위협요소였다. 하이에크는 사법사회, 법치국가를 계획화의 반대로 설명했다. 계획은 보편적 지식의 주체로서의 국가가 특정의 목적을 가지고 시장질서에 개입하는 것을 의미한다. 그러나 하이에크는 그러한 보편적 경제주체는 불가능하다고 주장하면서 경제에 틀을 부여하는 사법제도는 게임의 규칙으로 이해되어야 함을 주장했다. 소득격차 감소, 소비 증가 등과 같은 구체적 목표를 가지고 개입하는 것은 보편적 경제 주체가 되기에 가능하지 않은 것이 된다. 즉 법치국가의 법률은 경제질서 내에서 오직 형식적 상태, 고정불변의 게임의 규칙 같은 것으로 존재해야 하며 각각의 경제 주체들이 그 룰에 따라 자유로이 행위할 수 있도록 해야 한다는 것이다. (푸코 2012, 250~3)

따라서 그에게 자유는 무조건이 아니었다. 하이에크는 자유도 하나의 질서이기에 법의 지배하에서 존재하는 하나의 질서로 이해해야 한다고 주장하면서 조직적 유도가 필요하다고 주장했다. (매일경제 1978.9.12.) 하이에크는 인간에 의한 인간의 지배를 회피하기 위해서는 「비인간적 과정」에 위임할 수밖에 없고 질서는 보편적 법의 지배에 의해서 유지된다고 주장했다. 칸트가 표현한 것처럼 인간에게 복종하는 것이 아니라 다만 법에 대해 복종을 하게 될 때 사람들은 자유로워진다는 것이었다. (강명규 1974, 46)

그렇기에 하이에크는 국가를 '개인적 자유를 보증하기 위하여 만들어진 기관'으로 이해했고 자유야말로 무한한 가능성을 지닌 인간의 능력을 발휘케 하며 사회생활이란 곧 자유에 의해 발휘되는 재능의 산물로 파악했다. 개도국의 중화학공업화 과정에서는 일정한 보호조치가 필요하지 않겠냐는 질문에도 그는 홍콩의 예를 들면서 비교우위를 준수해 잘살게 되었다고 대답했다. (매일경제 1978.9.13) 이는 독일의 신자유주의, 즉 질서 자유주의의 주장을 그대로 반복한 것이기도 했다. 독일의 질서 자유주의는 '국가의 감시 아래 있는 시장 대신 시장의 감시 아래 있는 국가'를 목표로 했다. (푸코 2012, 181)

하이에크와 신자유주의의 최종 관심은 시장과 경쟁이었다. 이들은 고전적 자유주의의 교환 대신 경쟁을 시장의 원리로 대체한 것이었다.* 즉 경쟁은 당국의 강제적, 자의적 간섭없이 인간의 활동을 조절할 수 있는 유일한 방법이기에 의식적인 사회통제를 불필요하게 만든다는 주장이었다. (하이에크 1973, 66) 문제는 경쟁을 제1원리로 삼는 시장은 자연적으로 존재하는 것이 아니기에 국가가 개입해 그것을 조장해야 하는 것이었다. 이 시장의 경쟁 원리를 실천할 주체는 기업이었다. 즉 '사회체제 내부에 기업의 형식을 파급시키는 것이 신자유주의 정책의 관건'이었으며 '상품이나 상품의 획일성에 기초한 사회를 구축하는 것이 아니라 역으로 기업의 다양성과 그 차별화에 기초한 사회를 구축하는 것'이 그들의 목표였다. (푸코 2012, 226)

따라서 하이에크는 자유와 평등을 구별하고 후자에 의해 전자가 변질될 수 있음을 우려했다. 즉 다수자의 의사가 다수결 원칙에 따라 적용되면 자유사회는 변질된다는 것이었고 평등주의적 정책 목표는 법 지배의 테두리를 벗어나 유도적 통제정책을 허용할 수밖에 없기에 자유의 상실로 연결된다는 논리였다. (강명규 1974, 47)

하이에크의 방한은 이상과 같은 (신)자유주의적 원리가 한국사회에 관철되기 시작했음을 알리는 상징이었다고 판단된다. 그렇기에 "오늘날 우리가 소비하고 있는 고도의 경제적 효용과 사회적 후생은 한마디로 「자유」의 소산"이며 "현대의 고도 물질문명은 두말할 것도 없이 인간의 사고, 행동,

---

* 이들은 시장의 원리를 교환에서 경쟁으로 이동시켰다. 이미 19세기 말부터 시장의 특성은 등가 교환 대신 불평등 속의 경쟁으로 옮아가고 있었고 경쟁을 통한 가격 결정이야말로 진실의 진술처럼 여겨지게 된 것이었다. (푸코 2012, 183-188)

선택(생산, 소비, 직업)에 있어 자유가 부여되어짐으로써 얻어지는 효율성의 소산"이라는 주장이 나타날 수 있게 된다.(이필우 1978, 106)

그런데 문제는 자유사회의 위기가 닥쳐오고 있다는 것이었던바 그 요인으로 첫째, 복지국가의 진전. 둘째, 사회주의 사상의 위협. 셋째, 완전고용의 신화. 넷째, 정부 주도 경제성장 전략 등을 거론했다.(이필우 1978, 115~6) 앞의 세 가지는 하이에크의 주장과 대동소이한 것이었지만 마지막으로 거론한 정부 주도 경제성장 전략을 자유사회의 위기 요인으로 꼽은 것은 여러모로 의미심장했다. 무소불위의 권력을 휘두르며 모든 것을 국가 주도 경제성장으로 집중하던 유신체제 한복판에서 그것이 자유사회의 위기 요인이라는 주장이 나타난 것이다. 유신체제는 자유주의의 정치적 측면으로부터의 저항과 함께 경제영역으로부터도 부정되고 있었던 셈이다. 즉 "60년대에 전개된 근대화의 물결은 정부주도적인 그러나 민간의 참여를 촉진하는 반타율적인 공업화 과정으로 점철"된 것이었던바, "자유사회인 한 경제발전의 주인공이 민간 기업이지 정부의 계획당국이 아니라는 점은 너무 당연한 이치"라는 주장이었다. 따라서 정부 주도형에서 민간 주도형으로 전환하여 "개방체제와 무역자유화 시대"에 "국제경쟁력 향상"을 도모해야 한다는 주장이 공공연하게 개진되는 상황이었다.(이필우 1978, 116)

계획 대신 시장의 경쟁을 도입하고 국가 대신 기업이 주체가 되는 경제야말로 1970년대 후반 한국의 자본과 국가 경제관료들이 큰 틀에서 합의하고 있었던 방향이었다. 요컨대 유신체제는 정치적 영역은 물론 경제영역에서조차 자유주의의 거센 도전에 직면한 형국이었다.

제2장

개신교 민주화·인권 운동의 확산

제1절 3·1민주구국선언 사건과 개신교

1976년 3월 1일 명동성당에서 3·1절을 기념하여 미사가 열렸다. 2부로 나뉘어 진행된 이날 기념미사는 전국에서 올라온 20여 명의 가톨릭 사제들이 공동집전하고, 신·구교 관계 인사가 참석한 가운데 개최되었다. 제1부에서는 강론을 담당한 김승훈 신부가 한국사회가 당면하고 있는 제반 문제 즉, 유신헌법의 억압성, 사회기강 문란, 심각한 경제 문제 등을 극복할 수 있도록 기도하였다. 제2부에서는 신·구교 합동기도회가 개최되어 문동환 목사가 설교했고, 이어 문정현 신부가 김지하 시인 구명을 호소하는 어머니의 편지를 낭독하였다. 뒤이어 서울여대 이우정 교수가 "민주구국선언서"를 낭독하였다.(한국기독교교회협의회 인권위원회 편 1987b, 684~685) 이른바 '3·1민주구국선언 사건'(명동 사건)이 일어난 것이다. 이 선언에는 함석헌, 윤보선, 정일형, 김대중, 윤반웅, 안병무, 이문영, 서남동, 문동환, 이우정 등 대표적인 재야인사들이 서명하였다. 이 선언문에는 국민의 자유를 억압하는 긴급조치를 철폐할 것, 민주주의를 요구하다가 투옥된 민주인사들과 학생들을 석방할 것, 국민의 의사가 자유롭게 표명될 수 있도록 언론·

집회·출판의 자유를 국민에게 돌릴 것, 의회정치를 회복할 것, 사법권을 독립시킬 것, 지상의 과업인 민족통일을 위해 민주역량을 기를 것 등의 내용이 담겨 있다. (함석헌 외 1976)

유신체제는 긴급조치를 통해 반독재민주화투쟁을 봉쇄하고자 했지만, 긴급조치라는 강압만으로 반독재민주화투쟁의 확산을 막을 수는 없었다. 이 시기 재야세력들은 3·1절과 같은 경축일에 유신에 반대하는 선언을 발표하는 식으로 투쟁의 물꼬를 이어가고자 하였다. 긴급조치 9호 선포와 유신정권의 공세 앞에서 별다른 대응을 하지 못하고 1975년을 보낸 뒤 새해를 맞이하게 되자 민주인사들은 상황을 타개할 방안을 모색하기 시작하였다. 이러한 분위기 속에서 문익환 목사를 중심으로 한 재야인사들이 3·1절을 계기 삼아 새로운 전환점을 마련하고자 시도한 것이 '3·1민주구국선언 사건'이다. 결국 긴급조치 9호로 인해 일정 기간 위축되었던 민주화운동이 긴급조치 발동 9개월 만에 이 사건을 계기로 재개되었다. (민주화운동기념사업회 연구소 2009, 182)

이 사건이 한국 민주화운동 일반뿐만 아니라 개신교 민주화운동에서도 중요한 의미를 갖는 이유는 이 사건의 주요 관련자들, 즉 "민주구국선언서" 작성을 주도한 문익환·문동환·이우정·서남동·안병무·이문영·함석헌 등이 당시 모두 갈릴리교회라는 이름의 평신도 교회에 소속되어 함께 활동하고 있었기 때문이다. (고지수 2019, 602~603) 실제로 검찰은 '3·1민주구국선언 사건'을 일부 재야인사들이 '민주회복국민회의' 또는 '갈릴리교회' 등의 불법단체를 만들어 "정부전복을 선동"하여 발생한 것으로 발표했다. (경향신문, 1976/3/11) 갈릴리교회는 문동환, 안병무, 이문영, 이우정 등이 고난 받는 자들의 연대를 확인할 수 있는 모임을 만들자는 취지에서 1975년 8월 17일 설립되었다. 갈릴리교회 예배에는 집을 강제로 철거당한 빈민들, 억울하게 해고된 노동자들, 구속자 가족 등이 참석했다. 예배에는 고난의 현장들에 대한 고발과 보고가 이어졌고, 이들을 위한 기도가 이루어졌다. 검찰은 갈릴리교회를 정부전복을 선동하는 불법 정치집단으로 규정했지만, 갈릴리교회는 유신체제 하에서 고통받는 이들을 위로하는 모임이자 연대의 공간이었다. (한국기독교교회협의회 인권위원회 1987b, 681~684)

재야인사들의 "3·1민주구국선언" 선포는 1976년 3·1절의 평범한 미사로 넘어갈 수도 있었다. 검찰에 의해 이날의 미사는 하나의 '사건'이 되었다. 1976년 3월 10일 서울지검은 '3·1민주구국선언 사건'을 '정부전복선동 사건'으로 규정하고, 이 사건의 주동자들은 "'민주회복국민회의' 또는 '갈릴리교회' 등 종교단체 또는 사회단체를 가장한 불법 단체"를 만들었으며 "민중선동에 의한 국가변란을 획책"했다고 발표했다. (동아일보, 1976/3/11) 문익환, 함세웅, 김대중, 문동환, 이문영, 서남동, 안병무, 신현봉, 이해동, 윤반웅, 문정현 등 11명이 구속되었고, 함석헌, 윤보선, 정일형, 이태영, 이우정, 김승훈, 장덕필, 김택암, 안충석 등 9명이 불구속으로 입건되었다.

3·1민주구국선언 선포의 '사건화'는 곧바로 커다란 사회적 파장을 불러왔다. 서울대, 한양대, 중앙대, 이화여대 등의 각 대학에는 선언문이 배포되었다. 그리고 개신교, 천주교 등 종교계를 중심으로 "민주구국선언" 발표자들의 행위가 정당하며, 처벌 조치가 가혹함을 지적하는 성명이 이어졌다. 1976년 4월 12일에는 NCCK 인권위원회가 '3·1민주구국선언 사건'과 관련하여 '고난 받는 인권을 위한 기도회'를 개최하였다. 이 기도회로 조남기 목사 등 5명이 연행되기도 하였다. 4월 22일 한국기독교장로회 전남노회는 당국의 발표가 사실이 아니라는 내용의 성명서를 발표하였다. 이들은 결의문에서 "3·1절 기도회는 그들의 민족적 애국심과 신앙·양심에 입각한 순수한 종교행위로서의 신앙고백임을 믿는 바이며, 결코 정부 전복의 음모가 아님을 확신한다"고 밝혔다. 더불어 전남노회는 유신헌법을 철폐하고 민주헌정을 회복하자고 주창하였다. (민주화운동기념사업회 연구소 2009, 223~224)

제2절 한국기독청년협의회(EYC) 결성과 기독교 청년운동

개신교 청년운동세력은 1960년대 말부터 형성된 개별 교회의 청년회·대학생회들이 주축이 되어 1971년 3월 결성한 서울지구교회청년협의회(교청)와, 1971년 4월 교청·전국신학생연합회·KSCF가 공동으로 결성한 '민주수호기독청년협의회' 등을 중심으로 민주화운동을 시작하였다. 특히 1973년 봄의 '남산 부활절 연합예배 사건'은 개신교 청년운동이 급속히 활성화되는 계기로 작용하였다. 그리고 개신교 청년들은 민청학련 사건으로 청년운동 주역들이 대거 구속되는 이듬해 봄까지 적극적으로 조직을 확대시키면서 민주화운동에 나섰다. (강인철 2009, 378)

1974년 11월 21일 새문안교회 대학생회가 작성한 「기독학생구국선언」에는 "광주단지에서, 송정동 청계천변에서, 탐진강 수해지역에서 지금도 굶고 있는 예수를 어찌 잊었는가?"라고 빈민 문제를 환기시키며 '고난받는 민중'이 곧 예수임을 강조했다. 민청학련 사건 이후 개신교 청년학생들은 유신체제에 대한 비판 의식이 고조되고 있었는데, 이 선언문에서도 확인할 수 있다. 새문안교회 학생들은 '1.망국 유신헌법을 즉각 철폐하라, 2.소수 매판세력만 살찌우는 대외종속적 매판경제를 즉각 청산하라, 3.국민들은 자신의 권리를 찾기 위한 민주적 노력을 완수하라, 4.구속된 학생, 성직자, 애국시민들을 즉각 석방하라, 5.모든 크리스챤들은 그리스도 부름에 응답하여 나아가라'를 주장하며, 유신체제에 맞선 저항을 '하나님 나라 세우기'로 의미부여하고 있었다. (새문안교회대학생회 1974)

개신교 청년운동은 군사정권의 탄압으로 일시적인 침체 국면을 맞기도 하였으나, 1975년 8월 28일 '한국기독교장로회 청년회전국연합회' 재건과 1976년 1월 29일 NCCK 소속 6개 교단 청년들로 구성된 한국기독청년협의회(EYCK: Ecumenical Youth Council in Korea) 창립 등으로 이전의 활력을 되찾았으며, 그 직후부터 대한예수교장로회(통합), 기독교대한감리회 등 한국기독교교회협의회 소속 교단들의 청년회전국연합회들이 진보적 사회참여 지향을 분명히함으로써 대중적 기반을 확대해 나갈 수 있었다.(민주화운동기념사업회 연구소 2009, 378~379)

1970년대 초반부터 KSCF를 중심으로 성장한 기독학생운동의 지도력이 민청학련 사건 등 정치적 억압으로 인하여 학교에서 제적되거나 또는 학교 졸업후 각 교회 청년회에서 활동하면서 1970년대 중반 이후 기독청년운동이 활성화될 수 있었다. 또한 유신개헌과 긴급조치 9호 선포로 학내에서의 공개 활동이 제약당하게 됨에 따라 KSCF의 '교회화' 전략에서 보여지듯이 교회를 기반으로 하는 청년학생운동의 비중이 급격히 증대했다.(김명배 2009, 163)

기독청년협의회(EYC)는 창립총회 성명서에서 청년들은 "다양성 속에서 일치를 모색하고 교단의식을 넘어서는 에큐메니컬 정신을 강조하며 ······ 하나님의 구속사업을 따라 사회정의 구현을 향해 소외된 자와 눌린 자의 인권회복에 앞장서는 동시에 ······ 교회의 민주화를 통한 교회갱신에 앞장선다"고 하여 에큐메니컬 정신에 입각한 사회정의의 실현과 교회갱신을 기치로 내걸었다.(한국기독교사회문제연구원. 1984, 218~219) EYC를 중심으로 전개된 기독청년운동은 정치·사회적 참여, 민중지향성, 교회갱신을 주요한 운동 목표로 설정했다. 1977년 1월 12일에는 기독교장로회 전남노회 청년연합회 주최로 광주 양림교회에서 열린 협의회 중 예배시에 낭독한 '우리의 고백'이 문제되어 청년연합회 임원 등 수명이 연행되어 무수히 구타당하는 사건이 일어났다. 1977년 4월에는 전남지구 EYC와 기청 전남연합회 공동 주최로 광주 YWCA에서 개최된 수난주일연합예배에서 청년들은 "세계 속에 사회정의와 자유, 평화를 외치며 해방을 선포하시려 이 땅에 오신 청년 예수의 발자취를 뒤따르다가 고난받는 믿음의 형제들과 주 안에서 하나되어" 수난주일 신앙고백 및 결의문을 채택하였다. 또한 1)국민의 기본권과 생존권을 억압하는 법의 개혁과 자유민주주의의 회복, 2)교회 사찰 중지와 선교자유의 보장, 3)언론 집회의 탄압 중이, 4)구속인사의 조속한 석방 등을 요구했다.

1977년 4월 24일 서울 향린교회에서 열린 기청서울연합회 주최 부활절 연합예배에서는 '기장청년 77 신앙고백선언'이 발표되었다. 청년들은 "고도성장과 복지국가라는 미명하게 날로 심화되는 부익부 빈익빈의 경제정책, 일인 장기집권으로 빚어지는 독재와 개인 숭배정책이 만국의 원인"이라고 규정하면서 구속자의 석방, 유신헌법 및 긴급조치의 철폐, 현 정권의 퇴진을 외치며 명동까지 가두데모를 벌였다.

예장(통합) 청년들도 1977년 1월 대전선교대회에서 청년들이 "구태의연하고 무사안일주의적인 청년운동을 행해온 것을 반성하고 사회적 불의와 부조리에 대해 예언자적 사명을 다하지 못한 것을 통감"한다며, "산업화 과정에서 소외된 노동자, 농어민, 도시빈민 등 억눌린 민중들에게 복음을 전하고 그들을 갖가지 굴레에서 해방시킴으로써 인간적인 삶을 영위할 수 있도록 하는 선교활동"을 전개할 것 등을 다짐했다. 이들은 종교의 선교과제를 교회일치에 있다며 교회의 단합을 강조했고, "진정한 민주주의가 실현되고 인권유린이 없고 사회정의가 실현되어 죄없이 고통받는 의로운 사람들이 더 이상 생겨나지 않는 사회가 도래하기를" 갈망했다. (예수교장로회청년회 1977)

1978년 8월 전주에서는 기장청년회 전국연합회의가 열렸는데, 대회장소로 행진하던 청년들이 경찰에 의해 무차별 구타 등을 당하고 98명이 연행되자, 청년들은 연행자 전원 석방 등을 요구하며 단식농성을 벌였다. 1978년 8월 23일 EYC는 이 사건과 관련하여 "1)전주 시위 결과 현지 구속 및 입건되어 있는 우리의 형제들을 전원 무조건 석방하라, 2)지난 8월 16일부터 22일까지 기장청년들의 의로운 투쟁으로 인하여 보복조치가 있을 시 이에 엄중 대처한다, 3)우리는 전주에서 있었던 의로운 투쟁의 증인이 되어 최선을 다해 이 투쟁의 경위와 정신을 널리 전파한다"고 선언하는 성명서를 발표했다. (한국기독청년협의회 1978) 이외에도 EYC를 중심으로 한 기독청년운동은 성명서, 기도회, 시위 등의 방법을 통해 1970년대 후반 개신교 민주화운동의 전위 역할을 담당했다. (한국기독교사회문제연구원 1983, 220)

EYC는 내부에 선교, 도시, 산업, 농촌, 문화 등의 분과를 설치하고, 이 분과 활동을 통해 민중문제, 민중운동에 조직적인 접근을 시도하였다. 도시분과는 주로 야학을, 산업분과는 노동운동 관련 사건 지원을, 농촌분과는 농촌교회 청년 대상 교육과 각 교회대학생회 농촌활동을, 문화분과는 탈춤 등 민중문화 계승 발전 등을 분담했다(김명배 2009, 165). 1970년대 후반 기독청년운동은 민중지향성을 잘 보여주었다.

제3절 한국기독자교수협의회 활동

기독자교수협의회는 "대학에서 교육과 학문연구를 하는 이들이 그리스도 신앙의 확신을 깊이하며 복음의 증거를 하는 데" 목적을 두고, "그 목적에 찬동하는 전·현직 기독자대학교수 및 강사와 대학생기독교운동에 종사하는 실무자"를 회원으로 하여 1966년에 창립되었다. 초대회장은 서남동교수가 맡았다. 창립 이후 기독자교수협의회는 '세속화, 현대과학과 신학의 대화, 학생운동, 인간화, 대학의 자율화' 등의 주제에 대해 주제 강연과 분과 토의를 개최했다. (고지수 2018, 245)

기독자교수협의회는 1973년 10. 2 서울대 데모사건 이후 구속 기소에 있던 5명의 서울대생과 3명의 경북대생 및 기타 구류자 등을 포함한 구속학생 석방을 위해 12월 3일 운영위원회 명의의 진정서를 대통령, 국무총리, 법무부장관, 문교부장관에게 제출했다. 1974년 11월 「민주회복국민선언」

에 서명한 안병무, 문동환, 서남동, 이우정 등의 교수들은 학교로부터 경고 조치를 받았다. 1975년 3월 1일 기독자교수협의회는 출옥하는 김찬국, 김동길 교수 환영강연회를 개최하였다. 1975년 6월 한신대 재단이사회는 안병무, 문동환 교수를 해임시켰고, 연세대 재단이사회는 서남동, 이계준, 양인응 교수를 의원면직 조치했으며, 고려대 재단이사회는 이문영, 이세기 교수를 의원면직하고, 김용준, 김윤환 교수를 휴직 조치했다.

1978년 1월 한국기독자교수협의회는 3·1민주구국선언 사건으로 구속되었다가 출옥하는 서남동, 이문영, 문동환, 문익환을 환영하는 강연회를 개최하기도 했다. 1978년 2월 23일에는 출옥한지 얼마되지 않은 이문영 교수가 자택 앞에서 기관원에 의해 강제 납치 연행되는 일이 발생했다. 이문영 교수가 2월 17일 '고난자를 위한 금요기도회'에서 한국인권 현황에 대한 미 국무부 보고서를 비판한 공개서한을 낭독한 것이 연행의 주된 이유였다. 기독자교수협의회는 2월 24일 성명서를 내고, "우리는 미 국무성의 한국 인권 보고서가 한국의 실정을 정확하게 평가하지 못한 점에 대해 심히 유감스럽게 생각한다", "이문영 교수를 무조건 즉각 석방하라" 등의 주장을 천명했다.

1978년 10월 20일 한국기독자교수협의회는 '구속된 교수들을 위한 금요기도회'를 개최했다. 이날 기도회에서는 기독자교수협의회 회원들이 구속된 리영희 교수(『8억인과의 대화』에 대해 반공법 위반 적용), 송기숙 교수(민주교육선언 발표로 긴급조치 9호 위반), 임영천 교수(수업 중 발언 내용에 대해 반공법 위반 적용)를 위해 기도했다.

이어 11월 3일 기독자교수협의회는 '표현의 자유와 언론의 자유를 보장하라, 모든 양심범들을 즉각 석방하라, 폭압적인 연행 구금을 중지하라' 등을 요구하는 성명을 6개 단체와 함께 연명으로 발표했다.

안병무, 서남동, 한완상 등 기독자교수협의회 소속 교수들은 1970년대 민중 개념에 대한 논의를 다각적으로 전개했고, 기독자교수협의회는 해직 교수들의 복직, 구속 교수들의 석방을 위한 노력에 힘썼다.

제4절 민주주의와 민족통일을 위한 국민연합 결성과 개신교

1978년 12월 27일 제9대 대통령 취임식에 맞추어, '3·1민주구국선언 사건'으로 투옥된 지 2년 10개월 만에 사면된 김대중이 참가하면서, 1979년 3월 1일 "이 땅에 민주주의를 평화적으로 재건 확립하고 나아가 민족통일의 역사적 대업을 민주적으로 이룩하기 위한 자발적이며 초당적인 전체국민의 조직을 지향"하겠다는 선언과 더불어 윤보선·함석헌·김대중을 공동의장으로 하는 '민주주의와 민족통일을 위한 국민연합(민주통일국민연합)'이 출범하였다. (김명배 2009, 146)

'민주통일국민연합'은 멀리는 재야 민주인사들이 1974년 발족시킨 '민주회복국민회의'를, 가깝게는 1978년 '민주주의국민연합'을 계승한 조직이었다. '민주주의국민연합'은 윤보선 전 대통령과 문익환 목사 등이 주축이 되어 종교계·학계·언론계·문인·법조인·민주청년·양심수가족과 민주투쟁을 하는 재야세력까지를 총망라하여 막강한 범국민적 반유신독재 연합전선을 구축하여 효율적인 민주화운동을 전개하려 했다. '민주주의국민연합'은 1978년 7월 발기대회도 제대로 하지 못하고 성명전을 중심으로 유신반대 투쟁을 전개하여 왔다. 「민주주의국민연합을 발기하면서」라는 글에서 "허위와 폭력의 체제인 이른바 유신체제라는 것을 그 뿌리에서부터 인정할 수 없으며, 또 거부한다"고 유신체제에 대한 강력한 비판을 드러냈다. 민주주의 국민연합 발기인들은 반독재 민주주의 실현, 반부패특권 민생의 보장, 반매판 민족자주와 민족대단결의 원칙에 입각한 평화적 조국통일을 추구한다는 지향을 밝혔다. 또한 이들은 "노동자들이 벌이고 있는 인간선언, 학생들의 애국적 선언들, 전남대 교수단의 교육선언, 정치범들이 법정과 감옥에서 벌이고 있는 양심선언을 지지한다"고 천명하기도 했다. (민주주의국민연합발기를위한서명인일동 1978)

민주주의국민연합은 1978년 7월 「민주국민선언」에서 당면한 투쟁목표로 1)유신체제의 타파, 2)노동자 농민의 권익옹호운동을 지원, 3)자유언론의 쟁취, 4)모든 정치범의 석방과 복권 등을 내세웠다. 또한 반독재 민주국민의 대연합체 추구, 외세의존의 매판적인 경제질서의 철폐, 민중이 주체가 되는 민족 통일의 실현 등을 지향함을 밝혔다(민주주의국민연합 1978).

민주통일국민연합은 출범과 더불어 1)주권재민의 원리에 입각한 의회민주주의와 산업민주주의의 실현을 통한 민중의 권리와 복지 보장, 2)자주, 민주, 평화를 기본원칙으로 한 민족통일 추구, 3)민주회복을 위한 평화적 투쟁 추진을 공약했다. (민주주의와민족통일을위한국민연합 1979a)

제5절 인권운동 단체들의 출현과 인권운동의 확산

1973년 11월 23-24일 NCCK(한국기독교교회협의회)는 인권문제협의회를 개최하여 '신앙과 인권'을 주제로 강연과 토론을 진행했다. 이 협의회에서는 '인권선언문'을 채택하였는데, 이 선언문은 "인권은 하나님이 주신 지상의 가치이다"로 시작되었다. 협의회는 유신체제 수립 이후 인권이 유린되는 현실 앞에서 교회의 시대적 사명은 인권 확립에 있다고 선언했다. (한국기독교교회협의회 인권문제협의회 1973)

1974년 5월 17일 NCCK 내에 인권위원회가 창설되었다. 창설 당시 인권위원회가 중시하였던 인권 사항은 선교의 자유를 수호하는 것이었다. (손승호 2017, 100~101) 유신개헌 이후에 이어진 목회자들의 구속 사건들에 대응하면서 인권위원회는 실태조사, 모금운동, 법률자문, 목요기도회 개최, 인권선교(인권신학)의 정립을 위한 연구 등 다양한 활동을 전개했다. NCCK 인권위원회가 12월 15일에 작성한 "74년 인권선언문"을 살펴보면, '유신헌법 철폐, 민주정치 회복'이라는 정치적 구호와 더불어 구속자 전원 석방, 오글 목사 추방 명령 취소 등을 요구하고 있다.(한국기독교교회협의회 인권위원회 1974)

1975년 11월 10~12일 수원 말씀의집에서 열린 제2회 인권문제협의회가 '교회와 인권'을 주제로 개최되었다. 여기에서는 '인권과 역사(노명식), 인권과 선교(문동환), 교회와 국가(이문영)'이 각각 강연을 했고, '여성, 사법, 노동, 학원, 언론' 각 분야의 인권 현장을 알리는 시간을 갖기도 했다. NCCK 인권위원회 위원장인 이해영 목사가 결단설교를 했고, 한국신학연구소 안병무는 '성서연구'로 참여했다.(한국기독교교회협의회 인권위원회 1975)

그런데 유신후기에 이르러 NCCK 인권위원회는 선교의 자유나 종교인 박해만을 인권 문제로 다루지 않고, 긴급조치 9호 선포 이후 사회전반에서 일어나는 인권 문제에 대해서 관심을 기울였다. 1976년 1월 인권위원회가 법률구조대상자 중 '1. 경제적으로 가난한 자, 2. 교단, 선교단체에 구조를 청원한 자, 3. 인권신장과 정의구현을 위하여 고난을 받는 자'를 넣은 것은 이러한 변화를 상징적으로 보여준다.(손승호 2017, 123~124)

1977년에 접어들어 교회에 대한 정부의 탄압은 보다 광범위해졌다. 3월 1일 전후 대대적인 연금과 연행이 시도되었고, 4월 13일에는 NCCK 인권위원회의 실무자들이 불법연행되고 사무실이 강제수색당하여 중요 문서들이 압수되었다. 1977년 5월에는 전북 김제 난산교회의 강희남 목사를 반공법 위반혐의로 강제연행하여 구속하는 사건이 있었다. 1977년 7월에는 충남 부여 홍산교회에서 열린 '제11회 나라와 선교자유를 위한 구국기도회'에서

NCCK실행위원인 조용술 목사가 '표리부동'이라는 제목으로 설교를 마친 후 귀가하는 도중 긴급조치 9호 위반혐의로 연행되어 구속 기소되는 일이 있었다.

1977년 말 각계의 민주화 인권운동 단체 연합체인 '한국인권운동협의회' 가 결성되었다. 1977년 12월 5일과 6일 NCCK 주최 인권문제협의회에 참석했던 각계 인사들은 이 모임에서 인권운동을 하는 재야 20여개 단체 간의 연합운동을 활성화시키기로 의견을 모았다. 이에 따라 1977년 12월 29일 '한국인권운동협의회'가 발족되었다. 회장에 한국교회협의회 인권위원장 조남기 목사, 부회장에 천주교정의구현사제단의 김승훈 신부, 총무에 동아자유언론수호 투쟁위원회 안성열 기자, 서기에 김상근 목사 등이 선임되었다. 한국인권운동협의회는 노동자, 농민, 학생, 지식인 등 사회 제분야에서 가해지는 인권침해 사례를 조사하고 수사와 공판과정에서 지원하는 활동을 전개했다. (한국기독교사회문제연구원 1983, 193~194) 이 조직에는 NCCK 인권위원회, 한국교회사회선교협의회, 영등포도시산업선교회, 기독자교수협의회, 기독학생총연맹, 교회여성연합회, 천주교정의구현사제단, 동아투위, 양심범 가족협의회 등 신구교회의 선교단체를 포함한 다양한 조직들이 적극적으로 참여했다. (김명배 2009, 145)

한국 인권운동사의 관점에서 보자면 1970년대 인권운동은 민주화운동의 부문운동으로서 종교적 성격과 함께 '가족운동'적 성격이 강했다고 볼 수 있다. 대표적으로 구속자가족협의회를 중심으로 한 1970년대 인권단체들은 양심수, 고문, 실종, 의문사, 불법구금, 표현의 자유 등 주로 활동가들의 권리를 중요시했다. 인권운동을 수행한 활동가들도 저항적 엘리트들과 그 가족을 중심으로 구성되어 있었다. 즉 "정권의 집중적 탄압 대상이었던 학생, 재야, 지식인, 종교계 인사 등 주로 상층 엘리트들과 그 가족 중심으로 전개"되었고 그 중심적 성격은 "주로 엘리트였던 구속자들에 대한 구명의 운동"이라고 할 수 있다. 대중적 기반을 확보하기 어려울 만큼 반공 이데올로기가 강력했고, 인권운동의 보편성이 시대적 한계를 넘어설 수 없었던 것이다. 그럼에도, 1970년대 인권운동은 '인간의 권리'에 대한 사회적 관심을 제고시키고, 또 그것을 획득하기 위한 실천을 조직함으로써, 국가권력에 의한 인권유린을 폭로하는 중요한 역할을 수행했다고 볼 수 있다. (민주화운동기념사업회 연구소 2009, 512~513)

제6절 크리스챤아카데미 사건

크리스챤아카데미는 1965년에 창립된 이후 대화운동과 중간집단 교육에 전력해왔는데, 비인간화의 요인인 양극화를 극복하는 길로서 중간집단의 육성 강화 계획을 세우고 1974년부터 종교인, 노동자, 농민, 여성, 학생 등 다섯 분야의 사람들을 대상으로 의식화, 활성화, 동력화라는 3단계의 교육프로그램을 실시함으로써 민주화운동의 주체 양성 및 활동가 재교육 차원에서 중요한 역할을 담당하였다. (한국기독교교회협의회 2005, 136) 지식인의 사회적 특성상 대중운동과의 결합 없이 저항운동의 확산과 발전은 기대하기 어려웠고, 크리스챤아카데미는 그러한 한계를 정확히 인지하고 지식인과 대중운동 간부들의 연계를 모색했던 것이다. 크리스챤아카데미는 중간집단교육의 일환으로 1974년부터 노동조합 간부들을 대상으로 한 교육을 지속적으로 실시하는 등 노동·농민운동의 발전에도 기여하였다. (한국기독교사회문제연구원 1984, 363; 민주화운동기념사업회 연구소 2009, 364)

1979년 3월 9일 크리스챤아카데미 여성사회 간사 한명숙이 기관원에게 연행되는 일이 발생했다. 이로부터 한달 동안 25명 이상이 불법 연행되어 2~7일씩 중앙정보부 지하실에서 고문조사를 받았고, 7명은 반공법 위반혐의로 구속되었다. 크리스챤아카데미 농촌사회 간사인 이우재, 황한식, 장상환과 산업사회 간사 김세균, 신인령, 한양대 교수 정창렬 등이 연행되었다. 4월 16일 중앙정보부는 크리스챤아카데미 사회교육원 간사 등이 "불법비밀용공단체를 만들어 북괴노선에 적극 동조하는 불온활동을 해 온 사실을 적발"했다고 발표했다. (동아일보 1979/4/17) 검찰은 이들이 "이우재가 주동이 되어 대한민국의 정치, 경제 등 사회제도를 부정하고 이를 변혁함으로써 소위 '사회주의국가건설'을 실현할 목적으로 1976년 6월부터 1979년 3월까지 지하에 용공서클을 결성"했다고 했다. 또한 이들은 북한 방송을 청취하고 북한에서 발행한 불온책자를 탐독하는 등 공산주의 사상을 배워 농민-노동자-학생-여성 등을 대상으로 비밀조직을 확대해 나가면서 반정부 활동을 선동하며 사회주의 국가건설을 획책했다고 검찰은 주장했다. (조선일보 1979/4/17)

1979년 4월 13일 크리스챤아카데미 사건 구속자 가족 일동 명의의 호소문에는 "6명의 간사들이 공산주의 관계 서적을 읽은 것이 공산주의자로 단정되는 유력한 단서라면 이는 우리 국민이 그야말로 철저하게 봉쇄된 철의 장막 뒤에 우물안 개구리 신세임을 온 세계만방에 고하는 것"이라며, 크리스챤아카데미 간사 6명과 함께 연행된 모든 사람이 모두 무사히 풀려나야 한다고 하며 각계 각층 인사들의 후원을 호소했다. NCCK 교회와사회위원회 및 인권위원회는 4월 17일 연석회의를 개최하고 '크리스챤아카데미 사건에 대한 우리의 견해'라는 성명을 발표했다. NCCK는 크리스챤아카데미는 국내외 교회와의 연관 관계 아래 기독교 정신에 입각하여 각계 지도자들을 위한 사회교육을 추진해왔으며, 크리스챤아카데미 프로그램에 비춰볼 때 용공적인 목적으로 이러한 활동을 해왔다고 볼 수 없다는 입장을 밝혔다. (크리스챤아카데미 사건 대책위원회 1979)

1979년 4월 20일 크리스챤아카데미 사건 대책위원회는 크리스챤아카데미 간사 6명의 연구모임은 자유, 평등, 인간화를 위한 중간집단 육성강화를 목적으로 한 크리스챤아카데미 활동의 일환이며 동시에 기독교 선교의 연장선상에 있는 활동으로 북한과 아무런 관련이 없음을 강조하는 취지의 성명서를 발표했다. 대책위는 크리스챤아카데미 간사들과 같은 인사들에게는 공산권 자료 및 책자를 검토하고 평가할 수 있는 자유가 부여되어야 하며, 특히 노동자, 농민, 여성의 권익을 위해 일할 사람들을 교육하는 교수들의 경우 최대한의 학문의 자유가 보장되어야 한다고 했다. 이러한 입장에서 6인의 간사가 사회주의 사상의 서적을 소지하거나 읽었다는 이유로 이들을 공산주의자로 간주하거나 반공법 위반으로 구속하는 것은 부당하다고 주장했다. (크리스챤아카데미 사건 대책위원회 1979) 크리스챤아카데미 사건 대책위원회는 1979년 5월 25일 구속자 가족들에 대해 당국이 불법연금을 자행하는 점에 대해 경악과 분노를 표하며 규탄 성명을 발표했다.

NCCK는 1979년 8월 18일 발표한 성명서에서 중앙정보부의 잔악한 고문사태가 폭로된데 놀라움과 분노를 금할 수 없다면서 고문에 의해 조작된 사건이 당국에 의해 일방적으로 발표되어 재판을 통해 사실이 판명되기 전에 매스콤을 총동원하여 조작된 허위를 선전하여 국민을 오도하는 것에 대해 유감을 표명했다. 또한 중앙정보부의 고문과 사건조작에 엄중히 항의하면서 고문으로 조작된 기소는 무효임을 선언했다. (한국기독교교회협의회 1979)

1979년 9월 22일 서울형사지방법원은 크리스챤아카데미 간사 이우재에게 반공법을 적용해 징역 7년에 자격정지 7년을, 관련 피고인 5명에게는 징역 및 자격정지 4년에서 2년까지를 각각 선고했다. 한양대 교수 정창렬에게도 반공법을 적용해 징역 및 자격정지 1년 6월을 선고했다. (동아일보 1979/9/22) 1979년 12월 29일 피고인 이우재 외 5인과 변호인 이돈명 외 5인은 서울형사지방법원으로 항소이유서를 제출했고, 1980년 1월 30일 서울

형사지방법원은 크리스챤아카데미 사건 피의자들에 대한 항소심 판결을 선고했다. 재판부는 "이들이 비밀서클을 조직했다는 것만으로는 반국가 이적단체를 구성했다고 볼 수 없다"고 일부 원심을 하기하면서도 불온서적 탐독 부분에 대해서는 반공법 위반을 인정하는 판결을 내렸다. 이우재는 징역 및 자격정지 5년을, 한명숙은 징역 및 자격정지 2년 6개월을, 장상환과 신인령은 징역 및 자격정지 2년을 각각 선고받았다. 크리스챤아카데미 간사에게 불온서적을 빌려준 혐의를 받았던 정창렬과 크리스챤아카데미 농촌사회간사 황한식에게는 "해당 전공과목 및 인접사회과학에 대한 연구를 수행하고자 창작물을 복사 보관한 것은 북괴나 국외공산계열을 이롭게 한 것으로 볼 수 없다"며 무죄를 선고했다. (조선일보 1980/1/31) 1980년 6월 4일 상고심에서 대법원은 피고인 7인의 상고를 모두 기각하고 원심 판결을 그대로 확정했다. (조선일보 1980/6/5)

제7절 YWCA 위장결혼식 사건

1979년 10월 26일 박정희 대통령의 서거로 박정희정권은 종말을 고하게 되었으나, 유신헌법은 계속 효력을 발휘하고 있었다. 11월 10일 최규하 대통령 권한대행은 유신헌법이 정하는 절차에 따라 대통령 선거를 실시하여 새로 선출되는 대통령에게 정부를 이양한다는 것을 주 내용으로 하는 특별담화를 발표했다. 그는 새 대통령이 빠른 기간 내에 개헌을 추진하는 것이 좋겠다는 의견을 덧붙였다. (동아일보 1979/11/10) '민주주의와 민족통일을 위한 국민연합'은 11월 12일에 "유신체제를 사실상 계속하겠다는 최대행의 담화는 YH사건, 부산과 마산의 민중봉기에서 분명히 나타난 국민의 민주주의의 열망을 전혀 배반한 것"이라며, 최규하 권한대행의 즉각 사퇴와 거국민주내각 구성, 과도정부 수립, 새로운 민주헌법 제정을 실시해야 한다고 주장했다.(민주주의와민족통일을위한국민연합 1979b)

11월 13일에는 해직교수협의회, 조선자유언론수호투쟁위원회, 자유실천문인협의회, 동아자유언론수호투쟁위원회, 민주청년협의회(이하 민청협)가 공동 명의로 '나라의 민주화를 위하여'라는 성명을 발표했다. 이들 단체들은 '민주주의와 민족통일을 위한 국민연합'의 성명을 지지한다면서 그에 덧붙여 긴급조치 9호와 계엄령의 즉시 해제, 언론자유와 의사표시의 자유 보장, 모든 양심범의 무조건 석방 및 복권 등을 요구했다.(해직교수협의회 외 1979)

유신체제의 종식을 위해 투쟁해온 민주화운동 세력의 염원과는 달리 10.26사건 이후의 상황은 사실상 박정희 없는 유신체제의 유지의 방향으로 흘러가고 있었다. 10월 27일의 비상계엄령 선포와 통일주체국민회의의 체육관 선거로 대통령을 선출하겠다는 최규하 대통령권한대행의 담화 발표에 대해 민주화운동 세력은 강력히 반발했다. 그러한 반발의 표출이 바로 1979년 11월 24일에 발생한 'YWCA 위장결혼식 사건'이었다.

이날 서울 명동 YWCA 강당에서는 함석헌 주례로 신랑 홍성엽, 신부 윤정민의 가짜 결혼식이 이루어졌다. 신랑 홍성엽은 민청협 운영위원이었고, 신부는 윤정민은 윤형중 신부의 성인 '윤'을 쓰고 '민주 정부'의 앞글자를 따서 순서를 바꾼 '정민'을 조합한 가상인물이었다. 이 사건은 1978년 11월에 출범한 '민청협'이 주도적인 역할을 맡아 조직될 수 있었다. 민청협의 전신은 1978년 5월 발족된 '민주청년인권협의회'로 이 단체는 민청학련 사건과 긴급조치 위반으로 각각 구속되었다가 풀려난 김병곤과 김봉우가 재구속되면서 민청학련 사건 관련 출소자들과 민주화운동 과정에서 탄압을 받았던 청년들이 결성한 조직이었다. 그해 11월에는 본격적인 정치투쟁조직을 지향하는 의미에서 '인권'을 떼고 '민주청년협의회'로 단체명을 바꿨다. 창립 당시 민청협은 조성우가 회장을, 이명준과 최열이 부회장을, 문국주가 총무를, 김경남·양관수·홍성엽·이우회·이신범 등이 운영위원을 각각 맡고 있었다. 또한 윤보선·함석헌·문익환·이문영·박형규·천관우·계훈제·백기완·함세웅·조화순 등을 지도위원으로 삼아 '민주주의와 민족통일을 위한 국민연합' 등과 긴밀한 관계를 맺고 있었다. (조성우 2018, 517~519)

민청협이 YWCA 위장결혼식 사건을 조직했던 이유는 통일주체국민회의 대의원(통대)의 체육관 선거로 대통령을 선출하는 것을 저지하고 민주화를 촉구하기 위해서였다. 당시 비상계엄령으로 공개적인 집회를 개최할 수 없는 상황이었기에 결혼식을 위장한 집회를 열었던 것이다. 유신헌법 폐지와 민주화를 열망하는 700명 이상의 인사들이 하객으로 결혼식장에 모인 가운데 신랑 홍성엽이 입장하였고, 그와 동시에 준비된 여러 유인물들이 배포되었다. 통대에 의한 대통령 선출을 반대한다는 취지문이 낭독되었고, 새로운 민주정부 수립을 위해 각계각층의 대표들이 주도하는 거국 민주 내각을 구성할 것을 요구하는 '거국 민주 내각을 위한 성명서'가 통대선출저지국민대회 명으로 살포되었다. (통대선출저지국민대회 1979) 이들은 성명서에서 거국 민주 내각이 "유신만이 살 길"이라고 떠들던 유신잔당들을 배제하고 각계 각층 민중을 공정하게 대표할 수 있는 인사들로 구성되어야 한다고 주장했다.

사회를 맡은 기독교청년협의회 김정택 회장이 '통대선출 반대', '거국 내각 구성 촉구' 등의 구호를 외치는 순간 결혼식장에 계엄군이 들이닥쳐 이들을 연행하기 시작했고, 이런 상황을 예상하고 따로 모인 서울 시내 코스모스백화점 앞에 모인 300여 명은 '유신철폐'와 '통대선거 반대', '직선제 실시'등을 외치며 가두시위를 벌였다.

계엄사령부는 포고령 위반으로 집회 참석자 96명을 검거했고, 이 중 18명을 군사재판에 회부했다. 계엄사령부는 "YWCA에서 결혼식을 가장, 불법

집회를 가진 것은 정국의 주도를 기도한 윤보선 씨의 배후조종과 일부 반체제활동 인사들의 지원을 받은 제적학생 중심의 민주청년협의회를 비롯, 기독교청년협의회(EYC) 등이 주동이 돼 일으킨 사건"이자 "유신체제의 조기종식으로 헌법개정과 개인적 신분의 제약 해소를 기도하고 나아가 집권까지 기대하는 환상세력이 주도한 …… 불법집회"였다고 밝혔다. (경향신문 1979/12/27) 이 사건으로 재판을 받게 된 사람은 윤보선(전 대통령), 함석헌(씨알의 소리 대표), 이우회(민청협 회장 대리), 최열(민청협 부회장), 양관수(민청협 상임위원), 홍성엽(민청협 운영위원), 강구철(민청협 운영위원), 김정택(한국기독청년협의회 회장), 이상익(한국기독청년협의회 총무), 권진관(한국기독청년협의회 간사), 박종열(한국기독학생총연맹 간사), 최민화(밀물출판사 대표), 박종태(전 공화당 국회의원), 양순직(전 공화당 국회의원), 백기완(백범사상연구소 소장), 임채정(전 동아일보 기자), 김병걸(자유실천문인협회대표) 등이었다. 김정택, 이상익, 권진관, 박종열 등이 구속되어 재판을 받게 된 것에서 알 수 있듯이 이 사건에는 개신교 청년들이 조직적으로 참여했다.

1심 공판 최후진술에서 김정택은 "YWCA 집회에 본인은 크리스챤으로서 교회측의 참여를 원래 왔습니다"라며 개신교 청년들이 유신체제의 종식을 위해 행동에 나섬으로써 교회가 어떠한 입장을 취해야 하는지를 분명히 할 것을 촉구하고 싶다고 밝혔다. 이상익은 "나는 민청학련 사건으로 구속, 석방된 이후 왜 우리 역사는 이렇게 비참한가 애통하면서 하나님 앞에 기도했습니다. 앞으로도 나는 내게 하나님께서 부여한 생명이 다할 때까지 크리스챤의 양심에 따라 행동할 것입니다"라는 각오를 밝혔고, 보안사에서 심한 폭행을 당한 사실을 재판정에서 증언하기도 했다. 권진관은 "이번 YWCA 사건에 기청협에서 참여한 것이 한국교회사에 있어 중요한 것이라 생각하며 또한 자랑스럽게 생각합니다"라며, 그리스도를 대신하여 민중에게 그의 말을 전달하는 사명을 자신은 기독청년으로 행한 것이라고 YWCA

위장결혼식 참여 의도를 밝혔다. (이우회 외 1980) 1980년 8월 26일 대법원은 YWCA위장결혼식 사건 피고인 전원의 상고를 기각하여 2심 군사재판에서 받은 형량(징역 10월~징역 3년)이 확정되었다. 이 사건은 10·26사건 이후에 개신교 청년들을 포함한 민주인사들이 유신체제의 종식과 민주화 실현을 위해 어떻게 노력하고 있었는지를 잘 보여준다.

◆제3장◆
개신교 민중운동의 성숙

제1절 민중 생존권 투쟁의 고양과 개신교계의 대응

박정희 정권의 수출주도형 산업화 전략은 노동자들의 저임금 장시간 노동에 기반한 것이었다. 1970년대 노동상황을 비참하게 만든 것은 박정희 정권의 경제개발정책과 이에 따른 각종 정책적 법적 제약이었다. 게다가 어용화된 노동조합은 노동자를 위해서보다는 사용자의 충실한 동반자 역할을 더 많이 수행하여 노동조건을 개선하기 위한 노동자들의 투쟁을 방해하고 무력화시키는 기능을 했다. 민주노조 건립에 나선 노동자들은 정보·사찰기관원들의 감시를 받았고, 노동쟁의가 있는 곳에는 정보부 요원과 기동경찰대가 어김없이 동원되어 최소한의 생존권을 부르짖는 노동자들을 폭력으로 해산시켰다.

1977년을 기점으로 노동자, 농민운동은 새로운 단계로 진입하기 시작했다. 이 무렵부터 노동자, 농민들의 운동은 각 현장 범위를 넘어서서 기존의 지식인들에 의한 인권운동과 연결되면서 단순한 경제 투쟁에서부터 정치 투쟁적 성격으로 전환되어 갔다. 한국노총, 노동청 등에 호소해 보아도 지원받을 수 없었던 노동자들은 도시산업선교회나 인권운동 단체의 지원 속에서 자신들의 권익을 지키는 방법을 모색할 수밖에 없었다. 민중 생존권 투쟁의 전개과정에서 노동자, 농민 등이 겪은 탄압은 반인권적 성격을 지 녔고, 이로 인해 인권 문제와 함께 정치화되었다. 도시산업선교회와 개신 교계는 이들의 투쟁을 실질적으로 조직화하는 역할을 맡았고, 민주노조운 동 등에 대한 반인권적 탄압 등을 문제시하며 적극적으로 대응했다.

제2절 도시산업선교회와 민주노조운동

도시산업선교회는 여성노동자들을 중심으로 소그룹 활동을 이끌어 노 동자들의 문화 활동과 노동자로서의 의식화 교육을 병행해 갔다. 도시산업 선교회 실무자들은 노동자들에게 무엇을 가르치기 전에 그들과 함께 먹고, 같이 살고, 같이 웃고 웃으며, 노동자들의 자기정체성을 깨우치는데 온 힘 을 기울였다. 도시산업선교회 실무자들의 헌신적인 노력은 이들과 노동자 들 사이의 강한 유대감과 신뢰를 형성하는 기반이었다. 실무자들과의 대화 과정에서 노동자들은 자신들이 공장에 다니는 가난하고 초라한 여성이 아 니라, 사회의 중요한 밑거름이 되는 존재이며, 부조리를 고칠 수 있는 힘도 가지고 있다는 사실을 깨닫기 시작했다.

도시산업선교회는 1970년대 민주노조 조직화와 노동운동의 전개 및 지 원에 큰 영향을 끼쳤다. 1970년대 후반 노사협의제가 확산되면서 노사분규 가 발생했을 경우 노동자들이 경영주와의 협상에서 쉽게 패배하는 현상이 발생했는데, 도시산업선교회 실무자들이 이러한 상황에 노동자들이 대응 하는 것을 돕기 위해 적극적으로 개입하곤 했다. (장숙경 2013, 251~252)

영등포산업선교회는 1976년 남영나일론 임금인상요구 파업, 1977년 인 선사 노조투쟁과 방림방적 체불노임받기 투쟁, 1978년 대일화학 노조정상화투쟁, 진로주조 근로자들의 임금인상 투쟁, 대동전자 근로조건 개선 투쟁, 대한방직 연장근로수당 받기 투쟁, 1979년 해태제과 8시간 노동투쟁 등을 지원했다. (장숙경 2013, 244~251) 1977년 2월 방림방적 노동자들은 '정시출근과 정시퇴근 보장, 주 1일 휴식 보장, 노동자 구타금지' 등 14개항의 요구조건이 적힌 진정서를 노동청장과 방림방적 사장에게 발송했다. (방림방적주식회사진정근로자일동 1977) 그러나 사측은 이를 주도한 노동자들을 해고하거나 부서이동 조치를 단행하는 등 탄압과 박해를 가했다. 이에 영등포산업선교회는 회사에 공문을 발송하여 노동자들의 요구를 수락하도록 촉구했고, 노동자들의 무임노동에 대한 체불임금 문제를 제기하며 노동자들을 지원했다. (장숙경 2013, 247)

1970년대 인천도시산업선교회는 '노동자 의식화 훈련', '노동조합 지도자 훈련', '평신도 지도자 훈련', '노동조합 조직 활동', '조합원 교육' 등의 다양한 교육프로그램들을 운영하면서 노동자들이 노동운동에 참여할 수 있도록 이끌었다. '노동자 의식화 훈련'은 '노동학교'라는 이름의 교육과정이었는데, 노동학교는 1975년까지 70기에 걸쳐 4,000여 명의 수료생을 냈다. 노동학교의 주요 교육내용을 살펴보면, 다음과 같다. (인천도시산업선교회 1975a)

(1) 기독교인은 왜 노동운동을 해야 하나
(2) 노동조합의 이념
(3) 노동조합법
(4) 노동조합 조직과 운영
(5) 조합원의 역할과 임원의 역할
(6) 민주주의와 노동조합
(7) 노동조합의 당면문제 중심의 토의 계획

'노동조합 지도자 훈련'은 단위노조의 요청에 따라 노조문제를 중심으로 한 문제해결을 위한 간부교육, 민주적 조합운영과 조합의 단결력 강화 등을 목표로 실시하는 것이었다. 이 과정에서는 '1)지도자의 자세, 2)오늘의 경제동향(국내외), 3)노동 제법과 관계법, 4)단위노조의 당면문제 분석, 5)단위노조의 당면문제 대책수립' 등의 교육이 진행되었다. 이 과정에서 1975년까지 동일방직, 반도상사 등 11개 사업장 단위노조 조합지도자 198명을 교육시켰다.

'평신도 지도자 훈련'은 이미 인천산선에서 교육을 받은 경험이 있는 각 공장의 평신도 지도자들을 재훈련하여 노동자 스스로 자율적으로 산업선교 활동에 참여하도록 하는 교육과정이었다. 1975년 무렵은 교육기간이 6개월이나 되었는데, 평신도 지도자 훈련 프로그램은 다음과 같았다.

(1) 하나님은 누구인가

(2) 예수 그리스도는 어떤 분인가

(3) 교회의 시작과 사명은 무엇인가

(4) 크리스챤은 누구인가

(5) 크리스챤의 책임과 사명(공장에서, 사회에서)

(6) 노동조합은 왜 필요한가

(7) 세계 신학의 동향

(8) 세계노동운동사

1977년 9월 10일부터 11월 12일까지 3개월간 매주 토요일 저녁 8시부터 11시까지 화수동 인천산선에서 11개 공장의 25명 노동자들 참석 하에 '평신도 지도자 훈련'을 운영했는데, 그 교육 내용은 다음과 같다. (인천기독교도시산업선교회 1977)

1977년 인천도시산업선교회 평신도 지도자 훈련 프로그램

회차	주 제	강 사(발표자))
1	산업선교의 역사, 이념 및 그 전망	조화순 목사(인천산선)
2	노동조합의 중요성과 그 역할	안광수 목사
3	노동운동가로서의 자세	김경락 목사
4	노동조합투쟁의 결실들 - 사례발표 및 토의(1) 최근 사례들	방용석 지부장 실무자 전원
5	노동관계법 해설(1)	황영환 선생(인천산선)
6	노동경제	장명국 선생
7	노동관계법 해설(2)	황영환 선생(인천산선)
8	노동운동의 역사 - 사례발표 및 토의(2) 역사적 사례	이창식 선생(인천산선) 실무자 전원
9	한국노동운동의 오늘과 내일	장동찬 선생
10	총평가회, 폐회식	강사 및 실무자 전원

1975년에는 신학적인 주제들 속에 노동조합의 필요성이나 노동운동사가 끼어들어 있었던데 반해, 1977년에는 노동조합과 노동운동에 관한 내용의 거의 대부분을 차이하는 것으로 변화된 것을 확인할 수 있다.

인천도시산업선교회는 인천지역 여성노동자들을 중심으로 소그룹을 운영하였는데, 조화순 목사와 최영희 간사는 "소그룹 활동으로 의식화시키는 교육과 자치활동 능력을 길러주고 조직된 조합이 올바른 방향으로 나게 하는 견제세력이 되고 또한 미조직 공장은 이 소그룹을 통해 조합을 조직한다"는 분명한 목적 지향을 갖고 있었다. 소그룹 활동을 통해 노동조합이 이미 조직된 회사에서는 상임집행위원 간부를 배출하게 하고, 노조가 미조직된 공장은 소그룹 출신 노동자를 통해 노동조합을 조직할 수 있게 했다. (인천도시산업선교회. 1975b)

여기서는 산업선교 직장여성부가 담당했던 넝쿨클럽에 대해 살펴보도록 하겠다. 넝쿨클럽의 목적은 '1)노동운동 2)생활운동 3)자기훈련 4)선교훈련을 실시하여 이웃사람과 회원 상호간에 친목을 도모한다'고 밝혀져 있다. 인원은 15명 이내로 인천도시산업선교회에서 주 1회의 정기모임을 가졌다. 넝쿨클럽은 일지(日誌)를 작성했는데, 1973년에 작성한 일지를 살펴보면 이 클럽의 활동이 어떠했는지를 엿볼 수 있다. 1월 정기총회에서는 넝쿨클럽의 임원진(회장, 총무, 회계, 서기, 오락부장)을 선출했다. 회원들은 토론을 통해 한달 생활의 규칙을 정하고, '신년파티, 시사문제 토론, 이성교제 토론'을 위해 각각 담당 회원을 정했다. 1월 26일에는 노동시장과 실태조사서를 작성하고 원고를 낭독했으며, 시사문제에 대해 토론했는데 '대체적으로 대통령의 권리가 많은 (점 등) 여러가지 이야기'를 나누었다고 했다. 회원들의 생일에 맞춰 생일파티를 하고, 회원들의 관심사인 연애담에 대해 이야기를 나누는 등 친목을 도모하면서 최영희와 이옥경은 노동문제에 대한 강의와 토론을 주도했다.

4월 6일에는 노조 간부를 초빙해 '노동조합 결성 경위와 노조 결성에서 여성의 역할'에 대해 이야기를 나누었다. 4월 13일에는 "누가 김진수를 죽였나"라는 글을 회장이 낭독하고, 최영희는 '4·19혁명 이야기'를 주제로 토론을 이끌었다. 4·19혁명 토의는 다음주에도 이어졌고, 그다음 주부터 5월 한 달간은 '5·16혁명'에 대해서 최영희가 토의를 이끌었다. 8월 1일에는 조화순 목사가 시사 문제에 대해 이야기를 했고, 일지 서기는 조화순 목사의 강의를 듣고나니 "말할 수 없는 수많은 문제들이 분노를 느끼게 함"이라고 기록하였다. 하지만 이 무렵 넝쿨클럽은 탈퇴자가 늘어나 다소 어수선한 분위기였다. 8월 22일에는 동일방직 주길자 지부장을 초빙하여 강좌를 개최했다.

넝쿨클럽은 가벼운 친목 모임의 성격을 갖고 있었지만, 인천산선 실무자들은 노동문제와 시사문제를 중심으로 노동자들이 처한 여러 어려움들과 정치 사회적 문제들에 대해 각성할 수 있도록 이끌었다. 최영희 등 실무진은 노동자들의 숙명론적 사고를 깨도록 하면서 "지금 자신의 공장에서의 생활과, 공장의 생활을 떠나 국민의 한 사람으로서의 생활은 어떠한가, 사회적으로 받고 있는 대우는 어떠한가" 등을 질문하여 소그룹 노동자 스스로 답을 찾아가도록 이끌었다. 실무진이 노동문제에 대해 소그룹에서 교육시킨 내용은 다음과 같은 것들이었다.

(1) 기업가, 관리자, 노동자의 개념은 무엇인가
(2) 노동자의 생성과정
(3) 우리에게 주어진 권리는 무엇인가?
(4) 정치, 사회적으로 받고 있는 대우는 어떠한가?
(5) 노동자들의 활동상(외국 노동운동사, 한국 노동운동사)

클럽의 정치성은 여성노동자들의 탈퇴를 낳았고, 클럽활동을 통해 사회의식을 갖게 된 노동자들과 그렇지 않은 노동자들 사이에 보이지 않는 갈등도 있었다.(인천도시산업선교회 1973) 이 과정에서 클럽회원들은 소수 정예화 되었고, 노동자들의 현실에 대한 각성과 정치의식 수준이 높아졌다.

민주공화당은 현 체제를 넘어뜨리기 위해 활동하는 반체제 인사의 핵심으로 "기독교나 천주교계의 일부 대학생들, 한국기독교장로회를 중심으로 한 NCC 계의 일부 목사들, 천주교정의구현사제단의 소장 신부들, 그리고 야당과 몇몇 재야 인사들"을 지목했다. 민주공화당은 이들 목사와 신부들이 선교활동을 빙자하여 노동자, 농민에게 계급투쟁의식을 주입시키고 있고, 동일방직 사건, YH노동자 사건, 해태제과 노동자들의 시간외 근무 집단 거부 등이 모두 도시산업선교회의 '불순한' 배후 조종으로 인한 것이라고 단정했다. 더 나아가 해방신학의 영향을 받은 종교인들은 자본주의체제를 부정하고 사회주의 사회를 건설하겠다는 '불순세력'이라고 위험시했다. NCCK와 각 교단에서는 도시산업선교회에 대한 용공음해 조작 등을 반박하는 성명서를 제출하며 대응했다.

제3절 동일방직 여성노동자들의 투쟁과 개신교계의 지원

인천도시산업선교회 역시 인천, 부평 공단 지역 노동자들의 민주노조운동을 조직하는 데 중요한 역할을 담당했는데, 그 대표적인 사례는 1976년 나체시위로 시작되어 1978년 인분투척 사건, 이후의 해고노동자 복직투쟁으로 이어진 동일방직 여성노동자들의 민주노조수호투쟁이었다. 인천도시산업선교회 조화순 목사는 동일방직 여성노동자들의 소그룹 활동을 이끌었고, 여성노동자들로 하여금 권리의식을 가질 수 있도록 도왔다. 그 결과 동일방직 노조 대의원 41명 중 29명이 여성으로 바뀌게 되었고, 1972년 한국 최초의 여성지부장을 선출하고 여성집행부를 구성했다. 나체시위와 인분투척 사건은 여성이 민주노조를 세우는 데 대해 남성 중심 어용노조 등을 통한 사측의 방해활동이 얼마나 극렬했는지를 잘 보여준다.

1972년 5월 10일 동일방직 정기대의원대회는 한마디로 여성노동자들의 반란이라고 할 수 있었다. 한국 노동조합 역사상 최초로 여성 지부장이 배출될 수 있었던 것은 인천도시산업선교회의 소그룹 활동 덕분이었다. 지부장 뿐만 아니라 노조 집행부도 처음으로 여성노동자들이 장악했다. 인천산선에서 교육을 받은 여성노동자들이 동일방직 노동운동의 주체로 나서게

된 것이었다. (장숙경 2013, 114~115)

1976년 2월 6일 대의원 선거를 계기로 이영숙 지부장이 선출되었고, 회사측은 집행부를 바꾸고자 위협과 압력을 행사했기에 대의원대회가 제대로 개최될 수 없었다. 1976년 7월 23일 민주노조를 사수하려는 여성노동자들과 이를 저지하려는 남성 직원들 사이의 싸움 속에서 사측은 경찰을 동원하여 노조 지부장 이영숙과 총무 이총각을 연행하도록 했다. 이런 상황에서 고두영 등 사측 대의원들은 강당 문을 잠그고 대의원대회를 강행하여, 고두영을 지부장으로 선출했다. 이 소식이 전해지자 800여 명의 노동자들이 이영숙 지부장 석방, 대의원대회 무효화, 노조탄압 중지 등을 요구하며 파업을 전개했다. 이틀 후인 7월 25일 전투경찰이 출동하여 농성노동자들을 강제 해산시키려 하자 겁에 질린 여성노동자들은 '나체시위'를 전개하며 경찰과 대치했다. 그럼에도 경찰은 폭력으로 농성을 해산시켰고, 조합원 72명이 연행되었으며, 50명이 충격으로 졸도하고, 70여 명이 부상을 입었다.

사건 발생 직후 노동자들이 가장 먼저 찾아간 곳은 바로 인천도시산업선교회였다. 노동자들은 거센 탄압으로 수난을 겪을 때 자신들의 편에 서서 지원해 주는 산업선교회에 강하게 의지했다. 나체시위 사건 이후 인천산선 소그룹에는 동일방직 노동자들이 활발하게 참여했고, 모임도 자주 가졌다(장숙경 2013, 256~257). 노동자들은 '동일방직사건 수습투쟁위원회'를 결성하여 '사건해부식'을 갖기로 하고 1년간의 투쟁상황을 호소문으로 작성하고 사회단체 및 종교단체를 찾아가 후원해 줄 것을 부탁했다. 1977년 2월 6일 명동 천주교 문화회관에서 동일방직 사건 수습 투쟁위원회 주최로 전국섬유노동조합 인천동일방직 사건해부식이 개최되었다.

1978년 2월 21일 동일방직 노동조합 대의원선거를 사측의 사주를 받은 남성들이 조직적으로 방해한 소위 '똥물사건'이 발생했다. 3월 6일에는 본조에서 지부장 등 의장단을 제명처리하고 노동조합을 사고지부로 처리했다. 3월 10일 동일방직 노동자들은 노동절행사 중 항의시위를 벌여 31명이 연행되었고, 그날부터 명동성당에서 17명이 단식농성을 시작했다. 이 과정에서 인천도시산업선교회는 노동자들을 지원했고, 3월 23일 단식농성을 풀고 난 뒤 해고된 노동자들은 인천도시산업선교회에서 기거하며 지냈다.

1978년 동일방직 해고근로자 일동이 작성한 동일방직 사건 경위서에 따르면, 노동자들은 동일방직 사건을 '회사, 섬유노조, 권력기관의 3위 1체에 의한 노동조합 파괴 책동이 빚은 참극'으로 규정했다. 섬유노조는 1978년 2월 21일의 처참한 똥물사건을 당시 지부 집행부의 잘못에서 일어난 것으로 왜곡 선전했으나, 이는 사실이 아니라고 반박했다. 동일방직 해고 노동자들은 섬유노조가 도시산업선교회 때문에 지부장직에서 쫓겨났다고 생각하고 있는 전 반도상사 지부장 한순임을 매수했고, 한순임은 섬유노조본부 우종환 조직국장의 지시를 받아 산업선교회원이면서 이총각과 대립하고 있던 박복례를 매수했다고 주장했다. 박복례는 이총각 집행부의 대의원 선출 방법이 잘못되었다는 진정서를 조합본부에 제출했고, 본조는 이 진정서에 의해 진성조사에 나섰는데 이는 집행부를 파괴하기 위한 요식행위였다고 해고 노동자들은 주장했다.

해고 노동자들은 1978년 2월 21일 똥물사건 이전에 조직활동대가 인천에서 압력을 행사하고 있었고, 우종환이 이 모든 것을 지휘하고 있었다고 보았다. 노동자들의 얼굴에 분뇨를 칠했던 조직활동대는 섬유노조위원장 김영태, 수습 대책위원 우종환, 조직활동대장 맹원구, 조직활동대원 200명으로 구성되어 있었고, 이들은 사전에 치밀한 계획을 수립하여 자율적 노동조합을 파괴하고자 똥물사건을 일으켰다는 것이다.

1978년 3월 10일부터 단식농성에 돌입한 126명의 동일방직 지부 노동자들은 3월 23일 종교계 지도자(김수환 추기경, 김관석 목사, 강원용 목사)와 정부 고위층의 협상으로 동일방직 사건을 1978년 2월 21일 이전 상태로 환원하겠다는 약속을 받고 농성을 풀고 회사로 돌아갔으다. 그러나 회사측은 노동자들에게 회사명령에 절대 복종할 것과 잘못이 있으면 어떤 처벌도 달게받겠다는 내용의 각서를 쓸 것을 종용하였고, 노동자들이 이를 거부하자 사측은 126명의 노동자들을 4월 1, 2일자로 해고한다고 공고했다.

동일방직 여성노동자들은 노동절에 장충체육관으로 가서 "동일방직 문제 해결하라", "우리는 똥을 먹고 살 수 없다"고 호소했지만, 무차별구타 후 31명을 연행하여 그 중 3명은 구류처분을 받았다. 3월 10일 50여 명의 동일방직 여성노동자들이 명동성당 저녁미사에 참석 후 "JOC와 산업선교회가 빨갱이인가"를 물으며 17명이 무기한 단식농성에 들어갔다. 3월 12일 인천 답동성당에서 동일방직을 위한 신구교 연합예배를 갖고, 조화순 목사와 동일방직 여성노동자 50여 명이 무기한 단식에 돌입했다. 장소를 옮겨 인천 산업선교회 지하실에서 조화순 목사와 실무자 등 67명이, 명동성당에서는 43명이 무기한 단식농성에 들어갔다. 3월 15일 도시산업선교회 실무자 13명은 한국기독교교회협의회 총무실에서 '우리의 결의'라는 성명서를 발표하고 무기한 금식기도에 들어갔다.

3월 23일 교계 지도자와 정부 고위층의 협상으로 동일방직 노동조합을 2월 21일 대의원 선거 이전으로 환원하겠다는 조건으로 13일만에 단식농성을 풀었다. 하지만 동일방직 회사측은 4월 1일 124명의 여성노동자들에게 해고를 통보했고, 여성노동자들은 부당노동행위에 대한 이의를 제기했고 중앙노동위원회에 구제신청을 냈지만 모두 기각되었다. 인천도시산업선교회는 해고된 여성노동자들의 복직을 위해 함께 활동했다. 인천산선 건물 2층은 '전국섬유노조 동일방직지부 임시사무실'로 삼았고, 해고노동자들은 조화순 목사와 함께 산업선교회에서 기거하며 활동했다. 4월부터 7월까지 조화순 목사와 해고노동자들은 동일방직 회사, 노동청, 법원, 한국노총, 각 신문사, 동일방직 본사 등을 찾아 항의와 호소를 했다. 회사에서 쫓겨난 동일방직 여성노동자들은 노동권을 박탈당한 '사회적 타자'들로 낙인 찍혔고, 조화순 목사와 인천도시산업선교회는 이 수난받은 이들과 함께 해야 한다는 소명 아래 복직투쟁을 지속해 나갔다. 5월에는 '똥물세례' 사건시 동일방직 노조를 사고지부로 하여 민주노조운동을 무력화시키는데 앞장선 섬유노조 위원장 김영태가 통일주체국민회의 대의원으로 출마한데 반발하여 동일방직 해고노동자들이 김영태의 선거구에 유인물을 배포하였는데, 이것이 문제가 되어 여성노동자 5명이 구속되는 사건도 있었다. (인천도시산업선교회 1978)

8월 4일부터 6일까지 "어떻게 살 것인가"라는 주제로 인천도시산업선교회 전 회원과 동일방직 해고노동자들은 대무의도에서 하기수련회를 가졌다. 친교, 탈춤강습, 수영, 촌극, 미니올림픽, 주제강연, 분과토의 등의 프로그램으로 진행된 이 수련회는 동일방직 해고노동자들을 위한 것이었다. 조화순 목사는 "인간 존재가 유한하기 때문에 실패는 속성과 같은 것이다. 그렇기 때문에 실패는 두려워해야 할 어떤 것이 아니라, 실패를 통해서 새로운 가능성을 발견해 내야 하겠다"면서 해고노동자들에게 용기를 주려고 했고, 주제강연과 분과토의를 통해 '앞으로 어떻게 살아야 할까?'에 대해 해고노동자들과 함께 모색하려 했다. 이 수련회를 계기로 동일방직 해고노동자들은 복직투쟁에서 방향을 바꿔 새 직장을 찾기를 모색하기로 결심할 수 있게 되었다.

하지만 섬유노조 본부는 4월 10일자로 각 사업장과 노동조합에 공문을 뿌렸는데, 이 공문에는 동일방직 해고노동자들의 명단과 인적 정보가 담겨 있었다. 이들의 재취업을 방해하는 공작은 중앙정보부-경찰-섬유노조의 연계 아래 체계적으로 이루어졌다. 9월 22일 저녁 기독교회관 대강당에서 동일방직 해고노동자들을 위한 특별기도회가 열렸는데, 이날 동일방직 여성노동자들이 자신들의 문제를 다룬 연극도 행했다. 이날 밤 예배장소에 사복형사들이 난입하여 조화순 목사와 실무자들, 노동자들 30여명이 연행되었다. 9월 25일 인천기독교도시산업선교회 회원 일동과 기독교대한감리회 부평 광야교회 교우 일동, 기독교대한감리회 인천노동자교회 교우 일동은 9.22 사태에 대한 연석대책회의를 갖고, '동일방직 해고 근로자 전원을 즉각 복직 시켜라, 구속된 노동자·학생·성직자들을 무조건 석방하라, 노동자로부터 탈취해 간 노동삼권을 즉시 되돌려 달라, 자주적 평신도 운동 및 산업선교운동을 더 이상 탄압하지 말라, 노동자의 그늘에서 서식하는 모든 노동귀족들을 물러가라' 등의 주장을 담은 성명서를 발표했다.

김영태의 통일주체국민회의 대의원 출마에 반발해 유인물을 배포했던 동일방직 여성노동자 5명은 10월 19일 선거법 위반으로 실형을 선고받게 되는데, 조화순 목사는 11월 6일 부산 YMCA 강당에서 그들을 위한 기도회에 참석했다가 긴급조치 9호 위반과 집회 및 시위에 관한 법률 위반으로 부산교도소에 수감되었다. 1979년 9월 대법원은 조화순 목사에 대해 긴급조치 9호 위반사건 상고심 공판에서 징역 3년에 자격정지 3년을 선고한 원심을 확정했다. 조화순 목사에 대한 긴급조치 9호 위반 구속 기소에는 1977년 '민주구국헌장'에 서명한 것을 비롯해 "여러차례에 걸쳐 정부를 비방하는 유인물을 제작, 배포하고 유언비어를 퍼뜨린 혐의"가 포함되어 있었다. (조선일보 1979/9/13) 조화순 목사의 투옥 이후에도 인천도시산업선교회는 동일방직 해고노동자들의 행정소송을 돕고, 한국노총 위원장과 전국섬유노동조합 위원장 퇴진 투쟁을 함께 했다.

1980년에는 인천산선의 노력에 힘입어 사회 각층의 인사들로 구성된 '동일방직 해고 근로자 복직추진위원회(위원장 문익환, 부위원장 김달봉·공덕귀)'가 조직되었고, 복직추진위원회와 해고 노동자들은 계엄사 지도층과 노동청장 등과의 대화를 시도하며 다른 한편으로는 복직을 위한 투쟁을 지속했다. 일꾼교회 김동완 목사는 동일방직해고노동자들이 한국노총에서 농성을 할 때 그곳에 가서 노동자들을 위해 예배를 드렸다. 인천산선은 해고노동자들의 복직을 위한 법정투쟁을 지원했다.

제4절 개신교계의 농민운동가 양성과 한국기독교농민회 준비위원회 조직

크리스챤아카데미는 1974년 말부터 농촌운동가 양성을 위한 농민교육 프로그램 운영을 시작했다. 크리스챤아카데미는 농민 교육생들을 대상으로 6개월간 이론 교육을 진행했고, 이후 현장에서 사례를 통한 실기교육을 실시했고, 그중 우수한 인재들을 선발하여 21일 동안 전문과정을 이수하게 했다. 1974년 말부터 1979년 3월까지 21기에 걸쳐 800여 명이 교육을 받았고 다양한 후속 프로그램을 통해 농민운동가 양성에 주된 역할을 담당했다. 크리스챤아카데미의 농민교육프로그램은 단순히 농업기술 개발, 농민 생활개선, 마을 개발, 교양 교육에만 치중한 것이 아니라 농민의 권리과 이익 신장이라는 근본적인 문제에 대한 해결책을 마련하기 위한 운동과 연결된다는 점에서 중요한 의미를 갖는다.

전남지역에서는 1978년 전남기독교농민회가 발족되었다. 그 경위를 살펴보면, 1978년 2월 한국기독교협의회 청년분과의 주선으로 기장 선교교육원에서 개신교 농촌청년 교육 모임을 가졌고, 이때 전남기독교농촌청년회 준비위원회가 구성되었다. 1978년 3월 8~9일에 46명이 참가한 가운데 해남 신월교회에서 전남기독교농촌청년발족을 위한 교회 대회를 개최했다. 1978년 3월 9일 광주에서는 지역대표들에 의해 전남기독교농민회 발족 모임을 가졌다.

임원진으로는 회장에 배종열(기장 장로, 무안), 부회장에 문경식(예장 집사, 보성)·황연자(기장, 해남), 총무에 정광훈(기장 해남), 서기에 김정순(기장, 강진) 등이 선출되었다. 전남기독교농민회와 전국기독교농민회 발족을 위한 모임이 NCC 주최로 서울에서 3차례 개최되기도 했다.

한국기독청년협의회는 1978년 7월 10일 농민선교에 대한 연구자료를 작성했는데, 이 자료에서 한국기독청년협의회는 기존의 농민선교 방식을 비판하면서 농민의 입장에 선 선교정책을 세워 과감하게 밀고 나가는데 노력을 기울여야 함을 강조했다. 또한 농촌교회들이 농민의 입장에서 어려움을 당하는 사람들과 고통을 함께 하며 문제를 해결하기보다 주로 내세적이고 개인구원적인 입장에서 전도활동을 하고 있는 점이 문제라고 지적했다. 따라서 마을에서 농민권익을 향상시키기 위한 실천과제로 농가경제 향상, 봉건의식 타파, 고리채 추방, 중간상인 배제, 신협 등 각종 단체의 농민 권익옹호, 생산비 조사, 소그룹 운영 등을 들었다.

한국기독청년협의회가 1979년 1월 4일 작성한 'EYC 농촌사업 보고서'에 따르면, EYC는 농촌사업을 통해 기독교농민운동이 활성화되고 있으나, 가톨릭농민회와의 관계, 그리고 YMCA 농촌사업과의 관계 등에서 중복 문제 등이 제기되었고, 역할분담과 협조관계 등을 통해 문제를 해소할 수 있게 되었다고 했다. EYC의 농촌지역청년운동의 경우 기농과 관련을 맺으며 할 때 더 효과적일 것으로 분석되었고, 지역교육 및 후속활동이 인적, 물적 지원의 어려움으로 활발한 활동에 제약요인이 되고 있다고 평가되었다.

제5절 YH 사건과 개신교

1979년 3월 YH무역의 갑작스런 폐업공고에 저임금 장시간 노동에 혹사당해온 노동자들은 노조와의 협의 없이 폐업공고를 한 점을 문제시하며 호소문과 결의문을 정부 각 부처와 언론 등에 보내며 사태 해결을 촉구했다. 각계 각층을 만나고도 문제해결의 기미가 보이지 않자 노동자들은 8월 9일 신민당사로 찾아가 농성을 했으나 무장한 기동경찰들의 곤봉세례 아래 당사 밖으로 끌려나가는 상황에서 YH 노조원 김경숙이 숨지는 사건이 발생했다.

1979년 8월 YH 사건이 터지자 서울시경은 이 사건의 배후조종 세력으로 도시산업선교회를 지목하고, 인명진 목사와 문동환 목사 등을 구속시켰다. 이어 정부는 대검 공안부장을 반장으로 하는 '산업체 등에 대한 외부세력 침투 실태 특별조사반'을 구성하고, 언론을 동원하여 도시산업선교회에 대해 '노동계에 침투하여 계급투쟁을 고취시키고 반체제활동을 벌이는 불순세력'이라고 모함하는 선전 활동을 전개했다. 유신정권은 "도시산업선교회는 종교를 빙자하여 노동문제에 개입하고 노동자들을 선동하여 폭력적 방법으로 사회주의체제를 건설하려는 불순세력"이라는 식의 날조 공세를 했다. 정부는 도시산업선교회, 크리스챤아카데미, 카톨릭청년회 등을 '빨갱이' 또는 '용공세력'이라는 이미지로 덧칠하고자 했다. 특히 TV 프로그램에서의 '도시산업선교회'에 대한 이미지 공격은 융단폭격급이었는데, 이 프로그램에서는 도시빈민선교나 크리스챤아카데미는 물론 이와 동떨어진 민주화운동이나 학생운동까지 모두 '도시산업선교회'의 범주에 포함시켜 공격했다.

NCCK 인권위원회는 YH 사건이 전해진 날 아침, 긴급임원회를 소집하여 조남기 위원장 등 5인으로 된 YH 사건조사단을 구성하여 신민당사를 방문하고 사태수습방안을 논의했다. 1979년 8월 14일 인권위원회는 성명을 발표하여 정부는 노동자 생존권을 위한 근본적인 대책을 밝혀야 하며 이번 폭력행사에 대해 책임을 밝히고 책임자를 의법처단할 것 등을 요구했다. YH 사건의 책임을 도시산업선교회로 전가하는 정부의 처사에 개신교 각

교단들도 거세게 저항했으며, NCCK는 긴급실행위원회를 소집하여 '도시산업선교문제대책위원회'를 조직했다.

1979년 8월 21일 한국기독교장로회청년회 전국연합회는 '선교 자유를 위한 농성에 들어가면서'라는 성명을 통해 "부익부 빈익빈이 심화되고 민중이 생존의 위협에 직면하고 있는 상황에서 하나님은 민중의 고난을 자신의 고난으로" 받아들인다며 성경 해석에 대한 민중신학적 태도를 드러냈다. 연합회는 이 하나님의 고난에 동참하는 것이 바로 산업선교라며 기독교의 선교 자유를 침해하지 말고 구속자들을 즉시 석방하라고 요구했다.

대한예수교장로회 청년회전국연합회는 1979년 8월 23일 성명서에서 YH 사건이 한 악덕기업주에 의해 야기된 단순한 노사분규가 아니라 정치권력과 독점재벌이 결탁하여 다수 민중의 생존권을 근본적으로 부정하는 현 체제의 구조적 모순의 한 표현이라고 했다. 연약한 여성근로자와 야당 의원 취재 기자들을 폭력으로 억압하고 그 과정에서 한 노동자의 죽음까지 초래한 것은 박정희정부의 본질을 만천하에 드러낸 것이라고도 했다. 또한 민주적 노동운동에 대한 탄압을 중지하고 노동삼권을 보장할 것, 고 김경숙 양의 죽음을 애도하며 사인을 정확히 규명할 것을 촉구했다. 당국에서 산업선교를 불순세력시하고 YH 사건의 배후조종 조직으로 보는 것은 분명한 종교탄압이라고 단정했으며, 아울러 이 사건으로 인해 구속된 인명진 목사 등 8명의 민주인사를 즉각 석방할 것을 촉구했다.

한국기독청년협의회는 1979년 8월 24일 발표한 성명서에서 YH 사건이 민주적인 노동운동에 대해 당국이 폭력경찰을 앞세워 탄압해 발생했으나, 당국은 YH 사건과 무관한 도시산업선교회에게 모든 책임을 전가시키고 허위여론을 조작하는데 대해 강한 분노를 표명했다.

한국기독청년협의회는 '국가보위에 관한 특별조치법 등 모든 악법을 철폐하고 노동삼권을 보장하여 민주적 노동운동을 제도적으로 보장하라, 국민의 기본권과 노동자·농민의 권리를 회복시키라, 보도의 자유와 교회선교의 자유를 탄압하지 말라, 문동환 목사와 인명진 목사 등을 즉각 석방하라, YH 노동자 최순영·이순주·박태련을 즉각 석방하라, 폭력사태의 책임자와 배후 명령자를 색출해 엄중처벌하고 정부는 국민 앞에 사죄하라' 등을 성명서에서 요구했다.

◆ 제4장 ◆
개신교 여성운동

제1절 개신교 여성운동의 조건과 배경

1970년대에 이르러 여성문제가 '문제'로 인식되었다는 점은 1980년대 여성운동의 출발점으로서 의미를 갖는다. 그 배경에는 국내외적인 환경의 변화가 있었다. 급속한 산업화 과정에서 전통적인 가족질서가 흔들리고 여성의 교육기회가 확대됨에 따라서 가정과 사회 내에 존재하는 여성들의 차별적 지위와 역할이 사회문제로 대두되었다. 또한 범세계적으로 파급된 여성해방운동의 영향 아래 유엔이 1975년을 '세계여성의 해'로 선포함으로써 이 시기 여성들이 실천적 운동의 방향을 새로 모색하는 계기가 되었다. (이효재 1979, 105~108)

제2차 세계대전 이후의 제3세계에 대한 기독교의 성찰, 몰트만, 콕스, 구띠에레즈, 알베스 등이 주장한 실천(Praxis)신학, 파울루 프레이리의 영향을 받은 '인간화' 개념은 1968년 스웨덴에서 열린 WCC(세계교회협의회) 제4차 총회에서 본격적으로 대두되어 에큐메니컬 선교 신학의 핵심 개념 중 하나가 되었다. 한국의 크리스챤아카데미는 '인간화' 담론을 '여성의 인간화'로 발전시켰고, 일련의 대화모임을 통해 '여성의 인간화' 개념은 근대화로 인한 양극화의 핵심에 여성문제가 있음을 내포하게 되었다. 1974년 유엔의 '세계여성의 해' 선포를 계기로 WCC는 1974년 총회에서 성차별 문제를 제기했고, 이러한 흐름 속에 크리스챤아카데미는 1974년 8월 31일~9월 4일 '여성의 인간화' 도모를 위한 여성지도자협의모임을 개최했다. (정혜진 2014, 34) 이후, 1975년 선포된 '여성인간선언'은 여성인권과 함께 인간 전체의 해방과 가부장제 폐지, 교육·노동·정치·문화·종교 등 사회 각 분야에서의 성평등의 이념을 담고 있으며, 이후의 여성운동에 이념적 영향을 미쳤다.

1975년 멕시코여성대회에서는 "세계행동계획"이 결의되었다. 세계행동계획에는 '여성의 국민생활에의 전면 참여를 위한 과도적 조치로 정부는 국내 위원회, 여성국 등의 기구를 설치할 것, 정부는 여성 지위에 관한 국내법을 국제적으로 인정된 기준에 조명하여 재검토할 것, 정치참여에 적극적인 행동을 위하여 공직에 종사하는 여성수를 늘리기 위해 노력할 것, 경제활동으로 여성의 자립활동을 꾀할 것, 동시에 모성보호의 권리와 최저임금제도를 확립할 것, 가사활동에 높은 가치를 부여하고 양성의 역할을 재검토하며 혼인 및 재산의 법적 보호를 꾀할 것, 세계적 행동으로 "여성과 개발을 위한 10년"(1975~1985)을 유엔으로 하여금 선언하게 하고 유엔회원국의 참가를 요청한다' 등 여성의 권리향상을 위한 방안들이 포함되어 있다.

1970년대 초 세계교회의 관심은 개발문제에서 인권문제로 옮겨지게 된다. (한국기독교교회협의회 2005, 58) 이에 따라 NCCK는 연구위원회 국제문제분과위원회를 중심으로 인권문제협의회 준비 위원회를 구성하고 1973년 11월에 '신앙과 인권'을 주제로 인권문제협의회를 만들었다. YWCA는 이러한 배경과 더불어 크리스챤아카데미와의 연대의 영향으로 '여성의 인간화' 운동을 중점 운동으로 채택했다. (유성희 2013, 226~227)

크리스챤아카데미는 1978년 중간집단 육성강화 프로그램에서 남녀차별을 개선하기 위한 원칙들을 '여성의 인간화'라는 관점에서 밝히기도 했다. 이 원칙에는 '생리적 구별 외에는 남녀간의 차이를 인정하지 않는다, 권위주의적 가부장권제의 모든 사회구조는 지양되어야 한다, 다양한 새로운 가족제도의 모색을 제의한다, 남녀를 차별한 모든 법제도는 시정되어야 한다, 남녀를 구별하는 교육제도, 교과과정, 교육내용 등은 지양되어야 한다, 취업과 승진의 현실적 기회균등, 동일노동, 동일임금, 혼인후의 취업은 보장되어야 한다, 가사와 가정 유지에 있어 모든 부담은 남녀의 공동 권리 책임이며, 가사노동은 정당하게 되어야 한다' 등이 거론되고 있다.

제2절 가족법 개정운동

1972년 유신체제하에서 역설적으로 12명의 여성의원이 국회에 진출하는 상황이 발생했다. 이는 앞서 살펴보았듯이, 산업화로 인한 전통적 가족질서의 변화가 반영된 것이었다. 이 무렵은 가족계획사업이 시작 된 지 10년째 되는 해로, 보다 효과적인 가족계획을 위해서도 가족법 개정이 필요하다는 인식이 정부와 여당에서도 나타나기 시작한 무렵이었다. 가족법 개정운동에 앞장선 대표적인 인물은 이태영 변호사였고, 그가 이끄는 가정법률상담소는 YWCA와 함께 1970년대 가족법개정운동을 주도하고 있었다.

이태영 변호사의 가정법률상담소는 1972년부터『가정상담』이라는 비정기 신문을 발간하기 시작했다. 1973년 10월 6일에 발간된 가정상담 제3호에는 '가족생활의 합리화 민주화'라는 이태영의 논설과 더불어 가정법률상담소와 여성단체협의회 주최로 YWCA 강당에서 개최한 '가족법개정 강연회' 소식을 전하면서 '범여성 가족법 개정 촉진회'가 결성되었음을 알렸다.

'1)호주제도의 폐지, 2)친족범위 결정에 있어서의 남녀불평등, 3)동성동본 불혼제도, 4)소유 불분명한 부부재산에 대한 부부의 공유, 5)이혼 배우자의 재산분배 청구권, 6)협의이혼 제도의 합리화, 7)부모의 친권 공동행사, 8)적모서자(嫡母庶子) 관계와 계모자 관계의 시정, 9)상속 제도의 합리화, 10)유류분(遺留分) 제도' 이상 10개 조항을 가족법 개정의 요강으로 채택하였다.

1973년 6월에는 61개 여성단체의 연합으로 범여성가족법 개정 촉진회를 결성하고 가족법 개정운동을 본격적으로 시작했다. 범여성가족법 개정 촉진회는 한국 YWCA가 주도적인 역할을 담당했다.

또한 1975년 유엔의 '세계여성의 해' 선포는 여성의 법적 지위에 대한 관심을 촉발하는 계기가 되었다. 이러한 사회분위기 속에서 1973년 가정법률상담소와 YWCA의 공동주최, 한국여성단체협의회와 대한가족계획협의회의 후원으로 여성 국회의원 초청간담회가 열렸으며, 이 운동의 일환으로 가족법 개정 강연회가 조직되었다.

1977년에 통과된 개정 민법에는 8촌 이상의 동성동본자가 이미 사실혼 관계에 있는 경우 1978년 12월 31일까지만 혼인신고를 받아주고 폐지하는 것 등 미흡적인 개정이었고, 호주제 폐지 등 남녀평등을 구현하기 위해 필요한 주요 과제들이 여전히 남아 있었다. 가족법률상담소 활동가 등 가족법 개정운동을 주도했던 이들은 1978년 12월 12일 제10대 국회의원 선거에서 가족법 개정안이 새로 통과되어야 함을 강조하면서 이를 추진할 국회의원을 선출해야 함을 강조하면서 가족법 개정 반대 국회의원에 대한 낙선운동을 벌이기도 했다.

YWCA와 한국교회여성연합회 등에 소속된 개신교 여성들은 가정법률상담소와 함께 1970년대 가족법 개정운동을 이어갔고, 동성동본 혼인문제 사례 발표회 등을 통해 동성동본 혼인금지 조항의 부당함 등을 주장했다.

제3절 기생관광 반대운동

1960년대 이후 한국의 성매매는 산업형 성매매의 형태로 발전했다. 국가주도 하에 기생관광이 발달했고, 1970년대 기독교 여성운동은 이에 과감히 반대의 기치를 들었다. 1967년 조직된 한국교회여성연합회는 성매매가 하나님의 형상으로 지음받은 인간을 부당하게 대우하는 일이며, 이는 곧 하나님을 모독한다는 이유 등으로 성매매 반대운동을 전개했다. 한국교회여성연합회는 윤락여성 미연 방지사업을 전개하여, 그들을 상담하고 교육하며 숙소를 제공하는 등의 사업을 전개했으며, 이는 후에 상담센터와 쉼터운동으로 연장되었다. 한국교회여성연합회는 1960년대와 70년대의 한국 사회에서 자리 잡은 '기생관광'에 대하여 공식적으로 문제를 제기하였다.

1973년 7월 4일 한국교회여성연합회는 한일교회협의회 앞으로 일본 기생관광의 문제에 대해 한일 양국교회에서 깊은 관심과 시급한 대책을 세워주도록 요청하는 청원서를 냈다. 같은 해 11월 30일에는 한국교회여성연합회 이우정 회장이 '관광객과 윤락여성'이라는 주제로 발제를 하는 세미나를 기독교회관 소회의실에서 개최하면서 개신교 내 각 교파 여성지도자들의 참석을 요청하였다.

1973년 12월 3일 한국교회여성연합회 회장 이우정 명의의 성명서로 관광진흥이라는 명목하에 여성들을 상품화하고 있는 '매춘관광 사업'은 여성의 인권을 유린하고 한국을 일본 남성의 유곽지대화하는 것으로 이를 즉각 중지할 것을 요구했다. (한국교회여성연합회 1973e) 한국교회여성연합회는 '관광객과 윤락여성'을 주제로 한 세미나와 기생관광 조사 등을 토대로 기생관광 반대운동을 전개하고 있었다. 한국교회여성연합회는 여성 인권을 유린하는 관광정책의 시정과 민주질서 회복 등을 요구하며 보사부 장관에게 그 시정을 건의하기도 했다.

제4절 구가협·양가협과 개신교 여성

1970년대 민주화운동으로 구속된 이들에 대해 기독교 여성들의 지원활동이 활발했다. 한국교회여성연합회와 기장여신도회전국연합회 등 기독교 여성단체들이 '남산 부활절 연합예배 사건'의 구속자와 가족들을 돕기 시작하면서, 이후 구속자와 그 가족들에 대한 지원활동을 적극적이고 지속적으로 벌이게 되는 계기가 되었다. 이후, 민청학련 사건의 본질을 파악하고 긴급조치 4호를 규탄하는 움직임이 기독교 내부에서 일어났다. 기독교 여성들의 움직임도 활발했는데, 기장여신도회 전국연합회, 교회여성연합회가 석방탄원서를 제출하였고, 구속자를 위한 기도회가 열렸다. YWCA와 교회여성연합회는 금식기도회와 바자회를 열어 그 성금으로 구속자들의 영치금과 가족들의 생계를 돕는 실질적 대책활동도 전개하였다. 이런 상황에서 옥바라지와 기도회에 참석하며 도움을 받았던 가족들은 점차 주체적 운동의 필요성을 느꼈고, 1974년 9월 초대 회장 공덕귀, 초대총무 김한림이 선출되어 '구속자가족협의회'가 만들어졌다. 구속자가족협의회는 초기에는 긴급조치 1·4호 위반 수감자를 대상으로 했으며, 호소와 선처를 바라는 성명을 냈으나, 가두시위를 벌이고 연행되기를 불사하는 등 점차 투쟁의 길로 들어섰고, 구속자 전원 석방과 민주회복을 주장하기에 이른다. (한국기독교교회협의회 1987, 1387~1407)

1974년 12월 7일 구속자가족협의회는 전일(12월 6일) 각 신문에 보도된 구속자 석방검토설에 대해 입장과 결의를 담은 성명서를 발표했다. 신문 등에서는 긴급조치 위반 인사들에 대해 여건의 선행을 전제로 특별사면이 고려되고 있으며, 인혁당 관련자 등 "북괴의 간첩이나 동조자임이 밝혀진 자"와 "자본주의 체제를 부정하고 사회주의 국가건설을 기도하는 몇몇 학생들"은 제외될 것이라고 보도되었다. 이에 대해 구속자가족협의회는 두 가지 문제점에 대해 비판했다.

우선 사면의 전제조건으로 정부가 제시한 '분위기 조성, 반성, 자숙, 구속의 타당성에 대한 국민의 이해' 자체를 '적반하장'이라고 규정하고, 구속자들이 죄인이 아니라 정의로운 사회 건설을 희구하여 스스로 십자가를 진 역사의 파수군이기 때문에 구속자 석방은 민주회복의 선행과제의 의미일 뿐, 정부의 자비에 의한 은사가 아니라고 비판했다.

두 번째로는 소위 인혁당 관련자 및 사회주의 건설을 획책한 학생들을 제외한다는 소식에 대해 민주애국인사들을 공산주의로 덮어씌워 제물로 삼고자 하는 간교한 계략이라고 비판했다.

구속자가족협의회는 "1)구속자는 무조건 전원 석방되어야 한다, 2)구속자의 석방은 유신헌법의 철폐를 통한 민주회복의 전제로서 이루어져야 함을 강력히 촉구한다, 3)정부는 소위 인혁당 관련자 및 공산주의자들을 조작, 분열시키려는 간계를 즉각 철회하라, 4)구속자 석방은 관용이 아닌 민주회복의 여망에 굴복하는 것임이 분명한 이상, 정부는 구차한 변명과 선행조건 제시를 철회하고 소위 '분위기 조성'이란 명목의 또 다른 외압분위기를 강요하지 말라, 5)우리는 민주회복을 위해 투쟁하는 학생, 종교인, 언론인, 민주애국 인사들의 노고에 감사의 마음과 함께 아낌없는 격려를 보낸다"고 밝혔다.

3·1민주구국선언 사건에 대한 검찰 발표 직후인 1976년 3월 12일 구속자들의 가족들은 민청학련 사건 당시 결성되었던 구속자가족협의회를 부활하여 '3·1사건가족대책협의회'를 발족시켰다. 3·1사건가족대책협의회는 수감자 가족면회 허용 요구, 법원의 방청제한 철폐 요청, 앰네스티 인터내셔널 회장에게의 서신 발송, 수감자와 가족들의 인권회복을 촉구하는 단식투쟁, 성명서 작성 등의 활동을 전개했다.

3·1민주구국선언 사건에 대한 대응을 계기로 1976년 10월 14일 '구속자

가족협의회'를 계승한 '한국양심범가족협의회'(회장 공덕귀)가 발족되었다. 1977년 3월 17일 양심범가족협의회는 '자유와 평화를 사랑하는 모든 사람들에게 보내는 멧세지'라는 성명을 발표하여 인류의 공동선과 참된 세계의 평화를 위하여 노력하는 이들과 양가협이 함께 있을 것이라고 민주주의와 인권의 가치를 강조하기도 했다.

제5절 한국교회여성연합회

1966년 아시아교회여성연합회 총회에 참석했던 한국대표들이 귀국후에 한국교회여성연합회를 조직하기로 했고, 1967년 4월 15일 한국교회여성연합는 창립총회를 개최했다. 1967년 4월 15일 한국교회여성연합회 창립총회에서 이연옥 회장과 김옥라 부회장이, 1969년 5월 24일 제3회 정기총회에서 김옥라 회장과 이연옥·김명주 부회장이, 1973년 5월 17일 제7회 정기총회에서 이우정 회장과 김옥라·오카타리나 부회장이, 1977년 5월 17일 제11회 정기총회에서 공덕귀 회장과 이우정·김수길 부회장이 각각 선출되었다.

시기별 사업개요를 보면, 1968-1969년 시기에는 '윤락여성' 선교를 위해 상담원을 파송했고, 1969-1970년 시기에는 시립부녀 보호소에 상담원을 파송했으며, 1971-1973년에는 시내버스 안내양들을 위한 교양 강좌를 개최했고, 1973년에는 기독교 학교에서의 성경공부와 예배를 금지하려는 문교부 정책에 반대를 건의하여 이 정책을 저지시켰으며, 같은해 기생관광 실태조사를 실시해서 그 시정을 당국에 건의했다.

한국교회여성연합회가 1971년 5월 30일부터 1972년 6월 18일까지의 활동을 보고한 「제6회 정기총회 보고서」를 살펴보면, 한국교회여성연합회 당시 국내위원회, 국제위원회, 적은돈위원회, 섭외위원회, 세계기도일위원회, 실행위원회, 중앙위원회' 등을 운영하고 있었다. 국내위원회는 보건사회부에 불량식품 문제와 공해문제에 대해 건의문을 보내 회신을 받았고, 윤락여성 미연방지 사업으로 연합회 간사를 기독교 부녀구원 상의소에 상담원으로 파견했다. (한국교회여성연합회 1972)

한국교회여성연합회는 1973년 이우정이 회장으로 취임하면서 교계 민주화운동과의 연대활동을 강화했다. 1973년 남산 부활절 연합예배 사건을 주도해서 내란음모죄로 구속되었던 박형규 목사가 석방될 수 있도록 하는 진정서를 이우정 회장 명의로 작성했다. (한국교회여성연합회 1973a) 12월 3일에는 이우정 회장 명의의 성명서를 발표했는데, 이 성명서는 '1)매춘관광 사업의 즉각 중지, 2)구속 학생들의 즉각 석방, 3)민주질서의 회복'을 요구하는 내용으로 구성되었다. (한국교회여성연합회 1973c) 또 다른 성명서에서는 '1)인간을 상품화 하지 말라, 2)근로자의 권익을 옹호하라, 3)이 나라의 진정한 민주헌정을 외치다 수감된 모든 구속자를 즉각 석방하라, 4)인권 유린의 모든 요인이 되는 유신 헌법을 철폐하라, 5)여성이라는 이유로 차별하는 모든 제도를 철폐하라'는 5가지 내용을 주장했다. (한국교회여성연합회 1973d) 이 성명서에서 주목되는 것은 한국교회여성연합회의 개신교 여성들이 여성차별이나 상품화 문제에 대해 여성해방적 관점에서 운동을 전개하는 동시에 유신헌법 철폐와 구속자 가족 석방, 노동자 권익 옹호 등 당대의 민주화운동에 적극적으로 동참하는 태도를 취하고 있었다는 점이다.

1974년에는 재일 교포에 대한 차별 실태를 조사하고, 재일조선인 박종석을 한국인이라는 이유로 입사를 거절한 히타치 회사에 대한 불매운동을 일으켰다. 1974년 9월 20일에는 재일 교포의 권익옹호를 위해 일본 정부에 강력히 요청할 것을 바란다는 취지의 메시지를 한국 정부에 보내기도 했다. (한국교회여성연합회 1974a) 같은 해 일본 히로시마와 나가사키에 원폭 투하로 피폭당한 한국의 원폭피해자 실태를 조사하여 한국정부와 일본정부에 이들을 위한 보상을 요청하는 건의문을 보냈다. 1974~1975년에는 바자회를 개최하여 무의탁재소자, 여성수감자, 장기복역자 사형수들에게 겨울 내의를 보내주었다. 1974년부터 이 문서를 작성한 시기까지 긴급조치로 구속된 민주인사, 학생, 목사, 교수들에게 영치금과 법률구조비, 가족돕기 등을 해왔다. 1974년 10월 26일에는 한국교회여성연합회 인권위원회가 언론인들의 언론자유수호선언에 대해 지지하는 담화문을 발표했다. (한국교회여성연합회 인권위원회 1974) 동아일보 광고주 대량 계약 해지 사태에 대해 한국교회여성연합회는 "당국은 음성적인 언론기관 탄압을 중지하라"며 동아일보 구독운동 전개를 선언하며 언론자유를 옹호하는 활동을 전개했다. (한국교회여성연합회회장및각교단여성회장 1974) 1974년 12월 14일 오글 목사 추방에 대해 한국교회여성연합회 회원들은 "참다운 종교 활동의 자유와 신앙의 자유를 위해서" 오글 목사 추방을 재고할 것을 대통령에게 건의하기도 했다. (한국교회여성연합회 1974b)

1976년 9월에는 아시아 교회여성연합회 주최 아시아 제3지역 교회여성 지도자 세미나를 한국아카데미하우스에서 개최했다. 그밖에도 빈민지역 주민 돕기, 수재민 돕기, 개척교회 풍금 사주기, 노조운동과 임금인상운동을 하다가 수감당한 여성노동자들 또는 해고당한 여성노동자들의 복직을 돕고 생활비를 지원하기 등의 활동을 전개했다.

1977년 3월 한국교회여성연합회 교회와사회위원회는 신체장애로 대학입학 성적이 우수함에도 불합격된 사례를 거론하며, 이는 부당하다는 입장에서 장애인의 교육권이 존중받을 수 있도록 입시제도를 개선해달라고 대통령에게 건의하기도 했다. (한국교회여성연합회 교회와사회위원회 1977a)

교회여성들은 개신교 교회 내부의 남녀차별 문제에 대해서도 문제제기를 시작했다. 1977년 12월 한국교회여성연합회는 한국교회협의회 실행위원 앞으로 건의문을 보냈는데, 이 건의문에는 여성들에 대해 폐쇄적이고 남성 중심적인 한국 교회의 선교 관행에 대한 문제제기가 담겨 있다. 한국교회여성연합회는 한국교회협의회 내에 여성분과를 개설하고 교회여성연합회 대표 약간명을 한국교회협의회 실행위원으로 참석할 수 있도록 해줄 것을 건의했다. 교회여성연합회는 "남성 일변도의 절름발이 선교의 부당함과 비능률성을 보완"하기 위해 이를 건의한다고 밝혔다. (한국교회여성연합회 1977)

한국교회여성연합회는 1979년 1월 22~23일 '교회의 민주화'를 주제로 여신학자협의회를 개최했다. 여기서는 미국 등에서의 교회여성운동을 소개하고, 여성에게 목사안수를 하지 않는 문제를 포함하여 교회 내부의 남성중심주의에 대한 비판적 논의들을 발표했다. (한국교회여성연합회 1979)

제6절 노동운동에 대한 교회여성들의 지원과 연대

1970년대 개신교 여성들은 자신들의 권리 찾기를 위해 노조운동을 하는 여성노동자들을 돕는 활동을 전개했다. 교회여성들은 임금인상을 요구하다가 해고당하거나 구속된 여성노동자들의 복직투쟁에 연대하고, 생활비 등을 지원하기 위해 모금활동을 벌였다.

YWCA는 1960년대 후반부터 저소득층 여성노동자들의 복지 향상을 위해 공단 여성노동자들을 위한 교육프로그램을 시작했다. 당시 YWCA는 여성노동자 보호 문제를 여성인권 옹호의 중요한 의제로 생각하고 있었고, 나이어린 여성노동자들이 노동착취를 당하고 있는데 대해 책임을 느끼며 1974년을 '근로 여성을 위한 행동의 해'로 정해 활동했다. (유성희 2021, 207)

1972년 한국교회여성연합회는 버스안내원들을 돕기 위해 안내원 지도교사를 두고 안내원들의 불만사항과 문제점 등을 파악하는 활동을 했다. 버스안내양들을 대상으로 설문조사를 행해 이들이 불안정한 노동조건과 비인격적 대우 등에 어려움을 느끼고 있는 점을 파악하고 이들과 상담활동을 전개했다. YWCA도 지역활동 단위별 모임에서 버스 여차장, 부녀보호소 등 시설에 있는 성매매여성들을 만나 이들의 애로사항을 듣고 지원하는 활동을 했다. (유성희 2021, 169)

1977년에는 방림방적, 인선사 등의 노동자들을 위한 연대활동을 전개했다. 1977년 4월 13일 한국교회여성연합회 교회와사회위원회는 방림방적 노동자들의 진정서의 내용을 살펴본 교회여성들이 노동자들의 주장이 정당하다며 "자기가 하는 일만큼의 정당한 보수를 받고 안전한 시설 안에서 만족과 보람을 느끼고 노동을 한다고 하면 능률도 훨씬 오를 것"이라고 진정서의 내용을 수용해 줄 것을 건의하는 편지를 보냈다. (한국교회여성연합회 교회와사회위원회 1977b) 또한 교회여성들은 인선사(삼고사) 노동자들이 저임금 장시간 강제노동을 당하고 있는 비인간적 현실을 고발하며, 인선사 제품 불매운동을 전개했다. 또한 롯데물산의 중간관리직 남성이 여성 노동자들을 성희롱한 데 대해 이를 시정할 것을 사측에 요구했던 노동자들이 오히려 해고를 당한 사건의 부당성을 교회여성들은 널리 알리며, 이들의 복직투쟁을 지원하는 연대활동을 벌였다.

1977년 5월 서울 영등포 소재 남영나일론주식회사에서 노동쟁의가 발생하여 여성노동자 11명이 구속되어 구류처분을 받자, 영등포도시산업선교위원회는 구속여성노동자들을 지원해달라고 한국교회여성연합회 앞으로 편지를 보내기도 했다. (영등포도시산업선교위원회 1977) 이에 한국교회여성연합회는 한국여성유권자연맹과 함께 남영나일론공업주식회사 사장 앞으로 건의문을 보내서 "남자들을 동원하여 여성근로자들을 구타, 폭행한 것에 대하여 공개 사과하고 이를 즉각 근절시킬 것, 구류처분을 받았던 11명의 여성근로자들을 즉각 무조건 복직시킬 것"을 요구하였다. 건의서 말미에는 이 요구가 이행되지 않을 경우 모든 여성단체와 여대생들을 대상으로 남영 나일론 제품에 대한 전국적인 불매운동을 벌일 것이라고 경고했다. (한국교회여성연합회·한국여성유권자연맹 1977)

동일방직 노조운동으로 소위 '똥물사건'이 발생하자 한국교회여성연합회는 청와대 앞으로 진정서를 보내 동일방직 노조 대의원 선거일에 벌어진 만행을 폭로하고 민주사회에서 노조활동이라는 노동자의 기본권이 지켜져야 함을 환기시키며 동일방직 사건의 해결과 노조활동 보장을 요구했다. (한국교회여성연합회 1978)

제7절 개신교 여성 민주화운동의 역사적 의의

한국여성운동사에서 1970년대는 "시대적인 민주화의 유대 속에서 여성들의 인간화 운동이 더욱 첨예화되는 한편, 저변이 확대된 획기적 시기"로 평가된다(이효재 1989, 195). 한국 여성들에게 기독교의 전파는 개인적 종교생활의 변화를 넘어서 의식과 문화의 변화를 이끌어낸 사건이었다. 또한 가족의 테두리를 넘어서 사회의 구성원으로 참여를 경험한 것이었다. 교회의 조직인 전도회와 여선교회를 스스로 조직하고 회의를 운영하는 능력을 배우고 여성단체를 조직하고 활동하는 경험을 통해 민주적인 역량을 키울 수 있는 큰 역할을 했다. (유성희 2013, 98)

개신교 여성들은 기존의 남성 주도 민주화운동과 차별화된 모습을 보이기도 했다. 첫째, 이들은 유신체제라는 억압적 정치질서 아래에서 민주주의에 대한 상상을 사회적 약자에 대한 돌봄과 연결시켜 실천했다. 개신교 여성들은 성명서 등을 통해 유신헌법 철폐와 구속자 석방과 같은 정치 영역에서 적극적인 민주주의적 요구를 행하기도 했으나, 그와 더불어 구속자 및 구속자 가족을 돌보는 활동이나 여성노동자, 버스안내양, 성매매 여성에 이르는 사회적 약자들의 자립과 해방을 지원하였다. 장애인들의 교육기회 박탈에 대해서는 대통령에게 건의문을 써서 장애인들의 교육권을 존중해줄 것을 요구하기도 했다. 개신교 여성들은 복음주의에 기반한 성서정신으로부터 사회적 약자에 대한 돌봄의 정신을 중시했고, 이로부터 민주주의적 상상을 실천해 나갔다.

둘째, 개신교 여성들은 여성해방의 의제를 민주화운동에 적극적으로 끌어들였다. 이들은 '기생관광'의 철폐를 주장하였고, "인간을 상품화하지 말라"며 성매매 여성들을 지원하기도 했다. 또한 이들은 "여성이라는 이유로 차별하는 모든 제도를 철폐하라"라는 급진적인 구호를 제기하기도 했다. 차별 철폐를 요구하는 이들의 실천은 교회 내부를 향하기도 했는데, 한국교회의 남성중심주의를 비판하며 교회 주요 기구 내에 여성 참여를 요구하기도 했다.

셋째, 개신교 여성들은 일상적이고 생활밀착적인 의제들을 환기시키며 생활 속에서의 문제들을 개선하기 위한 활동을 전개했다. 불량식품 유통을 막기 위해 보건사회부 장관에게 건의서를 쓰고, 공해 문제를 환기시키며 이를 해결하기 위한 정부 차원의 계획을 묻기도 했다. 그러나 이들의 활동은 단순히 생활환경 개선을 요구하는데 그치지 않았고, 피폭자 문제나 가족법 개정, 언론자유 보장 문제와 같은 구조적인 의제에 대해서도 적극적인 연대활동을 전개했다.

제4부
해외 개신교 민주화운동과
초국가적 국제연대

1970년대 한국 민주화운동은 전통적으로 권위주의 국가의 억압적 제도와 통치에 대한 지식인, 학생, 민중의 저항의 역사를 중심으로 서술된다. 이런 기존 시각의 지평을 확대하고 심화하기 위해서, 제4부는 국내와 해외 개신교 활동가와 단체들이 한국 민주화 과정에서 어떻게 국가주권과 지정학적 경계를 초월하면서 상호작용하고 연대운동을 형성하고 실행하였는지 부각하고자 한다.

　　우선 제1장에서는 해외 개신교 세력을 중심으로 한 초국가적 (Iriye 2002; Bayly et al. 2006) 국제연대의 역사적 발전의 배경을 탐색하면서, 기존 국가 중심의 국제정치에서 비국가(non-state) 세력들이 어떻게 활동의 영역과 영향을 확대하려 시도하였는지 검토할 것이다. 특히, 인권규범의 세계적 확산이 초국가적 국제연대 운동의 발전에 크게 기여한 점을 서술한다. 초국가적 국제연대 운동을 주도하는 개신교 사회의 에큐메니컬 단체와 활동가를 또한 소개한다. 초국가적 국제연대 운동 발생의 배경에 대한 논의에 이어서, 다음 장에서는 해외 개신교 활동가와 단체가 진행한 한국 민주화를 위한 연대운동의 역사적 전개를 논의한다. 또한, 박정희 정권의 독재체제에 대한 저항의 결심을 담은 「1973년 한국 그리스도인 선언」이 세계로 확산되고, 향후 국제연대 운동의 형식과 참여의 중요한 틀이 되었음에 주목한다. 한국의 권위주의 탄압에 저항하는 민주화운동과 연대하여 일본, 독일 과 유럽, 미국에서 발생하는 개신교 국제연대 운동 단체를 탐색한다.

제3장에서는 한국 현장의 에큐메니컬 활동가와 개신교 국제연대 운동단 체들이 박정희 정권의 권위주의 산업화의 과정에서 발생하는 탄압에 대한 초국가적 인권 운동을 전개하는 과정을 서술한다. 우선, 한국의 민주화 문 제가 어떻게 인권의 문제로 변환되고 국가주권과 지정학적 경계를 넘어서 글로벌 인권문제로 확대되는지 살펴본다. 이어서, 김대중, 김지하, 박형규 석방과 구명 운동 등 주목할 만한 역사 사건을 통해서 민주화의 역사적 동 학을 분석한다. '민청학련'과 '인혁당' 사건과 민주노조운동을 위한 국제연 대운동도 소개한다. 세계교회협의회(World Council of Churches 또는 WCC)가 한국에 관한 인권문제를 기록하고 국제사회에 공론화하려는 노력도 다룬 다. 끝으로 이러한 초국가적 인권연대 운동을 통해서 만들어낸 박정권 정 권과 미국 정부에 대한 압박의 의미를 통해서 한국 개신교의 인권운동의 의 미를 평가하면서 제4부의 논의를 마친다.

◆ 제1장 ◆
해외 개신교 민주화운동과
초국가적 국제연대의 배경

　1장은 국제연대의 배경을 다루면서 초국가적 사회운동과 인권규범의 확산을 검토한다. 국제 인권 레짐이 1948년 이래 형성되는 과정에서 1960년 후반부터 주목할 만한 변화와 발전을 경험하는 역사적 맥락에 주목하려고 한다. 세계교회협의회와 국제앰네스티(Amnesty International)의 글로벌 인권 캠페인이 한국의 현장사회에 어떻게 연결되었는지 분석한다. 한편, 인권운동 발생의 복합적이고 포괄적 이해를 염두에 두면서, 시민적 정치적 권리와 사회적 경제적 권리를 포괄하는 최대주의적 주창운동의 지향과 지정학적 요소를 염두에 두는 인권 연대운동 발생의 역사적 검토를 진행하고자 한다.

　이어서 초국가적 에큐메니컬 운동 기구와 활동가를 탐색하면서, 초국가적 에큐메니컬 활동가들이 적극적으로 참여하고 연대한 단체와 그들의 활동 동기와 운동 방식을 살펴본다. 가령, 미국 시카고에 소재한 도시산업사회교회연구소 정보 네트워크나, 미국기독교교회협의회(NCCCUSA 해외 사역부)와 에드윈 루덴스(Edwin M. Luidens) 목사, 일본기독교교회협의회(NCCJ) 존 마사아키 나카지마 (John Masaaki Nakajim) 목사, 그리고 미국의 종교와 세속을 넘나드는 광범위한 지식인 네트워크인 한국인권위원회(Committee for Human Rights in Korea)를 소개한다.

제1절 초국가적 사회운동과 인권 규범의 확산

문화역사학자 린 헌트(Lynn Hunt)는 '고문'과 같은 현시대 인권규범의 기원을 조명하면서, 근대 인권의 시작점으로 18세기 계몽주의와 혁명시대를 주목한다 (Hunt 2007). 하지만, 일부 학자는 그 당시 '인권'(rights of man) 언어가 아닌 현시대 '인권'(human rights)의 언어와 개념의 등장을 역사학적으로 접근하면서 주목받고 있다. (Moyn 2012, 123~140) 즉, 인권의 개념, 활용, 적용의 범주의 글로벌 확장과 보편성의 팽창에 대한 장기적 지향을 학문적으로 담고 있다고 믿는다. 한편, 현시대 인권의 개념과 규범의 등장의 관점에서 2차 세계대전의 종결 과정에서 발생하는 프랭클린 루스벨트의 '4대 자유'와 '대서양 헌장' 그리고 유엔의 등장과 유엔헌장의 발표는 보다 더 긴밀한 연관으로 이해되기도 한다. (예를 들면, Borgwardt 2005; Bradley 2016; Iriye et al. eds. 2012) 이러한 역사 서술은 종종 전후 미국 주도의 세계질서 구축과 자유민주주의 체제 발생의 관점에서 이해되기도 한다. 그러나, 유엔헌장에서 인권은 겨우 수회 언급되는 데 그치는 수준이었지만, 1948년 유엔 총회에서 채택된 세계인권선언이 선포되는 중요한 토대가 되었다. 이로써, 처음으로 모든 "개인"의 동등한 권리와 포괄적 인권의 개념이 선포되었다.

하지만 인권의 글로벌 확산은 사실상 굴곡을 맞이한다. 역사학자 사무엘 모인(Samuel Moyn)이 언급하는 것처럼, 세계인권선언은 "태어나자마자 죽는" 운명을 맞이한다. (Moyn 2010, 44~83) 세계인권선언은 국제조약이 아니었고, 미국과 소련 간의 세계 냉전 정치와 대결이 가속화하는 가운데 두 개의 국제 인권 조약인 시민적 정치적 권리 규약(ICCPR)과 사회적 경제적 문화적 권리 규약(ICESCR)이 1966년에 마련되었고, 그리고 1976년에 이들 조약이 발효되기 시작하였다. (Posner 2014) 게다가, 1950년대 미국과 소련의 진영 내에서의 패권 리더십에 대한 논쟁과 식민 후기 독립국의 민족주의와 인권의 상대주의적 이해의 추구는 1960년대 말까지 글로벌 차원의 인권 개념과 규범 확산이 사실상 이상으로만 남게 하였다. (Foot 2010; Burke 2010)

1970년대 글로벌 인권의 언어와 규범의 확산에서 중요한 배경이자 결정적 요인은 글로벌 연대운동을 주도하는 비국가 세력의 등장이다. 1960년대 후반에 세계는 각 지의 주요 국가와 도시에서 대규모 거리 운동과 시위를 목격하게 된다. 미국의 민권운동과 반전운동, 동유럽의 민주화운동, 중국의 문화혁명 등 기존 정치와 경제의 질서에 대한 강한 저항을 보여주었다. 게다가 국가 중심의 국제정치에 대한 반발에서 비국가 세력들은 새로운 글로벌 어젠다를 제시하면서, 국경을 초월한 사회운동을 형성을 주도하기 시작하였다. 환경, 여성, 평화, 인권의 주제와 운동의 발생은 향후 냉전 시기와 국제냉전후기 시기 글로벌 운동과 정치 지형에서 빠뜨릴 수 없게 된다.

1960년대 글로벌 인권 운동의 발생과 한국 민주화의 결합에 대해서 한 가지 주목할 지점이 있다. 한국의 민주주의와 에큐메니컬 활동가들은 기존 한국사회에 존재하는 국내 사회에서 박정희 정부가 주도한 인권 프로그램이나 인도주의에 기반한 국제 인권 캠페인이나 네트워크의 영향을 계승하는 것은 아니라는 점이다. (이정은 2008) ● 박정희는 1961년 이후 첫 정부 '인권' 부서를 마련하고, '인권' 상담 프로그램을 진행하고, '인권' 백서를 출간하도록 하였다. 게다가, 박정희 정부가 승인한 인권옹호국제연맹은 한미 주둔군지위협정(SOFA) 체결 논의가 진행되는 가운데 미군 범죄 관련한 국제 인권 캠페인을 전개하였다. 하지만, 이러한 정부 주도와 정부 승인 하에 운영된 단체의 인권 운동도 1970년대 초반 유신 체제가 등장하는 가운데 모두 멈추게 되었고, 1970년대 민주화운동 활동가들과 연계되지 않았다. (Hwang

---

● 이정은은 보다 계승적이고 연속적이라고 생각하는 관점을 보여주고 있다.

한편, 기존 일부 개신교 단체에서 진행하는 '인권' 프로그램과 1970년대 인권 운동과 역사적 간극을 보여주고 있다. 예를 들면, 1970년 대한기독교청년회연맹(YMCA Korea)은 '인권옹호 봉사 위원회'를 운영하면서, 세계기독교청년회연맹이 추진하는 세계 각지의 정치적, 경제적, 사회적 재난에 따른 피난민과 재해민을 지원하는 사업에 참여하기 위해서 국제와이즈맨 클럽 한국지구 인권옹호 위원회와 연대하여 활동하였다. 이를 위해서, 인권 캠페인 교본을 제작하고, 기금 모금을 진행하였다. [•] 하지만 무엇보다 세계 각지의 재난과 난민의 문제에 대한 개입을 국제주의와 초국가적 연대활동을 지향하고 있었지만, 인도주의적 사업에 참여하고 이러한 활동을 '봉사' 개념으로 인지하고 있었다. 즉, 권리와 정의를 중심에 둔 인권의 관점이 아닌 고난의 완화라는 인도주의 개념에 머물러 있었다. (Weingartner 2013) 또한 권위주의 통치가 분명해지고 있는 국내 정치의 영역과 거의 결합되지 않았다. 그래서 국가권력 주도의 유사 인권 프로그램과 비슷한 특징을 보여주고 있었다.

1970년 같은 시기, 또 다른 차원의 초국가적 네트워크와 기층 운동에서 비롯되는 인권 담화와 프로그램이 시작되고 있었다. 주목할 만한 사례는 1970년 2월 영등포 도시산업선교회 연합회가 독일의 사회민주당과 연관되어 있지만 독립적 정치기관인 프리드리히-에버트(Friedrich-Ebert-Stiftung) 재단의 후원으로 시작한 10개월 기간의 노동인권 교육 프로그램이었다. 김경락 영등포 도시산업선교회 활동가와 함께 프리드리히-에버트 재단의 한국사무소 대표인 에릭 홀체(Erick Holtze)가 주도하는 이 특별 프로그램은

[•] 이수민 to 최동준, 서신, 「인권옹호 봉사 위원회 사업 교본 발행」, 1970년 10월 19일, 민주화운동기념사업회 오픈아카이브, 등록번호 572578.

노동조합활동의 관점에서 인권을 조명하였다. 성경에 근거해서 인간의 생명을 귀하게 여기는 "생명존중"(마태복음 16:26), 부당한 억압이나 학대를 거부하고 평등하고 참된 사회질서를 추구하는 "인권존중"(마태복음 18:14), 모든 사람에게 평등한 자유를 보존하는 "자유존중"(고린도전서 7:22)을 교육의 지향점으로 표방하였다.● 이와 같이, 1972년 유신체제가 등장하기 이전에, 이미 '인권'은 노동운동의 현장선교의 중요한 주제로 초국가적 연대를 통해서 수용되었다. 국가주도의 인권 프로그램이나 인도주의에 기초한 캠페인과는 다른 지향을 제시하고 있었다. 또한, 이 프로그램에 주도적으로 참여한 활동가들은 향후 국제앰네스티와 세계교회협의회의 인권 프로그램에 적극적으로 관여하였다.

이처럼 1970년대 민주화 시기 개신교 인권운동은 에큐메니컬 활동가들이 글로벌 인권 주창 프로그램을 적극적으로 수용하는 현상과 연관이 있었다. 즉, 한국의 민주화운동과 글로벌 인권 운동과 정치가 결합되는 중요한 지점에 에큐메니컬 활동이 있었고, 중요한 연결 지점이 국제앰네스티와 세계교회협의회 인권주창 캠페인이었다. 특히, 세속적 단체인 국제앰네스티와 종교단체인 세계기독교교회협의회가 주도하는 글로벌 인권 확장 프로그램은 활동의 원칙과 내용이 대조적이었음에도, 한국 현장 활동가들은 한국 민주화에 대한 관심과 비전의 관점에서 모두 수용하면서, 한국의 현장의 관점에서 글로벌 인권 담화와 운동을 형성해 나가게 되었다. 한국 민주화운동 활동가과 그들을 지원하는 초국가적 활동가들의 혜안과 열정을 엿볼 수 있다.

국제앰네스티는 1960년대 후반 이래 주목받는 비국가 인권 단체였다.

●「노동조합 특별교육 '노동조합 활동과 인권'」, [1970년 2월], 민주화운동기념사업회 오픈 아카이브, 등록번호 359590.

1961년 영국 변호사 피터 베넨슨(Peter Benenson)이 신념과 종교의 자유에
대한 탄압으로 구속된 이들의 석방을 지지하는 초국가적 "양심수(prisoner
of conscience)" 캠페인을 시작하였다. 그해『민족일보』사건으로 수감된 조
용수, 송지영 등에 대한 캠페인을 벌였으나, 1960년대 말까지 국제앰네스
티의 활동 범주는 유럽과 미국에 머물러 있었다. 1968년 새로운 사무총장
으로 임명된 마틴 애널스(Martin Ennals)가 글로벌 인권 주창 프로그램을 시
작하면서, 한국을 포함한 비서구지역까지 그 활동과 현지 사회와 연대운동
이 발생하기 시작하였다. 이러한 활동 지역을 확장하면서, 국제앰네스티는
초기에 설정해 온 두 가지 원칙을 유지하였다. (황인구 2023a) 인권 캠페인의
범주를 시민적 정치적 권리의 문제에 우선하였다. 또한 어떤 활동가도 국
내 정치 문제에 개입하지 말아야 한다는 "정치적 중립"(political impartiality)
에 관한 규율이었다.

1969년 미국앰네스티 창립회원이자 콜롬비아 대학의 일본문학 담당 교
수인 아이반 모리스(Ivan Morris)가 서울에 방문하였다. 동아시아 지역에서
국제앰네스티의 활동 영역의 확장과 한국에서 발생한 소위 "유럽간첩단 사
건" 수감자에 대한 논의, 그리고 일반적 인권 상황에 대한 실태조사를 위해
방문하였다. 방문 직전 일본에서 일본앰네스티 설립을 권장하였고, 1970년
1월에 최소의 동아시아 지부의 설립으로 이어졌다. 이와 대조적으로, 한국
에서는 비상연락망을 구축하는 데 그쳤다. 이때 선정된 비상연락 담당자는
한국기독교교회협의회 사회정의 프로그램에 참여하고 있던 독일인 선교사
게르하르트 브라이데슈타인(Gerhard Breidenstein)이었다.[*] 하지만, 브라
이덴슈타인은 자신에게 주어진 역할을 넘어서, 향후 한국의 민주화의 관점

---

[*] Ivan Morris, memo, December 12, 1969, Mission—General, Box 6, Ivan 4, Ivan Morris Papers, Rare
Book and Manuscript Library, Columbia University.

에서 국제앰네스티의 역할을 적극적으로 고려하면서, 향후 1970년대 초반 한국앰네스티 설립의 과정과 활동의 방향에 대한 결정적인 기여를 하게 된다.

1960년대 말 한국에서 산업화, 도시와, 그리고 권위주의화가 가속화되는 맥락에서 그는 한국사회에서 국제앰네스티의 역할을 상상하였다. 1970년 6월 브레이텐슈타인은 재야의 한국민권투쟁위원회 대표인 윤현목사를 만나면서 하나의 전기를 맞게 된다. 윤현은 박정희 정권의 부정하고 부패한 근대화를 풍자한 「오적」을 발표해서 정치적으로 구속된 시인 김지하 석방운동을 벌이고 있었다. 국제앰네스티의 활동이 한국 민주화운동에 큰 영향을 줄 수 있다고 믿게 되면서, 한국지부를 설립하는 운동을 벌이게 된다. 1970년 10월 캐나다 선교사 프레드 베일리스(Fred Bayliss)까지 참여하면서, 규약을 작성하고 지부설립을 위해 런던에 있는 국제앰네스티 국제사무국 사무총장 마틴 애널스와 논의한다. 하지만, 국제앰네스티와 국내정치 불개입 원칙인 '정치적 중립성' 문제가 대두되었다. 이 문제가 정리되었다고 생각되던 시점인, 1972년 2월 런던에서 한국앰네스티 설립이 승인되고, 다음달인 3월 한국앰네스티가 설립되었다. 한국 민주화 과정에서 처음 설립된 인권 단체가 등장하게 된 것이다. 김재준(목사), 민병훈(변호사), 송지영(언론인), 양수정(문필인), 윤현(목사), 한승헌(변호사), 이병린(변호사), 은명기(목사), 천관우(언론인) 등 20여 명의 발기인이 참여하는 창립대회를 열었다. "해외 확신범을 위한 엽서 보내기 캠페인", 외국인 확신범에 대한 지원, "사상, 표현, 신념의 자유"에 대한 인권 의식 고취 등을 향후 주요 사업으로 확정하였다. 한편, "양심수"라는 용어 대신 "확신범"을 쓰고 있었고, 용어와

개념의 토착화의 과정이 필요함을 보여주고 있었다. •

　하지만, 한국 발기인과 활동가들은 설립과정에서 꾸준히 구상해 오던 국내적 요구와 국제적 의무를 모두 실행하는 "이중 목적(double purposes)"의 틀에서 방향을 탐색하였다. 다수의 발기인과 활동가는 재야와 에큐메니컬 단체에 소속되어 있었다. 이들은 한국 민주화 문제에 대한 "자결주의적 국제주의(self-deterministic internationalism)"의 지향을 추구하였다. 대표적인 예로, 한국지부 회장으로 선임된 저명한 개신교 에큐메니컬 지도자인 김재준 목사는 창립사에서 "우리 개개인의 양심과 표현의 자유, 신앙의 자유, 우리 헌법에 규정된 국민의 기본자유를 확보하고, 그것이 억울하게 짓밟히려는 경우에 전 세계의 양심의 소리가 함께 절규를 보낼 수 있는 세계적인 통로를 마련한다는 것은, 전 세계의 인간이 자아의 지성소를 더럽히지 않기 위한 당연한 시도라 하지 않을 수 없다"라고 연설하였다.(앰네스티 한국지부 1977 〈미간행〉, 1)이러한 한국지부 지도부와 유력인사의 지향은 국제앰네스티 국제사무국과 1970년대 내내 갈등하게 되는 중요한 요소로 작용하였다. 결국, 1980년 광주학살이 자행된 직후 한국지부의 업무가 정지되는 주된 요인이 되었다.

　그럼에도, 국제앰네스티의 캠페인은 한국 민주화를 위한 초국가적 인권연대의 근간이 되었다. 주목할 만한 사례는, 1974년 10월 한국에서 처음으로 개최된 국제앰네스티가 매해 주관하는 "양심수 주간(Prisoner of Conscience Week)"이었다. 1974년 박정희 정권이 1974년 1월부터 발동한 긴급조치의 발동을 통한 탄압에 반하는 저항운동이 발화하는 시점에 맞춰서 인권운동이 확산하는 것이었다. 국제앰네스티가 선정한 13명의 대표사례에 긴급조치 4호

•「앰네스티·인터내쇼날이란?」, [1972], SGO-NS Korea 1971-72, Microfilm 16, Collection of Amnesty International International Secretariat (이하, AIIS), International Institute of Social History, (이하, IISH).

위반 혐의로 알려진 민청학련 사건과 연관되어 구속된 국제앰네스티 한국지부 명예회장인 지학순 주교를 포함하고 있었다. 국제앰네스티는 창립 시기부터 폭력을 주창하고 간첩협의에 연관된 "정치범"을 "양심수"로 인정하지 않았고, 이러한 구분을 각각의 사건에 엄격히 적용하였지만, 당시 한국사회에서는 그 구분에 대한 인식이 분명하지 않았다. 사실 1974년 처음 개최된 "양심수 주간"은 사실 "정치범 주간"으로 알려져 있었다. (황인구 2023a) 그럼에도, "양심수" 캠페인은 한국의 현장에서 인식이 확산되고 있었고, 초국가적 인권연대 운동의 핵심으로 자리 잡아갔다. 한국 민주화운동이 모진 탄압의 과정에서도 일관된 방향과 견고한 운동의 지형을 유지할 수 있는 중요한 요인으로 고려될 요소로서 글로벌 인권 규범의 형성과 역할을 주목할 만한 것이다.

1974년 11월과 12월 국제앰네스티의 고문반대 국제캠페인에 맞춰서 한국앰네스티가 세계인권선언일에 벌인 캠페인 또한 중요한 사례가 된다. 12월 1일 발행한 한국앰네스티 소식지는 최근 유엔총회에서 채택된 고문방지 결의안과 고문반대에 관한 각종 국내외 언론을 소개하고 그 의미를 상세히 다루었다.● 사실, 한국 국내문제를 직접 언급하지는 않았지만, 고문규범에 대한 인식 확산의 중요한 과정을 보여주고 있었다. 고문금지는 세계인권선언에 기술된 사항이고, 1971년 서승 서준식 형제 간첩단 사건에서 강제조사 과정에서 심각한 고문의 문제가 발생하였다. 일본을 비롯한 국제사회의 큰 관심을 받았지만, 한국 민주화운동과 직접적으로 긴밀히 연결되지는 않았다. 하지만 1975년 2월 민청학련 수감자 일부가 석방되면서 1972년 유신체제 수립과 1974년 정권의 긴급조치를 동원한 탄압과정을 "고문"의 개념으로 재규정하기 시작하였다. 한국 현장의 외침은 곧 한국 민주화

● 「앰네스티 한국지부 소식」, 1974년 12월 1일, 민주화운동기념사업회 오픈 아카이브, 등록번호 444381.

를 위한 저항과 탄압의 문제를 국제인권사건으로 변화 발전시켰다.

이처럼, 국제앰네스티와 한국앰네스티의 인권 캠페인은 한국 민주화 과정에서 인권의 언어와 규범, 그리고 인권 운동과 정치의 확산에 기여하게 되었다. 사실, 국제앰네스티와 한국앰네스티의 역사와 역할은 한국 민주화운동사에서 최근까지 잘 소개되거나 설명되지 않았다. 이어서 서술될 에큐메니컬 활동가와 단체의 인권운동이 한국사회에서 상대적으로 크게 주목받은 것과 대조적이다. 하지만, 몇몇 창립 활동가에 대한 개인적 입장과 평가를 넘어서, 국제앰네스티와 한국사회의 대면과 결합, 그리고 한국앰네스티의 발생과 활동은 각가의 영역으로나 상호 연관된 활동으로나 한국 민주화의 초국가적 역사의 동학이라는 측면에서 더욱 중요하게 설명될 필요가 있다.

국제앰네스티가 글로벌 인권 주창 프로그램을 가동하기 시작하던 1968년, 개신교 교회일치운동을 추구하던 에큐메니컬 단체인 세계교회협의회(WCC)가 1948년 출범한 이래 처음으로 '인권'을 장기적 과제로 선정하였다. (Johnson ed. 1975, 48~50) 국제앰네스티의 좁은 의미의 인권 개념과 하향적 접근 방식과 달리, 세계교회협의회는 "현재 인간사회에서 무슨 일이 발생하고 있는가?" 그리고 "교회는 어떤 책임 있는 대응을 해야 하는가"라는 물음으로 접근하였다. (Hwang 2022, Chapter 1) 1971년 7월 주목할 만한 진전의 시작이 이루어졌다. 제네바에 소재한 세계교회협의회 산하의 인문연구소(Humanum Studies) 소장인 데이비드 젠킨스(David Jenkins)는 국제문제교회위원회 상임위원회에 인권 논의를 위한 첫 번째 보고서 「인권의 신학적 관점」(Human Rights from a Theological Perspective)을 제출하였다. (The Commission of the Churches on International Affairs 1974, 98~104) 이 보고서는 향후 인권 논의의 접근의 중요한 지점을 제시하고 있었다. 무엇보다, 왜 '인권' 논의는 신학적 관점을 포함해야 하는지 응답한다. 우선, 모든 교회 구성원을 교육하고 또한

그들을 책임지는 "기독교적"(Christian) 관심과 방법으로 "인권" 증진을 이해
하였다. 또한 인권의 관심과 활동 영역의 우선순위를 정하는 척도로서 신
학의 중요성이 필수적이라는 것이다. 구약의 예언자적 인식과 신약의 예수
의 활동을 비추어 봤을 때, "가난한 자들의 억압"(the oppression of the poor)
에 대한 문제는 특별 순위에 둘 수 있다는 것이다. 또한 기독교 복음으로 인
권 증진에 대한 사고와 활동의 토대를 새롭게 할 수 있다고 보았다.

　　이러한 신학적 고려에 따라, 인권(Human Rights) 프로그램의 개괄을 제
시할 수 있다고 젠킨스는 강조한다.(The Commission of the Churches on
International Affairs 1974, 98~104) 성경은 "인권"을 기술하기보다는 인권을
이해할 수 있는 "토대"를 제공한다고 지적하였다. 성경은 상당히 많은 인간
의 "가능성(possibilities)"이 존재하고, 또한 가능성에 대한 장애물을 보여주
고 있다고 밝힌다. 그래서, "인간(man)"이 모든 신의 이미지를 따라서, "인
간(men)", 그리고 개별 "남자(man)", 여성, 아동으로 끊임없이 이해하고 증
진할 수 있다고 설명하였다. 한편 향후 논의를 위한 중요한 물음을 또한 제
시하였다. 모든 문제에 대해서 예수를 중심으로 어떻게 이해할 수 있을까?
역사적 기독교에 기반하면서도, 서구적 인격주의(personalism)에 매몰되지
않는 "인간인격(human person)"의 가치와 운명을 어떻게 이해할 수 있는가?
모든 인간의 관심사에 존재하는 정치적인 것의 보편성을 어떻게 설명할 것
인가? 이와 같이 이 보고서에서 젠킨스가 제시하는 '인권' 증진 프로그램은
인간의 가능성을 자유롭게 구현하는 데서 발생하는 장애물을 제거하고, 인
간이 동료 인간들과 자신들을 위한 그리고 자신의 책임을 이행할 수 있는
가능성을 탐색하는 것을 의미하였다. 그래서 '인권'은 정체되지 않고, 그 자
체로 종결되지 않았다고 보았다. 이 보고서는 다양한 시각의 논평 가운데,
기독교적 "희생"과 물질문명의 공격에 대응한다는 신학적 동기를 공유하였
다. 더불어, 어떤 인권기구도 신앙에 기반한 실행을 하지 않는 현실을 인식

하면서, 세계교회협의회의 국제문제교회위원회가 주도하는 인권 증진 프로젝트의 필요성을 분명히 하였다.

한편 1971년 세계교회협의회 국제문제교회위원회(Commission of the Churches on International Affairs 또는 CCIA) 중앙위원회를 각국 회원 교회가 인권에 대한 인식과 관심을 증진하기 위한 행동지침까지 가져올 목적을 설정하도록 제시하였다. 인권은 평화와 정의와 연관되어 설정되면서 매우 긴박한 이슈가 되었다. 이어서 각국 회원 교회에서 인권간담회를 진행하도록 제안하였다. 1972년 8월 국제문제교회위원회는 국제적 인권 기준의 실행이 가장 중요한 우선의 문제임을 확인하면서, 간담회가 인권 분야의 사고와 실행에 대해 재고찰하는 자리가 되어야 한다고 정리하였다. 개인, 단체, 권력자 간의 여러 차원의 충돌된 이해를 인정하면서, 인권은 "비정치적"이거나 "인도주의적" 문제도 아닌 "정치적 문제"라는 점을 확인하였다. 또한 인권은 사회적, 정치적, 경제적 "부정의"의 문제임을 확인하면서, 개별 교회의 논의 속에서 마련하는 것이 인권의 보편성을 추구하는 것이라고 안내하였고, 인권의 폭넓은 개념과 상향적 연대 형성을 제시하였다.(The Commission of the Churches on International Affairs 1974, 111~117)

1973년 세계교회협의회는 글로벌 인권의 지평을 설정하기 위한 1974년 말로 예정된 "인권과 기독교 책임"으로 명명된 간담회를 준비하면서, 각국의 교회 사회에 간담회를 제안하고 가이드라인을 제출하였다. 유엔이 폭넓은 인권 기준과 이상을 제시하였지만, 이해에 대한 내적 충돌과 냉전 이념의 도구화와 정치화로 그 역할이 미비하였던 점을 지적하면서, 제3세계 사회의 역할의 중요성을 다시 한번 강조하였다. 안내에 따라서, 1973년 11월 한국기독교교회협의회는 인권간담회를 개최하고, 민주화 과정에서 한국 사회가 발표하는 첫 번째 '인권 선언문'을 내놓았다. 인권을 하느님의 주신 가치로 선언하고, 당면한 인권 사안으로 여성 인권, 학원의 자유, 그리고 최저 임금 등을 언급하면서, 인권의 폭넓은 개념의 지형을 보여주었다. 그해 12월 한국기독교교회협의회와 에큐메니컬 단체들이 주축이 되어서 처음으로 개최한 국제인권주간(International Human Rights Week) 행사는 향후 인권이 민주화 과정에서 저항과 비전 제시의 중요한 장이 되는 계기를 마련하는 것이었다. 무엇보다 이 회의에서 결정된 한국기독교교회협의회 인권위원회의 설립을 결정하고, 1974년 긴급조치 탄압의 과정에서 출범하게 되었다. 이로서, 향후 국내와 국제 인권 연대 운동의 중심적 역할을 하게 된다. (손승호 2017)

1970년대 글로벌 인권의 확산에 대한 역사적 서술에서 통상적인 관점은 인권의 개념이 서구에서 비서구 지역으로 일방적으로 확산되는 것으로 간주한다. 하지만 역사학자 마크 브래들리의 연구와 같이 예외적인 시각에서는 비서구를 비롯하여, 서구 내에서도 그리고 지구적 차원에서도 '내재화' 또는 '토착화(vernacularization)'의 과정을 거친다는 점을 강조한다. (Bradley 2014) 즉, 인권의 개념의 확산과 보편의 과정은 관련된 행위자들 간의 긴밀한 상호작용이 발생하고, 인권 언어와 규범이 아래로부터 수용되고 확산되는 과정이 필수적이라는 점이다. 이 과정에서 아래의 이해와 요구가 반영되는 변화의 과정을 거치게 된다고 본다. 정치철학자 마이클 왈저가 논의하는 것처럼, 상호 관여가 피상적(thin)이든 깊든(thick), 상호 간의 연대와 역할에 대한 상상과 기대, 이해와 오해 등의 과정은 불가피하게 발생하게 된다. (Walzer 1994)

정치학자 캐스린 씨킹크(Katherine Sikkink)가 마가렛 케크(Margaret Keck)와 독창적으로 제시한 국경을 초월한 사회연대 운동 발생의 모텔은 원론적인 이론의 관점에서 널리 받아들여 지고 있다. (Keck and Sikkink 1998; 김학재 2018) 하지만, 권위주의 국가에 대항하는 초국가적 세력 간의 긴장 없는 협력관계에 대한 가정은 사실상 역사의 현실과 부합하기 어렵다고 할 수 있다. 커뮤니케이션 학자 이미숙은 씨킹크의 모델을 비판적으로 논의하면서,

한국의 민주화를 위한 환태평양 연대운동에서 초국가적 연대에 참여하는 주체들의 관계를 기부자와 수용자의 구도에서 검토하였고, 이 관계는 인도주의적 상하관계의 문제를 야기하였다고 날카롭게 지적하였다. (Lee 2014) 외부 지원 세력의 인종주의적, 관료주의적 접근이 현장 주체의 내재주의적 이해와 충돌할 수 있음을 지적한 것이다.

한편, 초국가적 연대운동 단체 간의 관계와 활동의 원칙의 문제에 더해서, 지정학적 질서와 패권의 정책과 정치도 초국가적 인권 규범의 확산의 복잡한 지형을 구성하는 중요한 요인이 되었다. 역사학자 황인구는 초국가적 인권규범 운동이 국내와 국제 정치의 중요한 의제인 경제발전, 민주주의, 그리고 주권의 문제와 결부되어 논쟁이 되면서 권위주의 정권과의 대결은 이들의 패권 블록을 형성하는 미국의 대외정책까지 확장된다는 문제에 주목하였다. (Hwang, 2022) 이러한 맥락에서, 지역의 권위주의 정부와 미국의 행정부는 비판의 대상으로 머물기보다는, 보다 적극적으로 자신들의 인권에 관한 정책을 표방하고 실행한다는 점이다. 이어서, 1970년대에 유엔이 글로벌 인권 규범과 연대 운동에서 기대되는 역할을 하지 못하는 가운데, 미국의 대외정책의 새로운 방향에 대한 논쟁이 미국의 의회를 중심으로 가속화되는 과정은 한미관계를 넘어선 글로벌 인권규범의 창출의 과정을 보여주고 있다. 이와 같이, 인권 규범은 인권 주창 세력과 이에 대한 대응 세력의 상호간의 작용과 대결의 관점에서 이러한 역사의 복잡성과 포괄성이 이해될 수 있다는 것이다.

제2절 초국가적 에큐메니컬 운동 기구와 활동가

세계교회협의회(WCC), 아시아기독교협의회(Christian Conference of Asia

또는 CCA) 등 에큐메니컬 기구에서 활동한 한국인들은 초국가적 민주화 연대활동에 중요한 역할을 했다. 아시아기독교협의회에서 활동한 오재식은 일본을 주무대로 하여 한국에 대한 지원을 이끌어내는데 큰 역할을 했다. 또한 강문규는 세계기독학생연맹(World Student Christian Federation 또는 WSCF) 아시아 총무로 활동했다. 유럽의 제네바에는 박상증 목사가 세계교회협의회 아시아 총무로 활동했고 미국에서는 이승만 목사가 미국장로교 선교부 중동 총무로 활동했다. 독일에서는 동아시아선교위원회 위원 장성환 목사가 활동했다. 이들은 해외 에큐메니컬 운동기구에서 각자 중요한 역할을 수행하면서 한국 개신교계와 긴밀히 협조하면서 한국 민주화운동의 초국가적 실천에 큰 기여를 하게 되었다.

이들 해외에서 활동하는 1세대 한국인 목회자와 평신도 운동가들의 기여와 더불어 주요 에큐메니컬 조직과 활동가들 또한 주목할 만하다. 이들이 활동한 역사적 맥락과 활동의 내용은 전략적 활동 방향과 초국가적 연대운동의 성격과 지향에 대한 이해의 단초를 제공한다. 예를 들면, 미국 시카고에 소재한 도시산업사회교회연구소(Institute on the Church in Urban-Industrial Society 또는 ICUIS)는 세계교회협의회의 글로벌 정보 네트워크 역할을 담당하였다. 일본에서 아시아기독교협의회를 통해서 오재식이 설립하고 운영해 온 동아시아 정보센터인 DAGA(Documentation of Action Group for Asia)를 세워서, 한국을 포함한 동남아시아의 소식을 번역하고 전달하는 역할을 맡고 있었다. (지명관 2008; Todd 1976) 1968년 이래 글로벌 에큐메니컬 커뮤니티에서 현장 사회의 사건과 투쟁 상황, 그리고 의견을 담은 요약집을 담은 간행물(Abstract Service)을 출간해서 세계로 배포해왔다. 또한 출간물 중에는 국가별 개요 시리즈가 있었는데, "한국 개요(Country Profile: South Korea)"라고 명명된 한국 관련 첫 문헌은 1974년 긴급조치 탄압의 국면에서 10월에 발행된다. 1968년부터 1974년까지 기존의 요약문을

주제에 맞춰서 재정리하여 발간되었다. [•]

　이 책자에서 주목할 만한 점은, 개별 사건에 대한 단기적 보도가 아니라, 역사적, 포괄적, 맥락적 접근을 보여주고 있다. 시대적이고 주제별 내용을 구성하고 있다. 예를 들면, 1945년 이래 유신체제에 이르기까지 미국의 대한정책과 한국의 산업화 이면에 발생하는 도시화 문제를 다룬다. 또한 도시산업선교, 주민조직(community organization) 운동, 학생운동에 초점을 맞춘 교회의 당면 문제를 논한다. 박형규 목사가 주도한 부활절 사건과 이어지는 재판, 김대중 납치 사건, 재야와 개신교 운동가들이 주도하고 지원한 헌법개정운동, 그리고 긴급조치 시행을 목회자, 학생, 교수, 야당 정치인, 지식인에 대한 탄압을 다룬다. 이어서, 세계 교회와 연대 단체들이 형성한 한국 권위주의 통치에 대한 대응도 포함하고 있다. 각 내용에 대한 정리문헌의 요약본과 함께 서지정보와 구매방식을 담고 있어서, 이와 같이 세계교회협의회가 설립하고 운영한 도시산업사회교회연구소는 초국가적 연대운동을 위한 글로벌 도서관의 역할을 담당하고 있었던 것이다.

　1970년대 중반 시카고를 중심으로 한국 민주화와 인권 문제를 조명하고 초국가적 연대운동을 추진한 아시아인권시카고교회위원회(Chicago Church Committee on Human Rights in Asia) 또한 몇 가지 지점에서 주목할 만하다. 우선은, 중심 활동가인 린다 존스(Linda Jones)이다. 1970년대 초 한국에 거주하는 에큐메니컬 선교사 모임인 '월요모임' 대표로 활동하다가 시카고로 이주한 이후에도 지속적으로 활동을 이어가고 있었다. 본 연구서의 2장 2절에서 상세하게 서술하듯 '월요모임'은 상대적으로 소수의 활동가였지만, 민주화운동사, 특히 해외연대운동의 측면에서 주목할 만한 역사를 만들었다.

[•] Institute on the Church in Urban-Industrial Society (이하, ICUIS), "AN ICUIS Country Profile: South Korea" (October 1974), Folder 3, Box 5, George Ogle Papers, Pitts Theology Library, Emory University (이하, Ogle Papers).

초기 주요 활동가인 존스의 삶은 초국가적 연대활동이 활동가들의 공간이 동을 따라 연속되고 확장되어 가는 것을 보여주고 있다. 또한 이 단체가 보여준 연대운동의 방식이 시카고 지역사회에 밀착한 운동이 되었고, 미국 의회가 인권법을 마련해 가는 과정과 결합하여 전개한 이 인권 운동은 중장기적 글로벌 인권 확산의 역사적 유산의 관점에서 그 의미가 크다고 말할 수 있다. 다시 말해서, 1973년 의회에서 인권의 관점에서 외교법을 수정하고 인권의 관점에서 미국의 국제지원 정책을 제약하는 법안을 마련하고 있었다. 지역구 상원의원 금주 상황판에 당시로서 최신 정보통신 기술의 대명사가 된 텔레그램을 활용한 풀뿌리 유권자 여론운동이 보고되고 있었는데, 이것을 '대중여론 텔레그램'(Public Opinion Telegrams)이라고 하였다. 그래서, 이러한 풀뿌리 여론 조직 운동을 통해서, 조지 맥거번(George McGovern) 의원이 제기한 보다 강력한 인권 수정안인 1976년 회계연도 외교지원법(Foreign Assistant Act) 법안을 통과시키는 운동을 전개하고 있었다. [•] 1975년 중반 이래 존스는 북미주 차원의 한국 인권 문제에 대한 기구를 마련해 가는 과정에서 주도적으로 참여하였다. 그해 11월 설립된 북미주한국인권연합(North American Coalition for Human Rights in Korea 또는 NACHRK)은 아시아인권시카고교회위원회의 연대운동의 방식과 지향을 적극 수용하였다.

아시아인권시카고교회위원회의와 더불어 한국의 개신교 민주화와 인권 연대 운동에서 중요한 기구인 미국기독교교회협의회(National Council of the Churches of Christ in the USA 또는 NCCCUSA)를 빠뜨릴 수 없다. 특히, 미국기독교교회협의회의 해외 사역부(Division of Overseas Ministries) 동아시아 담당자인 에드윈 루덴스의 역할은 주목할 만하다. 1974년 긴급조치를 통한 극심한

[•] Linda Jones, "Dear member of the Chicago Church Committee on Human Rights in Asia and other concerned friends," (October 27, 1975), 민주화운동기념 사업회 오픈 아카이브, 등록번호 520211.

정치적 탄압과 그해 12월 감리교 목사 조지 오글(George Ogle)의 추방은 미국
기독교교회협의회에 심각한 충격을 주었다.* 루덴스는 한국, 일본, 미국의
개신교 에큐메니컬 정보와 연대의 네트워크를 마련하였고, 유럽까지 확장하
였다. 1975년 5월 긴급조치 9호가 시행되면서 한국 내 탄압이 심화하는 상황
에서, 그해 10월 일본기독교교회협의회(National Christian Council in Japan 또는
NCCJ) 사무국장인 존 나카지마 목사에게서 한국 800명의 구속자와 구금자
상황과 명단이 담긴 비공개 문서를 받아서 공론화하였다. 특히, 루덴스는 이
문서를 국제앰네스티에 전달하면서 상호 협력하였고, 그는 국제앰네스티 사
무국장인 마틴 애널스와도 적극적으로 소통하였다.** 1975년 미국기독교
교회협의회의 동아시아연구단(East Asia Working Group)의 논의를 이끌면서
중장기적 초국가적 인권 연대 활동을 설계하고 방향을 정하는 데 중요한 역
할을 하였다. 특히, 그해 가을 북미주한국인권연합(NACHRK) 설립을 주도하
였다. 한국에서 가장 억압적 상황에서 또 다른 차원의 종교와 세속의 연대가
초국가적 정보 네트워크를 통해서 확장하고 있음을 보여준다. 향후, 두 단체
가 다른 운동의 접근 원칙을 밝히고 있지만, 북미주한국인권연합에 국제앰
네스티가 참여하고 협력하는 배경을 짐작할 수 있다.

에큐메니컬 신학자와 진보 학자들이 협력해서 조직한 단체도 대중적 관심
과 국제적 여론을 불러오는데 중요한 역할을 하였다. 1970년대 중반 설립된
'한국인권위원회(Committee for Human Rights in Korea)'는 교회 단체가 직접 설
립하지 않았지만, 미국에서 활동하는 교회 지도자, 교수, 지식인, 한국 교민 등
광범위한 인사들이 참여하였다. 주요 참석자를 언급하면, 교계에서는 미국기
독교교회협의회 회장인 스털링 캐리(Sterling Cary) 목사, 매리놀 신부회 사무국

---

* Edwin M. Luidens to East Asia Working Group, Memo, "Deportation of the Rev. George Ogle from
  South Korea," December 19, 1974, Folder 3, Box 3, Ogle Papers.
** Edwin M. Luidens to Martin Ennals, Letter, October 14, 1975, SGO Korea 1975, Microfilm 8, AIIS, IISH.

장인 윌리엄 매킨타이어(William McIntyre), 세계교회협의회 회장 윌리엄 톰슨(William Thompson) 박사가 있다. 미국 동아시아 학계에서는 하버드 대학 법대 교수이자 동아시아 법학 연구실 대표인 제롬 코헨(Jerome A. Cohen), 하버드 대학 역사학과 교수이자 동아시아학 위원회 대표 존 페어뱅크(John K. Fairbank), 전 주일 미국 대사이자 하버드 대학 대학 석좌 교수 에드윈 라이샤워(Edwin Reischauer), 전 미국 대사관 정무 참사관이자 현 터프츠 대학 교수인 그레고리 헨더슨(Gregory Henderson) 등이 참여하고 있었다. 또한 한국 학계와 교민 사회는 미국 한국기독학자협의회 회장 강위조 교수, 전 주미 대사관 공보관 이재현박사, 한국민주통일연구소 소장 이근팔이 활동하고 있었다. •

다수의 참석자가 1970년대와 1980년대 미국 의회가 개최하는 청문회에서 증언자로 참석하여 한국의 민주주의와 인권 문제에 대한 입장을 밝혔다. 이들의 공통된 입장은 1975년 11월 발표한 성명서에서 잘 보여주고 있다. 한국의 민주주의와 인권 회복을 위해서, 미국 외교정책을 "인도주의와 인권에 근거해서 바로잡아야 한다"라고 주장하였다. 특히, 1950년 딘 애치슨(Dean Acheson)이 제시한 미국의 냉전 지원의 본질이 사실상 1973년 개정된 외교지원법과 같은 의미라는 것이다. "미국 정부의 한국에 대한 군사적 경제적 지원은 한국의 민주적 제도의 존재와 성장에 달려 있다"는 점을 강조하였다. •• 즉, 자국민에게 정치적 억압을 가하는 나라에 대한 미국의 지원은 중단되어야 한다는 것이다. 이와 같이 한국인권위원회는 에큐메니컬 활동가의 폭넓은 참여로 이루어진 연대였고, 연대 활동 추구가 미국 패권정책의 수정이라는 공통 지향에 기반한 연대임을 보여주고 있다.

• Hugh Borton et al., "Statement of Committee for Human Rights in Korea," [1975], Folder 25, Box 66, Collection on Democracy and Unification in Korea, Department of Special Collections, Charles E. Young Research Library, UCLA. (이하, UCLA Collection on Democracy and Unification in Korea).
•• Borton et al., "Statement of Committee for Human Rights in Korea."

◆ 제2장 ◆
해외 개신교 민주화운동의 전개

제2장은 해외 개신교 단체가 참여하는 한국 민주화운동의 전개 양상을 주요 사건과 지역에 따라 살펴본다. 우선, 「1973 한국 그리스도인 선언」이 에큐메니컬 사회에서 선언문 번역과 저항의 장르로 수용되고 글로벌 사회로 확산하는 과정을 추적한다. 이어서, 일본 지역 개신교 민주화운동의 중심이 되는 '한국문제기독자긴급회의' 구성과 출판물, 한일교회협의회 출현, 그리고 포드 대통령 방문을 앞둔 상황에서 인권 논쟁으로 확산하는 과정을 검토한다. 그리고 유럽 사회에서 기인한 '기독자민주동지회' 결성과 더불어 북미주 지역 에큐메니컬 사회가 발전시킨 북미주한국인권연합(NACHRK)이 사회적, 경제적 범주까지 포괄하는 최대주의적 인권 운동을 전개하고, 지정학적 요소를 염두에 두면서 워싱턴 정치에 개입하는 운동을 발전시키는 과정을 살펴본다.

제1절 「1973 한국 그리스도인 선언」의 글로벌 확산

「한국 그리스도인 선언문」은 한국에서 작성되고 발표되지 않았다. 1972년

10월 유신체제가 등장한 이후 한국의 민주화를 위해서 일본에서 초국가적 연대 운동을 벌여오던 한국 활동가들인 지명관, 오재식, 김용복은 1973년 1월 박정희 정권의 정치적 경제적 억압체제에 대한 비판 선언문을 작성하기 시작하였다. 오재식이 이 초안문을 한국 에큐메니컬 운동의 중심에 있는 한국기독교교회협의회(NCCK) 사무국장 김관석 목사에게 비밀리에 전달하고, 협의해서 국내에서 배포할 것을 고려하였다. 그사이, 그해 4월 부활절 행사에서 유신체제에 저항하는 첫 번째 시위가 시도 되었지만, 경찰의 삼엄한 경계에서 예정한 시위가 진행되지 못하고 중단되었다. 이러한 과도하게 억압적 상황에서 어떤 저항도 여의치 않음을 확인하면서, 서명자의 신변을 보호하기 위해서 일본에서 그해 5월 20일 익명 성명서 발표가 추진되었다. 그래서 국내에는 거의 알려지지 않았고, 나중에 이 사실이 소개되었다. 그럼에도 불구하고, 아래에서 상술되는 것처럼, 선언문의 번역본이 해외에서 배포되면서, 글로벌 에큐메니컬 사회와 한국의 민주화 지지자들의 상당한 관심을 받게 되었다. 1973년 여름, 오재식이 미국에 전달한 선언문은 번역되어 기독교와 위기(Christianity and Crisis)에 게재되었고, 박상증이 유럽에서는 세계교회협의회를 통해서 배포하였고, 독일 교회에서도 상당한 반향을 얻었다.(김흥수 1998 〈미간행〉) 이 문서의 작성과 배포 과정은 초국가적 에큐메니컬 네트워크와 연대운동의 분명한 시작을 보여준다고 할 수 있다.

선언문은 고백신앙의 전통을 따르면서 한국의 역사적으로 전례 없는 "경찰국가 테러주의와 전체주의 통제"의 새로운 현실에 대한 증언이었다. 이러한 현실에 맞서, 기독교와 일반 사회가 "인간의 양심을 방어할 책임"을 지니고 있음을 확인하고 "진실을 말하는 것"의 중요성을 확인하였다. 더불어, 경제정책과 억압체계를 증언하면서, "비인간화와 부정의" 체제를 무력화하는 저항을 해야 함을 또한 분명히 하였다. 한편, 선언문은 한국사회, 한국의 기독교 사회, 그리고 세계 교회의 행동을 촉구하였다. 민주회복 투쟁을 위한 연대운동과 신학적 사고의 심화와 가난한 사람과의 연대를 촉구하였다.• 1973년 8월에 세계기독학생연맹(WSCF)도 번역문을 소개하였다.•• 단체의 서류 공람 간행물인 『도지어』(Dossier)의 첫 호에 소개하였다. 이 소개는 하나의 영어본이 아니라 다양한 번역본이 등장하는 것을 확인해 준다. 그리고 다양한 그룹에서 연대와 지지를 위한 논의와 행동이 이루어지고 있음을 보여주기도 한다.

1973년 5월 발표된 한국 그리스도인 성명서는 향후 기독교인의 저항의 성명서에 고백신앙 같은 기본 구상을 제공하였다. 또한, 1973년 성명서가 재차 언급되거나 이후 이어지는 성명서의 일부가 되면서, 동의와 확장의 과정을 보여주었다. 예를 들면, 1974년 11월 신학자를 포함한 64명의 한국 기독교인들이 "한국 기독교인의 신학적 성명"을 발표하였다. 한국의 정치권력, 인권, 신앙의 자유 문제를 조명하면서, 이들 기독교인들은 이 성명서에서 국가와 종교, 인권, 선교, 기독교 사회의 관계의 문제에 대한 주의를 기울이고, 이들 문제가 한국 기독교인들이 현실을 고백하는 신앙의 기본 요소라고 강조하였다. 또한 10페이지에 달하는 성명성에는 「1973년 한국 그리스도인 선언」을 비롯해서, 1973년 한국기독교교회협의회에서 주도해서 마련한 「인권선언」을 포함한 총 8개의 에큐메니컬 사회가 발표한 선언문과 성명서를 언급하고 동의를 표하였다.•••

1974년 4월, 「1973년 한국 그리스도인 선언문」이 발표된 지 1년이 지난

•   Edwin Fisher to George Ogle, "Korean Christian Manifesto," July 9, 1973, Folder 5, Box 5, Ogle Papers.
•• Christian Ministers in Korea, "Theological Declaration of Korean Christians, 1973," May 20, 1973, Folder 9, Box 9, UCLA Collection on Democracy and Unification in Korea.
••• "64 Christians Issues a Theological Statement" in the NCCK Monthly Activity News, November 22, 1974, 민주화운동기념사업회 오픈 아카이브, 등록번호 00519484.

시점에, 일본 교토에 소재한 "'1973년 한국 기독교인 성명' 지지를 위한 일본 위원회(Japanese Committee to Support 'The 1973 Manifesto of Christians in the Republic of Korea')"가 작성한 영문 성명서가 발표되었다. 흥미롭게도, 미국 기독교인에게 보내는 호소문이었다. 일본 기독교인은 한국 정부의 종교적 억압과 기독교인의 고난을 심각히 염려하고 있다고 밝히고 있었다. 한국에서 민주주의를 다시 회복하기 위해 순교적 죽음을 맞이하겠다는 "한국 그리스도인 선언문"의 발표자들의 위해 기도를 호소하면서, 이 선언문이 널리 공유되어야 한다고 믿는다고 밝혔다. 역사적으로 사회적으로 미국과 일본이 한국의 관계에 중요한 역할을 한다는 사실을 강조하면서, 자신들은 일본 정부가 박정희 정권에 대한 지지를 중단할 것을 요구하고 있으니, 미국 형제자매들이 미국 정부의 지지와 지원을 즉각 중단하도록 요구하기를 호소하였다. [●]

273쪽 상단 사진 이미지에서 보이듯이, 십자가에 박힌 예수의 이미지를 가운데 두고 왼쪽에는 미국 기독교인에게 보내는 호소문이, 오른쪽에는 1973년 한국 그리스도인 선언문 영어 번역본이 있었다. 그리고 왼쪽 호소문 아래에는 일본의 44개 교단이 이 호소문을 승인하였고, 수많은 서명과 승인이 이어지고 있다고 밝히고 있다. 오른쪽 하단에는 실행위원회 위원인 마사오 타케나카 도시샤 대학 교수의 메시지와 실행위원회 명단이 있는데, 교토 대학 지로 일누마 교수, 교토에 소재한 키타시라카와 교회 시렐타카 목사, 타케나카 교수, 도쿄 카톨릭 푸미오 하마오 은퇴 부주교 등을 포함하는 지식인과 개신교와 가톨릭 성직자를 포함하고 있었다. 교회와 교단을 초월하여, 한국과 미국을 연결하는 초국가적 에큐메니컬 연대 운동의 구성

[●] Japanese Committee to Support "The 1973 Manifesto of Christians in the Republic of Korea," "An Appeal to American Christians," April 21, 1974, 민주화운동기념사업회 오픈 아카이브, 등록번호 0049858.

Japanese Committee to Support "The 1973 Manifesto of Christians in the Republic of Korea," "An Appeal to American Christians," April 21, 1974, 민주화운동기념사업회 오픈 아카이브, 등록번호 0049858.

을 보여주고 있다. •

이어지는 해에도 세계 곳곳에서 「1973년 한국 그리스도인 선언문」을 한국의 민주화와 인권 연대운동의 중심에 있었다. 1975년 11월 5일 제네바에서 개최된 '한국 인권 문제 세계협의회' 개회 강연에서 발표된 「한국 크리스천 선언」이 중요한 한 예라고 할 수 있다. 이 선언문은 2주 후에 뉴욕에서 열린 북민주한국 인권연합 창립식에서 다시 한 번 선포되었다. 그리고 다음 해 1월 캐나다 토론토에서 활동하는 있는 김재준 목사가 북미주 에큐메니컬 사회를 위해서 발행하는 간행물 『제3일』에 게재되었다. "성숙한 아세아인"이라는 문구로 시작하는 선언문은 한국의 억압적 상황과 해방을 위한 투쟁을 하면서 크리스천이 이끄는 투쟁을 조명한다. 특히, 이러한 투쟁이 세계적 연대성을 확장해가고 있음을 확인하고 또한 그러한 연대를 호소한다. 그래서, 결론에서 "개인의 인권과 사회의 민권이 본격적으로 구현되게 하려는" 투쟁

• Japanese Committee to Support "The 1973 Manifesto of Christians in the Republic of Korea," "An Appeal to American Christians."

을 하고 있고, 그러기 위해서 "국내적 국제적으로 연합된 민주전선에 적극 투신한다"라고 밝힌다. 그래서, "우리 민족을 억압하는 모든 국제세력과, 독재권력을 지원하는 모든 국제 권력에 항거"하고, 따라서 "국제 정의 없이 국제 평화도 있을 수 없다"라고 확인한다. 이와 같이, 이 선언문을 마련하고 발표되는 과정은 초국가적 에큐메니컬 연대운동의 형식과 장르가 되고 있음을 보여주고 있다. 더불어, 한국 민주화운동이 국내의 정치질서 회복을 넘어서 코즈모폴리턴 가치를 구축하고 구현하려는 시도의 과정으로 상승하고 있음을 보여주고 있다. •

제2절 일본지역 개신교 민주화운동의 전개

1970년대 일본지역 개신교 민주화운동은 1965년 한일협정이 열어놓은 사회적, 정치적, 경제적 여파에서 발생하였다. 1960년대 말로 갈수록 일본은 세계적 경제 강국으로 부상하고 있었고, 미일 안보체제를 통한 군사주의 부활의 움직임에 대한 비판적 목소리도 나오고 있었다. 또한 한국 경제발전에 대한 일본의 자본과 기술의 지배적 영향력이 더욱 분명해지고 있었다. 한편, 국가 간의 정치와 경제 교류와 협력 차원을 넘어서, 민간과 종교의 교류확대의 장 또한 열리게 되었다. 이 공간은 현시대의 문제를 역사적 관점에서 보다 예리하게 관찰하고 비판할 수 있는 계기를 제공하였다.

일본 사회에서는 1970년대 초부터 한국 민주화에 대한 운동이 진행되었다. 1970년 김지하 석방운동과 1971년 재일교포 서승-서준식 형제의 구속

• 「한국 크리스천 선언」 (1975년 11월 5일), 『제3일』, 속간 제7호, 민주화운동기념 사업회 오픈 아카이브, 등록 번호 00430305.

과 서승에 가한 가혹한 고문은 일본 사회에서 이들에 대한 석방 운동과 고문반대 운동을 불러왔다. 특히 1972년 유신이 선포되고 김대중의 망명생활과 유신체제에 대한 비판운동이 1973년 8월 김대중 납치 사건으로 발전하면서, 한국의 민주주의 탄압에 대한 문제를 더욱 심각하게 느끼게 하는 계기가 되었다. 이러한 배경에서, 일본에서 활동하게 된 한국인 평신도와 학자는 일본 지역 개신교 민주화운동의 마중물 역할을 하게 되었다. 국가 권력에 통제된 언론에 가려진 한국의 생생한 현실을 비판적으로 일본 교계와 사회에 전달하고, 아시아와 세계 에큐메니컬 사회를 연결하는 역할을 맡았다. 세계교회협의회 도시농촌선교회(URM) 담당자 조지 토드(George Todd)의 지원으로 1971년부터 아시아기독교협의회 도시농촌선교회(CCA-URM) 간사로 일본 도쿄에 거주했던 오재식이 대표적이다.

흥미로운 점은, 오재식의 사무실이 있는 도쿄 기독교회관에는 일본기독교교회협의회 사무실과 재일대한기독교총회 사무실이 모여 있어서 친밀하고 긴밀한 유대와 연대를 쌓아가기에 적절하였다. 더불어, 제트비행기가 보급되어서 지구촌의 개념이 확대되고 있었지만, 한국으로 가는 직항 편이 없는 상황에서 도쿄는 항공교통의 허브가 되었다. 한국을 방문하려는 해외 선교사와 지식인들에게 도쿄 기독교회관은 정보와 네트워크의 핵심 고리가 되면서, 한국과 일본을 연결할 뿐 아니라 한국 민주화를 위한 글로벌 네트워크와 연대를 만드는 중심축이 되었다.

1971년 10월, 덕성여대 지명관 교수가 일본 도쿄대 교환교수로 방문 중이었고, 오재식이 찾아가 만나면서 한국 민주화를 위한 새로운 여론의 시각을 형성 하는 데 큰 축이 형성되기 시작하였다. 1972년 10월 한국에서 유신체제가 등장하자, 지명관이 'T.K 생'이라는 필명으로 「한국으로부터의 통신」이라는 글을 『아사히 신문』이 발행하는 월간지 『세계』에 1973년부터 연재하였고, 1980년대 말까지 지속되었다. (지명관 2008) 이들 연재 글은 영어를 비롯한 다른 언어로 번역되어 글로벌 사회에 재소개 되곤 하였다. 한편, 1973년에는 김용복이 미국에서 일본으로 건너왔고, 앞서 언급한 세계교회협의회 글로벌 정보 네트워크 연락망으로 동아시아 정보센터(DAGA)를 주도하면서, 한국 관련 문서를 영어로 번역하여 전 세계에 보급하는 중요한 역할을 맡았다. 또한 일본 한국 교민 사회에서 활동하고 있던 이인하 목사 또한 한국 민주주의 글로벌 한인 기독자 네트워크인 '민주동지회'에 참여하면서 일본 지역 개신교 민주화운동의 중요한 역할을 담당하게 되었다.

일본 지역 한국인이나 한국계 에큐메니컬 활동가와 더불어, 일본 교계가 한국 교계와 대화와 교류를 통해 스스로 입장을 정리하는 활동은 일본 사회에 직접적으로 미치는 영향 때문에 그 자체로 중요하였다. 1970년대 유신체제 반대와 사회정의를 위한 한국 기독교인의 헌신과 희생 속에서 민주화와 인권운동이 진행되고 있을 때, 향후 한일 양국의 기독교교회협의회의 협력과 연대의 틀이 되는 협의회가 1973년 7월 서울에서 출범하였다. 박정희 정권이 1973년 봄에 벌인 부활절 시위를 '내란예비음모 사건'으로 규정하고 박형규 목사와 권호경 전도사 등을 주모자로 구속하면서 큰 충격을 불러온 시점이었다. 제1회 협의회에선 각 사회의 문제에 대한 대처 방법에 대한 서로의 이해를 깊게 하고, 공통의 과제의 확인과 추진 방향을 모색하는 기회를 마련하였다. ◆

1974년 10월 말에서 11월 초까지 일본 교토에서 열린 한일교회협의회에서는 공동의 과제를 논의하기 위해서 "아세아에 있어서의 종교와 인간성의 회복"이라는 주제 아래 논의를 진행하였다. "비인간적인 현실 속에서 참다운 인간성을 회복하기 위해서는 인간의 옹호가 가장 긴급하고 중요한 것이

◆ 한일교회협의회, 「제2회 한일교회협의회 성명 (안)」, 1974년 11월 2일, 민주화운동기념사업회 오픈 아카이브, 등록번호 00059839.

라는 공통인식에 도달"하였다. 또한 제일 한국인 차별문제, 한일 경제협력의 이면, 남북통일에 대한 양국 교회의 책임, 의식화 프로그램을 중심에 둔 양국교회의 교류에 대한 현실 과제에 대해서 논의하였다. 향후 주요 과제로 긴급조치로 구속된 정치범의 석방과 일본인 내면에 있는 차별의식의 변화, 한국의 과거 피해자 의식을 탈피하고 반공주의에 기반한 권력을 배제하는 "성숙한 민주사회"로 이끌기 위한 선교의 임무를 확인하였다. •

곧 논의를 넘어서, 한일교회협의회는 실질적인 연대 행동을 취하였다. 1974년 가을 미국 제럴드 포드(Gerald Ford) 대통령의 동아시아 순방 중 한국 방문이 전례 없는 한국 인권 논쟁으로 발전하면서 그의 방문 반대 운동이 초국가적으로 일어나는 시점이었다. 11월 6일 한일교회연락협의회(Japan-Korean Liasion Council) 대표인 존 마사아키 나카지마, 요시오 이노우에(Yoshio Inoue), 노부오 소마(Nobuo Soma), 그리고 이인하가 입장문을 발표하였다. 한국기독교교회협의회가 미국 의회와 같은 선상에서 한국의 민주화와 인권에 대한 포드 행정부의 적극적 정책과 행동이 있어야 한다는 입장을 밝혔다. 한국에 대한 대응책으로, 미국 의회에서 논의되고 있는 군사적 지원 축소 주창 등을 언급하면서, 동북아의 평화는 "한국과 일본의 진정한 민주주의에 바탕해야 한다"는 것이다. ••

한편, 일본지역 개신교 민주화운동 전개에서 주목할 만한 역사는 1974년 1월에 출범한 일본기독교교회협의회가 중심으로 결성한 '한국문제기독자긴급회의'이다. 이 단체의 출범은 한국 민주화와 인권 문제에 초점을 맞춘 일본 에큐메니컬 사회가 만든 단체의 출현을 의미하는 것이었다. 1974년 1월 박정희 정권이 유신헌법의 개정 운동을 금지하는 긴급조치 1호를 발

• 한일교회협의회, 「제2회 한일교회협의회 성명 (안)」.

•• Masaaki Nakajima et al, to the President of the United States of America, letter, November 6, 1974, 민주화운동기념사업회 오픈 아카이브, 등록번호 00441891.

동하여 탄압을 가속화하자 마자, 1월 15일 한국의 상황을 예의주시 하던 160명의 일본 기독교인이 도쿄의 시나노마치 교회에서 긴급회의를 열고, 일본기독교교회협의회 사무국장 존 마사아키 나카지마와 공동회장으로 카수오 센오가 단체의 출범에 대한 입장을 발표하였다.

주목할 만한 점은, 선언문에서 보이는 연대운동에 대한 참여는 일본 제국의 한국 식민화와 한국의 분단과 냉전 정치에 대한 역사적 인식과 책임 감에서 비롯되었다. 참석자들은 1973년 5월 「한국 그리스도인 선언」과 11월 한국기독교교회협의회 인권간담회에서 발표된 「인권선언」에 대한 지지와 함께, 재일한국기독교청년연합(The Youth Council of the Korean Christian Church in Korea) 회원들이 한국 기독교인과 연대하면서 지난 12월 일본 외교부 앞에서 벌인 10일간 단식 투쟁에 대한 공감을 표시하였다. 이어서, "현재 한국 정치 환경이 과거 식민시기 지배에서 비롯되었으며" 또한 "오늘 일본의 경제 침략에서 비롯되었기 때문"에 "우리 책임감은 아주 깊은 곳에 있다"라고 고백하고 있었다. 일본의 한국식민지배와 한국의 분단과 전쟁의 연관, 한국전쟁을 통한 일본의 경제재건, 그리고 이어지는 1965년 이래 경제적 지원과 협력이라는 이름아래 진행되는 "경제적 침략"을 지적하였다. 1969년 미일공동 선언에 따른 일본의 군사주의 부활 또한 언급하고 있었다. 한편, 히타치 산업의 박준석 사례처럼, 일본사회 내에서 자행되는 한국인과 다른 아시아인에 대한 차별적 행위와 천황제 사고에 따른 인종적 계급적 차별을 고백하였다. [*] 이러한 인식에서 한국 기독교인과 연대운동을 다짐하고 있었다.

그래서, 한국문제기독자긴급회의 출범은 한국 민주화와 인권을 위한

---

[*] Masaaki Nakajima and Katsuo Seno, "Declaration Issued by The Christians' Urgent Conference of Korean Problems," January 15, 1974, 민주화운동기념사업회 오픈 아카이브, 등록번호 00441914.

연대운동의 시작을 알리는 것이었지만, 동시에 일본 기독교인과 일본 사회의 역사인식의 민주화를 의미하는 것이었다. 선언문의 모든 일본 기독자에게 보내는 메시지에서, "단지 심각한 철저한 자기비판을 통해서 우리는 한국의 민주주의를 위해 투쟁하고 있는 사람들과 연대할 수 있다"라고 밝히고 있었다. 다시 말해서, 식민후기 사회에 대한 성찰을 통해서 한국 민주화와 인권을 위한 연대를 추구할 수 있다고 호소하는 것이었다. 한국문제기독자긴급회의의 출범과 관련해서 한 가지 더 흥미로운 점은, 연대를 성취하기 위한 방식으로 자료 수집을 계획하였다. 재일한국인에 대한 차별의 문제에 대한 자료를 모아서, 시위를 하겠다는 것이다.[•] 이미숙이 말하는 것처럼, 한국의 민주화에 대한 참여는 일본 사회의 민주화를 이끌었다는 의미에서 "재귀적 민주화"를 보여주고 있었다. (Lee 2014)

한국문제기독자긴급회의가 연대운동을 한일관계에 한정하지 않고, 글로벌 연대운동을 추구하였다는 점 또한 주목할 만하다. 운동의 한 방식으로 출판활동을 기획하였다. 1974년 10월 미국과 독일 교회, 그리고 세계교회협의회와 다른 에큐메니컬 기구에게 한국 민주화 인권을 위한 연대운동을 위한 자료 출판을 기획하는 서신을 보냈다. 이 제안서에서, 한국문제기독자긴급회의는 "한국 기독교인의 투쟁에 관한 깊이 있는 소통"을 위한 것이며, "인간적이고, 정의롭고, 자유로운 사회로 변화하려는 생각과, 신학적 투쟁, 역사적 임무에 대한 의사소통"이라고 밝히고 있다. 이와 같이 출판과 연대의 의미를 강조하고 있다. 연대는 "단순 지원을 넘어서는 깊은 의미"가 있고, "한국 기독교 사회와 새로운 관계를 세우는 것을 의미하는데, 억압에 저항하는 한국 기독교 투쟁에 대한 지원과 연대의 과정에서 우리 커뮤니티

[•] Nakajima and Seno, "Declaration Issued by The Christians' Urgent Conference of Korean Problems."

를 새롭게 하는 것 없이 올 수 있는 것이 아닐 수 없다"라고 설명하였다. •
앞서 언급하였듯이, 연대는 일방적이고 수직적인 것이 아니라, 상호협력이
자, 재귀적 자기 성찰과 변화의 과정임을 확인하고 있었다.

이미 한국에 대한 연대와 지지가 일본을 넘어서 북미와 유럽 지역의 에
큐메니컬 사회로 퍼져 있기 때문에, 이 출판을 통한 연대운동은 "한국 문제
에 관한 전 세계 네트워크 건설의 시작"을 의미한다는 것이다. 따라서, 한
국문제기독자긴급회의는 각각의 언어로 만들어지는 출판은 "새로운 에큐
메니컬 관계의 패턴과 지원과 책무, 신학과 물질에 관한 소통의 깊이"를 보
여주면서 연대의 성격을 다시 한번 확인하였다. •• 향후 여러 논의를 거치
면서, 출판사업은 한국문제기독자긴급회의가 진행하는 조사활동과 연대
활동을 보다 체계화하는 계기를 마련하게 되고, 한일 간 기독교 연대의 지
속적 발전을 넘어서 글로벌 에큐메니컬 연대와 변화와 발전에 기여하게 되
었다.

한국문제기독자긴급회의의 출판을 통한 초국가적 연대활동의 의지는
1976년 월간 영문 소식지인 『코리아 커뮤니케(Korea Communiqué)』를 발행
하면서 다시 한번 확인되었다. 일본기독교교회협의회 사무국장이자 한국
문제기독자긴급회의 회장으로 활동해 온 존 마사아키 나카지마 목사가 이
소식지 발행을 이끌었다. 일반적으로, 사설과 기고 글, 정치범 재판 진행 상
황, 한국 정치 사건 관련 기사 등으로 구성되었다. 1976년 10월 발행된 3호

• Christian Emergency Conference on Korean Situation (In Japan) to Churches in America, Churches in
Germany, and World Council of Churches and other ecumenical agencies, "A Proposal on Publication
of Documents on Christian Political Struggle in Korea and on the Supportive Actions for Solidarity,"
October 28, 1974, 민주화운동기념사업회 오픈 아카이브, 등록번호 00442315.

•• Christian Emergency Conference on Korean Situation (In Japan) to Churches in America, Churches in
Germany, and World Council of Churches and other ecumenical agencies, "A Proposal on Publication
of Documents on Christian Political Struggle in Korea and on the Supportive Actions for Solidarity."

에서는, 민주주의와 통일에 관한 사설에 이어서 민주화운동을 하는 언론인들이 당하는 검열과 무직의 시련을 공유하였다. 또한 1976년 3·1구국선언에 관한 후속 연대 운동을 소개하면서, 사건의 주된 참석자였던 이우정 교수의「구국을 위한 기도」기고와 함께 재판 판결에 대한 북미주 한국 단체의 비판 성명서 등 해외 반응을 모아서 전달하였다. 시인 김지하에 대한 부당한 재판과정도 조명하였다. 이어서 국제앰네스티의 한국 고문 사례에 대한 보고를 담고, 끝으로 한국 정부가 일본 여성 기독교인의 비자를 거부한 사건을 보도하였다. • 그래서 한국의 민주화와 인권에 관한 국내와 동아시아 지역과 글로벌 사회의 상호 작용을 담은『코리아 커뮤니케』는 일본 사회를 넘어서 전 세계로 전달되면서, 한국의 민주주의화 인권에 관한 에큐메니컬 지지와 연대를 위한 중요한 소통의 자료가 되었다.

이처럼 일본 지역 개신교 민주화운동은 단순한 한국 민주화와 인권에 대한 일방적 지원을 의미하는 대신, 긴밀한 에큐메니컬 연대를 구성해 가는 과정으로 참여하는 활동가 자신의 변화와 책무감을 실현하는 것이었다. 또한 이 연대는 한일 교회 연대를 넘어서 세계 에큐메니컬 연대를 지향하고 있었다.

제3절 재독한국민주사회건설협의회의 조직과 활동

독일 개신교의 한국 선교역사가 의외로 짧다. 1832년 귀츠라프 선교사의 한국과의 스쳐지나가는 인연을 빼면 제국주의시대에도, 식민지시대에

•『Korea Communiqué』No. 3 (October 10, 1976), 민주화운동기념사업회 오픈 아카이브, 등록번호 00445498.

도 그리고 놀랍게도 한국전쟁으로 인해 서독 재무장에 직접적 영향을 끼쳤을 때도 독일 개신교회는 한국교회와 직접적 인연을 맺지 않았다. 서독의 재무장 문제는 서독 개신교 내 반대파와 찬성파 사이에 엄청난 분열을 불러 일으켰음에도 말이다. (Hyuk Kang 2022) 공동의 분단 경험은 서독 교회에게는 그 때까지만 해도 큰 관심거리가 아니었다.

양국 개신교회의 첫 접촉은 한국기독교교회협의회(NCCK)에서 1961년 김길창 총무가 서독개신교협의회 EKD(Evangelische Kirche in Deutschland)를 방문하면서 시작되었다. 김길창 총무는 우선적으로 신학적 관심이 컸다. 한국 교회에 대한 미국 신학의 압도적인 영향을 극복할 수 있는 방법으로 독일 신학을 생각하고 있었는데 독일 신학자들이 한국을 초빙교수로 방문해서 젊은 신학도를 가르칠 수 있는 방법을 모색했다. 또한 한국 학생들이 WCC장학금을 받아 독일에서 공부할 수 있는 기회를 마련하고자 했다. 또한 1965년 크리스챤아카데미를 창립하기 전 강원용 목사는 독일의 바드볼 크리스챤아카데미 원장인 에버하르트 뮐러(Eberhard Müller)와 처음 취리히에서 만나 독일의 모델에 따라 한국에 크리스챤아카데미를 건립할 때 도움을 요청하였다. (Yun Woo Nam 2018, 22~23) 뮐러는 1963년 서울을 방문하여 크리스챤아카데미의 건립에 필요한 지원을 서독 개신교 개발원조 본부에서 담당하기로 약속 하였다. 후에 크리스챤아카데미의 간사로 활동했던 분들이 독일 교회 장학금을 받고 독일에 유학할 수 있었던 것도 바로 이런 관계를 바탕으로 하였다. 1965년 독일개신교협의회(EKD) 총회 의장 쿠르트 샤프 주교가 공식적으로 한국을 방문하여 양국 교회간 분단문제, 유럽신학, 한인이주노동자를 위한 목회 그리고 반나치 기독교 전통이 한국의 정치상황에서 가지는 의미에 대한 근본적 공동 관심사를 확인하였다.

한편 1960년대 한독 개신교회 관계에서 중요한 기반을 다지고 1970년대 한국 민주화운동에 결정적인 역할을 하게되는 문제는 소위 파독 광부·간호사를 위한 목회였다. 1963년 12월부터 한국 광부는 독일 광산에서 일하기 시작했고, 1966년부터는 한국 간호사들이 독일 병원에서 대대적으로 모집하기 시작했다. 이미 1959년 부터 한국 간호학생이 독일에서 직업교육을 받고 간호사로 일하는 분들이 있기는 했다. (이유재 2015) 한인노동이주자 중에는 기독교인들도 있었는데, 이들은 언어적인 문제와 교회조직 및 예배 문화의 차이로 독일 교회에 다니는 것을 부담스러워했다. 독일 개신교에서는 이주 노동자들이 독일에 체류하는 동안 모국어로 예배를 드릴 수 있는 조건을 마련하는게 중요하다고 판단했다. 이미 한국 사람들이 정기적인 기도 모임을 가지든지 한국 신학생들을 중심으로 일요예배를 가지기 시작하였다. (Milee Woo 2016; Yang-Cun Jeong 2008) 독일 교회에서는 조직적인 측면에서 외국인 기독교인들을 체계적으로 관리할 필요를 느꼈다. 이런 노력의 결과로 1972년 NCCK와 EKD의 합의하에 장성환 목사가 독일 한인들의 목회를 목적으로 독일에 초대되었다. 장성환 목사는 공식적으로는 베스트팔렌 디아코니아에 채용되어 월급을 받았고 사실상 탄광촌인 독일 중부지역 루르지방 목회에 집중하면서 뒤스부르크에 정착하였다. 1976년에는 독일남부지방을 위해 김종철 목사가 초빙되어 뷔르템베르크 디아코니아에서 채용하여 슈투트가르트에 정착하였다. 이렇게 1970년대에 베를린, 함부르크, 프랑크푸르트 같은 대도시에서도 각각 목사들이 자리를 잡았다. 하지만 그들은 각각 한 도시에서 목회를 한 것이 아니고 여러 도시에 흩어져 있는 한인교회들을 순회목회하였다. 이렇게 EKD에서 공식 초대 받은 목사들과 독일 교회의 지원을 받는 한인교회들은 1979년에 기독교재독한인교회협의회를 형성했다. (기독교 재독 한인교회 협의회 2004)

장성환 목사가 1973년 독일 개신교 외부성(Aussenamt der EKD), 독일 개신교협의회 디아코니아(Diakonisches Werk der EKD) 그리고 한국교회협의회(NCCK)에 보낸 독일 내 한인기독교인의 실태에 대한 보고에서 1973년

현재의 상황을 잘 파악할 수 있다.● 거기에 따르면 1973년 약 11,000명의
한인들이 서독과 서베를린에 체류하고 있었다. 남자가 5천 명, 여자가 6천
명으로 나눠진다. 그중 90%는 20~35세의 젊은 나이였다. 이들의 절대적 다
수가 이주 노동자였다. 1963~1977년에 독일에 온 약 2만 명의 광부와 간호
사가 교민의 절대 다수를 차지하고 있었기 때문이다. 하지만 유학생의 수
도 조금씩 증가하고 있었다. 1973년 현재 약 10,000명의 한인들 중에 기독
교인은 1689명으로 집계되었지만 세례받지 않은 교인을 포함한다면 전체
한인 이주자의 20~25%가 기독교인이라고 장성환은 보고했다. 그 당시 한
국 내 기독교인은 7% 정도였기 때문에 이주민 사이에 기독교인의 비율은
한국보다 3배나 크다는 것을 확인 할 수 있다. 1973년 서독과 서베를린에
는 총 41개의 한인교회가 있었고, 담임목사는 총 5명이 있었다. 신학생 신
분으로서 일요일 예배에 설교하는 분들은 더 많았지만 목회를 전적으로 하
는 목사는 5명에 불과했다. 거기에는 이화선(헤센 나싸우), 장하은(베를린),
이영빈(뮌헨), 장성환(NRW), 이재병(함부르크)이 있었는데, 이들은 거의 모
두 후에 한국 민주화운동에 참여하였다.

　독일 한인교회의 특징은 3개로 볼 수 있는데 첫째는 담임목사의 부재로
인해 교회는 평신도 중심의 교회로 발전했다. 둘째는 이주 노동자로 구성
된 교회이다 보니 단기체류하는 교인이 주도적이었다. 1980년대 체류권문
제가 해결되고, 정착하는 사람들이 생기면서 상황은 바뀌지만 1970년대 한
인교회를 이영빈 목사는 "나그네교회"라고 불렀다. (기독교 재독 한인교회 협
의회2004, 8) 셋째는 평신도 중심의 교회다 보니 교파가 전혀 중요하지 않아

● 장성환 자료, 튀빙겐대학교 한국학과 소장. Sung-Hwan Chang, Die menschlichen und sozialen Probleme
der koreanischen Krankenschwestern in der BRD, o.D. (1973); Sung-Hwan Chang, Bericht über die
Lage der koreanischen evangelischen Christen in Deutschland und die seelsorgeriche Aufgabe der
Kirche, 1973.10.31.

서 한인교회는 초교파교회의 성격을 띠고 있었다.

장성환 목사가 제시한 5개의 목회 과제 중 네 번째 인간교육(서구 문화, 사회에 대한 교육, 책임감과 자립성 교육, 정치교육, 사회보장교육-보험, 세금, 노동권)과 다섯번째 사회정의 의식과 요구(한국에서의 사회정의에 대한 토론 필요, 노동현장과 기숙사에서의 부정에 대한 연대적 투쟁, 민주사회 독일에 사는 동안 한국사회의 부정에 대한 인식을 향상시키고, 민주시민의 정치적 의무에 대해 교육시킬 필요)는 한인교회가 한국의 민주화운동에 참여하는 자기 이해를 잘 보여준다.

이런 시대와 한인교회의 실태를 배경으로 1970년대 한인교회는 한국의 민주화운동에 적극 참여하고 연대했다. 1973년에는 독일개신교회총회 (EKD Synode)에 「한국 그리스도인 선언」과 함께 한국 기독교인들의 활동을 소개하면서 그들과의 연대를 촉구했다. 1974년 삼일절에는 한국 대사관이 있는 본에서 민주사회건설협의회와 첫 시위가 조직되었다. 이 모임에서 한인 노동자, 간호사, 목사 및 유학생들은 한국에서 1973년 초 긴급조치에 따라 체포된 자국민들의 석방을 촉구하였다. 독일동아시아선교회(DOAM) 회원이었던 장성환 목사는 독일교회에 지속적으로 한국에 대한정보를 전달하고, 한국 상황을 설명하고, 연대를 촉구하는 활동들을 하였다. ● 튀빙겐대학교 신학과 위르겐 몰트만 교수같이 한국의 상황에 대해 비판적 의식을 가진 분들과 적극 협력하였다. 몰트만은 1975 한 독일 기독신문●●에 "독재 정권에 저항하는 한국 교회가 심지어 독일에 '복음'을 전해 준다"고 평가하고 있으며, 한국의 현 정치 상황에 대해 독일이 책임의식을 가지고 행동할 것

● 장성환 자료. 튀빙겐대학교 한국학과 소장. 〈Christen zur Unterstützung der Demokraten in Südkorea aufgerufen; Bewußtseinsbildung in der Bundesrepublik wichtige Aufgabe〉 1975.

●● Jürgen Moltmann. 〈Zeugnis aus den Gefängnissen. Die Lage der Christen in Korea〉, in: Evangelische Kommentare. Vol. 8/5 (1975), pp. 288, 293-294.

을 촉구하였다. 이런 한인교회의 한국 민주화운동의 적극적 참여는 한국 대사관의 반발을 샀고, 공관은 1975년 장성환 목사를 사회적으로 고립시키기 위해 광부의 기숙사에 "빨갱이 교회"에 못 나가게 하는 소위 발줌 기숙사 (Walsum Kettelerheim) 사건이 발생했다. (이삼열 2021, 364~379) 이런 사건은 한인교회가 한인사회에서 정치적 위치를 차지하게 되고, 한인사회가 분열되어 서로 정치적 공방이 이루어지는 것을 보여준다. 동시에 귀국을 앞두고 있는 노동자들이나 유학생들은 귀국 후 불리를 감내하지 않으면 민주화운동에 참여하지 못하였다. 따라서 독일 교회에서 월급을 받고 정년이 보장된 한인 목사들은 상대적으로 이런 위험에서 자유로웠다. 그렇기 때문에 그들의 활동범위가 더 넓었다고 볼 수 있다. 1977년부터 1980년까지 한인 이주자들이 성공적으로 그들의 체류권을 쟁취한 이후에는 한국 공관이나 귀국후의 탄압이라는 공포에서 벗어날 수 있었다. (이희영2022, 121~172) 이 체류권 투쟁이 성공한데는 1977년 베를린에서 개최된 교회의 날 (Kirchentag)에서 시작하여 베를린 한인교회와 독일 개신교와 가톨릭 교회의 도움이 컸다. 한인교회들은 한독교회 협의회의 공동선언문 또는 발표문에 파독 광부·간호사의 처우 개선뿐만 아니라 한국의 정치상황에 대한 비판이 들어가는데 결정적인 역할을 하였다.● 그뿐 아니라 독일의 한인교회가 한국과의 직접적인 관계를 유지하는데 그치지 않고, 미국의 한인교회, 일본의 한인교회, 또한 WCC와의 끊임없는 소통과 협력의 망을 형성하고 있다는 것을 알 수 있다.

광부, 간호사 노동이주자와 그들을 위한 한인 목회자 외 한인 유학생의 역할이 한국 민주화운동에 중요했다. 서독에 체류하던 한인 이주노동자와

● 장성환 자료. 튀빙겐대학교 한국학과 소장. Samuel Lee, Die soziale Lage der Koreaner und die soziale Aufgabe für die Koreaner in der BRD, (Zur Koreanisch-Deutschen Kirchenkonsultation zwischen KNCC und EKD, Düsseldorf, 20.-23. November 1978, in: NL Sung Hwan Chang, 30-004.

유학생 등 17명이 납치되었던 1967년 동백림 사건 이후 한인 유학생들의 정치 활동은 많이 주춤해졌다. (이정민 2019) 1970년 마지막 납치자가 석방될 때 까지 유학생들의 공개적인 정치활동은 눈에 띄지 않았다. 이 시점에 서구에서 진행되던 68운동과 학생운동이 정점을 찍을 때였다는 것을 감안할 때 이는 매우 낯선 현상이었다. 1968년 주한 독일 대사관에서는 미국과 일본 다음으로 독일에 세계에서 세번째로 많은 751명의 한인 유학생들이 공부한다고 보고하였다. 그 다음으로 많은 곳이 프랑스였는데 거기에는 132명이 유학하였다. [*] 유학생 중 기독교 사회운동에 참여했던 학생들은 한독교회관계에 기반하여 크리스챤아카데미 간사를 거쳐 1960년대 말 1970년대 독일 기독교 장학회의 장학금을 받아 독일에 유학을 하였고, 한독 에큐메니컬 협력 혹은 WCC의 간부로 성장할 수 있었다. (한운석 2023) 대표적으로 박경서, 이삼열, 박종화, 채수일 등은 1970년대와 1980년대까지 한독 에큐메니컬 협력에 중요한 역할을 하게되었다.

1968년 독일기독교장학회의 장학생으로 독일에 유학을 온 이삼열은 동백림 사건 이후 처음으로 1972년 11월 2~5일 빌릭스트 (Villigst)독일 개신교 학생연수원의 지원을 받아 40명의 한인 유학생 모여 "한국사회와 지성인의 역할"이란 주제로 세미나를 개최하였다. 같은 해 11월 27~29일 바일슈타인에서 "한독교회와 신학의 협력 문제"에 대해 처음으로 한독 기독자 연수모임이 있었다. 1년 뒤 1973년 11월 22~25일 바일슈타인에서 두번째 모임에서는 이미 기독자들의 반독재 저항운동과 구속자들에 대한 연대 문제가 토의되었다. (이삼열 2021, 80~82) 이 모임에는 제네바 WCC 박상증 간사, 독일 서남부 선교부(EMS) 동아시아 책임자 슈나이스 목사(Paul Schneiss), 일본에서 강문규 WSCF아시아 총무, 미국에서 림순만 교수가 참여하여 각 지역의

---

[*] 독일 외무부 문서고PA/B 37/418, Deutsche Botschaft 12, 12, 1968. 대한민국 국가기록원KNA/CA 0000039.

기독자 운동에 대한 보고를 하였다. 이 자리에서 독일에서는 처음으로 기독자들의 반독재 선언문이 작성되었고 공개되었다. (이삼열 2021, 86) 독일에서의 기독자 민주화운동은 처음부터 국제적인 참여를 기반으로 하였다. 여기에 참여한 상당인과 1972년 빌릭스트 유학생 세미나에 참여했던 사람들이 함께 하여 결국 1974년 본에서 삼일절 시위와 민주사회건설협의회가 창립되었다.

1974년 3·1절 본 시위는 독일인들을 포함해 100여명이 참가해 치러졌으며 집회 후 시내를 행진하며 선전전을 수행했다. 이때 발표된「민주사회 건설을 위한 선언서」는 모두 55명이 서명하였으며 이들이 민주사회건설협의회의(민건) 주축이 되었다. 시위 이후 3월 22~23일 양일에 걸쳐 제1차 실행위원회가 소집되어 향후 활동방침을 논의하고 기관지『광장』발행 등이 준비되었다. 이후 미국과 일본 등의 해외 민주화운동 진영과 긴밀하게 연계하면서 반유신 활동을 모색했다. 9월에는 마르부르크에서 정식 총회를 소집하고 회장 송두율, 부회장 이삼열, 오대석, 총무에 강돈구를 선출해 정식 집행부를 꾸리게 되었다. 이후 민주사회건설협의회는 독일교회로부터 지원을 받아가며 김재준 목사 및 오글 목사와 시노트 신부 초청 강연회를 비롯하여 언론민주화 지원활동, 각종 학술대회 개최, 인혁당 관련자 처형 규탄대회, 김지하 구명운동 등 다양한 민주화운동을 전개하게 되었다. 1970년대 후반에는 폭 넓은 정치적 연대활동이 이루어졌다. 1977일본기독교단 독일 선교사 슈나이스(Paul Schneiss) 목사 편지와 1979 민주동지회 성명서(원제: The Christian Network for Democracy in Korea)의 유통에서도 독일 교회와 독일 한인 기독자들이 지구적 네트워크를 형성하여 움직이는 것을 잘 볼 수 있다. 독일 교회가 직접 설립과정부터 지원한 크리스챤아카데미가 1979년에 직원들의 중형 선고로 위기에 처했을 때 국제적 연대는 또 한번 크게 이루어졌다.

독일 개신교회의 한국 선교는 고전적 영혼 구원의 선교를 추구하지 않았다. 1960년대 초기 한국과 관계를 맺기 시작했을 때 해외 선교방법은 하나님의 선교 Mission Dei를 따르고 있었고, 이는 폭 넓은 사회적 연대를 의미하였다. 그렇기 때문에 독일교회는 상당부분의 한국에 대한 지원금을 연방정부의 개발원조의 일부로 마련할 수 있었던 것이다. 그럼에도 불구하고 초기에는 기독교 제도와 신학의 지원에 집중하였다. 1965년 크리스챤아카데미 건물 비용 지원과 하이델베르크대학교 신학과에서 1965년 박사학위를 취득한 안병무 교수가 창립한 한국신학연구소의 지원이 대표적이다. 이와 관련해 유학장학금 그리고 후에 디아코니아 자매가 지원되었다. 처음부터 한국이 미국 개신교 신학의 압도적 영향에서 벗어나는데 도움을 주려고 하였지만 독일 신학에서도 특별히 고백교회를 중심으로 한 칼 바르트, 디트리히 본회퍼 그리고 마틴 니묄러의 나치 정권에 저항한 진보적인 신학이 많이 소개되었다. 게르하르트 브라이텐슈타인의 "학생과 사회정의"와 위르겐 몰트만의 "희망의 신학"이 한국 진보적 신학자들에게 많은 영향을 끼쳤다.(한운석 2021, 277) 1970년대 본격적 선교가 이루어질 때는 서독 교회는 이미 한국의 사회적 문제에 더 많은 관심을 가지고 있었다. 특히 서울을 중심으로 하는 도시빈민사업과 도시산업선교회과 농촌 보건문제에 각별한 관심을 두고 있었다. 개신교 소속의 "세계를 위한 빵(Brot für die Welt)" 재단이 빈민사업과 농촌사업에 큰 지원을 하였다. 1973년 독일교회는 영등포 산업선교회관 건축비 전액을(약 6천만 원) 지원하기로 하였다.

독일개신교총회(EKD)와 한국교회협회(NCCK)와의 협력을 강화하기 위해 1974년 6월25~28일 1차 한독교회협의회가 독일 뒤셀도르프에서 열렸다. 이 모임에서는 한인 이주노동자들의 독일에서의 생활 상태, 노동계약, 임금 등에 문제가 있는지 독일 노동자와 비교하여 차별이 있는지 검토하는 것과 그들을 위한 사목 주제가 중심에 있었다. 한독교회협의회의 2차 모임은 1976년 3월 4~6일 수원에서 개최되었다. 여기서도 아직 해결되지 않은 한인 이주노동자문제와 그들의 사목이 계속 토론되었다. 또한 에큐메니컬 협력을 위해 더 많은 목사와 교회직원, 교수 및 학생 교류가 이루어 져야할 것을 다짐하였다. 하지만 독일 참자가들이 한국교회의 현 상황을 이해할 수 있도록 "선교적 관점에서 한국교회의 상황", "한국교회의 신학적 상황" 그리고 "한국의 사회정치적 상황"에 대한 3개의 강연이 있었다.(한운석 2021, 288). 1978년 11월 20~23일 독일 뒤셀도르프에서 열린 3차 모임에는 14명의 한국 대표와 27명의 독일 대표가 참석하였다. 3차 모임에서는 한인 이주노동자들 노동문제뿐만 아니라 가족통합, 여가, 직업교육 등이 토론되었고, 이들을 위한 사회복지사를 채용할 것과 한인 목회자의 파견을 위한 법적 협정에 대해 중점적으로 토의하였다. 1970년대 서독개신교의 한국 민주화운동의 참여는 한인이주노동자 문제와 밀접한 관계 내에서 이루어졌다. 한인 이주들의 한국민주화운동의 참여 또한 동시에 이주민의 권리와 인권을 위한 투쟁과 맞물려 있었던 것이다.

제4절 1975년 제네바회의와 기독자민주동지회의 결성과정

유럽과 미국 그리고 일본 등지에서 해외 민주화운동이 활발해지면서 이를 연계하여 좀 더 효율적인 운동 전개를 위한 노력들이 경주되기 시작했다. 해외 여러 나라에 걸쳐 있는 개신교 네트워크는 WCC와 CCA 등을 통해 일정하게 작동하고 있었지만 이를 더욱 긴밀하게 결합하여 효율적이고 통일적인 민주화운동을 전개할 필요성이 제기된 것이다. 이를 위해 첫 국제회의가 WCC 초청 형식으로 1975년 11월 5일부터 8일에 걸쳐 4일 간 제네바에서 개최되게 된다. 이 회의에는 미국과 캐나다의 북미주를 비롯해 독일,

영국, 스웨덴 그리고 일본의 한국 지원 활동가와 에큐메니컬 지도자 40여명이 참석했다. 주요 참여 인사들을 보면 미국 연합장로교 총무 뉴튼 터버(Newton Turber), 교회연합회 총무 에드윈 루덴스(Edwon Luidens), WCC 선교국장 에밀리오 카스트로(Emillio Castro), 국제위원장 나이난 코쉬(Ninan Kosch), 도시산업선교 총무 조지 토드(George Todd) 등이었다. 여기에 한국에서 추방당한 시노트 신부와 조지 오글 목사도 참석했다.

제네바 국제회의는 세계 기독교 주요 지도자들이 처음으로 회동하여 한국 교회의 인권과 사회정의, 민주화를 위한 선교적 신앙적 활동을 돕기로 결의했다는 점이다. 이를 위해 정보 교류와 분석, 전략수립을 위한 센터를 설립하며 이를 뒷받침하기 위해 5~10만달러의 기금을 모금하기로 결정했다. 또한 해외 한국인들의 민주의식과 인권의식을 고취시키기 위해 협력할 것도 결의했다. 한편 김재준, 이상철, 이승만, 손명걸, 김인식, 오재식, 최경식, 장성환, 이삼열, 신필균, 박상증 등의 한국인 참석자들은 5일과 8일 따로 모임을 갖고 각국의 활동상황을 보고 공유한 다음 해외 민주화운동의 기독자 네트워크를 결성하기로 뜻을 모았다. 네트워크 본부는 캐나다 토론토에 두고 명칭을 한국민주사회건설세계협의회로 정했다. 이 조직의 의장은 김재준이었고 사무총장 지명관, 대변인 박상증, 회계 손명걸, 감사 이승만, 김인식 등으로 집행진이 꾸려졌다. 이어 1976년 5월에는 시카고에서 다시 개최된 회의를 통해 명칭을 한국 민주화운동 세계협의회로 변경하고 주요 활동은 국내 지원에 중점을 두고 국내외 연계와 연락을 지원하는 것으로 집중하기로 결정했다. 이는 해외 운동조직들의 통합이나 연합을 목표로 하는 것이 아님을 분명히 한 것이다. 이어 1977년 10월에는 국내 인사들도 참석하여 미국 뉴욕에서 제3차 회의가 개최되었다. 이 회의에서는 다시 명칭을 세계기독자민주동지회로 변경할 것을 결정하고 기관지로『민주동지』를 발간하기로 결의했다. 기독자민주동지회는 해외 교회들이 한국 민주화운동

을 지원하도록 설득하며 미국 정부 등에 반독재, 인권 로비를 추진하는 등
의 활동을 전개했다.

제5절 북미주 지역 개신교 민주화운동의 전개와 북미주한국인권연합

한국사회에 1972년 10월 유신체제가 설립되고 1974년 1월 긴급조치에
의한 통치가 시작되자 일본과 독일 등 세계 여러 곳에서 한국의 민주화와
인권에 대한 지원과 연대 운동 단체가 등장하였다. 이러한 보조에 맞춰서,
북미주 지역에서 개신교 민주화운동이 진행되었다. 다른 세계 지역처럼,
현지 한국 기독교인과 교민의 선도적 활동과 함께 보다 조직화된 종교와 세
속 단체가 등장하는 경향을 보였다. 미국 사회도 특별히 다르지 않았다.

미국과 캐나다를 아우르는 북미주 지역 한인 교포사회가 그 중심에 있
었다. 1960년대 말 미국 이민법 개정으로 이주자가 점증하고 있는 상황과
맞물려, 명망 있는 교회지도자의 이주도 큰 영향을 주었다. 1960년대 중반
캐나다에 기독교장로회 계통의 한인교회가 설립되었고, 이 교파의 원로인
문재린 목사와 김재준 목사가 1970년대 캐나다로 이주하면서 한인과 현지
사회의 교회 네트워크와 활동의 중심에 있었고, 이 사실은 환태평양과 글
로벌 연대운동의 중요한 배경요소가 되었다. 젊은 목회자와 평신도 활동가
들의 네트워크와 역할도 한인과 북미주 교회의 긴밀한 연대를 통한 해외 한
국 민주화운동의 중요한 기반을 마련하는데 큰 역할을 하였다. 미국 뉴욕
에서 활동하고 있던 이승만 목사와 홍동근 목사, 텍사스의 손명걸 목사, 그
리고 캐나다 토론토의 이상철 목사 등이 그 중심에 있었다.

이러한 한인 인적 네트워크 외에, 미국 개신교 사회 인사들이 한국의 상황

에 대해 면밀히 주시하면서 연대를 위한 노력을 하였는데, 이 또한 중요하게 작용하였다. 1973년 한국 그리스도인 선언, 부활절 사건, 그리고 인권간담회가 진행되면서 한국의 목회자와 활동가들이 겪는 시련과 고백적 저항은 지속적 관심과 연대의식을 불러일으켰다. 하지만, 1974년 긴급조치 상황에서 진행되는 모든 민주인사를 공산주의 옹호자로 규정하고 탄압하면서, 박정희 정권이 민청학련과 인혁당 사건 조작으로 학생과 개신교와 천주교 사회에 가한 전례 없는 탄압은 가히 상상을 초월하였다. 특히, 12월 감리교 목사이자 미국 시민권자인 조지 오글의 추방은 역사적 선례를 찾기 어려워서 미국 교계 사회에 큰 충격을 불러왔다. 1975년 봄 인혁당 사건 관련 사형수에 대한 갑작스러운 집행 또한 충격의 크기를 헤아리기 어렵게 하였다. 이와 같이, 악화되는 한국의 정치 현실의 배경에서, 보다 체계적이고 실질적인 연대 활동을 위한 북미주 개신교와 한인 개신교인들이 주도적으로 조직하고 활동하는 에큐메니컬 연대조직인 북미주한국인권연합(NACHRK)가 1975년 11월 설립되었다.

북미주한국인권연합의 설립 과정은 북미주 에큐네미칼 활동가들의 한국 민주화와 인권 연대운동에 대한 기본적 이해와, 전략적 사고, 그리고 궁극적 연대 운동의 성격을 엿볼 수 있게 한다. 1975년 중순으로 이와 관련해서 초기 작성된 것으로 추정되는 한 문서는 단체 설립의 배경과 목표와 운영 원칙에 대한 논의를 보여준다. 북미주한국인권연합은 1980년대 말 1987년 제도적 민주적 전환이 이루어질 때까지 지속되지만, 설립을 고려하던 초기에는 "한국인권프로젝트(Korea Human Rights Project)"라고 불리는 2년 기간의 단기 임시 대책위를 구성하는 정도였다. 정의와 평화에 기초한 국제관계 문제는 에큐메니컬 커뮤니티의 기본 관심 사항의 하나였다. 또한 제3세계에서 발생하는 인권 위반과 미국의 지정학적 영향력의 연관은 자연스럽게 관심의 초점이 되었다. 즉, 글로벌 사회 정의 문제로서 한국의 인권 문제를 접근하였다. 이러한 보편적 인식에서, 한국 기독교인의 인권 투쟁은

"국내적으로 그리고 국제적으로 해결해야 하는 사례 중 하나"로 이해하였다. 에큐메니컬 커뮤니티의 "더 나은 연락과 협력"을 위해서 한국 관련 네트워크의 필요성은 공감하고 있었다. 국제적으로 "더 효과적인 문서화와 해석으로" 연대 협력해야 한다는 인식은 이미 바탕에 있었다. 그래서, 출범하는 단체는 "한국 인권 문제에 대한 정보를 수집, 문서화, 전파"하는 한편, "한국 인권 운동을 위한 지원을 동원하고 조율"하게 될 것으로 판단하였다. •

　한국의 인권 문제를 위한 체계화된 초국가적 소통과 연대를 기획하였다. 이 프로젝트는 "임시 한국 인권 위원회"(Ad Hoc Korean Human Rights Council)을 구성하면서, 핵심 연대세력에 대한 고려도 하였다. 이 단체는 미국기독교교회협의회 동아시아 연구그룹(East Asia Working Group Network), 미국인권유권자네트워크(U.S. Human Rights Constituency Network), 그리고 한국 국내와 국제 네트워크와 연대할 계획이었다. 독일에서 1974년 3월에 설립된 독일민주사회건설협의회나 일본의 한국문제기독자긴급회의와 같은 유사 프로젝트와 연대하겠다고 구상하였다. 그래서, 담당자는 미국 상황과 해외를 모두 잘 아는 사람이어야 한다고 정리하였다. 무엇보다, 아래에서 더 논의하듯이, 미국 대외정책에 대한 고려로 본부 사무실을 워싱턴 디씨에 설립하겠다는 계획은 주목할 만한 구상이었다. ••

　1975년 6월 24일 미국 감리교 해외선교부 집행위원인 페기 빌링스(Peggy Billings)가 동아시아 담당자 에드윈 루덴스에게 한국 인권을 위한 임시 조직 구성 프로젝트에 관한 메모를 보냈다. 향후 북민주한국인권연합의 핵심인사로 활동하게 될 두 사람은 구성 원칙에 대한 메모를 주고받으면서,

---

• "A Proposal for Special Pilot Project on Korea," [1975년], Folder 11, Box 5, UCLA Collection on Democracy and Unification in Korea.

•• "A Proposal for Special Pilot Project on Korea."

더 구체화하고 있었다. "한국 인권 위원회"(Committee on Human Rights in Korea)는 기독교교회협의회의 인권 정책 내에서 기능할 것이며, 이러한 조직의 정책 틀 내에서는 어떤 협력도 열려 있다고 밝혔다. 또한 미국으로 한정하지 않고, "북미주 위원회"(North American Committee)로 전략적 수정을 하여서 "한국의 인권을 위한 그들의 관심을 불러올 것에 집중할" 계획을 세웠다. 북미주 에큐메니컬 인권운동이 윤곽을 갖추게 되는 것이었다. 이전 논의를 승계하면서, 유럽과 아시아 지역의 유사한 단체와 연락과 협력을 추구할 것을 확인하였다. •

　북미주한국인권연합이 출범하기 2주 전 1975년 11월 6일과 7일 간담회를 열고 북미주 개신교의 한국 인권 문제 관련 지난 활동에 대해 소개하는 보고서를 작성하였다. 이 보고서에는 다수의 교단이 서면 보고를 제출하였고 여러 활동가가 자신들의 입장을 공유하였다. 그리고 최근 경험에 기반하여 한국 인권 문제에 관한 북미주 개신교회의 행동에 대한 전반적 요약을 담고 있었다. 이렇게 보고서는 단체 출범의 역사적 배경과 참여단체의 가입 동기, 그리고 향후 활동 방향에 대한 지향을 엿볼 수 있었다. 이와 같이, 한국과 미국 교회, 그리고 에큐메니컬 단체 사이에 여러 층의 대화가 있었다. 한편, 아시아 지역 담당자들의 활동과 1975년 박형규 목사에 대한 탄압 사건, 현재 미국에 머물고 있던 김관석, 이우정, 이태영 같은 한국인 에큐메니컬 지도자들을 미국 언론과 의회를 통해서 전략적으로 노출하면서, 폭넓은 관심을 불러오려고 하였다. 또한, 미국 개신교 사회가 미국 정부와 진행한 여러 차례의 대화를 통해서 1974년 11월 포드 대통령 한국 방문 관련 반대 시위가 이루어졌고, 이 과정에서 국무부 차관 로버트 잉거솔과 함

• Peggy Billings to Edwin Luidens, memo, "Human Rights in Korea," June 24, 1975, Folder 11, Box 5, UCLA Collection on Democracy and Unification in Korea.

께 이 사안에 대해서 토론한 세션 또한 보고서에 담고 있었다. 더불어, 도널드 프레이저 의원실을 통해서 미국 의회와 빈번하게 나눈 대화도 강조하였다. 특히, 폐기 빌링스, 조지 오글, 미국기독교교회협의회 회장인 윌리엄 톰슨 등이 의회 청문회에서 진행한 증언은 중요한 활동 기록이 되었다.[*] 향후, 워싱턴 디씨에 사무실을 마련하고, 미국의 지정학에 대한 고려와 미국 의회와의 긴밀한 협력과정의 이유를 가늠할 수 있게 하였다.

한국에 관한 자료는 한국기독교교회협의회, 한국기독교학생연합, 도시산업선교회, 여러 한국 교단, 대학교수, 미국선교사 등에게 일본기독교교회협의회와 아시아교회위원회 등을 통해서 수신하고 배포하였다고 밝혔다. 사업의 조정에 참여하였던 단체는 한국연구그룹(Korea Study Group), 해외선교부, 한국공동행동그룹, 도시산업사회교회연구소(ICUIS)를 포함하고 있었다. 향후, 북미주 교단이 더 나은 판단을 위한 연구와 적극적 행동이 요구된다고 지적하면서, 도시산업사회교회연구소가 작성한 연구서와 해설서가 더 많이 배포되어야 한다고 지적하고 있다는 점 또한 주목할 만하다.[**]

1975년 11월 19일 뉴욕 미국기독교교회협의회 인터처치 센터에서 북미주한국인권연합(NACHRK)의 창립식이 열렸다. 37인의 참석자들은 미국 연합장로교의 뉴튼 서버(L. Newton Thurber)가 이끄는 특별준비위원회가 마련한 의향서 초안을 만장일치로 승인하였다. 의향서에서 인권 캠페인의 범주와 조직의 구성을 논의하면서, "한국민 (남한과 북한 모두)의 인권에 관한 우려"를 표명하겠다고 밝힌 점은 흥미로운 면이 있다. 향후 1980년대 말까지 사실상 남한의 인권 문제에만 집중하지만, 국제앰네스티가 한국에 개입

---

[*] "Summary Report about North American Protestant Churches' Actions with Respect to Human Rights in South Korea," November 6-7, 1975, Folder 25, Box 66, UCLA Collection on Democracy and Unification in Korea.

[**] "Summary Report about North American Protestant Churches' Actions."

하던 1960년대 말에 밝혔듯이, 북한의 인권 문제에 대한 균형 있는 접근을 고려했다는 점은 주목할 만하다. 또한 참석자들은 한국인권협력위원회(The Coordinating Committee for Human Rights in the Republic of Korea)가 북미주한국인권연합으로 전환하는 것을 의결하였다. ● 린다 존스 등이 시카고에서 발전시킨 한국 인권 캠페인 운동 조직과 모델이 미국과 북미주로 확장함을 의미하는 것이었다.

　　명예회장에 김재준 목사, 회장에 페기 빌링스, 부회장에 이상철 목사, 사무국장에 에드윈 루덴스, 재무에 에드윈 피셔(Ediwn O. Fisher)가 임명되었다. 운영위원회(Steering Committee)에는 프레드 베일리스, 호머 잭(Homer Jack), 김병서, 임창영(Channing Liem), 도시산업사회교회연구소 소장 리챠드 포이티그(Richard Poethig), 도로씨 와그너(Dorothy Wagner) 등이 선임되었다. 한국에서 선교사로 활동했던 프레드 베일리스와 호머 잭은 한국앰네스티 창립회원이기도 하였던 점을 고려하면, 북미주로 이주한 이후에도 지속적으로 활동함을 알 수 있다. 도로씨 와그너의 참여는 국제 에큐메니컬 단체인 교회여성연합(Church Women United) 회원이고 한국 교회여성연합과 깊은 관계를 유지하고 있음을 보여주고 있었다. 한국교민 사회단체를 이끌고 있던 전 유엔대사 임창영의 참여는 김재준 목사의 참여 만큼이나 단체의 폭넓은 인적 네트워크를 보여준다고 할 수 있었다. 한국인권협력위원회 대표인 니콜라 게이거(Nicola Geiger)와 린다 존스도 선임되었다. 지역적 분배와 한국 여성을 포함할 것과 천주교 남, 여 대표를 포함할 것, 그리고 조지 오글 목사를 운영위원으로 포함할 것에 대해서 논의하였던 점은 조직의 포괄성과 다양성에 대한 세심한 고려를 엿볼 수 있게 하였다. 한편, 당일 창립회의에서 한국 기독교교회협의회

● "North American Coalition for Human Rights in Korea," January 16, 1976, Folder 25, Box 66, UCLA Collection on Democracy and Unification in Korea.

와 한국기독교장로회 대표들이 세계교회협의회 총회에 참석하려 하자 박정희 정권이 금하였고, 이에 대해서 북미주한국인권연합 회장 빌링스가 한국 정부의 억압에 항의하는 전보를 보내는 일로 업무를 시작하게 되었다. [*]

1978년 4월, 2년의 시범 사업으로 시작되었던 북미주한국인권연합은 업무를 끝내는 대신 더욱 체계를 강화하고 중장기적 비전을 준비하게 되었다. 초대 사무국장에 임명되었던 미국기독교교회협의회 해외사역부 동아시아 태평양 담당자 에드윈 루덴스는 다음 사무국장인 김상호(Sangho Kim)에게 북미주한국인권연합의 체계적 발전과 효율적 네트워킹, 구금과 구속자 정보 처리, 그리고 수많은 자료의 처리에 대한 논의를 위한 메모를 전달하였다. 북미주한국인권연합의 진행평가 위원회는 그동안 원칙이 더 심화되었다고 진단하였다. 에드윈 루덴스는 "인권 상황이 이전 보다 더 복잡해졌다"라고 견해를 밝혔다. 원래 "상대적으로 신속히 인권상황이 개선될 것이라는 희망적 기대감"에 따른 "단기 활동"을 계획했는데, 현재는 "보다 장기적 관점이 필수적"이라고 봤다. 그래서, 향후 관심을 동원하고, 주창운동을 촉진하고, 정보를 공유하며, 상황과 원인을 분석하고, 희생자를 지원하는 활동을 중심으로 재구성되어야 한다고 정리하고 있었다. 또한 매주 문서를 미국과 캐나다 회원에게 발송해야 하고, 동시에 이들 문서를 손명걸 박사를 통해서 그 외 다른 지역에 전달되어야 한다고 메모하고 있었다. 그리고 워싱턴 사무소는 미국 정부(특히, 미국 프레이저와 자볼스키 의회 위원회) 문서를 일본 정보센터(DAGA)에 보내기로 했다고 정리하였다. [**]

이와 같이, 긴급조치 9호에 의한 지배와 억압이 지속되고 강화되는 현실을 인정하면서, 북미주 에큐메니컬 활동가들이 보다 현실적 인식과 전략적

---

[*] "North American Coalition for Human Rights in Korea," January 16, 1976.

[**] Edwin Luidens to Sang Ho Kim, memo, "North American Coalition for Human Rights in Korea," April 24, 1978, Folder 1, Box 21, UCLA Collection on Democracy and Unification in Korea.

활동 방식을 모색해가고 있었다. 사실, 김상호 사무국장 체제는 건강문제로 길게 가지 못하였다. 1979년 감리교 목사이자 노동문제 전문가인 패리스 하비(Pharis Harvey) 목사가 사무국장으로 활동을 시작하였고, 북미주한국인권연합이 활동을 중단하는 1980년대 말까지 활동을 이어갔다. 그 사이, 패리스 하비는 북미주한국인권연합은 한국 문제의 글로벌 인권문제화하는데 중심에 있었다.

◆ 제3장 ◆
초국가적 국제연대와 한국의 인권운동

  3장에서는 한국 민주화운동 과정에서 발생한 초국가적 국제연대와 한국
의 인권운동을 조명한다. 우선 한국의 민주화운동이 어떻게 초국가적으로
인권 문제화하였는지 검토한다. 세계교회협의회가 주도하는 인권간담회와
인권기구의 등장과 함께, 1974년 발생하는 유례없는 초국가적 인권 운동과
정치의 발생을 분석한다. 박정희 대통령이 1974년 1월부터 연속적으로 발
동하는 긴급조치에 따른 정치적 탄압의 와중에 6월 국제앰네스티 사실조사
단이 한국을 방문하고, 탄압의 실태를 밝힌 사실 보고서를 작성한다. 이를
토대로 미국 의회가 7월 최초의 한국 관련 인권 청문회를 개최하고, 이러한
인권 상승의 분위기에서 미국 제랄드 포드 대통령 방문이 전례 없는 인권외
교 논쟁으로 공론화된다. 이러한 초국가적 인권 연대 운동과 국제 인권 정
치의 발생의 흐름을 염두에 두면서, 한국에서 발생하는 인권 문제에 대한 해
외 에큐메니컬 운동 기구의 초국가적 연대를 사건별로 차근히 검토한다. 김
대중과 김지하 구명운동, 박형규 목사와 종교인 석방운동, 민청학련과 인혁
당 사건, 민주노조 운동 탄압, 세계교회협의회 한국 인권문제 보고, 그리고
크리스챤아카데미 사건 순으로 살펴본다.

제1절 한국 민주화운동의 초국가적 인권 문제화

한국 민주화운동의 원인과 비전이 영토주권의 경계를 초월한 인권의 문제로 공론화하고 정치화하는 과정은 시기적으로는 박정희 정권의 긴급조치 시행을 통한 탄압이 가속하는, 소위 정치적 반공 냉전정치를 강화하는 '암흑의 시대'에서 발생하기 시작하였다. 공교롭게도 이 시기 국제질서는 냉전에서 데탕트로 이전되는 시기였다. 미소 간 군축협상, 미중 간의 화해 무드, 독일의 동방정책은 기존 냉전질서에 기반한 국제관계에 균열을 가하고 있었다. 또한 1945년 이래 미국의 글로벌 헤게모니를 구축하는 메커니즘이 되었던 '안보국가론'(national security state)에 대한 비판이 베트남 전쟁과 워터게이트 스캔들이 확산되는 시점에서 미국 의회에서 제기되고 있었다. (Cumings 2009, Chapter 15)

특히, 1973년 말 미국의 기존 현실주의(realpolitik) 정책을 인권의 관점에서 제약하려는 시도는 대외지원법(Foreign Assistant Act) 개정으로 나타났다. 1974년 이래 미국 의회는 동맹국 인권 상황에 관한 청문회를 개최하면서, 미국의 경제적, 군사적 지원이 수혜국의 인권 상황에 따라서 제약하려는 논의가 시작되었다. 그리고 국무성의 인권부서가 설치되면서, 인권이 미국 대외정책에 중요한 기준이 되도록 제도화되고 있었다. 유엔 인권 위원회가 한국의 인권 문제에 적극적으로 대응하지 못하고 있었지만, 미국 의회의 인권 논의는 한미관계의 특수성을 초월한 글로벌 인권 논의 차원에서 한국 민주화 문제를 제기할 수 있는 토대를 제공했다. 세속단체와 종교단체의 연대를 추구하는 초국가적 에큐메니컬 운동은 미국의 냉전 안보에 기반한 지정학적 패권정치에 대한 도덕적 정치적 압력을 가하는 것이자, 민주주의에 대한 논의를 확장해 가는 방식이 되었다. 이러한 관점에서, 한국의 정치적 경제적 시련을 초국가적 인권 문제화하는 접근은 한국 민주화운동의 보편주의와 코즈머폴리턴 지향을 반영해 가는 과정이었다고 볼 수 있다.

한국 민주화를 초국가적 인권문제화하는 과정은 두 가지 중요한 연대 운동의 전술적 메커니즘의 발전을 보여주었다. 하나는 '사실의 정치'(politics of fact)이고 다른 하나는 '증언의 정치'(politics of testimony)이다. (Cmiel 1999; Bradley 2016) 권위주의 정부의 탄압의 실태에 대한 사실 정보를 수집해서, 정보를 권위주의 정부의 주장과 논리를 반박하고, 국제사회에서 진실을 정립하는 것은 인권 운동과 정치에서 가장 핵심 활동 내용이 되었다. 1974년 긴급조치 1호와 4호의 집행으로 전례 없는 탄압이 진행되는 가운데, 그해 6월 말 국제앰네스티를 대신한 미국 저명 변호사 윌리엄 J. 버틀러 (William J. Butler)가 1주일의 '사실조사 캠페인'(fact-finding mission)을 진행하였다. 그리고 보고서를 작성하였는데, 1910년부터 1972년까지 역사를 "민주주의를 위한 투쟁"의 역사적 발전으로 보면서, 유신헌법은 "가짜" 민주주의라고 결론지었다. 긴급조치 발동은 "선제적 과잉" 폭력으로 규정하였고, 민청학련과 인혁당 사건을 포함한 긴급조치 4호에 따라 기소된 54명 (또는 55명)의 군사재판을 상술하고, 고문 문제를 조명하였다. '사실'(fact)에 근거한 결론을 내리고 한국 정부 정책에 반박하는 권장 사항을 포함하였다. 그러면서, 윌리엄 버틀러는 이 보고서를 가지고 미국 의회 청문회에서 증언할 계획이라고 런던의 애널스에게 보고하였다.[*] 이 개입 방식은 국내 정치적 탄압의 문제에 대한 초국가적 행위자가 인권의 규범에 근거해서 어떻게 로컬 현장의 정치적 분쟁에 정당하게 개입할 수 있는지 보여주는 선례가 되었다.

1974년 가을 한국에 거주하는 에큐메니컬 선교사들의 모임인 '월요모임'

---

[*] William J. Butler to Martin Ennals, letter, July 25, 1974, SGO Korea 1974, Microfilm 8, AIIS, IISH.

회원들은 소위 '인민혁명당 재건위' 사건으로 사형에 처한 가족들의 청원을 받아서 '사실조사'를 시행하였다. (Hwang 2022) 1975년에는 '고문' 피해자들이 자신의 문제를 인권 문제로 규정하고, 국제 사회의 '사실조사'를 통한 진실 규명을 호소하면서, 다시 국제앰네스티가 조사를 진행하게 되었다. 이렇게 '사실조사 캠페인'은 에큐메니칼 활동단체를 포함해서 1970년대와 1980년대 민주화운동 시기 다양한 로컬과 국제단체들의 인권 연대 운동의 한 중요한 방식으로 자리 잡게 되었다.

'사실의 정치'는 '증언의 정치'와 긴밀하게 상승하였다. 1974년 6월 국제앰네스티 사실조사를 수행한 버틀러의 조사보고서는 미국 의회가 그해 7월 주최하는 한국 관련 첫 인권 청문회가 열리는데 결정적인 기여를 하였고, 또한 이 청문회에서 조사보고서에 기반해서 증언을 하였다. 인권 탄압 사실을 확인하면서, 미국과 유엔의 경제적 군사적 지원이 중단되어야 한다고 주장을 이어갔다. 한국의 민주주의에 대한 장애를 해소하는 방향에서, 미국의 냉전 지정학적 패권정치에 대한 도전이었던 것이다. 사실조사 캠페인과 이어진 버틀러의 '증언의 정치'는 여러 증언자를 대변하는 것이었기에, 한국의 민주주의 문제를 인권문제화 하는 초국가적 연대 운동이었다.

민주화운동 과정에서 증언의 정치도 중요한 운동의 장르가 되었다. 1973년 「한국 그리스도인 선언문」이 그러하고, 그해 있었던 남산 부활절 사건에 대한 증언, 1974년과 1975년의 지학순 주교와 시인 김지하의 「양심선언」도 로컬 현장과 글로벌 사회가 초국가적 네트워크를 통해서 현장의 증언이 국제 사회에 도덕적 공명을 불러오고, 냉전 안보 정치에 도덕적 압력을 어떻게 가할 수 있는지 보여주는 중요한 사례가 되었다. 이렇듯, 북미, 유럽, 일본 등 국제적 네트워크와 미국 의회 등의 연대운동은 중요한 토대로 작용하였다.

한편, 한국 정부의 정치적 탄압을 지적하는 것을 넘어서 미국 행정부의 동아시아 정책의 문제를 지적하는 연대 운동은 한국 민주화 문제의 초국가적 인권문제화의 중요한 요소가 되었다. 주목할 만한 상황은 미국 대통령의 한국 방문을 인권의 기준에서 반대하는 초국가적 연대운동이 발생하던 1974년 여름과 가을이었다. 제럴드 포드 대통령의 한국 방문이 신문 기사에 간단히 언급되던 7월에, 한국의 에큐메니컬 선교사 모임인 '월요모임' 회원들은 포드 대통령에게 단체 서신을 작성하여서 보냈다. 이 서신은 그들의 한국에 대한 보고서이자, 증언이고, 또한 직접 행동이었다.

이들 선교사들은 증거 없는 군사재판과 사형선고와 중앙정보부의 일반 시민까지 사찰하고 노동자의 단체행동권을 박탈하는 현 박정희 정권의 "인권 위반과 시민 자유에 반하는 범죄"가 유신체제의 현실임을 적시하였다. 이어서, 한국 정부와 정보기관이 북한의 위협과 군사 현대화의 필요성을 위한 유신체제 유지의 필요성을 정면 반박하였다. 대신, 최근 미국 의회 인권 청문회에 대해서 보여준 미국 시민사회의 입장을 언급하면서, "박정희 정권에 대한 지원은 반헌법적 행위"이고, "한국 정부의 최근 억압적 정책을 승인하지 않는 것이 외교적, 경제적으로, 또한 군사적으로 이롭게" 하는 것이라고 분명히 하였다. 1974년 11월 포드 대통령 방문 전에 박정희 정권이 한국의 정치 상황을 개선하고 수감자를 석방하도록 촉구할 것을 요청하고, 방문 중에 만남을 요청하였다. •

이 서신 운동이 보여준 것처럼 월요모임 선교사들은 한국 현장과 국제 사회를 잇는 한국의 정치적 탄압을 초국가적 인권 문제화하였고, 특히 미국의 대외정책에 대한 문제로 접근하는 연대 운동을 전개해 갔다. 1976년 3월 3·1 구국선언으로 재야와 에큐메니컬 지도자들이 탄압받는 상황에서

• The Undersigned to Gerald Ford, letter, October 7, 1974, Folder 14, Box 5, George Ogle Papers.

미국 감리교 글로벌 사역위원회(Global Ministries)는 포드 정부에 한국에 관한 기존 정책을 민주주의와 인권의 관점에서 전면적으로 수정할 것을 요구하였다. "인간 존엄과 인권을 위한 적절한 존중"이라는 미국 시민의 이해와 원칙이자 교회의 생각임을 확인하였다. 백악관은 몇 주 후에 한국 인권은 중요한 외교사안이자 미국 정부와 사회의 공유된 가치라는 원론적인 답신을 받는데 그치게 되었다. • 하지만 1976년 미국 대통령 선거의 과정에서, 그리고 1977년 지미 카터 행정부가 출범하게 된 이후에도 한국 민주화와 인권의 문제가 더욱 긴밀해지고 위중해지는 과정을 통해서 초국가적 인권 논쟁으로 더욱 심화되어 갔다.

1977년 1월 김재준 목사가 캐나다 토론토에서 발행하는『제3일』에 "한국 내 인권 사건들에 대한 기독교적 이행의 발전"이라는 글이 실렸다. 저자 명이 없는 글이었지만, 에큐메니컬 커뮤니티에서 작성되었음은 분명해 보인다. 조선말 이래 1976년까지 어떤 정치적 사회적 맥락에서 한국 교회 사회의 인권 개념의 발전에 대해서 서술하고 있었다. 특히, 1965년 이래 교회사회의 주된 논의 주제는 "책임 있는 시민 의식화"에 있었고, 인간이 다른 인간에게 진실한 인간이 되도록 도울 수 있다고 보았다고 기술하고 있다. 1970년대가 시작되면서, 사회 민주화를 지향하는 학생운동과 노동자 권리를 주창하는 산업선교, 그리고 사회개발을 위한 선교 운동 등 세 가지 주요 교회 운동이 등장해서 인권 운동을 이끌었다고 평가하였다. 즉, 이들이 주축이 된 사회 운동은 한국 기독교가 어떻게 민주화운동에 참여하게 되었는지 보여주는 것이고, 이 과정은 인권 사건화의 과정이었음을 보여준다는 것이다. 이번 호를 발행하면서, 김재준 목사는 민주운동에 국내와 국외의 구

• Paul A. Washburn and Tracey K. Jones to Gerald Ford, letter, March 25, 1976, CO 78-2 7-16-75 to 5-30-76 - Gen, Box 33, White House Central File (WHCF) Subject File, Gerald Ford Presidential Library.

분과 협력에 대한 의구심이 없지 않았으나, "공동전선의 분업"이 이루어졌다고 확인하였다. 이러한 초국가적 소통과 인권 연대 운동에 대한 박정희 정권의 탄압이 결국 도태할 것으로 전망하였다.[•] 이와 같이, 한국 민주화의 과정은 초국가적 인권 문제화와 분쟁의 과정이 되었다.

제2절 한국 인권문제와 해외 에큐메니컬 사회의 초국가적 연대

유신체제의 공안통치와 탄압은 수많은 정치범을 양산했고 잔혹한 고문과 인권을 위반하는 수사로 이어졌다. 1973년 남산 부활절 연합예배 사건을 통해 박형규 목사가 구속되고 1974년 민청학련 사건으로 지학순 주교가 구속되는 등 성직자조차 탄압의 대상이 되면서 종교계의 인권운동이 전개되기 시작하였다. 특히 1972년 국제앰네스티 한국지부가 만들어지고 1974년 NCCK 인권위원회가 설립되면서 양심수를 매개로 한 인권운동이 촉발되었다. 개신교는 북미, 유럽, 일본 등과 국제적 네트워크가 형성되어 있었고, 국내 민주화운동을 해외에 널리 알리는 활동으로 작동되면서, 한국의 인권문제가 국제적 이슈로 부각되곤 하였다. 유신체제는 반공 이데올로기를 동원해 민주화운동을 탄압하는 경우가 많았고 이에 대항해 민주화운동 진영에서는 이를 인권의 문제로 연결 지어 대응하였다. 인권은 유엔의 세계인권선언과 카터 행정부의 인권외교에서 알 수 있듯이 글로벌 보편적 가치로 여겨졌기에 특정 국가의 반인권적 행태는 국제적 비판의 대상이 되기 쉬웠다. 한미관계의 특수성으로 인해 미국 정부의 대한정책은 한

[•] "The Development of the Christian Understanding of the Human Rights Issue in Korea" (1977년 1월 3일), 『제3일』 속간 제16호, Folder 5, Box 5, George Ogle Papers.

국 정부에 커다란 압력이 되었고, 미국이 주창하는 보편적 자유와 인권의 가치에 입각해 유신체제의 반민주성을 공격하는 민주화운동 진영의 노력은 국제적 논란의 대상이 되곤 하였다. 즉 국내와 해외 한국 민주화운동 진영은 인권문제를 부각하며 반유신 투쟁을 전개하였고, 이것이 국제 인권레짐과 결합되면서 한국의 민주화운동이 초국가적 인권문제로 발전하는 현상으로 나타났다.

유신체제와 긴급조치에 따른 1970년대 박정희 정권의 지배전략은 유례를 찾기 힘든 가혹한 탄압 일변도였다. 이에 필연적으로 수많은 피해자들이 양산될 수밖에 없었고 개신교를 위시한 민주화운동 진영에서는 이들을 원조하고 이들의 시련을 인권운동으로 발전시키는 방향으로 나아갔다. 또한, 1970년대 중반 한국 인권문제는 이미 국제사회에서 보편적 가치로 관철되고 있었고 각종 해외 네트워크를 가동하고 있던 개신교 계통의 에큐메니컬 운동기구들에서도 중요한 이슈로 다루어졌다. 세계교회협의회를 비롯해 각지에 조직된 개신교 운동 조직들은 한국의 양심수 문제를 비롯한 인권문제를 집중적으로 부각했다.

1970년대 초반 필화사건으로 구속된 김지하를 위시해 남산 부활절 연합예배 사건의 박형규 목사, 민청학련사건 관련 지학순 주교, 김대중 납치 사건, 민청학련과 인혁당 사건 등 유신체제의 탄압은 전방위적이었고 이에 대한 구명운동은 민주화운동의 주요한 과제이자, 현장과 국제사회의 인권 사건이 되었다. 정권의 탄압은 유신말기까지 이어져 1979년 크리스챤아카데미 사건으로 수많은 구속자가 양산되었다. 특히 세계교회협의회 등 에큐메니컬 기구들은 성직자와 신도 등 기독교인의 피해가 확산되는 것을 보고 적극적으로 개입하였다. 세계교회협의회의 한국 인권문제 보고는 이러한 활동의 일환으로 한국의 인권문제를 기독교 사회는 물론 세계적으로 알리는 데 큰 역할을 했다. 미국 의회의 인권 청문회와 보고서 작성에 대한 특별한 고려를 하였다.

2차 대전 이후 성립된 냉전체제 하에서 미국은 전범재판, 국제연합과 세계인권선언 등을 주도하면서 보편주의적 세계전략을 구사했다. 구제국주의 국가들과 달리 민주주의와 인권, 경제개발 등을 내세우면서 주권 국가들로 구성하는 세계체제와 국가 간 체제 내에서 헤게모니를 구축하고자 하였다. 민주주의와 인권은 특정 국가의 특수한 사정으로 제한할 수 없는 인류보편의 가치로 격상된 것이었다. 이에 따라 한국사회 역시 국제적 인권 레짐의 영향을 강하게 받게 되었고 유신체제의 비민주성과 반인권성은 국제사회의 비판 대상이 되었다. 특히 68혁명을 거치면서 서유럽과 북미에서 인권의 규범적 가치가 국가와 사회 속으로 강하게 투영되었다. 1975년 헬싱키 프로세스나 1977년 카터 행정부의 인권외교는 국제적 인권레짐 형성을 잘 보여주었다.

이러한 국제적 조건 하에서 1970년대 민주화운동 진영은 인권문제를 집중적으로 제기하기 시작했다. 유신체제의 폭압성으로 양산되던 고문과 폭력의 피해자들이 이러한 인권의제를 더욱 절실하게 했다. 즉, 한국의 민주화라는 일국적 문제에 머물지 않고, 인권이라는 글로벌 문제로 변모되면서 유신체제는 상당한 국제적 압력에 직면하게 된 것이다. 이 과정에서 개신교 민주화운동세력은 큰 역할을 담당하였다. 한국기독교교회협의회 인권위원회와 연계된 해외 기독교 네트워크는 북미, 서유럽, 일본 등지에서 한국의 인권문제가 세계적 문제로 떠오르게 하는 데 중요한 역할을 하였다. 이로써 국내정치에 국한되었던 민주화운동은 국제정치의 중요한 이슈가 되곤 했으며 초국가적 국제연대를 공고화하는 역할을 형성하기도 하였다. 이는 '한국적 민주주의' 등으로 국가주의와 민족주의를 강조하면서 반공주의 지배질서를 구축하고자 했던 박정희 유신체제와 날카로운 대립전선을 만들어냈다.

1. 김대중·김지하의 탄압에 대한 초국가적 인권운동

1970년대 민주화 과정에서 김대중과 김지하는 박정희 정권의 개발국가 (developmental state)적 산업화 정책과 정치적 권위주의에 대한 자신들의 신랄한 비판과 타협 없는 저항으로 전례 없는 탄압을 겪었다. 이에 대한 대응은 국내적 저항에만 머물지 않고, 초국가적 인권 연대운동을 통한 저항운동과 민주주의와 인권의 비전을 형성하는 데 기여하게 되었다.

김대중은 1971년 대선에서 야당 후보로 박정희와 경합하면서 박정희의 장기집권과 재벌중심의 경제 정책에 대해서 비판하였다. 대선에서 패배한 후에는, 신병치료를 위해 일본에 머물던 중 1972년 10월 유신체제에 대한 소식을 접하고, 해외에서 유신체제에 대한 전면적 비판과 저항 운동을 시작하였다. 김대중은 미국을 중심으로 민주화운동을 조직하던 중 1973년 8월 일본에서 박정희 정권의 기관원에게 납치되어 살해 위협을 경험한 후 강제 귀환하지만, 곧바로 가택 연금에 처하게 되었다. 김대중은 이러한 고난의 과정을 스스로 '인권'의 언어로 규정하고, 망명시기에 만들기 시작한 초국가적 네트워크를 통해서 자신의 안위 문제를 포함하여 한국의 민주주의와 인권의 문제에 대해서 국가주권의 경계를 넘어서 공론화하였다. (황인구 2023b)

김대중은 자신의 문제를 자신의 개인의 시련만이 아닌 제도적 지정학적 관점에서 인권문제의 요체에 있음을 드러내려고 노력하였다. 우선은 납치사건에서 생환한 후 70여 일이 넘도록 가택연금에 처해 있는 상황과, 미국 하버드대학에서 제안해 온 방문 연구원을 수락하고자 하지만, 여권 신청이 받아들여지지 않는 상황을 소상히 『LA 타임스』 샘 재미슨(Sam Jameson) 기자를 통해서 국제사회에 알렸다. (Jameson 1974) 김대중은 이미 지난 경험을 통해서 도쿄에 거주하는 동아시아 특파원의 초국가적 네트워크 역할을 충분히 이해하고 활동하였다. 1974년 3월 기사화한 보도에서, 김대중은 자신의 납치 상황과 장래의 문제를 '인권'의 관점에서 문제화하였다. "나는 여기에 나 자신의 의지로 오지 않았다. 내가 가야 할 곳에 따라서 나 스스로 결정할 수 있기 위해서 출국하는 것은 인권의 문제이다"고 말하였다. 여기에서 머물지 않고, 인권의 근간이 되는 권위주의 국가의 반공체제에서 '자유'의 문제를 논쟁하였다. "한국에서 항상 빵을 가진 것은 아니지만, 자유를 누렸다. 지금은 더 이상 자유가 없다"고 지적하였다. 한편, 이러한 문제의 지정학적 근원 또한 짚으면서, 미국의 역할과 전통적 관점의 군사 '안보'에 대한 다른 시각을 제시하였다. 4만 3천 명의 미군을 배치하고 군사원조를 제공하는 미국 당국에게 한국 안보에서 자유의 중요성을 역설하였다. 이어서, "우리는 민주주의를 스스로 회복할 것이다. 우리는 단지 미국의 도덕적 지원을 바란다"라는 입장을 밝히면서, 더 이상의 한국 정치 개입을 하지 말 것을 촉구하였다.

향후 김대중은 한국의 민주화에 관한 미국의 역할과 안보에 대한 새로운 시각을 보다 적극적이고 그리고 일관되게 표출하였다. 1974년 11월 포드 대통령이 방한 하면서, 미국 대통령의 방한과 한국의 인권 문제가 처음으로 국제 문제로 등장하게 되었다. 한 달 후 발행된『크리스챤 사이언스 모니터』의 대니엘 써더랜드 기자의 보도에서 김대중은 다시 한번 "나는 안보의 중요성을 부정하지 않는다, 그러나 우리가 이 나라에서 독재정권을 보장할 수는 없다"고 분명히 말하였다. (연세대학교 김대중 도서관 편 2019, 30~31) 이어서, "우리가 진실된 민주주의를 누릴 때에만 한국인들은 우리의 자유를 지키기 위해서 공산주의에 진실로 맞서 싸울 것이다"라고 안보와 인권의 선순환적 관계 형성에 대해서 제시하였다. 이즈음 김대중은 재야와 에큐메니컬 인사들과 민주회복국민회의를 구성하고 지도적 위치에서 참여하고 있었다. 이 단체는 정치적 자유의 부활과 유신헌법의 개정을 촉구하면서, 한미 정상회담 이후 발표된 공동선언문에서 "안보와 군사적 고려는" 있지만, "민주주의와 자유에 대한 어떤 말도 없다"고 비판하였다. 박정희가 1972년 계엄령 선포할 때, 미국제 무기를 활용했음을 다시 언급하면서, 미국의 "민주주의 명분에 대한 도덕적 지원"과 함께 "평화적인 한국민들을 억압하는데 활용한 무기에 대한 책임을 지기를 원한다"는 입장을 분명히 하였다. 이렇듯 국내 민주화와 미국의 대외정책의 변화의 긴밀한 관계를 인권과 자유의 관점에서 지적하였다.

김지하는 1970년 박정희 정권이 벌이는 재벌중심의 부패한 근대화 과정에 대해 비판적으로 풍자한 「오적」으로 구속이 되면서 국제앰네스티가 지지하는 '양심수'로 선정되었다. 1970년대 민주화 과정에서 발생한 첫 양심수 사건이 되었다. 김지하는 1974년 민청학련 사건 관련하여 긴급조치 4호 위반으로 구속되면서 다시 한번 양심수로 주목을 받게 되었다. 1975년 2월 대통령 사면으로 가석방되면서, 김지하는 사회에 잘 알려져 있지 않던 인혁당 사건의 피해자들이 1974년 구속 수사 과정에서 겪은 고문 문제를 『동아일보』에 기고한 연재 글 「고행 1974」에서 고발하였다. 국제앰네스티가 양심수 석방 문제와 함께 진행하던 국제 고문 반대 캠페인과 결합되면서, 김지하의 글은 최근에 석방된 민주화 활동가들이 자신들이 겪은 탄압을 고문 문제로 공론화하는 데 기여하게 되었다.

하지만 김지하의 이러한 활동은 곧 1975년 3월 가석방을 취소하고 다시 구속하는 사유가 되었다. 더구나 1975년 4월 초 고려대학교 휴교와 시위 금지를 명령하는 긴급조치 7호가 발동되고, 바로 이어서 인혁당 사건 관련 사형수에 대한 비법적 사형집행이 이뤄지면서 공포정치의 시대로 진입하였다. 1975년 5월 남베트남의 패망은 박정희 정권의 긴급조치 9호로 전 사회에서 유신체제와 긴급조치에 대한 사소한 비판과 저항도 허용하지 않는 억압 정치를 만드는 데 결정적 배경이 되었다. 이렇듯, 박정희 정권의 탄압의 중심 타깃에 들어선 김지하의 생명은 국제사회의 시선을 끌어 모으기에 충분하였다.

시카고에 소재한 아시아인권교회위원회가 김지하 구명운동을 벌이기 위해
제작한 소식지이다. "You Can Help Save Lives in South Korea," [May 1975],
민주화운동기념사업회 오픈아카이브, 등록번호 470344.

    김지하의 「양심선언」 운동은 이러한 급박한 상황에 대응하는 소극적 대
응으로 보일 수 있지만, 감옥 안과 밖을 연결하고, 한국사회와 전 세계를 연
결하는 적극적이고 강력한 연대운동으로 발전하게 되었다. 1974년 지학순
주교의 구속과정에서 「양심선언」이 하나의 운동방식의 가능성을 보여준
이래, 1975년 유신 헌법에 대한 국민투표의 과정에서 다시 한번 전국민적
저항 운동의 한 방식으로 그 가치를 인정받게 되었다. '양심수' 석방 캠페인
으로 글로벌 인권 연대 운동의 한 중요한 개념으로 등장한 '양심'은 김지하
의 「양심선언」이 보편적 글로벌 캠페인으로 발전하는데 중요한 상황요인으

로 작용하게 되었다.

초국가적 인권 연대운동의 한 중요한 방식으로 자리 잡은 서신운동이 김지하의 구명운동에도 중요하게 작동하였다. 1970년대 초반 한국에 거주하는 에큐메니컬 선교사 단체인 월요모임을 주도하다가 1974년에 미국으로 귀국한 후 시카고에서 한국과 아시아 인권 운동을 주도하던 린다 존스는 주목할 만한 활동을 보여주었다. 아시아인권교회위원회 국제 서신운동이 칠레, 말레이시아, 필리핀, 그리고 한국에서 많은 양심수의 생명을 구했다고 강조하면서, 미국 의회 의원에게 보내는 서신운동을 독려하였다. *

아시아인권교회위원회는 소식지에서 1975년 5월 20일 『워싱턴 포스트』의 돈 오버도퍼(Don Oberdorfer) 기자가 작성한 김지하의 재판 진행 상황을 담은 기사에서 중앙정보부가 언론을 탄압하고 반공법으로 처벌하고 있다는 보도를 포함하였다. 특히 "김지하를 구출하자"는 구호와 함께, 박정희 대통령에게 편지를 보내는 캠페인을 진행하였다. "김지하가 석방되고 한국의 인권 회복 시까지 미국의 지원 감축을 주창"하는 서신을 미국 의회에 보내자고 격려하였다. 또한 미국 국무부가 김지하의 생명을 구하기 위해서 적극적으로 개입해야 한다고 촉구하는 캠페인을 안내하였다. 아시아인권교회위원회와 한국 민주주의와 인권 지지자들은 경제적 지원뿐만 아니라, 42,000명의 주한 미군, 핵무기와 군수 물품 지원, 인도주의 식량(Food for Peace) 지원 프로그램, 경찰 훈련 지원 등 모든 분야를 미국의 도덕적 책임의 측면에서 재평가하고 있었다. **

1975년 가을, 긴급조치 9호가 시행되어 김지하에 대한 억압이 심화되는 시점에서 박정희 정권은 김대중과 김지하에 대한 억압과 탄압의 강도를 줄

---

* "You Can Help Save Lives in South Korea," [May 1975], 민주화운동기념 사업회 오픈 아카이브, 등록번호 470344.
** "You Can Help Save Lives in South Korea."

이지 않았다. 9월에는 1967년과 1971년 선거에서 법률 위반에 관한 재판을 재개하겠다면서, 정치적 압박을 가중시키고 있었다. 10월에는 사형선고와 집행에 대한 긴박감이 전 세계로 확산하고 있었고, 이러한 상황은 세계기독학생연맹(WSCF) 유럽회의를 대표해서 에미도 카피(Emidio Capi)가 박정희 대통령에게 보낸 김지하 등 학생 정치범 석방을 촉구하는 서신에도 잘 나타나 있었다. •

국내의 운신의 폭이 사라지는 상황에서, 김지하와 달리 구속상태에 있지 않은 김대중은 더욱 적극적으로 초국가적 인권 운동 캠페인을 모색하였다. 1975년 12월 캐나다에 거주하면서 북미주 에큐네미칼 사회의 한국 인권 운동 단체인 북미주한국인권운동연합의 명예회장으로 활동하고 있는 김재준 목사에게 서신을 보냈다. (김대중 도서관 편 2019, 192~196) 당시 미국 교포 사회에서 민감하게 등장한 민주주의 회복과 평화통일 문제의 선후관계에 대한 논쟁에 대한 민주회복에 대한 우선적 집중이 현실적이라는 입장을 확인하면서, 다시 한번 미국 정책을 변화시키는 운동의 중요성을 설명하였다. "중국대륙의 적화 이래 월남 패전까지 30년의 역사적 교훈"이라면서, "자유가 있을 때만" 안보가 가능하다고 정리하였다. "그러기 위해서, '라비활동(lobby)'이 중요하다"는 것이다. 전 미국 국무부 한국 부장인 도널드 래나드 전 주미 한국 대사관 공보관장인 이재현과 협력을 재차 강조하면서, 긴급조치 아래 모든 활동이 불가능한 상황에서 그 중요성이 더욱 커졌다고 강조하였다.

이렇듯, 김지하와 김대중에 대한 개인의 시련은 단체와 국가적 시련의 문제를 가장 극적으로 보여주는 축소판으로 작동하였고, 시련의 중심에 서

• Emidio Campi to Park Chung-hee, letter, October 15, 1975, 민주화운동기념사업회 오픈 아카이브, 등록번호 00455683.

있는 김지하와 김대중은 한국과 세계의 흐름을 읽고 초국가적 인권운동의 비전을 제시하고 적극적으로 참여하고 있었다. 1976년 3·1구국선언은 이러한 발전을 반영하였다.

2. 박형규 목사 등 종교인 석방 운동

1960년대 말 박형규 목사와 에큐메니컬 사회는 박정희 정권의 재벌과 기득권 세력 중심의 '개발주의' 정책이 불러온 도시화와 사회 부정의 문제에 천착한 도시 빈민 지역에서 사회정의 운동을 전개하고 있었다. 정의, 평등, 공동체에 기반한 '개발'에 대한 다른 비전을 연구하고(예를 들면, 김상현 2019), 사울 알린스키(Saul Alinsky)의 주민조직 운동을 통해서 새로운 시대의 운동과 사회를 구상하면서 시도하고 있었다. 하지만, 1972년 10월 유신체제가 시작되면서, 이러한 사회정의 운동이 반국가적 행위로 공격받기 시작하면서, 유신체제 반대운동을 전개하기 시작하였다. 은명기, 박형규, 김찬국, 김관석 등 에큐메니컬 지도자들과 다른 활동가들에 대한 박정희 정권의 탄압은 국내사회의 반발과 저항과 함께 기존 캠페인을 위한 초국가적 에큐메니컬 네트워크가 확장하면서, 한국의 민주주의와 사회정의를 위한 유럽과 미국의 사회와 초국가적 인권 연대 운동을 어떻게 발전시켜 가는지 보여주게 되었다.

1972년 12월 전주 남문교회 은명기 목사가 유신체제에 대한 비판적 입장때문에 구속되었다. 이 사건은 한 개인의 시련을 넘어서 한국 에큐메니컬 사회가 박정희 정권 유신체제에 대한 전면적 저항을 선포하는 1973년 4월 '남산 부활절 사건'과 5월 「한국 그리스도인 선언」의 중요한 계기로 작용하게 되었다. 구속된 은명기 목사에 대한 대응 또한 향후 한국과 해외 에큐메니컬 사회가 어떻게 공통의 이해와 대응을, 특히 인권의 관점에서 형성해 가는지 보여주기에 주목할 만하다.

1973년 3월 국제앰네스티 국제사무국 아시아 연구부 담당 피터 해리스(Peter Harris)는 앰네스티 한국지부인 앰네스티한국위원회의 창립 회원인 프란시스 홀러첵(Francis Holecek)과 나눈 서신은, 이들의 지속적인 소통을 보여주고 있다. 1년 전에 민주화운동 과정에서 설립된 첫 한국 인권단체인 앰네스티한국위원회는 박정희 정권의 정치적 탄압을 '인권'의 언어로 번역하고 공론화하는 역할과 함께 초국가적 인권 상황 모니터링의 역할을 담당하게 되었다. 해리스는 은명기 목사의 재판을 앞두고, 독일앰네스티의 직접 행동을 요청하였고, 독일 외교부가 서울 대사관을 통해서 한국 정부를 접촉하였다. 지난 2월 6일 은명기 목사의 선고가 있었으나, 한국 정부가 건강 문제로 곧 석방하게 될 것이라는 지난 서신 내용을 확인하였다. 헤리스는 지학순 주교 등 다른 한국 지부 회원의 런던 방문과 더 많은 교감을 요청하였다. 한편, 다른 정치적 사건, 특히 1970년 간첩사건으로 구속되어서 고문 탄압을 받은 재일교포 서승의 재판에 대한 모니터링도 하고 있었다. 흥미로운 점은, 이 서신이 주한 미군 군사우편(APO)을 통해서 교류되었는데, 이 채널은 민주화 시기 국제연대운동의 중요한 소통 창구로 작용하였다. •

1973년 2월 은명기 목사가 석방되었지만, 박정희 정권의 유신체제에 대한 우려는 더욱 심화하였다. 그해 4월 도시빈민 사회정의 캠페인을 해온 박형규 목사 등이 남산 부활절 행사 중에 권위주의 정권을 비판하고 민주회복을 요구하는 유인물을 배포하려고 시도하였으나, 압도적 수의 경찰 때문에 사실상 배포 시위를 마무리하지 못했다. 그리고 5월에는 박정희 정권의 독재 정책에 대한 저항 의지와 민주주의에 대한 열망을 담은 선언문을 국제 사회에 배포하게 되고, 큰 관심과 지지를 불러오고 있었다. 이 와중에 정권은 7월 초 박형규 목사와 두 세명의 주요 시위 참가자를 "정부를 무력으

• Peter Harris to Francis Holecek, letter, [March 1973], IEC ASA Apr 1973, Microfilm 243, AIIS, IISH.

로 전복하려 시도"하였다면서 연행했고, 8월 초에 박형규 목사 등이 남산 부활절 사건으로 구속되었다. 1주일 만에, 한국에 사울 알린스키 주민조직 운동을 전파한 세계교회협의회 도시농촌선교부 조지 토드 목사를 포함한 미국과 일본 교회 인사들이 참여한 방문단이 서울에 방문해서 한국 정부에

"기독교인들의 자유"의 문제에 대한 우려를 전달하였다. 특히, 박형규 목사 등이 진행한 도시 빈민을 조직하는 활동이 "한국사회에서 가장 필요로 하는 사람들에 대한 활동 프로그램"이라고 정리하였다. 이러한 한국사회의 탄압과 초국가적 대응 상황은 『뉴욕 타임스』를 통해서 바로 국제사회에 알려졌다. (Fiske 1973)

1973년 9월 말 박형규 목사에 대한 2년 구속형이 내려졌으나, 10월 1일 벌금을 내고 석방되었다. 하지만, 그의 구속과 석방의 과정은, 10월 초 유신체제가 등장한 지 첫 해가 될 무렵, 대중 학생 시위가 발생하고, 새로운 초국가적 네트워크의 발생과 더욱 확장된 인권 연대 운동의 맥락에서 중요한 사건으로 다루어졌다. 한국에서 활동하는 에큐메니컬 선교사 모임인 월요모임에서 국제적 공론화를 마련하기 위해서 발행하는 영문 소식지인 「사실 보고서」(Fact Sheet) 첫 호가 때마침 발행되고, 박형규 목사와 다른 에큐메니컬 활동가에 대한 소식과 탄압의 쟁점이 주요하게 다뤄졌다. 탄압의 실질적 이유가 "10만 명의 군중 속에서 유인물을 뿌린 것이 아니라 서울 빈민 지역에 사는 1000만 명의 주민을 조직하고 있는 것이었다"라고 평가하였다. 지난 3월 서울시는 지하철 건설이 계획된 성수동의 1500명의 빈민 거주자들에게 그들의 판잣집을 6월 말까지 비우라고 명령하였으나, 박형규 목사는 주민조직 운동가들을 이 지역에 파견해서 보상 청원운동을 벌였고, 이에 대한 박정희 정권의 탄압이 잇따랐던 점을 지적하였다. •

주목할 지점은, 월요모임에서 더욱 적극적으로 인권 문제를 중심에 두면서 국제적 공론화를 시도하였다는 점이다. 특히, 1973년 가을 미국 의회를 중심으로 확산하는 글로벌 인권 운동에 초점을 맞추고 있었다. 이러한

• "Repression Brings Response: The Case of Rev. Hyung Kyu Park, Seoul Korea," [1973], Fact Sheet, no. 1, 민주화운동기념사업회 오픈 아카이브, 등록번호 00471729.

박정희 정권의 탄압에 대해서 "무엇을 할 수 있는가?"라고 묻고는 네 가지 방식을 제안하였다. "우리와 함께 기도하라"는 제안과 함께 현실적 실행 방법을 열거하였다. "미국 의회 의원, 특히 외교관계 위원회 의원에게 편지를 보내라," 한국기독교교회협의회에 지지와 지원금을 보내라, 국제앰네스티와 같은 인권 단체에 가입하거나 편지를 보내라고 제안하였다. 이러한 제안은 박형규 목사의 석방 이전에 정리되었던 내용이기에, 추가 노트에서 10월 1일 석방을 알리면서, 미국기독교교회협의회, 세계교회협의회, 수많은 개인 지지자들과 외부의 지원이 박형규 목사의 형량을 가볍게 하도록 한국 정부에 큰 압박으로 분명히 작용하였다고 평가하였다. ＊ 이와 같이, 1973년 박형규 목사의 구속과 석방의 여정은 한 개인의 시련을 넘어서 한국 민주화를 위한 초국가적 인권 연대운동의 발생과 지향을 분명히 하는 중요한 계기가 되었다.

　박형규 목사는 김찬국 목사 등과 함께 긴급조치 4호로 학생 단체를 탄압한 민청학련 사건과 관련되어 다시 구속되었다. 아래 다음 항목에서 상술하는 것처럼, 민청학련과 인혁당 사건은 한국의 민주화 문제가 인권 문제로 국제화하는 결정적인 계기가 되었고, 특히 미국 의회와 미국 정부의 역할에 대한 기대와 논의가 심화되는 계기가 되었다. 그해 가을에는 포드 대통령 서울 방문에서 전례 없는 미국의 안보와 인권 정책에 대한 초국가적 논쟁이 벌어졌다. 이에 맞춰서, 초국가적 에큐메니컬 인권 연대운동도 다양한 층위와 방향으로 확장되어 갔다. 1974년 12월 뉴욕 유니온 신학원(Union Theological Seminary) 총장 권한 대행 로저 신(Roger L. Shinn)이 박형규와 김찬국 동문의 정치적 탄압에 대한 관심과 지지를 호소하면서 포드 대통령에게 보낸 서신은 하나의 의미 있는 사례가 될 수 있었다. 1973년 개

＊ "Repression Brings Response."

민주화운동기념사업회
Korea Democracy Foundation

Fact Sheet #1

REPRESSION BRINGS RESPONSE

The Case of Rev. Hyung Kyu Park
Seoul, Korea

After almost four months of sitting in a deep prison room, Rev. Hyung Kyu Park's sentence was pronounced on Sept. 25, 1973. The outcome of five very tedious trial sessions was a two-year prison sentence, pronounced at a closed session with a large crowd prohibited entry.

Rev. Hyung Kyu Park was arrested on July 6, 1973, for "attempting to overthrow the government by force." According to the Administration, 15 agitators led by a Presbyterian pastor had distributed leaflets at last April's Easter Sunrise Service in Seoul's South Mountain public park. The leaflets called for the "revival of democracy," according to the government report.

What frightened and annoyed the government was not the scattering of leaflets among the 100,000 worshippers at the Easter service, but the fact that Rev. Park and his followers were organizing the one million people who live in Seoul's slum neighborhoods. Rev. Park is head of a community action committee whose purpose is to organize the slum dwellers so they can demand such necessities as security of residence for their families and school privileges for their children. The government report did not mention this aspect of the case; it stated only that those arrested had been "organizing action groups of malcontent Christians to topple the present government by force."

The most recent case in Seoul (which led to the arrests), is that of the Songjong Dong slum. In March, the Seoul City government ordered the 1,500 slum dwellers there to vacate their shacks by the end of June, because the land was needed to build a roundhouse for a subway presently under construction in that area. Rev. Park's committee sent in a number of organizers. By May, the community had solidified enough to draw up a petition and send it to President Chung Hee Park, asking for compensation. The result was that the community leader, Mr. Tong, was arrested, beaten, and told not to organize any more petition drives. Since Rev. Park's arrest, one district of the slum community has been moved (without monetary compensation).

The committee's next step was to send a letter of appeal to the diplomatic missions in Seoul, as well as to church groups abroad, asking for support. This action made the government angry because it showed their weak points to foreigners whose support is needed in the UN "battle" against North Korea. Also, if Rev. Park's committee succeeded in making their oppressed class of slum dwellers aware of their situation, it could be a threat to the present government. Immediately after the letter was sent, the committee members were repeatedly picked up, questioned and released, but no charges were forthcoming.

Since there is no specific law against community organizing, the government remained silent until one of Rev. Park's workers was forced to confess that he was involved in an attempt to overthrow the government, led by Rev. Park. While it seems certain that the leaflet distribution was carried out by some of Park's young followers, it does not explain the charge of plotting to overthrow the government, or the arrest of the community organizers.

Rev. Hyung Kyu Park, a very respected minister in Seoul, is the pastor of Seoul's First Presbyterian Church. He is well known for acting upon his Christian beliefs. As a young man he started a night school in Pusan for children who could not afford an education. This

월요모임 「사실 보고서(Fact Sheet)」 1호: "Repression brings response: The case of Rev. Hyung Kyu Park, Seoul, Korea." 남산 부활절 연합예배 사건으로 구속된 박형규 목사; 민주화운동기념사업회 오픈아카이브, 등록번호 00471729.

정된 외교지원법 32항과 함께 미국 의회의 인권 정책을 언급하면서, 자신의 서신 캠페인은 인권 운동적 접근이 아닌 미국의 시민으로서 권리와 책

임의 관점에서 비롯된 것임을 분명히 하고 있었다. [•]

　박형규 목사에 대한 박정희 정권의 탄압은 다양한 방식에서 이루어졌고, 마찬가지로 여러 측면에서 초국가적 연대 활동으로 발전하였다. 1975년 소위 '선교기금 횡령' 사건이 대표적이다. 1972년 에큐메니컬 국제 비정부 단체인 브레드 포 더 월드(Bread for the World)의 기금을 한국기독교교회협의회에서 수령하고 박형규 목사의 수도권특수지역선교회가 빈민지역 구호기금으로 수행하기로 되어 있었다. 하지만, 1974년 1월 긴급조치 1호 위반으로 핵심 실무자가 구속된 상황에서, 그해 말 기금을 횡령했다는 소문이 퍼지게 되고 이에 대해 항의하는 시위가 벌어지게 되었다. 1975년 2월, 한국기독교교회협의회에서는 자체 조사를 진행해서 그런 부정한 일이 없었다는 보고서를 발표하였다. 하지만, 이러한 정치 논쟁의 과정에서, 박정희 정권은 1975년 4월 김관석 목사, 박형규 목사, 조승혁 목사, 권호경 목사를 구속하였다.

　이에 대응하여, 독일 개신교 언론사에서 독일 교회 고문관 한스 빌헬름 플로린(Hans-Wilhelm Florin) 박사를 통해서 보고서의 진실을 확인하였고, 이어지는 재판에 맞춰서 세계교회협의회가 대표단을 파견하였다. 그러나, 이들의 방문에 따라, 재판일이 재조정되었다. 그럼에도, 이들은 다시 한번 보고서의 진실함을 증언하는 계기를 가지게 되었다. 월요모임은 이 사건을 자신들이 발행하는 「사실 보고서」에 상세히 담아서 국제사회로 전달하였다. [••] 박형규 목사 등은 1976년 2월에 석방되었다. 다음 달, 1976년 3·1민주구국선언 사건이 발생하면서, 초국가적 인권 운동과 정치가 보다 더 큰 폭으로 발생하게 되었다.

[•] 　Roger Shinn to Gerald Ford, letter, December 20, 1974, CO 78-2 8-9-74 to 3-30-75 - Gen, Box 33, White House Central File (WHCF) Subject File, Gerald Ford Presidential Library.

[••] "Report of K.N.C.C. Leaders Trial," June 23, 1975, Fact Sheet, no. 24, Folder 12, Box 4, George Ogle Papers.

3. 민청학련 사건, 인혁당 사건 관련 연대 활동

1972년 10월 박정희의 종신 집권을 위한 유신체제를 설립하였는데, 1년 후 1973년 10월부터 유신헌법의 개정이나 폐지를 위한 운동이 학생들 중심의 거리 운동으로 이어지고, 그해 말 에큐메니컬 재야 활동가들이 주도하는 유신헌법 폐지를 위한 백만인 서명운동이 등장하였다. 이러한 배경에서, 박정희 정권은 유신헌법에 대한 어떤 논쟁도 금지하는 '긴급조치' 1호를 발표하면서 탄압을 지속하였다. 그럼에도 민주화운동이 지속되자, 1974년 4월 3일 긴급조치 4호로 그 중심 세력이 되는 학생운동을 직접적으로 겨냥하게 된다. 전국민주청년학생총연맹(민청학련) 관련 1,000여 명의 학생들을 연행하였다. 4월 말에는 명목상 단체인 이 학생조직의 배우로 1964년에 북한의 지령을 받아 정부를 전복하려 했다고 조작하여 탄압하려 했으나 성공하지 못한 인민혁명당(인혁당) 사건을 활용하여 설정한 '인혁당 재건위'를 지목하였다. 박정희 정권은 민주화운동을 친북 국가 전복 세력으로 몰아가고 있었다.

에큐메니컬 운동의 중심에 있던 일본 식민지배와 한국 전쟁을 경험한 퀘이커 함석헌은 1974년 봄에 발생한 민주주의 탄압은 이전에 전혀 경험해보지 못한 억압이었다고 평가하였다. 한편, 1974년 말, 한국앰네스티 명예회장인 그는 이 탄압은 국가 주권의 '국경'에 갇힌 기존의 인식을 벗어나서 국경을 초월한 '인권' 사건을 인식하게 하였다고 회고하였다.(조선일보 1974/12/12, 4) 이렇듯, 상상할 수 없는 탄압은 또한 전례 없는 한국 민주주의 문제의 국제화를 위한 초국가적 인권 연대 운동의 인식을 불러왔다.

긴급조치 4호 직후에 세계 각지의 초국가적 활동가들은 한국의 상황 파악을 위해 초국가적 네트워크를 활용하고 있었다. 가령, 4월 12일 앰네스티 한국위원회 창립 회원이었던 선교사 프레드 베일리스는 한국 임무를 마치고 캐나다로 돌아갔으나, 최근 연행된 후 행방이 불분명한 안재홍 등 한국

기독교학생연합(KSCF) 회원에 대한 정보를 찾기 위해서, 런던에 있는 국제 앰네스티 사무국장인 마틴 애널스에게 연락을 취하였다.[*] 사실 이 시점에 국제앰네스티는 긴급조치 1호 이후 상황에 대한 '사실 조사'(fact finding)를 수행하기 위한 계획을 논의 중이었다. 6월 말, 미국의 저명한 변호사 윌리엄 버틀러가 서울에 방문해서 긴급조치 4호로 탄압받고 있는 54명의 구속자에 대한 사실 조사를 수행하게 되었다. 7월 초 조사를 마치고 작성된 보고서는 미국 의회에서 처음으로 개최되는 한국 관련 인권 청문회를 위한 토대가 되었고, 버틀러 스스로 청문회에서 자신의 조사에 기반한 증언을 하게 된다. 이 증언에서 미국과 유엔의 군사적 경제적 지원이 한국의 인권 개선의 관점에서 제약되어야 한다는 입장을 밝혔다.(Hwang 2022, Chapter 2) 국제앰네스티의 사실조사, 미국 의회의 인권 청문회, 그리고 미국의 지정학적 지원에 대한 제약을 위한 정책적 접근에 대한 사고 등 일련의 접근은 1970년대와 1980년대 민주화 과정에서 한국 민주화가 국제정치화 하는 방식으로 자리 잡게 된다.

1974년 여름에 군사재판에서 극심한 판결이 내려지면서, 민청학련과 인혁당 사건은 '인권' 사건으로 더 큰 초국가적 연대활동을 불러오게 되었다. 1974년 9월 미국 장로교 총회 의장 로버트 라마(Robert Lamar) 목사와 윌리엄 톰슨(William Thompson) 부의장(stated clerk)은 유엔 사무총장 커트 왈드하임(Kurt Waldheim)에게 긴급조치 4호에 따른 14명 사형, 15명 무기징역 등의 판결은 "인권 위반"이라고 지적하면서, 이들 정치범의 생명과 권리에 대한 우려 표시와 지원을 호소하는 전보를 보냈다. 미국의 대표적인 기독교 단체가 현재의 한국 정치 상황을 인권 문제로 규정하고, 국제 인권 기구의 정점에 있는 유엔의 대표가 한국 정부에 인권에 기반한 우려를 전달해

---

[*] Fred M. Bayliss to Martin Ennals, letter, April 12, 1974, SGO Korea 1974, Microfilm 16, AIIS, IISH.

야 한다는 호소를 한 것이다. 이 역사는 초국가적 기독교 인권 연대 운동의 중요한 한 단면을 보여주는 사례가 되었다.[●] 물론, 버틀러도 유사한 청원을 하였으나, 어떤 응답도 받지 못하였고, 유엔은 1970년대 내내 이러한 기대에 전혀 부응하지 못했다. 이런 유엔의 부재는 초국가적 인권 연대운동이 더욱 미국의 지정학적 역할에 대해 더욱 적극적으로 고려하고, 한국 민주화 문제를 미국 의회를 통해서 국제화하는 경향으로 나타나도록 하였다.

버틀러의 사실조사 수행에 이어서, 1974년 가을에 인혁당의 실체에 대한 진실 규명의 노력도 초국가적 연대 운동으로 발전하게 되었다. 지난 7월 인혁당 관련해서 8명이 사형선고를 받게 되었는데, 이들의 부인과 가족들은 사건의 조작을 규명하고 구명하기 위한 운동을 벌였다. 가을 초에 이들 사형수 가족이 조지 오글 목사를 만나서 지지를 호소한 이후에, 오글 목사는 한국에 거주하는 에큐메니컬 선교사 모임인 월요모임을 통해서 인혁당 사건에 대한 사실 조사를 수행하고 이들 사형수의 무고함을 결론짓는 보고서를 작성하였다. 이 보고서는 인혁당의 진실에 대한 국내는 물론 국제 사회의 논을 위한 토대로 활용되었다. 특히, 1974년 11월로 알려진 포드 대통령의 한국 방문 계획은 이 문제를 중심으로 미국의 외교정책과 한국의 인권문제를 결합시키는 초국가적 인권 연대 운동의 중요한 장이 되었다.

1974년 10월 16일 감리교 글로벌 사역 담당자인 에드윈 피셔는 한국 에큐메니컬 활동가들이 보내온 두 가지 문서를 동봉하여 공화당 원내총무 존 로즈(John J. Rhodes) 사무실에 보냈다. 「그들은 사형선고를 받은 상태에 있다(They're Under Sentence of Death)」와 「인민혁명당 사형선고 회원의 개요(Profiles of Sentenced Members of The People's Revolutionary Party)」라는 제

● Robert C. Lamar and William Thompson to Kurt Waldheim, telegram, July 18, 1974, 민주화운동기념사업회 오픈 아카이브, 등록번호 527928.

목의 문서였다. 피서는 이 문서들이 한국에 있는 친구들이 포드 대통령이 한국에 방문하기 전에 전달되기를 희망하고, 사형이 집행될 수 있기에 긴급한 사안이라고 덧붙였다. 여덟 명의 사형수는 박정희 정권에 반정부적 입장을 취하지 않았고, 다만 정치적 희생양이 되었다고 기술하였다. 그래서, 포드의 방한 중에 이들을 대변하는 사람과의 대화가 이루어지면, 미국 정부가 "인권을 탄압하고 있는 한국 독재 정부를 지원한다"는 한국사회의 인식을 줄이는데 큰 기여를 할 것이라고 전망하였다.

「그들은 사형선고를 받은 상태에 있다」는 문서는 인혁당에 대한 혐의가 1964년 사건에서 비롯되었지만, 그들이 속한 서클의 활동 내용이나 북한과의 연관성에서도 국가를 전복하고자 했다는 증거가 없다는 점을 분명히 하고 있었다. 그리고 사형수의 이름과 프로파일도 담고 있었다. 이 문서들은 10월 30일 포드 대통령 부보좌관 맥스 프리더스도르프(Max Friedersdorf)에게도 보내졌다. 이때 국무부 한국 담당과장인 도널드 래나드(Donald Ranard)에게도 공유되었다. •

한편, 민청학련과 인혁당 구속자들의 가족들이 직접 나서서 미국의 시민과 의회, 그리고 정부에 호소하는 글을 직접 보내기도 하였다. 호소문은 "저희들은 이 땅에 민주주의 회복과 인간다운 삶을 주장하다가 투옥된 이른바 한국의 긴급조치 위반 사범의 어버이요 아내들입니다"라고 시작하였다. "포드 미국 대통령의 방한이 독재적 현 정권과의 대화를 통하여 오히려 현 정권이 독재정치를 강화하는 것으로 되어서는 안 된다는 것이 저희들의 충정입니다"라고 간청하였다. 이 한글 호소문은 에큐메니컬 네트워크를 통

• Edwin O. Fisher to Bella S. Abzug, letter, October 16, 1974; Bella S. Abzug to Gerald Ford, November 6, 1974, CO 78 Kor-Gen, Box 33, White House Central File (WHCF) Subject File, Gerald Ford Presidential Library.

해서 번역되어서 해외로 전달되었음을 가늠할 수 있다.[•] 한국 정치범의 석방과 구명을 위해서, 수감자 가족들이 미국의 의회와 미국의 대외정책을 얼마나 중요하게 생각했는지 보여주고 있고, 더불어 국가 정치의 영역을 넘어서 시민들까지 소통을 시도한다는 측면에서 보편적 인권 또는 코즈모폴리턴 관점의 연대 운동이 추구되었음을 엿볼 수 있다.

우려했던 바와 같이, 포드 방한으로 이루어진 한미 정상회담에서 인권은 중요한 의제로 설정되지 않았다. 그럼에도, 초국가적 인권 연대 운동을한 차원 높은 수준으로 끌어올리는 중요한 계기가 되었던 것은 분명하다. 1975년 2월 박정희는 국내와 국제 사회의 압박에 대응하기 위한 궁여지책으로 유신헌법에 대해 신임을 묻는 국민투표를 시행했고, 강압적 상황에서유신헌법의 존속이 승인되었다. 이어서, 인혁당 사건 관련자를 제외하고, 민청학련 사건 관련 구속자 150명을 석방하였다. 하지만, 서울대 학생 나병식은 석방되자 마자 영국 저명 일간지 가디언(The Guardian) 기자 로버트 화이만트(Robert Whymant)에게 1974년 연행 이후 '물고문', '전기 충격', '잠을재우지 않는 고문'을 당했다고 폭로하였다. 김정길의 사례도 소개했고, 김지하는 감옥에서 만난 인혁당 사건 관련 수감자의 고문 피해를 전달했다.[••] 과거의 국가 폭력이 중요한 국제 인권 규범에 해당하는 '고문' 문제로언급되면서 한국의 민주화 문제는 다시 한번 국제화의 길로 향했다.

당시 국제앰네스티가 주도하는 국제 고문반대 캠페인이 국제사회에서왕성하게 전개되고 있었고, 한국은 중요한 캠페인의 장이 되었다. 한국 에큐메니컬 활동가들이 국제사회의 개입을 요청하였고, 이에 응답하면서, 국

[•] 구속자 가족 일동, 「미국 국민, 의회 및 정부에 드리는 호소문」, 1974년 11월 11일, Folder 20, Box 6, George Ogle Papers.

[••] Robert Whymant, "Students Tell of Korean Tortures," The Guardian, February 18, 1975, Mission Report ROK Mar-Apr 1975, Microfilm 564, AIIS, IISH.

제앰네스티는 1975년 4월 사실조사단을 파견하였다. 사실 조사 기간에, 박정희 정권은 4월 8일 대법원에서 사형 선고가 확정된 직후 집행하게 되었다. 이 시기 영국의 BBC 다큐멘터리 팀과 미국 하원 의원이자 국제관계위원회 위원장으로 미국 의회의 인권 캠페인을 이끌고 있던 도널드 프레이저 의원 팀도 한국에 방문 중이어서, 향후 인혁당 문제는 사실조사 보고서, BBC 미디어, 미국 의회 청문회 등 다양한 채널을 통해서 국제사회의 한국 인권 문제 논의의 중심을 차지하게 되었다.

4. 민주노조운동 박해자들에 대한 연대 운동

1960년대 후반 가속화하는 산업화의 이면에서 발생하는 도시화와 도시 노동자들의 빈곤한 삶과 사회의 부정의 문제에 주목하는 노동 현장 선교가 등장하였다. 감리교 선교사 조지 오글 목사가 선도적으로 인천 지역에서 선보인 산업선교는 1940년대 후반 해방 공간에서 사라진 민주노조 운동이 부활하는 산파의 역할을 하게 되었다. 그동안 노동운동의 전국적 대표 조직인 한국노총은 노동자의 권리 문제를 위해서 존재하기보다는 정권의 지배와 사업주의 이익을 위해서 활동하면서 노동조합은 사실상 어용단체로 머물러 있었다. 경공업 중심의 산업화가 이루어졌기 때문에 대부분의 노동자는 의류와 직물 산업에서 종사하는 10대 후반 또는 20대 초반의 농촌에서 이주한 여성이었다. 이들은 소수의 남성 간부의 지휘를 받았고, 어용 노조는 열악한 노동 환경, 장시간 노동 문제, 임금 체불 등의 문제에 대한 논의를 공론화하는 대신 억누르는 역할을 맡고 있었다. 조화순, 조지송, 조승혁 등의 초기 활동가들이 개인적 전도가 아닌 사회적 구원을 위한 '하나님의 선교'를 실현하기 위해 교파를 초월한 도시 노동 현장 활동은 경제적, 사회적으로 빈곤한 노동자들의 주체적 의식을 일깨워주고 노동 현장의 민주화에 대한 열망을 갖는데 큰 역할을 하게 되었다. (장숙경 2008)

1972년 5월 산업선교의 중요한 결실이 나왔다. 1970년대 대표적인 섬유 제조업체인 인천의 동일방직의 노동조합이 민주적으로 여성 노동자인 추길자를 지부장으로 선출하였다. 한국 노동운동사에서 여성 노조 대표 선출은 전례 없는 사례이자 노동 현장 민주화의 가능성을 보여준 사건이 되었다. 상징성이 큰 만큼, 동일방직으로 상징되는 민주노조 운동은 회사와 정권의 탄압의 중심에 서게 되었다. 1976년 이영숙 지부장을 연행하고, 회사 측 남성을 새로운 대표로 선출하였다. 이에 반발하여, 7월에는 반 나체 시위를 벌이면서 저항하고, 단체로 출근을 거부하면서 시위를 이어가면서 연행자를 석방하도록 하였다.

1977년에는 재야와 에큐메니컬 단체를 포함하는 동일방직사건수습투쟁위원회가 구성되고, 노동자 권리에 중점을 둔 첫 선언인 「1977년 노동인권 선언문」이 발표되었다. 1973년 첫 한국의 인권 선언문에서 최저임금과 사회보장이 중요하고 긴급한 인권 사안으로 언급된 이래, 인권의 범주가 꾸준히 확장되어 왔음을 보여준다. 또한, 카터의 당선으로 국제 인권 인식이 더욱 높아지는 상황에서 발생한 것이었다. 이와 같이, 한 개별 회사의 사건이 아닌 한국 민주화와 인권, 그리고 사회정의의 문제를 관통하는 사안으로 발전하게 되었다. 그해에 평화시장 노동교실에 대한 정권의 탄압은 '평화시장 노동자를 위한 인권 위원회' 설립으로 이어졌고, 이 위원회는 「한국 노동자의 인권 헌장」을 발표하였다. (Hwang 2022, Chapter 5) 한편 1978년 2월 동일방직 노조 선거일에 남성 폭력배들이 여성 조합원에게 똥물을 투척하면서 선거를 방해한 사건이 발생했다. 또한 회사 측과 정권은 민주노조 운동의 배후에 도시산업선교회와 한국가톨릭노동청년회, 그리고 세계교회협의회가 있고, 이들이 불온한 이념을 유포하고 있다고 선전하였다. 이 전례 없는 폭력 방식과 냉전 노동 정치 억압 방식은 노동 문제 관한 초국가적 인권 연대 운동을 촉진하는 계기가 되었다.

S. O. S.!!

The DONG-IL WORKERS REQUEST YOUR HELP! One hundred twenty seven women workers at Dong-Il Textile Co., Inchon, who fasted for two weeks in March to protest the violence of February 21*, have been FIRED. Further, their names and pictures have been distributed nationwide to prevent them from getting other jobs. Any who have been hired elsewhere have been quickly dismissed after KCIA pressure was exerted on their companies. This regime is obviously pulling out all stops in their effort to distroy and autonomous workers' movement.

Churches and human rights groups in Korea have rallied to their support with food, shelter and funds for living expenses. BUT THEY NEED OUR HELP! An urgent appeals has been made for friends overseas to join in solidarity with those who are now suffering due to their commitment to social justice in Korea.

Cho Hwa-soon, chairperson of UIM in Korea, is second from the left, and In Myung-jin, who was recently arrested, is on the far right.

Please send IMMEDIATELY whatever contribution you can to:

North American Coalition for Human Rights in Korea
475 Riverside Drive, Room 1538
New York, N.Y. 10027   (212) 678-6260

Please make check Payable to: Korea Coalition/World Divison
NOTE OF CHECK: For Dong-Il Workers

**********SEE STORY ON THE REVERSE SIDE OF THIS PAGE***********

1978년 2월 동일방직 똥물사건이 발생한 직후 단식투쟁을 진행하고 있는 노동자와 도시산업선교 활동가들에 대한 지원을 호소하는 북미주한국인권운동연합의 안내문이다. North American Coalition for Human Rights in Korea, "S.O.S.!!," [1978], Folder 30, Box 3, George Ogle Papers.

1978년 3월, 동일방직 여성 노동자들은 이미 2주째 '똥물' 폭력 사건과 이어진 해고 사태에 항의하는 단식 시위를 진행하고 있었다. 사태가 극심해지는 상황에서, 미국의 북미주한국인권운동연합은 동일방직 노동자의 문제에 대한 "긴급지원(S.O.S.!!)"을 호소하는 소식지를 배포하였다. 북미주

한국인권운동연합은 1977년이 시작될 무렵 한국에서 노동에 대한 인권 문제를 우선하는 정책을 수립하였다. 영문 호소문은 폭력 사태와 127명의 노동자 해고, 그리고 중앙정보부가 민주노조 활동가에 대한 블랙리스트를 작성해서 다른 사업장에 배포하는 상황을 기술하면서, 지원과 연대를 호소하였다. 호소문 뒷면에는 노조 활동가가 직접 작성한「우리의 인권 침해」라는 문서가 번역되어 있었다. 경찰이 옆에서 지켜보는 가운데 폭력배들이 똥물을 바르고 먹이는 상황을 '인권'의 문제로 이해하고 있었다. 한편, 견본 서신도 함께 발송하고 있었다. 미국 최대 노동단체(AFL-CIO) 대표인 조지 미니(George Meany), 지미 카터, 미국의 상원과 하원 의원들에게 보내질 편지였다. 한국의 인권 상황은 미국의 도덕외교의 문제이고, 경제적 안보적 이해와 직결된다고 설명하였다.[*] 아래에서 좀 더 설명하듯이, 조지 미니에 대한 호소는 한미 노동 단체의 연대를 호소하는 문제가 아니라, AFL-CIO가 냉전적 입장에서 벌인 반노동적 정책과 활동에 대한 비판적 입장에서 비롯되었다.

　　동일방직 사건은 도시산업선교와 세계교회협의회 지원 프로그램 전체를 공산주의 음모로 몰아가는 탄압으로 나타나면서, 그 중심에 있는 도시산업선교와 특수지역 선교 활동가들 당사자들이 직접 국제사회에 진실을 밝히는 방향의 연대운동을 시도하였다. 조화순, 조지송, 정진동, 김경락은 1978년 3월 13일 "우리의 결의"를 발표하였다. 국제 에큐메니컬 사회에 배포된 호소문에서 이들 활동가들은 자신들을 개신교와 가톨릭 교회의 지원을 받는 한국특수지역선교연합회 회원으로서 '하나님의 선교'의 활동을 해왔다고 알렸다. 1976년 이러한 선교에 임했던 18명의 성직자와 평신도가 연행되어서 일

---

[*] North American Coalition for Human Rights in Korea, "S.O.S.!!," [1978]; Labor Union Members of the Local Chapter of the National Textile Labor Union at the Dong-Il Company in Inchon, Korea, "Violation of Our Human Rights," February 1978; "Sample Letters," [1978], Folder 30, Box 3, George Ogle Papers.

부는 "공산주의자로 누명을 씌우려는 고문"을 당했다고 증언하였다. 또한 홍지영이 도시산업선교를 탄압하기 위해서 펴낸 "정치신학의 논리와 행태"라는 책이 사실 조작에 기반한 선동이라고 진술하였다. 또한 동일방직 사건이 "특수업무부대"라고 밝히 폭력단에 의해서 행해졌다고 폭로하였다. 에큐메니컬 사회의 연대와 지원을 호소하면서, 단식을 다짐하였다. *

동일방직 민주노조에 대한 전례 없는 폭력과 도시산업선교 단체에 대한 광범위한 탄압은 미국 패권 아래 전개되는 냉전노동정치에 대한 의구심과 에큐메니컬 사회의 초국적 연대 운동의 필요성에 대한 인식을 새롭게 하는 계기로 작용하였다. 1978년 3월 중순 한국기독교교회협의회 사무국장 김관석 목사는 세계기독교교회협의회 사무총장 필립 포터 박사에게 동일방직 폭력 사태의 심각성을 설명하는 서신을 보냈다. 최근 폭력 사태와 탄압에 대해서, "한국 정부 당국은 도시산업선교 그룹의 적법한 활동을 탄압하고 교회와 인권 활동단체를 방해하기 위해서 매우 사악한 방법을 활용하고 있습니다"고 진단하였다. 그리고 폭력 사태의 이면에 미국 정부와 미국의 AFL-CIO의 아시아 지역 조직인 아메리카자유노동연구소(AAFLI)가 연관되어 있음을 새롭게 파악하고 있다고 밝혔다. 그러면서, 이러한 상황에 대응하기 위해서, "전 세계 에큐메니컬 연합 행동이 동원되는 것은 필수적입니다"라고 호소하였다. 그는 "현재 도시산업선교의 사례는 교회의 선교는 설령 로컬 이슈로 보일지라도, 글로벌 차원에서 상호 연결되어 있는 것을 보여주고 있습니다"고 덧붙였다. **

이 서신은 아시아기독교협의회 도시농촌선교회(CCA-URM) 담당자 오재식과 세계교회협의회 도시산업선교 담당자 조지 토드 목사에게도 보내

* Cho Hwa Soon et al., "Our Resolution," March 15, 1978, Folder 30, Box 3, George Ogle Papers.
** Kwan Suk Kim to Philip Potter, letter, March 16, 1978; "General Situation," [1978], "Action - Strategy," Folder 5, Box 6, UCLA Collection on Democracy and Unification in Korea.

졌다. 3월 말 오재식은 동일방직 노동자들의 "울음과 호소"가 담긴 서신을 회원들에게 배포하면서, 연대와 지지를 요청하였다. "이 문제를 당신이 있는 도시의 한국 정부 당국자에게 제기하고, 동일 노동자를 대신해서 국내와 국제 미디어와 기관에 호소해서 당신 도시에 사는 여성들이 들을 수 있도록 최선을 다해주기 바란다"라고 호소하였다. * 한편, 1978년 9월 한국기독교교회협의회 신학연구위원회와 도시농촌선교위원회는 간담회를 열고, 「도시산업선교의 신학적 선언」을 발표하였다. 정권의 후원 속에서 최근 이념 선전용으로 발행된 『왜 도시산업선교는 문제인가?』라는 책자에 대해 정면에서 부정하고 반박하는 입장을 정리한 선언문이었다. ** 이렇듯, 동일방직으로 상징되는 민주노조 운동은 개별 사업장의 사건으로 머물지 않고, 도시산업선교에 대한 정권의 탄압으로 이어졌다. 또한 미국의 냉전 헤게모니 정치의 연장에서 냉전노동정치로 나타났다. 이념적, 정치적, 종교적 탄압과 대립은 초국가적 연대와 정치의 영역으로 이어갔고, 한국 민주화와 인권 운동의 중요한 한 단면을 구성하게 되었다.

5. 세계교회협의회(WCC)의 한국 인권 문제에 대한 보고

세계교회협의회는 1960년대 말 이래 글로벌 에큐메니컬 사회의 인권 문제에 대한 지속적이고 일관된 입장을 마련하고 이에 맞게 실행하려고 노력하였다. 인권 문제 논의를 주도하는 그 중심에 국제문제교회위원회(CCIA)가 있었다. 위원회는 1971년 각국 회원 교회가 각 회원 국가 현장 사회의 인권에 대한 이해를 담기 위한 '간담회'를 진행할 것을 제안하였다. 1973년 11월 한국은 간담회 후 「인권 선언문」을 발표하였다. 1974년 각국 간담회 논의를

---

* CCA-URM to Friends, letter, March 28, 1978, Folder 30, Box 3, George Ogle Papers.
** Kim Chung Joon, "Theological Declaration of UIM (Urban Industrial Mission)," September 11, 1978, Folder 10, Box 18, UCLA Collection on Democracy and Unification in Korea.

토대로 세계교회협의회 차원의 '인권과 기독교 책임'으로 명명된 간담회를 개최하여서, 일관된 인권 정책과 실행을 기획하였다.

1974년 8월 세계교회협의회 중앙위원회에서 한국과 필리핀의 인권 상황에 주목하는 결의문을 발표하였다. 한국과 필리핀 모두 1972년 가을에 계엄령을 발동하고 민주주의와 인권을 억압하는 상황이었다. 그리고, 중앙위원회가 열리기 한 달 전인 1974년 7월에는 미국 의회에서 한국 인권 관련 첫 청문회가 개최되었다. 1975년에는 필리핀과 한국의 상황이 미국 의회 청문회에서 동시에 다뤄지면서 국제사회의 큰 주목을 받았다. 이렇게 심각해지는 인권 위기의 상황에서, "개신교와 천주교 단체들이 공개적으로 사회정의를 위한 투쟁을 하고 있음을" 인지하는 한편, "예수그리스도의 복음에 대한 책무의 표현으로서 인권을 확인하였다"라고 진술하였다. 이들 두 국가의 인권 위반으로 구금된 사람의 석방을 촉구하면서, 두 국가에 대표단을 파견하겠다고 밝히면서, 연대의 의사를 분명히 하였다. •

1974년 10월 오스트리아 세인트 폴튼에서 '인권과 기독교 책임'에 관한 간담회가 열리고, 이때 마련된 보고서는 1975년 6월 국제문제교회위원회에서 검토되었다. 이번 검토에서 지난해 제시한 권장 사항과 관련된 논의 문서 중에 인권에 관한 여러 층의 상호연관성(inter-relationship)에 대한 확신을 새롭게 하는 계기로 삼게 되었다. 즉, 개인권리와 집단권리 간의 연관성, 시민적, 정치적, 사회적, 경제적, 문화적 권리의 연관성, 종교적 자유와 모든 다른 자유의 관계, 인권 전반과 사회 구조의 연관성에 대한 관점의 문제였다. 인권 범주의 총체성과 인권의 보편적 제도화와 실행, 증진의 문제를 다가오는 총회를 통해서 논의하겠다고 밝혔다. 한편, 국제문제교회위원

• World Council of Churches Central Committee, "Minutes of the Twenty-Seventh Meeting, Berlin (West), 11-18 August 1974," Folder 30, Box 2, George Ogle Papers.

회는 지난해 보고서의 일부인 "로컬과 국가 단위 교회에 인권 위반을 확인하고 희생자를 보호할 수 있도록 장치 마련하기"와 "지역 에큐메니컬 조직과 세계교회협의회가 보다 효과적인 인권 방어와 증진을 위한 장치 마련하기"와 같은 항목에 포함된 권장사항을 채택하였다. •

1976년 8월 세계교회협의회와 세계기독교학생연맹 등 국제 에큐메니컬 단체의 지원으로 발행되는 간행물인 『에큐메니컬 프레스 서비스』(Ecumenical Press Service 또는 EPS)는 로컬과 세계의 인권에 대한 이해와 연관을 증진하기 위한 인권에 관한 중요한 정책적 발전을 보도하였다. 세계교회협의회 사무총장인 필립 포터 박사는 장기적 관심 사항인 종교의 자유를 위한 인권에 관한 자문위원단이 구성돼야 한다고 스위스 제네바에서 열리는 중앙위원회에 제안하였다. 이러한 제안은 유럽과 북미 회원 교회에 존재하는 국제적 사안을 다루는 인권위원회를 활용하는 "효과적인 네트워크" 구성을 의미하였다. 자문위원회의 중요한 업무 사항은 국제문제교회위원회에 매해 보고서를 제출해야 한다는 것이다. 더불어, 현장에서 활동하는 단체를 서로 연결시키는 역할 또한 중요한 임무가 되었다. 그래서, 인권에 관한 특정 문제를 "모니터링하기 위한 수단"을 제공하면서, 어떻게 다뤄져야 하는지 제안하게 될 것이라고 보도하였다. ••

세계교회협의회가 인권에 관한 정기적 보고서 작성과 배포를 의무화하는 정책을 발전시키는 것은 당시 글로벌 인권 운동과 정치의 발전 흐름을 적절히 반영하고 있는 것이었다. 1975년 헬싱키 조약 체결은 다수의 국제

• Mia Adjali to Members of National Council of Churches, International Affairs Working Group, Sub-Committee on Human Rights, letter, September 11, 1975; The CCIA, "Resolution on the Implementation of the Program on Human Rights and Christian Responsibility," June 19, 1975, Folder 25, Box 66, UCLA Collection on Democracy and Unification in Korea.

•• "WCC Human Rights Group Proposed by Dr. Potter," August 12, 1976, Ecumenical Press Service No. 23 (August 12, 1976), Folder 1, Box 28, UCLA Collection on Democracy and Unification in Korea.

인권 단체와 기구가 인권 실태에 대한 모니터링의 중요성을 다시금 실감하게 하는 중요한 계기가 되었다. 그리고, 1975년 미국 의회는 국무부가 연간 인권보고서를 작성해서 의회에 제출해야 한다는 법률을 제정하였고, 1977년 초부터 미국 국무부는 연간 인권보고서를 출간하게 되었다. 향후 미국의 경제적, 군사적 지원의 기준으로 작용하게 될 것이기 때문에, 북미주한국인권운동연합은 워싱턴 디씨에 본부를 설립하겠다는 결정의 중요한 배경요인이 되었고, 국제앰네스티도 워싱턴 사무소를 설립하는 결정을 내리게 되었다. 그래서, 세계교회협의회의 국제문제교회위원회가 향후 출간하는 한국 인권 보고서는 이러한 국제적 흐름에서 이해되어야 할 것이고, 또한 한국 현장과 초국가적 에큐메니컬 활동가들이 국제정치적 상황에 대한 이해가 얼마나 중요하게 반영되고 있었는지 가늠할 수 있게 하는 것이었다.

1979년 4월 세계교회협의회는 국제문제교회위원회가 마련한『한국 인권』(Human Rights in the Republic of Korea)으로 명명된 영문 책자 보고서가 출간되었음을 발표하였다. "배경자료"(background information)로 출간된 한국 인권상황에 관관 보고서로서, 1978년 1월부터 1979년 1년까지 200가지의 인권 사건과 이들에 관련된 540명의 희생자 목록을 담고 있었다. 이 문서는 한국의 인권상황에 대해 전반적으로 진단하면서, 정치적 상황과 함께, 경제성장 정책, 언론의 자유, 학원사회와 종교의 자유, 해외여행 제약 등을 검토하였다. 이어서, 고문과 교도소 처우, 공산주의 낙인 등 각종 인권유린의 유형에 따른 분석을 제공하였다. 그리고, 언론인, 정치인, 교수, 교회지도자, 학생, 도시산업/농촌 선교 활동가 등 직업 유형에 따라 분류하였다. 110페이지가 넘는 이 방대한 보고서는 한국인권대책위원회(The Task Force for Human Rights in Korea)에서 수집하였고, 세계교회협의회 글로벌 정보네트워크 역할을 맡고 있는 시카고에 소재한 에큐메니컬 조직인 도시산업사회교회연구소(ICUIS)에서 정리한 문서였다. 한국 인권 상황에 관한 "가장 상세한 보고서"로 내용에 대한 모든 책임은 국제문제교회위원회가 지겠다고 하였다. *

　이 보고서는 한국의 인권 현실에 대한 신랄하게 비판적 논의를 제공하고 있다. 우선, 언론에 보도되는 "경제 기적"의 이면에, 증가하는 빚과 외국 투자 의존, 상승하는 인플레이로 중요한 위기를 대면하게 되었고, "한국의 인권 상황은 이러한 경제 성장의 과정에 직접적으로 영향을 받고 있다"라고 지적하고 있다. 사실, 이 보고서는 이전 해에 여러 차례 출간된 한국 인권 보고서와 좀 다른 특징이 있었다. 이 보고서는 1978년 7월 미국 국무부와 국방부가 제출한 "몇몇 국가의 인권 상황"(Human Rights Conditions in Selected Countries)이라는 문서에서 한국의 인권이 개선되고 있다는 진술에 반박하고 있었다. 1976년 3·1 구국선언 사건으로 구속과 병원 수감에서 풀려난 김대중 등을 언급하면서 미국 정부의 주장과 비슷하게 인권 상황의 개선을 암시하는 언론 기사를 반박하는 정보를 제공하는 것이었다. ** 이 보고서를 발간하면서, 세계교회협의회는 한국 "인권 상황이 개선되고 있다는 인상을 주는 최근 보도와 달리, 작년 한국의 국민에 대한 체계적 억압이 증가하였다고" 평가하였다. 1978년의 김대중을 포함한 정치범의 석방과 이와 관련한 세 번의 사면에도, "사실상 매우 소수의 정치범이 석방" 되었고, "대부분은 어떤 사소한 논란에도 다시 구속될 수 있는 형집행정지 상태에 있다"라고 지적하였다. ***

* "Human Rights in the Republic of Korea," January 1979, Folder 279, Box 20, Institute of Church in Urban-Industrial Society (ICUIS) Collection, Richard Daley Library, University of Illinois at Chicago.
** "Human Rights in the Republic of Korea," January 1979.
*** World Council of Churches Department of Communication, "Human Rights in the Republic of Korea," April 27, 1979, 민주화운동기념사업회 오픈 아카이브, 등록번호 00843035.

이와 같이, 이 보고서는 세계교회협의회가 글로벌 인권 주창 프로그램을 1960년 말 이래 지속적이고 일관되게 현장 사회의 맥락에서 인권을 이해하고 최대주의적 관점에서 억압상황을 분석하고 있음을 보여주고 있었다. 다시 말해서, 정치적 탄압과 사회적 경제적 권리의 문제의 긴밀한 연관 문제와 함께 문제의 근원은 로컬과 국제 지정학적 요인에서 동시에 찾고 있음을 보여준다. 또한 이 보고서는 사실(fact)을 제출하고 확인하는 연대운동을 보여주고 있다. 즉, 국제 인권정치의 맥락에서 진실이 흔들리고 수정되면서 논쟁이 증가되는 상황에서, '사실' 확립은 냉전 안보 중심의 인권 정치에 대한 대응에서 중요한 활동영역이 되었던 것이다. 1978년까지는 국무부 연간 인권 보고서가 출간된 이후 에큐메니컬 단체가 이 보고서 내용을 비판하였다. 하지만, 1979년 미국 국무부 연간 인권보고서 출간 이전에 세계교회협의회가 상세하고 방대한 한국 인권 보고서를 출간한 것이다. 즉, 초국가적 에큐메니컬 단체와 활동가들이 예방적 선도적 인권 연대운동을 전개하고 있음을 보여준 것이다.

6. 크리스챤아카데미 사건 구속자 석방운동

1970년대 중반 이래 박정희 정권은 유신체제와 정권에 대한 사소한 비판도 엄중하게 처벌하는 긴급조치 9호로 사회적, 정치적으로 억압해 왔다. 그럼에도, 1977년 말 이후 학생들의 거리시위와 노동자들의 민주노조 운동, 그리고 재야와 에큐메니컬 사회의 민주화와 인권 연대 운동은 다시 활력을 찾아가는 상황이 되었다. 1979년 3월 봄에 박정희 정권은 에큐메니컬 사회정의 운동의 중심에 있던 크리스챤아카데미의 지도부와 중심 활동가를 용공혐의로 연행하고 구속하였다. 1956년에 강원용 목사의 주도로 출범한 크리스챤아카데미는 비인간화의 문제에 대해 탐구 왔다. 특히, 1970년대 중반을 지나면서, 사회양극화 문제 해소와 민주적 사회발전의 구현을 위한 기층의 민중과 지식인의 연대를 모색하는 '중간집단' 육성을 위한 프로그램을 운영해오고 있었다. 반공법으로 용공단체로 규정하고 탄압하는 방식은 강력한 통치의 수단이었으나, 크리스챤아카데미 사건의 규명과 수감자 석방 캠페인은 초국가적 인권 연대운동으로 발전하는 계기가 되었다.

1979년 5월 시카고 지역 한국과 아시아 인권 개선을 위한 에큐메니컬 단체인 아시아인권교회위원회는 회원 소식지의 2페이지에 걸쳐서 사건에 대한 상세히 보고하였다. 이 단체는 1970년대 중반 이래 한국 문제의 국제화를 위한 초국가적 인권 연대운동을 이끌어 왔다. 한명숙 (여성), 이우재 (농촌), 신인령 (노동)의 각 프로그램 디렉터 등 7명이 공산주의 행동 혐의로 연행되고, 다른 다수의 농민과 노조 활동가들이 조사받고 있는 상황을 소개하였다. 이러한 탄압이 최근 새로운 벼 품종의 실패와 저임금으로 노동 사회가 불안하고, 극심해지는 인플레이션으로 한국사회의 혼돈이 가중되면서 민중운동이 더욱 힘을 얻어가는 상황에 대한 선제적 대응이었다고 설명하였다. 한편, 이번 사건이 1964~1965년 인혁당 사건에 기반한 1974~1975년 인혁당 재건위 사건과 "유사한 함정"을 가진 중대한 사건으로 인식되었다. 다시 말해서, "민주화 활동가들이 국제 공산주의 음모의 일부라고" 말해지는 상황이라고 덧붙였다. 당시 조지 오글 목사와 제임스 시노트 신부가 "'음모'의 허위를 외부 세계에 알리는 시도 때문에 추방"되었던 기억도 소환하였다. 또한, 크리스챤아카데미 사건에서 쟁점으로 떠오른 사회주의 서적 소지와 이우재의 북한 선전방송 청취에 대해서, 구속자 가족들의 반박을 인용하였다: "미국, 일본, 서독, 영국, 프랑스에 사는 사람들은 공산주의 책을 사고, 읽고, 토론하는데, 이들 모두 공산주의로 불려야 하는가?" 아시아인권교회위원회는 이 음모 사건은 이런 '익살극(farce)' 때문에 널리 알려져야 한다면서, 박정희 정부가 사실을 바로잡도록 압박을 하고, 카터 대통령이 1979년 6월 한국을 방문하기 전에 충분히 이해시키기 위한 서신운동에 참

여할 것을 제안하였다. •

크리스챤아카데미 사건에 대한 초국가적 연대 운동은 현장 실태 조사를 통해서 강화되었다. 미국기독교교회협의회 해외사역부 동아시아 태평양 사무소에서는 익명의 미국인이 1979년 7월 9일부터 8월 1일까지 열린 십여 차례의 재판 심문을 방청하면서 기록한 13페이지 보고서를 배포하였다. 사건의 배경, 검찰 혐의 요약, 재판 개시와 과정, 재판 심문에 대한 상세한 기록을 담고 있었다. 이 보고서에서는 박정희 정부가 노동자와 농민의 의식을 향상하려는 어떤 시도도 파괴하려 한다고 판단하고 있었다. 또한 반공법을 활용한 탄압은 크리스챤아카데미와 "전통적으로 반공주의를 뒷받침하는 기독교 세력과 분리를 시도하고 있다고" 분석하고 있었다. 반공주의라는 명목으로 불평등을 중재할 파비안 사회주의(Fabian socialism)부터 서유럽 민주적 사회주의(West European democratic socialism)와 같은 사회적 경제적 이론을 고려하는 시도를 "거의 공산주의와 동일한 것으로 치부하고 있다"라고 평가하였다. 한 심문에서 장성환은 이우재가 이화여대 도서관에서 대출한 뒤 빌려줘서 노트하면서 읽은 『현대 이데올로기 연구』에 대한 심문에서, 세계 경제사에 대한 자신의 연구에 활용하였으나, "북한을 찬양"하려는 의도는 없었다고 진술하였다. 보고서 작성자는 "생각하고, 읽고, 토론하는 것이 반역과 동일시"되는 "괴물 같은 초현실주의적 재판장 분위기"라고 정리하였다. ••

초국가적 연대활동가들은 공정한 재판을 확보하는데 세심한 주의를 기울

• "President Park Initiates New Attack on Democratic Movement in Korea - Korean Christian Academy Leaders Arrested as Pro-Communist," May 1979, Asian Rights Advocate Vol. 2, No. 5, 민주화운동기념사업회 오픈 아카이브, 등록번호 00513063.

•• An American observer, "Report on the Korea Christian Academy Trial (through August 1, 1979)," [1979], 민주화운동기념사업회 오픈 아카이브, 등록번호 00514662.

였다. 박정희 정권의 정보기구나 수사기관이 "고문으로 얻어진 자백"을 증거로 활용하고, 정보를 쉽게 조작하는 상황에서 재판 진행을 모니터링 함으로써 사실과 진실을 확보하려고 시도하였다. 그동안 현장 피해자와 활동가는 국제단체와 초국가적 인권연대를 통해서 여러 층위에서 협력해 왔고, 모니터링과 증언을 기록하고 확보하여 배포하는 과정은 연대 활동의 핵심 사항이 되었다. 7월 14일에는 국제법률가위원회(International Commission of Jurists) 대표 홍콩의 왕 변호사와 독일 개신교 고백교회 종교회의 회장 코넬리우스 폰 헤일(Cornelius von Heyl) 자작이 다른 두 명의 외국인과 참관하였다. 국제사회의 큰 관심 사건이 되었고, 공정한 재판에 대한 우려 또한 보여주고 있었다. [*] 8월 6일에는 또 다른 재판 참관인이 방문하였다. 한국 에큐메니컬 사회의 요청에 맞춰서, "아시아인" 대신 "서구-유럽 얼굴"을 한 "백인"이 파견되었다. 오사카에서 미국기독교교회협의회에서 동아시아 지역 에큐메니컬 위원회 차관보 권한대행으로 활동하고 있는 알리온 켈리(Arleon Kelly) 목사가 방문해서 재판의 공정성을 모니터링하였다. 이러한 백인 외국인의 참관이 중앙정보부와 다른 이들에게 "세계가 결과를 지켜보고 있다"라는 의미를 효과적으로 전달할 수 있다고 생각하였다. [**]

이러한 노력에도 불구하고, 9월 22일 크리스챤아카데미 사건 관련 이우재가 징역 7년을 선고받는 등 7명의 수감자는 중형을 선고받았다. 일본에 소재한 한국문제기독자긴급회의는 소식지 『코리아 커뮤니케』에서 이 소식을 전하면서, 다시 한번 고문에 따른 '자백'에 근거한 판결이었음을 강조하였다. 이어서, 재판에 참관했던 국제 사법 단체 대표의 입장을 인용하였다: "법질서가 지켜지는 나라에서는, 이 사건은 기각되었을 것이다"라고 논평

---

[*] An American observer, "Report on the Korea Christian Academy Trial.

[**] Edwin Luidens to Persons concerned about Korea, memo, "Report on Korea Christian Academy Trial Session," August 21, 1979, 민주화운동기념사업회 오픈 아카이브, 등록번호 00514664.

하였다. [*]

　1심 판결 이후에도, 국내와 국제 사회에서는 지속적으로 조사과정에서 발생한 '고문'에 대한 문제를 중심으로 반공 혐의를 반박하는데 주의를 기울였다. 그 시작 점에 이우재 부인 김주숙이 있었다. 1979년 9월 25일 김주숙은 국제사회에 자신의 남편과 다른 수감자들이 겪은 인권 침해를 밝히기 위해서 영문편지를 작성하였고, 한국에 거주하는 선교사 모임인 월요모임이 발행하는 영문 소식지에 게재되었다. 이 서신에서, 앰네스티한국위원회가 몇몇 정보를 국제사회에 알려온 것으로 알고 있지만, 자신과 수감자 가족들이 "어떻게 정부 당국과 경찰에 억압받아 왔는지 나는 단지 알리고 싶다"라고 서두를 시작하였다. 특히, "어떤 종류의 고문이" 자신의 남편과 그의 동료들에게 가해졌는지 진술하였다. 자신과 가족들이 미행당한 사연과 이우재와 다른 수감자들이 중앙정보부 조사 중에 받은 고문과 그 흔적들을 확인한 상황을 상술하였다. [**] 이러한 노력과 함께 한 달이 흐른 시점에 부마항쟁과 박정희의 죽음이라는 극적인 상황이 일어나게 되었다. 그리고 1980년 1월에 내려진 항소심 판결에서는 용공 혐의를 벗게 되었다.

제3절 개신교 에큐메니컬 사회의 초국가적 인권 연대운동을 통한 한국 민주화운동의 의미

　1970년대 한국의 민주화는 더 이상 한국인들 만의 문제가 아니었다. 국

---

[*] "Christian Academy and 'UPR' Sentencing," Japan Emergency Christian Conference on Korean Problems, Korea Communique, No 33 (October 20, 1979), 민주화운동기념사업회 오픈 아카이브, 등록번호 00447382.

[**] Kim Joo-sook, "Letter from Korea," August 3, 1979, Fact Sheet No. 57 (September 25, 1979), 민주화운동기념사업회 오픈 아카이브, 등록번호 00512032.

제앰네스티나 세계교회협의회와 같은 비국가세력들은 글로벌 인권 프로그램을 통해서 현장의 활동가들과 초국가적 인권 연대운동을 창출하기 위해 노력하고 있었다. 한국의 개신교 에큐메니컬 단체와 활동가들은 적극적으로 한국의 민주화 문제를 인권의 언어와 규범의 문제로 변환하면서 국제문제로 만들어갔다. 더 이상 한국의 민주주의 문제는 박정희 정권의 권위주의 통치에 대한 한국사회의 저항만을 의미하지 않았다. 한국의 인권 위반과 부정의 원인에 대한 탐색과 민주주의에 대한 전망 또한 한국을 둘러싼 국제 지정학에서 접근되었다. 1970년대 초중반에 미국 의회가 시작한 국제 인권 프로그램은 인권에 대한 지정학적 논의를 가능하게 하였다. 한국과 동아시아는 유럽과 다른 지형에 있었다. 1975년 이래 헬싱키 조약으로 지역과 글로벌 수준의 보편적 인권 논의가 진행되어 갈 수 있었던 유럽과 달리, 동아시아와 한국은 미국의 패권정책이 지배적이었기 때문에, 지역의 안보와 인권에 관한 다자적 체제 구성과 논의가 가능하지 않았다. 또한, 데탕트가 새로운 국제질서의 지배적 흐름으로 등장하고 있는 시점이었지만, 박정희 정권의 통치 이념과 한반도를 중심으로 한 지역질서와 국제정치는 냉전정치의 연속이자 심화를 의미하였다. 그래서, 미국의 수직적 패권정치와 함께 국제질서와 지역질서의 부조화의 맥락에서 발생한 초국가적 에큐메니컬 인권 연대운동이 어떤 가능성과 비전을 탐색하고 제시하였는지 검토해 볼 만하다. 이러한 검토는 한국 민주화운동의 성격에 대한 보다 깊은 이해를 위한 것이기도 하다.

1976년 4월 22일 뉴욕에 기반을 둔 개신교 에큐메니컬 운동 단체인 교회여성연합 회장인 존 뮤어(John Muir)는『월 스트리트 저널』(Wall Street Journal) 편집장 로버트 바틀리(Robert Bartley)에게 최근 두 페이지에 걸쳐 게재된 한국 경제 성장에 관한 광고에 대한 매우 진지하고 비판적인 시각을 담은 서신을 보냈다. 교회여성연합은 이우정 교수가 이끄는 한국 지부와 함께 1975년 고문 문제에 대한 국제사회의 개입을 이끄는 중요한 연대운동을 만들어 냈고, 1976년 3월 3·1구국선언을 선도적으로 국제사회에 알리고 워싱턴에서 구속자 석방을 위한 항의 시위를 조직하고 있었다. 특정 한국의 에큐메니컬 활동가의 안전이나 구속자 석방 문제에 제한되지 않고, 미국 주요 언론이 민주주의와 인권의 관점에서 지켜야 할 보편적 윤리의식의 문제를 제기하고 있었던 것이다. "'아시아의 기적'? 광고는 반쪽의 사실만을 보여준다. 경찰국가는 자유의 가치를 위해서 싸우는 우리에게 혐오스럽다." 이어서, "이러한 종류의 광고로, 월 스트리트 저널은 무력과 공포로 지배하는 박정희 정권을 미국 정부가 계속 승인하도록 한다"라고 신랄한 비판을 전하였다. * 이와 같이, 한국 권위주의 통치에 대해 비판하는 캠페인은 미국의 언론과 대외정책까지 인권과 정의의 관점에서 폭넓게 평가하고 반추하는 활동이었다.

이렇듯, 미국 외교 정책을 인권의 관점에서 설정하려는 노력은 지속적 과제가 되었고, 카터 행정부에서는 더욱 강하게 나타났다. 카터 행정부가 출범한 지 3개월이 된 시점인 1977년 4월은 1976년 3월에 발생한 3·1구국선언 사건이 한미 외교관계의 핵심 아젠다인 상황에서 카터의 주한미군 철수, 인권 정책, 그리고 코리아 게이트 등과 연관되어서 외교적 딜레마로 남아 있었다. 이 시점에, 윤보선, 정일형, 이태형, 이희호, 그리고 한국기독교교회협의회 인권위원회 사무국장을 포함하는 3·1구국선언 사건의 피해자와 가족들은 미국의 대외 정책에 대한 비판적 개입을 시도하였다. 도날드 프레이저 의원을 통해서 카터 행정부에 전달한 서신에서, "한국의 안보를 위한 가장 긴박한 조건은 민주주의와 인권의 회복"이라고 정리하면서, "도덕적 책무와 책임감의 관점에서, 이 투쟁에 대한 공개적 지지 발언을 해줄

---

* John H. Muir to Robert Barley, letter, August 22, 1976, 민주화운동기념 사업회 오픈 아카이브, 등록번호 513944.

수 있기를 진심으로 바란다"라고 밝혔다. •

카터 행정부의 인권정책이 기대에 미치지 못하고, 오히려 전임 닉슨과 포드 시기 정책과 큰 차이를 드러내지 못하고 있으면서, 한국과 에큐메니컬 활동가들은 카터 행정부의 '안보' 관점에 대한 보다 분명한 비판의 목소리를 내기 시작하였다. 1978년 8월 카터의 방한과 한미 정상회담의 소식이 언론에 보도되기 시작하자, 즉각적이고 더욱 분명한 목소리가 카터 행정부에 전달하였다. 1978년 10월 도널드 프레이저 의원은 지난달 말 서울의 김관석 목사가 영문으로 작성한 서신을 백악관에 전달하였다.

> 지난 미국 행정부가 해온 것처럼, 순전히 군사적 토대에 따른 안보를 다루는 외국 정책을 점점 더 신뢰하지 않는다. 한국 정부는 미국은 안보 책임에서 신뢰할 만하지 않다는 점을 강조해 왔다. 동시에, 한국인과 미국인의 상호 신뢰를 무너뜨리는데 영향을 주고 있다. 우리는 당신의 인권 정책이 미국인과 한국인의 상호 신뢰가 회복될 수 있는 유일하게 가능한 채널이라고 강력하게 믿고 있다. …… 우리는 현 정부의 국내와 국제 영역에서 정책이 지속적으로 한미 양국의 신뢰와 진실함을 무너뜨리고 있음을 우려하고 있다. 우리는 이것이야 말로 우리 안보의 실질 위협이라고 느낀다. 박정희 대통령과의 정상회담은 인권 상황과 민주주의 상황이 극적으로 향상되지 않는다면 한미 양국에서 절실하게 필요로 하는 신뢰를 회복시킬지 않을 것이다. ••

• Donald M. Fraser to Richard Moe, letter, April 1, 1977; Posun Yun et al. to Jimmy Carter, letter, March 1977, Korea, Republic of, 1-4/77, Box 43, Country File, Brzezinski Material, National Security Affairs, Jimmy Carter Presidential Library.

•• Donald M. Fraser to Jimmy Carter, letter, October 3, 1978; Kim Kwan Suk to Jimmy Carter, letter, September 23, 1978, HU 1/20/77-1/20/81, Box HU-1, Subject File-Human Rights, White House Central File (WHCF), Jimmy Carter Presidential Library.

이와 같이, 전통적 냉전주의 안보 관점에 대한 강력한 비판이자, 인권 중심의 안보관점을 구축하는 것이 국경을 초월한 보편적 가치를 추구하는 것이라는 코즈머폴리턴 시각을 전달한 것이다. 즉, 한국 개신교 에큐메니컬 대표가 카터 대통령에게 한국 민주주의와 인권 회복은 글로벌 가치 형성의 과정이라는 입장을 밝힌 것이었다.

카터의 방한 계획은 거의 10개월 기간의 카터의 인권 정책을 넘어서 미국의 외교정책 전반에 대한 국내와 국제 사회의 중대한 논쟁의 장을 제공하였다. 1973년 이래 한국과 일본, 그리고 세계를 잇는 중요한 정보 네트워크를 구성하고, 한국 민주화를 위한 중요한 시각을 제공한 일본 월간지 『세카이』의 「한국으로부터의 통신(Letter from South Korea)」은 이러한 논쟁의 한 중요한 단면을 잘 보여주고 있다. 1978년 12월 필자인 'T. K. 생'으로 알려진 지명관 교수가 작성하고, 1979년 2월 게재되었고, 그리고 다시 영문으로 번역되어서 북미주 지역에 폭넓게 배포되었다.● 이 글에서, 1978년 11월 중순 5명의 민주화운동에 참여하고 있는 지식인이 주한 미대사와 국무부 한국 담당자와의 대화에 초대되어서 나눈 대화를 담았다.

"대사: 한미 관계에서 새로운 것을 시도할 때가 오지 않았습니까?

민주화 인사: 박정희는 단지 이용하기만 합니다. 민주적 인사는 이를 반대합니다.

……

민주화 인사: …… 감옥 안에 있건 밖에 있건 큰 문제는 아닙니다. 그러나 긴급조치가 발동되고 인권이 의도적으로 억압되는 법체계가 존재하는 한 어떤 것도 이루어질 수 없습니다.

● "Carter's Korea Visit," [1979], Folder 6, Box 91, UCLA Collection on Democracy and Unification in Kore.

대사: 우리는 다른 나라 내정에 개입할 수 없습니다.

민주화 인사: 우리는 당신/미국이 개입할 것을 요구하지 않습니다. 우리가 원하는 것은 당신/미국이 개입하지 말아 달라는 것입니다. 거듭 미국/당신은 한국민들이 원하는 것을 반대하기 위해 개입해 왔습니다. 카터 방문은 단지 또 다른 사례입니다. 우리는 "제발 오세요"라고 말하지 않는 대신 "제발 오지 마세요"라고 말합니다.

국무부: (받아들이기 어려운 표정으로) 왜 당신은 한미관계의 중요성을 이해하지 못하는가?

민주화 인사: 우리에게 가장 중요한 것은 보도의 자유를 포함한 언론의 자유입니다. 진실된 상황은 사람들에게 알려지고 있지 않습니다. 결과적으로 사람들은 정부를 신뢰하지 않습니까? ……

대사: 보도의 자유는 향상되어 왔다고 나는 생각합니다. 최근 러시아와 중국에 관한 기사가 더 많이 보이지 않습니까?

민주화 인사: 오늘날 한국에서는 어떤 것을 말하고 조용히 있는 것이 모두 법에 따라 행해집니다. ……

대사: 나는 경제 상황에 대한 당신의 견해를 듣고 싶습니다.

민주화 인사: 빈부 격차가 점차 심화하고 있습니다. 정부는 이 격차에 대해서 어떤 것도 할 수 없습니다. 사회적 문제를 해소하는데 무능합니다. 단지 고집스럽게 강력한 억압에만 의존하고 있습니다. 농가 가구당 평균 부채가 1976년에 38,000원이었는데, 1978년에는 80,000원을 초과했습니다. ……"

이 대화 녹취를 제공하면서, 지명관은 다음과 같이 한국 민주화운동가들의 미국 정책에 대한 비판적 의식을 정리하였다.

"민주화운동에 참여하고 있는 한국 사람들 가운데, 미국의 대한 정책에 반동적 입장(reactionary turn)이 주요한 문제가 되었다. 이것은 카터의 한국 방문에 제약되지 않고, 이러한 반동적 입장은 미국 대사관의 모든 직급까지 이른다. ……

미국은 베트남의 실패에서 어떤 것도 배우지 못했다고 내 친구는 생각한다. 미국은 여전히 한국의 민중을 억압하는 권력자와 연대하고 지지하고 있다. 이런 경향은 니카라과, 이란, 남베트남에서도 나타났었다. ……"

이처럼, 지명관은 한국 재야와 에큐메니컬 민주화 인사들의 인권과 민주주의에 대해 한국의 내재적이고 또한 글로벌 관점에서 분명히 보여주고 있었다. 자결주의와 자치의 관점에서 미국의 정책을 비판하고, 인권과 안보, 인권과 민주주의의 상관관계에 대한 분명한 입장을 전달하고 있었다.

지명관의 글이 널리 배포되고 있던 시점인 1979년 2월, 재야와 에큐메니컬 지도자인 윤보선, 함석헌, 김대중의 연명으로 작성된 카터 대통령에게 쓴 서신이 보내졌다.● 미국 국무부는 연간 인권 보고서에서 카터의 인권정책으로 김대중이 1978년 12월 석방되었다고 평가하는 듯 박정희 정권이 정치자유화를 취하고 있다고 카터 행정부가 긍정적으로 평가하고 있었다. 하지만, 이들 한국의 에큐메니컬과 재야의 지도자들은 한국의 실상은 정확히 그 반대라고 신랄하게 비판하였다. 유신체제 자체의 제도가 개선되지 않는 인권정치의 현실을 지적하였다. 무엇보다, 인권, 안보, 민주주의의 연관에 대한 깊은 통찰을 제시하고 있었다.

"우리는 우리 민주 시민의 단결된 힘으로 인권 문제를 해결하려고 노력하고

● Ham Sok Hon et al. to Jimmy Carter, letter, February 9, 1979, Co 82-2 1/20/77-1/20/81, Box Co-41, White House Central File (WHCF), Jimmy Carter Presidential Library.

있습니다. 그러나, 우리는 인권 위반과 한국 권위주의 정부의 위기가 당신과 당신 정부의 암묵적 이해의 관점 아래 파악되고 있다는 사실에 대해서 우리의 우려를 전달해야 합니다.

......

우리는 주한 미군 철수 계획이 수정되어야 한다고 믿습니다. 그러나 유감스럽게도, 현 정권은 계획의 수정에 대한 논의가 한국 독재정권에 대한 지지라고 선전하고 있습니다. 한국에 주둔하는 미군은 단지 전쟁을 방어하는 세력이 아니고, 자유와 민주주의의 가치를 보호하고 강화하는 목적을 가진 것으로 간주되어야 합니다. 주한 미군의 존재는 인간 존엄과 시민들의 기본권을 보장하는 자유와 민주주의의 성스러운 보장자로서 정중히 인식되어야 합니다. 주한미군은 견고한 약속의 핵심 부분이어야 합니다. 그리고 자유와 민주주의 약속의 이행은 양국의 공통된 목표입니다. 주한미군에 대한 논의에서, 이점이 간과되어 왔고, 한국인의 실망감이 있었습니다. 이와 같이 주한미군의 주둔에 관한 그들의 신뢰에 깊이 영향을 줄 것입니다.

우리는 인권 정책은 누구든, 언제든 대중과 나란히 하겠다는 가장 역사적이고 위대한 결심이라고 생각합니다. 이것은 미국 민주주의의 부활은 조지 워싱턴, 토마스 제퍼슨, 그리고 아브라함 링컨의 지도 아래 세워졌던 미국 민주주의의 역사적 부활이기도 합니다."

이와 같이, 인권과 안보의 개념적 긴밀성, 그리고 주한미군의 안보에 대한 기여가 민주주의 가치에 기반 되어야 한다는 이러한 비판적 관점은 1980년 민주주의 붕괴로 나타난 광주의 비극과 이어서 1980년대 내내 민주화운동이 반미주의로 표출되는 중요한 배경 구도의 형성을 보여주고 있다. 1990년대 국제적 냉전의 종결 이후 논의되는 한반도 평화 시대의 미국의 역할에 대한 논의도 많은 시사점을 던져주고 있다. 그리고, 한국의 민주화

FEB. 9, 1979

The Honorable Jimmy Carter
President of the United States of America
The White House
Washington, D.C., U.S.A.

Dear Mr. President:

Our Korean people pray for your health and sincerely hope that
your personal and governmental efforts for peace may bear fruits
on the basis of justice. Our people are especially hopeful that
your moral stance and human rights policies may be more effectively
realised.

During the past few years, your human rights concern has com-
manded our deep respect and keen interest. This includes your con-
cern for the human rights situation in the communist bloc, in such
countries as the Soviet Union; we have also observed with much in-
terest and respect that the People's Republic of China, with whom
you established diplomatic relations at the beginning of this year,
has responded to your moral diplomacy and human rights policy, and
that there is arising in China a new wave of human rights assur-nce
and liberalisation.

But our Korean people wonder if your concern and position, and
that of your government, regarding the institutional and systematic
human rights violation which occurs in the Republic of Korea—the ally
of your country—is not too mild. It is often said that the authori-
tarian government and the violation of human rights in Korea are in-
evitable for the maintenance of national security. But we believe
that national security must presuppose and be based upon the safety
of individual citizens; and at the same time, we feel that the ideology
and value of freedom and democracy, which is the common pursuit of
Korea and the United States, must be fostered in Korea more than in
any other country in the world, because the Republic of Korea is coun-
terposed by communism.

And yet, the ongoing violation of human rights in Korea does not
see any improvement. Kim Dae Jung was released from prison upon the
suspension of his sentence, on December 27, 1978. Even so, two minis-
ters connected with the same incident (March 1, 1976) were re-imprisoned
before the December release. The poet Kim Chi Ha is still in prison.
Even at this moment, Christians, intellectuals, students, laborers,
and politicians who raise voices of justice and conscience are con-
tinually being arrested and imprisoned; and most political prisoners
are far more cruelly treated in prison than the ordinary criminals.

We believe that the Korean government's release of a few political
prisoners from time to time is not the expression of a basic position
and intention by the government to improve the human rights situation.

1979년 2월 함석헌, 윤보선, 김대중이 공동으로 작성하여 카터에게 보낸 서신이다.
Ham Sok Hon et al. to Jimmy Carter, letter, February 9, 1979, Co 82-2 1/20/77-
1/20/81, Box Co-41, White House Central File (WHCF), Jimmy Carter
Presidential Library.

는 미국의 민주화라는 인식은 글로벌 사회의 긴밀한 연관과 한국 민주화운
동 현장의 요구가 글로벌 민주주의의 추구로 나타나는 상향적 코즈머폴리
턴 가치의 추구임을 확인하는 것이었다고 이해할 수 있을 것이다.

1970년대
개신교 민주화운동의
담론과 실천

제1장

에큐메니컬 사회참여 담론에서 민주화와 인권까지

제1절 사회참여 담론의 수용과 변화

1970년대 개신교 민주화운동은 뚜렷한 방향을 가지고 장기간 지속된 조직적 저항운동이라는 점에서 주목된다. 해방 이후 개신교가 이러한 모습을 보인 것은 70년대 민주화운동이 처음이었다. 확실히 개신교 민주화운동은 과거의 단절적 측면이 크게 부각되는 것이 사실이다. 그럼에도 역사에 비약은 없듯이 개신교 민주화운동 역시 과거와의 연속과 단절의 모습을 보여준다. 민주화운동은 어느날 갑자기 돌출한 사건이 아니며 개신교의 역사적 전개 속에서 그 잠재성이 지속되어 왔던 것이라고 할 수 있다.

사실 개신교의 사회참여는 오랜 전통을 갖고 있다. 참여 방식 또한 다양했다. 이미 초창기 전래 시기부터 정치권력과 긴밀한 관계를 맺기도 했고 의료와 교육 활동을 통해 사회적 참여가 두드러졌다. 주지하듯이 3·1운동은 개신교의 역할을 빼고 설명하기 힘들다. 해방 이후 기독교 국가인 미군정 통치하에서 다수 기독교인이 통역정치에 참여하였고 이승만이 대통령이 된 이후 상당수가 권력층으로 포섭되는 등 한국교회는 정치권력과 구조적으로 깊이 유착되었다. 40~50년대를 거치며 원조물자와 선교비를 둘러싼 갈등과 부정, 각 교파·교단 간의 세력 확장을 위한 경쟁 등 세속 정치권력과의 유착에서 파생된 추한 모습, 맹목적 반공주의의 충실한 대변자였다.(기독교사회문제연구원 1983, 41~2) 요컨대 해방 이후로는 미군정과 이승만 정권, 제2공화국에 이르기까지 권력과 지근거리에 있었고 70년대에 이르기까지 놀라운 교세 확장을 보여주었다.

그렇기에 개신교는 4·19혁명에 소극적이었고 그 반성 속에 한일협정 반대투쟁, 3선개헌 반대투쟁을 통해 저항운동으로 확장되기 시작했다. 그 연장선상에서 70년대 민주화운동이 가능했다고 할 수 있다. 개신교가 과거와 확연히 다른 모습으로 저항운동에 나서게 된 것은 상당히 복잡다단한 사정을 배경으로 한다. 여기서 그것을 자세히 논할 수는 없지만 반드시 짚고 넘어가야 될 문제가 WCC를 비롯한 해외 개신교계와의 관계다.

한국의 개신교는 태생적으로 비교적 뒤늦게 서구와 미국 등 해외로부터 유입된 새로운 종교다. 그것도 서세동점이라는 제국주의화된 서구 근대로부터 유입되었다는 특징이 있다. 즉 한국이 서구 근대가 구축한 세계로 편입되는 과정에 기독교의 전래가 이루어진 셈이다. 따라서 한국 개신교에 대한 해외 개신교단들의 영향력은 매우 막강했다. 선교사들과의 갈등도 만만치 않았고 신앙과 신학의 토착화 문제도 제기되었다. 사실 세계적인 것과 한국적인 것 사이의 갈등과 길항은 비단 개신교에 국한되는 문제가 아니며 한국 근현대사 전체를 관통하는 문제임이 분명하다.

2차대전 이후 세계 질서는 냉전의 두 축인 미국과 소련을 중심으로 재편된다. 특히 미국은 대공산권 봉쇄정책을 추진하면서 미국 주도의 팍스 아메리카나 질서를 구축했다. 국제정치에서 UN을 만들었고 경제 영역에서는 브레튼 우즈 협정으로 IMF·GATT 체제를 구성하고 미국식 생산·노무 관리기법이 세계적 표준으로 관철되었는가 하면 NATO, SEATO 등 군사질서도 새롭게 구축했다. 개신교도 예외가 아니었다. 1948년 WCC 창설은 미국 개신교단들이 주도했고 에큐메니컬 운동이 주요한 지향으로 설정되었다.

에큐메니컬 운동 역시 미국적 특성이 크게 반영된다. 여러 교단들이 협력과 경쟁 속에 자유롭게 활동하는 미국 개신교계의 특성상 에큐메니컬 운동의 필요성이 더욱 중요하게 된다. 에큐메니컬 운동이 미국 개신교단의 자유주의적 특성과 접합된 셈이었다. 자유로운 분열과 활동으로 교회일치의 필요성이 더욱 커진 셈이었다. 에큐메니컬 운동의 지향은 1925년 스톡홀름 대회에서 선언된 "분열된 교회로서는 세계를 바르게 이해해낼 수도 없고 따라서 그 책임을 다해낼 수도 없다"는 말로 응축된다. (강원용a 1962, 56) 어쨌든 WCC는 세계 개신교 사이에서 큰 위력을 발휘하게 되었고 한국은 그 직접적 영향 속에 놓이게 된다.

해방 이후 한국의 에큐메니컬 운동은 1950년대 중후반 이후 한국기독교연합회(KNCC) 창립 등과 맞물려 본격화된다. 여기서 중요한 역할을 한 것은 신정통주의(New-orthodoxy)를 기본으로 하고 자유주의 신학에도 열린 입장을 가지고 있던 기독교장로회, 감리교, 성공회 등의 신학자와 목회자들이었다. 이들은 북미와 유럽의 신정통주의 성향 개신교 그룹이 주도했던 WCC와 긴밀한 연계를 맺으면서 진행된다. 이들은 개인 구원보다 근대 문명의 모순과 인간성의 위기에 많은 관심을 기울인다는 점에서 산업화와 근대화 발전기획에 대한 비판적 입장을 취할 가능성이 높았다. (김상현 2019, 279~281)

1948년 암스테르담에서 개최된 WCC 제1차 총회는 전후 에큐메니컬 사회선교에 있어 중요한 전환점이었다. 식민지를 경험한 비서구 국가들은 자유방임에 의한 자본주의 제도와 근대 산업사회의 비인간화 위험성을 강하게 지적했고 결국 총회는 기독교적인 입장에서 공산주의와 자본주의 모두 죄악적인 질서임을 천명했다. 이 대회에서 칼 바르트(Karl Barth)는 "기독교적 마샬 플랜이란 존재하지 않는다"는 유명한 강연을 통해 큰 파문을 일으킨다. 1954년 에반스톤 총회에서는 책임사회(Responsible Society) 개념이 도출되는데, 그 핵심 의미는 자유와 질서와 정의가 다이나믹하게 균형을 이룬 사회를 의미했다. 즉 "자유란 정의와 공공질서에 대한 책임을 인정하는 자유요 정치적 권위 혹은 경제적 세력을 장악하고 있는 사람들이 그러한 권위와 세력을 행사함에 있어 하나님과 모든 국민에 대해 책임을 지는 사회"를 의미했다. 이는 전통적 민주주의 개념을 확인하면서 정의와 질서와의 균형을 강조함으로써 서구식 자본주의를 비판하는 것이었다. 또한 저개발국의 정치체제, 산업개발, 인구문제, 토지개혁 등의 문제를 연구하는 데 총 집중할 것을 결정한다. 저개발국(Underdevelopment)이란 개념 자체가 구미 중심의 사고방식이라는 점이 지적되면서 급변하는 사회지역(Areas of Rapid Social Change)라는 대체 개념을 사용할 것도 결정되었다. 이 연구를 위해 록펠러 재단은 10만 달러를 제공했다. (강원용-a 1962, 50~51)

이 대회를 계기로 아프리카 국가들의 발언권이 강해졌으며 종래에 등한시되었던 경제문제가 매우 중요하게 또 구체적으로 다루어졌다. 1961년 뉴델리 대회에서 제시된 새로운 주제는 전통적인 사회에서 동적인 새 사회로의 변화에서 생기는 도덕적인 문제였다. 그리고 현대 산업의 발전이 빈곤에서의 해방과 동시에 인간의 비인간화의 촉진 등의 문제가 논의되었다. (강원용 1962, 52~54)

한편 WCC의 사회선교 강화와 사회경제적 문제 해결에의 고민은 냉전체제와 반공주의의 영향하에 있는 것이기도 했다. 전후 중국혁명의 성공과 아시아 아프리카의 반제국주의 민족해방운동이 활성화되면서 미국 교회가 주도하던 WCC는 제3세계가 공산화될지도 모른다는 두려움에 짓눌리게 된다. 공산주의 팽창에 대응하기 위해 1952년 독일 빌링겐(Willingen)에서 개최된 국제선교협의회(IMC) 대회에서는 하나님의 선교(Missio dei)를 채택하고 선교의 범위를 목회와 복음전파에서 정치, 경제, 사회, 문화 등의 영역으로 확장할 것을 결의한다. 같은 해 인도 럭나우에서 WCC 후원으로 개최된 동아시아 에큐메니컬 연구회의에서는 공산주의자들에게 가장 잘 대처할 수 있는 방법은 아시아 사회혁명에 적극적인 태도를 취하는 것이라고 주장했다. WCC는 아시아 개신교 대표들의 의견을 수렴하여 아시아의 토지소유 체계에 대한 근본적 개혁과 경제발전, 자유와 자치 투쟁에 대한 지원을 약속한다. 이후 제3세계 신학교육을 위해 존 록펠러 주니어와 미 9개 선교회가 각각 200만 달러를 지원하게 된다. (윤정란 2017, 47~52)

김재준, 현영학, 강원용 등도 맹목적이지는 않았지만 WCC의 책임사회론에 입각해 박정희 체제의 경제개발에 대해 지지 입장을 표명했다. 니이버(Reinhold Niebuhr)가 주도한 책임사회론은 반공을 기조로 하되 자본주의적 산업화가 초래하는 부정의와 비인간화를 비판하고 사회경제적 개혁을 고취하고자 한 것이었다. 한국 에큐메니컬 인사들은 책임사회론을 당시의 반공주의를 고려해 희석된 형태로 소화했다. (김상현 2019, 282~4)

당시 WCC와 긴밀한 관계에 있던 강원용은 책임사회론을 진지하게 받아들인다. 그는 기존의 한국의 보수적 선교정책을 부정적으로 평가하면서 '극도의 보수적인 신학과 엄격한 퓨리탄적 도덕주의로 무장한 선교사들에 의하여 유교적 바탕을 가진 한국사회 속에서 복음을 전하여 온 한국교회는 부흥운동을 교회 발전의 유일한 수단'으로 삼아왔음을 비판했다. 이어 개신교도들이 그리스도의 청지기로서 하나님의 소유인 자원을 맡아 대량 생산과 공정 분배를 통해서 하나님의 자녀를 빈곤에서 구하고 독재와 무질서의 두 위협 사이에서 질서와 자유와 정의가 균형잡힌 책임사회를 건설하는 일에 종사해야 함을 강조했다. 그런데 그의 책임사회론은 개신교의 우월적 지위를 전제한 것이기도 했다. 강원용은 기독교도가 전 인구의 10%에 가까운 세력을 성장했음을 언급하면서 무엇보다 "평신도들은 그 교육수준으로 보나 사회적 지위로 보아 대부분이 민족의 지도층에 속하는 사람들"임을

강조했다. (강원용-b 1962, 23~25)

책임사회론 자체가 책임질 만한 권력을 소유한 계층의 사회 및 국가에 대한 책임을 강조한 것이었기에 강원용의 주장은 이에 부합하는 언설이지 않을 수 없다. 책임사회의 주체는 곧 사회와 국가의 엘리트들이며 당시 한국 개신교가 책임사회론을 받아들일 수 있는 물적 토대가 이미 구축되어 있다는 사실이 전제된 것으로 보인다. •

그러나 제3세계 진영에서는 점진적 개량, 타협과 협력을 주문하는 책임사회론의 자유주의적 편향에 대해 비판적 입장을 내기 시작했다. 1967년 웁살라 4차 총회는 제3세계의 대두와 68혁명, 반전운동의 기운 속에 대안적 발전 모델을 모색하게 된다. 결국 하나님의 선교에 대한 진보적이고 사회참여적인 해석과 인간화를 강조하게 되는데, 이 과정에서 해방신학의 역할도 중요했다. 웁살라 총회 직전 한국기독교협의회(KNCC)의 신임 총무로 선출된 김관석, WCC 청년위원으로 제네바에서 상주하며 활동했던 박상증, 세계기독교학생회총연맹(WSCF) 아시아태평양지역 담당 부장을 맡고 있던 강문규, 그리고 정하은 등을 비롯한 에큐메니컬 인사들은 WCC에서의 새로운 변화가 한국사회에 주는 의미가 큰 것으로 파악했다. (김상현 2019, 288~293)

결국 WCC가 추구하는 '인간적 발전'은 자본주의와 현존 사회주의 사이의 절충적 제3의 길을 의미하는 것이 아니라 산업화와 경제성장을 우선하는 양자의 발전 모델 모두를 극복할 것을 지향한다는 인식이 배경에 깔려 있었다. 나이로비 총회 이후 WCC는 '인간적 발전'을 민중의 해방 투쟁과 연대하여 새로운 사회·경제 질서를 수립함으로써 "정의롭고 참여적이며 지속 가능한 사회(Just, Participatory and Sustainable Society)"로 나아가는 것으로

• 책임사회론은 당시 한국사회에 상당한 영향력을 행사한 것으로 보인다. 일례로 1950년대 개신교도였던 대표적 정치인 조병옥을 비롯해 많은 야당 정치가들이 책임정치를 강조한 것이 있다.

재정립한다. (김상현 2019, 302~3)

WCC를 비롯한 해외 개신교의 변화는 한국 개신교에 커다란 영향을 미친다. 1970년 한미교회협의회 합의서는 이를 잘 보여준다. 합의서는 '권력이 무슨 형태의 것이든 하느님께 속해 있는 것임을 확신'한다고 전제하고 "권력을 가진 자들은 민중의 참다운 주체성이 구현되는 그러한 정의, 자유 및 평화 간의 관계를 창조하기 위하여 권력을 사용해야 하는 막중한 책임"을 강조했다. 이어 "우리는 모든 형태의 제국주의적 지배와 압제를 거부하며 우리 두 나라 국민은 정의와 자유를 쟁취하기 위하여 상호 협조. 정의와 자유 없이는 안전보장이란 공허한 것"임을 분명히 했다. (한미교회협의회 합의서 1970. 12. 2.)

이 합의서는 미국과 한국 개신교단의 진보적 사회참여로의 전환을 명시적으로 보여준다. 권력의 자의적 사용을 제한하고 민중에 대한 책임을 강조한 것은 책임사회론의 명백한 영향으로 보이며 제국주의적 억압에 반대한다는 부분은 1960년대를 통해 고조된 제3세계의 민족주의적 열망을 반영한 것이 분명했다. 혈맹으로 일컬어지고 있었던 한미관계의 비대칭적 성격을 완곡하게나마 지적한 것이다.

물론 개신교의 사회참여가 해외로부터의 영향때문으로 볼 수는 없다. 한국의 현실 속에서 개신교의 사회참여가 요구된 맥락을 간과할 수 없다. 특히 4·19혁명에 개신교가 거의 참여하지 않았다는 점은 커다란 반성의 대상이었고 그 영향 속에서 한일협정 반대투쟁에는 비교적 적극적으로 참여하게 된다.

우리는 그리스도인으로서 조국의 운명에 대하여 방관할 수 없다. 기독교는 역사적 종교로서 인류구원을 위한 하나님의 역사경영을 선포하며 국가와 사회의 현실을 하나님의 뜻에 따라 진단하며 역사건설의 엄숙한 책임을 지는 종교다. 기독교는 구약시대로부터 오늘에 이르기까지 역사의 중대사건에 부딪힐 때마다 방관, 침묵, 냉소의 태도를 거부하고 예언자, 智者, 사도, 목자, 봉사자들의 결연한 행동을 통하여 역사에 적극 참여했던 것이다. 한국의 그리스도인들이 성령의 인도에 따라 양심에서 나는 소신을 중외에 전달하는 것은 민주국민으로서의 당연한 권리임과 동시에 하나의 엄숙한 종교적 의무인 것이다. (기독교 목사 교역자 연서, 성명서 1965. 7. 1.)

인용문은 한일협정 조인 직후 발표된 성명서다. 이미 사태가 실질적으로 마무리된 상황임에도 역사건설의 엄숙한 책임의식을 강조하고 있다. 이는 무엇보다 국민의 권리이자 종교적 의무라는 인식을 통해 기독교 정신에 입각한 사회참여를 분명히 한 것이다. 1966년 1월 17~20일 사이 "인간 사회 안에 있는 기독교 공동체"라는 주제하에 NCC와 동남아기독교협의회(EACC) 개최로 열린 '한국 기독교 지도자 협의회'는 현실적 과제에 대한 교회의 적극적 참여를 모색했다. 집단 참여는 물론 일반 시민과 동일한 정치 참여라 해도 그리스도의 요청에 의한 결단이라는 신앙적 차원을 인정했다. 이러한 신학적 정리가 70년대 반유신 참여의 조건이 된다고 할 수 있다. 1969년 3월 2일 NCC는 파고다 공원에서 3·1 독립운동 50주년 기념대회를 개최하고 소수 특권층의 비대화 속에 일반 대중은 빈곤을 벗어나지 못하고 있음을 규탄하면서 잘못된 사회구조와 불의한 정치가 하나님의 뜻에 대한 반역임을 확인하고 이에 항거한다는 선언문을 발표했다. (기독교사회문제연구원 1983, 54~8)

이 시기는 3선개헌이 초미의 쟁점이던 상황이었다. 박형룡, 조용기, 김준곤, 김장환 등 보수 계통의 목사 242명은 1969년 9월 4일 '개헌문제와 양심자유 선언을 위한 기독교 성직자 일동'이라는 명의로 '개헌문제와 양심자유 선언'을 발표했는가 하면 9월 5일에는 대한기독교연합회 명의의 '개헌에 대한 우리의 소신'을 발표하여 강력한 영도력을 지닌 지도체제를 바란다고 천명했다. (조선일보 1969. 9. 4~5)

이러한 상황 속에서 1969년 NCC가 주최한 제2회 전국교회지도자협의회에서 하나님의 선교가 공식 도입되었고 교회 중심, 개인 구원 중심에서 하나님-세상-교회라는 세상 중심적 질서관으로의 변화가 이루어진다. (기독교사회문제연구원 1983, 67) 이 시기 개신교의 사회참여에 대한 입장은 다음의 인용문에 잘 나타나 있다.

이제 다시 흑암의 세력이 고개를 들기 시작했다. 빛의 아들들도 하나님의 전신갑주를 입을 때가 왔다. 조국의 광명을 지키기 위해 일본 제국주의와 싸웠고 또 붉은 마수와 접전하여 수많은 순교의 피를 흘린 한국 교회는 이제 다시 대두하는 밤의 세력과 대결하지 않을 수 없게 됐다. (박형규 1969, 23)

3선개헌 반대 투쟁의 와중에 작성된 이 글은 개신교의 사회참여가 당대 현실 속에서 불가피함을 결연하게 보여주고 있다. 어둠과 빛의 대비를 통해 3선개헌 반대 투쟁의 정당성을 분명히 하고 있는 바, 이것이 70년대 민주화운동으로 이어질 것임은 어렵지 않게 추측된다. 즉 해외 에큐메니컬운동의 영향과 국내 정치상황의 결합 속에 개신교의 사회참여와 민주화운동이 전개된 것이라 할 수 있다.

사실 박형규의 변화는 이전부터 나타난다. 박형규는 10년 가까이 미군 장교로 근무한 이력의 소유자이면서도 70년대 기장 계통 개신교 민주화운동의 대표적인 인물이기에 그의 변화는 여러모로 상징적 의미가 있다. 본인의 회고에 따르면 변화의 중요한 계기는 4·19혁명이었다. 피해 학생들을 보며 큰 충격을 받았고 이후 이승만을 '사람 죽이는 장로'라고 비판하게 된다. 그의 변화를 잘 보여주는 글이 『기독교사상』 1968년 5월호에 실린 「에큐메니컬 운동과 사회정의」다.

여기서 박형규는 '사회적 조직체에 있어서 제1차적 사랑의 형태는 정의다.'라는 윌리암 템플의 말을 인용하면서 기독교적 사랑과 정의는 사회정의에 대한 관심이라고 밝힌다. 그럼에도 오늘의 민주사회 형성의 동력이 된 전세기와 금세기의 혁명들은 모두 교회의 울타리 밖에서 일어난 사회정의와 인권확립을 위한 운동들이었다고 개탄했다. (박형규 1968, 37)

이 글에서 박형규가 강조하고 있는 주제는 제3세계의 대두와 에큐메니컬 운동의 방향 전환이다. 1966년 제네바에서 열린 교회와 사회 대회에서는 모든 나라들 사이에 진정한 경제적 평등과 정치적 자주성과 참여가 허용되어야만 참된 평화가 있을 수 있다는 기치 아래 '교회는 제3세계 편이 돼야 한다'는 주장이 제기되었다. 앞으로 에큐메니컬 운동이 다루어야 할 문제는 선진 국가들과 후진국들 사이에 정의를 실현하는 것이라고 단언한다. 그러면서 제네바 교회와 사회 대회에서 서나이제리아 농업 및 자연자원부 장관 볼라 이게(Bola Ige)의 연설을 길게 인용했다.

인류의 3분의 2가 '가난하다' 니 '후진적' 이니, '제3세계' 니, 그리고 또 이제는 '새롭게 자각한 국민들'이니 하고 불리우는 그러한 세계에 평화가 있을 수는 없는 것이다. 75개국의 경제적, 정치적 장래가 구라파와 미국의 편협한 자기 이익에 좌우되는 그러한 세계에 평화가 있을 수 없다. 소련과 미국이 세계와 다른 나라들의 미래의 방향을 자기들 마음대로 함부로 다루는 그러한 세계에 평화가 있을 수 없다. 그리고 세계 속에 아직도 식민지가 남아 있고 또 신식민주의가 그 전식민주의보다 더 잔악한 것으로 남아 있는 한 세계에 평화는 올 수 없다.

우리 신생국가들은 또 진정한 자유를 원한다. 우리들 국경 안에서의 참다운 자유를 원한다. 우리 국민이 가난하고 무지하고 병들었을망정 그들은 결코 정치적으로 무분별하지는 않다. 그들은 소수의 지배자를 버리기 위해서 외국 지배를 사들이지는 않을 것이다. 우리 국민은 좋은 의식주와 건강을 필요로 한다. 그러나 그들은 또 그들의 물질적인 복리를 얻는 방법에 대해서 같이 토의하고 계획하고 실행하기를 원한다. 이 사실을 인식하지 않는 한, 미국의 선하고 관대한 사람들은 1945년에서 1965년까지 미국 정부가 아시아의 비공산국가들에게 220억 불의 군사원조와 경제원조를 제공했음에도 불구하고 그 대부분이 여전히 정치적 불안과 경제적 위기 상태에 머물러 있게 되는 이유를 이해하지 못할 것이다. 이 사실을 인식할 때까지는 발전을 위한 동맹도 계속 후퇴를 만들어낼 뿐일 것이다.

우리의 요구는 지금 미국의 흑인 청년들이 '검은 힘(Black Power)'을 요구하여 부르짖는 것과 비슷하다. 자선―소위 원조라고 하는 것―돈 많고 기술적으로 앞선 사람들이 주는 이런 것도 우리의 해답은 아니다. '이해' 이것도 만족한 대답은 될 수 없다. 무역에 있어서 부한 나라라 크게 양보하는 것, 그것이 비록 공평한 것이 된다고 해도, 그것은 최악의 날의 도래를 약간 연기하려는 시도밖에는 되지 않는다. 모든 중요한 권력행사에 현실적으로 참여하는 것밖에는 다가오는 혁명을 회피할 도리는 없다. 우리의 중심적인 기본 요구는 기술도 아니고, 무역도 아니요, 원조도 아니다. 그것은 다만 세계에 있어서의 정치실력이다. 만일 조심하지 않으면 세계는 한편에 구라파와 미국, 다른 한편에 아시아와 아프리카와 남미라는 양극으로 갈라지고 말 것이다. (박형규 1968, 41~2)

박형규는 이러한 발언이 한국 크리스천들의 귀에는 몹시 위험하고 당돌한 의견으로 들릴지 모르지만 아시아, 아프리카, 남미의 대다수의 크리스천과 일반 지도자들의 생각을 잘 대변하고 있고, 그들의 동조를 받고 있다는 것이 사실임을 강조했다. 이어 '한국의 크리스천들은 지금까지 한국 정부와 미국 정부가 취하는 공식 견해를 너무나 무비판적으로 추종해온 것이 아닐까?'라고 질문한다. (박형규 1968, 42~3)

박형규의 글은 1970년대 민주화운동의 본격화를 목전에 둔 1960년대 말 에큐메니컬 운동의 전망을 징후적으로 보여준다. 그의 말대로 지정학적 조건으로 소극적이다 못해 반동적인 입장을 취할 수밖에 없던 한국의 크리스천들에게, 한국과 미국 정부의 공식 입장 외에는 달리 어떠한 발언도 곤란한 그들의 난감하기 그지없는 상황에 대해 박형규는 강력한 의문을 제기한 셈이다. 이러한 의문의 진원지가 내부가 아니라 외부였다는 점이 주목된다. WCC는 한국 크리스천들에게 세계사적 현실의 전망을 제공해주는 유력한 통로였다. WCC를 통해 제3세계 비서구 후진국들의 현실과 그 현실을 타개하기 위한 치열한 노력들이 한국 크리스천들에게 전달됨으로써 지정학적 난점들을 돌파할 수 있는 중요한 계기가 주어졌다고 할 수 있다.

그러나 또한 동시에 이러한 급진적 인식들이 단지 외부로부터만 공급된 것이 아님도 기억할 필요가 있다. 이미 4·19 정세 속에서 학생운동의 급진화는 볼라 이게 장관의 언설을 뛰어넘는다고 보이기 때문이다. 한일회담 반대투쟁을 통해 한국의 학생운동이 보여준 실천적 돌파력은 지정학적 족쇄에 상당한 파열구를 냈다고도 보인다. 『청맥』 지면을 장식한 여러 글들 역시 WCC의 비교적 순화된 전망보다 훨씬 더 급진적이다. 박형규가 국내의 이러한 흐름들을 전혀 몰랐다고는 보기 힘들다. 그의 고민과 전환은 이렇게 내외부의 줄탁동시를 통해 가능했을 것으로 보인다.

1973년 한국기독학생회총연맹(KSCF)이 작성한 「에큐메니컬 운동과 사회정의」는 책임사회에 대하여 자세하게 설명하고 있다. 먼저 문서는 1948년 암스테르담 세계교회협의회 대회에서 탄생한 '책임적 사회' 개념의 중심사상을 자유와 질서, 자유와 정의의 역동적 균형을 독재와 무정부 상태에 떨어지는 것을 막으면서 유지할 수 있는 사회구조와 제도수립의 심볼로 이해

한다. 이어 1966년 제네바 세계교회협의회 대회에서의 '혁명의 신학' 문제, 1972년 방콕에서 열린 세계교회협의회 대회의 주제인 '오늘의 구원'을 두고 인간의 해방과 사회정의 실현을 위한 투쟁을 구원사업으로 이해한 점 등이 강조되어 있다.

또한 '에큐메니컬 운동의 사회정의관의 특징'에서는 에큐메니컬 윤리가 본질적으로 사회윤리이며 사회정의 실현을 정의로운 사회구조와 제도의 수립에서 찾지만 이로 인해서 개인의 인격의 자유와 존엄성을 소홀히 하거나 위협하지 않는다는 점이 언급되고 있다. 또한 에큐메니컬 사회윤리가 사회적 경제적 문제의 해결의 실마리가 될 수 있는 기독교적 원리를 추구한다는 점, '책임적 사회'와 같은 분명한 사회적 이념 아래서 주어진 역사적 상황에서 정의로운 사회제도의 실현을 추구한다는 점 등을 그 특징으로 들고 있다.

'책임적 사회'의 원리는 기독자가 사회문제를 다룸에서 비기독자와 협동할 수 있는 공동의 광장을 마련해 준다는 점, 에큐메니컬 사회윤리는 자유방임적 자본주의도, 공산주의도 배격하고, 자유와 정의의 역동적 균형을 유지할 수 있는 사회제도를 추구한다는 점, 에큐메니컬 사회윤리가 사회정의 실현과 공의로운 사회제도 수립의 궁극적 근거로 하고 있는 것은 하나님 나라의 사상이라는 점 등이 거론되고 있다. (KSCF 1973)

여기서 책임사회론은 인간의 해방과 사회정의 실현으로 이어지고 있다. 1970년대 에큐메니컬 사회참여가 인간화 문제로 집약되고 있음을 알 수 있다. 이를 잘 보여주는 것이 강원용이 주도한 크리스챤아카데미다. 강원용은 1970년도에 접어들어 아카데미가 제시한 목표가 바로 '인간화'였다고 강조했다. 즉 1960년대 아카데미가 내세웠던 '근대화'를 대신해 인간화가 등장한 것이다. 강원용은 그 배경을 한국사회의 변화로 설명했다. 그동안의 물량적, 가시적 성장 일변도가 각종 비인간화 현상을 초래케 했다는 진단이었다. 그는 "엄밀한 의미에서 기독교의 사명을 세상을 기독교화하는 것이 아니라 인간화하는 데 있다. 하나님은 크리스찬이 된 것이 아니라 인간이 된 것이다. 모든 것은 오직 인간을 위한 수단일 뿐 그 자체가 목적일 수는 없다"고 주장했다. (강원용 2003, 265~6)

1970년 10월에는 아카데미하우스에서 인간화를 주제로 61명의 학자와 전문가들의 대화 모임을 가졌다. 모임의 종합 보고서는 인간화를 당위 개념으로 보고 그 의미를 자율적이고 주체적인 인간이 되는 과정으로 규정했다. 그리고 비인간화의 가장 근원적인 원인을 양극화로 꼽았다. 양극화란 빈과 부, 치자와 피통치자, 노동자와 자본가, 도시와 농촌 등이었다. (강원용 2003, 266-7)

대화 모임이 진행된 것은 1970년 10월로 전태일 분신 사건 불과 한 달 전이었다. 흔히 전태일 분신사건이 1970년대 민주화운동에 있어 민중이 발견되는 결정적 계기로 언급되지만, 개신교계 엘리트 지식인들은 비인간화 문제를 심각하게 고민하고 있었음이 확인된다. 비인간화의 주범으로 지목된 양극화가 산업화의 직접적 결과임도 분명하게 나타난다. 양극화의 주요 내용으로 제시된 빈과 부, 노동자와 자본가, 도시와 농촌 간의 대립은 자본주의적 산업화의 불가피한 결과이기 때문이다.

개신교 학생운동 역시 비슷한 문제의식을 보여주었다. 1971년 학사단의 목적은 다음과 같이 천명되었다. "사회의 발전 과정에 있어서 인간의 문제에 관심을 갖는 것은 대학세계에서의 일원으로서 그리스도의 부르심에 복종하는 구체적인 형태"라고 전제하고 "사회적으로나 경제적으로 힘이 없는 사람에게도 공정한 대우가 주어지도록 감시하고 협력하는 것은 시민으로서의 권리인 동시에 의무"라고 주장했다. ● 사회 발전과정에서의 모순을 인

● 한국기독학생회총연맹학생사회개발단, 「학생 사회 개발단(일명, 학사단) project」, 1971. 12. 1.

간의 문제설정으로 파악한 셈이었다.

사실 사회적 모순과 적대의 현실을 인간의 문제설정으로 대응하는 전략은 오래된 문법이다. 가장 대표적인 이데올로기가 곧 휴머니즘이다. 이미 1950년대부터 거대한 현대의 기계문명 속에서 소외되는 인간의 문제가 일부 지식인들에게 화두로 여겨지고 있었다. 1960년대에는 휴머니즘 연구회가 만들어져 다양한 활동을 벌이기도 했다. 구조와 인간 사이의 복잡다단한 관계가 초역사적인 문제라면 산업화 국면에서 그것은 자본과 노동 사이의 불평등을 중심으로 재현된다. 존재하는 세계 전부를 자본의 모습으로 복제해내는 자본주의적 산업화에 맞서 보편적 인간의 가치를 불러오는 전략은 인권의 문제로 집약되었다.

제2절 인권 담론과 민주주의, 그리고 자유주의

1970년대 개신교 민주화운동에 있어 가장 강력한 영향력을 행사한 개념을 꼽자면 단연 민주주의와 함께 인권이라고 할 수 있다. 민주주의는 4·19 혁명 이래로 한국의 중심적 가치가 되어왔고 저항운동의 기본 이데올로기로 기능하고 있었지만 인권은 사정이 달랐다. 한국에서도 인권은 이미 오래된 가치이기는 했지만 1970년대 이전까지 현실적으로 중요한 개념으로 사용되지는 않았다. 특히 저항운동의 자원으로 활용되기 시작한 것은 1970년대가 처음이다.

1970년대를 통해서 '인권'이라는 말과 그 개념이 대중성을 획득하였으며, 그 획득 과정에서 기독교회가 선구적인 역할을 했다는 언명은 크게 틀린 말이 아니다.● 가톨릭 역시 1970년대 민주화운동을 가톨릭 인권운동사라는 제목으로 정리했다. 이렇게 1970년대 들어 개신교 운동세력에게 인권 개념이 중요하게 된 배경은 무엇일까. 인권 개념 역시 WCC의 역할이 중요했다.

그런데 WCC가 인권을 장기적인 과제로 선정하여 큰 관심을 기울이게 된 것은 1968년 무렵이었다. 이어서 1971년에는 WCC 산하 인문연구소(Humanum Studies)의 소장 젠킨스(David Jenkins)는 국제문제교회위원회(CCIA, Commission of the Churches on International Affairs) 상임위원회에 인권 논의를 위한 첫 번째 보고서 「인권의 신학적 관점」(Human Rights from a Theological Perspective)을 제출하였다. (Hwang 2022, Chapter 1)

젠킨스의 이 보고서는 왜 "인권"에 관한 일련의 논의에 신학적 관점을 포함해야 하는가 라는 질문으로 시작하는데, 특히 "빈곤한 자들에 대한 억압"(the oppression of the poor)의 문제를 제기한다. 이 문제는 구약의 예언자적 인식과 신약의 예수의 활동에서 특별히 중요하게 나타나고 있다는 것이다. 이어 인권에 대한 신학적 고려를 언급한다. 어떻게 인간의 모든 문제에 대해 예수를 중심에 두고 이해할 수 있을까? 역사적 기독교에 기반하면서도 서구적 인격주의(personalism)에 매몰되지 않는 인간 인격(human person)의 가치와 운명을 어떻게 이해할 수 있는가? 모든 인간의 관심사에 존재하는 정치적인 것의 보편성을 어떻게 설명할 것인가 등이 그것이다.

젠킨스는 인권 문제가 17세기 이래 서구에서 논의되어온 전통이라고 설명하면서 이 문제에 대한 접근이 서구적이며 개인적이지 않을 수 있는 길을 모색했다. 또한 인권의 정치적이며 사회적 차원에서의 접근을 어떻게 담보할 것인가도 중요한 고민 중의 하나였다. (WCC 1971, 99~101)

● 김소영, 「간행사」, NCCK 인권위원회, 「1970년대 민주화운동」 I, 1987, i-ii쪽.

이어 보고서에 대한 코멘트에 대해 젠킨스는 여러 다양한 관점의 논의를 수용해야 한다고 정리한다. 그러나 한 가지 공통점으로 "희생"에 대한 기독교적 관점과 신학적 동기를 공유했다는 점을 강조했다. 이러한 토의를 통해 젠킨스는 자신의 주장을 세 가지로 요약했다. 첫째, 인간 가능성의 자유로운 실천의 장애를 제거하는 것, 둘째, 인간에 대한 인간의 책임을 실천하도록 하는 것, 셋째 그리하여 인간사회의 삶에 있어서 가능성의 지속적인 확장적 탐구가 그것이다.

또한 그는 인권이 절대 고정된 것이 아님을 강조했다. 즉 인권은 고정된 하나의 목적이 될 수 없으며 모든 상황에서 동일할 수 없음을 강조했다. 예컨대 어떤 경우에는 인간에게 종교로부터의 자유가 필요할 수 있으며 다른 경우에는 종교의 자유가 필요할 수도 있다는 주장이었다. 종교적 자유의 고정적 실체는 없다는 것이다. 국가 역시 마찬가지로 국가의 간섭으로부터의 자유와 비인간화하는 것들과 투쟁하기 위하여 국가권력을 활용할 수도 있다는 것이다. (WCC 1971, 102)

젠킨스의 논의는 신학과 서구 전통으로부터 인권의 근거를 끌어오되 그것에 매몰되지 말아야 함을 강조한 것으로 읽힌다. 특히 17세기 이래 서구가 구성해온 인간 개념을 너무 강조해서는 안 된다는 점을 강조했다. 이는 1960년대를 거치며 WCC에 비서구 지역 교회와 신도들이 대거 진출하면서 서구 중심성에 대한 강력한 비판을 전개해온 것과 무관치 않을 터이다. 즉 젠킨스는 서구의 인간관에 기댄 인권론 대신 인권이 인간 삶의 개선과 확장에 있다는 추상적 논의를 전개했다. 다시 말해 인권은 인간 삶의 사회적 조건을 개선하는 것에 집중되어야 함을 추상적 논법으로 전개한 셈이다.

또 하나 중요한 점은 인권 개념을 고정적, 실체적 본질로 환원하지 않은 것이다. 종교와 국가조차 절대적일 수 없으며 상황에 따라 정반대의 가치로 이해될 수 있다는 논리를 구사했는데, 이 역시 세계 각 지역의 고유한 역사적 조건과 사회적, 정치적, 경제적 상황의 차이가 결정적으로 중요함을 강조한 셈이다. 요컨대 젠킨스는 절대적이고 보편적인 인권의 기준과 본질을 제시하고자 한 것이 아니라 시공간에 따른 상대적 인권 개념을 보여주고자 했다. 이는 곧 1960년대를 통과하며 WCC와 세계가 놓여 있는 상황을 반영한 입장일 터이다.

WCC의 변화 속에 NCCK는 1973년 11월 인권문제협의회를 개최하고 유명한 '인권선언'을 발표한다. 이어 12월 16일에는 에큐메니컬 현대 선교 협의체에서 500명이 참석한 가운데 '교회와 인권 연합예배'를 개최하고 "인권은 하나님이 모든 개인에게 부여한 절대적 권리이며 모든 개인은 각기 자기의 권리와 남의 권리를 소중히 함과 동시에 힘을 합하여 인권을 유린하는 권력과 제도를 무너뜨리기 위해 싸워야 한다"고 선언했다.

또한 같은 날 기장, 예장, 성결, 루터, 감리, 복음교회 등 각 교단의 소장목사 23명이 참가한 민주회복을 위한 협의회를 개최하고 10월 유신 이전으로 환원, 한일 각료회담 중기와 대일 예속화 청산, 일본의 제국주의적 경제정책 중지, 부유 특권층의 반성, 4백만 기독교인의 반성 등을 주장한 선언문을 발표했다. 1973년을 기점으로 산업선교는 민중문제의 구조적 해결을 위하여 과감한 정치적 행동까지 불사하게 됨으로써 큰 시련을 맞게 된다. 1974년은 기독교 인권운동의 대행진의 해라고 불러도 좋을 만큼 교회의 정치참여가 광범위하고 활발해졌다. 민청학련이 터지자 NCC는 4월 29일 바로 대책위를 구성하고 "자생적 공산주의자"들에 의한 반국가 단체라는 당국의 발표를 정면으로 부정하면서 이들의 활동이 교회의 정당한 선교활동임을 적극 강조했다.

9월 22일에는 에큐메니컬 현대 선교 협의체 등 12개 단체가 공동으로 명동성당에서 '구속자를 위한 신구교 연합 기도회'를 개최하고 유신체제 철폐와 민주체제 실현, 긴급조치의 원천적 무효, 언론·집회·결사·보도의 자유

보장, 노동3권의 보장, 한국 교회 사회정의위원회 발족 촉구 등의 선언을 발표했다. (기독교사회문제연구원 1983, 170~176)

이렇게 1970년대 초중반 반유신 저항운동이 활성화되는 와중에 NCCK 의 인권선언이 발표된 것이다. 이 선언은 인권운동의 개념을 공식적으로 천명한 최초의 사건이기에 중요한 자료가 된다. 한국기독교교회협의회가 발간한 『한국교회 인권운동 30년사』(2005)에서는 다음과 같이 설명한다. KNCC 연구위원회는 1973년 10월 4일 당시 세계 교회의 관심이 개발 문제 에서 인권 문제로 옮겨지고 있는 것에 주목하며, "인권 침해 일반에 관하여 특별한 관심을 갖고 회의를 진행"하였다. 요컨대 인권 개념의 등장은 WCC 의 강력한 영향 하에서였던 셈이다.

인권선언은 "인권은 하나님이 주신 지상의 가치이다. 인간을 그의 형상 대로 지으신 하나님은 인간을 모든 속박으로부터 해방시키며 인권의 침해 가 없는 사회를 이루어 나아가고 계신다"로 시작한다. 이어 교회는 인권의 확립을 지상의 과제로 믿고 교회의 시대적 사명이 개인의 생존의 근거이며 사회발전의 기초인 인권확립에 있음을 분명히 했다. 선언은 한국의 현실이 인권을 무참히 유린한고 있다고 진단했다. 정치적으로 국민의 주권이 박탈 되었고 민주주의는 허울뿐이며 모든 자유가 유보되었다고 비판했다. 심지 어 신앙의 자유마저 빼앗겨가고 있는 현실임을 강조했다.

이어 당면 과제로 구속 학생 석방과 희생된 교수 구제 등의 학원의 인권, 관광기생의 국제매음 중지를 요구한 여성의 인권, 최저 임금제와 사회보장 제를 요구한 노동자의 인권 그리고 언론자유, 언론사찰 중지 및 언론인 신 분보장 등의 언론인의 인권 등 네 분야의 인권문제를 제기했다. 특히 인권 확립은 언론자유의 확립에서부터 비롯된다는 점을 강조했다.

선언은 인권확립을 위해 무엇보다 국민의 주권이 헌법으로 보장받아야 함을 강조하면서 억눌린 자들을 해방시키는 복음적 교회가 되기 위해 교회의 내적 갱신, 개인의 영혼구원과 함께 "구조악"으로부터 인간을 구출하기 위하여 사회구원에 힘쓸 것, 마지막으로 인권확립을 위해 교회의 자원을 집중할 것임을 천명했다. 선언의 마지막은 "국제사회 속에 살고 있는 우리는 세계교회와 함께 인권확립을 위해 투쟁할 것이며, 이 투쟁은 세계의 평화와 인간회복의 꿈이 실현되어 하나님의 나라가 성취되기까지 지속할 것을 우리는 신앙공동체로서 선언하는 바이다"로 끝난다. (NCCK 인권문제협의회 1973.11.24.)

선언은 기본적으로 인권을 신의 권위로부터 구한다. 신이 자신의 형상을 본따 인간을 만들었다는 성경 구절은 천부(天賦) 인권의 명백한 신학적 해석이 될 터이다. 인권의 보편적이고 절대적 본질이 신과 직결됨으로써 초월적 권위와 정당성을 구축하게 된다. 젠킨스의 논의에 따르자면 1970년대 초중반 한국의 인권 개념은 당대의 시공간으로부터 구성되어야 할 터이다. 즉 유신체제 자체가 곧 인권 개념을 역으로 규정짓게 된다. 선언의 현실진단은 유신체제가 거의 모든 측면에서 인권을 유린하고 있는 것으로 묘사된다. 근대적 정치공동체의 기본인 국민주권이 헌법상 보장받지 못한다는 규정은 유신체제를 근본적으로 부정할 수 있는 근거가 된다.

이어 학원, 여성, 노동, 언론 등 네 분야가 특정되고 있는데, 당대의 문제의식이 어디로 집중되고 있었는지를 보여준다. 여기서 여성 부분이 흥미로운데, 나머지 세 분야에 대한 유신체제의 탄압상이야 널리 알려졌지만, 여성의 경우는 여권신장이 시급하다는 기술과 함께 '기생관광'만이 언급되어 있다. 노동과 언론에 앞서 여성이 언급된 점도 눈에 띈다. 여성 사목 문제 등을 비롯해 여성 문제에 있어 완고한 태도를 보이고 있던 개신교단의 분위기를 보건대, 인권 개념이 여성문제 해결의 자원으로 활용될 가능성을 보여준다는 점은 인정된다. 그러나 70년대 내내 개신교가 여성인권 해결에 나섰다는 흔적은 별로 없기에 선언적 차원에 그쳤다고 보인다. (손승호

2015, 247) 한편 기생관광 문제는 1970년대 초반 저항운동 진영에서 민족주의가 새롭게 환기되고 있는 사정을 반영한 것으로 보인다. 7·4남북공동성명이 준 충격은 상당했고 통일 문제를 중심으로 민족주의가 저항운동의 큰 관심 대상으로 떠오른다. 아울러 산업화에 따른 도시화, 서구화가 초래한 현실변화에 대응해 민족문화 담론이 부각되는 사정도 관련된다 하겠다.

그런데 여기서 인권과 민권의 관계를 살펴볼 필요가 있다. 개항 이후 인권과 민권은 혼용되는 양상이었지만 후자가 일반적 용례였다고 할 수 있다. 식민지 시기 역시 양자의 혼용은 일반적이지만 용례상 인권이 더 우세했다. 이러한 흐름은 해방 이후로도 이어지다 1960년대 들어 유의미한 변화를 보여준다. 1960년 4·19혁명과 미국 흑인 민권운동의 활성화로 민권의 용례가 처음으로 인권에 필적하는 양상을 보여주었다. 그러나 1970년대 들어 인권과 민권의 빈도수는 현격한 차이를 노정해 인권이 민권을 압도하는 상황이 나타났다. 예컨대 뉴스 라이브러리 검색 결과 1975년의 경우 민권은 229회에 그친 반면 인권은 1,139회나 나타난다. 이후 민권은 사실상 사회정치적으로 활성화된 개념으로 보기 힘들 정도로 약화되었으며 인권이 압도적 영향력을 발휘하게 된다.

사실 1971년 서울지구 교회청년연합회(EYC, 교청협)이 발표한 '4·19기독청년 결의문'은 신앙자유 수호투쟁의 본질적 성격을 민주·민권 운동의 일환으로 규정했다. 즉 신앙의 자유수호는 보편적 자유수호와 분리된 것이 아니라 동일한 민주·민권운동의 일환으로 설명한 것이다. (기독교사회문제연구원 1983, 114) 즉 1970년대 초반까지도 민권 개념이 개신교에서 중심적 가치로 사용되고 있었다.

4·19혁명을 '민권의 승리'로 설명하는 언설이 당시 일반적인 것에서 알 수 있듯이 민권은 주권적 문제설정에 긴박된 개념으로 볼 수 있다. 즉 국민국가의 정치적 권리 주체를 상정한 개념이 민권인 셈이다. 이는 필연적으

로 (시)민권의 성립과 보장 주체로 국가를 상정할 수밖에 없으며 민주주의를 호출하는 기표이기도 하다. 반면 인권은 자연법에 따른 초국적 규범의 성격을 띤다. 특정 국가의 주권과 국민국가의 공리계로 회수되지 않는 보편적 규범으로 등장하기에 인권은 제국의 언어가 될 수도 있다. 인권이라는 보편적 규범을 통한 저항에 지배의 대응은 발전주의였다.

> 인권의 기초는 이성과 양식에 바탕을 둔 인격입니다만, 실제로 무엇보다도 중요한 것은 인권을 누릴 수 있는 경제건설이며, 법질서의 존중입니다. 경제건설 없이 빈곤을 면할 길은 없는 것이며, 빈곤을 추방하지 않고서는 인권은 확보될 도리가 없는 것입니다. •

박정희의 발전주의는 시장의 요구를 반영한 것이기에 반향을 불러온다. 생산성 본부 이사장 이은복은 "기업을 하나의 자연인으로서의 인격자"로 보아야 한다고 주장하면서 "사장의 인격, 중역의 인격, 그리고 공원들의 인격, 이 모든 인격을 바탕으로 마련된 하나의 인격에서 나오는 기업인격의 체취"를 강조했다. •• 인권의 기초인 인격은 결국 자본의 사회적 형식으로 기능하는 '기업 인격'으로 집중된다. 개신교가 하나님이 개인에게 부여한 절대적 인권 개념에 기초한 것에 비추어 기업 인격은 그것을 포섭하는 사회의 중심 단위가 된 셈이다. 또한 박정희는 인권의 상대적 성격을 통해 개신교의 보편적 인권을 공략하고자 했다.

> 자유와 인권은 대단히 소중한 것입니다. 그러나 자유와 인권이라는 것은 절

• 「제20회 세계인권선언일 치사(1968. 12. 10)」, 『연설문집』 3, 386쪽.
•• 이은복, 「기업의 인격과 경영(1962. 5)」, 『인간발견』, 1968, 94쪽.

대적인 것이 아니라, 역시 이것도 헌법과 법 테두리 안에서 보장되는 것입니다. 우리 나라 일부 인사들은 자유와 인권이라는 것은 아주 천부의 절대 신성 불가침으로서, 헌법이나 법을 가지고도 규제할 수 없는 그런 것이라고 생각하고 있는데, 그것은 잘못이다. •

인용문은 1960년대와 70년대에 걸쳐 인권에 대한 박정희의 인식을 단적으로 보여준다. 60년대가 빈곤과 경제개발의 문제설정으로 인권을 전유하고자 했다면 70년대는 그 연장선 속에서 법질서를 강조했다. 유신체제 성립 이후 활성화된 민주화운동에 대한 박정희의 대응을 엿보게 해주는 인식이다. 근대의 보편적 표상체계를 부정할 수 없는 박정희 체제는 국민국가의 민권적 주체(권리와 의무의 복합체인 호모 사케르)를 구성하고자 했다고 가정할 수 있다. 즉 박정희에게 인권이란 국가 법질서 체제로 포섭된 민권의 주체로 환원되어야 하는 것이다. 여기에 시장의 자연상태에 내던져진 개체들 사이에 상상의 국민적-민족적 통합을 추구한 프로젝트가 결합된다.

박정희 체제의 특수주의적 억압에 대한 개신교의 저항운동이 보편적 인권에 근거하고는 있었지만 실제 투쟁은 종교적 차원에 집중된 것도 사실이다. 유신체제 성립을 전후로 '종교의 자유'는 '선교의 자유'로 해석되며 개인적, 저항적 성격을 갖기 시작하였다. NCCK의 인권운동은 시종일관 '선교의 자유'에 가장 높은 우선순위를 두고 있었을 뿐 아니라 비교적 초기라고 할 수 있는 긴급조치 9호 이전까지의 활동은 전적으로 '선교의 자유' 수호운동이라고 말할 수 있다.(손승호 2015, 244)

또한 NCCK의 저항이 자신들의 체험이 더 크게 반영되는 주관성을 보여준 것도 사실이다. '신체의 자유'와 관련하여 NCCK는 자신들이 피해를 입

• 「연두 기자회견(1975. 1. 14)」, 『연설문집』 5, 379쪽.

고 있는 연금 연행과 관련하여서는 격렬하게 저항하면서 다수의 성명서를 발표하고 무대응으로 일관하는 정부를 상대로 끈질기게 투쟁하였다. 하지만 상대적으로 직접적인 피해에서 비껴나 있는 신체적 고문에 대해서는 미온적인 태도를 보였다. 이는 당시 NCCK가 본인들이 직접 경험하는 인권유린에 더 민감하게 반응하고 있었다는 것을 보여준다. (손승호 2015, 254)

남한 부활절 연합예배 사건에 대해 개신교가 보인 주된 반응 역시 선교의 자유에 기반했다. 즉 개신교의 특수한 이해관계가 보편적 정치담론과 결합되어 운동의 실체를 구성한 셈이다.

> 선교는 자유이며 한계가 없다. 그러나 도시산업선교와 학생선교 등이 제한받고 이 분야에 헌신적이던 목사, 교수, 청년, 학생들이 다수 구속기소되고 형을 받게 됨으로 교회는 근심하며 간절히 기도를 드리고 있다. 반공 기독학생이 용공주의자거나 공산주의자인 것처럼 오인되고 나아가 선교기관과 교회까지도 용공적인 것처럼 오해를 받게 된 것은 중대한 신앙과 인권의 침해이며 불행한 사태가 아닐 수 없다. … 종교인들의 반공이 미약해졌다는 발언이라든가 더구나 교회가 사찰의 대상이 되고 선교의 자유가 침해되는 사례는 생각할 수조차 없는 종교박해가 될 것을 경계하는 바이다. ●

노동운동과 학생운동에 개입한 개신교의 행위는 선교의 일환이며 그 자유는 무제한이어야 한다는 주장은 인권의 상대성, 민주주의의 특수성을 강조한 유신체제와 날카로운 담론적 대립을 만들어낸다. 1970년대 중반 민중신학 탄생의 주역 중 하나였던 안병무 역시 세계사적으로 발표된 여러 인

● 「이효상씨의 종교인에 대한 공적 발언에 대하여-한국기독교교회협의회 인권위원회 결의문」(1974년 6월 17일), 손승호 2015, 244쪽에서 재인용.

권선언들의 공통된 내용으로, 첫째 "인권은 국가 이전에 하나님으로부터 받은 것이라는 인식", 둘째 "인권이 권력집단에 의해 유린될 수 있다는 점을 대전제로 하고 그것에서 보호하려고 한다"는 점, 셋째 "사람은 모두 평등하다는 것"으로 집약하고 있으며, 그것이 천부인권과 그 신성불가침을 말하는 성서의 입장과 전적으로 부합한다고 말하고 있다. (최형묵 2013, 8~9)

또한 안병무는 노동자 전태일의 죽음을 한국사회에서 인권을 의식한 실질적인 원점으로 인식했다. 민중이 비로소 스스로 권리를 제기하고 그로 말미암아 인권이 한국사회에서 실질적으로 내재적인 가치규범으로 자리잡게 되었다고 보기 때문이다. 비로소 민중이 스스로 권리의 주체로서 자신을 주장하기 시작했다고 보는 것이다. 안병무에게 인권은 민중의 생존권을 최우선적으로 고려하는 것이다. (최형묵 2013, 6~7)

1970년대 초중반 NCCK가 주장하는 인권론은 다음과 같이 정리할 수 있을 것이다. 첫째, 인권은 천부적인 것으로 권력에 의한 인권의 침해는 신의 권위에 대한 도전이다. 둘째, 인권은 투쟁을 통해 획득된다. 셋째, 인권은 본래적 가치를 지니며 인권의 보장이 이루어지지 않으면 반공의 명분이 없다. 넷째, 인권의 존엄성은 개개의 인간에게 주어진다. 다섯째, 정부에 인권적 가치의 우선순위를 결정할 권한이 없으며, 현재 한국에서 가장 시급한 인권의 문제는 정치적 종교적 자유의 확립이다. (손승호 2015, 241)

여기서 인권은 곧 정치적 문제가 된다. 이는 노동운동에서도 비슷했다. 기독교계의 이와 같은 입장은 1977년 3월 10일 노동절을 맞이하여 한국 교회사회선교협의회가 발표한 '1977년 노동자 인권선언서'에 단적으로 나타난다.

> 노동자의 인권은 천부적인 것이며, 사회발전과 경제발전에 있어 중요한 의미를 갖는다. 그러므로 노동자의 인권은 법적으로 보장되어야 하며, 어떠한

이유로서도 침해할 수 없는 존엄한 것이다. 그럼에도 불구하고 국가안보와 경제발전이라는 미명하에 노동자의기본권을 침해하고 엄연히 존재한 노동법을 위반함으로 노동자에게 비인도적인 고통을 가하고 있는 사례가 비일비재한 것은 심히 유감된 일이며 더 이상 용납할 수 없는 범죄로 간주한다. 노동력을 제공하는 노동자의 의사를 무시하고 기업주가 일방적으로 결정한 노동시간과 생산량에 무조건 복종하도록 강요하는 비민주적이며 봉건적 노사관계를 배격하고 자유인으로서의 대등한 노사관계를 요구한다. 노동자에게는 스스로의 권익을 위하여 단결할 권리가 있고 기업주와 교섭할 권리가 있으며 필요에 따라서 노동력 제공을 단체적으로 거부할 권리가 있어야 한다. ●

기독교계 산업선교에서 인권의 문제는 곧 정치적 문제로 이해되었다. 즉 노동자의 권익문제는 단순히 한 사람의 문제가 아니라 "정치적 현실에서 빚어지는 문제"라는 인식을 갖게 되었고 인권침해에 대해 법적 투쟁은 물론 정치적 투쟁까지 필요함을 강조했다. (조승혁 1978, 29) 민청학련 관련 구속자 석방을 맞이해 김관석 목사는 "우리의 인권투쟁은 정치적 소외를 극복하고 새로운 정치의 구원이라는 문제를 제기"했음을 강조하면서 "근본적으로 종교와 정치는 별개의 것이라는 종래의 통념을 깨뜨렸다"고 주장했다. (김관석 1975, 20) 기독교계는 인권이 단지 개인의 문제가 아니라 당시 한국사회의 정치적 억압과 밀접히 관련된 문제라고 인식하고 있었고, 인권문제의 해결은 정치적 민주화와 직결된다고 파악하고 있었다.

주지하듯이 정치적 해결은 민주화로 집약된다. 물론 인권이 민주주의 혹은 정치적 자유권의 하부 개념 혹은 동일한 개념일 수는 없다. 오히려 정

● 한국교회사회선교협의회, 1977. 3. 10., 「노동자인권선언서」(민주주의기념사업회 오픈아카이브 등록번호 00442458).

치적 자유권은 인권을 구성하는 다양한 권리의 일부이다. 따라서 민주화의 부속물이 아닌 더욱 근원적 가치체계로서의 인권을 고민해야 한다는 주장은 경청할 필요가 있다. (손승호 2015, 235)

그러나 민주주의는 1970년대 개신교 민주화운동의 집중적 기표였음이 분명하고, 그것은 4·19혁명 이래 한국 저항운동의 일반적 정치언어이기도 했다. 즉 인권 개념은 1970년대에 새롭게 저항의 기표가 되어 민주주의와 접합된 것으로 이해된다. 개신교 저항운동이 인권 개념에 착목한 것은 중요한 변화였지만, 결국 그것이 정치적 행위로 연결된다는 인식을 보여주었다는 점에서, 대부분 국가권력에 대한 요구와 저항으로 이어진다는 점에서 인권의 정치성은 민주주의와 불가분의 관계를 맺는다. 민주주의는 근대 국민국가의 일반적 정치형식으로 관철되었다는 점에서 그리고 유신체제 역시 그 자장을 완전히 벗어날 수 없었다는 점에서 인권 개념이 민주주의를 통해 정치화되는 것은 불가피했다.

박정희 체제와 관련해 민주주의는 유신체제 이전, 특히 3선개헌을 전후해 핵심적 정치 쟁점으로 떠오르기 시작했다. 유신 이전 마지막 대통령 선거의 해인 1971년 김재준은 "민주주의에서의 인간에 대한 이해가 기독교의 그것과 같은 방향에 있다"면서 민주주의는 개인의 인권과 자유, 평등을 앞세우는데, 기독교에서는 인간의 기본 자유와 정의는 하나님의 인간 창조와 그 속량 사업에서 추출되기 때문에 그리스도인의 인간상으로부터 시민의 자유가 흘러나온 것이라고 했다. 그는 세속국가들은 단순한 자의적인 권력기구가 아니라, 하나님과 인간들 앞에서 책임적인 위치에 있는 것이며 그들의 권력 행사는 하나님의 공의와 사랑에 따라 시행되어야 한다는 명령 아래 놓여 있다고 했다. 김재준은 이 세속국가를 향한 하나님의 뜻을 현실에서 구체적으로 규정하기 위한 가능한 최선의 방법이 바로 민주주의라고 주장했다. (김재준 1971)

김재준은 민주주의와 기독교의 신학적 연결을 강조한 셈이었다. 현영학 역시 신학적 견지에서 민주주의를 이해하고자 했다. 즉 민주주의 체제가 형성된 그 밑바닥에는 사람은 누구나 다 죄인이라는 기독교적 인간 이해가 있다고 했다. 즉 선거라는 형식을 통해 국민 앞에 잘잘못을 판가름 받고 새로 위임을 받는 것도 일종의 회개와 용서의 과정과 같은 것이라고 해석했다. 그는 미국의 신학자 라인홀드 니버의 "인간은 죄인이기 때문에 민주주의는 필요하고, 인간은 선하기 때문에 민주주의는 가능하다"는 테제를 수용해 민주주의와 기독교적 인간의 관계를 설명했다. (현영학 1971)

　문동환은 일종의 차선책으로 민주주의를 설명했다. 즉 하나님과 그의 뜻을 아는 지식이 강처럼 흐른다면 아무 법도 제도도 필요 없겠지만, 그럴 수 없기에 민주주의가 필요하다고 전제했다. 그는 민주주의가 '백성으로부터'와 '백성을 위해'뿐만 아니라 '백성으로 말미암아'까지를 고려에 넣어 자유의사의 원칙과 상호 견제의 원리 아래 만들어진 제도로 그 장점을 인정했다. 그러나 실제 현실에서 금력, 권력 등에 의해 오용되는 경우가 많기에 교회가 나서야 함을 역설했다. 즉 교회야말로 진리와 사랑에 최후까지 충성하기로 서약한 백성의 공동체이기 때문에 온 천하에 다른 입이 다 봉쇄되더라도 교회의 입은 봉쇄되지 않아야 한다며, 교회야말로 "국민의 민주교육의 최후 보루"라고 주장했다. (문동환 1971, 64~70)

　1970년대 중반 이후 개신교의 민주주의 이해에서 민중의 역할이 강조되기 시작했다. 김용옥은 인류의 역사에서 민주주의를 육성하고 수호하는 데 교회가 중요한 역할을 해왔음을 환기시키며, 예수의 삶은 가난한 사람, 눌린 사람, 병든 사람, 부녀자, 어린이들에게 가까이 다가갔다는 점을 부각시켰다. 김용옥은 교회가 민주주의를 육성하고 수호하는 데 앞장서야 하는 이유는 바로 이러한 예수의 삶의 발자취를 따라 그의 정신을 구현하는 것에 있다고 보았으며, 소외지대에서 살고 있는 민중의 삶을 위해 교회가 관심과 노력을 기울이는 것이 바로 그것이라고 설명했다. 그는 "민중 속에서 민중과 더불어 민중을 위하여"라는 정신이 교회의 근원적인 존재양식이기에 한국 교회는 올바른 민주주의의 꽃을 피우게 하는 데 더 주도적 역할을 해야 한다고 했다. 또한 아울러 교회 자체가 비민주적인 요소를 안고 있기에 교회 내부의 민주주의 실현을 위한 노력을 게을리하지 말아야 한다고 주장했다. (김용옥 1977, 18~20)

주지하듯이 정치학은 근대 이후 세속화로 정립된다. 탈주술화를 내세운 근대적 기획에서 기독교는 종교이자 신학이라는 분과학문으로 재구성된다. 기독교적 보편 세계를 구성한 중세 유럽이 특수한 개별 국민국가 질서로 재편되면서 정교분리가 세속주의의 기본이 된 것이다. 세계의 전부였던 기독교가 사회의 한 분야인 종교와 신학으로 재편되는 과정이 곧 근대의 탄생이었다. 그러나 탈주술화가 재주술화를 포함하고 있음도 분명했다. 정치학 역시 신학적 범주로 설명되어야 했다.

기독교의 국가관은 첫째로 인권이 국가에 우선한다는 점이다. 그것은 인간이 국가 이전에 하나님으로부터 지음을 받았으며 인간은 하나님의 형상대로 창조됐고 그 인권은 하나님께 직속됐다고 믿기 때문이다. 국가는 인권을 위해 있지 인권이 국가를 위해 있을 수 없다. 특히 국가가 법을 창조하는 것이라고 믿을지 모르나 사실은 이미 주어진 질서를 명문화하고 그것을 구현화할 따름이다. 국가는 또 어떤 가치관을 만들 수 없고 오직 주어진 진리에서 근거한 가치관을 수호할 의무만이 있다.

이같은 교회의 국가관이 오늘의 민주사회에서 국가와 충돌될 까닭이 없다. 그런데 그 관계가 문제가 된 것은 집행기관인 정부가 국가와 정체를 동일시하고 정부의 힘을 국가 전체와 삶 전체에 확대하여 공복의 자리에서 다스리는 주인의 자리로 옮겨서기 때문이다. 여기서 불협화음과 충돌이 생긴다. 권

력과의 관계에 있어서 교회의 기본입장은 기독교는 한 정부정책의 어용물일

수가 없으며 국가 안에 있으면서도 국가를 초월한다. (동아일보 1974. 12. 25)

인용문은 안병무의 글이다. 그는 국가를 주어진 기존 질서를 반영하는 집행권력으로 격하시키고 인권을 앞세운다. 인권의 가치는 하나님에 직속된 것으로부터 구해진다. 주어진 질서가 이미 하나님에 의해 정초된 세계일 것임은 어렵지 않게 추정된다. 요컨대 기독교는 국가에 포함되면서도 그것을 초월하는 것으로 자리매김된다. 이러한 입장은 무소불위로 통치하고 있던 유신체제를 상대화시키고 저항의 근거를 만들어낸다는 점에서 주목된다.

안병무는 하나님은 인간을 자기의 자녀로 창조했다고 주장했다. 그렇기에 사람이 안식일을 위해 있는 것이 아니고 안식일이 사람을 위해 있다. 사람이 안식일의 주인이다"는 예수의 선언을 '민주주의 인권선언의 제일장'이라고 단언한다.[*] 안병무는 인간의 기본적인 권리를 침해하는 법과 질서는 "인권을 준 신의 영역을 침범한 것"으로 더 이상 존재의미가 없다고 단호하게 선언한다. (최형묵 2013, 10) 이로부터 유신체제의 억압에 저항할 신학적 근거가 뚜렷해진다. 국가와 민주주의 모두 하나님의 질서를 지상에 구현하는 수단으로 이해된 것이다.

이러한 입장은 안병무 개인의 생각이 아니었다. 1973년 개신교 최초의 반유신 선언이라 할 수 있는 「한국 그리스도인 선언」은 이를 집단적으로 확인시켜 준다. 선언은 "한국 국민은 그리스도인들을 쳐다보고 오늘의 주어진 상황에서 행동을 취해줄 것을 요청하고 있다"고 명시한다. 비록 "우리 그리스도인들이 그들을 대표할 수 있는 자격을 가지고 있기 때문이 아니"라

---

[*] 안병무 1977, 172(최형묵 2013, 10에서 재인용).

고 단서를 달기는 했지만 "우리는 역사의 주인이시며 심판자이신 하나님 앞에서 이웃을 대신하여 고난을 겪고 있는 눌린 자들이 자유를 얻도록 기도하라는 명령을 받고 있다고 믿는"자세로 행동에 나서고자 한다. 또한 "성령이 우리 성품을 변화시키며 새로운 사회와 역사를 창조하시는 데 우리가 참여할 것을 요구"한다는 믿음과 "이 영은 메시아의 나라를 위한 영으로서 우리가 이 세상에서 사회적, 정치적 개조를 위하여 싸울 것을 명령한다"는 확신에 기반하고 있다.

선언 역시 하나님의 절대성으로부터 민주주의와 저항의 정당성을 이끌어낸다. "하나님 이외에는 누구도 법 위에 설 수 없다. 세상권세란 하나님의 인간사회에 정의와 평화의 질서를 세우기 위하여 국가권력에 위임하신 것이다"는 인식이 이를 잘 보여준다. 그렇기에 "한국 교회가 신앙의 자유를 지키는 것은 한국 국민의 양심의 자유를 지키는 것"이 된다.

인간의 기본권 역시 "하나님이 인간을 육과 영으로 창조"한 것에 근거하며 "가난한 도시 근로자들과 농민들은 가혹한 수탈과 사회적 경제적인 부정으로 희생을 당하고 있"는 바 "메시아의 나라를 증거하여야 하기"에 "그리스도인들은 이 극단적인 비인간화와 부정의 체제를 무너뜨리기 위하여 싸워야 한다"는 결론이 도출된다. 나아가 "우리는 우리 선인들이 걸어온 가시밭길을 되새기면서 필요하다면 순교도 불사하는 신앙의 자세를 다짐"할 것을 요구했다. 선언은 유신의 법률, 정책, 절차를 거부하며 민주주의를 부활시키기 위한 국민적 연대를 수립한다와 함께 "세계 교회를 향하여 우리를 위하여 기도해 줄 것과 우리와의 연대감을 더욱 공고하게 해줄 것을 호소"하면서 마무리된다. (한국 기독교 유지 교역자 일동 1973)

선언은 하나님의 권위로 시작해 유신체제를 비판하고 세계 교회를 향해 지지와 연대를 호소하는 구조를 갖추고 있다. 즉 하나님과 세계 교회 사이에 한국의 현실이 놓여진 셈이다. 1970년대 전례 없는 유신체제의 폭압성을 생각하건대 개신교의 이러한 담론 전략은 상당히 효과적인 것으로 보인다. 한국전쟁 이후 좌파 담론이 거의 봉쇄된 조건하에서, 현실의 실체적 운동세력조차 거의 없는 상황에서 반유신의 담론적 자원과 주체를 찾는 것은 쉬운 일이 아니었다. 게다가 그동안 구축된 개신교의 광범위한 사회적 자원은 권력을 향한 저항에 유력한 토대가 될 수도 있었다. 보수 교단들조차 하나님의 권위에 근거한 신앙과 선교의 자유를 외면할 수는 없을 것이기 때문이다.

1974년 발표된「한국 그리스도인의 신학적 성명」은 이러한 입장을 더욱 명료하게 보여준다. 안병무도 높이 평가한 이 선언은 그를 포함해 당대의 저명한 개신교 목회자와 신학자들 66인 명의로 발표되었다. 선언은 "우리는 그리스도가 세계사의 구원자임을 믿는 세계 그리스도교의 일원"이자 "한국 국민으로서 이 나라에 그리스도의 복음을 전하여 정의를 세우고 하나님의 질서를 수립할 것을 사명으로 아는 그리스도인이요 신학도들"이라고 자신의 위치를 분명히 하면서 시작된다.(민주화운동기념사업회 오픈아카이브 등록번호 00068270)

이어 하나님의 선교를 "하나님의 구원의 역사는 인간의 모든 것을 포괄"한다는 말로 설명하고 국가와 정부를 동일시하여 언론의 정부 정책 비판을 반국가적 죄로 다스린다는 점, 둘째, 언론자유 봉쇄, 노동자와 가난한 자들의 투쟁 봉쇄를 통한 인권 유린, 셋째, 신앙과 선교의 자유권 침범 등 세 가지를 들어 권력의 반민주성을 성토했다.

> 인간의 기본권은 국가가 있기 이전에 하나님에게서 받았다. 국가는 하나님의 주권 아래서 인간의 기본권인 생명과 재산과 자유를 지킴으로써 인간으로서의 축복받은 삶을 즐길 수 있게 보장하는 정치적 한 단위다. 정부는 이와 같은 목적으로 나라 살림을 위임받은 공복이다. 따라서 국가와 정부는 차원

이 다르다. …… 인간의 기본권인 생존과 자유를 뺏는 권세는 하나님의 뜻을 배반하는 것이다. 절대권은 하나님에게만 속한 것이다. 그리스도교는 상대적인 것이 절대화된 것을 우상이라고 하고 그것과의 투쟁을 지상명령으로 삼는 전통을 갖고 있다.

성명서는 안병무와 유사하게 하나님 → 인간 기본권 → 국가 → 정부의 계서를 설명하면서 하나님의 절대권을 분명하게 못박는다. 이어 그렇기에 그리스도인은 가난한 자와 눌린 자의 편에 서서"악의 힘을 물리치기 위하여 보냄받은 투사들"이라는 자기 규정이 뒤따른다. 이와 같은 사명을 수행함에 정치활동이 불가피함도 명시했다. 즉 교회의 선교는 현대사회에서 정치적 사회적 활동으로 추진될 수밖에 없는 것이기에 학생들의 정체체제 민주화 요구, 산업선교, 민주화와 언론자유를 부르짖는 것 모두가 선교활동 본연의 소임이 된다.

하나님을 통한 국가+권력의 상대화는 세계적 규모로 확장된다. 성명은"교회는 그 본질상으로나 실제상으로나 민족, 국경, 계급을 넘어선 신앙과 선교의 공동체이며 거룩한 보편적(카톨릭)인 한 공동체"임을 분명히 하고 그렇기에 "우리는 세계 교회의 일원이며 세계 교회와 끊을 수 없이 하나임을 확인한다." 교회는 세속의 대표적 구획선들에 대해 큰 의미부여를 하지 않는다. '국적 있는 교육', '주체적 민족사관' 등을 통해 '한국적 민주주의'를 내세운 유신체제와 개신교의 국제주의는 날카롭게 대비된다. 박정희 체제가 민주주의를 한국에 가두고자 했다면 개신교는 초월적 공동체로 이를 가볍게 넘어서고자 했다.

신앙과 선교의 자유를 중핵으로 국가로부터의 자유를 추구한 개신교의 입장은 구체적 활동에서도 그대로 이어진다. 1973년 9월 부활절 사건으로 박형규 목사 등 구속자들이 병보석으로 출감한 직후 개최된 기장 제58회 총회는「새역사 20주년 성명서」를 발표하고 자유 민주주의가 개인의 자유와 사회정의를 함께 구현할 수 있는 최선의 체제임을 확신한다고 천명하면서 정부에 대하여 교회, 언론, 학원에 대한 정보사찰 중지와 자유 민주주의 체제 정상화, 성장위주 경제 정책에 의한 구조적 격차 해소, 구속 교역자에 대한 정당한 판결 등을 촉구했다. 신앙과 종교활동의 자유 사전대책을 위해 교회와 사회위원회에 특위 설치도 결정한다. (기독교사회문제연구원 1983, 161)

개신교의 자유주의적 입장은 유신 후기에도 그대로 이어진다. 유신 후반기 가장 중요한 선언 중의 하나인 1976년 3·1민주구국선언을 보자. 선언은 "4·19학생의거로 이승만 독재를 무너뜨려 "자유 민주주의"에 대한 신념을 가슴가슴에 회생시켰다"로 시작된다. ● 이어 삼권분립의 실종, 신앙과 양심의 자유 위축, 언론의 자유와 학원의 자주성 실종을 고발했다. 요컨대 "일인 독재 아래 인권은 유린되고 자유는 박탈" 당하여 "이 민족은 목적의식과 방향감각, 민주주의에 대한 신념을 잃고 총파국을 향해" 치닫고 있다는 현실인식을 보여준다. 구체적 요구 조건의 첫 번째는 "이 나라는 민주주의 기반 위에 서야 한다." 였다. 민주주의를 국시로 전제하고 이북 공산주의 정권과 경쟁하기 위해 "민주역량"을 키워야 한다고 주장했다.

민주주의란 남의 나라들에서 실천되고 있는 어떤 특정한 제도를 말하는 것이 아니라 한 사회를 형성한 성원들의 뜻을 따라서 최선의 제도를 창안하고 부단히 개선해 나가면서 성원 전체의 권익과 행복을 도모하는 자세요 신념을 말한다. 그러므로 민주주의는 "국민을 위해서"보다는 "국민에게서"가 앞서야 한다. …… 국민은 복종을 원하지 않고 주체적인 참여를 주장한다. 국

●「3·1민주구국선언」 민주화운동기념사업회 오픈아카이브 등록번호 00526017.

민에게서를 실현하는 길은 자유라는 국민의 기본권에 있다. 국민들이 정신적, 신체적 위협을 받는 일 없이 자유로이 자신을 표현할 수 있는 자유가 보장되어야 한다는 말이다.

인용문을 보건대 선언은 민주주의의 핵심으로 자유를 설정했다. 구성원들의 참여가 제일 중요한 요소인 바, 그것은 오직 자유라는 기본권으로 가능하다는 주장이다. 이러한 자유주의적 인식은 구체적 요구에서도 확인된다. 요구 사항 첫째는 자유를 억압하는 긴급조치 철폐, 투옥 인사 석방, 언론, 집회, 출판의 자유 보장이었고 두 번째는 의회정치 회복 그리고 마지막이 사법권 독립이었다. 민주주의의 기본 전제와 구체적 조건 모두 자유주의적 가치들로 채워진 것을 알 수 있다.

다음으로 경제상황에 대한 부분이 이어진다. 선언은 경제발전이 국력 배양에 중요하다는 점에 동의하면서도 경제력이 곧 국력은 아니라고 전제한 다음 무역 적자 확대, 외채 문제, 부실화된 차관 기업 등의 문제를 비판했다. 또한 노조 조직권과 파업권 박탈, 차관 기업과 외국 자본의 노동자·농민 착취를 비판하면서 "국민의 경제력을 키우면서 그 기반 위에 수출산업을 육성하지 않은 것이 잘못"이라는 주장을 내놓았다. 여기에 경제 부조리와 부패가 만연하여 경제파탄을 면할 길이 없다고 주장했다. 즉 "농촌 경제의 잿더미 위에 거대한 현대산업을 세우려고 한 것이 망상"이었음을 강조하면서 경제파국은 시간문제라고 결론지었다. 대안으로 제시된 것은 경제입국 구상 재검토, 팽창예산 지양, 부의 재분배 철저화로 국민 구매력 상승 등이었다. 이러한 대안만이 공산주의의 온상이 되는 부익부 빈익빈의 부조리화 현상을 시정하고 자유 민주주의에 대한 국민의 신뢰를 회복시킬 것임을 주장했다.

여기서는 정치 영역에서처럼 자유주의적 입장이 전면화되지는 않는다.

정부의 경제 정책에 대한 신랄한 비판과 노동자·농민의 착취, 농촌 경제의 몰락 등의 언급을 보면 오히려 시장에 대한 국가의 통제와 개입이 필요할 것이라는 추정마저 가능하다. 전체적으로 경제개발 자체를 부정하지 않으면서 부정부패와 부조리 없는, 공평한 분배가 달성되는 시장경제를 주장한 것으로 읽힌다. 무엇보다 빈부 양극화 해소가 자유 민주주의의 신뢰 회복의 조건임이 강조된 것이 특징적이다. 즉 경제 영역은 정치적 자유주의를 위한 조건으로 이해된 셈이다. 이는 경제적 자유가 정치적 자유의 조건이 된다는 하이에크 등의 (신)자유주의적 전망과 배치된다. 따라서 선언에서는 정치적 자유주의와 경제적 자유주의가 구별되고 전자의 자유가 후자의 자유로 이어지지 못하는 단절을 보여준다. 그렇다고 시장의 자유주의가 부정된 것도 아니었다. 개신교 민주화 운동 세력에게 정치적 자유의 봉쇄는 직접적인 문제인 반면, 시장의 굶어죽을 자유를 만들어내는 경제적 자유주의가 절박한 문제로 다가오지는 않았다.

개신교 민주화운동은 하나님으로부터 부여된 것으로 상정된 권리에 근거해 자유롭고 평등한 개인의 정치적 권리를 추구했다. 민주수호와 민주회복으로 표현된 정치적 권리를 위한 운동은 자유주의적 전망을 강화하는 것이었다. 또한 시장의 자유주의가 착취와 비인간화 문제를 노정한 것에 대응해 노동인권 문제가 부각되었다. 특히 산업선교 실무자들의 문제의식이 큰 영향을 미친다. 이는 자본이 지배하는 시장의 문법에 대해 인간의 권리라는 차원에서 개입하고자 한 것이다. 자본의 자유로운 운동의 가치가 지배적인 시장에 인간의 자유로운 삶을 대비시켜 민주화운동과 인권의 문제를 결합시킨 셈이었다. 그런데 이미 학생운동의 급진화된 부분은 유신체제 이전인 1970년대 초와는 상당히 다른 인식을 보여준다.

이제 민중은 과거의 체념과 좌절을 딛고 새로운 민중의 역사를 창조하기 시작하였다. 민중은 지금까지 강요된 반인간적 사회질서에 항의하고 인간적 질서를 요구하기에 이르렀다. 광주 대단지의 민요(民擾)는 민중에게 자각과 신념을 주었으며, 그것은 방방곡곡에 씨를 뿌려 도처에서 '오적'(五賊)의 횡포, 매판 대기업의 횡포, 외국 자본의 횡포, 조세의 횡포에 항거하기 시작하였다. …… 모든 인간적이고 민중적인 지식인은 빨리 지식인 특유의 기회주의적 악성을 극복하고 민중의 투쟁 속에 뛰어들어야 할 것이다. …… 인간 노동의 사회적 생산물이 극소수의 사람들에 의하여 독점적으로 소유되고 대부분의 민중이 빈곤과 기아 속에 내버려진다면 거기에는 필연적으로 사회적 마찰이 있을 수밖에 없을 것이다. …… 사회가 모든 사회적 이익을 거의 독점하다시피하는 소수의 불로의 착취계층과 오로지 노동으로 사회에 봉사만 하거나 또는 그나마 노동의 기회조차도 박탈당하는 대다수의 피착취 계층으로 확연히 나뉘어져 고착되어버릴 때 그리하여 다수의 민중이 동물적 생존조차 영위할 수 없을 때 사회적 변혁을 요구하는 민중의 투쟁은 불가피할 수밖에 없을 것이다. …… 왜냐하면 그러한 사회관계 속에서는 이미 국가도 법도 소수의 특권적 지배자의 손아귀에서 그들의 지배장치, 수단으로 봉사할 것이요 따라서 스스로의 투쟁 외에는 아무도 아무것도 못가진 자○○○ 문제를 해결해 주지 않을 것이기 때문이다. …… 오늘 한국사회의 구조를 보자. 거기에는 너무나도 대조적인 두 개의 계층, 차라리 두 개의 세계가 있고 두 세계 간의 생활·행동양식, 의식구조는 너무나도 판이하며 두 세계는 결코 하나가 될 수 없는 듯이 보인다. 즉 오늘 한국사회는 권력과 재산을 가진 소수 특권층의 세계와 아무것도 가진 것이 없는 무산대중의 세계로 나뉘어져 서로 공통점을 거의 찾을 수 없는 두 개의 문화를 영위하고 있는 것이다. ●

● 서울법대 사회법학회, 「광주 대단지 빈민 실태조사 보고서」, 1971년 10월, 2-4쪽.

인용문은 광주대단지 사건 직후 현장조사를 실시한 서울법대 사회법학회 보고서의 일부이다. 소수 특권 착취층과 피착취 무산대중으로 구분된 현실진단은 사회적 변혁을 위한 민중의 투쟁이 불가피하다는 결론으로 이어진다. 1974년 민청학련의 민중·민족·민주 선언보다 3년이나 이른 시기에 민중이 단순 피해대중을 넘어 사회변혁의 주체로 설정된 담론이 나타난 것이다.

개신교 민주화운동 세력이 직면한 현실은 자본주의적 산업화와 유신체제의 파시즘적 지배 속에서 나타난 전태일, 광주대단지로 확인된 기층 민중의 동요 그리고 이를 급진적 사회변혁의 전망 속에서 고민했던 일단의 운동세력이었다. 개신교 입장에서는 파시즘과 공산주의 사이에 끼인 형국처럼 보였을 수도 있다. 거의 모든 개신교 관련 성명서에는 반공주의가 빠지지 않고 등장한다. 여기에는 단지 유신체제의 반공주의를 비켜가기 위한 전술적 고려만 담긴 것은 아니라고 보인다. 실제 개신교 운동세력에게는 파시즘과 공산주의 사이에 포위된 형국이라는 공포가 드리워져 있었다고 할 수 있다.

◆ 제2장 ◆
민중신학

제2장에서는 민중신학이 1970년대 개신교 민주화운동의 가장 흥미로운 담론적 실천이었다는 본 연구진의 판단에 근거하여, 기존 연구성과를 집대성해 민중신학 담론을 중심으로 민주화운동사의 이념적 배경을 강화하는 서술을 시도한다. 단, 여기서 다시 한번 강조하고 싶은 것은 본 연구진은 1970년대 개신교 민주화운동의 모든 실천이 민중신학에 근거했다고 보지 않으며, 그 모든 실천을 민중신학의 논리로 환원하여 정당화할 수 있다고 보지도 않는다는 사실이다. 다만 민중신학이 민주화운동의 다른 신학적 기반들, 예컨대 하나님의 선교 신학이나 해방신학, 본회퍼의 제자도 신학, 바르트의 신정통주의 신학, 몰트만의 희망의 신학, 김재준의 진보적 사회참여 신학 등과 달리 그 성립 배경과 담론적 성격상 개신교 민주화운동 담론 안에서도 특히나 강한 민중지향성을 뚜렷히 드러냈고, 바로 그 점에서 1970년대 민주화운동의 두드러진 흐름이었던 민중운동 및 민중론과의 접촉점이 상대적으로 크다는 판단하에 민중신학의 출현 과정과 논리 구조를 한국 민주화운동 담론 및 민중론에 관한 사상사·지성사적 연구의 넓은 맥락 안에서 집중적으로 검토하겠다는 것이다.

이러한 문제의식을 바탕으로 제2장 제1절 '1970년대 민중운동의 출현과 민중신학의 형성'에서는 1970년대 전반기에 '민중'이라는 용어가 운동권에 의해 재발견되는 과정을 검토한다. 1970년 11월 13일에 발생한 전태일 사건은 민중 개념이 민주화운동의 기표로서 대두된 첫 번째 계기라 할 수 있는데, 특히 전태일 사건에 대해 학생운동진영이 어떻게 대응했는지를 살펴본다. 곧이어 발생한 사건으로서 신·구교 연합으로 개최된 전태일 추도예배를 통해 기독교 운동권이 전태일 사건에 어떻게 반응했는지를 다루고, 그러한 민중운동의 전반적인 영향 아래 이듬해 한국기독교장로회 제56회 총회에서 발표된「사회선언지침」을 통해 한국교회의 변화된 사회선교 논리를 고찰한다. 나아가 신·구교가 연합하여 탄생한 운동조직에서 처음으로 '민중'이라는 용어가 운동론적 의미로 사용되고 있다는 점을 주목하면서,「크리스챤사회행동협의체 사회정의실현촉진대회 선언문·결의문」의 탄생 과정과 그 상세한 내용을 분석한다. 그리고 기독교 학생운동권과 비기독교 학생운동권을 '민중'이라는 이념을 통해 결속시켰던 사건이라는 점에서 민중신학과 민중운동 모두에서 중요한 의의를 지닌 1974년 4월에 발생한 민청학련 사건의 전개 과정과 운동사적 의의를 검토한다. 이어서 민중신학 탄생의 전사(前史) 역시 다루고자 하는데, 대표적으로「1973년 한국 그리스도인 선언」부터 1974년「한국 그리스도인의 신학적 성명」이 발표되기까지의 과정과 그 내용들을 세밀히 검토하면서, 민중신학의 출현으로 이어지는 기독교 신학 내부의 저항적 담론 형성과정을 추적한다. 이러한 서술을 통해 1970년대 전반기 고조되고 있었던 민중운동과 1973년 이래로 이어졌던 기독교 신앙고백 선언 및 성명서들의 연장선상에서 민중신학이 탄생하는 과정을 입체적으로 조망할 수 있을 것이다.

제2장 제2절 '민중신학의 논리구조와 성격: 해방신학 및 당대 민중론과 민중신학의 비교'에서는 1세대 민중신학을 이끈 현영학, 안병무, 서남동, 김용복의 대표 저술들을 사상사·지성사적 차원에서 검토한다. 그리고 이들

가운데 일부가 참여함으로써 1970년대 후반 민중신학계 내에서 진행된 논쟁의 주요 쟁점들을 살펴보는 가운데 민중신학의 논리구조를 해명하는 작업을 수행한다. 이를 통해 1970년대 민중신학이 어떻게 민중의 개념을 신학적으로 수용하고 발전시켜 나갔는지를 확인할 수 있을 것이다. 그리고 이러한 작업을 토대로 및 당대 민중론과 민중신학의 민중론을 비교한다. 이를 위해 해방신학 라틴아메리카 해방신학의 작업물이 국내에 처음 소개된 사례인 구티에레즈의 논문과 1세대 민중신학자이자 한국 민중교육학의 창시자인 문동환의 해방신학 연구 논문을 검토하고, 이어서 민중신학과 상호 교류 속에서 동시대에 함께 형성된 민중론 일반을 안병무의 민중사건론과 비교하여 민중신학이 어떻게 해서 개신교 민주화운동의 사상적 기반으로 작용할 수 있었는지를 고찰한다. 이러한 작업은 민중신학이 해방신학 및 당대 인문·사회과학의 민중론들과 어떤 지점에서 공통성과 차별성을 지녔는지 보다 구체적으로 확인할 수 있게 해줄 것이다.

마지막으로, 제2장 제3절 '민주화운동과 민중신학: 운동론과 신학의 사이에서'는 다른 학문적 담론의 범위를 넘어 실제로 1970년대 당시의 개신교 민주화운동 또는 민중운동에서 민중신학이 어떻게 수용되었는지를 확인하는 작업을 수행한다. 특히 기독교 청년운동과 도시산업선교에서 민중신학의 수용 과정과 운동 주체들의 민중신학에 대한 이해를 살펴본다. 이를 통해 민중 개념이 두 운동 모두에서 이념적 기반으로서 일정하게 자리 잡고 있음을 밝혀낼 것이다. 그리고 좀 더 본격적으로 민중신학과 민중운동의 관계를 엿볼 수 있는 주요 조직, 인물, 사건, 그리고 문서화된 자료들을 선별하여 검토한다.

제1절 1970년대 민중운동의 출현과 민중신학의 형성

김창락이 지적했듯이, 민중신학은 70년대의 민중운동과 연관되어 생겨난 현장신학(現場神學)이다. 그에 따르면, "'현장신학'이라 함은 상아탑 속에서 신학의 학설들을 섭렵하는 가운데 형성된 소위 '강단신학(講壇神學)'에 대립해서 하는 말이다. 따라서 민중신학을 올바로 이해·평가하기 위해서는 특히 70년대의 민중운동을 파악해야" 한다.(김창락 1987, 70) 모든 1세대 민중신학자들이 강조한 대로, 1970년대에 한국에서 민중신학이라는 토착적이고 상황적인 정치신학 담론이 등장한 결정적인 계기는 "어느 청년 노동자의 죽음"으로 알려진 전태일의 분신 사건이었다.(최형묵 2023) 일반적으로 민중신학은 전태일 사건으로부터 촉발된 인식론적 전환을 출발점으로 삼으며, 여기에는 개발독재 체제하에서 민중신학자들이 몸소 겪었던 참혹한 인권유린의 실상뿐만 아니라 한국의 정치적·경제적 상황에서 극대화된 민중의 소외라는 더 넓은 맥락과 압축적 근대화 과정이 낳은 파괴적 결과들에 대한 충격적 인식이 반영되어 있다. 예를 들어 민중신학의 선구자 중한 사람인 안병무는 전태일 사건 발생 직후 자신이 발행하던 잡지『현존(現存)』에 편집 후기의 형태로 남긴 글에서, 전태일의 분신이 "고속도로와 고층 건물을 근대화의 상징처럼 내세우는 이 사회의 치부를 드러내어 만천하에 폭로했고 이기주의에 메마른 이 사회의 마음을 뚫어 동정과 의분의 샘을 터뜨려 그것이 예민한 학생들을 움직이게 했으며 그가 몸으로 친 경종은 가슴에서 가슴에로 메아리쳐 가고 있다"고 선언했다.(안병무 1970, 47)

이렇듯 전태일 사건은 1세대 민중신학의 신학적 상상력의 기원이며, 성찰의 준거가 되는 사건으로 민중신학자들의 삶에 깊이 뿌리 박혀 있었다. 따라서 민중신학이 탄생하는 데 있어서 전태일 사건은 민중신학자들의 '원체험(原體驗)'에 가까운 사건이었다고 할 수 있다. 물론 전태일 사건에 대한 충격적인 기억을 계속 간직하고 있는 것만으로 민중신학의 탄생이 가능할 수는 없었다. 전태일 사건을 '민중사건'이자 '예수사건'의 재현으로 이해할 수 있도록 그들을 끊임없이 자극하는 무엇인가가 존재하지 않았다면 민중신학의 탄생은 어쩌면 영원히 불가능했을지도 모른다. 민중신학자들로 하여금 전태일 사건에서 받았던 충격을 지속적으로 상기시키는, 그 사건이 갖는 의미를 계속해서 성찰하도록 자극하는 일련의 사건들이 민중신학자들의 목전에서 지속적으로 펼쳐져 왔기에, 그 영향으로 민중신학이 탄생할 수 있었다는 얘기다.

당연히 그 사건들은 전태일 사건을 기점으로 폭발하기 시작한 노동운동과 유신체제 성립 이후 더욱 광범위하게 확대된 반독재 민주화운동이었다. 그러한 운동들을 통해서 민중신학자들은 자신들에게 인식론적 충격의 경험으로 남아 있었던 전태일 사건을 반복적으로 회상하게 되면서 그 사건의 의미를 본격적으로 사유하고 탐구한다. 그리하여 그들은 전태일 사건을 한국 근대화 과정에서 은폐되고 망각되어온 민중의 고통을 폭로하는 대표적인 사건으로, 그리고 예수와 그의 지지자들인 오클로스가 함께 일으켰던 갈릴래아 민중/예수 사건의 동시대적 재현(再現)으로 이해하는 지점에까지 도달하게 된 것이다. 요컨대, 민중신학의 선구자들에게 전태일 사건 이후부터 최초의 민중신학적 연구물이 출현하는 1975년 봄 사이에 존재하는 공백을 메워주는 것이 바로 전태일 사건을 기점으로 하는 한국 민중운동이라고 할 수 있다. 그러므로 1970년대 민중신학은 1970년 11월 13일의 전태일 사건을 민중사건에 대한 원(原)체험으로 삼아 당대 민중의 경험, 특히 그들의 사회적 고통과 자기초월의 경험을 교회 비판 및 사회 비판의 입지점으로 삼아 발전해온 비판적 신학운동이라 할 수 있다. 그렇다면 구체적으로 전태일 사건 이후로 어떤 사건들을 경험하면서 일군의 신학자들은 민중신학자가 되었을까?

1970년 11월 13일 전태일 분신 사흘 후인 1970년 11월 16일, 서울대학교 법과대학에서 학생 100여 명이 모임을 갖고 가칭 '민권수호 학생연맹 준비위원회'를 발족하여 전태일 열사의 시신을 인수하여 서울법대학생총회에서 서울법대 학생장으로 장례식을 거행하기로 했음을 밝히고, 나아가 열사의 뜻을 이어받아 노동자의 권익을 위하여 계속 투쟁할 것과 준비위를 통해 활동을 전개해나갈 것을 천명한다. 특히 그 결정문에서 조직의 명칭에 인권(人權) 대신 '민권(民權)'이란 용어를 사용했다는 점을 주목할 필요가 있는데, 이를 통해 이후 본격화될 민중운동과의 관계를 엿볼 수 있기 때문이다. 결정문은 전태일 열사의 요구를 반영하여 다음과 같은 네 가지 선언으로 시작한다.

> 一. 생존권적 기본권을 쟁취(爭取)하자!
> 一. 무산대중의 생존을 보장하라!
> 一. 내 죽음을 헛되이 말라!
> 一. 근로기준법을 수호(守護)하자!●

실제로 민권수호 학생연맹 준비위는 전태일의 시신이 안치되어 있는 성모병원 시체실로 몰려가서, 아들의 뜻이 관철되지 않는 한 병원측으로부터 시신을 인수하지 않겠다고 했던 전태일 열사의 모친 이소선 여사를 만나 시신 인수의 뜻을 밝히고 허락을 얻어냈다. 이후 민권수호 학생연맹 준비위원회는 구체적인 대(對)정부 요구가 담긴 호소문을 발표하였다. 이 호소문에는 "내 죽음 헛되이 말라!" 유언하며 분신자살하기까지 전태일의 투쟁 과

● 민권수호 학생연맹 준비위 구성 결정문(1970. 11. 16.) 민주화운동기념사업회 오픈아카이브, 등록번호 00882478.

정을 "우리는 기계가 아니다", "동료 6명도 혈서", "126명 중 96명이 폐결핵 등에", "해고당한 후부터 근로기준법 연구", "2만 7천명 근로자의 참상"이라는 소주제로 나눠서 소개하는 내용과 "노동실태조사에 모든 학생 협조할 것과 조사결과 노동조건이 가혹할 경우 정부에 건의하자"는 주장이 담겨 있다. 또한 이소선 여사가 아들의 뜻이 이루어질 때까지 아들의 시신 인수를 거부했다는 뜻을 알리면서 마지막으로 학우들에게 "전태일 선생의 죽음을 헛되이 하지 맙시다"라고 호소하였다(한국기독교사회문제연구원 1983, 239). 이 결정문과 호소문의 발표를 시작으로 이화여대, 연세대, 고려대 학생들 수백 명이 관련 추도식과 집회를 열었고, 계속해서 전국 각지의 학생과 청년들의 집회로 확산되었다. 따라서 전태일 열사의 분신을 계기로 서울대 법대에서 조직된 '민권수호학생연맹 준비위원회'의 전태일 추도식 거행을 비롯한 후속 행동은 민주화운동사에서 노동문제를 민중문제의 차원에서 접근한 최초의 조직적 사례로 남아 있다(강인철 2009, 498).

물론 전태일 사건에 대한 반향은 기독교학생운동 진영에서도 즉각적으로 나타났다. 1970년 11월 25일 오후 5시, 서울 연동교회에서 신·구교 연합으로 전태일 추도예배가 개최된다. 이 추도예배는 한국기독학생회총연맹(KSCF), 대한 가톨릭학생 서울대교구연합회(PAX ROMANA), 한국기독교 도시산업선교 실무자협의회, 한국가톨릭노동청년회(JOC) 등 신·구교 4개 단체가 공동으로 주최하고 가톨릭중앙협의회, 가톨릭시보, 한국기독교교회협의회(KNCC), 기독교방송국(CBS)이 후원하는 가운데, 경동교회 강원용 목사, 박성종 신부, 나상조 신부 집전으로 진행되었다. 오재식의 증언에 따르면, "이날 추모예배에는 그야말로 인파가 구름같이 모여들었다." 특히 추도예배에서 추도사를 담당했던 강원용 목사는 전태일 분신 직후였던 11월 22일 경동교회 주일 예배에서 이미 "밀알 하나"라는 제목으로 전태일의 죽음을 추모하고, 기독교의 반성과 행동을 촉구하는 설교를 한 바 있다(그 설교는 당시 상무이사로 재직 중이던 박형규 목사의 주도로 CBS 기독교방송의 주일 설교 방송을 통해 전국으로 중계되어, 박정희 독재정권 아래 감시와 탄압 속에서 전태일의 삶을 전국에 알린 중대한 역할을 수행했다). 이날 추도예배에서도 그는 같은 메시지를 전했다. 그리고 이 추도예배에서는「일금 30원의 인생」이라는 제목으로 전태일 열사의 일대기를 조명한 글이 추도문으로 낭독되었고, 그리스도인으로서의 참회와 결의를 담은「헌신 고백문」이 함께 발표되었다. (한국기독교교회협의회 인권위원회 편 1987a, 104~110)「일금 30원의 인생」에는 "아아, 나에게는 왜 대학생 친구가 없는가?", "우리는 기계가 아니다", "근로기준법을 준수하라"와 같이 훗날『전태일 평전』을 통해 널리 알려진 발언들이 모두 담겨 있다. 실제로 이 추도예배는 당시 기독교 청년학생운동 진영이 전태일 사건을 어떻게 인식했고, 어떤 영향을 받았는가를 잘 보여주는 사례로서 의의를 지닌다.

이처럼 전태일 사건을 통하여 1970년부터 노동자와 학생 간에 '노학연대'가 형성되었으며, 기독교 학생운동과 일반 학생운동 간의 연대의 흐름이 나타나기 시작했지만, 학생들과 민주화운동단체들, 그리고 교회기관들에서 발표되는 성명서들에서 '민중'이라는 용어는 찾아보기 어려웠다. 1971년에 이르러 비로소 상황이 급변하는데, 민중이 본격적으로 등장하는 두 개의 중요한 문건이 출현했기 때문이다. 하나는 한국기독교장로회가 발표한「사회선언지침」이고, 다른 하나는「크리스챤사회행동협의체 사회정의실현촉진대회 선언문·결의문」이다. 차례로 살펴보자.

1971년 9월 29일, 민중선교를 지향하는 단체들 간의 협의와 협력을 위해 신·구교 선교단체의 연합체로서 크리스챤사회선교협의체가 결성된다. 이 단체는 신·구교를 망라하여 빈민선교를 하는 학생단체, 산업선교단체, 도시 빈민선교단체 등이 참여했다. 그런데 당시 이러한 민중선교를 지향하는 흐름은 초교파적 연합기구에만 한정된 현상이 아니었다. 크리스챤사회선교협의체 결성보다 앞선 1971년 9월 24일 한국기독교장로회 제56회 총회에서 '하나님의 선교(Missio Dei)' 개념에 입각하여 사회선교의 현장과 실천을 확대할 것을 교단 차원에서 공식화한 「사회선언지침」이 통과되었기 때문이다. 이미 1970년 9월에 한국기독교장로회는 에큐메니컬 기독교 민중운동 진영에서 고조되고 있던 사회참여 의식의 열기를 교단의 선교정책에 반영하여 '교회와 사회위원회'의 규칙을 통과시켰고, 이어서 제56차 총회에서 한국기독교장로회의 시대사적 위치와 사회선언의 필요성과 사회선언의 신학적 신학적 근거, 그리고 사회선언의 영역과 문제설정을 제시하는 「사회선언지침」을 통과시키게 된다. (한국기독교장로회 역사편찬위원회 1992, 450)

「사회선언지침」은 기장교단의 당면과제를 사회적, 정치적 대변화에 대응하여 예언자적 사명을 다하는 데서 찾고 있을 뿐만 아니라, 이러한 시점에서 기장교단이 "혁명적인 '예수'상(像)을 생각하고 함께 바라보면서 사회의 대변화에 그리스도의 정신으로 화육(化育)할 수 있는 새로운 교회의 구조적 변화"를 준비해야 한다고 주장한다. 물론 "1970년대 민중운동의 출현과 민중 개념의 재등장"이라는 주제와 관련하여 더욱 의미심장한 대목은 「사회선언지침」에서 사회선교의 대상으로 '서민', '대중', '노동자', '농민' 대신에 '민중'이 적극적으로 사용되고 있다는 점이다. 특히 두 번째 절인 "사회선언의 필요성" 부분에서 '민중'이 다음과 같이 등장하고 있다. "교회의 사회선언은 어디까지나 사회속의 민중을 위한 것이기 때문에 민중의 것, 민중을 위한 것이어야 한다. 교회는 다만 그것을 위한 하나님의 수단이요 도구에 지나지 않는다. …… 사랑과 정의를 내용으로 한 그리스도의 입장을 천명함으로써 민중으로 하여금 바른 태도를 결정하는 데 도움을 준다." 이처럼 「사회선언지침」은 '민중'이라는 용어가 1970년대 초반부터 기독교민주화운동 내부에서 농민, 서민, 대중, 노동자 등을 포괄하는 사회선교의 전문용어로 정착되고 있었음을 잘 보여준다. (김창락 1987, 75~76)

이어서 1971년 10월 5일 가톨릭교회 원주교구에서 지학순 주교의 인도 하에 성직자, 수도사 및 평신도 1,500여 명이 모여 부정부패 일소를 위한 특별미사를 올린 후 가두시위를 벌였는데, 이 사건에 대한 응답으로 3일 뒤인 10월 8일 신·구교연합단체인 크리스챤사회행동협의체 회원단체 대표자 26명은 부정부패 규탄을 위한 침묵시위 행진을 벌인다. 크리스챤사회행동협의체는 이날 오전 10시 20분 종로구 혜화동 소재 가톨릭학생회관에서 '사회정의실현 촉진대회'를 가졌다. 박홍 신부의 집전으로 미사를 봉헌한 대회 참석자 일동은 선언문을 낭독하고 12개 항의 요구사항을 포함한 결의문을 채택한 후 '부정부패일소', '사회정의실현'이라고 쓴 띠를 두르고 사회의 소금이 되겠다는 뜻으로 소금을 나누어 먹은 뒤 소금이 든 컵을 들고 대회장소인 가톨릭학생회관을 떠나 기독교회관을 향해 행진하며 침묵시위를 시작했다. 그러나 긴급출동한 기동경찰대원 30여 명에게 포위되어 10분여 동안 시비를 벌이다가 11시 42분 협의체 이사장 박홍 신부, 부이사장 박형규 목사, 사무총장 조승혁 목사 등 시위 참가자 26명 전원이 동대문경찰서로 연행되었다. 연행된 시위 참가자들은 4시간 동안 조사받은 후 석방되었다. 사회정의실현 촉진대회 선언문과 결의문 내용 일부를 소개한다.

권력과 금력 중의 어느 하나라도 가지지 못한 자는 부정한 권력과 부패한 금력의 횡포 아래서 그 생존권마저 위협받게 되었다. 인간의 존엄성은 여지없이 유린되고 자유는 압살되고 도덕은 타락하여 퇴폐와 불신과 절망이 민중을 질식시키고 있는 것이다. 그러나 이렇듯 민중이 신음하는 비극의 뒷전에는 오직 극소수의 특권층만이 부귀영달을 누리고 있으니 이게 웬말인가. …… 전국의 크리스챤들이여 근로자 농민들이여 진리와 정의편에 선 모든 시민들이여 정의와 자유를 위해 일어서자." (대한가톨릭학생총연합회, 가톨릭노동청년회, 안양근로자회관, 크리스챤아카데미, 기독교 도시산업선교위원회, 수도권도시선교위원회, 대한가톨릭지성인단체연합회, 가톨릭노동장년회, 서울대교구 산업사목위원회, 한국기독학생회총연맹, 대한 YMCA 연맹) 우리는 이 땅에 사회정의가 실현되는 참된 민주사회를 건설하기 위하여 다음 사항을 정부당국에 강력히 요구하여 우리의 책임과 의무를 과감하게 실천할 것을 결의한다.

1. 모든 교회 성직자와 지성인들은 억압된 민중의 편에 서서 사회정의실현을 위해 싸우라.

⋮

7. 모든 기업가는 민중의 수탈을 즉각 중지하고 공정한 분배원리에 입각한 합리적인 경영을 실현하라.

⋮

9. 모든 매스콤은 권력과 금력 앞에 굴복치 말고 진리와 정의와 민중의 편에 서서 정확하고 공평한 보도의 임무를 다하라.

⋮

11. 300만 크리스챤들은 눌리고 힘없는 민중의 편에 서서 사회정의실현을 위한 투쟁을 과감히 전개하자. (한국기독교교회협의회 인권위원회 편 1987a, 152)

사회정의실현 촉진대회의 촉발제가 되었던 3일 전의 가톨릭교회 원주교구의 가두시위에 대해 지학순 주교가 증언한 글에선 '민중'이라는 용어가 발견되지 않는다. 그러나 위 인용문에서 알 수 있듯이, 사회정의실현 촉진대회의 선언문과 결의문에서 처음으로 '민중'이라는 용어가 운동론적 의미로 사용되고 있다. 신·구교 연합체로서 당시 민주화운동 및 사회선교의 최전선에 있었던 11개의 회원단체들을 아우르는 크리스챤사회행동협의체의 명의로 발표된 반(反)정부·대(對)사회운동의 문서가 민중의 편에 서는 것이 곧 사회정의를 실현하는 길이며 정의와 진리의 편에 가담하는 길임을 명시하고 있다는 점에서 민중신학의 탄생을 예비하는 민중운동의 민중 개념을 정립한 사건으로서 중요한 의의를 지닌다. 그리고 이 문서는 '노동자', '농민', '근로대중'과 '민중'을 구별함으로써, 민중 개념이 그러한 다양한 주체들을 아우르는 운동적 개념임을 보여주고 있다. 이 사건을 기점으로 이후에 나온 여러 단위의 문서들에서 '민중'이라는 용어의 사용이 현저하게 늘어나면서 '민중'이 운동권에서 하나의 전문용어로 자리 잡아 나가게 된다.

학생운동에서 민중이 본격적으로 등장하는 주목할 만한 순간은 단연 '민청학련 사건'일 것이다. 1973년 12월경, 대학생들은 1973년 10월 이후의 반유신 학생 시위를 평가하면서 재야세력도 힘이 약화된 상황에서 유신과 긴급조치라는 폭압적인 통치에 대항하기 위해서는 전국적인 규모로 조직된 학생들의 투쟁이 있어야 할 것이라고 판단하고 이를 준비해 왔다. 1974년 1월 중순 각 지역 대학 대표들이 회합을 거쳐 3월 하순 경 일시적인 전국 시위 계획과 유인물의 공동 사용을 결정하였고, 유인물의 공신력과 대중적 설득력을 갖기 위해 '전국민주청년학생총연맹'이라는 명칭을 사용하기로 했다. 4월 3일을 기해 학생들의 전국적인 시위가 준비되었다. 그러나 사전에 학생들의 움직임을 파악한 박정권은 3월 29일에 대학생들을 대대적으로 검거하기 시작하였다. 학생들이 계속 검거되는 상황에서 4월 3일 서울대 등 몇몇 대학에서 소규모 시위가 있었으나 곧 압도적인 경찰 병력에 의해 진압되었다.

그런데 이때 민청학련 명의로 발표된 선언문이 눈길을 끄는데, 첫 문장부터 '민권'의 승리와 '민중'의 봉기를 선언하고 있다는 점에서 그렇다. 이는 당시 학생운동이 인식했던 변혁의 주체가 누구였는지를 잘 보여준다. 제목 그대로 '민중'을 수탈하는 정권과 자본에 대한 비판으로 시작하여, 민족분단을 공고화하는 군국주의에 대한 비판을 통해 '민족' 이념을 강하게 드러내고, "언론을 탄압하고 학원과 교회에 대한 억압을 더욱 가중시킴으로써 비판을 원칙적으로 봉쇄하고 있"는 유신체제를 정면으로 겨냥하는 가운데 '민중', '민족', '민주'의 세 이념을 체계적으로 종합하는 양상이 이 선언문에 잘 나타난다. 그리하여 결론적으로 박정희 정권을 "반민주적·반민중적·반민족적 집단"으로 규정하는 데서 향후 다양한 운동세력을 통합하는 민주화운동의 공통 기반인 '민중·민주·민족'이 정립되는 모습을 확인할 수 있다. (김창락 1987, 81~82). 주요 내용은 다음과 같다

> 바야흐로 민권승리의 새날이 밝아오고 있다. 공포와 착취, 결핍과 빈곤에서 허덕이던 민중은 이제 절망과 압제의 쇠사슬을 끊고 또다시 거리로 나섰다. …… 민중의 참상 속에서 오히려 호유방탕하는 저들 뒤에, 수많은 민중의 피땀이 엉켜있음을 모르는가! …… 기아임금으로 혹사 당하는 근로대중과 봉건적 착취아래 신음하는 농민 그리고 또 하나의 격리된 세계에서 확대되어 가는 판자촌—이것이 13년에 걸친 조국근대화의 업적인가? 이러한 농민 수탈 체제의 수호신은 바로 1인독재 체제와 정보 폭압통치이다. 5년 전의 3선개헌으로부터 노골화된 영구집권의 야욕은 국민늬 기본권을 유린하는 한편 이에 항의하는 학생, 종교인 등 수많은 애국인사를 체포, 구금, 고문, 투옥하는 등 만행을 서슴치 않고 있다. 소위 유신이란 해괴한 쿠데타 국가 비상사태와 1·8조치 등으로 폭압체제를 완비하여 언론을 탄압하고 학원과 교회에 대한 억압을 더욱 가중시킴으로써 비판을 원칙적으로 봉쇄하고 있다. 비판할 수 없는 정치, 이것이 과연 한국적 민주주의인가? …… 우리는 반민주적, 반민중적, 반민족적 집단을 봉쇄하기 위하여 숭고한 민족 민주전열의 선두대에 서서 우리의 육신을 살라 바치려 한다. (한국기독교교회협의회 인권위원회 편 1987a, 355~356)

1970년대 전반기에 나타나는 이러한 일련의 민중운동의 흐름에 기독교 신학자들은 응답하기 시작한다. 1973년 5월 20일 '한국기독교 유지 교역자 일동'의 명의로 발표된 「1973년 한국 그리스도인 선언」이 바로 그 첫번째 공식적·집단적 응답이라 할 수 있다. 이 선언은 유신체제 성립 직후인 1973년 1월초 일본 동경에서 지명관, 오재식, 김용복 등 3인에 의해 유신체제에 대한 반대를 표명하기 위한 취지에서 준비되었다. 1973년 오재식은 "개신교 성직자들의 시국 인식을 명료하게 보여줌과 동시에, 개신교 민주화운동의 신학적·신앙적 기반을 제시"할 필요성을 느끼게 된다. (강인철 2009, 399) 그리하여 당시 아시아 각국에서 진행되던 민중운동과 민주화운동을 지원하기 위해 설립된 DAGA(Documentation for Action Groups in Asia)에 참여 중이던 김용복과 더불어 당시 일본에 머물고 있었던 지명관이 의기투합하여 박정희 군사정권에 반대하는 선언문을 비밀리에 작성하여 배포하기로 결의한다. (김흥수 2017, 158; 김상현 2019, 300; 오재식 2011, 170~176) 오재식은 한국기독교역사연구소 주최 좌담회에서 이 선언문을 작성하게 된 동기를 다음과 같이 자세히 밝혔다.

1972년에 긴급조치 계엄령 체제로 들어갔는데 73년 봄이 되니까 많이 잡혀 들어가고 고생들을 하셨는데, 왜 우리가 저항을 하는가, 왜 우리가 싸워야 하는가 하는 설명을 해야 되겠다. 그런데 안에서는 정신없이 당할 때니까 그런 발의를 누군가가 해야 되지 않는가 하는 그런 필요를 느꼈고, 그때 또 이른바 세계기독교기독자 네트워크라고 하는 것은 생성이 채 안되었을 때입니다. …… 그다음 72년 말부터 터지기 시작하는데 73년 들어가니까 전단은 나오지만 왜 우리가 이것을 해야 하는가? 기독교적인 입장에서 볼 때에 이것이 무슨 의미를 가지는가? 그런데 대한 종합적인 입장이 밝혀져야 세계에 호소하는 데 좋겠다고 보았습니다. (서정민 외 1998, 333~334)

요컨대, 한국에서 유신체제가 출범하고 계엄령이 선포되는 등 정치 상황이 급격히 악화되자 민주화운동 차원에서 대응의 필요성을 절감한 오재식이 "한국 그리스도인 선언」의 작성, 배포, 인쇄 및 배포 비용 조달 등의 최종 책임자"로 나섰고, 지명관(한글, 일어)과 김용복(영어)이 문서 작성 실무 역할을 분담하여 이 선언이 나오게 된 것이다.(김홍수 2017, 157) 실제로 앞서 인용한 좌담회에 사정상 참석하지 못했던 김용복 역시 선언문 초안을 영어로 먼저 작성했으며, 일본에서 지명관의 책임하에 강문규에 의해 한글로 번역이 이루어지고 팸플릿으로 만들어져서, 배포를 맡은 오재식이 한글판을 만들어 NCCK 김관석 목사를 통해 박형규 목사에게 보낸 것으로 추정된다고 회고한 바 있다.(김용복 박사 팔순 기념논문집 출판위원회 2018, 53) 좌담회에서 지명관 역시 1973년 2월이나 3월경에 국내에 한국어본이 들어왔고 박형규, 문동환 등과 배포에 관한 합의를 이룬 후, 오재식이 마련한 1,000달러로 부활절 이후인 5월 20일에 인쇄 및 배포가 이루어졌다고 밝혔다. 그러나 NCCK는 유신체제하에서 선언문에 실제 서명자 명단이 들어가면 위험하다고 판단해 익명으로 선언문을 발표한다. 그래서 국내에서는 언론에 거의 노출되지 못했고, 소수 인사들에게만 알려지고 만다. 오히려 이 선언문이 작성된 일본 교회가 한국 교회를 다시 보게 되면서 일본 교회와 한국 교회의 새로운 관계가 형성되는 계기가 되었으며, 오재식이 선언문을 다시 미국으로 가져가 『기독교와 위기』(Christianity and Crisis) 잡지에 게재하고, 박상증도 WCC로 가져가 배포함으로써, 결국 독일 교회를 비롯한 세계 교회에 이 선언문이 「제2의 바르멘선언」이라 불리기까지 하면서 널리 알려지게 되어 한국 정치 현실과 기독교의 저항에 대한 지지와 연대를 불러오는 결과를 낳게 된다.(한국기독교교회협의회 인권위원회 편, 1987a: 250)

선언문의 내용을 살펴보면, 작성자들은 우선 이 선언문을 "한국 그리스도인의 이름으로 발표한다"고 주장하고, "한 사람이 삼권을 완전히 장악하고 국민을 억압하는 데 온갖 군사력과 정보조직을 동원하고 있는 오늘의 상황 아래서" 익명으로 선언문을 발표할 수밖에 없음을 설명한다. 그러고 나서 "독재의 절대화와 잔인한 정치적 탄압으로 말미암아 …… 인간적인 사회를 회복하려는 국민의 희망은 처참하게도 부서지고 말았다"고 비판하면서, 결정적으로 유신체제를 "사악한 인간들이 그 지배와 이익을 위하여 마련한 국민에 대한 반역"으로 규정한다.(한국기독교교회협의회 인권위원회 편, 1987a: 251) 이처럼 권력독점과 독재의 절대화로서의 유신체제, 군대에 의한 억압적 통치, 양심과 신앙의 자유의 파괴, 언론검열을 통한 여론조작과 기만, 정보기관을 이용한 국민감시와 정보통제, 수탈과 부정부패, 집권유지와 강화의 구실로 악용되는 분단체제 등으로 시대의 모순을 진단한 「1973년 한국 그리스도인 선언」은 삼위일체론적으로 짜여진 다음과 같은 신앙고백을 통해 이 선언의 신앙고백적·신학담론적 성격을 분명히 하고 있다.(채수일 2003, 29)

오늘의 우리의 말과 행동은 역사의 주인이신 하나님, 메시아의 나라에 대한 선포자이신 예수, 우리들 사이에서 힘있게 역사하시는 성령에 대한 신앙에 굳게 기초하고 우리는 하나님이 눌린 자들, 약한 자들, 가난한 자들을 반드시 의로 보호해 주시는 분이며 역사에 있어서 악한 세력을 심판하시는 분임을 믿는다. 우리는 메시아이신 예수가 불의한 권력은 무너지고 메시아의 나라가 올 것을 선포하신 것과 이 메시아의 나라가 가난한 자들, 눌린 자들, 멸시받는 자들의 안식처 될 것임을 믿는다. 우리는 또한 성령이 개인생명의 부활과 성화를 위하여 활동하실 뿐만 아니라, 역사와 우주의 새로운 창조를 위하여 활동하심을 믿는다. (한국기독교교회협의회 인권위원회 편 1987a, 251~252)

그리고 이러한 삼위일체론적 신앙고백을 다시 한번 민중신학적으로 구체화하여 "우리의 주님 예수 그리스도가 유대땅에서 눌린 자들, 가난한 자들, 멸시받는 자들과 함께 사신 것처럼, 우리도 그들과 운명을 같이하면서 살아가야 한다고 믿는다"는 고백을 덧붙인다. (한국기독교교회협의회 인권위원회 편, 1987a: 252) 이어서 박정희가 이끌고 있는 "한국의 현 통치권력은 공법과 설득에 의한 지배를 무시하고 힘과 위협에 의해서만 지배하려고 한다"는 비판을 중심으로 총 여섯 개의 항목에 걸쳐 유신체제를 정면으로 공격하고 있다. 마지막에는 "국민의 주권을 전적으로 무시한 채 제정된 법률, 명령, 정책 또는 독재(獨裁)를 위한 정치적 절차를 우리는 한국 국민으로서 단호히 거부한다"는 내용으로 시작하는 유신정권에 대한 저항적 정치운동의 강령까지 제시하고 있다(한국기독교교회협의회 인권위원회 편, 1987a: 252~253).

비록 「1973년 한국 그리스도인 선언」이 당시 국내에서는 민주화운동 진영의 소수 목회자들과 신학자들에게만 공유되었지만, 국제적으로는 널리 퍼져 한국의 인권 상황에 대한 인식을 전 세계적으로 촉진하는 중요한 역할을 했을 뿐만 아니라, 당시의 반(反)독재 민주화운동이 정치적 민주화의 범위를 넘어 정치·경제·사회 전반을 포괄하는 반(反)체제적 변혁운동으로서의 신학적 자기 정당성을 명확히 제시했다는 점에서 이론적으로나 운동사적으로나 매우 큰 의의를 지니고 있다. (김상현 2019, 300) 아울러 "한국의 이른바 「경제적 발전」이란 가난한 사람들에게 대한 몇 지배자 몇 사람의 음모의 결과이며 우리의 환경에 대한 가혹한 재난"이라고 파악했다는 점에서, 민주화운동 세력이 근대화와 발전에 대해 구체적으로 어떻게 대응해야 할지를 제시하는 중요한 성과를 이룩하였다. (한국기독교교회협의회 인권위원회 편, 1987a: 252; 김상현 2019, 300) 실제로 이 선언문 발표 이후 1973년 11월 23~24일에 NCCK는 인권협의회를 거쳐 「인권선언」을 발표하는데, 그 내용이 「1973년 한국 그리스도인 선언」을 충실히 계승하고 있다는 점에서 선언문이 끼친 영향을 짐작할 수 있다.

「인권선언」은 "인권은 하나님이 주신 지상의 가치"라는 주장으로 시작하여 선언문 채택의 배경을 밝히고, 이 선언이 당대 한국 현실에서 갖는 의의를 지적하는 내용을 담고 있다. 이에 따르면, "지금 한국사회의 현실은 인권이 무참히 유린당하고 있는 상태"로서, 무엇보다도 "정치적으로 국민은 주권을 박탈당하였으며, 민주주의는 허울뿐 모든 자유가 유보"되었고, "신앙의 자유마저 빼앗겨가고 있는" 상황이다. 따라서 "교회는 종래의 소극적이고 방관적 태도를 통절히 회개하면서 인권의 확립을 자유의 쟁취에서부터 성취코자" 결단함을 천명하면서, 특히 인권문제와 관련하여 "학원에 있어서의 인권", "여성의 인권", "노동자의 인권", "언론인의 인권" 문제를 최우선적으로 해결해야 할 당면과제로 제시한다고 주장한다. 특히 이 「인권선언」의 토대를 다음과 같은 신앙적인 결단에 두고 있음을 밝히는 부분이 당시의 민중운동의 흐름과 관련하여 주목할 만하다.

1. 억눌린 자들을 해방시키는 복음적 교회가 되기 위하여 교회의 내적 갱신을 기한다.
2. 교회는 개인의 영혼 구원에 힘쓸 뿐만 아니라 '구조악'으로부터 인간을 구출하기 위하여 사회 구원에 힘쓴다.
3. 교회는 인권 확립을 위하여 교회의 자원을 집중시킨다. 국제 사회 속에 살고 있는 우리는 세계 교회와 함께 인권 확립을 위해 투쟁할 것이며, 이 투쟁은 세계의 평화와 인간 회복의 꿈이 실현되어 하나님의 나라가 성취되기까지 지속할 것을 우리는 신앙공동체로서 선언하는 바이다. (한국기독교교회협의회 인권위원회 편 1987a, 299)

여기서 비록 '민중'이라는 용어는 직접적으로 사용되지 않았지만, 사실상 교회의 사회참여 방향을 민중의 인권해방과 사회구조적 변혁으로 설정하고 있음을 알 수 있다. 「인권선언」의 이러한 내용은 KNCC가 1970년대의 반독재 민주화투쟁과 인권운동에서 어떠한 위치를 지니고 있었고, 어떠한 태도로 현실에 임하고 있었는지를 잘 보여준다.

한편, 1973년 12월에 수도권도시선교위원회가 수도권특수지역선교위원회로 개편되면서 발표한 도시빈민선교 신조 및 전략을 통해 '민중'에 대한 새로운 이해를 바탕으로 사회선교의 방향을 재정립한 최초의 신학적 성과가 출현한다. 김창락의 평가에 따르면, 이 신조는 도시빈민선교가 "그동안 쌓은 경험과 새로이 부상한 민중에 대한 이해를 바탕으로 하여 시의(時宜)에 알맞는 선교전략을 정리해낸 것"으로서 "특수지역선교전략은 곧 민중선교전략이라 이름할 정도로 민중에 관한 진보적 이해를 내포하고 있다."(김창락 1987, 79) 아래에 민중이 발견되는 부분만 인용해본다.

수도권특수지역선교위원회 신조

우리는 이 사회의 소외지역에서 가난과 질병에 시달리고 절망의 수렁에서 몸 부림치는 민중의 신음소리를 듣는다. (출 3:7)

⋮

3. 성령은 이와 같은 움직임 속에서 일하시며 민중으로 하여금 저들을 사로 잡고 있는 불신, 공포, 이기심, 체념, 비굴, 무관심 등 사탄의 올가미에서 자유케하시고 하나님 나라의 새 희망을 주신다.

⋮

6. 하나님께서는 특별한 능력과 지혜가 있는 자를 선택하셔서 사회와 민중을 섬기는 지도자로 세우신다. 이러한 지도자를 찾아 그와 같이 일해야 한다. 그러나 이런 지도자들이 타락할 때는 하나님은 그의 의를 실현하시려고 주민을 들어 이를 심판하신다.

⋮

8. 민중은 하나님이 주시는 지혜와 능력으로 자기들의 문제를 자율적인 협동
운동에 의해 스스로 해결할 수 있다. 그러므로 선교자는 이와 같은 협동운동
을 도울 것이요 잘못된 자선행위나 지나친 간섭적인 지도는 삼가한다.

9. 교회는 교회의 자원을 민중 스스로의 운동에 지원 제공할 수 있어야 하며
특히 인적자원인 선교자를 배출양성해야 한다.

10. 수도권특수지역선교위원회는 이 모든 일을 동하여 교회의 새로운 선교
현장을 향한 관심을 촉구하며, 나아가서 민중문화운동의 촉진이 한국교회가
감당해야 할 시대적 사명임을 일깨운다. (한국기독교교회협의회 인권위원회
1987a, 140~141)

그리고 이러한 민중그리스도교적 신조는 "오늘의 한국 땅에 한국의 문
제, 한국민의 문제를 꿰뚫어 보면서 새 교회 운동을 주민의 교회, 민중의 교
회에 초점을 누고 선교하는 것"으로 정리한 민중지향적 선교활동 전략에서
다시 한번 표현된다. (한국기독교교회협의회 인권위원회 1987a, 142)

「1973년 한국 그리스도인 선언」이 민중운동에 대한 교회의 응답과 민중
신학의 형성 과정에서 중요한 이유는 그 초안자가 민중신학자 김용복이기
때문이기도 하지만, 민중신학의 또 다른 개척자인 서남동이 이 선언의 민
중신학적 취지를 앞장서서 전달했다는 민중신학자 문동환의 증언 때문이
다. (문동환 2009, 296~297) 특히 "우리는 예수 그리스도가 유대 땅에서 눌린
자들, 가난한 자들, 멸시받는 자들과 함께 사신 것처럼 우리도 그들과 운명
을 같이하면서 살아가야 한다고 믿는다"는 선언문의 내용이 "유신체제하의
한국교회의 신앙고백이며, 한국적인 민중신학의 선언"으로, 즉 "가난한 자
들, 눌린 자들, 멸시받는 자들"이라는 표현이 '민중'에 관한 언급이라고 당시
민중신학의 개척자들에게 이견 없이 받아들여졌던 것으로 판단된다. 그리

고 이 선언문이 이후 1세대 민중신학자들(문동환, 문익환, 안병무, 서광선, 서남동, 현영학)이 작성 과정을 주도하고 서명자로 이름을 올린 1974년 「한국 그리스도인의 신학적 성명」의 직접적인 준거로 작용했다는 사실 역시 중요하게 고려되어야 한다. 공개적으로 발표된 1974년 「한국 그리스도인의 신학적 성명」이야말로 본격적이고 명시적이며 신학적인 최초의 '한국 그리스도교 인권선언'이라고 할 수 있기 때문이다.

1974년 들어 긴급조치 제4호 아래에서 민청학련 사건에 대한 군법회의가 학생들에게 사형에서 무기징역에 이르는 중형을 선고하는 동안 개신교 민주화운동 세력은 「1973년 한국 그리스도인 선언」을 비롯하여 그때까지 교계에서 발표된 여러 선언문과 성명서에 신학적 근거와 타당성을 제공할 필요성을 절감하게 된다. 특히 1974년 11월 9일 한국 기독교실업인회에서 주최한 '국무총리를 위한 기도회'에서 당시 국무총리 김종필이 로마서 13장 1~7절을 인용하는 가운데 "교회는 정부에 순종해야 하며 정부는 하나님이 인정한 것"이라 주장함으로써 그리스도인들의 정치참여의 정당성을 국가적 차원에서 부정하는 사건이 일어나자(김명배 2010, 155) '국가와 종교', '인권', '교회의 선교'와 같은 쟁점들을 신학적으로 재검토하고, 교회의 민주화운동 참여를 신학적으로 정당화해야 한다는 요청이 강하게 대두된다.

그리하여 1974년 11월 18일 강문규, 강원용, 고용수 등 66명의 개신교 지도자들의 이름으로 「한국 그리스도인의 신학적 성명」이 발표된다. 앞서 1973년 5월에 발표된 「1973년 한국 그리스도인 선언」과 마찬가지로 이 성명서 역시 민주화운동에 대한 신학적 정당화에서 중요한 위치를 점하고 있지만, 익명으로 해외에서 소수에 의해 비밀리에 작성되었던 전자와 달리 국내에서 다수의 신학자 목회자 기독교인 교수들의 동의를 얻어 공동명의로 공개적으로 발표되었다는 점에서 차별성을 지닌다.

이 성명서에 이름을 올린 서광선의 회고에 따르면, "이 문서를 기초한 신학자들은 서남동, 안병무, 현영학 교수 등 당대의 정치신학자들이고 한국 민중신학의 거목으로 알려진" 이들이었고, 노명식, 소홍렬, 윤정옥, 이문영, 이우정, 이효재, 정의숙, 조요한, 한완상 등 목사가 아닌 학자들도 다수 서명자로 동참하였다.(서광선 2016, 285~286)

성명서의 내용을 살펴보면, 먼저 이러한 성명을 내놓은 주체가 누구이며("우리는 그리스도가 세계사의 구원자임을 믿는 세계 그리스도교의 일원이다. 그와 동시에 한국 국민으로서 이 나라에 그리스도의 복음을 전하여 정의를 세우고 하나님의 질서를 수립할 것을 사명으로 아는 그리스도인이요 신학도들이다"), 왜 이런 성명서를 발표하게 되었는지 그 동기를 설명하고 있다("그리스도는 제도적 교회에 오신 것이 아니라 바로 이 세계, 이 역사의 한 가운데 오셨다. 구원의 역사는 인간의 모든 것을 포괄한다. …… 그러므로 우리 관심은 정권이 누구의 손에 있느냐에 있지 않고 그 제도와 정책에 있다"). 그리고 나서 곧바로 유신체제 아래 한국 민주주의의 현실을 세 가지 측면에서 문제 제기한다.

1. 권력이 그 한계를 알고 정의를 위해 행사되느냐?
2. 하나님께 속한 인간의 기본권이 보장되고 있느냐?
3. 신앙 행위의 자유가 보장되어 있느냐? (한국기독교교회협의회 인권위원회 편 1987a, 404)

이 질문에 대해 스스로 답하길, "현 정권이 수립된 이후 위수령, 비상사태 선언, 헌법개정, 마침내 대통령 긴급조치령 등으로 권력을 절대화하는 방향으로" 나아가면서 "국가와 정부를 동일시함으로 정부의 정책을 비판하는 언론이나 행위를 국가안보라는 구실로 반국가적 죄로 다스리기에 이르렀다"고 지적한다. 아울러 박정희 정권은 "인권을 극도로 유린"함으로써

"언론통제, 학원사찰, 평화적 의사표시의 한 방법인 시위를 무력으로 억제하고 있"을 뿐만 아니라, "신앙과 선교의 자유권을 가속도적으로 침범하고 있다"고 주장한다. (한국기독교교회협의회 인권위원회 편 1987a, 404) 특히 성명서는 유신정권의 경제 고도성장 정책에 따른 인권 유린의 문제를 정면으로 제기하고 있다는 점에서, 본격적이고 명시적이며 신학적인 최초의 '한국 그리스도교 인권선언'이라고 할 수 있다. (김진호 2007, 52)

> 그러므로 권력의 부당한 개입으로 또 경제구조의 병폐에 의한 물질의 편중으로 가난한 사람은 더욱 가난해져서 생존권마저 침해받는 일은 하나님께 속한 인권이 유린되는 일이다. (한국기독교교회협의회 인권위원회 편, 1987a: 406)

「한국 그리스도인의 신학적 성명」은 유신정권을 향해서뿐 아니라 당시 유신체제에 순응하고 참혹한 인권유린의 현실에 대해서도 침묵하고 있었던 한국 교회의 주류를 향해서도 교회의 정치적 사명을 선교의 차원에서 상기시키고 있다. "오늘의 한국의 그리스도인들이 선교를 정치적, 사회적 행동으로 수행하는 것은 …… 다만 구약의 예언자들, 신약의 사도들, 그리스도교 역사상의 증인들과 순교자들, 그리고 무엇보다도 예수 그리스도의 선교활동에서 그 삶과 행동의 표본을 보기 때문이다."

마지막으로 이 성명서는 그전에 발표되었던 주요한 선언과 성명들, 예컨대 「1973년 한국 그리스도인의 선언」에서 시작하여 감리교 제12차 총회에서 발표된 「시국 선언문」 등을 열거하고 전적인 지지를 표명하면서, 이 모든 교회의 외침을 "바로 '가난한 자 갇힌 자를 해방하는' 교회의 선교활동"으로 선언한다. 이를 통해 당시 이루어지던 시국 상황에 대한 교회의 발언과 실천적 행동들을 신학적으로 해명하고 뒷받침하는 역할뿐만 아니라, 독재정권 및 보수교단으로부터 기독교 민주화운동에 대해 가해지던 이데올로기적 공세를 신학적으로 방어하려는 취지 역시 명확히 보여주고 있다.

물론 「한국 그리스도인의 신학적 성명」 역시 「1973년 한국 그리스도인 선언」과 마찬가지로 직접적으로 민중이라는 용어를 사용하고 있진 않지만, 그럼에도 "가난한 자", "눌린 자", "갇힌 자" 등의 표현을 반복적으로 사용함으로써 민중신학적 문제의식을 담고 있음을 주목해야 한다. 무엇보다도 1987년 초, 한국기독교교회협의회 인권위원회가 1970년대 기독교의 민주화와 인권을 위한 투쟁을 정리하는 일련의 자료집을 『1970년대 민주화운동』라는 제목으로 발행했을 때, 제1권의 서론 제1장으로 1970년대 기독교 민주화운동 및 인권운동의 역사적·신학적 의의를 논하는 역할을 맡은 「인권에 대한 신학적 조명」의 저자가 바로 민중신학자 안병무였는데, 안병무는 그 글에서 1970년대의 각종 문서들이나 실천들을 총괄적으로 논하는 대신 자신이 작성 과정에 주도적으로 참여했던 「한국 그리스도인의 신학적 성명」을 민중신학적 관점에서 그 의의와 취지를 재해석하는 데 집중하고 있음을 간과해선 안 될 것이다. (한국기독교교회협의회 인권위원회 편 1987a, 2~12; 안병무 1989. 174-188; 김진호 2007, 51~73) 이는 「한국 그리스도인의 신학적 성명」이 민중신학자들에 의해 주도되었고, 이후에도 민중신학자들에게 민중신학의 전사(前史)에 해당하는 텍스트로 받아들여졌음을 시사한다.

이상의 과정을 통해 1970년대 초반에 민중 개념이 운동권에서 처음 등장함과 동시에 민중운동이 형성되었으며, 그것이 다시 기독교 사회선교에 강한 영향을 미치면서 민중그리스도교 운동을 낳았으며, 궁극적으로 신학자들의 응답을 끌어냄으로써 마침내 1975년에 이르러 민중신학이 출현하게 된다. 일반적으로 민중신학의 초기 형성에 관해 논의할 때 다음의 텍스트들이 주로 거론된다. 먼저 「1973년 한국 그리스도인 선언」과 1974년의 「한국 그리스도인의 신학적 성명」에서 예수가 '눌린 자들', '가난한 자들', '약한 자들', '멸시받는 자들'과 함께 예수운동을 전개했듯이, 한국의 그리스도인들도 그들과 운명을 같이해야 한다고 고백한 것이 민중신학의 맹아적 형태로서의 성격을 갖고 있다고 평가된다. 민중신학의 창시자 가운데 한 사람인 죽재 서남동은 자신의 저서 『민중신학의 탐구』에서 이 두 선언서와 더불어 1973년 6월 『한국신학보』에 실린 현영학(玄永學, 1921~2004)의 「민중 속에 성육신해야」와 1975년 3월 『기독교사상』에 발표된 함석헌(咸錫憲, 1901~1989)의 「절망 속의 희망」을 민중신학의 전사(前史)에 해당하는 글로 소개했다. (서남동 1983, 174; 서남동 1983, 32)

한편, 1970년대 발표된 민중신학 대표 논문 선집인 『민중과 한국신학』(1982)의 편집자들은 민중신학의 전사에 해당하는 제1부 '민중 이야기의 시작'에 "'민중'에 관한 신학적인 작업이 시작되기 이전에 쓰여진 고전적인 글들" 세 편을 배치한다. • 바로 여기에 현영학의 글 「민중 속에 성육신해야」(1973)가 함석헌의 「씨울의 참 뜻」(1970) 다음으로, 안병무의 「민족·민중·교회」보다 앞에 놓여 있는 것을 확인할 수 있다. 여기서는 현영학의 글과 함께 함석헌이 씨알 대신에 민중이라는 용어를 명시적으로 사용한 1975년의 「절망 속의 희망」을 살펴보고자 한다. 왜냐하면 후자의 글을 서남동이 민중신학의 전사로서 중요하게 평가하고 있기 때문이다.

현영학의 「민중 속에 성육신해야」는 제목 그대로 "기독교가 민중의 것이 되려면 먼저 민중의 친구가 되어 민중과 함께 살고, 함께 생각하고, 함께 보

• '민중신학'이라는 하나의 단어가 공식적인 용어로 정착된 계기는 1979년 10월에 한국기독교교회협의회와 아시아기독교협의회 신학위원회의 주관으로 서울에서 개최된 〈아시아기독교협의회 신학회의〉(CTC-CCA: the Commission on Theological Concerns of the Christian Conference of Asia)였다. 이 회의의 준비를 맡았던 신학자들은 회의에서 발표된 한국의 새로운 신학적 흐름에 어떤 이름을 붙일지 몰라 토의를 거듭했다. 그 결과, 민중을 '위한' 신학도 아니고, 민중'의' 신학도 아니며, 어떻게 보면 민중 경험, 민중 문화, 민중의 이야기에서 배우는 신학이기도 하기 때문에, 이것도 저것도 아닌 '민중신학'으로 하자고 합의를 보게 되었다는 것이다. (현영학 1990, 11) 이때 발표된 논문을 모아 영어로 『Minjung Theology: People as the Subject of History』라는 책이 1981년에 출간되었고, 여기에 1970년대에 『기독교사상』과 『신학사상』 등에 발표되었던 민중신학 관련 중요 논문들을 추가하여 NCCK 신학연구위원회 편으로 『민중과 한국신학』(1982)이 출간된 것이다.

고, 함께 느낄 수 있어야 하지 않을까"를 질문하는 동시에 마땅히 그래야 함을 역설하고 있다. 1970년대 초반 한국사회에서 그리스도교가 민중과 유리된 엘리트가 되었음을 전제하고서, 이러한 상황을 타개하기 위해 일종의 하방운동(下放運動)을 대안으로 제시하고 있는 셈이다. 더욱 인상적인 것은 이 글에서 현영학이 만일 그리스도교의 하느님이 역사를 통해서 활동하고 역사를 통해서 그 뜻을 나타내는 역사적인 하느님이라면, 한국 역사 안에서도 하느님의 경륜을 찾아보아야 하고, 불교적인 것과 유교적인 것만이 아니라 무속적인 것까지도 망라하는 한국의 종교문화적 전통에서 하느님나라의 표징을 찾아보아야 한다고 주장했다는 사실이다. 이는 훗날 서남동이 「민중의 신학」(1979)에서 보다 정교하게 제시한 민중신학적 역사 개념의 선례라고 봐도 무방하겠다. •

현영학의 「민중 속에 성육신해야」(1973)와 더불어 민중신학의 전사로서 주목해야 할 또 다른 글이 바로 함석헌의 「절망 속의 희망」(『기독교사상』 1975년 3월)이다. 민중신학과 씨알사상의 관계를 엿볼 수 있는 함석헌의 많은 글이 있지만, 그중에서도 안병무와 서남동이 민중신학에 관한 최초의 연구성과를 각각 『기독교사상』 1975년 2월호와 4월호에 발표하는 그즈음에 함석헌이 같은 『기독교사상』 1975년 3월호에 발표한 글이 바로 「절망 속의 희망」이기 때문이다. ••

1970년대 이래 함석헌은 『씨올의 소리』를 통해 자신의 개념인 씨알뿐만

• 2세대 민중신학자 박성준 역시 1973년에 발표된 현영학의 글이 서남동의 「예수·교회사·한국 교회」나 안병무 「민족·민중·교회」보다 2년이나 앞선 것으로서, 민중신학 형성사에 있어서 더욱 비중 있게 다루어져야 할 글이라고 주장한다. (박성준, 1997: 85) 박성준은 이 대목에서 또 다른 민중신학자 송기득(宋基得)의 진술을 인용하고 있는데, 그에 따르면 "엄밀히 말해서 지상에 나타난 글로 보면 민중신학은 현영학에게서 시작되었다"고 한다. (송기득, 1990: 64)

•• 실제로 1970년 4월에 발표된 「씨올의 참뜻」과 함께 1970년대 민중신학의 주요한 연구들을 모은 『민중과 한국신학』(1982)에 수록되었다는 사실에서 당시 민중신학자들이 이 글을 민중신학적 연구로 간주했음을 알 수 있다.

아니라 민중에 관해서도 지속적으로 발언함으로써 안병무와 서남동이 민중신학을 제창하는 데 사상적으로나 실천적으로 많은 자극과 영향을 주었다. 함석헌의 제자인 김성수가 안병무와 나눈 인터뷰에 따르면, 안병무는 자신이 함석헌에게 받은 영향을 이렇게 말했다. "함 선생님 영향으로 나는 기독교를 탈기독교적 입장에서 볼 수 있었다. 그리고 내가 사상적으로 얼마나 좁은 틀 속에서 살고 있었는지 깨우쳐 주었다. 함 선생님 씨울사상은 내가 민중과 민중신학을 발견하는 과정에 있어서 어떤 눈을 뜨게 해줬다. 지금도 계속해서 함 선생님 영향이 내게 끊임없이 작용한다."(김성수 2001, 162). 서남동 역시 민중신학에서 말하는 민중을 정치사회적 차원의 인간으로 정의하는 반면에 함석헌의 씨울을 존재론적 차원의 인간으로 정의하면서 양자를 구별지었지만(서남동 1982, 296), 1975년에 발표한 최초의 공식적인 민중신학 연구성과인 「민중의 신학'에 대하여」에서 "함석헌 선생이 1970년 이래 『씨울의 소리』에 거듭거듭 목이 터져라 하고 외치고 있는 것"이 바로 민중이었음을 뒤늦게 깨달았다고 고백할 만큼 함석헌으로부터 받은 자극과 통찰을 인정한 바 있다. (서남동 1983, 32)

그런데 이 글에서 함석헌은 씨알이라는 용어보다 민중이라는 용어를 오히려 더 많이 사용했다. 씨알은 씨알철학이라는 말로 마지막 문장에서 단두 번 등장할 뿐이지만, 민중은 이 글에서 총 13회 등장하고 있다. (함석헌 1975) 특히 그 글의 후반부 중심 내용은 단연 민중으로 집약된다. 서남동이 잘 요약한 대로, 함석헌의 논점은 "지금은 영웅적인 개인의 시대가 아니라 민중 전체의 시대라는 것, 역사의 주인은 제왕들이 아니라 민중이라는 것, 민중을 다스리려고 하지 말고 섬겨야 한다는 것, 지금은 민중이 전체로 생각하는 시대라는 것(이점은 아마 떼야르 드 샤르댕의 '공동사고'에 해당될 것이리라), 이런 것들이 역사의 방향이라는 것, 그러기에 이 방향에 순응하라"는 내용이다. (서남동 1975, 88) 실제로 함석헌은 이 글에서 다음과 같이 주장함으로써 민중이 역사의 주체(主體)라는 민중신학의 중심 논제를 선취하고 있을 뿐만 아니라, 바로 그 논제를 통해 박정희 일인 독재체제에 내재된 반(反)민중성을 신랄하게 비판하고 있다.

옛날에도 나라의 주인, 역사의 주인이 민중인 것은 다름이 없었지만 다만 싹 틀 시기가 되지 못해 잠잠히 있었을 뿐이었다. 그랬기 때문에 옛날에 있어서도 잘난 임금이라는 이름을 들었던 사람들은 곧 다른 것 아니고 백성을 나라의 주인으로 알아 대접할 줄 알았던 사람들이었다. 그러나 이점에서는 아직도 잘 인식하지 못하는 사람이 많다. 지금을 세계적 위기와 혼란시대라 하지만 그 까닭은 오로지 여기 있다. 옛날식의 임금 영웅으로 대표되는 국가주의는 물러가야 할 터인데 시대를 거스를 수는 없어서 그 제도로는 민주주의라 세계주의라 하면서도, 사실 정치가의 심정은 옛날 지배주의 시대의 생각을 창신하지 못하고 있어 아직 침략주의를 창신하지 못하고 권위주의를 탈피하지 못하고 있기 때문에 오는 고민이다. 이 시대를 전체주의 시대라 하는 것은 이제 인간의 역사는 어떤 잘난 인물의 이끎으로 될 것이 아니고 제 일을 제가 아는 민중이 개인으로서 생각하는 것이 아니라 전체로서 생각해서만 될 것이기 때문에 하는 말이다. (함석헌 1975, 58)

이러한 주장을 바탕으로 함석헌은 미래를 민중의 시대로 결론짓는다. 그리고 미래가 그와 같이 민중의 전체로 생각하는 시대라면 그것이야말로 한국철학의 고유성이라고 주장한다. 안병무와 서남동이 민중신학을 제창하던 바로 그 시점에 함석헌 역시 자신의 씨알사상을 민중의 철학으로 재규정한 것이다.

제2절 민중신학의 논리구조와 성격: 해방신학 및 당대 민중론과 민중신학의 비교

이상의 전사를 배경으로 하여,「1973년 한국 그리스도인 선언」부터 1974년의「한국 그리스도인의 신학적 성명」에 이르는 여러 선언 및 성명에서 천명된 입장이 체계화된 신학적 입장으로 다듬어져 비로소 발표된 것은 1975년에 이르러서였다. 그래서 민중신학계에서는『기독교사상』1975년 4월호에 게재된 안병무(安炳茂, 1922~1996)의「민족·민중·교회」와 두 달 먼저 같은 지면에 발표된 서남동(徐南同, 1918~1984)의「예수·교회사·한국교회」및 그 글에 대한 철학자 김형효의 비판(「혼미한 시대의 진리에 대하여」,『문학사상』1975년 4월)을 반박하기 위해 '민중(의) 신학'을 학술적 개념으로서 처음 사용한「'민중의 신학': 김형효 교수의 비판에 답함」(『기독교사상』1975년 4월)을 본격적인 출발점으로 잡고 있다. 이 세 편의 글이 민중신학의 탄생을 고지하는 최초의 이론적 성과로 꼽히고 있는 것이다. •

그중에서도 안병무의「민족·민중·교회」가 민중신학사에서 최초의 민중신학적 연구로 꼽히는 까닭은 이 강연문에서 안병무가 '오클로스(οχλος)'라는 신학적 민중 개념을 최초로 사용했기 때문이다. 안병무의 글은 원래 긴급조치 1, 4호에 의해 구속되었던 김찬국, 김동길 두 교수의 석방을 환영하고자 기독자교수협의회 주관으로 1975년 3월 1일에 새문안교회에서 열린 기념 강연회의 강연 원고를『기독교사상』에 게재한 것이다(기도는 서남동, 성명 낭독은 한완상이 각각 맡았다). 그래서 같이 게재된 서남동의 글이 김

• 역사적으로 의미 있는 대목은 이 글들 모두 당시 반(反)독재 민주화운동을 주도하던 에큐메니컬 개신교 진영을 중심으로 발표되었다는 사실이다. 따라서 민중신학은 인간해방에 대한 열망이 폭발하던 세계사적 흐름, 세계 에큐메니컬 운동의 새로운 의제, 개발독재 및 유신체제하 정치적 상황 등이 복합적인 계기로 작용하여 탄생한 사회참여적 신학운동으로 평가된다. (김창락 1987, 69-132; 박성준 1997, 58-95)

형효의 글을 비판할 때 이 내용을 인용할 수 있었다. 한완상의 회고에 따르면, 원래 안병무가 잡은 강연 제목은 "민족과 교회"였지만, 한완상의 제안으로 "민족·민중·교회"로 바뀌었고, 이에 따라 안병무 역시 민중에 대한 신학적 해석을 첨가했다고 한다. (한완상 1998, 241)

이 글은 그 제목이 시사하듯이 1970년대 전반기의 민주화투쟁을 통하여 역사변혁의 주체로서 그 모습을 드러낸 '민중'에 대한 이해를 성서학적·신학적으로 정리해냈다는 데 의의가 있다. 무엇보다도 이 강연문에서 특기할 것은 당시 독재정권에 저항하는 민주화운동 세력 내에서 사회적 모순의 담지자이자 변혁의 주체로서 인식되고 통용되던 '민중(民衆)'이라는 용어를 신약성서『마르코복음』(마가복음)에 나타난 예수운동의 수혜자이자 지지자였던 오클로스와 연계하여 논의하고 있다는 점이다. 오클로스는 통상적으로 군중, 대중, 무리로 번역되어 왔는데, 안병무는 이 용어를 민중으로 번역함으로써 당시 한국의 민중적 민주화운동에서 사용하던 민중 개념의 엄밀한 성서학적 근거를 부여한 셈이다.

안병무에 따르면, 군사독재정권 아래 한국사회에는 민족은 존재하지만 민중은 존재하지 않는다. 바꿔 말하자면, 실제로 존재하는 것은 민중이며, 민족은 대외적 관계에서 형성되는 상대적인 개념일 뿐이다. 그럼에도 권력자들이 강조한 것은 언제나 민족이었고, 그 민족을 형성한 실체로서의 민중은 계속해서 민족을 위한다는 구실 아래 희생을 강요당해왔다는 것이다. 따라서 안병무가 보기에 민중의 이익과 생존을 도외시한 '민족'이라는 개념은 사실상 이데올로기적 허구이며, 민중이 그렇게 민족에 가려질 때 결국 민족도 민중도 사라지고 만다.

안병무는 해방 후의 한국 그리스도 교회 역시 민족만 강조했을 뿐 민중에는 무관심했다고 지적한다. 8·15에서 4·19에 이르기까지 부정부패의 탁류에 민중이 눌린 채 살아가는 동안 한국 교회는 '인권'이나 '정의'라는 용어조차 몰랐으며 민중의 아우성과 고난을 전혀 듣지도 보지도 못하는 상태였다. 그런데 교회가 그렇게 자신들의 반동적 행태의 근거로 삼고 있는 성서가 정말 그렇게 반(反)민중적 텍스트인가 했을 때 그렇지 않다는 것이 안병무의 주장이다. 요컨대, 마르코복음의 오클로스가 바로 수고하고 무거운 짐 진 사람들이며 사회에서 죄인으로 규정된 사람들이며 잃어버린 양이며 무시하는 탕자이며 초대받지 못했던 "동네 큰 거리와 골목에서 배회하는 '가난한 사람들', '불구자들', '맹인들', '절뚝발이'이며 해가 져도 일자리 없어 거리를 헤매는 실업자들이며 눌린 자, 포로된 자들이며 배고프며 헐벗었으며 슬퍼 통곡하며 박해를 받은 자"들, 곧 1970년대 유신체제하에서 한국 민중과 동일한 삶의 자리를 공유하는 민중이었다는 것이다. 이러한 해석이 가능했던 것은 마르코복음을 예수의 개인전기가 아니라 예수와 민중이 더불어 일으킨 갈릴래아 예수운동/민중운동의 집단적인 사회전기로 파악했기 때문이다.

한국신학대학교와 연세대학교에서 교수로 일했으며, 한국기독교장로회 선교교육원장을 역임했던 서남동(徐南同, 1918~1984)은 안병무와 더불어 민중신학 1세대를 대표하는 인물이다. 전태일 사건의 발생과 그 중요성을 동료 신학자들에게 알리는 역할을 담당하기도 했던 서남동은 1970년 8월, 아프리카 나이로비에서 열린 세계장로회 연맹 22차 총회에 몇몇 신학자들과 함께 참여했다가 김지하(金芝河, 1941~2022)의 담시 「오적(五賊)」을 접하게 되면서 한국의 정치 현실과 민중 문제에 관심을 기울이게 된다. 이후 1973년 5월 「1973년 한국 그리스도인 선언」이 발표되던 무렵에 본격적으로 민중을 신학의 주제로 삼기 시작했고, 1974년 11월 안병무·현영학·문동환 등과 함께 「한국 그리스도인의 신학적 성명」을 주도하면서 본격적으로 민주화운동의 길에 들어선다.

안병무의 민중신학이 '오클로스'론(論)과 '민중사건의 화산맥' 개념으로 집약된다면, 서남동의 "민중신학의 체계적 구상의 핵심 개념"은 단연 '두 이야기의 합류'이다. (강원돈 1990, 801) 바로 그 '두 이야기의 합류' 개념을 명시적으로 처음 사용한 글로서 민중신학사에서 중요한 위상을 점하고 있는 글이 서남동의 "민중의 신학"이다. 이 글은 한국신학연구소에서 발간하는 학술지『신학사상』제24집(1979년 봄호)의 특집 주제 '민중의 신학'에 표제작으로 기고한 최초의 본격적인 민중신학 연구논문이다. 서남동은 이 글이 작성된 1979년 당시에, 그러니까 유신체제가 점점 파국으로 치닫고 있던 시점에 "기독교의 민중사와 한국의 민중사가 한국 기독교인에게서 지금 합류되고 있다"고 선언했을 뿐만 아니라 그와 같이 "기독교의 민중전통과 한국의 민중전통이 현재 한국교회의 '신의 선교' 활동에서 합류되고 있는 것을 증언하는 것"이 바로 새롭게 탄생한 민중신학이 짊어져야 할 과제라고 주장한다. (서남동 1979, 105) 물론 그 과제는 "현재 눈앞에 전개되는 사실과 사건을 '하느님의 역사개입', 성령의 역사, 출애굽의 사건으로 알고 거기에 동참하고 그것을 신학적으로 해석하는" 작업으로 귀결된다. (서남동 1983, 78) 이러한 서술을 통해 서남동은 합류, 증언, 사건, 동참, 해석 등과 같이 민중신학의 기본성격을 규정하는 여러 개념들을 포괄적으로 함께 제시하고 있다. 그중에서도 특히 '사건'과 '증언'이라는 개념은 안병무의 민중신학 구상을 통해 그 성격과 의미가 분명히 밝혀졌는데, 유사한 문제의식이 서남동 민중신학의 체계적 구상에서도 발견된다는 사실 역시 주목을 요한다.

그리하여 이 글에서 서남동은 자신의 민중신학의 방법을 "지금 현실의 경험과 맥락에 맞기 때문으로 적합성이 주어지는 것"으로 해석하는 성령론적·공시적 해석(pneumatological-synchronic interpretation)이라고 명명한다. 그에 따르면, '성령론적 해석'은 "2천년전에 씌어진 본문을 지금 해석한다는 것이 아니고", "내가 선택해야 할 지금의 사건 앞에서, 예컨대 내가 어느 독재체제에 항거해야 할 것이냐, 안 해야 할 것이냐와 같은 문제를 놓고" 성서를 참고서로 삼아 하느님의 뜻에 따라 결단하는 것을 가리킨다. (서남동 1983, 166) 이처럼 두 이야기의 합류에서 중요한 대목은 기독교의 민중전통과 한국사의 민중전통이라는 두 개의 역사적 전통 간에 해석학적 매개를 규정하는 것이 오늘 여기의 구체적 현실에서 전개되는 실천이라는 점이다. (강원돈 1990, 802)

결과적으로 1970년대 중반에 민중을 주제로 하여 일제히 발표된 안병무와 서남동의 글들은 '민중신학'이라 불리게 되는 비판적 신학담론의 준거적 텍스트로 자리매김했으며, 두 사람의 주도적인 작업을 계기로 그 어간에 민중을 다루었던 일군의 신학자들이 '민중(의) 신학'의 연구자로서 분류되도록 만드는 데 크게 기여했다. 이에 기초하여 유사한 문제의식을 공유한 사람들 가운데 합의된 개념으로서 '민중신학'(Minjung Theology)이라는 용어가 대외적으로 공식화된 것은 1979년 10월 서울에서 열린 〈아시아기독교협의회 신학회의〉였고, 그 개념이 국제적으로 통용되기 시작한 것도 그즈음부터였다고 할 수 있다.

민중신학은 산업선교와 빈민선교, 인권운동과 반(反)독재 민주화운동으로 상징되는 1970년대 초중반 한국 개신교 민중운동 또는 에큐메니컬 사회선교의 맥락에서 탄생한 명백한 '종교현상'으로 이해될 수 있다. 따라서 민중신학, 민중교회, 민중운동을 포괄하는 이른바 '민중그리스도교'라는 큰 흐름 속에 민중신학도 위치한다고 볼 수 있다. 민중신학, 민중교회, 민중운동은 안병무의 주장대로 "그리스도의 이름도 모르고, 예수의 이름도 모르는 곳이라도 고난당하는 민중의 현장에는 그리스도가 현존"한다는 강력한 민중지향적 신앙고백을 공유했다는 점에서(안병무 1993a, 129), '민중그리스도교'라는 일종의 '종교' 개념으로 포괄될 수 있는 것이다. 물론 "종교라는 것이 우리가 경험하는 현상 자체가 아니라, 그것을 총칭하는 이차적인 추상물"이라고 하는 스미스의 말을 염두에 둔다면(장석만 2013, 16; Smith 2013,

79), 민중교회와 민중운동 같은 구체적인 차원에서 일어난 종교현상들을 민중신학과 더불어 민중그리스도교라는 종교의 범주로 포괄하고 그것을 기성 종교, 즉 당시의 개신교 일반과 구별하는 것은 민중교회와 민중운동 을 신학적으로 정당화하기 위해 탄생한 민중신학이 있었기 때문에 가능했 다고 봐야 한다.

따라서 본 연구는 민중그리스도교와 민중신학 간에 전혀 차이가 없다는 입장을 견지할 뿐만 아니라, 더 나아가 "종교는 분석적 목적을 이루기 위해 학자가 비교와 일반화라는 상상적 행위를 하면서 창출된 것"이라는 종교 개념에 대한 최근 연구들을 수용하여(스미스 2013, 22), 민중신학을 종교로 서의 민중그리스도교와 동일하게 (1차적 종교 경험이나 현상과 구별된 2차적 신학 담론이 아닌) 그 자체로 종교학 및 역사학의 연구 대상, 즉 역사적으로 특수한 '종교현상'이자 한국 현대사 속의 고유한 '사회현상'의 일환인 '신학 현상'으로 설정하고자 한다.

김용복(金容福, 1938~2022)은 안병무, 서남동 더불어 민중신학의 이론적 기초를 놓은 대표적인 1세대 민중신학자로서 한국 민중신학의 성과들을 국 외로 알리는 데 크게 기여한 인물이다. 그리고 1990년대 이후로는 자본주 의 비판의 경제윤리 담론을 신학적으로 체계화하는 작업을 선도했던 한국 경제신학의 개척자라 할 수 있다. 더욱이 민주화운동가로서 그는 「1973년 한국 그리스도인 선언」의 초안 작성자였고, 아시아기독교협의회(CCA)와 세계교회협의회(WCC)에서의 활동을 통해 한국의 개신교 민주화운동과 국 제 연대를 이끌었던 에큐메니컬 운동의 명망 높은 지도자이기도 했다.

그리하여 김용복의 경제신학적 구상을 가장 충실히 계승해온 2세대 민 중신학자 강원돈의 평가대로, "김용복은 민중신학자로서 매우 독특한 위치 를 차지하고 있다. 그는 민중신학이 태동할 때부터 오늘에 이르기까지 민중 신학의 형성과 발전에 공헌해 왔을 뿐만 아니라, 세계 에큐메니컬 운동과 신학의 발전에 호흡을 맞추어 가며 민중신학의 지평을 끊임없이 확대시켜" 왔다. 그중에서 특히 그가 민중신학의 이론적 발전에 공헌한 부분은 "민중의 사회전기라는 관점과 방법을 가지고 성서의 이야기와 민중의 이야기를 독특하게 엮으며 구체적인 상황 속에서 그리스도인들이 민중과 더불어 느끼고 생각하고 실천하는 길을 모색해 왔다"는 점일 것이다. (강원돈 1998, 7)

그러한 김용복의 학문적 기여가 가장 잘 나타나고 있는 논문이 바로 "민중의 사회전기와 신학"이다. 이 논문 역시 서남동의 "민중의 신학"과 함께 『신학사상』 제24집(1979년 봄호)의 특집 주제 '민중의 신학'에 수록된 논문이다. 제목에서 알 수 있듯이, 이 글은 민중신학에 대한 김용복의 최고의 이론적 기여로 평가받는 '민중의 사회전기' 개념이 최초로 제시된 글이라는 점에서 민중신학사에서 중요한 의의를 지닌다. 김용복에 따르면, 민중의 사회전기는 민중의 경험이 담긴 사회적인 이야기를 말하는 것으로서, 동학운동, 3·1운동 등의 역사적 사건들뿐만 아니라 민중의 고난의 이야기도 포함되며, 심지어 타령이나 구전가요 등도 모두 포괄한다고 볼 수 있다. 그는 기본적으로 성서의 이야기를 민중의 사회전기의 원형으로 파악하는데, 성서의 이야기와 민중의 사회전기는 구체적인 상황과 그 안에서 펼쳐지는 민중의 삶을 매개로 해서 서로 엮어져 구원사의 구체적인 핵을 이룬다는 것이 그의 주장이며, 그 핵이 바로 김용복 민중신학의 핵심 주제인 '메시아 정치'이다. 따라서 민중의 사회전기는 그가 메시아 정치라는 주제를 전개하기 위해 선택한 신학하기의 방법론이라 할 수 있을 것이다.

물론 여기에는 김용복이 이데올로기와 이야기를 대립시키는 문제의식이 배경으로 자리 잡고 있다. 김용복이 보기에 이데올로기란, 그것이 신학적인 성격의 것이든, 철학적인 성격의 것이든, 사회과학적인 성격의 것이든, 현상을 유지하려고 하든 그것을 혁명적으로 타파하려고 하든, 결국 민중의 삶의 포괄성과 구체성을 보지 못하게 하는 닫힌 사고의 체계였기 때문이다. 그래서 김용복은 민중신학이 민중문제에 보다 착목하고, 민중운동의 현장에서 민중과 함께하기 위해서는 이데올로기에 매이지 않는 시각이 필요하다고 봤고, 이데올로기의 대안을 민중의 생생한 경험적 이야기, 즉 민중의 사회전기에서 찾고자 했다. 이러한 점에서 민중의 사회전기는 민중신학이 민중문제에 접근하는 고유한 틀로서 받아들여졌고, 또한 사회과학적 민중론과 민중신학을 구별짓게 하는 방법론적 근거로서 제시되어 왔다. (강원돈 1998; 권진관 1998; 강원돈 2021 참조) 결과적으로 김용복이 제창한 민중의 사회전기 개념은 안병무의 '예수사건의 전승모체' 이론, 서남동의 '두 이야기의 합류'와 '이야기 신학'에도 큰 영향을 미쳤다 (김용복 외 2018, 59).

한국에서 민중이라는 용어는 일제 강점기였던 1920~30년대에 처음 등장하여, 1945년 해방 이후에도 지속적으로 사용되었다. 그러나 그때까지 민중 개념은 대체로 사회 운동의 언어에 머물러 있었다. 민중 개념이 학문 내부 영역으로 편입되어 학문의 언어가 된 것, 즉 "1930년 후반부터 사실상 사라진 후 거의 40년 만에 저항적 정치 주체로서의 민중 개념이 전면적으로 부활했"던 것은 박정희 유신독재 체제가 성립한 1970년대 초반에 이르러서였다. (장상철 2007; 이남희 2015) 이때 비로소 여러 학문 분과 안에서 민중문학, 민중신학, 민중경제학, 민중사회학, 민중교육, 민중사학 등의 이름으로 다양한 민중 지향적 접근들이 등장했고, 이러한 각 분과의 민중 담론을 포괄하여 그 자체로 학문적(multi-disciplinary)일뿐 아니라 학제적(inter-disciplinary)이기도 한 또 하나의 독립적인 연구 분야를 지칭하는 '민중 연구(minjung studies)'의 초기 형태로서 '민중론'이 등장했다. (강인철 2020, 247) 그리하여 "1970년대는 민중이 '사회운동·정치의 언어'이자, '학술용어' 내지 '학문사회의 용어'로 처음 사용되기 시작한 시기였다"고 할 수 있다(강인철 2023a, 49). 다시 말해, "1970년대가 되자 민중은 더 이상 지식인이나 엘리트에 의한 지도·계몽 대상 혹은 수동적·의존적인 존재가 아닌, 주체적·자주적이고 능동적·창의적인 존재이자 변혁적 잠재력이 풍부한 존재로 재평가"되었다. (강인철 2023b, 165~166)

　　1970년대 민중신학자들이 다른 학문 분과에 속한 민중론자들과의 대화를 통해 신학적 민중론을 전개했다는 점은 부인할 수 없다. 다시 말해, 당대 인문학적·사회과학적 민중론과의 대화가 없었다면 민중신학에서 민중에 대한 신학적 개념화는 불가능했다는 것이다. 그래서 민중신학자들이 민중신학을 전개하는 과정에서 한국 학계의 민중론은 중요한 참조 대상으로 기능했고, 많은 지점에서 공통성과 차별성이 함께 발견된다.

　　확실히, 1970년대 민중신학자들은 다른 학문 분야의 민중론자들과의 대화를 통해 신학적 민중론을 착상해 나갔다. 예컨대, 씨울사상(함석헌), 민중시(김지하), 민중문학(백낙청), 민중경제학(박현채), 민중사회학(한완상), 민중사(강만길) 등으로 대표되는 당시의 인문·사회과학적 민중론과의 대화와 교류가 없었다면, 민중에 대한 신학적 개념화는 물론이고 사실상 민중신학의 이론화 자체가 불가능했을 것이다. 민중신학자들은 당시 한국 학계의 민중론을 중요한 참조 대상으로 삼았으며, 그러한 민중론 일반과의 공통성을 놓치지 않으면서도, 신학적 차별성을 확보하기 위해 분투하는 가운데 민중신학을 발전시킬 수 있었다.

　　이와 관련하여, 강인철은 1980년대와 1990년대 이후에도 대체로 유지되는 '저항적 민중'에 대한 착상이 1970년대에 최초로 정립되었다고 주장하면서, "1970년대 재등장한 저항적 민중 개념은 다수자, 피지배층, 다계층성, 주체(역사주체, 정치주체), 저항성이라는 의미 요소를 모두 갖고 있었다"고 평가한다. (강인철 2023b, 165) 실제로, 민중신학 역시 이 네 가지 의미 요소를 포괄하는 저항적 민중 개념을 다른 민중론들과 공유했다. 그러나 1990년대를 거쳐 2000년대 이르러 1970~80년대의 민중론은 다음과 같은 비판에 직면하게 된다. 물론 민중신학에서도 1990년대 중반에 등장한 3세대 민중신학에 의해 유사한 비판이 이전 세대의 민중신학을 향해 제기되었다. (김진호 2013, 340~350)

첫째, '과학적·변혁적 민중론'으로 특징지어지는 1970년대와 1980년대의 민중론은 민중을 변혁의 주체로 설정하고 규범적인 관점에서 민중을 고정적으로 이해하는 한계를 가지고 있었다. (이용기 2010b, 5) 다시 말해, 이러한 접근은 민중을 민족적 모순과 계급적 모순을 통해 주조되는 단일하고 본질적인 실체로 인식하며, 필연적으로 자기해방을 향해 전진할 수밖에 없는 목적론적 주체로 가정하는 공통된 특징이 있었다. (이용기 2010a, 12) 비록 민중신학자들처럼 대다수의 민중론자들이 민중을 (잘 짜여진 내부질서를 갖는 통일된 조직적 실체가 아니라) 다양한 정체성을 갖는 주체들의 집합체로 파악했다고 하더라도, 그때의 민중은 (역사적으로 특수한 정세 속에서 다양한 인간 집단에 의해 형성·해체·재편되는 유동적이고 구성적인 존재가 아니라) 단일한 목표를 향해 달려가는 단일한 주체(대문자 주체)로 재현/표상되었으며, 기존 질서에 대한 민중의 저항은 낙관적·진보적(또는 발전론적) 역사관과 결합하는 경향이 강했다.

둘째, 표면적으로는 민중이 변혁운동을 자발적으로 수행하는 적극적 주체라고 주장하면서도, 암묵적으로는 엘리트에 의해 지도되어야만 하는 수동적 존재로 가정했다. (이용기 2010a, 12) 특히 민중신학에서 민중을 '역사의 주체'라고 자주 선언하였지만, 실제로는 역사 서술에서 민중을 지식인에 의해 증언되어야 하는, 즉 스스로 말할 수 없는 타자로 대상화하고 소외시키는 경향이 강했다. 다수의 민중신학자들이 (민중으로 범주화될 수 있는) 다양한 하위주체나 소수자들로부터 공통의 속성을 추출함으로써 민중의 주체성을 그들 내부의 어떤 실체로 환원하거나, 행위자들 외부의 구조적 조건과 행위자의 속성을 아무런 매개 없이 단순하게 동일시하는 문제점을 드러냈다. (정용택 2013, 166) 민중이 역사의 주체로 손쉽게 선언될 때, 오히려 역사라는 복잡하고 이질적인 시간성은 "집단적 단수 주체의 생성 과정이자 자기 산출"로 환원되었으며, 그렇게 '민중의 것'으로 돌려진 경험적 역사는 결과적으로 민중으로 지칭되는 "구체적인 개인들을 그들의 본질적 유적 특성", 예컨대 '민중성'에서 분리하여 소외시키는 결과를 낳았다. (벤하비브 2008, 85)

셋째, 전통적인 민중론은 지배와 저항의 이분법을 기반으로 하며, 민중을 일괴암적 지배주체에 대항하는 역시 일괴암적인 저항주체로 재현/표상한다. 이러한 관점에 따라 민중사와 민중운동사가 동의어로 취급되고, 민중의 평범한 삶이나 투쟁이 아닌 특별한 저항의 순간만이 역사적으로 중요하게 취급되는 경향이 나타났다. 따라서 저항의 역사만을 강조하는 민중사는 역사 속에서 실재하는 복잡하고도 다면적인 민중의 얼굴들과 점점 멀어지게 된다. (이용기 2010a, 12; 이용기 2010b, 6) 물론 민중운동이라는 단 하나의 유일한 논거로 귀착될 수 없는 민중사건의 복잡성이 간과되었던 것은 민중신학에서도 마찬가지였다. 실제로 일부 민중신학자들, 특히 '민중메시아론'을 주창했던 서남동은 진화론적이고 목적론적인 발전의 '노선', 즉 민중의 역사에서 민중의 고통이 역사를 발전시키는 전도되는 운동 자체와 합치하는 인식의 노선을 종말론적 관점에서 구성하기에 이르렀다. (서남동 1983, 225~226) •

• 서남동은 1970년대 당시에 이미 "사회경제사적 방법의 의의를 적극적으로 인정하며 민족의 주체를 민중으로 보"기 시작했던 한국 민중사 연구의 성과들을 참조하여, 한국사의 발전이 기독교의 민중전통과 평행하여 "민중이 자기 운명 결정의 주체로 성장해나가는 방향"으로 전개되어 왔음을 확인한다. 그리고 "민중 자신이 자기를 주체적으로 정의하고 자기 존재를 쟁취해나가는 민중운동사의 계보"를 개관하는 가운데, 특히 "억눌렸던 민중은 자기 운명 결정의 주체로 등장하여 자기의 정체를 자기가 정의하고 역사의 주체가 되는 본을 보여주었다"고 평가한다(서남동 1983, 68). 이처럼 기독교의 민중전통과 한국사의 민중전통을 동등하게 "민중이 역사의 객체인 처지로부터 역사의 주체로 등장하는 투쟁의 역사과정"으로 재해석한 서남동은 이러한 역사과정이 "영구적 혁명의 경우"에 해당하는 한에서 "민중은 구원의 주체"임을 선언한다. (서남동 1983, 41, 51) 요컨대 민중이 역사의 주체이며, 인류 역사가 민중의 자기 해방을 위한 영구적 혁명의 역사인 한에서, 민중은 구원의 주체이기도 하다는 것이다. 궁극적으로 민중이 고난의 주체이자 대속적 주체인 한에서, 민중은 메시아적 역할까지 담당한다. 이러한 역사의 주체이자 구원의 주체로서의 민중에 관한 착상에 기초하여, 서남동은 민중의 메시아적 역할이라는 개념까지 내세우며 민중의 주체성을 정치적으로뿐만 아니라 신학적으로도 극대화했다.

그렇다면, 1970~80년대 한국의 민중론에 대해 제기되어 왔던 이러한 비판적 논점들이 과연 민중신학의 신학적 민중론 전반에도 동일하게 적용될 수 있을까? 비록 1970년대만 하더라도 아직 맹아적 형태로 머물러 있었지만 그 잠재성을 충분히 드러내고 있었던 안병무의 '민중사건론'을 통해 이 질문에 대한 답을 찾아보고자 한다. 1세대 민중신학자들, 특히 안병무가 민중을 개념적으로 정의하는 것에 대해 거부감을 갖고 있었다는 것은 잘 알려진 사실이다. 그러나 이는 안병무가 민중을 이해하는 것이 불가능하다고 생각한 것이 아니라, 오히려 민중을 더 깊이 이해하려는 노력의 발로였다. (안병무 1993a, 345) 앞서도 지적했듯이, 안병무는 특히 『마르코복음』(마가복음)에서 '오클로스(ochlos, ὄχλος)'라는 용어를 발견함으로써 자신만의 독창적인 민중론을 전개할 수 있었다. 오클로스는 보통 군중, 대중, 무리 등으로 번역되었지만, 안병무는 오클로스가 예수 시대 팔레스타인에서 정치적·경제적·종교적으로 주변화된 이들로서, 이른바 '죄인들'을 나타내는 용어였다는 점에 주목했다. 그리하여 그는 오클로스를 '민중'으로 번역함으로써, 1970년대 한국의 민중운동 및 민중론 일반에서 "한 사회의 다수를 이루는 피지배층으로서, 역사 발전의 주체이자 강한 저항적·변혁적 잠재력을 지닌 존재"(강인철 2020, 219)로 사용되던 지극히 세속적인 그 용어에 역으로 성서적·신학적 의미를 부여했다. (안병무 2013a [1979], 91~115; 안병무 2013b [1981], 117~157; 안병무 2013c [1975], 159~169) 그야말로 민중을 예수운동의 지지자이자 예수전승의 전달자이며 예수와 더불어 예수사건의 공동주체인 '오클로스'로 신학화(神學化)하는 지점에 도달한 것이다.

그러나 민중운동사 및 민주화운동사와 관련하여 더욱 중요한 대목은 안병무의 관점에서, 오클로스/민중이 기존의 계급, 국민 또는 시민과 같은 집합적 주체의 범주로 환원되지 않는다는 사실이다. 그에 따르면, "마가의 오클로스는 프롤레타리아도 아니며 민족의 실체로서의 민족이나 민주체제의 일원인 'People'과 직결시킬 수는 없다."(안병무 2013a [1979], 114) 그렇다면 민중을 어떻게 이해해야 한다 말인가? 훗날의 안병무는 자신이 민중을 어떻게 인식했는지, 아니 더 정확히 말하자면 자신을 포함한 민중신학자들에게 민중이 어떻게 '현상(現象)'했는지를 다음과 같이 설명했다.

> 우리에게 민중은 사건으로 나타났다. 사건 속에서 민중을 만났다는 말이다. 민중과의 만남은 우리의 사고에 코페르니스적 전환을 요구했다. 이른바 신사고를 강요한 것이다. 그러므로 이 사건은 단순히 우리에게 새로운 이해를 가져다 준 것이 아니라 신학하는 우리의 회개를 촉진했다. (안병무 1995, 40)

여기서 우리는 민중을 집단적 실체보다는 차라리 사건 그 자체로 봐야 한다는 것을 알 수 있다. 안병무의 말대로, "민중은 경험할 수 있는 것일 뿐, 지식의 대상은 아닙니다. 우리들은 분명히 보았습니다. 경험했습니다. 우리들은 민중사건을 본 대로 증언하는 것이었다."(안병무 1993a, 345). 그는 민중을 "기존의 정치적·경제적·사회적 지배 구조의 내적인 파열을 현시(顯示)하는 사건 그 자체"로 파악했다. (정용택 2022b, 242) 안병무가 오클로스/민중을 '사건적 주체(eventalsubject)'로 이해한 것은 그의 신학이 전태일 사건을 기점으로 케리그마의 신학에서 사건의 신학으로 전환하게 된 것과 궤를 같이 한다.

이러한 사건론적 민중 이해의 근거를 안병무는 자신이 직접 경험했던 1970년대의 민중사건에서 찾았다. 그는 1970년대 당시 한국의 민주화운동 현장에서 그리스도의 현존을 경험했다고 주장한 것이다. 더 정확히는 민주화운동의 현장에서 민중사건을 경험함으로써 현존의 그리스도를 만났다고 고백했다. "바로 예수사건이 그런 것과 마찬가지로, 한국의 민중신학자들은 그러한 민중사건에 참여함으로써 현재의 그리스도사건을 경험하고 있습니다. 민중신학은 바로 민중사건에 참여함으로써 그리스도사건의 현장에서 체험하고 있습니다" (안병무 1993c, 82). 그리고 이러한 민중사건의 경험에 근거하여 안병무는 "민중신학이란 '민중사건'을 신학적으로 규명하는 작업"이라고 규정하기에 이르렀다. (안병무 1993a, 7) 왜 안병무는 민중이 아니라 '민중사건'을 규명하는 것이 민중신학의 과제라고 보았을까? 이미 말했듯이, 안병무는 오직 사건 속에서, 사건을 통해서만 민중의 존재를 파악할 수 있다고 보았기 때문이다. 실제로 그는 민중을 사건과 동실체적 (consubstantial) 존재자로 제시하기 위해 민중-사건이라는 용어를 즐겨 사용했다.

그렇다면, 안병무의 민중사건론이 1970년대에 함께 제기된 그 다양한 민중론들 가운데서 도대체 어떤 차별성을 지니고 있는가? 1970~80년대 한국의 거의 모든 민중론자들은 민중이 강력한 변혁적 잠재력을 지닌 역사 발전의 주역으로서 민중사건에 선행하여 미리부터 존재한다고 이해했다. 따라서 그들은 민중이 특수한 정세적 조건에서 권력에 대한 저항을 실천함으로써 민중사건을 발생시킨 것처럼, 그리고 민중사건은 이러한 선재하는 민중의 저항적 실천으로 인해 발생한 것처럼 사고했다. 하지만 안병무의 민중사건론은 이 등식의 균형을 완전히 무너뜨린다. 안병무에게는 민중사건 이전에는 그러한 민중이 사실상 존재하지 않기 때문이다. 따라서 안병무의 민중사건론은 민중에 관한 다른 해석을 제시한다.

신학하는 일부 사람들이 군사정권을 통해서 구조악에 대한 인식에 도달했습니다. 정치적인 측면에서 대체로 자유주의자였던 저들이 날로 조여드는 이 구조악을 몸으로 경험하게 되었습니다. …… 저항과정에서 이른바 성서에서 말하는 '사탄' 혹은 '악마'라고 하는 것이 다른 것이 아니고 바로 권력적인 구조악이라는 것을 인식하게 되었습니다. 이 과정에서 민중을 만나게 된 것이

지요. 그런데 민중을 만나서 비로소 민중이야말로 이 구조악에 철저히 수탈당하고 억압당하면서도 죽지 않을 뿐 아니라, 이 역사의 맥을 이어가는 담지자임을 체험하게 되었습니다. 저들이야말로 생명의 원천이고, 역사의 주체임을 인식하게 되었던 것입니다. 그들과의 만남은 커다란 사건인데, 이 사건은 신학자들을 재래적인 신학에서 해방시키는 연쇄적인 사건으로 이어졌습니다. (안병무 1993b, 219~220)

위의 인용문에서 안병무는 민중사건과의 마주침 이후에 '사후적으로' 민중이 구조악의 피해자-사회적 다수자로서의 민중을 전제로 하는-이면서 동시에 역사의 주체-정치적 주권자으로서의 민중을 전제로 하는-임을 발견했다고 말하고 있다. 안병무의 민중신학에서, 민중사건이란 "기존의 지배질서와 위계적 체계가 정치적 주체, 즉 민중의 출현으로 급진적으로 의문에 붙여지는 순간"이라 할 수 있다. (체임버스 2019, 41) 다시 말해, 민중은 민중사건 이전부터 존재하는 것이 아니라 민중사건을 통해 비로소 존재하며, 구조악의 폭로와 인간과 시민의 권리, 노동에 대한 권리 등을 주장하기 위한 논쟁적 공통장을 만들어냄으로써 존재할 수 있게 된다. 랑시에르식으로 말하자면, 민중은 "그의 이름이 드러내는 잘못", 즉 '민중사건' 이전에는 존재하지 않기 때문이다. (랑시에르 2015, 77) "기존 질서를 무효화시키는" 민중은 "놀랍고도 예기치 못한 방식으로" 민중사건의 "무대에 스스로 출현하기 이전까지는 존재하지 않으며 존재할 수도 없다"는 것을 위의 인용문은 강력하게 환기시키고 있다. (체임버스 2019, 41) 따라서 사건적 주체인 민중의 출현은, 오직 민중사건의 순간 이후에만 민중이 이해될 수 있고 보일 수 있고 감지될 수 있다는 점에서 언제나 '반시간적'이다. 요컨대, 민중사건이 사건적 주체로서 민중을 가능하게 만든다. 민중사건이 사건에 선행하는 것처럼 보이는 사건적 주체인 민중을 사후적으로, 소급해서 생산한다. 민중사건이란 무엇보다도 민중의 존재 그 자체를 출현시키는 불화의 더욱 기원적인 순간이다.

그러므로 안병무에게 민중은, 강인철의 표현을 빌리자면, "반역사적 돌발인 사건을 통해 도래하는 존재", 좀 더 구체적으로는 "단발적 저항이나 산업재해 등의 사고(事故) 같은 '우발적 사건'으로만 불현듯 실체를 드러냈다가 이내 사라지고 마는, 그러면서도 순간적으로 기존질서에 내재한 억압성과 폭력성의 징후를 선명하게 폭로하는 모순과 균열의 존재이다."(강인철 2023a, 35; 이진경 2010, 103 참조) 이처럼 민중을 사건과 동일시하는 안병무의 민중사건론은 다른 민중론들과 달리 민중을 실체화할 수 없게 만든다. 왜냐하면 민중은 역사 속에서 단절적이면서도 연속적인 사건의 방식으로만, 사건 이후에만 출현할 수 있기 때문이다. 요컨대, 민중사건론에 바탕을 둔 민중신학은 그가 누구든 그리스도인이든 비그리스도인든 자본가든 프롤레타리아트든 남자든 여자든 이성애자든 동성애자든 관계없이 오직 민중사건에 참여함으로써만 그리스도 사건을 지금 여기에서 경험할 수 있다고 주장한다. 왜냐하면, 그리스도의 이름이 전혀 불리지 않는 "민중운동에서 그리스도사건을 보고, 그것을 증언하는 것이 바로 민중신학"의 본업이라고 이해했기 때문이다. (안병무 1993c, 271)

한편, 한국의 민중신학 이전에 라틴아메리카 해방신학이 서구와 제3세계에 지대한 영향을 미쳤다. 통상적으로 해방신학은 1960년대 말부터 라틴아메리카에서 일군의 가톨릭 신학자들을 중심으로 시작된 신학운동을 가리킨다. 특히 해방신학이라는 용어는 "해방신학의 아버지"라 불리는 페루 출신의 사제 구스타보 구티에레즈(Gustavo Gutiérrez, 1927~2024)가 1968년에 가난한 이들과의 연대를 주장하며 처음 사용한 말이다. 해방신학이 국내에 처음 소개된 것은 민중신학이 출현하기 전인 1970년대 초반 1세대 민중신학자이자 한국 민중교육학의 창시자인 문동환을 통해서였다.

구티에레즈의 첫 번째 저작이자 해방신학의 출발점에 놓여 있는 『해방신학』이 스페인어로 처음 출판된 때가 1971년, 영어로 번역된 때가 1973년이었다. 그에 반해, 민중을 신학의 주제로 삼아야 한다는 생각을 공유하는 사람들 가운데 합의된 학술적 개념으로서 '민중신학'이라는 용어가 공식화된 시점은 아시아기독교협의회 주관 신학회의(CTC-CCA)가 서울에서 열렸던 1979년 10월 무렵이었고, 그 개념이 국제적으로 통용되기 시작한 것도 그때부터였기 때문에, 1970년대에 대등한 학문적 체계로서 민중신학과 해방신학 양자를 비교하는 연구가 나오는 것은 사실상 불가능했다.

민중신학과 해방신학 간의 비교연구는 민중신학의 자체 연구성과가 일정한 수준으로 축적되고, 해방신학 관련 주요 저작들이 국내에 어느 정도 소개가 이루어진 1980년대 후반에 가서야 비로소 가능했다는 것이다. (고재식 1989, 128~151) 그럼에도 불구하고, 1970년대 민중신학자들이 해방신학의 등장에 전혀 둔감하진 않았으며, 그중에서 일부 민중신학자들은 민중신학을 전개하는 과정에서 해방신학의 영향을 강하게 받았고 그 사실을 인정하기도 했다. 해방신학을 국내에 처음 소개했던 문동환이 그 대표적인 경우이다. 1970~71년에 문동환은 한신대 학내 사정으로 교수직을 사임하고 미국에 가서 약 1년간 연구생활을 했는데, 마침 이때 새롭게 태동 중이던 미국 흑인해방신학, 라틴아메리카 해방신학, 여성해방신학, 그리고 브라질의 해방교육학자인 파울로 프레이리(P. Freire)의 "피억압자의 교육학"(Pedagogy of the Oppressed)을 깊이 있게 연구하고 귀국해서 교수로 복직하게 된다.

이후 문동환은 한신대에서 해방신학과 인간해방 기독교교육학을 가르쳤고, 한국교계와 신학계에 프레이리의 해방교육학을 중심으로 해방신학의 중요성을 알리는 활동을 적극적으로 수행했다. (문동환 2009, 223~224; 김성재 2019, 60) 무엇보다도 프레이리의 사상에 기초하여 자아가 뻗어나가지 못하도록 하는 사회적 구조악이 무엇인지 분석하고, 이를 변혁하여 인간의 외적 해방을 지향하는『인간해방과 기독교교육』(1979)이라는 저서를 통해 프레이리의 해방교육학을 민중신학적으로 재구성하는 작업을 시도했다. 그가 소개한 프레이리의 '페다고지' 교육철학은 민중교육운동을 하는 이들에게 교과서가 되었고, 라틴아메리카 해방신학과 흑인해방신학은 그가 민중신학적 교육학을 정립하는 데도 적지 않은 영향을 미쳤다.

해방신학에 대한 문동환의 그러한 관심을 잘 보여주는 글이 있으니, 바로 NCCK가 20세기 이래 한국민족사에 역사해온 신의 섭리를 드러내기 위해 1978년에 출판한 논문 모음집인『한국 역사 속의 기독교』에 수록된「해방신학과 한국의 기독교」라는 글이다. 이 글은 현재까지 알려진 바, 민중신학자에 의해 최초로 작성된 본격적인 해방신학 연구 논문이라 할 수 있는데, 전형적인 논문 형태로 해방신학의 출현 배경을 소개하고, 해방신학에서 가장 대표적인 흐름인 라틴아메리카 해방신학과 북미의 흑인해방신학의 방법론과 주요 내용을 검토하고, 관련하여 서구신학계에서 제기된 쟁점들을 정리하고 있기 때문이다. 문동환은 결론에서 해방신학이 한국교회와 신학에 갖는 함의를 요약하고 있는데, 그는 해방신학을 참조하여 "우리 자신이 스스로 찾아 정립하면서" 한국적 해방신학의 "확립을 위하여 필요한 정치적인 행위를 해나가면서 이것을 하나님의 뜻에 물어갈 때 우리의 해방신학이 정립되고 이에 기초한 방법론이 나올 것"이라고 주장한다.

해방신학자들이 직접 쓴 글이 국내에 처음 소개된 시점은 문동환이 글을 발표하기 3년 전인 1975년이다. 그러니까 구티에레즈의『해방신학』영어판(A Theology of Liberation, 1973)을 번역한 책이 가톨릭 신학자 성염(成稔)에 의해 1977년 분도출판사에서 출간되기 전에, 대건신학대학(현 광주가톨릭대학교) 신학연구소에서 발행하는 학술지『신학전망』제29호(1975년 여름호)에 구티에레즈의「해방의 신학과 복음선포」가 먼저 번역 소개된 것이다.『신학전망』은 1968년에 창간되었는데, 1975년 여름호의 특집 주제를 '정치신학'으로 잡고 구티에레즈의 논문 외에도 독일 정치신학자 요한 밥티스트 메츠(Johann Baptist Metz), 구티에레즈의 해방신학 형성에 큰 영향을 미친 벨기에 신학자 에드워드 쉴레벡스(Edward Schillebeeckx) 등의 정치신학 및 해방신학 관련 논문들과 1973년 성탄절에 아프리카 마다가스카르 주교단이 발표한 「교회와 정치에 관하여」라는 교서 등을 함께 소개했다. 1975년 상반기를 기해 서남동, 안병무, 함석헌이 민중을 주제로 한 잇따라 발표함으로써 개신교에서 민중신학 담론이 출현하는 것과 거의 비슷한 시기에 가톨릭에서 국외의 해방신학 담론을 본격적으로 소개하기 시작한 것이다.

당시 대건신학대학(현 광주가톨릭대) 학장 정하권 몬시뇰 신부가 쓴 해당호의 권두언의 마지막 대목은 이렇다. "박해와 의로운 피를 각오하는 행동, 가난하고 무죄하고 압제받는 벗들을 위하여 자기 목숨을 버리는 사랑이야말로 진정 신실하고 인간답고 하느님 눈에 가상스러운 기도가 아닌가 한다."(정하권 1975, 3) 이러한 서술은 해당호의 특집 주제 기획 취지를 간접적으로 전달하고 있는 동시에 유신체제 아래 종교계의 민주화운동 참여에 대한 암묵적 지지를 표현하고 있다. 해당호의 특집 주제 기획이 언제부터 이루어졌는지는 정확히 알 수 없지만, 적어도 1975년 들어서 가톨릭에서 일어난 민주화운동 관련 사건들만 짚어보자면, 우선 1월 9일에 천주교정의구현전국사제단이 전국의 신부와 수녀 및 신도 등 2,000여 명이 참석한 가운데 〈인권과 민주 회복을 위한 기도회〉를 개최하여 "국민의 자유, 인권 회복을 위해 현 정권 퇴진할 것"을 요구하는 결의문을 발표한다. 이를 시작으로 3월 20일에는 〈자유언론을 위한 신구교합동기도회〉를 개최하여 조선일보·동아일보의 부당 인사조치를 비판하고 원직 복직을 요구하였고, 다음날인 3월 21일에는 정의구현사제단이 동아일보·조선일보 기자들을 포함하여 1,500여 명이 참석한 가운데 명동성당에서 〈고난받는 이들과 민주회복을 위한 인권회복 기도회〉를 개최하는 등 가톨릭의 민주화운동 참여가 본격화된다. 그런 시대 상황을 고려해야만, 다음의 특집 주제 기획취지문과 구티에레즈의 글 소개문에 담긴 의도를 적절히 파악할 수 있을 것이다.

> 교회가 시대의 표지(標識)를 식별하는 지혜를 성신(聖神)께 받았다면, 정의(正義)와 인권(人權)과 해방(解放)을 외치는 인류의 거대한 함성을 듣는 가운데 오늘의 세계(世界)에 봉사(奉仕)하는 길이 무엇인가를 파악하고도 남을 것이다. 우리 크리스챤의 행동정식(行動定式)의 당위성(當爲性)을 확인해보고자 하는 의도에서 먼저 해외신학계(海外神學界)의 동향을 소개하는 자리를 마련하였다. (정하권 1975, 4)

> 여기 라틴아메리카라는 특수한 교회적 여건을 바탕으로 탄생한 '예언자적 신학'이 있으니 이것이 근자에 가장 많이 거론되는 '해방의 신학'이다. 이 지역은 특수한 사회적 교회적 현실을 배경으로 하고 있고, 무엇보다도 해방운동에 투신하고 있는 크리스챤들의 행동정식에서 출발한 귀납적 방법을 쓰고 있으나, 복음의 해방적 능력을 판독하는 이것이 보편교회가 시도해볼 만한 새로운 신앙 이해임을 부인하지 않을 것이다. (구티에레즈 1975, 38)

관련하여 이 글에서 구티에레즈는 "우리가 가난하고 압제받는 사람들과 유대를 가진 견지에서 복음을 재독한다면 복음을 이용하여 자기네 이해관계를 비호하려는 권력의 조작을 철저히 비판 단죄하게 된다"는 점과 "복음선포(evangelization)가 곧 해방이 되는 까닭은, 복음이 곧 총체적 해방의 메시지이며 이 메시지에는 필연적으로 인간의 역사적, 정치적 여건들을 변혁할 요구도 포함되기 때문"이라는 사실을 강조한다. (구티에레즈 1975, 55)

구티에레즈의 이러한 주장은 해방신학과 민중신학이 사회적·정치적·경제적 억압의 상황을 문제시하고 있다는 유사성을 잘 보여주며, 두 신학 모두 각각의 지역에서 억압받는 민중의 해방을 지향하는 투쟁 가운데 형성되었음을 드러낸다. 또한 두 신학 모두 이론보다 행동과 실천, 즉 프락시스(Praxis)에 역점을 둔다는 점 역시 공통적이다. 따라서 가톨릭과 개신교라는 종교적 차이, 남미와 동아시아라는 지역적 차이에도 불구하고 민중신학과 해방신학은 기독교 교리를 전복적으로 사유하여 새로운 신학적 전망을 구축했다는 점에서 적지 않은 공통점이 존재한다. 무엇보다도 두 신학 모두 현실의 고통과 모순에 대한 비판적 문제의식을 공유하고 있다. 사변적 교리보다 현실의 모순과 민중의 고통으로부터 신학의 모티브를 이끌어냈다는 공통점도 중요하다. 또한 하나님과 예수를 해방의 계기로 이해하고 삶의 현장에 임재하는 존재로 이해한다. 여기서 구체적 삶의 현장은 사회경제적 모순이 구조적으로 축조된 현실이며 이러한 구조적 해방의 가능성을 탐색하는 것이 주요한 신학적 관심이 된다.

물론 해방신학이 라틴아메리카 원주민들의 토착종교나 그들이 겪었던 학살과 침략, 인종차별 등의 문제로부터의 해방에 대해선 대체로 무관심했던 반면에 민중신학은 타종교, 민중문화, 민중운동의 전통에서 민중사건의 역사적 전거를 찾고자 했다는 점이 두 신학의 중요한 차이로 거론될 수 있을 것이다(서광선 1986, 27~30). 결정적으로 해방신학은 가난한 사람을 해방의 대상으로 인식했지만, 가난한 사람들이 죽임의 문화를 넘어서는 새로운 생명문화를 창출하는 주체, 역사와 문화의 주체라는 인식에까지 이르지는 못하였다. 또한 해방신학이 마르크스주의 방법론을 적극적으로 받아들여 새로운 신학의 해석학을 발전시켰지만 기존 서구 신학의 한계를 돌파하지 못한 반면, 민중신학은 서구 신학의 종속으로부터 벗어나 민중들이 바로 한국 역사와 문화의 주체라는 인식을 통해 민중들의 삶의 자리에서 새로운 신학 방법론을 발전시켰다는 점에서 세계 신학계에서 새로운 패러다임과 방법론으로 주목받고 있다.

제3절 민주화운동과 민중신학: 운동론과 신학의 사이에서

'민주화운동과 민중신학'은 '민중운동과 민중신학'이라는 안병무의 표현을 본 연구의 취지에 맞게 의역한 것이라 볼 수 있는데, 그것은 민중신학에 앞서 민중운동으로 지칭되는 민주화운동이 있었음을 의미한다. 다시 말해, "민중신학의 발상지는 교회도, 대학도 또는 서재도 아니며 민중운동의 현장"이라는 안병무의 주장을 진지하게 받아들여 1970년대 한국의 민주화운동과 민중신학이라 불리는 동시대의 역사적으로 특수한 종교현상 간의 내적인 연관성을 보다 명확히 분절하려는 의도를 담고 있다.(안병무 1993c, 253).

이는 최근의 한국 민중론 연구의 흐름과도 일치하는 문제설정이다. 한국학 연구자 이남희가 주장했고, 최근에 민중론에 관한 연구서를 출간한 종교사회학자 강인철도 긍정한 바 있듯이, 현대 한국사회에서 민중은 단순한 개념이 아니라 '민중운동'(Minjung movement)과 '민중 프로젝트'(Minjung project)로서 기능했다.(이남희 2015, 22; 강인철 2023a, 16) 다시 말해, 민중은 "구조적 선제 조건, 억압적인 군사정권 및 급속한 산업화" 뿐만 아니라 "민중운동이 스스로 배태한 '정치 문화'"와 "정치·문화·상징 권력의 장(場)에서 이루어진 힘겨루기"가 복합적으로 상호 작용하면서 만들어낸 산물이라는 것이다.(이남희 2015, 22) 따라서 민중신학 역시 민중이라는 개념을 "실천하기 위해 사회 각 분야(학술, 예술, 종교 등)에서 이루어진 다양한 시도"들 가운데서, 특히 1970~80년대 한국의 에큐메니컬 사회선교 및 개신교 민주화운동 진영 안에서 나타난 역사적으로 특수한 신학적 '민중 프로젝트'로 이해할 수 있다. 이는 앞서 말한 역사적으로 특수한 한국적 종교현상이자 신학현상으로서의 민중신학에 대한 착상과도 연결된다.

이처럼 넓게는 1970년대 한국의 민중운동, 좁게는 반(反)독재 민주화운동의 맥락 속에서 신학적 민중 프로젝트의 일환으로 민중신학을 이해하는 입장은 이미 민중신학자들 내에서도 일찍부터 널리 공유되어 왔다. 예컨대, 1970년대 한국 민중신학의 성립 배경을 70년대의 민중운동의 발전과정 속에서 파악하는 사상사적으로 중요한 글을 발표한 1세대 민중신학자 김창락에 따르면 "민중신학은 70년대의 민중운동과 연관되어 생겨난 현장신학(現場神學)"으로서 1970년대 전반기의 민주화투쟁을 통하여 역사변혁의 주체로서 그 모습을 드러낸 '민중'에 대한 이해를 신학적으로 정리하는 과정에서 민중신학이 탄생했다.(김창락 1987, 70) 관련하여 안병무 역시 민중신학이 탄생 장소를 다음과 같이 명확히 언급한 바 있다.

> 민중신학은 연구실 책상 위에서 이루어진 것이 아니고 한국의 고난의 역사에서 이루어졌습니다. 이것은 1970년대의 우리 역사의 슬픈 산물입니다. 그때 우리에게 정치적 고난이 닥쳤고 그리스도인들이 불의한 정권에 의해서 이 수난에 참여함으로 한국에 있는 수난당하는 계층들과 간격없는 만남이 이루어졌습니다. 이 말은 고난이 우리를 연대시켰다는 뜻입니다. (안병무 1993c, 91)

관련하여, 서남동은 민중신학이 출범하는 초기 과정을 보다 구체적으로 설명한다. 앞서 소개한 김형효의 비판에 대한 반박 글 중에서, 서남동은 1974년 2월부터 자신이 행한 강연과 설교의 내용에서 이미 '민중'이 전면에 등장했다고 주장한다. 그에 따르면, "그 내용은 예수는 민중과 자기를 동일화했고 '민중의 소리'를 대변하며 소외된 민중을 해방한다는 것, 그런데 그후 교회사에 있어서 제도적인 교회는 그 민중을 저버렸다는 것, 그러나 지금은 복음이 다시 민중의 종교로 될 수 있는 지평이 열렸다는 것, 그리고 한국교회는 민중의 소리를 듣고 대변해야 하며, 또 대변하기 시작했다는 것"

으로 요약한다. (서남동 1983, 29)

사실 김형효의 비판은 서남동이 말하는 '민중의 소리'에서 민중이 "전혀 실질적 내용이 없는 추상의 허구"에 불과하다는 것이었다. 서남동은 이에 반발하여 민중 개념의 추상성을 논하기 전에 지금 한국에서 일어나고 있는 민중의 현실을 보고 경험하라고 요구하며, 더 나아가 김형효가 비판의 표적으로 삼은 자신의 글 「예수·교회사·한국 교회」가 출판된 1975년 2월부터 김형효의 비평문이 나온 3월 10일경까지 한 달 동안 한국사회에서 민중 문제와 직접적으로 연관되어 일어난 "큰 정치적 사건 및 커다란 의식화 사건들"을 차례로 열거하면서, 민중신학이 바로 이러한 '민중사건' 속에서 민중의 출현을 목도했고, 그것을 증언하기 위해 출현한 담론임을 명확히 한다. 서남동은 민중의 추상적 허구성 비판에 맞서서 민중사건을 통한 민중의 현실적 실재성을 변론하려 한 것이다. 서남동이 제시한 1975년 2~3월의 다섯 가지 주요한 '민중사건'은 다음과 같다. (서남동 1983, 30~31)

첫째, 2월 12일 박정희 정권의 유신체제에 대한 신임을 묻는 국민투표가 실시되고(재신임을 얻었으나), 다음 날 국민투표가 불법·부정임을 선언하는 내용의 성명서를 NCCK가 발표하고, '민주주의 국민회의' 역시 국민투표 결과 인정을 거부하는 내용의 성명을 발표한다. 그러자 박정희는 유화조치로 대통령 특별담화를 발표하여, "긴급조치 1호·4호 위반자 중 인혁당 관련자와 반공법 위반자를 제외한 모든 구속 인사를 석방하라"고 법무부장관에게 지시한다. 이에 따라 위반자 중 148명이 석방되고(반공법 적용자인 유인태 등 12명과 인혁당 관련자 22명 등 총 34명은 제외), 바로 이 2·15 조치로 구속 중이던 많은 민주인사들이 석방되면서 '민중의 신학'의 공식화를 위한 기점이 마련된다.

둘째, 2·15 조치로 석방된 민주인사들은 2월 21일 긴급조치 1, 4호 위반 석방인사와 구속자가족, 석방학생 등 200여 명이 참석한 가운데 오후 6시기독교회관에서 민주회복구속자협의회 준비위원회를 발족하고, 긴급조치 위반자 전원 석방 시까지 투쟁할 것을 선언한다. 준비위원회는 지학순 주교 등 각계 대표 8명(박형규, 지학순, 김동길, 김찬국, 백기완, 강신옥, 김지하, 이철)을 준비위원으로 선출하고 박형규 목사를 대표위원으로 뽑았다. 그리고 그 자리에서 1974년 서강대 재학 중 민청학련 사건으로 구속되었다가 1975년 2월 15일 형집행정지로 석방된 유일한 여성 학생운동가 김윤(1953~2004)의 낭독으로 「민주회복구속자 선언」이 발표된다(윤정란 2021, 221). 선언문을 통해 민주인사들은 "우리는 수천 년의 역사 속에서 외압과 압제 속에서 줄기차게 싸워 온 장렬한 민중의 의지를 계승하면서, 민족의 양심과 민중의 절실한 역사적 요청을 거부하는 독재 정권과 투쟁한 민중의 역량을 믿고, 엄숙한 마음으로 이 자리에 섰다"고 선언하면서 1)유신헌법 철폐 2)근로자 농민 소시민의 생존권 보장 3)특권 부정부패분자 처단 4)구속 인사 전원 즉각 석방 5)중앙정보부 해체 등 5개 항의 결의를 천명하였다. (김성재 1996, 222~223)[*] 서남동은 그동안 발표된 수많은 시국선언문 중에서 '민중의 의지'를 내건 선언문은 이것이 처음이었음을 지적하며, 이 선언문을 민중사건의 하나로 주목하고 있다.

셋째, 기독자교수협의회 주최로 3월 1일에 2·15 조치로 석방된 민주인사들 중 김동길·김찬국 두 교수를 환영하는 3·1절 예배를 새문안교회에서 개최한다. 바로 이때 안병무의 설교 겸 강연 제목이 「민족·민중·교회」이다. 이 강연 원고는 비교적 체계적인 신학적 틀을 갖춘 반정부적 신학 비평이라고 할 수 있는데, 여기서 특기할 것은 당시 정부에 대한 도전 집단 사이에서 사

---

[*]「민주회복구속자 선언」의 전문과 그 발표 과정에 대해서는 "민주회복구속자협의회 준비위 발족" 참조. https://archives.kdemo.or.kr/workoutlog/workoutlog/view/FRR_1975_02_21_n002 이 선언문은 『동아일보』 1975.02.22. 1면; 『중앙일보』 1975.02.22. 7면; 『조선일보』 1975.02.22. 7면; 『경향신문』 1975.02.22. 7면; 『동아일보』 1975.02.24. 6면에 전문이 게재된다.

회적 위기의 요체이자 대안의 핵심으로 통용되던 '민중'이라는 용어를 누가 복음의 라오스(민족으로 번역 가능한)와 구별되는 마르코복음의 오클로스(군중, 대중, 무리)와 중첩시켜 논의를 펴고 있다는 점이다. 서남동은 이 글에서 안병무가 이렇게 공관복음의 라오스/오클로스 용례에 상응하여 민족과 민중을 구별해서 명시한 것을 큰 공헌으로 평가한다.

넷째, 『희망의 신학』(Theologie der Hoffnung, 1964)을 통해 당시 세계적 명성을 누리던 독일 신학자 위르겐 몰트만(Jürgen Moltmann, 1926~2024)이 이 한국에 와서 3월 6일 연세대학교에서 「민중의 투쟁 속에 있는 희망」이라는 제목으로 다음과 같은 요지의 강연을 했다.

> 예수는 자기를 어느 종교집단이나 어느 민족 집단에 동일화한 것이 아니라 가난하고 눌린 민중과 자기를 동일화했다. 그는 민중을 위한 영웅적인 해방자가 아니라 민중 스스로가 자기네의 해방을 쟁취하도록 했다. 그렇기에 '민중을 위한 교회'도 지금까지의 교회에 비하면 좋지만 정말 참 교회는 민중의 교회이다. 다시 말하자면 민중은 목회의 대상이 아니라 민중이 자기 역사의 주인이라는 것을 찾는 데 희망이 있다. (김성재 1996, 223)

몰트만의 강연은 민주화운동에 참여하면서 민중사건을 신학화하고자 하던 당시 한국의 신학자들에게 깊은 영감과 자극을 제공했다.

마지막으로, 서남동이 제시하는 민중사건이 바로 천주교정의구현전국사제단이 1975년 3월 10일자로 발행한 선언문 「민주·민생을 위한 복음운동을 선포한다」이다. 서남동은 왜 선언문의 발표를 민중사건의 하나로 주목했을까? 이를 해명하기 위해 우선 이 선언문이 어떤 배경에서 나왔는지를 살펴볼 필요가 있다. 원주교구 지학순 주교가 민청학련 사건에 연루되어 중앙정보부에 연행되고, 뒤이은 '양심선언'으로 유신헌법의 무효를 주장하

면서 투옥된 것을 계기로 하여, 천주교정의구현전국사제단은 1974년 9월
26일 순교찬미기도회에서 「제1시국선언」을 발표하면서 공식 활동을 시작
한다. 사제단 창립의 기점이 된 9월 26일 기도회에서 이미 "조국을 위하여,
정의와 민주회복을 위하여, 옥중에 계신 지주교님과 고통받는 이들을 위하
여 이 기도회를 바칩니다"라고 민주화운동 참여 의지를 명확히 드러냈던
사제단은 이후 기도회를 계속하면서 「제2시국선언」(1974년 11월 6일), 「사회
정의실천선언」(1974년 11월 20일), 「제3시국선언」(1975년 2월 6일)을 거쳐 마
침내 「민주·민생을 위한 복음운동을 선포한다」를 통해 민중민주주의적 지
향성을 한층 더 뚜렷이 한다. 특히 총 여섯 개의 항목으로 이루어진 비교적
짧은 선언문에서 '민중'이라는 단어가 스물네 차례나 등장한다는 사실이 주
목을 요한다. 그 일부를 인용하면 다음과 같다.

> 우리는 이제까지 이 땅의 인권회복, 인간회복, 민주회복을 위하여 기도하여
> 왔다. …… 그리고 그 악을 밑받침하기 위한 법과 제도(制度)는 민중을 철저
> 하게 안과 밖으로 얽매어 탄압함으로써 인간의 동물화(動物化)를 강요하고
> 있는 것이다. …… 법이나 그것을 운영하는 현세의 권력집단은 극소수의 안
> 전과 독버섯의 번영을 보장하고 대다수 민중을 그 안전과 번영을 위해 동원
> 하고 희생시키는 것이다. …… 오늘의 한국사회는 대다수의 민중이 억압받
> 는 사회이며 하느님의 정의가 짓밟히는 사회이다. …… 경제개발은 개발이
> 라는 이름밑에 민중의 권익(權益)을 제도적으로 유린하였다. 농민과 어민,
> 근로자, 실업자, 병사와 순경, 봉급생활자, 영세상인, 중소생산업자 등을 포
> 함하는 절대다수의 민중은 정치적 억압과 경제적 착취와 사회적 모멸과 문
> 화적 소외(疎外) 속에 신음하고 있다. …… 민중이 주체로서 참여하는 민주
> 주의로서만 비로소 진정한 민주주의가 건설될 수 있다. 진정한 민주회복은
> 억압되어 유린된 민중의 권익을 되찾음으로써 완성될 것이다. 따라서 민중

회복운동은 민중의 권익투쟁과 결합할 때 보다 큰 힘을 가지게 되며, 참된 민주주의 실현을 위한 지름길을 민중 모두와 다 함께 가는 결과로 될 것이다. …… 민중의 인간다운 삶과 인간의 존엄성(尊嚴性)에 상응하는 생활을 보장받기 위한 민생운동의 획기적 전개와 그 승리로서만 민주회복·인간회복은 가능하다는 결론에 도달하게 된다. ●

서남동은 이 선언문이 민주화운동 및 민중운동사에서 갖는 함의를 두 가지로 요약한다. 첫째, 이 선언문이 300명이 넘는 가톨릭 사제들로 구성된, 민주화운동 관련 단체들 가운데 가장 크고 강력한 운동조직인 천주교정의구현전국사제단이 내놓은 선언문이라는 점이다. 둘째, 신·구교를 막론하고 그전까지 제시된 그 어떤 선언서나 성명서보다도 신학적으로 "진일보한 내용"을 담고 있다는 점이다. 특히 서남동이 보기에, 「1973년 한국 그리스도인 신앙선언」이나 1974년 「한국 그리스도인의 신학적 성명」을 포함한 기존의 그 어떤 선언서나 성명서들에서도 "'민중'이라는 말은 쓰지 아니했고 또 민중이라는 집단적인 주체의식(collective identity)이 아직 엿보이지" 않았던 반면에, 이 선언서에서는 "민중의식이 적극적으로 또 강력하게" 주장되었다.(서남동 1975, 87) 그러므로 안병무와 서남동에 의해 체계화된 민중신학적 연구 성과가 처음 나올 바로 그 무렵에 발표된 이 선언문은 당시에 기독교 민주화운동에서 민중지향적 신앙이 단순히 개신교에만 국한된 것이 아님을 잘 보여준다. 그리고 서남동의 글에서 이 글이 중요하게 인용되고 평가되고 있듯이, 이 선언문은 그 자체로 민중신학의 토대를 제공한 핵심적인 텍스트라 할 수 있을 것이다.(김정남 2005, 57)

● 천주교정의구현전국사제단 「민주·민생을 위한 복음운동을 선포한다」(1975. 3. 10.), 민주화운동기념사업회 오픈아카이브 등록번호 00113735.

민중신학이 아카데믹에서 출현한 것이 아니라 1970년대 한국의 사회구조에 변형을 초래하는 일련의 사건들, 특히 민중의 권리 회복을 전면에 내걸면서 민주화운동을 전개했던 정치적 사건들, 특히 시국선언들의 여파로 출현했다는 서남동의 서술은 민주화운동과 민중신학의 관계에 대해서도 사상사적으로 중요한 논점을 제공한다. 바로 민중은 민중사건 이전부터 존재하는 것이 아니라 민중사건을 통해 비로소 존재하며, 구조악의 폭로와 인간과 시민의 권리, 노동에 대한 권리 등을 주장하기 위한 논쟁적 공통장을 만들어냄으로써 존재할 수 있게 된다는 사실 말이다. 랑시에르식으로 말하자면, 민중은 "그의 이름이 드러내는 잘못", 즉 '민중사건' 이전에는 존재하지 않는다. (랑시에르 2015, 77) 1971년 10월 8일 크리스챤사회행동협의체가 개최한 사회정의실현촉진대회에서 발표한 선언문과 결의문부터 1975년 3월 10일 천주교정의구현전국사제단이 발표한 「민주 생명을 위한 복음운동을 선포한다」 선언문까지, 민주화 요구의 정당성을 민중의 권리 주장에서 찾았던 모든 선언들은 1970년 11월의 전태일 사건과 1971년 8월의 광주대단지 사건에서 이루어진 선언 아닌 선언의 반복이자, 그 반복적 선언을 통해 민중을 창조하는 '재-현'(re-presentation)의 사건이었다. 민중신학은 바로 그런 재-현의 사건을 보다 정교하게 신학화하려는 민중 프로젝트의 일환이다.

이러한 문제설정을 바탕으로, 이제 민중신학이 다른 학문적 담론의 범위를 넘어 실제로 1970년대 당시의 개신교 민주화운동 또는 민중운동에서 어떻게 수용되었는지를 살펴보자. 우선 산업선교에서 민중신학이 어떻게 수용되었는지를 보여주는 대표적인 자료가 바로 1978년에 발표된 『산업선교 신학선언』이다. ● 선언이 나오게 된 배경에는 1970년대 말에 격화된 유

● 『산업선교 신학선언』(1978. 9. 20.) 민주화운동기념사업회 오픈아카이브, 00875681.

신정권의 산업선교 및 노동조합 운동에 대한 탄압이 깔려 있다. 1978년 2월 21일 새벽 인천에 위치한 동일방직에서 회사측 조합원들이 총회를 위한 대의원을 투표하러 온 여성 노동자들에게 '빨갱이'라 부르며 인분을 뒤집어씌우고 얼굴에 문지르거나 입, 귀, 가슴에 쑤셔 넣은 이른바 '동일방직 똥물 사건'이 발생한다. (장숙경 2013, 261) 동일방직 노동조합은 인천도시산업선교회 조화순 목사의 활동으로 1972년 한국 최초로 여성 지부장을 선출하여 노동자들의 권익을 대변하는 민주적, 자주적 노동조합을 출범시킨 바 있다. 그러나 회사측은 이들의 활동을 탄압하다가 결국 노동조합 파괴를 위해 이러한 폭력을 자행한 것이다. 그로 인해 3월 10일 서울 장충체육관에서 열린 노동절 기념 행사와 3월 26일 서울 여의도광장에서 개최된 부활절 연합예배에서 "우리는 똥을 먹고 살 수 없다", "동일방직 문제를 해결하라" 등의 구호를 외치며 노조원들의 분노와 요구를 전달하게 된다. 이 사건을 계기로 노동자들의 투쟁은 더욱 격렬해졌으며 유신정권은 과격해진 노동운동을 이용하여 이들의 배후에 도시산업선교 활동 및 인권 활동이 있으며, 그들은 노동자들을 선동하여 체제전복을 노리는 좌경용공세력이라고 선전하였다. (KNCC 인권위원회 2005, 143~145)

이같이 1978년 들어서 노동자들의 저항이 보다 강경해지기 시작하자 유신정권은 그 원인이 도시산업선교와 같은 산업사회를 향한 교회의 선교활동에 있다고 진단하고 홍지영 같은 유령작가를 내세워 산업선교를 반(反)체제 활동으로 몰아갔다. 교회는 이러한 정권의 공격에 적극적으로 대처하는 동시에 노동운동과의 연대를 강화하지 않을 수 없었다. 그러한 활동의 일환으로 KNCC는 1978년 9월 5일부터 7일까지 아카데미하우스에서 신학문제연구위원회와 도시농촌선교위원회 주최로 산업선교의 신학적 근거를 정립하기 위한 〈산업선교신학정립협의회〉를 개최하는데, 그 회의 내용을 최종 정리하여 발표한 것이『산업선교 신학선언』이다. (한국기독교교회협의

회 인권위원회 편 1987c, 1248~1256)

『산업선교 신학선언』은 민중신학을 "신학적인 개념이나 관념으로 서술한 도그마화한 신학이 아니라 산업사회와 같은 현장에서 소외당함을 받은 민중이 하나님의 참 삶에 대한 올바른 이해를 성서의 입장에서 밝혀주는 것"으로 규정하고, 민중신학의 과제를 "가난하고 수탈과 억압을 당하고 온갖 종류의 고통을 당하는 사람들이 공의로우신 하나님께 절규하는 울부짖음의 기도"로 설명한다. 무엇보다도 "하나님 앞에 노골화된 인간의 죄악의 실상을 약한 자, 가난한 자, 수난자의 측면에서 고려"했을 때 산업선교야말로 "오늘 이 땅에서 우리가 말할 수 있는 가장 대표적인 민중신학이 형성" 중인 현장이자 "그 신학의 정체를 사람들에게 보여줄 수 있는" 결실이라고 주장함으로써, 민중신학과 산업선교가 불가분의 관계를 맺고 있음을 역설한다. 이처럼 유신정권이 종말로 치닫고 있던 1970년대 후반 한국교계와 사회의 가장 커다란 쟁점 가운데 하나였던 노동선교/산업선교 활동에 대한 신학적 정당성을 명확히 할 뿐만 아니라 산업화 시대에 교회가 직면한 선교적 과제를 환기시키려 했던 『산업선교 신학선언』을 통해 당시 민중신학이 구체적으로 운동의 현장에서 어떻게 이론적 토대로 수용되고 있었는지를 파악할 수 있다. (KNCC 인권위원회 2005, 145)

물론 민중신학은 산업선교뿐만 아니라 유신체제의 전 기간에 걸쳐 가장 큰 희생을 감수하면서 투쟁을 선도했고, 반독재 민주화운동을 국민적인 운동으로 만드는 데 기여했던 학생운동, 그 가운데서도 특히 KSCF와 EYC로 대변되는 기독학생 및 기독청년운동에도 상당한 영향을 미쳤다. 기독청년운동에서 민중신학이 어떻게 수용되었는지를 보여주는 대표적인 자료는 『때가 다 되어』라는 제목으로 1979년 1월 25일에 발행된 한국기독교장로회 청년회(약칭 '기청') 서울연합회의 소식지 3호이다.* 이 소식지가 발간될 당시 기청 조직이 처해 있었던 상황을 고려할 때, 자료의 역사적 의미가 분명해질 것이다.

일반적으로 기독교 청년들의 민주화운동 참여는 1978년 8월의 '전주대회 사건'으로 절정에 도달했다는 평가가 지배적이다. 전주대회 사건이란 기청 소속 청년들 3백 50여 명이 1978년 8월 16일부터 22일까지 7일간 전주에서 벌였던 인권투쟁, 항의농성을 일컫는다. 이 사건은 8월 14~17일 예정으로 전주에서 개최된 기청 제8회 전국 청년교육대회에서 참석했던 600여 명의 청년들이 8월 16일 저녁 6시경 인권예배를 진행하기 위해 대회장소인 전주교대부속국민학교로 행진하다가 경찰과 충돌하게 되면서 촉발된다. 전북지역 민주화운동사에서 역대 최대 인원이 모여서 벌였던 평화적인 시가행진에 대한 경찰의 무차별 폭력 및 과잉진압에 격분한 청년들이 전주역 팔달교 등 전주시 중심가에서 22일까지 항의농성을 벌이게 되었고, 이에 기장교단을 중심으로 하는 기독교 민주화운동세력이 결합하면서 선교수호 대정부투쟁으로 사건이 확대된 것이다. (한국기독교교회협의회 인권위원회 편 1987c, 1278~1293; 한국기독교교회협의회 편 1985, 374~375)

농성을 해산한 후에도 당국은 사후보복을 가했고 1979년을 넘겨서도 재판이 이어졌지만 기독교 청년운동은 위축되기는커녕 더욱 열기를 고조시켜나갔는데, 그런 맥락에서 『때가 다 되어』를 통해 우리는 전주대회 사건 직후 기독교 청년운동 현황의 일면을 파악할 수 있다. 기청이 당국과 정면으로 충돌하여 조직적으로 많은 타격을 입은 전주대회 사건 이후 기청 전국연합회의 중심조직인 서울연합회는 어려움 속에서도 소식지 발행을 이어갔

---

* 한국기독교장로회 청년회 서울연합회, 『때가 다 되어』(1979. 1. 25.) 민주화운동기념사업회 오픈아카이브, 00843487.

고, 특히 "지난 여름 기청교육대회에서 시위 사건으로 구속되었던 이철우, 강세현, 김병민은 1월 23일 전주에서 있은 공판에서 구형 7년을 언도받았다"는 소식을 전하면서도 임원교육 및 총회 개최, 그리고 전국 상임위원회 회의 공지를 통해 조직의 굳건한 지속성을 회원들에게 확인시켜주고 있다.

더욱 인상적인 부분은 소식지 2호의 특집 주제가 '예수'였는데 반해 3호의 특집 주제를 '민중신학'으로 잡고, 「파울로 프레이리와 민중」(채광석), 「한국 근대 이후의 민중」(박수진), 「민중신학 소론」(권오성)을 게재함으로써 "현실에 관심을 가지고 참여하는 기독교인들의 신앙적 기반에 접근하며 또한 민중에 관해 기독교인으로서 어떤 눈으로 보아야 할 것인가를 이해"하려는 시도를 담아냈다는 점이다. 이는 종말론적 감성이 느껴지는 소식지 제목이 시사하듯이, 당시 마주한 가혹한 탄압 속에서 기독청년운동이 더욱 더 참여적인 신앙에 몰두했음을 보여준다. 특히 당시 총무였던 권오성이 집필한 「민중신학 소론」은 민중신학이 출현한 역사적·신학적·성서적 배경을 자세히 설명하는 동시에 민중신학에서 "민중은 단순히 기독교인의 선교대상이 아니라 하나님의 뜻이 민중을 통해 표현되고 민중이 주체가 되어 하나님의 역사를 실현하며 기독교 공동체가 민중의 언어와 삶의 자리에 근거하여야 하는 것을 기본내용으로 하고 있다"는 사실 또한 지적하고 있다.

그리고 마지막에는 운동의 관점에서 "민중신학이 단순히 논리적인 사변이 아니라 현실 속에서 추출되고, 검증되며 실현되어야 할 누룩의 언어인 한 더 넓고 깊고 지속적인 차원의 실천(Praxis)을 요구하고 있으며 그 프락시스를 통해 민중신학은 '민중을 통한 하나님의 역사적 전거' 그리고 '민중의 공동체 형성'의 차원으로 성숙되어질 수 있다"는 말로 민중신학을 향한 비판적 제언까지 남기고 있다. 그리하여 이 소식지는 1970년대 후반 기독교 청년운동 가운데서 민중신학이 어떤 시점에서, 어떤 계기로, 어떤 근거에서 받아들여졌고, 나아가 기독교 청년운동이 민중신학에 어떤 논점을 제기함으로써 그 이론적 발전 과정에 실질적으로 기여했는가를 파악할 수 있게 해준다. 이러한 자료들을 통해 1970년대 기독교 청년운동과 도시산업선교에서 민중신학의 수용 과정과 운동 주체들의 민중신학에 대한 이해를 어느 정도 파악할 수 있다. 즉, 민중 개념이 두 운동 모두에서 이념적 기반으로서 일정하게 자리 잡고 있음이 드러나는 것이다.

◆ 제3장 ◆
민주화운동의 신앙적 실천양상: 교회와 예배

제5부 3장 '민주화운동의 신앙적 실천양상: 교회와 예배'에서는 개신교
민주화운동이 물질화, 제도화되는 양상을 검토한다. 이를 위해 우선 1절 '일
상의 민주화운동 현장으로서의 예배: 목요기도회와 갈릴리교회, 그리고 형
제의집'에서는 1970년대 민주화운동 및 민중운동의 거점 역할을 수행했던
특수한 형태의 교회와 예배 현장을 살펴본다. 그리고 2절 '1970년대 민중교
회운동: 1980년대 민중교회운동과의 연속성을 중심으로'에서는 1980년대
들어서 본격적으로 형성되는 민중교회운동을 염두에 두고서, 그 맹아적 형
태로서 1970년대 민주화운동과 민중운동 그리고 산업선교와 빈민선교의
교차점에서 나타났던 새로운 형태의 교회들을 다룬다(1절의 마지막 부분에
서 다루게 될 서울제일교회 형제의집은 독자적인 형태의 민중교회가 출현하기 전
에 제도 교회 내부에서 등장한 민중교회의 모습을 잘 보여준다). 특히 70년대 민
중교회운동의 대표적인 사례로서 도시산업선교 현장에서 형성된 인천도시
산업선교회의 '노동자교회'와 도시빈민선교에서 파생된 교회들 중 수도권
도시선교위원회 및 그 후신인 수도권특수지역선교위원회가 직접 훈련하고
파송한 목회자에 의해 세워진 일부 교회들(주민교회, 사랑방교회, 동월교회)
을 주목해서 살펴볼 것이다.

제1절 일상의 민주화운동 현장으로서의 예배: 목요기도회와 갈릴리교회, 그리고 형제의집

1. 목요기도회

1974년 7월 민청학련 사건과 기타 긴급조치 관련 사건 구속자들에 대한 기도회로 시작된 개신교 목요기도회(1976년부터 1979년까지는 금요기도회로 진행)는 한국 민주화운동사에서 "민주담론에 누구나 참여할 수 있고 이견에 대한 상호조절의 공간이었으며 공감과 소통의 공간이면서 동시에 구체적인 실천의 장", 요컨대 "최장기 정치 및 저항 공론장"으로서 중요한 역사적 의의를 지닌다. (고성휘 2021, 67)● 같은 시기 호텔에서 열렸던 조찬기도회가 박정희 정권과 유신체제를 공개적으로 지지하는 어용기도회였던 반면 목요기도회는 박정희 정권의 희생자들을 위한 기도회이자 군사독재정권에 맞선 저항자들의 시국기도회였다. (김홍수 2017, 176~181) 무엇보다도 목요기도회를 통해 "구속자 가족들이 구속자들의 소식을 전하고 교회와 가족들이 의견을 발표하는 중요한 기회"를 얻었다는 점에서 목요기도회의 개신교 민주화운동사적 의의는 매우 크다. (강인철 2009, 139)

● 고성휘에 따르면, 목요기도회는 한국 개신교 민주화운동의 중요한 동력으로, 약 30년간 다섯 시기를 거치며 발전했다. 첫째 시기인 1974년부터 1979년까지의 '태동에서 심화기'에는 엄혹한 유신체제하에서 정례모임으로 굳건히 자리 잡았으며, 구속자 가족부터 해직 기자, 교수, 노동자 등으로 참여자 범위가 확대되었다. 둘째 1980년부터 1983년까지의 '암흑기에서 재도약 시기'에는 신군부의 압박으로 형태를 변경하면서도 '고난 받는 이들과 함께하는 목요예배'로 재개되어 기도 모임으로서의 종교적 정체성을 확립하고 내적 준비를 강화했다. 셋째 1984년부터 1987년까지의 '성장과 확산기'에는 다양한 피해자들의 참여가 증가하고 지방으로 확산되었으며, 해외 연대와 광주항쟁 연대투쟁이 본격화되었다. 넷째 1988년부터 1998년까지의 '유지기'에는 생존권과 통일운동 등 당면과제 해결에 힘썼으며, '고난 받는 형제들을 위한 목요기도회'라는 명칭을 사용했다. 마지막으로 1999년부터 2004년까지의 '정리기'에는 비정기적 예배로 그 명맥을 유지했다. (고성휘 2021, 68-69) 이처럼 목요기도회는 시대의 변화에 따라 명칭과 요일을 변경하면서도 끈질기게 이어져 한국사회의 민주화와 인권 신장에 유의미한 역할을 수행했다. 물론 이 글에서는 1970년대 '태동에서 심화기'에 초점을 맞춘다. 이 시기에는 1975년 5월 13일 긴급조치 9호가 선포되면서 중단되었다가 간헐적으로 공판이 있는 날 아침마다 기도회가 열리면서 명맥을 유지하던 기간과 1976년 '3·1민주구국선언 사건'의 발생으로 결성된 한국기독교교회협의회 선교자유수호대책위원회의 주관으로 요일을 바꿔 1976년 5월 3일부터 금요기도회로 운영되던 시기가 포함된다. (김홍수 2017, 184-184)

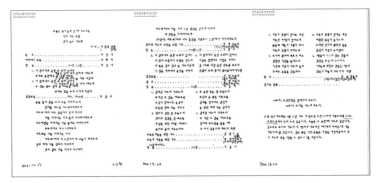
1974년 12월 12일 개최된 목요기도회 안내지 ●

　　이러한 목요기도회는 정확히 어떻게 시작되었는가? 여러 증언과 기록,
그리고 관련 연구들을 종합하자면,●● 목요기도회의 시작은 같은 시기
NCCK 인권위원회 설립과 긴밀히 연관된다. 인권위원회가 조직된 1974년
4~5월 무렵 시급했던 문제는 1973년 6월 남산 부활절 연합예배 사건으로
구속된 박형규 목사 등에 대한 대책과 그리스도인 대학생 다수가 관련된 전
국민주청년학생총연맹(이후 민청학련) 사건에 대한 교회의 입장을 표명하

● 〈구속된 동지들과 함께 기도하는 정의 자유 구현 정기 목요 기도회〉(1974. 12. 12. 스물두 번째 모임) 민주
　화운동기념사업회 오픈아카이브, 등록번호 00112275.
●● 역시 고성휘가 조사한 바에 따르면, 목요기도회의 시작에 대해서는 여러 구술자들의 엇갈린 주장이 존재한
　다. 일부는 구속자 가족들을 위해 한국기독학생연맹 실무자들이 기도회를 시작했는데 곧 NCCK 공식 모
　임으로 제안하여 이후 NCCK가 주관하는 정식기도회로 관리되어 나갔다고 하고(신대균, 차선각의 구술), 다
　른 이들은 남산부활절연합예배 사건을 계기로 시작되었다고 증언한다(김상근). 김상근과 같은 맥락에서 권
　호경 역시 "(1973년 남산) 부활절연합예배는 실패한 조직운동인데, 정부가 이 사건을 키워서 일이 이렇게 진
　행되었다. 우리가 재판을 받는 동안 열리던 기도회가 종로5가로 가면서 목요기도회가 되었으니 그 단초를
　제공한 것일 수도 있다"고 회고한 바 있다. (권호경 2019, 220) 목요기도회의 기원이 되는 기도회는 1973년
　남산 부활절연합예배 사건부터 존재했다고 볼 수 있는 것이다. 그러나 NCCK의 공식적인 기록에 따르면, 한
　국기독교회관에서 여러 목사들과 구속자 가족들이 모여 기도회를 시작했다고 한다. (한국기독교교회협의회
　인권위원회 편 1987b, 488) 고성휘는 이처럼 다양한 주장들을 종합하여, 간헐적인 기도모임은 이전부터 있
　었지만 '목요기도회'라는 정례화된 모임의 시작은 1974년 7월 18일이라고 정리한다. (고성휘 2021, 77) 한편,
　1975년 7월 11일부터 목요기도회가 시작되었다는 기록과 더불어 1974년 7월 중순의 어느 금요일(즉 7월 19
　일)이었다는 이해동 목사의 주장도 소수 견해로 남아 있다. (기독교사회문제연구원 1983, 175; 이해동 1994,
　27)

고, 대책 활동을 수행하는 것이었다. (한국기독교교회협의회 2005, 84~85) •

그리하여 1973년부터 개인 차원에서 열리고 있었던 비정기적인 시국기도회가 1974년 5월 인권위원회 설립 이후 7월 18일부터 민청학련 사건과 기타 긴급조치 관련 사건 구속자들에 대한 정례화된 형태의 기도회로 확정된 것으로 보인다. 즉 김상근, 이해동, 허병섭, 문동환 목사가 7월 18일 구속자 가족 22명과 함께 종로5가 기독교회관 2층 소회의실에서 민청학련 사건 관련 구속자 및 기타 긴급조치 위반혐의 구속자들을 위한 기도회를 열면서 목요기도회가 본격적으로 시작된 것이다. (김흥수 2017, 181) 그 후 구속자가족들을 중심으로 한 이 기도회의 모임을 매주 목요일 오전 10시로 정례화하고, 장소 역시 기독교회관 소회의실로 확정하자, 유신정권은 이에 대한 와해 공작에 들어갔다. 긴급조치 위반자들을 위한 기도조차도 충분히 긴급조치 위반에 해당하는 것으로 여겨질 수 있는 상황 속에서 가슴을 졸이며 민청학련 사건 관련 구속자 및 기타 긴급조치 위반 혐의로 구속된 이들의 무죄 석방을 요구하는 기도회를 개최한 만큼 애초부터 당국의 탄압은 피할 수 없었다. 당국의 방해와 협박이 심해졌음에도 불구하고, 기도회의 진지함과 열기가 오히려 더 많은 사람들을 끌어들였다. 참석자와 참여 단체 수가 증가했으며, 이는 기도회가 구속자들뿐만 아니라 참석자들에게도 위로와 희망이 되었다. 기도회는 진정한 민주주의 사회를 향한 열망을 담고 있었고, 이것이 많은 이들의 공감을 얻었던 것이다.

목요기도회의 최초 제안자로 알려져 있는 김상근 목사는 이러한 목요기도회의 성격을 〈목요기도회 50주년 기념행사〉 예배 설교에서 초기그리스

• 민청학련 관련 구속자가 대량으로 발생하자 인권위원회는 NCCK의 구속기독자대책위원회와 함께 대책을 논의하였다. 이에 따라 구속된 기독교인들을 위해 다양한 활동을 펼쳤는데, 이들은 구속자들의 신원조사, 변호, 석방 활동을 진행하고, 국내외 헌금을 관리했으며, 전국 교회에 기도를 요청했다. 그리고 재판이 시작되자 법정투쟁을 위해 한승헌, 강신옥, 조준희, 홍성우 변호사를 선임하여 인권 옹호 활동을 전개했다. 이러한 활동은 당시 정부의 탄압에 대응하는 교회의 적극적인 역할을 보여준다. (한국기독교교회협의회 2005, 88)

도교의 오순절 성령강림 사건에 비유하며 다음과 같이 증언했다.

유신, 긴급조치로 인해 숨죽이고 고개 박고 흩어져 있던 우리, 목요기도회에 모이게 됩니다. 어머니는 물론 친구도, 신부님은 물론 스님도, 신자는 물론 미신자(未信者)도, 맑은 정신으로는 물론 술 취한 이들까지도 누구나 모입니다. 목요기도회입니다. 거기 가고자 하는 사람, 가지 않고는 못 배기는 사람, 누구에게나 열려 있습니다. 그들 모두가 한곳에 모이는 곳이 목요기도회입니다. 문턱이 없습니다. 탈교회문화 현장입니다. 모임은 연대입니다. 연대는 힘입니다. (김상근 2024, 2)

이처럼 목요기도회가 당국이 조작한 사건의 진상이 폭로되고 민주주의 실현과 인권의 보장을 부르짖는 통로로 활용되자 목요기도회에 대한 당국의 탄압은 1975년 4월 10일에 열린 목요기도회에 이르러 절정에 달했다. 바로 4월 9일 인혁당 재건위 관련자 8명에 대한 사형집행이 이루어진 직후에 열린 목요기도회였다.● 이날 목요기도회 현장은 "살인정권 물러가라"는 함

● 1974년 4월 3일에 발동된 긴급조치 4호에 따라 민청학련 관련자들은 군사법정에서 대통령 긴급조치 위반 및 내란 예비 음모 등의 혐의로 무기징역과 사형 등 부당한 판결을 받았다. 당시 중앙정보부는 유인물에 사용되던 조직 명칭에 불과했던 민청학련의 배후로 '인혁당재건위'라는 공산주의 단체를 지목하며, 민청학련이 정부 전복을 꾀했다는 누명을 씌웠다. 유신정권은 민청학련 사건을 인민혁명당(줄여서 '인혁당') 계열의 지하 공산주의 세력인 '인혁당 재건위원회'가 북한의 지령을 받아 민청학련을 배후 조종해 정부를 전복하고 공산주의 국가를 수립하려 했다는 결론을 내렸다. 이로 인해 당시 체포된 사람들 중 대법원에서 확정 판결을 받은 인혁당 재건위원회 관련자 8명은 1975년 4월 9일 새벽에 사형이 집행되었다. 인혁당 재건위원회 사건은 1964년의 1차 인혁당 사건과 마찬가지로 조직 결성과 관련된 증거가 전혀 없었으며, 강제 자백에 의해 조작된 사건이었다. 그러나 민청학련 사건의 관련자들에 대해서는 사회 각층의 관심이 쏠렸던 반면, 인혁당 관련자들에게는 가족 외에는 관심을 보이는 사람이 거의 없었다. 그러던 중, 감리교 선교사인 조지 오글 목사가 처음으로 인혁당 사건에 대해 발언하면서 교회 내에서도 이 사건에 대한 관심이 생겨나기 시작했다. 오글 목사는 1975년 10월 10일 목요기도회에서 설교를 통해 증거도 없이 중형을 선고받은 인혁당 사건 관련자들의 인권이 심각하게 유린되고 있음을 지적하며, 그들을 위해 기도해줄 것을 요청했다. 이 설교로 인해 오글 목사는 중앙정보부에 연행되어 조사를 받았고, 출입국 관리법 제31조 제3호에 저촉된다는 이유로 12월 14일 강제 추방되었다.

성과 인혁당 사건 가족들의 절규로 가득했다. 그날 기도회에서 설교를 맡았던 문동환은 당시 상황에 대해 이렇게 회고했다.

> 1975년 4월 10일, 인혁당 사건에 연루된 여덟 명이 형장의 이슬로 사라진 바로 그날이었다. 마침 그날은 목요기도회가 열리는 날이었다. 나는 버스를 타고 종로5가로 가던 중 라디오에서 그날 새벽에 서대문구치소에서 사형이 집행됐다는 소식을 들었다. 재심을 청구할 시간도 주지 않고, 가족과 면회할 시간도 주지 않고 사형 확정 18시간 만에 사형을 집행한 것이다! 나의 분노는 극에 달했고 나는 격정에 차서 강단에 올랐다. 내 설교는 정상적일 수가 없었다. …… 준비한 원고는 제쳐 놓았다. "처형을 받아야 할 사람들은 대로를 활보하고 있는데 애매한 사람의 목에 밧줄이 걸렸습니다." …… "오늘 우리 한국에서 정말 처형을 받아야 할 자가 누구입니까?" 그랬더니 청중 속에서 "대법원장!" 하는 소리가 들렸다. 그러자 박형규 목사의 부인이 벌떡 일어서더니 "그자는 박정희입니다." 하고 소리쳤다. 나는 잠시 침묵을 지키다가, "그러나 역사의 심판관은 하느님입니다. 믿는 마음으로 하느님의 심판을 기다립시다. 이 비유의 핵심도 하느님이 억울한 자의 한을 풀어주신다는 것입니다. 결국 하느님의 정의가 이기고야 말 것입니다."라는 말로 설교를 끝마쳤다. (문동환 2009, 44~45)

이러한 상황에서 유신정권은 사법 살해로도 모자라 이들에게 구속 중에 가했던 극심한 고문의 흔적을 감추고자 사형당한 여덟 명 가운데 두 사람의 시신은 가족의 허락도 없이 구치소에서 화장(火葬)하는 만행을 저질렀다. 이때 사형된 여덟 명의 가운데 한 사람으로서 민주민족청년동맹 총무국장을 역임했고, 1964년 인혁당 사건으로 구속되었다가 풀려난 후 양봉업에 종사하던 중 1974년 4월 인혁당 재건위 사건으로 다시 구속된 송상진의 장례식이 함세웅 신부가 재직 중인 서울 응암동 성당에서 치러지기로 한다. 이 소식이 전해지자 목요기도회 참석자들이 그곳으로 달려갔다. 주검을 실은 응급차가 갑자기 방향을 바꿔 화장터로 향하려던 순간 이를 목격한 사람들은 격분해 온몸으로 차를 막아섰다. 문정현 신부, 문동환 목사, 문익환 목사 등 여러 성직자들과 선교사들, 목사들과 그 부인들이 차를 성당 쪽으로 끌고 가려 했다. 이 과정에서 경찰들과 격렬한 몸싸움이 벌어졌다. 이로 인해 문동환, 김상근, 이해동 목사들이 연행되어 조사를 받았고, 중앙정보부의 강요로 기도회 중단 광고를 동아일보에 게재하게 된다.(한국기독교교회협의회 2005, 93)

급기야 당국의 압력으로 한국기독교회관이 기도회 장소 대여를 거부하자 인권위원회 사무실 등에서 기도회를 잠시 이어갔으나, 결국 1975년 5월 13일 대통령 긴급조치 9호 선포로 목요기도회는 5월부터 9월까지 중단되고 만다. 물론 그 와중에 수도권 선교자금 사건 공판을 앞두고 구속된 성직자를 찾아가는 예배의 형태로 기도회가 지속되기도 했다. 구속 성직자를 위한 기도회를 계기로 1975년 9월 18일 한국교회사회선교협의체 유관단체 실무자 중심 기도회와 9월 25일에는 수도권 선교자금 사건으로 구속된 성직자들인 박형규와 권호경이 재직하던 서울제일교회에서 150여 명이 모여 기도회를 열면서 목요기도회를 공식적으로 재개했지만, 수도권 선교자금 사건의 구속자들에 관한 처리 문제를 놓고 중앙정보부와 협상 끝에 기도회를 다시 중단하고 말았다. 이후 이듬해인 1976년 '3·1민주구국선언' 사건이 일어난 후 비로소 NCCK 주도로 금요일로 변경해 금요기도회를 이어 나갔다. 그 사건이 발생한 직후 NCCK 제1차 실행위원회에서 조직된 선교자유대책위원회가 공식적인 기도회 주최자 역할을 맡게 되었고 기도회 요일도 금요일로 변경하여 첫 금요기도회가 1976년 5월 3일 한국기독교회관에서 열리게 된 것이다.

그런데 최근 고성휘에 의해 체계적으로 정리된 "목요기도회 상세목록표 및 설교자 분석"을 살펴보면(고성휘 2024, 110~142),● 유신 후기에 해당하는 1976년부터 1979년까지의 금요기도회는 확실히 이전의 목요기도회와는 구별되는 복합적인 성격을 지니고 있음을 알 수 있다. 한편으로는 목요기도회와 마찬가지로 반독재 민주화운동 관련 구속자들-대표적으로 성직자와 교수, 대학생들-의 가족이 중심이 되어 구속자 석방을 요구하는 기도회의 성격이 일정하게 유지되었지만, 다른 한편으로는 노동운동이나 빈민운동과 같은 당시 민중운동 현장의 사례들이 공유되고 투쟁 당사자들의 목소리가 직접 울려 퍼지는 민주주의 정치의 공론장(public sphere) 혹은 정치의 주체가 출현하는 무대(stage)의 성격이 강해지기 시작한다. 금요기도회는 구속자 석방을 위한 기도회의 성격을 넘어 사랑방교회 십자가 훼손 사건●●처럼 빈민선교 및 산업선교와 관련된 민중운동 현장의 고통이 증언되고 투쟁의 목소리가 선포되는 주요한 정치의 무대가 된 것이다. 많은 예들이 있지만 대표적으로 1977년 6월부터 기도 제목으로 등장하는 방림방적 노동자들의 호소(7월 22일), 평화시장 근로자 인권문제협의회가 참여하여 전태일 7주기 추모식을 진행하면서 구속노동자 석방과 노동운동 탄압중지를 요

● 고성휘는 2024년 7월 4일에 열린 『목요기도회 50주년 기념행사 자료집』에 「목요기도회 30년 개관」이라는 제목으로 그간에 발표했던 연구들과 미발표 연구자료를 종합한 글을 수록했다. (고성휘 2024, 100-142) 40쪽이 넘는 이 방대한 분량의 글에서 백미는 단연 5절 "목요기도회 상세목록표 및 설교자 분석"인데, 고성휘는 이 상세목록표를 "한국기독교교회협의회, 『한국기독교사회운동사』 7~15권; 「인권소식」; 한국기독교역사연구소 소장자료(인권위원회 관련 사료), 동아·조선일보의 기사를 기초로 정리한 것"으로 밝히고 있다. (같은 글, 110)

●● 1976년 1월 29일 수도권도시선교위원회 소속 활동가들이 청계천 철거민들과 함께 천막으로 세운 사랑방교회를 당국이 용역 깡패들을 동원하여 철거하고 십자가를 똥통에 처박아버린 사건을 말한다. 이러한 사건이 일어난 배경에는 교인들의 목요기도회 참석이 자리 잡고 있다. 이문동 지역에서 강제철거당한 후 월동을 위해 망우리 지역으로 이주하여 사랑방교회를 이루고 있던 철거민들에게 공포분위기를 조성하던 당국은 이날 목요기도회에 참석하지 않겠다는 교인들의 각서 제출에도 불구하고 기습적으로 교회를 파괴하고 십자가를 오물에 처박아버린 것이다. 1975년 수도권도시선교위원회 소속의 이규상, 허병섭, 이철용 등이 철거민들을 위해 이문동 공터에 천막으로 세운 사랑방교회는 당시 도시빈민 운동의 상징이었으며, 전도사였던 이규상이 담임목회자 역할을 수행했다.

구하고「한국노동 인권헌장」을 발표한 것(11월 4일, 12월 23일), 평화시장 근로자 인권문제 협의회의 활동 경과를 보고하고 조합원들이 호소문을 발표한 것(1978년 2월 17일), 동일방직사건대책위원회가 같은 해 3월 26일 "여의도 부활절 새벽기도회 사건"*에 대한 성명을 발표하고 한국교회 및 언론의 회개와 각성을 촉구하며「짓밟힌 노동자의 인권」이라는 제목의 팸플릿을 배포한 것(4월 7일)을 들 수 있다.

물론 1974년부터 1979년까지 목요기도회의 '태동에서 심화기', 특히 1976~1979년의 금요기도회 시기에서 특히 주목할 만한 사건은 1979년 9월 22일에 기독교회관 강당에서 열린 금요기도회일 것이다. 이날 금요기도회는 노동자들과 성직자, 대학생들이 함께 모여 동일방직 해고 노동자들과 연대하여 500여명이 참석한 가운데 "고난받는 동일방직 해고노동자를 위한 기도회"로 열렸는데, 문동환 목사의 '데모신학'에 관한 설교에 이어서 기도회 순서 중에 '동일방직 문제를 해결하라, 똥을 먹고 살 수는 없다'는 외침을 담은 연극 공연이 있었다. 연극 막바지에 사측에 사주를 받은 남성 노동자들이 여성 노동자들을 향해 똥물을 퍼붓던 결정적인 장면이 재연되자 해고 노동자들은 복받치는 울음을 참을 수 없었다. 밤 9시, 울음바다가 된 강당 밖으로 수백 명의 사람들이 행진하러 나서자, 입구를 막아선 경찰은 곤봉을 마구 휘두르며 노동자들과 참석자들을 폭행하고 던지

---

* 1978년 3월 26일 새벽 5시 30분, 부활절 연합예배가 열리고 있었던 서울 여의도광장에 여성 노동자들─동일방직의 정명자, 방림방적의 김정자, 남영나이론의 김연숙과 진해자, 삼원섬유의 김복자(이후 김지선으로 개명), 원풍모방의 장남수 등─이 서석구 목사의 기도 중 단상으로 올라가 CBS 마이크를 잡고 "노동3권 보장하라! 동일방직 사건 해결하라! 방림방적 체불 노임을 즉각 지불하라! 가톨릭노동청년회와 산업선교회는 빨갱이가 아니다!"를 외치다 구속된 사건을 말한다. 생방송 중에 마이크를 잡고 노동삼권 보장, 동일방직 문제 해결 등을 외치자 경찰들이 바로 조치를 취했고, 집시법과 예배 방해죄로 영등포 구치소에 구속되었다. 이 사건의 자세한 맥락에 관해서는 한국학중앙연구원 현대한국구술자료관 구술테마 컬렉션/민주화와종교에 녹취 및 저장된 김지선 인터뷰를 참조할 것. https://mkoha.aks.ac.kr/oralRecord/OralRecordSelect. do?oralRecSeq=412

다시피 연행했다. 이 무자비한 폭력 진압으로 인해 기도회에 참석했던 박형규 목사의 부인 조정하 여사를 비롯하여 윤반웅, 문익환 목사 등이 타박상을 입었으며, 사회선교 단체 실무자들과 노동자들, 학생들이 대거 연행당하고 만다.

그런데 이때부터 1979년까지 금요기도회의 주제는 "재소자 인권공청회"(1978. 10. 27)나 "표현과 언론의 자유에 대한 공동성명"(1978. 11. 3. 인권운동협의회 등 7개 인권운동단체 공동), "NCC 1978년 한국인권선언"(1978. 12. 15), "양심범 구속자 가족협의회 인권위 사무실 농성"(1979. 1. 15.~1. 19) 같은 인권 문제부터 "동아투위를 위한 (특별) 기도회"(1979. 3. 9./1979. 5. 11), "노동자를 위한 기도회"(1979. 3. 23), "YH 1차 농성"(1979. 4. 13), "YH근로자를 위한 기도회"(1979. 9. 14), "산업선교를 위한 금요기도회"(1979. 9. 21) 등을 통해 노동 문제를 지속적으로 다루었고, 특히 79년 하반기에는 "크리스챤아카데미 구속자를 위한 기도회"와 구속자 가족 일동의 호소문 발표 등의 다양한 방식의 연대 활동(1979. 3. 23./4. 13./4. 20./5. 18./6. 8./8. 31./9. 14.)을 이어 나가면서 악화일로로 치닫고 있던 유신체제의 종말을 시위하는 정치적 사건의 장소로 기능했다. 하지만 1979년 10·26 사태와 이에 따른 계엄령 상태가 지속되면서 기도회 개최가 자주 무산되었고 결국 1979년 11월 30일부터 1980년 4월까지 기도회가 장기간 중단되면서 1970년대를 이어온 목요기도회/금요기도회가 막을 내렸다.(김홍수 2017, 183~184)

그렇다면 목요기도회 또는 금요기도회는 한국 민주화운동사에서 어떤 의의를 지니는가? 우선 기도회에 참석했던 개신교인들은 정의, 자유, 민주회복, 구속자 석방 등을 위해 기도했다. 그리스도교 신앙에서 기도의 행위는 단순히 감정을 발산하거나 푸념하고 궁상을 떠는 것이 아니라, 개인이나 공동체의 절박한 상황을 신에게 자세히 아룀으로써 신의 도우심을 간청하는 것이다. 더 나아가서, 그런 위기의 상황을 초래한 존재가 바로 신 자신이라고 주장함으로써, 신의 개입을 요청하는 것이 분명하다. 물론 강조점은 신의 도우심에 대한 절대적인 신뢰에 있다. 즉 지금 개인들과 공동체가 처해 있는 난관을 설명하는 것만으로도 신의 도우심과 보호를 확보하기에 충분하다는 신뢰가 깔려 있는 것이다.(크로산 2011, 22) 물론 개신교인이 아니라 할지라도 목요기도회에 참석했던 많은 이들은 신의 존재에 대한 믿음, 종교에 대한 개인적 호오(好惡), 그리스도교 교리에 대한 동의 여부를 떠나서 민주화운동 공동체의 일원으로서 다양한 문제들에 대해 기꺼이 탄원하고 청원했다. 이것은 이 기도회가 '기도회'라는 형식에도 불구하고 얼마나 개방적인 의사소통의 공간, 즉 민주적 공론장으로 기능했는지를 잘 보여주는 지점이다. 그리하여 오히려 기도회를 빙자하는 정치적 집회라는 비난도 있었고, 실제로 목요기도회를 시작한 장본인 가운데 한 사람인 김관석 총무 같은 이들조차도 기도회가 점점 과격해져서 유인물을 뿌리고 정권 성토까지 하게 되자 "이러다 잘못되면 큰일 나겠다. 이렇게 해도 되는 것일까"라며 나중에는 기도회와 거리를 두는 경우도 있었지만(김흥수 2017, 186), 기도회는 단순한 기도회를 넘어 구속자 가족 위로와 민주화운동 소식 전달, 교회의 의견 표명 등 민주화운동의 조직적 전개에 결정적인 역할을 수행했다.(김설이·이경은 2007, 47~48)● 그런 의미에서 목요기도회는 한국 개신교

● 관련하여 한국기독교교회협의회 인권위원회가 목요기도회와 연계하여 발행했던 소식지 《인권소식》을 주목할 필요가 있다. 1978년 6월 23일에 인권 상황을 알리는 소식지로 창간된 《인권소식》은 구속, 연행 등에 관한 소식과 인권 회복을 위한 기도회, 공판 소식 등을 담아 매주 발행되었는데, 이는 당시 언론 통제하에서 인권 침해 사례들을 보도하지 못하는 언론의 기능을 대신하였다. 《인권소식》 제1호는 그 발행의 의의를 다음과 같이 밝히고 있다. "민주 회복, 인권 회복을 위한 우리의 간절한 기도에도 불구하고 무엇 하나 개선되지 않은 채 암담한 상황만 계속되고 있습니다. 옥중의 수많은 양심범들은 비인간적인 대우 속에서 말할 수 없는 고난을 당하고 있으며, 생존을 위한 노동자들의 몸부림과 외침은 무자비한 박해로 응답되고 있습니다. 뿐만 아니라 감시, 연행, 고문도 여전히 고삐를 늦추지 않고 자행되고 있습니다. 아직도 우리의 기도가 부족한 탓이라고 생각합니다. 한국기독교교회협의회 인권위원회는 앞으로 구속된 양심들의 소식과 함께 우리의 인권 현장에서 발생하는 구체적인 인권 침해 사실을 여러분에게 신속히 알려드리고 고난 받는 이들을 위해 함께 기도하기로 했습니다." 《인권소식》(제1호), 1978. 6. 23. 한국기독교교회협의회아카이브, 등록번호 KNA-A-FI-03-004012.

가 선교의 자유를 지키고 억눌린 자들과 연대하는 역사적 전기를 마련한 모임이었다. (한국기독교교회협의회 2005, 94)

아울러 민주주의 정치의 관점에서 목요기도회는 동일방직 노동자들의 연극 공연에서 보듯이 "정치적 주체가 단순히 무대 위에 출현하는 것이 아니라 무대 자체를 만들어낸다"는 점을 입증한 중요한 사례로 평가할 수 있다. (체임버스 2019, 41) 민주주의 정치에서 평등은 질서나 분배의 원칙이 아니라 "계속해서 입증되어야 하는 전제"이다. (Rancière 2011, 15) 이는 "평등의 특정한 무대를 여는 입증이나 상연/연출"로서, 이때 평등을 입증하는 무대들은 "경계선을 가로지름으로써, 그리고 담론의 형태 및 수준과 경험의 영역들을 상호 연결함으로써" 세워진다. (같은 글, 15) 이러한 논리에 따르자면, 우리는 민주주의 정치를 "데모스가 존재하는 장소와 데모스가 존재하지 않는 장소, 주민들과 개인들, 고용주들과 피고용인들, 집안의 가장들과 배우자들 등만이 존재하는 장소 사이의 간극을 연극적인 의미에서 해석하는 일"로 재정의할 수 있다. (랑시에르 2015, 147) 정치는 이러한 관계를 연기하거나 행동으로 옮기는 것으로 구성되며, 이는 먼저 그것을 연극으로 설정하고, 논리적이고 연극적인 의미 모두에서 논쟁을 발명하며, 연결되지 않은 것을 연결하는 것을 의미한다.

동일방직 노동자들의 노동절 기념식장 시위 사건(1978. 3. 10.)과 여의도 부활절 새벽기도회 사건(1978. 3. 26)의 연장선상에서 '동일방직 해고 근로자를 위한 기도회'로 열렸던 1979년 9월 22일의 금요기도회가 단지 예배뿐만 아니라 동일방직 사건을 극화한 연극을 공연했다는 사실은 그래서 매우 의미심장하다. 금요기도회는 민주주의 정치가 대의 기관, 법적 절차, 또는 투쟁 조직의 문제이기 전에, 민주주의의 정치적 주체가 출연하는 무대를 만들고 그들의 목소리를 담은 '공연'(公演, performance)을 유지하는 문제임을 입증하는 사례이기 때문이다. 금요기도회를 통해 민주주의 정치는 파괴적 평등의 우발적 극화이며, 허가받지 않은 즉흥적인 민주적 목소리의 즉흥 연기임을 드러낸 것이다. 피터 홀워드가 주장하듯이 결국 "정치란 무대를 마련하는 것"이라고 했을 때(Hallward 2009, 142), 목요기도회 혹은 금요기도회는 민주주의의 정치적 주체가 출현했던 무대를 제공했을 뿐만 아니라, 정치적 주체들이 스스로 무대 자체를 만들어내기도 한다는 점을 보여준 중요한 역사적 사례라 할 수 있다. (체임버스 2019, 41)

2. 갈릴리교회

한편, 1975년에 접어들어 긴급조치 9호하에서 민주화운동에 참여하던 기독인 교수들이 정권의 탄압을 받는 집단으로 등장한다. 문동환과 안병무는 1975년 5월 반(反)정부 활동을 이유로 한신대학교에서 해직되었고, 같은 시기에 이문영은 고려대에서, 서남동은 연세대에서, 이우정은 서울여대에서 해직당한다. 이들은 모두 한국기독자교수협의회 회원들이었다. 문동환은 해직된 기독인 교수들이 연대하지 않으면 홀로 고사할 것이라 염려했고, 그래서 문익환과 더불어 해직 교수들을 방학동 자택으로 초대하여 새로운 교회를 만들자는 제안을 하게 된다. (문동환 2009, 54) 해직 교수들은 2차 세계대전 중에 나치 치하에서 독일인 목사 니묄러(Martin Niemöller, 1892~1984)와 본회퍼(Dietrich Bonhoeffer, 1906~1945) 등이 이끌었고, 스위스 출신으로 독일에서 교수 활동을 했던 바르트(Karl Barth, 1886~1968)도 깊이 관여했던 고백교회(Bekennende Kirche)의 정신을 계승하는 그런 교회를 만들자고 뜻을 모았다. (문영미 2017, 169; 고지수 2019, 602~603)

하지만 이들은 독일 고백교회의 한계 역시 명확히 인식하고 있었다. 안병무는 갈릴리교회가 창립 예배를 진행했던 대성빌딩을 떠나 한빛교회에서 첫 모임을 열었을 때[*] 전한 메시지를 자필 원고로 남겼고, 이 글은 수정을 거쳐 그의 서거 2년 뒤인 1998년에 출간된 한국신학연구소판 전집 중 『구걸하는 초월자』에 수록되어 출간되었는데, 여기서 그는 이렇게 말한다.

> 바르멘선언은 solus Christus(그리스도만)을 핵심으로 했다. …… 그런데 놀라운 것은 그때 이미 히틀러가 1933년 1월 30일에 정치백서로서 교회에 관해서 "우리는 국가 안에서의 모든 종교적 고백의 자유를 보장한다. 그것이 현재의 체제를 위험하게 하지 않고, 게르만 민족의 윤리, 도덕적 감정을 위태롭게 하지 않는 한에서 …… 우리는 내외의 유대적 물질주의와 싸울 것이며, ……"라고 했다. 여기서 벌써 반민주체제의 전제, 배타적 민족주의, 유대인 박해 등이 뚜렷이 드러났고, 그것이 착수되었는데도 교회 밖의 인권문제(특히 유대인 학살), 사회나 의회독립, 언론자유 등을 위해서 일언반구도 언급이 없었다. …… 그러므로 36~38년 사이에 이 고백교회는 지리멸렬되었다. 그들의 잘못은 바로 그리스도인은 교회를 수호한다는 데 머물고 갈릴래아 예수를 소외한 데 있다. (안병무 1998, 426~427; 안병무 1993c, 410~411)

---

[*] 본 연구를 통해 새롭게 발굴된 갈릴리교회 첫 번째 주보가 보여주듯이 창립 예배를 7월 17일이 아닌 8월 17일에 대성빌딩에서 진행했지만, 다음 주일인 24일에 대성빌딩에 찾아갔을 때 당국의 압박으로 건물주가 일방적으로 계약을 해지하여 한일관에서 점심을 먹으면서 예배를 보았고, 그날 오후 만났던 한빛교회 이해동 목사의 협조로 이후부터 한빛교회에서 예배를 진행했다는 문동환·문혜림의 장녀 문영미의 한빛교회 60년사 서술과 문익환·박용길의 장녀 문영금의 구술증언, 그리고 NCCK 인권위원회가 펴낸 『1970년대 민주화운동』 제2권의 기록을 종합해서 본다면, 안병무가 이 메시지를 전한 때는 한빛교회에서 갈릴리교회의 첫 모임이 이루어진 1975년 8월 31일일 것이다.

바로 이러한 문제의식에 근거하여 기독인 해직 교수들은 새로운 교회의 이름을 '갈릴리교회'라 명명한 것이다. 그 이름에는 "예수운동이 일어난, 가난한 민중들이 사는 땅"으로서 갈릴리에 일어났던 예수운동을 유신체제 아래 한국에서 계승함으로써 독일 고백교회의 한계를 넘어서자는 뜻이 담겨 있었던 것이다. (문동환 2009, 54) "한국의 소외된, 고난당하는 민중을 위한, 민중의 교회라는 뜻"에서 알 수 있듯이, 갈릴리교회의 창립 정신에서 이미 민중신학적 교회관이 나타나고 있다. (서광선 2016, 290)

갈릴리교회 구성원의 다수는 1974년 긴급조치 9호 발동으로 전국 각 대학에서 이루어진 교수 해직 사태의 피해 당사자들로서, 한국기독자교수협의회 회원들이기도 했다. 바꿔 말하면, 1974년 긴급조치 9호로 해직당한 한국기독자교수협의회 회원들 중의 일부가 그해 개신교 지식인 교회인 갈릴리교회에 참여하였고 그 다음 해에는 '3·1민주구국선언 사건(명동 사건)'에도 참여하였던 것이다. 요컨대, 갈릴리교회는 한신대, 연세대, 고려대 등 긴급조치에 저항하는 학원가 시위의 배후 인물로 지목되어 1975년 1학기에 해직당한 교수들, 곧 한신대 문동환·안병무, 연세대 서남동, 고려대 이문영과 1974년 서울여대 교수로 재임용되었으나 인권운동과 여성·노동운동을 벌이다 다시 해직된 이우정, 대한성서공회 주관으로 구약성서 번역 작업에 몰두하고 있었던 한신대 교수 문익환이 합류하여 민주화운동의 구심점 역할을 하면서 동시에 민중신학이 탄생하는 산파 역할을 했던 교회라 할 수 있다. (고지수 2019, 602~611; 고지수 2020, 318~341)

'3·1민주구국선언 사건'이 한국 민주화운동 일반뿐만 아니라 개신교 민주화운동에서도 중요한 의미를 갖는 이유는 이 사건의 주요 관련자들, 즉 「민주구국선언서」 작성을 주도한 문익환·문동환·이우정·서남동·안병무·이문영·함석헌 등이 당시 모두 기독자교수협의회와 갈릴리교회에 소속되어 함께 활동하고 있었기 때문이다. 갈릴리교회의 핵심 구성원, 특히 갈릴리교회의 대표 설교자들이자 민중신학의 개척자들이었던 여섯 명의 기독인 해직교수들(안병무·이우정·이문영·서남동·문익환·문동환)이 1976년 '3·1민주구국선언 사건'을 주도한 것이다. 실제로 검찰 발표에서도 갈릴리교회는 '민주회복국민회의'와 함께 이 사건을 주도한 '일부 재야인사들'의 불법단체로 지목되었다. 물론 갈릴리교회가 반정부단체 아니냐는 검사의 질의에 문익환은 갈릴리교회는 이 민족의 현실의 문제성, 그 처방을 위해 집중적인 기도의 성격을 띤 교회라고 답했다.

갈릴리교회 소속 재야인사들을 중심으로 한 '3·1민주구국선언'의 선포는 곧바로 커다란 사회적 파장을 불러왔다. 서울대, 한양대, 중앙대, 이화여대 등의 각 대학에는 선언문이 배포되었다. 그리고 개신교, 천주교 등 종교계를 중심으로 '3·1민주구국선언' 발표자들의 행위가 정당하며, 처벌 조치가 가혹함을 지적하는 성명이 이어졌다. 1976년 4월 12일에는 NCCK 인권위원회가 '3·1민주구국선언 사건'과 관련하여 '고난 받는 인권을 위한 기도회'를 개최하였다. 이 기도회로 조남기 목사 등 5명이 연행되기도 하였다. 4월 22일 한국기독교장로회 전남노회는 당국의 발표가 사실이 아니라는 내용의 성명서를 발표하였다. 이들은 결의문에서 "3·1절 기도회는 그들의 민족적 애국심과 신앙·양심에 입각한 순수한 종교행위로서의 신앙고백임을 믿는 바이며, 결코 정부 전복의 음모가 아님을 확신한다"고 밝혔다. 더불어 전남노회는 유신헌법을 철폐하고 민주헌정을 회복하자고 주창하였다. (허은 2009, 223~224) 아울러 고지수에 따르면, '3·1민주구국선언 사건'은 장기적 관점에서 유신체제 후반기 세 가지 차원에서의 저항연대 강화로 이어졌다. 첫째, "정치인 김대중과 종교 지식인들의 최초 동지적 결합", 둘째, "개신교 지식인들과 천주교정의구현사제단 소속 성직자들의 에큐메니컬 선교연대", 마지막으로 "국내외 개신교 저항연대 강화"가 그것이다. (고지수 2019, 598)

갈릴리교회의 등장은 긴급조치 9호 이후 대학에서의 기반을 상실한 기독자교수협의회의 지식인들이 오히려 민중신학을 통해 노동자·농민, 도시빈민 등 기층 민중과의 결합 가능성을 높여 나갔음을 잘 보여준다. 이러한 과정을 통해 기독자교수협의회가 생산한 "민중주체 담론은 1970년대 산업자본주의 형성과정에서 국가 영역의 개발독재 담론에 대한 기층 민중의 노동 주체화·사회화 담론으로 기능"하게 된다. (고지수 2021, 206) 특히 1975년 5월, 긴급조치 9호 발령 이후 대학에서 더 이상 활동할 수 없게 된 기독자교수들과 갈릴리교회의 구성원들은 신학적·교육학적·사회학적 관점에서 민중론을 형성함으로써(안병무, 서남동, 문동환, 한완상 등), 기층 민중의 노동 주체화와 사회화를 위한 이론적 기초를 제공했다. (고지수 2021, 236~237)

3. 형제의집

마지막으로 1970년대 개신교계에서 민주화운동을 적극적으로 전개했던 개교회의 지역 선교 일환으로 도시산업선교와 도시빈민선교가 통합적으로 수행된 특수한 사례 가운데 하나인 '형제의집'에 대해 알아보자. 형제의집은 한국기독교장로회 소속 서울제일교회의 지역 사회선교 활동의 중요한 기구라 할 수 있다. 이 기구는 교회 주변 지역에 거주하는 노동자와 빈민들을 대상으로 한 사회선교를 목적으로 1976년 11월 20일 설립되었다. (김주한 2013, 184) 잘 알려져 있다시피, 서울제일교회는 훗날 민주화운동기념사업회 초대 이사장을 역임한 박형규(朴炯圭, 1923~2016) 목사가 담임으로 재직한 교회다. 앞서 제2장에서도 확인했듯이, 박형규는 1970~1971년 와우아파트 붕괴 사건과 광주대단지 폭동 사건 등을 잇달아 목격하고, 1970년대 일명 '수도권'(도시선교위원회) 조직의 결성과 활동을 주도하면서 도시빈민선교를 이끌었던 인물이자 1973년 6월 남산 부활절 연합예배 사건으로 인해 구속된 것을 시작으로 1979년 7월 긴급조치 9호 위반으로 구속될 때까지 총 다섯 번이나 옥고를 치르는 가운데 유신체제에 항거하는 개신교 민주화운동의 최전선에 섰던 인물이다. •

그렇다면 박형규 목사와 서울제일교회는 어떤 이유로 형제의집을 설립하고 운영하게 된 것일까? 일차적으로는 1972년 11월에 담임목사로 박형규가 정식 부임하고, 이듬해 11월에 권호경이 부목사로 부임하면서 교회가

• 형제의집 설립 시점까지 박형규가 박정희 정권하에서 민주화운동에 참여한 주요 이력은 다음과 같다. 1966년 5월, 한국기독학생회총연맹(KSCF) 총무 취임(1968년까지 재직). 1968년 5월, 대한기독교서회 정기간행물 부장 겸 월간《기독교사상》주간으로 취임(1970년까지 재직). 1968년 9월, 미국 북장로교 조지 타드 목사의 지원을 받아 연세대 안에 '도시문제연구소'를 창립하고 그 산하의 '도시선교위원회' 책임자가 되면서 도시빈민선교 시작. 1970년 3월, 서울제일교회 초빙을 받아 주일설교 시작. 1970년 4월, 재단법인 CBS 방송 및 기술담당 상무로 취임. 1970년 11월, CBS 재직 중에 일어난 강원용 목사의 경동교회 주일 설교(전태일 사건에 관한 설교)를 전국에 내보냄(이때부터 시작된 당국의 집요한 압력으로 인해 1971년 6월 CBS 퇴사). 1971년 4월, 민주수호국민협의회 결성에 참여. 1971년 7월, 크리스챤아카데미 프로그램 위원장으로 취임. 1971년 9월, 가톨릭교회를 포함한 초교파적인 도시빈민선교 조직인 '수도권도시선교위원회'를 발족하고 위원장으로 취임. 이어서 빈민선교를 하는 신·구교단체들이 서로 협력할 필요를 느껴 '크리스챤사회행동협의체'를 결성하고 부이사장직을 맡음. 1971년 10월, 크리스챤사회행동협의체 주최로 서울 혜화동 가톨릭학생회관에서 '사회정의 실현 촉진대회'를 열고 부정부패 추방을 위한 시가행진을 벌여서 연행되었다가 풀려남. 1972년 3월, 크리스챤사회행동협의체를 '에큐메니컬 현대선교협의체'로 이름을 바꾸고 조직을 재정비함. 1972년 11월, 서울제일교회 담임목사 취임(1992년 은퇴). 1973년 4월, 남산 야외음악당 부활절 연합예배에서 유신체제를 비판하는 시위를 계획하고 전단을 살포한 사건('남산 부활절 연합예배 사건')으로 6월 29일 권호경, 김동완, 남삼우 등과 함께 보안사로 연행되어 국가내란예비음모 혐의로 구속기소됨(1차 옥고, 징역 2년을 선고받고 3개월 후 금보석으로 석방됨). 1973년 12월, 수도권도시선교위원회의 이름을 수도권특수지역선교위원회로 바꾸고 선교대상을 서울의 빈민지역에 집중시킴. 1974년 4월, 민청학련에 거사자금을 댔다는 이유로 중앙정보부에 연행된 후 긴급조치 4호 위반 및 국가내란음모 혐의로 군법회의에서 구속기소됨(2차 옥고, 징역 15년, 자격정지 15년 선고). 1974년 12월, 옥중에서 첫 논설집『해방의 길목에서』출간하고 미국 선교단체가 주는 '에드워드 브라우닝' 상 수상(1975년 2·15 조치로 10개월 만에 석방). 1975년 4월, 선교자금 횡령 및 배임 조작 사건으로 2개월 만에 다시 구속됨(3차 옥고, 무죄 판결 받고 1976년 2월에 석방됨). 1976년 5월, '수도권특수지역선교위원회'의 이름을 '한국특수지역선교위원회(KMCO)'로 바꾸고 빈민선교의 쇄신을 꾀함. 1976년 5월, 3개월 만에 다시 유신정권이 박형규와 '수도권' 소속 빈민운동가들을 공산주의 세력으로 몰기 위해 치안본부 대공분실로 연행하고 고문함(4차 옥고, 40일의 장기 구금 끝에 7월에 기소유예로 서울구치소에서 석방됨). 1976년 10월, 한국기독교장로회 '교회와 사회위원회' 위원장 취임.

속해 있는 지역 사회에도 관심을 기울인 데서 이유를 찾을 수 있다.[•] 더욱
이 목회자들이 몸담고 있던 수도권도시선교위원회와 수도권특수선교위원
회의 사무실 역시 서울제일교회 내에 있었던 터라 교회가 도시빈민선교에
나서기에 자연스러운 상황이었다. 물론 서울제일교회의 목회자들이 도시
빈민선교를 수행 중이라 해서 곧바로 형제의집과 같은 사회선교 활동이 이
루어질 수 있었던 것은 아니다. 보다 중요한 이유는 교회 자체의 입지적 조
건으로 인해 지역의 노동자와 빈민을 대상으로 사회선교 활동을 전개하기
에 용이한 여건에 놓여 있었다는 데서 찾아야 한다. 서울제일교회가 위치
하고 있는 을지로 및 오장동 중부시장 일대는 전태일이 일했던 청계천 평
화시장 지척에 있었고, 교회 바로 맞은 편에 중부시장이 자리 잡고 있어서
피복노조 사람들이 많았기 때문이다. 전태일 사건 이후로 박형규는 바로
교회 주변에서 만나는 이웃들을 위해 선교활동을 수행하려는 의지가 강했
다.(권호경 2019, 98)

실제로 당시 오장동 일대는 주택가라기보다는 300여 개의 영세 하청업
체들이 밀집한 시장공단의 모습을 하고 있었다. 이들 공장 중 당시의 근로
기준법이 적용될 수 있는 종업원 16인 이상의 업체는 1.1%에 불과했다. 대
부분이 5인 이하의 종업원으로 유지되는 영세한 하청공장인 만큼 이 지역
노동자들은 중소기업이나 대기업보다 훨씬 더 나쁜 작업환경과 노동조건
속에서 일하고 있었다. 당시 교회가 조사한 바에 따르면 공장당 평균 노동

• 박형규와 함께 빈민선교에 몸담았던 이들은 1973년 4월 남산 부활절 연합예배 사건을 계기로 침체되어 있
던 빈민선교를 보다 활성화하고자 1973년 12월 '수도권도시선교위원회'의 이름을 '수도권특수지역선교위원
회'로 바꾸고 선교활동 대상 지역을 서울 내부의 빈민 지역으로 집중시켰다. 그러한 과정 속에서 자연스럽
게 이미 같은 시기에 수도권도시선교회위원회와 수도권특수지역선교위원회에서 위원장과 주무간사로서
지속적인 핵심적인 역할을 담당한 박형규와 권호경이 역시 나란히 담임목사와 부목사로 재직 중이었던
서울제일교회에는 이들의 민주화운동과 도시빈민선교 활동에 동조한 많은 대학생들이 교회에 나오게 되
고, 결국 이들을 중심으로 개교회 차원에서도 사회선교 활동을 더욱 활발하게 전개해 간 것이다.(박형규
2010, 279-280; 권호경 2019, 98-105)

자 수가 4.94명이었으며, 그중 절반 가까이가 16~19세의 청소년들이었다. 이들은 하루 평균 10~14시간의 장시간 노동과 잦은 철야 및 열악한 저임금에 시달릴 뿐 아니라 탁한 공기와 소음이 가득 찬 작업장 환경, 수도 시설과 위생 복지 시설이 부재하는 주거 환경 속에서 상당수가 기관지염, 난청, 폐결핵 등에 시달리고 있는 것으로 나타났다. (한국기독교교회협의회 인권위원회 편 1987, 88)

그리하여 서울제일교회는 1972년 12월 30일과 73년 12월 24일에 200여 명의 주민들과 주변 근로자들이 교회가 준비한 연극을 관람하고 교인들과 함께 떡잔치를 갖기도 하는 등 형제의집 설립 이전부터 이미 매년 정기적으로 주변의 공장 노동자들과 시장 상인들을 교회로 초청하여 그들과 잔치를 벌이고 교류하면서 지역 주민들과의 친교를 확대하던 중이었다. (한국기독교교회협의회 인권위원회 편 1987, 89) 그럼에도 불구하고 교회는 박형규 목사가 한국기독교장로회 '교회와사회위원회' 위원장으로 선임된 1976년 11월이 되어서야 비로소 지역사회 노동자들을 위한 지속적인 선교를 수행할 형제의집을 열 수 있었는데, 이는 물론 유신정권의 지속적인 탄압으로 인해 매년 담임목사와 부목사가 구속되었기 때문에 체계적이고 지속적인 프로그램을 전개할 수가 없었기 때문이다. (한국기독교교회협의회 인권위원회 편 1987, 89)

형제의집은 서울제일교회 대학생부가 서울의 대표적인 판자촌 지역인 중랑천 뚝방에 당시 공장을 다니고 있던 학령기(學齡期) 청소년을 주된 대상으로 하는 야학을 개설한 것에서 비롯되었다. 그러나 곧이어 중랑천 뚝방 판자촌이 철거되자 교회에서 직접 야학을 시작하면 좋겠다는 의견이 나왔다. 그리하여 교회 내 공간을 확보하여 교회 주변 지역의 노동자와 빈민을 대상으로 하는 야학을 개설하게 된다. 형제의집은 바로 이러한 활동을 보다 체계적으로 지원하고 활성화하기 위해 설립된 것이다. (김주한 2013,

184) 이처럼 처음 시작할 당시에만 하더라도 형제의집은 야학 교실의 형태, 즉 대학생들이 지역에 거주하는 노동자들에게 지식을 전수하는 교육 과정의 모습을 띠고 있었다. 그러나 시간이 지남에 따라 교육자의 입장이 아니라 피교육자인 노동자들의 눈높이에서 그들의 삶의 자리로 내려가 그들과 함께하려는 모습이 청년들에게 나타났고, 그러자 노동자들도 형제의집을 자신들의 삶과 함께하는 동반자로 받아들이기 시작했다. 1970년대 말 평화시장 시다로 출발해 청계노조를 거쳐 1980년대 서울의류노조 간부로 활동했던 노동운동가 이승숙은 형제의집에 대해 다음과 같은 회고를 남겼다.

1977년 여름 열다섯 살이었던 나는 집안 사정으로 중학교 진학을 포기하고 평화시장 노동자가 되었다. 처음에는 내가 일해서 번 돈으로 집안에 보탬이 된다는 사실이 신기하고 뿌듯했다. 그러나 시간이 지날수록 스스로 초라해지는 내 모습을 발견하게 되었다. 출퇴근시간에 마주치는 교복 입은 또래 학생들을 보면서 내 평상복이 그렇게 부끄러울 수가 없었다. 혹시나 내 옷에 실밥이나 묻지 않았을까 하고 전전긍긍하는 내 모습에 항상 주눅이 들었던 것 같다. …… 지금도 가끔 생각해 본다. 내가 서울제일교회 형제의집(야학)을 안 다녔으면 지금 나는 어떤 모습으로 살아갈까? …… 서울제일교회 야학을 통해 나는 정말 많은 것을 얻었고, 보람된 삶을 살 수 있었다고 자부할 수 있다. 우선 자존감 있는 인간으로서, 노동자로서 삶을 깨닫고 실천하는 삶을 살 수 있게 되었다. …… 서울제일교회 야학은 내게 있어 중학교, 고등학교였으며, 의미 있는 삶이 어떤 것인지를 깨닫게 해준 인생학교였다. (이승숙 2018, 311~312)

이처럼 교사와 학생 간의 인간적인 교류를 통해 형제의집은 정서적, 문화적 교육 훈련을 쌓는 공동체로 발전해 나갔다. (한국기독교교회협의회 인권위원회 편 1987, 90) 물론 '강학'이라 불리었던 청년 대학생 교사들은 노동자들 스스로 빼앗긴 권리를 회복하고 되찾을 수 있도록, 즉 그들의 의식화를 위하여 노동자들에게 노동법이나 근로기준법을 가르치는 일에 점점 열의를 다하기 시작했다. 형제의집에서 운영한 야학은 단순히 야간에 수업을 하는 비정규의 학교 또는 강습회에 그치지 않고 근로기준법을 비롯한 노동문제 전반에 걸친 교육을 통해 노동현장에서 활동할 수 있는 운동가를 양성하는 공간으로 기능했다. 처음에는 탁구나 기타 연주 등을 배우다가 점차 국어와 한문을 배우면서 근로기준법을 배울 수 있도록 이끌었다. 아래의 증언은 형제의집이 교육 과정을 통해 노동자들의 의식을 어떻게 바꾸어 놓았는지를 잘 보여준다.

> 이후 나는 이 '쉼터', 즉 형제의집을 통해서 여러 가지 활동들을 하게 되었는데 신문 만들기, 통기타 배우기, 독서, 탁구, 등산, 성경공부 등 많은 취미활동과 대학생 형들을 통해서 예전에는 나 개인이나 우리 같은 근로청소년에게는 상관없는 것 같던, 알려지거나 알려지지 않은 사회 정치적 일들이 나와 밀접하게 연관되어 있다는 것을 서서히 알게 되었으며, 형제의집을 통해 세상을 바라보는 '눈'이 열리기 시작했다. …… 아울러 근로기준법을 알게 되고, 8시간 노동제, 퇴직금 등 생소한 단어는 물론, 부당노동행위 고발과 준법투쟁 등 노동자로서의 권리도 거리낌없이 주장할 수 있게 되었다. 나중에 우리 중에 어떤 이들은 노동조합 조합장까지도 진출했다. 봉제공장의 미싱사가 노동운동가로 거듭난 것이다. (이주열 2018, 305)

이처럼 형제의집은 노동자와 대학생 간의 친교 형태의 모임으로 운영되다가 나중에 본격적인 강학 형태로 운영되면서 노동자 의식화에 중점을 두게 되었고, 그 과정에서 노동자들 스스로가 주체가 되어 진행하는 교육 훈런 프로그램들이 개발되고 시도되었다. 대표적으로, 정규 야학을 마친 졸업생들을 대상으로 시행했던 후속 프로그램인 일명 '차돌멩이'가 그러했다. 당시 도시산업선교회에서 이루어지던 정예회원 교육 차원의 소그룹 운동과 유사했던 이 '차돌멩이' 모임의 회원들은 학습을 마친 후 여러 노동 조직과 연대하여 노동자 인권운동을 함께 전개해 나갔다. 이러한 일련의 교육과정들은 1970년대에 노동자들을 대상으로 한 많은 노동야학을 낳는 데 기여했을 뿐만 아니라 교회가 지역 사회 내에서 어떠한 역할을 해야 하는가에 대해 보여주는 역사적으로 중요한 사례로 남아 있다. (한국기독교교회협의회 인권위원회 편 1987, 90~91; 김주한 2013, 190)

하지만 그러한 기여와 성취는 이후 서울제일교회가 독재 정권과 더욱 강하게 충돌하는 계기로 작용했고, 교회를 더 큰 시련으로 이끌게 된다. 1971년 수도권특수지역선교회를 통해 도시빈민들의 생존권 보장을 위해 선교 활동을 전개하고 있던 박형규 목사가 담임목사로 부임한 이래로 서울제일교회는 박정희 정권에게 있어서 눈엣가시 같은 존재였다. 박정희 정권은 박형규 목사를 1973년부터 1978년까지 무려 다섯 차례나 구속하고 서울제일교회 대학생부와 청년회에서 활동했던 많은 청년·학생들을 연행, 구금, 투옥한다. 교회가 가난하고 소외된 이웃과 함께 하는 선교정책을 수립하여 1976년부터 청계천 및 중부시장 노동자들, 특히 가난 때문에 학업의 기회를 잃어버린 근로청소년을 위해 야학교실 형제의집을 운영하기 시작하자 탄압의 강도를 더욱 높인다. (서성란 2004, 9) 도시산업선교와 도시빈민선교 등을 통해 반독재 민주화운동의 방향을 급진적인 사회변혁운동으로 심화·확장했던 한국교회의 민중선교를 체제전복 운동으로 간주하고 탄압했던 유신정권이 노동자들의 정치적 주체화를 사회선교의 실천 방안으로 제시하던 형제의집을 불온시한 것은 너무나 당연했다. 실제로 형제의집에 대한 형사들의 감시와 미행이 끊이지 않았고, 심지어 참가 교사와 노동자들에 대한 불법 연행도 수시로 자행되었다. 또한 인근 공장의 사업주들을 회유·협박하여 그 종업원들이 서울제일교회에 가는 것을 막도록 종용하는 선교 탄압까지 노골적으로 일삼았다. (한국기독교교회협의회 인권위원회 편 1987, 91)

무엇보다 가장 악랄했던 탄압은 담임목사의 목회철학이나 교회의 선교정책에 불만을 품고 있던 교인들을 포섭하여 신도들 간에 갈등을 조장함으로써 교회를 둘로 분열시키려 한 것이다. 어느 교회든 새로운 선교프로그램을 실시하는 데 있어서 모든 교인의 동의를 다 얻기는 어렵기 마련이다. 당연히 서울제일교회에도 박형규 목사의 반독재 민주화 투쟁과 민중신학적 입장에 반대하며, 교회의 사회선교적 지향성에 불만을 가진 이들이 있었다. 문제는 국가권력이 그들을 교회를 탄압하는 데 이용했다는 사실이다. 당국은 그들을 포섭하여 교인들을 충동질하며 노골적으로 '형제의집' 프로그램을 방해했다. 특히 교회의 재정운영권을 쥐고 있던 일부 교인들에게 그들의 돈이 노동자들을 의식화시켜 선동하는 불순한 목적에 사용된다고 선전하여 교회의 예산 지원을 막으려고 했다. 뿐만 아니라 당시 개신교계의 민중선교를 용공으로 매도한 홍지영의 『정치신학의 논리와 행태』, 『산업선교는 무엇을 노리는가』와 같은 책자를 교인들에게 배포하도록 사주함으로써 서울제일교회를 넘어 당대 개신교계의 민주화운동과 민중선교 전반을 폄훼·음해하는 공작을 벌이기도 했다. (한국기독교교회협의회 인권위원회 편 1987, 91)

물론 유신정권의 집요한 교회 파괴 공작에도 불구하고, 형제의집은 지역 사회의 노동자들과 빈민들을 의식화하고 주체화하는 대안학교로 정착했고 이를 통해 서울제일교회는 1970년대 한국 개신교의 민주화운동 및 민중운동 참여를 상징하는 교회로 자리매김해 나갔다. 그러나 역설적으로 그러한 교회의 활약이 당국을 더욱 자극하였다. 1980년대와 더불어 등장한 전두환 정권이 보안사를 중심으로 하는 새로운 전략으로 서울제일교회와 박형규 목사를 탄압하도록 결심하게 만든 결정적 요인으로 작용한 것이다.

결과적으로 형제의집 운영은 1980년대 서울제일교회가 긴 시간 동안 분규를 겪는 과정에서 안타깝게도 중단되고 말았다. (김주한 2013, 191)●

1970년대 여러 곳에서 야학이 출현했지만 많은 야학들 간의 연대의 고리도 형제의집을 중심으로 형성되었을 정도로 형제의집은 단연 독보적인 조직력과 실행력을 갖고 있었다. 이는 1983년 '전국야학연합회'가 결성되었을 때 형제의집 출신들이 구심점 역할을 한 것에서 입증된다. 이렇듯 당시에 교단이나 에큐메니컬 연합기구가 아닌 개교회 차원에서 그러한 사회선교 기관을 적극적으로 지원하고 운영했다는 사실은 선례를 찾아보기 어렵다. (김주한 2013, 190) 그런 점에서 형제의집은 개교회 차원에서 국가 권력에 전면적으로 저항했던 개신교계의 민주화운동, 노동자와 빈민을 대상으로 전개되었던 민중운동 성격의 개신교 사회선교, 그리고 다음 항에서 살펴볼 사회선교 현장에서 배태된 민중교회의 초기 형태, 이 세 현장 간의 연관성을 탐구하는 데 중요한 실마리를 제공한다. 또한 형제의집은 민중교회 운동이 교단에 속한 일반적인 지역 교회와 제도적으로 구별되는 사회선교 현장, 즉 도시산업선교 및 도시빈민선교 현장에서만 직접적으로 배태된 것이 아님을, 다시 말해 제도권 교회의 사회선교 활동 가운데서도 민중교회 운동의 뿌리를 찾을 수 있음을 보여주는 중요한 사례로 평가된다.

● 2024년 현재 서울제일교회를 담임하고 있는 정원진 목사는 지난 2023년 2월, 1980년대 전두환 정권이 보안사를 통해 서울제일교회를 상대로 교회 파괴 공작을 벌였다는 사실을 확인하는 〈진실·화해를위한과거사정리위원회〉의 진실 규명 결정이 나온 직후 언론과의 인터뷰에서 다음과 같이 증언한 바 있다. "보안사에서 먼저 저희 교회 제직들, 그러니까 집사 권사 장로님들의 명단을 다 파악하고 이 중에서 포섭 가능한 사람들을 추렸고요. 그리고 몇 개월 뒤에 그 가능한 사람들을 직접 일대일 만나서 포섭을 하고요. 설득을 합니다. 그리고 그분들을 통해서 박 목사님을 목회를 방해하기 시작하는데 저희 교회가 당시에 형제의집이라고 하는 야학을 하고 있었는데 그 야학에 대한 예산을 중단하라고 그렇게 요구한다거나 그리고 아마 당회에서 그 예산을 승인해 주지 않는다거나 그런 행동도 했고. 또 박 목사님께 외부 어떤 민주화운동에 나서는 활동을 그만두시라고 이렇게 종용하기도 했고. 그걸 거부하니까 그 다음에 예배 방해로 갔고 더 세력을 규합해서. 그 다음에 그게 안 되니까 아까 말씀드린 것처럼 예배실에 못 들어오게 막았고." https://mch.nocutnews.co.kr/news/5897408

제2절 1970년대 민중교회운동: 1980년대 민중교회운동과의 연속성을 중심으로

'민중교회'를 어떻게 정의할 것인가? 민중교회 목회자들 및 연구자들에 따르면, 민중교회란 우선 신학적으로는 "성서의 중심사상인 민중해방전통을 이어받아 민중과 함께 사셨던 예수의 삶을 실천적으로 계승하여 민중의 생활현장에서 민중이 주체가 되어 하느님 나라 곧 민중이 주인되는 세계를 건설해 나가려는 교회공동체"로 정의될 수 있다. (최종철 1994, 1997) 그러나 민중교회는 일종의 운동으로서 존재하기 때문에 공식적으로는 민중교회 연대 조직체에 속한 교회들로 한정된다. 그래서 일반적으로 민중교회는 1985년 1월 '한국민중선교협의회'로 창립되었고, 2년 뒤인 1987년에 '기장민중교회운동협의회'로 명칭을 변경하였다가, 1년 뒤인 1988년 7월에 여러 교단의 민중교회연대체로 설립된 '한국민중교회운동연합' 소속 교회들을 가리킨다. (황홍렬 2004, 73) 실제로 개교회 단위로 시작된 민중교회들이 지역 단위로 연결되어 지역 조직을 형성하기 시작한 것이 1985년이었기 때문에, 후자의 공식적인 정의를 따른다면 민중교회의 "태동 시기는 1980년대 초로 보는 것이 일반적인 견해"이다. (이준모 1996, 155) 그래서 민중교회 목회자인 노창식(신명교회)은 민중교회의 발전과정을 제1기(초창기~1987), 제2기(1988~1992), 제3기(1993~현재)로 구분한 바 있다. (노창식 1992, 650~656)

하지만 그러한 민중교회연합에 가입된 교회들, 특히 광야·백마교회, 성문밖교회, 주민교회, 실로암교회, 동월교회, 희망교회, 사랑방교회, 활빈교회 등과 같이 도시산업선교 및 도시빈민선교 활동을 통해 세워진 교회들의 설립 연도를 기준으로 한다면, 민중교회의 역사는 1970년대 초까지 거슬러 올라갈 수 있다. 관련하여, 또 다른 민중교회 목회자인 정상시(안민교회)는 민중교회의 발전과정을 민중교회 태동기(1970년대), 민중교회 성장기(1980

년대), 민중교회의 조정기(1990년대), 민중교회의 분화 발전기(2000년대)로 구분한 바 있다. (정상시 2005, 15ff; 류장현 2006, 145) 비록 한국민중교회연합이 창립되는 1988년까지만 하더라도 민중교회에 대한 신학적 개념 정립이 명확히 이루어지지 않았고, 그 명칭 역시 '현장교회', '바닥교회', '노동교회', '빈민교회', '작은 교회' 등으로 다양하게 불리고 있었다 하더라도(이준모 1996, 155; 황홍렬 2004, 73), 앞서 언급한 민중교회에 대한 신학적 정의와 실제 교회들의 설립 시점을 따른다면 민중교회는 1970년대부터 이미 태동되었다고 보는 것이 타당하다. 따라서 본 연구에서는 산업선교와 마찬가지로 빈민선교가 민중신학의 뿌리일 뿐만 아니라 1980년대부터 공식적으로 전개되는 민중교회운동의 전사(前史)를 이룬다는 관점을 취할 것이다.

우선 도시산업선교에서 파생된 민중교회의 초기 형태를 살펴보자. 앞서 살펴봤듯이 도시산업선교는 도시빈민선교와 함께 민중신학의 실천적 모체(母體)였는데, 이는 민중교회운동에 대해서도 동일하게 적용된다. 도시산업선교에 참여했던 목회자들이 운동 현장에서 1970년대부터 노동자를 위한 교회를 세우고 그들과 함께 예배를 진행함으로써 민중교회운동을 태동시켰기 때문이다. 민중교회 연구자 황홍렬에 따르면, 인천도시산업선교회의 '노동자교회', 동인천산업센터의 '동일교회', 인천 부평의 '광야교회'(이후 '백마교회'로 이름 변경), 영등포산업선교회의 '노동자교회'(이후 '성문밖교회'로 변경), 경수산업선교회의 '우리교회' 등이 대표적이다. (황홍렬 2004, 47)

그중에서도 최초의 민중교회라 할 수 있는 '노동자교회'는 1971년 10월 9일 인천도시산업선교회 회의실에서 역사적인 첫 예배를 진행함으로써 세워졌다. 그렇다면 왜 인천산선은 노동자교회를 세우게 된 것일까? 인천산선은 1970년에 산업선교 활동을 교회와 사회에 널리 이해시키고, 그 범위를 확장하기 위한 계획을 세웠다. 이 계획의 핵심은 각 교회에 산업선교의 의미와 중요성을 알리고 재정적 지원을 얻어내는 것이었다. 이를 위해 기성교회의 성직자들이 산업선교에 관심을 가지고 인천산선과 협력하도록 노력을 기울였다. 그러나 인천 지역 교회들은 산업선교 활동에 관심을 보이지 않았다. 그동안 외국에 의존하던 산업선교 예산의 일부라도 한국 교회에서 지원받고자 했던 인천산선의 계획은 실패로 돌아갔다.

결국 인천산선은 1971년, 노동자들의 실정에 맞는 새로운 형태의 교회, 즉 '노동자교회'를 설립하게 되었다. (장숙경 2013, 92~95) 조화순은 노동자교회의 시작에 관해 "그동안 노동사회를 섬겨오면서 느껴지는 빵의 문제보다 영혼의 문제가 기술과 자본에 앞서 인간의 문제로 보다 중요함을 깨닫게 되어 특히 노동자들에게는 신앙적 자세가 절실히 요구됨을 느껴 노동자교회를 세우게 된 것"이라고 설명한다. (조화순 1978, 95) 곧이어 인천산선은 선교의 활동지역을 확장하여 부평수출 공단을 중심으로 활동을 전개하는데, 이 과정에서 작은 셋방을 얻어 진행했던 소그룹이 성경공부 모임을 거쳐 '광야교회'로 발전하게 된다. (조화순 1978, 95~96) 광야교회는 매주 일요일과 수요일마다 예배를 진행하고 산업사회에서 노동자들에게 요구되는 새로운 형태의 신앙교육을 담당하였다. ♦

물론 산업선교 목회자들도 처음에는 노동자들에게 기존 일반 교회의 주일 예배 참석을 권장했다. 하지만 노동자들은 이러한 형태의 교회에 적응하지 못했다. 그들은 주일에도 공장에서 근무해야 했기 때문이었다. 이에 따라 활동가들과 노동자들은 평일 밤에 공장에서 모여 성경공부와 함께 기도회 및 예배 모임 등을 진행했고, 이러한 모임이 점차 일반 기성 교회와는

♦ 1966년 10월부터 동일방직에 위장 취업해 활동한 인천산선 직장 여성부의 실무자 조화순 목사(당시 인천산선 총무)는 1971년, 15평 규모의 목조 초가지붕 건물인 인천산선 회관에서 일꾼교회(당시 명칭은 노동자교회)를 설립하며 동일방직 노동조합 운동을 지원했다. 이후 조화순 목사는 백마교회(당시 광야교회)를 개척하였고, 송현 산마루교회와 안산 밀알교회의 설립에도 지원을 아끼지 않았다. 민주화운동기념사업회 D-레터, 〈억압받는 자를 위한 인천도시산업선교회〉 https://www.kdemo.or.kr/d-letter/all/page/73/post/119

다른 형태의 노동자교회로 발전하게 된 것이다. (황홍렬 2004, 47) 이처럼 공장전도의 한계, 일반교회와 노동자 간의 괴리, 교단으로부터의 산업선교 지원 미비 등 여러 어려움 속에서 불가피하게 시작된 노동자교회였음에도 불구하고, "성경연구와 개인상담, 작업장의 문제 등"에 이르는 많은 상담 활동을 통해 "산업선교가 기성교회와 노동자 사이에서 한걸음 더 노동자 편으로 다가간 것"으로 평가할 수 있다. (조화순 1978, 95~96; 장숙경 2013, 95)

인천산선보다 늦긴 했지만 영등포산업선교회 역시 1970년대 말에 이르러 노동자교회를 설립한다. 앞서 살펴봤듯 1972년 초부터 소그룹 운동을 통해 의식화를 진행하는 것으로 운동 방식을 변화시켰던 영등포산선은 소그룹 운동을 활성화하고 노동조합 설립을 통한 노동자 권익개선 투쟁을 지원하는 한편, 노동자들을 위한 예배와 성서연구에도 전력을 다했다. 이 성서 연구모임의 이름은 '엑소더스(Exodus)'였다. 구약성서『출애굽기』에 나오는 히브리 민중(하피루)이 파라오의 압제로부터 이집트를 '탈출'하고 노예의 삶에서 '해방'을 맞이했듯이, 성서연구를 통해 기나긴 현실의 고통을 인내하면서 해방을 열망하는 취지가 담겨 있었다. 바로 이 엑소더스 모임이 노동교회를 거쳐 성문밖교회로 이어지는 민중교회의 모체가 되었다.

원래 엑소더스 모임은 1974년, 산업선교회 실무자 인명진 목사와 김경락 목사의 투옥으로 소그룹 활동이 어려워진 가운데, 회원들 중 약 20~30명이 매주 월요일에 자발적으로 모여 두 목사의 석방을 위한 기도회와 성경공부를 진행한 데서 유래했다. 말 그대로 고난 중에 하느님의 뜻을 탐구하는 시간을 갖기 위해 시작된 것이다. 엑소더스 모임은 1975년 두 목사가 석방될 때까지 이어졌고 이후 보다 큰 규모의 예배 모임으로 발전했다. 처음에는 호응이 적었지만 참여자가 점점 늘어나 1974년에는 15명 내외, 1975년에는 30여 명, 1976년에는 100여 명으로 증가했다. 이러한 성장이 1977년 3월 13일 이웃 교회인 '당산동교회'를 빌려 '영등포노동교회'를 창립하고 공식 예배를 여는 것으로 이어졌다. 영등포노동교회는 매주 일요일에 50여 명이 모여 예배를 진행했다. 1979년에는 21명이 세례를 받았고 예배 인원은 70~80명에 달했다. 1977년에 창립된 영등포노동교회는 1983년 '성문밖교회'로 이름을 바꾸고 현재까지도 이어지고 있다. (영등포산업선교회 40년사 기획위원회 1998, 178~179; 인명진 2013, 145~146; 김명배 2020, 67)

한편, 1971년 9월 활동가들의 초교파적 연합체인 '수도권도시선교위원회'가 조직되는 것을 계기로 본격화된 개신교의 도시빈민선교 역시 1970년대 초반부터 빈민촌을 중심으로 한 교회 설립 움직임을 동반했다. 따라서 1970년대 전반기에 산업선교와 함께 민중신학이 형성되는 데 촉매제 역할을 한 도시빈민선교에서도 1980년대 이전에 이미 민중교회의 맹아적 형태를 발견할 수 있다. 1972년 수도권도시선교위원회 산하에 활동가들의 현장이 일곱 군데 있었는데, 가장 먼저 1971년 10월 김진홍 전도사가 청계천 송정동 뚝방 지역에 활빈교회를 세웠고, 이어서 1972년 4월 권호경 전도사에 의해 성남시에 주민교회가 세워졌다. 1974년 사당동에 남서울복음교회, 1976년 중랑천 주변에 이규상·허병섭·이철용 등이 철거민을 위해 이문동 공터에 천막으로 사랑방교회를 세웠고, 중랑천 뚝방 지역에서 철거민을 위해 행동을 같이했던 허병섭과 이철용이 같은 해 하월곡 4동에 동월교회를 세워 빈민선교운동에 뛰어들었다. 이처럼 활빈교회, 주민교회, 사랑방교회, 동월교회, 희망교회 등이 1970년대 초반 도시빈민선교를 상징하는 대표적인 교회들이었고, 민중교회의 초기 형태로서 1980년대에 민중운동과 민중교회들이 본격적으로 성장하는 밑거름이 되었다. (김명배 2009, 171~172; 강인철 2009, 373~374; 한국기독교역사학회 2009, 232~233; 김한수 2019, 163)

여기서는 70년대 도시빈민선교에서 파생된 맹아 형태의 민중교회로 특히 수도권특수지역 선교위원회가 훈련하고 파송한 목회자가 세운 교회들인 주민교회(기장)와, 희망교회(기감), 동월교회(기장)를 주목해보고자 한다. 먼저 현재도 대표적인 민중교회로 자리매김한 주민교회는 1973년 1월 12일 수도권 특수지역선교위원회(위원장 박형규)에서 광주단지(현재의 성남시)의 민중선교를 위해 이해학(李海學, 1943~) 전도사를 실무자로 파견해 교회 설립을 추진했고, 같은 해 3월 1일 창립예배를 진행함으로써 설립된 것으로 알려져 있다. 그러나 그전에 이미 1971년 경기도 광주에서 일어난 광주대단지 사건 직후부터 광주(성남) 지역에서는 수도권도시선교위원회에 의해 공동체조직(CO) 운동이 진행 중이었다. 광주대단지 사건은 청계천을 중심으로 판자촌에 살던 주민들을 정부가 경기도 광주(성남) 외곽으로 쫓아내고, 광주(성남) 지역으로 쫓겨난 주민들이 반발해 5만 명가량이 시위한 사건이다. 이 사건으로 수도권도시선교위원회는 광주(성남) 지역 도시빈민들을 '민중'으로 재발견하게 됐고, 그들을 조직하는 도시빈민선교를 전개하기 위해 1972년 4월 실무자로 권호경(權皓景, 1941~) 전도사를 파견한다. 권호경은 1970년 7~8월에 한국기독학생총연맹(KSCF) 학생사회개발단의 한 팀을 이끌고 광주(성남) 지역에서 이미 활동한 적이 있었기에 그곳에서 주민 지도자를 발굴하는 활동에 바로 착수할 수 있었다. (주민교회50년사편찬위원회 2023, 35)

주민을 조직하기 위해 권호경은 수진동에 3평 남짓의 작은 집을 얻어놓고 이곳을 '월요교회'라고 불렀다. (이명애 2017, 113) • 1972년 10월 유신체제

• 당시 서울제일교회 전도사였던 권호경은 주일에는 서울제일교회에 출석하면서 주중에는 광주지역에서 주민들을 조직하는 활동을 벌였는데, 그 과정에서 1972년 5월 한국기독교교회협의회(NCCK)로부터 5만 원을 지원받아 성남시 수진동에 20평짜리 블록집을 하나 구해서 '주민교회'라고 이름 붙였다. 2003년 2월 뉴스앤조이와 이해학 목사의 인터뷰에서는 주민교회의 전신이 권호경 전도사가 담임했던 월요교회라고 소개되었지만, 권호경 목사의 자서전에서는 이해학 전도사가 파송되기 전에 이미 '주민교회'라는 이름을 사용한 것으로 설명되며, 『주민교회 50년사』에서도 1972년 5월에 이미 '성남주민교회'라는 간판을 달았다고 서술한다. (권호경 2019, 176-178; 주민교회50년사편찬위원회 2023, 35) 물론 대체로 권호경이 주도하던 '주민교회'는 조직교회라기보다는 주민자치조직에 가까웠다고 설명한다. 주민교회를 공식적으로 개척하고 담임을 맡았던 이해학 목사 역시 월요교회는 노동·빈민 운동가들이 매주 월요일에 모였는데, 합법적으로 모이기 위한 보호막으로 교회라는 외피를 썼던 것에 불과했다고 한다. 이해학 목사가 겉모양만 교회인 월요교회를 신앙공동체로 바꾸어 갔고, 운동가와 주민들이 함께 성경을 공부하며 신앙생활을 훈련했다는 것이다. (뉴스앤조이 2003/02/26)

등장 전까지 권호경은 '성남주민병원설립추진위원회'를 조직하며 병원 설립을 추진했고, 이와 병행해 주민보건원 설립을 위한 의료협동조합의 조직화 작업에도 착수했다. 그의 노력은 주민들의 의료 문제에 대한 깊은 관심에서 비롯되었다. 당시 성남(광주) 지역은 기본적인 생활 인프라조차 미비했으며, 식수와 화장실 문제, 미흡한 상하수도 시설로 인해 주민들은 열악하고 비위생적인 환경에서 고통을 겪고 있었다. 더욱이 아직 전국민 의료보험이 도입되지 않았던 시기였기 때문에, 직장 의료보험 혜택을 받지 못하는 주민들에게 의료비는 큰 부담이었다. 대다수가 일용직이거나 반실업 상태였던 주민들은 아픈 상황에서도 적절한 치료를 받기 어려운 실정이었다. (이명애 2017, 113~114; 주민교회50년사편찬위원회 2023, 35~36)

권호경은 '지역사회의학'(Community Medicine)을 핵심 전략으로 삼아 성남에 주민병원 설립을 추진했다. 이를 실현하기 위해 그는 1972년 9월 독지가·의사·목사를 중심으로 '성남주민보건원 설립위원회'를 조직했다. 설립위원회는 세계교회협의회(WCC)에 지원을 요청했으며, WCC는 이 프로젝트에 큰 관심을 보여 곧바로 조사관을 파견하여 현장 조사에 들어갔다. 주민들이 자발적으로 움직여 최소한의 준비만 해낸다면 적극적으로 지원하겠다는 의사를 표명했다. 이에 따라 주민들은 병원 부지 마련을, 설립위원회는 건물 건설을, WCC는 의료 시설과 장비 구입을 각각 담당하기로 합의했다. 주민들은 성남시에 병원 부지를 제공받기 위해 5,000명이 넘는 주민 서명을 받아내 병원 설립 추진에 박차를 가했다. 그러나 이 계획에 대해 수익 악화를 우려한 지역 의료인들의 강한 반발에 직면했고, 성남시 역시 비협조적인 태도를 보였다. 부지 확보에 어려움을 겪던 중 10월 17일 비상계엄이 선포되었고, 이로 인해 주민병원 설립 계획은 교착 상태에 빠져들고 말았다. (이명애 2017, 113~114; 주민교회50년사편찬위원회 2023, 35~36)

이후 1973년 1월 수도권도시선교위원회가 총회를 통해 조직의 명칭을 수도권특수지역선교위원회로 바꾸면서, 광주(성남) 지역에도 새로운 실무자를 파견해 중단된 계획을 재개할 필요성을 느꼈고, 결국 간사였던 이해학 전도사를 다시 파송하여 주민교회를 정식으로 개척하게 된다.(이명애 2017, 114; 주민교회50년사편찬위원회 2023, 36) 이처럼 주민교회는 수도권특수지역선교위원회가 도시빈민선교 차원에서 전략적으로 이해학 전도사를 성남으로 파송하여 1973년 3월 1일 창립예배를 열게 됨으로써 공식적으로 설립되었다고 할 수 있다.● 주민교회의 '주민'이라는 이름은 황홍렬의 주장대로, '도시빈민'이라는 용어가 1986년 이전까지는 사용되지 않았고, 대신에 '주민' 또는 '판자촌 주민'이라는 용어가 사용되었으며, '도시빈민선교' 대신에 '수도권도시선교' 또는 '특수지역선교'라는 용어가 사용되었다는 점을 반영한다(황홍렬 2004, 48) 설립 당시 주민교회가 내걸었던 '주민과 함께 사는 주민공동체'라는 선교표어 역시 그런 맥락에서 이해되어야 할 것이다.

희망교회는 기독교대한감리회선교국의 지원 아래, 서울 사당3동에서 정명기(鄭明基, 1950~) 목사(당시 전도사)의 주도로 1975년 10월에 창립되었다. 정명기는 1970년 감리교신학대학교에 입학한 후, 전태일 사건을 계기로 노동문제에 대한 관심을 갖게 되었다. KSCF 활동 중 1972년 여름방학 동안 학생사회개발단 주최의 도시빈민 지역 봉사수련회에 참여했으며, 이듬해 여름에는 수도권도시산업선교회가 주관하는 도시빈민 훈련 프로그램에도 참여했다. 이러한 경험들이 그로 하여금 희망교회를 개척하는 동기로

● 이해학은 고등학교 2학년에 재학 중 4·19혁명 시위에 참여했다가 부상을 입고 의식불명 상태에서 깨어났다. 이후 하늘이 준 생명을 민주화에 바쳐야 함을 깨닫고 1965년 한일회담 비준 반대 시위인 6·3 시위부터 민주화운동에 헌신했다. 1971년 유신헌법 반대시위 주동자로 몰려 한신대에서 제적되었다. 교단에서 인정하는 목회학 과정을 마치고 1973년 수도권특수지역선교위원회 실무자로 성남에 파송되었다. 주민교회의 담임목사가 된 이해학은 1974년 긴급조치 1, 2호를 가장 먼저 위반한 죄목으로 15년 형을 받았으나 1년 2개월 만에 형집행정지로 출소하고 사면 복권되었다. 1976년 「3·1 구국선언문」을 복사 배포하다 3년 형을 받고 2년간 복역했다.

작용했다. 정명기는 1974년 감리교신학대학을 졸업하고 신학대학원에 입학한 뒤, 경수산업선교회가 설립한 갈릴리교회에서 전도사로 활동하며 노동목회에 대해 배웠다. 하지만, 1974년 민청학련 사건에 연루되어 구속되었고 1975년 2월 형집행정지로 석방되었다. 10년 형의 선고를 받은 그는 경수산업선교회 실무자직에서 사임하게 되었고, 이는 희망교회를 설립하는 새로운 길을 여는 계기가 되었다. (황홍렬 2022, 29)

2022년 개신교 인터넷 언론 에큐메니안과 가진 인터뷰에 따르면, 정명기는 학창 시절부터 빈곤 문제에 대한 관심을 갖고 있었다. 이 관심은 학생 사회개발단에서의 사회선교 훈련과 '빈민운동의 대부'로 불린 도시빈민운동가 제정구(諸廷坵, 1944~1999)가 활동했던 빈곤 지역에서의 활동 경험으로 이어졌다. 이러한 경험들이 사당동 빈곤 지역에서 목회를 시작하는 계기가 되었다. 그는 가난한 사람들에게 희망을 주는 교회가 되어야 한다는 신념으로 교회의 이름을 '희망교회'로 정했다. 당시 감리교 선교국의 총무는 도시빈민지역 선교의 필요성을 인식하고 있었다. 이에 따라 도시빈민선교 정책을 수립하고 그를 희망교회로 파송하게 된 것이다. (에큐메니안 2022/01/09) 희망교회를 개척한 후 정명기는 알린스키의 주민조직론과 프레이리의 의식화론을 바탕으로 빈민선교 활동을 펼쳤다. 1975년 말 진행한 지역조사에 의하면 교회주변 판자촌에 약 600세대, 3,000명의 주민이 사는데 지역 문제로는 빈곤 문제가 제일 심각하고, 다음이 주택 문제로 세를 들어 사는 사람이 많았다. 주일 예배 이외에 희망교회가 주력했던 활동으로는 주말 의료진료 활동, 어린이 유치원, 미취학 청소년을 위한 야간학교, 주민의 내 집 마련을 위한 신용협동조합 등이 있었다. (황홍렬 2022, 29)

마지막으로 살펴볼 동월교회는 수도권특수지역선교위원회 관계자들, 허병섭(許炳燮, 1941~2012) 목사의 선배와 동료들, 그리고 캐나다 선교사들의 지원을 받아 1976년 12월 12일 설립 예배를 진행했다. 허병섭 목사는 하

월곡동의 빈민지역을 선교지역으로 정하고 1976년 후반부터 이미 지역조
사를 실행했다. 1976년 12월 12일에 조그마한 집(대지 47평, 건평 15평)을 매
입해 예배당으로 꾸몄다. 허병섭 목사는 자신의 가난한 배경을 극복하고
한국신학대학 시절, 가난한 이들을 위해 살겠다는 고백과 함께 신학 연구
를 계속하기로 결심했다고 전해진다. 어려운 여건 속에서도 학부를 우수한
성적으로 마치고, 대학원에서 최우수 논문상을 수상하며 졸업했다. 허병섭
목사는 유신체제하에서 다섯 차례나 투옥의 고초를 겪었으며, 1974년부터
1976년까지 수도권특수지역선교위원회 총무로 활약했다. 이 시기 극심한
탄압과 감시 속에서 제약된 활동을 이어가던 중, 권호경 목사가 자신이 살
던 집 근처 하월곡동을 허병섭 목사에게 소개했고, 이를 계기로 하월곡동
에 교회를 개척하게 된다. (한국기독교사회문제연구원 1987, 124; 황홍렬 2022,
31)

　　동월교회는 수도권특수지역선교위원회의 지침에 따라 주민들에게 실
질적인 혜택과 삶의 기쁨을 제공하고, 정치적·경제적·사회적·문화적으로
소외되지 않는 인간다운 존엄한 삶을 영위할 수 있도록 지원하는 사회운동
의 일환으로 시작되었다. 이 교회는 "가난한 자에게 복음을, 억눌린 자에게
해방을" 선포한 역사적 예수의 가르침을 실천하는 선교운동을 지향했다.
그래서 교회의 존재 목적을 기존의 교회들과는 달리, 이 시대에 하느님의
뜻을 적절히 펼칠 수 있는 새로운 형태의 실험교회를 창출하는 것에 두었
다. 실제로 허병섭 목사는 교회가 단순히 일주일에 두 번 정도 교인들이 모
여서 예배만 진행하는 장소가 아닌, 매일의 일상생활 속에서 지역주민들에
게 도움과 기쁨을 주는 존재가 되기를 바랐다. 그는 교인에 한정된 목회가
아닌, 지역주민 누구와도 교류하고 사랑을 실천하는 목회자가 되고자 했으
며, 주민들의 언어, 몸짓, 그리고 그들의 울부짖음 속에서 하나님의 음성을
듣고자 노력했다. (황홍렬 2022, 31)

동월교회의 예배 형태 역시 민중교회의 초기 모델로서 주목할 가치가 있다. 국악으로 찬송가를 부르고, 판소리 설교, 굿예배, 농악예배를 선구적으로 실험하며 신앙의 토착화 및 상황화를 추구했다. (김묘신 2015, 217~229) 또한 지역사회 활동으로 단오 주민잔치, 공부방(1977년부터 3년간), 탁아소(1981년부터 10년간), 진료사업(1977년부터 10년간) 등을 진행하며 민중교회로서의 특성을 강화했다. 이러한 활동에 민중미술가 이철수 화백이 교회 건물에 벽화를 제작한 사례도 포함된다. (황홍렬 2022, 31) 특히 동월교회는 가난 때문에 중등교육을 받지 못하고 공장에 다녀야 했던 청소년 노동자들을 위해 야학을 열어 지역주민들로부터 많은 지지를 얻기도 했다. (한국기독교사회문제연구원 1987, 124)

이상의 활동들은 동월교회가 종교와 사회의 경계를 자유롭게 넘나들며 도시사회운동을 전개했음을 잘 보여준다. 실제로 동월교회가 펼친 사회선교 활동은 이후 정부의 복지 프로그램 입법화에도 상당한 영향을 미쳤다. 탁아소 활동이 1987년 탁아 입법에 기여했고, 도시지역 의료보험조합은 동월교회의 빈민지역 진료활동의 영향을 받았으며, 월곡동 건축일꾼두레 운동은 생산협동조합 공동체운동의 선구적 사업으로 보건복지부의 정책사업으로 발전했다. 공부방은 2004년 지역아동센터로 법제화되기도 했다. 동월교회에서 봉사하던 신학생과 봉사자들 중 다수가 민중교회를 개척하는데 기여했는데, 이는 동월교회가 1980년대 본격화되는 '민중교회운동'의 시초 역할을 했음을 의미한다. 동월교회는 해외 교회와 국내 인사들의 지원금을 자체적으로 사용하지 않고, 늘샘교회(장용근 목사)와 새뜻교회(이철용 장로)의 설립을 위해 전액을 지원함으로써 다른 민중교회의 성장에도 크게 기여했다. (황홍렬 2022, 31~32)

지금까지 살펴본 1970년대에 나타난 초기 형태의 민중교회 운동은 산업화와 도시화로 인한 사회문제가 점차 두드러지던 1970년대 수도권 노동자 및 빈민과 함께하는 생활공동체 운동으로 시작됐다. 1970년대 민중교회 운동은 아직 1980년대만큼 조직적으로 체계적으로 전개되지는 않았지만 도시농어촌선교(Urban Rural Mission), 수도권도시선교위원회/수도권특수지역선교위원회, 크리스챤사회행동협의체/한국교회사회선교협의회(사선) 맥락에서 설립된 교회들이었고, 앞서 살펴본 세 교회 설립자 모두 수도권에 의해 파송을 받거나 수도권의 교육이나 훈련을 받았던 목회자들이었다. 이 세 교회 모두 1970년대 도시산업선교, 사회선교를 교회공동체 형성과정에 적용했다는 데 의의가 있으며, 민중신학의 형성과 민중운동의 발전, 그리고 결정적으로 민중교회의 탄생에 선구자 역할을 수행했다-실제로 주민교회는 자신을 일찍부터 민중교회라 명명했고, 정명기 목사는 희망교회를, 허병섭 목사는 동월교회를 각각 민중교회의 효시라 자인했다-고 평가할 수 있다. 민중신학적 관점에서, 1970년대에 나타난 초기 형태의 민중교회들은 사회적 약자와 억압받는 이들의 편에 서고자 했던 민중운동과 사회선교의 합류(合流)의 범례로서, 안병무의 말을 빌리자면, '하느님 나라'로 명명되는 '공(公)'의 질서를 사회운동으로 표상되는 '공(共)'의 실천을 통해 실현하고자 했던 독특한 사례로 평가될 수 있을 것이다. (안병무 1993b, 433~443)

◆ 제4장 ◆
개신교 저항운동과 민족주의

제1절 7·4남북공동성명과 민족의 문제 설정

식민지 시기 이래 민족주의는 저항운동의 강력한 담론자원이었다. 1970년대는 몇 가지 점에서 민족주의가 강화되는 국면을 이룬다. 먼저 직접적 충격을 준 것은 7·4남북공동성명이다. 전쟁 이후 처음으로 남북 당국 간 공동성명이 발표됨으로써 분단과 통일 문제가 전면에 떠오르게 되었고 비판적 지식인은 물론 사회 전체에 커다란 충격을 주었다. 단적으로 반공적 입장이 강력했던 장준하는 모든 통일은 좋다고 선언하고 민족주의 담론을 적극 활용하기 시작했다.

물론 7·4남북공동성명으로 비판적 지식인 모두가 민족주의를 저항담론으로 활용하기 시작한 것은 아니었다. 예컨대 사상계 지식인 집단도 통일과 연계된 민족주의를 활용하는 경향과 반공 자유주의를 고수하는 흐름으로 나뉘기도 했다. 장준하와 문익환은 전자의 대표적 인물이 된다. (장규식 2009, 333-4) 그런데 개신교의 민족주의적 측면은 이미 오래전부터 나타나기 시작했다. 3·1운동에서 기독교의 역할은 두드러진 것이었고 특히 1950년대에는 신흥종교 계통에서 이러한 양상이 두드러졌다.

박태선의 전도관은 육신을 쓰고 있는 인간에게 있어서 더구나 후진국인 한국에게 우리 손으로 경제문제를 해결하도록 하는 것이 대단히 중요한 일임을 강조했다. 이에 우수한 제품을 생산하여 국내시장은 물론 국제시장까지 진출할 계획임을 밝히기도 했다. 실업자에게 직업을 주고 빈궁에서 탈피하여 문화국민으로서 선진국에 지지 않고 부민강국 복지정책에 이바지하겠다는 주장이었다. 말세기적 사명감이 강조된 것도 지상천국, 다시 말해 부민강국을 건설하기 위한 것이었다. 즉 비록 지금은 한국이 후진국의 하나이나 말할 수 없는 영광스러운 나라요 불원 구미에서 머리를 숙이고 찾아오게 된다는 예언을 강조했다. (최신덕 1966, 219-20)

이러한 맥락에서 한국전쟁을 세계 구원의 도구로 한민족을 더 크게 쓰기 위해 신이 주신 섭리적 시련 내지 고난 또는 임박한 말세와 심판의 징후로 해석하는 것이 세계 구원론의 요체였다. 신흥종교들은 이를 더 밀고 나가 한반도 중심의 세계구원이라는 종교적 민족주의를 보여주었다. 선민의식에 기반한 구원론적 엘리트주의도 나타났다. (강인철 1996, 174~5) 이는 국가의 흥망성쇠를 그 시대의 종교가 좌우한다는 믿음과 일맥상통한다. (김경래 1957, 171)

통일교에서는 동방의 한·중·일 중 기독교 국가인 한국에서 재림주가 나타날 것이 확실하다고 주장한다. 한국에 재림한 예수는 한국말을 쓸 것이기에 한국어가 조국어가 되어 모든 인류는 조국어인 한국말을 사용하는 한민족이 되어 한 나라를 이루게 될 것이라는 교리였다. 즉 인류세계는 재림하는 예수를 중심으로 하나의 대가족 사회로서 통일될 것이며 문선명이 재림 메시아라는 것이다. 또한 3차 대전은 무력전이 아니라 사상전이며 공산권의 유물론과 민주진영의 유심론의 대결인데 한국이 그 중심지라는 주장을 폈다. 식민지 상호주관의 법칙에 따라 한국이 일본을 지배하게 될 것이란 민족적 전망도 제시되었다. (이주혁·권영빈 1969, 158~163)

민족주의를 매우 강조한 이러한 흐름은 당대의 역사적 맥락과 접속된다. 식민과 전쟁을 거친 후진 신생국의 주체들로서 민족주의는 일종의 과잉주체화를 위한 훌륭한 장치였다. 미국을 위시한 서구의 위력이 강력해질수록 그에 대당하는 민족적 주체에 대한 열망 역시 강화되었다. 특히 현실의 문법을 넘어서는 종교담론에 있어 현실을 판타지로 재현하는 것은 비교적 손쉬운 일이었다. 성경의 창조적이며 민족적인 해석은 당대 대중들의 열망을 품은 것이기도 했다.

민중신학의 거두가 되는 서남동 교수조차 1970년대 초 통일교의 원리강론에 대해 상당히 긍정적인 평가를 했다. 서남동은 자신의 긍정적 평가가 "한국 신학의 한 우수한 푸로덕션이라는 것을 그 민족적 소명 의식을 강조한다는 점에서만이 아니고, 기독교의 구속사관을 한국적으로 연장한다는 점만이 아니고, 그 신학적 창조력과 강결한 신학체계의 장관 때문"이라고 기술했다.(서남동 1971, 181) 또한 원리강론은 "한국의 신학계가 산출한 신학서 중에서 그 양에 있어서나 그 조직력에 있어서나 그 상상력에 있어서 또 독창성에 있어서 가히 최고의 것"으로 평가했다고 한다. (탁명환 1972, 100)

해방 이후 민족주의가 개신교의 저항담론으로 전환되는 중요한 계기가 한일협정 반대투쟁이었다. 이 투쟁을 통해 사상계로 결집되어 있던 개신교 계열의 지식인들 역시 민족주의를 저항담론으로 활용하기 시작했고 이후 재야세력 형성의 중요한 계기를 만들어냈다. (장규식 2009, 333) 한일협정 비준이 가시권에 들어온 1965년 7월 1일 교파를 초월해 김재준, 한경직, 함석헌, 강원용, 강신명 등 기독교계 100여 명의 목회자가 한일협정비준반대성토대회를 열고 항의하는 민의를 권력으로 억압하는 정부를 비판하는 한편 굴욕적인 협정 비준을 거부하라고 국회에 촉구했다. (동아일보 1965.7.2.)

7월 5일에도 영락교회에서 국가를 위한 연합 기도회를 개최했는데, 이 자리에서 김재준은 강연을 통해 일본을 강하게 비판했다. 임진왜란까지 거슬러 올라가 일본의 침략성을 거론하면서 "민족주의·국가주의를 다시금 팽창시켜보려는 그들의 욕심"을 경계해야 함을 강조했다. 그러나 당시 반대투쟁에 나선 많은 세력처럼 김재준 역시 한일협정 자체를 반대하지는 않았으며 다만 전국민의 의지와 힘을 합해 문제를 신중하게 다뤄야 한다고 보았다. 즉 아직 "우리의 주체성"이 확고히 서 있지 못하기에 더욱 신중해야 한다는 것이었고 기독교인이 "정신적인 면에서는 늘 앞장을 서서 이끌어나가야"한다는 입장이었다. (동아일보 1965.7.6.) 7월 19일에도 영락교회에서 네 번째 강연이 개최되었으며 지명관은 "간악한 일본의 경제적 침략을 어떻게 해서라도 막아야 한다"고 강조했다. (경향신문 1965.7.20.)

한일협정 반대투쟁은 한국전쟁 이후 처음으로 개신교계가 교파를 초월해 민족주의에 기반해 저항적 정치활동에 나선 사례로 주목된다. 그러나 또한 이 투쟁 이후 개신교계의 정치적 입장이 분화되기 시작했다. 김재준 등의 기장은 3선개헌 반대투쟁 등을 통해 반유신 활동으로 나아간 반면 한경직 등은 기존의 반공주의 입장을 고수하며 전군 신자화 운동 등을 전개했다. 저항운동을 지속한 흐름이 7·4남북공동성명에 민감하게 반응하면서 민족주의와 통일문제를 전면에 부각시키게 된다.

7·4남북공동성명 직후인 1972년 7월 31일 함석헌이 발간하던 『씨올의 소리』는 민족통일을 주제로 토론회를 개최했다. 여기에 참석한 장준하는 이스라엘의 키부쯔와 모샤브 체험을 근거로 복합국가론을 주장했다. 그는 "이스라엘의 경우 사실상 복합 사회입니다. 아시다시피 기브쯔라고 한다면 이 이상 더 철저한 공산 사회가 있을 수 없을 정도의 조직입니다. 아마 소련도 중공도 이렇게 철저할 수는 없을 것입니다. 이것은 완전한 공산 사회입니다"라고 강조했다. 이어 "민족 사회 속에 한국인이면 그 뿐이지 공산주의면 어떻고 민주주의면 어떻고 자유주의면 어떻고 모든 것이 다 포괄될 수도 있지 않겠는가?"고 반문했다. (민족통일의 구상 1972, 58-9) 무조건적인 통

일을 강조하며 복합사회론까지 제기한 장준하의 민족주의는 사실 매우 격렬하다.

> 세계의 시궁창이 이리로 흘러들어왔고, 세계의 모순, 세계사의 범죄가 이 땅을 무대로 일어났다. 산 높고 물 맑은 강토에 살던 착한 우리 백성들은 홍수처럼, 악마의 불길처럼 밀려드는 이 세계사의 시궁창 물에 휩쓸리지 않을 수 없었다. 세계사의 악 중의 악인 제국주의가, 악마 중의 악마인 군국주의가 그 가장 표독한 이빨을 우리 민족에 들이댔던 것이다. (장준하 1972(1985), 51)

장준하는 "민족의 생명, 민족의 존재가 이미 없어져 버릴 때는 민족의 한 사람인 그의 개인적인 인간적인 생명과 존재조차 없어져 버리는 것"이라고 단언했다. "민족적인 생명과 존재와는 따로 있는 자기"는 "이미 자기 아닌 자기이며, 그렇기에 자기의 생명을 실현하는 인간이 아닌 것"이다. 개인과 민족 사이에 어떠한 틈도 허용하지 않는 듯한 이러한 인식은 자유주의와 상당한 거리가 있는 것이었다. 민족주의의 절대화는 7·4남북공동성명에 대한 지지와 '모든 통일은 선'이라는 일방적 선언으로 연결된다. 장준하는 "통일 이상의 지상명령은 없다"고 단언하면서 "공산주의는 물론 민주주의, 평등, 자유, 번영, 복지 이 모든 것에 이르기까지 통일과 대립하는 개념인 동안은 진정한 실체를 획득할 수 없다"고 선언했다. (장준하 1972(1985), 50)

경제 민족주의와 함께 반공 자유주의를 기조로 했던 장준하는 7·4남북공동성명 이후 극적인 전환을 보여준다. 이것이 장준하 개인의 입장 변화로 그치지 않았음도 분명했다. 『씨올의 소리』는 『사상계』를 잇는 서북 개신교도 중심의 잡지였고 1970년대 개신교계 비판적 지식인 집단의 목소리가 집약적으로 나타난다. 장준하의 발언은 개신교 계열 민주화운동가들의 민족주의적 입장을 상당 부분 반영한 것으로 보아야 할 것이다.

7·4남북공동성명을 가능케 한 중요한 조건은 1969년 닉슨 독트린이다. 아시아는 아시아인의 손에 맡겨야 한다는 명분 아래 베트남 전쟁으로부터 발을 빼고자 했던 닉슨 독트린은 미중 데탕트로 이어졌고 남북관계에도 지대한 영향을 미치게 된다. 한편 닉슨 독트린은 남한 정권의 상대적 자율성을 제고시키는 효과를 냈다. 베트남 철수와 주한미군 부분 철수를 포함해 미국의 아시아 개입 축소는 박정희 정권의 3선개헌과 유신체제 구축의 유리한 조건으로 작용했다.

또한 베트남 전쟁은 남북한을 포함한 냉전 질서를 크게 요동치게 만들었다. 1968년 베트남의 뗏 공세를 전후해 북한은 대규모 게릴라 남파를 강행했고 이는 민족해방의 국제연대를 실천하는 양상을 띠었다. 남북한 모두 베트남에 군대를 파병한 것은 물론 한반도에서 국지적 군사충돌이 전개된 셈이었다. 바야흐로 민족해방이란 가치가 한반도에 직간접적으로 영향을 미치게 된 정세가 조성된 것이다. 박정희 정권으로서는 민족해방에 맞선 민족주의적 담론전략이 더욱 절실해진 셈이었다.

국내적으로는 1970년대 자본주의 산업화 효과로 사회적 갈등이 새로운 국면을 맞이하고 있었다. 전태일 분신, 광주대단지 사건으로 나타난 사회정치적 위기를 봉합하고 이른바 '유신총화'를 가능케 할 이데올로기로 민족주의가 적극 호명되었다. 박정희 정권은 저항 민족주의를 부정적인 것으로 치부하고 체제 옹호를 위한 긍정적 민족주의를 내세웠다. 이러한 흐름 속에 주체적 민족사관 등이 강조된 1970년대 한국적 민주주의가 나오게 된다.

저항운동 진영 역시 이러한 시대적 조건과 무관할 수 없었다. 그 대표적 사례가 민청학련의 3민 선언이었다. 민족, 민중, 민주를 아우르는 민청학련의 선언은 향후 전개될 저항운동의 담론적 지향을 압축적으로 보여준다. 전태일 분신을 통한 민중의 재발견, 7·4남북공동성명을 통한 민족의 재발견이 기존의 민주주의 담론과 결합되어 3민으로 집약된 셈이었다. 1970년대 중반이 되면 민족해방이 저항운동의 중요한 가치로 관철되는 모습이 나타났다. 남조선 민족해방전선 준비위원회가 결성된 것이 1976년이며 이는 베트남을 비롯해 제3세계의 각종 민족해방전선 활동에 크게 영향받은 것이 분명했다.

제2절 민주화운동 속의 개신교 민족주의

7·4남북공동성명이 준 충격 이전에도 개신교의 민족주의적 관심은 높았다. 이는 단지 한일 국교 정상화 같은 정치적 계기를 통해서만 분출하는 것도 아니었다. 1971년 『기독교사상』 12월호의 특집은 〈서양과 기독교와 한국〉이었다. 이 특집 기획의 기본 개념은 서구화로 보이는데, 서구로부터 수용한 개신교의 숙명같은 고민거리처럼 보인다.

此는 無他가 선교사 제군이 조선교회를 同人親하며 兄弟視하지 않고, 야만시하며 노예시함이다. 선교사 제군이여 聖神으로 시작하여 肉體로 結局하려느냐, 속히 회개할지어다. 1932년 조선예수교 장로회 사기라고 하는 총회의 공문서 가운데 있는 글이다. …… 백인의 우월감, 제국주의적 교만을 거기서 독파하지 않을 수 없다. 이단이란 결국 과격한 서구화의 설교를 밀고 나간 선교사에 대한 토착 교회의 항거에 주어졌던 이름. (민경배 1971, 44~50)

인용문에 보이듯이 식민지 시기까지도 선교사들의 고압적인 태도와 우월감은 조선 기독교인들에게 적지 않은 불만이었고 신학의 독자성과 주체성에 대한 많은 고민거리를 남겨준다. 그런데 이 특집이 기획된 1971년이라는 시점이 주목된다. 1960년대 중반 한일협정 반대투쟁의 여진 속에 박정희 정권은 민족주의를 전유하기 위한 적극적인 시도를 전개하기 시작했다. 전통문화 관련 예산이 대폭 증액되고 국민교육헌장이 만들어졌는가 하면 1971년에는 박정희 이름으로『민족의 저력』이 출간되었다. 한국사학계에서는 '내재적 발전론'으로 불리는 연구경향이 나타나기 시작했고 인문사회과학계 전체에 커다란 영향을 미치게 된다. 그 연장선상에서 1973년 박정희 정권은 국사교육 강화 정책을 추진했고 같은 해 문예중흥5개년 계획이 성안되었다. 대학가 운동권에서는 탈춤과 마당극 등 전통문화에 대한 관심이 폭증하는 시기가 1970년대 초반이었다.

1960년대는 근대화 담론의 위력이 압도적이었고 이에 대한 비판적 논의는 거의 찾기 힘들었다. 그러나 1960년대 후반 근대화가 서구화로 이어지는 경향에 대한 우려와 비판적 논의가 나타나기 시작했다. 이것이 자연스럽게 민족주의에 대한 관심 고조로 이어진다고 할 수 있다. 즉 1960년대 후반부터 정권과 비판적 지식인, 학생운동 진영 등을 가리지 않고 민족주의가 큰 관심의 대상이었고 이러한 분위기 하에서『기독교사상』의 특집이 기획된다.

> 해방과 더불어 많은 기독교 지도자들이 미군정에 진출하여 정계에 나가고 교회는 미국에서 쏟아들어 오는 잡다한 요소에 조종되어 명분없는 분열을 거듭할 때 선교사들이 앞장 서서 한국 선교의 기적을 운운한 것은 실은 기독교화의 기적이 아니라 미국 문화의 식민지화의 기적이 아니었나 의심하게 됐다. (안병무 1971, 58~59)

안병무 역시 서구 특히 미국 개신교단의 영향력을 비판적으로 고민하고 있었음이 확인된다. 한국전쟁을 전후하여 놀랍게 성장한 한국의 개신교가 미국 선교사들에게는 놀라운 선교의 기적으로 보였을 것이며 그것이 안병무에게는 미국 문화의 식민지화로 재독해된 것이다. 1960년대 토착화 신학이 고민되고 박정희 체제가 민족주의 드라이브를 강화하면서 개신교계에 있어서도 민족주의가 새롭게 재해석되어야 한다는 문제의식이 강화되고 있었다고 보인다.

그러나 안병무는 비서구화가 민족적 열등의식에서 생기는 감정적 저항이면 곤란하고 비그리스도교화를 초래해서도 안 된다고 우려했다. 또 신학의 비서구화가 동양화 또는 한국화로 직행하는 경향을 경계하며 무엇보다 먼저 성서로 돌아가는 일이 선행돼야 할 것이라는 나름의 대안도 제시하고 있다. (안병무 1971, 63) 비서구화가 감정적 충동에 휘둘려 서구적 기원을 갖는 기독교 자체를 외면하게 되지 않을까 하는 우려였다. 그렇기에 기독교의 근원인 성경의 주체적이고 독자적인 해석을 통해 신앙과 신학의 토착화 내지 민족화를 추구한 것으로 이해된다.

기독교는 교리상 보편세계를 상상한다. 1970년대 개신교 역시 그러했다. 1974년 그리스도인의 신학적 성명은 "교회는 그 본질상으로나 실제상으로나 민족, 국경, 계급을 넘어선 신앙과 선교의 공동체이며 거룩한 보편적(카톨릭)인 한 공동체"임을 분명히 하고 그렇기에 "우리는 세계 교회의 일원이며 세계 교회와 끊을 수 없이 하나임을 확인한다"고 선언했다. 그러나 또한 "그와 동시에 한국 국민으로서 이 나라에 그리스도의 복음을 전하여 정의를 세우고 하나님의 질서를 수립할 것을 사명"으로 아는 존재임도 분명히 했다. (한국 그리스도인의 신학적 성명, 1974) 중세 유럽의 기독교 보편세계를 해체하고 국민국가의 시대를 열었던 근대 서구처럼 1970년대 한국의 개신교는 보편세계로부터 개별 국민국가 구성원으로 하강했다. 하나님의 보편세계가 민족국가에서 구현되어야 한다는 지향 속에 민족주의적 열정이 깃들게 된 셈이었다.

1970년대 개신교 민주화운동은 WCC를 위시해 초국적 국제연대를 주요한 특징으로 했다. 특히 자유주의적 가치를 비롯해 인권의 문제설정이 중요하게 등장한 것은 유신체제의 탄압에 따른 대응이자 국제사회의 지원이 큰 역할을 했다. 이렇게 트랜스내셔널한 지평을 가진 개신교 민주화운동이었지만 그것은 다른 한편으로 내셔널한 차원에서 자기 동력을 구축한 운동이기도 했다. 초국적 연대의 보편적 지평과 일국사적 특이성 사이의 복잡다단한 맥락을 읽어내는 것이야말로 1970년대 개신교 민주화운동의 이해를 위한 관건이다.

이를 잘 보여주는 경우가 함석헌이다. 그는 특유의 유기체적 생명론에 입각해 민족을 '하나의 보다 높은 생명'으로 간주하고 민족통합 역시 정신과 마음의 문제라고 주장했다. 함석헌은 또한 한민족은 곧 하나님의 섭리에 의해 선택된 민족이라는 선민의식 하에 민족통일을 "천명"으로 정당화하고자 했다. 즉 그에게 민족통일은 종교적 주제가 될 수밖에 없었다는 것이다. 또한 함석헌은 민족주의가 지역적 자폐성을 넘어 세계주의로 나아가야 함을 주장했는데, 이는 샤르댕(Teilhard de Chardin)의 영향 속에 우주론적인 생명 진화에 기반한 것이었다. (이철호 2015, 135~7) 함석헌의 경우 세계주의와 민족주의가 기묘한 동거상태를 이룬 것으로 유명하다.

한편 일본의 경제침략을 매개로 한 재식민화의 공포가 개신교 학생들 사이에 널리 퍼지고 있었다.

보라 경제원조라는 미명 아래 이 민족경제의 심층에까지 침입하여 한민족의 고혈을 빨아먹고 있는 저 파렴치한 경제동물의 야욕에 찬 모습을. 보라 빼앗기고 수모를 당하면서도 그들에게 허리를 굽히는 위정자와 경제인들의 비굴한 모습을. 보라 그들이 내던진 공해산업을 끌어들여 더럽혀져 가고 있는 한민족의 여자와 이 한반도 강토를. 들으라 합자와 보세가공이라는 미명 아래 노동력을 착취당하여 울부짖는 근로대중의 신음을.

경제동물의 경제침략은 민족경제를 파탄에 이르게 하여 일본 경제의 시녀로 전락시켰을 뿐만 아니라 한국정부의 부패와 독재를 조장시키고 이러한 파렴치한 경제침략은 한민족의 자유, 민주, 자립에 대한 중대위협이며 …… (인하대 기독학생회 1973)

1960년대 한일협정 반대투쟁 당시부터 일본의 재침략에 대한 우려는 주로 경제와 문화적인 부문으로 집중되었다. 미국 주도의 동북아시아 냉전질서하에서 일본의 군사적 침략 가능성이 거의 사라진 대신 경제적 침략이 전면에 부각된다. 냉전은 일종의 평화적 생산력 경쟁이었고 근대화 노선의 전면화에 따른 경제개발이 초미의 관심사가 되면서 대일관계의 초점도 경제적 문제로 옮아간 것이다. 인용문은 일본의 경제침략이 단지 대외문제로 국한되지 않고 한국정부의 부패와 독재의 원인으로 지목하고 있다. 이는 민족문제가 대외문제이자 내부 정치문제이기도 함을 의미한다. 이미 한일협정 반대투쟁 당시부터 불거진 문제였는데, 어쨌든 민족주의가 정치투쟁의 쟁점이 되는 상황이 지속되고 있음이 주목된다.

민족주의의 영향은 정치 경제적 차원으로 국한되지 않았다. 탈춤, 마당굿 등의 전통문화 활성화가 1970년대 초반부터 시작되었는데, 개신교도 그 영향을 크게 받았다. 1973년 7월 입석 여름대회에서 KSCF 최초로 탈춤 공연이 이루어졌고 동년 11월 서울지구 총회에서는 '대학의 문화혁명'이라는 주제하에 '바보들의 축제'라는 부제를 내걸고 농악, 탈춤, 굿이 베풀어졌다. 총회 취지문은 "내일의 대학문화를 형성하고 비인간화와 비민주화된 대학을 변혁시키기 위해 마련"했다고 밝혔다. (기독교사회문제연구원 1983, 163~4) 민족의 전통문화가 정치는 물론 사회경제적으로 타락한 현실을 구원할 수 있는 요소로 여겨졌고 이러한 흐름은 1970년대 내내 지속된다. 기청협이 개최한 청년예수제 행사에서는 제사와 탈춤으로 꾸며진 민속잔치가 등장했다.(한국기독청년협의회 1976) 1977년 기독청년협의회 문화선교위의 첫 번째 목적은 "전통문화 발굴과 보급"이었다.(한국기독청년협의회 1977, 42)

이러한 분위기하에서 개신교의 현실참여를 상징하는 1973년 그리스도인 선언은 민족주의와 통일을 중요한 문제의식 중 하나로 제기했다.

> 지금 남북의 정권은 통일의 대화를 단지 그들 자신의 집권을 유지하고 강화하는 구실로 삼고 있으며 한국 민족의 국토 통일에 대한 열망을 배반하고 있다. 남북은 진정한 화해를 이룩하려는 민족적 자세를 확립하여 우리 민족 전체가 참다운 공동체를 수립할 수 있도록 깊이 모색하여야 한다. 우리는 그리스도인으로서 지난날의 쓰라린 싸움에 대한 경험, 이데올로기와 정치, 경제 제도의 차이를 넘어서고 국민을 억압하는 현재의 상황을 극복하지 않고서는 진정한 통일을 실현할 수 없다.(한국 기독교 유지 교역자 일동 1973)

선언문은 이데올로기와 체제 차이를 넘어 민족 전체가 참다운 공동체를 수립할 수 있는 통일에 대한 분명한 입장을 천명했다. 이러한 선언은 그동안 철저한 반공주의적 입장을 견지했던 개신교로서는 매우 전향적인 입장 변화라고 할 수 있다. 또한 국민을 억압하는 현재의 상황을 극복하는 것이 통일의 전제 조건으로 설정되어 선민주화 후통일론의 단초를 보여준 것도 흥미롭다. 박정희 정권이 북한과의 실력 대결을 위해 한국적 민주주의를 강변하고 있는 상황에서 이를 정면으로 부정하는 입장이 천명된 셈이었다.

개신교의 변화는 학생운동을 비롯한 민주화운동 진영의 변화와 궤를 같이 하는 것이었다. 1970년대 민주화운동에서 민중, 민족, 민주가 통합된 가치로 제기된 것은 민청학련 사건이었다. 민청학련 명의로 발표된 「민중·민족·민주 선언문」은 '민권'의 승리와 '민중'의 봉기로 시작한다. 이어 민족분단을 공고화하는 군국주의에 대한 비판을 통해 '민족' 이념을 강하게 드러내면서 '민중', '민족', '민주'의 세 이념을 체계적으로 종합하고자 했다.

기아수출입국 지엔피(G.N.P) 신앙을 고리로 내걸고 민족자본의 압살과 매판화를 종용하여 수십억 불의 외채를 국민에게 전가시키며 혈세를 가렴하여 절대 권력과 폭압정치의 밑천으로 삼고 기간산업을 포함한 주요 경제부문의 족벌사유화를 획책해온 저들 매판족벌들이야말로 오늘의 돌이킬 수 없는 참상을 초래케 한 장본인이다. …… 이러한 국민경제의 전면적 파탄은 자원과 노동력을 헐값에 팔아넘기고 외국 독점자본을 이땅의 경제종주로서 뿌리박게 한 매판특권체제와 부정부패의 여파가 확대 재생산되는 창부 경제구조의 산물이라는 것은 명백한 사실이다. ……

조국의 평화적 통일을 내걸고 시작된 남북대화로써 그동안 우리는 통일의 문 앞에 다가서기는커녕 오히려 민족의 영구분단으로 치닫고 있으며 남북대화는 영구집권을 위한 장식물 이상의 아무것도 아니다. 팽배한 군국주의를 또다시 이땅의 역사 위에 뿌리박기 위한 야욕을 명백하게 드러낸 일본 지배층이 한민족 분단을 영구화시키려고 하는 언동에 항의 한번 못하는 것이 소위 저들의 주체성인가?

남북통일이 오로지 그들의 전유물인 양 떠들면서 폭력검거와 민중수탈 체제를 더욱 공고하게 할 때 통일의 길은 멀어지고 만다. 자유와 평등이 보장되는 진정한 민주주의 승리만이 통일의 지름길임을 모르는가?

보라 이땅을 신식민주의자들에게 제물로 바친 저 매국노들을

부패 특권족벌들이 저지르는 이러한 파멸상태를 더 이상 좌시할 수 없다. 저들의 발밑에서 빼앗기고 고통당하는 제민족세력이 민생, 민권, 민족의 기치 아래 속속 모여들고 있다. …… 이제 우리는 반민주적, 반민중적, 반민족적 집단을 분쇄하기 위하여 숭고한 민족, 민주 전열의 선두에 서서 우리의 육신을 살라바치려 한다. (민청학련 1974)

선언문은 민족주의에 근거해 일본의 경제침략을 통한 신식민주의에 대한 경고와 이에 호응하는 국내 매판 족벌세력에 대한 신랄한 비판을 전개하고 있다. 또한 일본은 분단 영구화의 원흉으로도 지목되었고 이는 남북대화를 영구집권을 위한 수단으로 삼은 정권에 대한 비판과 결합된다. 요컨대 민족적 가치와 민주적 가치가 결합되고 그 피해가 집중되고 있는 민중을 중심으로 민족적 연대가 제시된다. 여기서 민족은 가장 광범위한 연대의 틀로 제시되었지만 구체적인 내용이 제시되진 않았다. 민중과 민족 사이의 관계도 분명치 않다. 즉 민족주의에 기반해 일종의 연합전선을 모색한 듯 보이지만 내적 결합에 대한 분명한 상을 보여주지는 못했다.

어쨌든 유신체제가 부풀린 측면도 있겠지만 민청학련은 당대 학생운동의 핵심이었고 민주화운동 전반에 미친 파급력은 지대했다. 개신교 학생운동 역시 그 영향권 안에 있었다고 보인다.

척박한 식민지에 태어나 총칼 아래 쓰러져간 나의 애비를 잊지 못한다. 하지만 지금은 우리 스스로 이 나라를 게다짝 나라에 상납하려 한다. 단지 권력을 쥔 악의 세력이 연명하기 위해서 민중을 수탈하며 살찐 극소수 관료 독점 매판 세력을 계속 살찌우기 위하여 국민의 피와 땀이, 수많은 어린 청소년들의 육체가 마멸되어야 하는 것이다. 기독 청년들이여 나락으로 질주하는 역사의 수레바퀴를 어찌하여 방치하는가?(새문안교회 대학생회 1974)

식민지 경험에 이어 재식민화의 공포가 권력에 대한 비판과 결합되는 양상은 민청학련 선언문과 유사하다. 또한 민중 수탈의 주범으로 매판세력이 거론되는 것 역시 동일하다. 새문안교회 대학생회는 70년대 초부터 서병호 장로의 아들인 서경석 등이 주도하고 있었는데, 학생운동권과 긴밀한 관계를 맺고 있었다.(김재준 1983, 20) 인용문에서는 민중이 수탈의 대상으로 거론되고 있지만 선언문이라는 성격상 민족과의 관계가 자세하지는 않다.

한편으로 개신교에게 민족은 그리스도 선교 차원에서 의미화된다. 빌리 그래함 전도대회를 보고 한 신학자는 "한국 개신교 각 교단이 한마음 한뜻으로 합하여 이 민족에게 한국 기독교의 잠재적인 가능성의 국면을 보였다는 것"을 최고의 성과로 꼽았다. 대회에 참석하러 오는 남녀노소 군중을 묘사하면서 "그 옛날 십자군들의 군병같이 제단을 향해 행진해오는 군 장병들"이라는 서술도 등장했다. 즉 한국의 기독교는 이 민족과 아세아와 전 세계를 위해 하나님의 혁명군대로 부름을 받고 있다는 주장이었다.

그렇기에 '5천만을 그리스도에게로'라는 슬로건에서 보이듯이 전국 복음화 운동이 중요한 목표로 인정된다. 전도집회 최대의 열매로 하나의 신학, 전체의 신학의 재발견을 꼽았다. 이는 그리스도인과 민중의 하나됨을 바라는 것이다. 이념과 정체와 빈부귀천의 차이를 극소화시켜 하나의 민족, 하나의 공동체가 되기를 갈구해야 함을 말한다. 이를 위해 서구 자본주의가 가져온 개인주의를 극복할 것이 요구된다. 자본주의 원리하에서는 전체에 대한 개체의 우위성이 강조되어 투쟁의 생활원리와 소유양태의 존재양식을 면치 못한다는 비판도 곁들여졌다. 공산주의는 그 반대가 된다. 그래서 전통적 성속일여 등의 신율적인 문화양식, 천지인의 조화 속에서 홍익인간의 이념을 펴나가려는 조상들의 숭고한 문화이념을 기독교와 결합시켜 복음의 주체성을 강화해야 한다는 주장이 결론으로 제시되었다.(김경재 1973, 55~60) 안병무 역시 이 무렵 민족적 지평 속에서의 선교를 강조했다.

우리는 모든 우리 젊은이들이 거쳐야 할 군인세계에 관심을 집중해야 한다. 그것은 다시 없는 선교의 장이요 교육의 장이다. 이것은 동시에 우리 나라의 미래를 결정하는 장소라는 말이기도 하다. 우리는 이곳에 모이는 저들을 내편으로 만든다는 자세에서 그 시야를 적어도 이 민족이라는 지평에로 넓혀야 한다. 그러므로 저들을 위한다는 일이 이 민족의 미래를 위해 봉사하는 일이 돼야 한다. (안병무 1974, 22-3)

안병무는 군인에 대한 선교가 단지 기독교 신자를 만든다는 차원에 국한되면 안 되고 민족의 미래를 위한 것이라는 차원으로 올라서야 함을 강조했다. 이는 다시 말해 5천만을 그리스도에게로 인도하기 위해 전군 신자화가 이루어져야 되며 결국 기독교의 확장이 곧 민족의 이익이라는 논리적 추론을 가능케 한다. 요컨대 신학의 논리로 민족주의를 전유해야 됨을 의미할 터이다.

그러나 다른 한편으로 민족주의적 전망 하에서 엑스플로 74와 같은 미국발 대규모 부흥집회가 가지는 문제가 비판되기도 했다.

우리의 현실은 미국만큼 풍요하지 못하고 미국의 젊은이만큼 우리 젊은이들이 부유층이나 중산층 이상의 자녀들이 못된다. 비참한 우리의 사회현실 밑바닥에 눈을 돌려 현실을 분명히 보고 신음하는 백성들의 소리에 귀를 기울이고 역사의 방향을 뚜렷이 볼 수 있어야 한다. …… 그들은 부유해서 생에 대한 걱정이 없고 생이 권태로우니까 환각제를 먹고서라도 황홀경에 취하고 성령에 취해서 엑스타시에 들어가는 것이 그들에게는 바람직한 것인지 모르지만, 우리의 젊은 대학생들을 그런 상태에 머물게 하고, 거기에 빠지도록 하는 것은 역사의 심판을 면치 못할 것이다. 대학생 청소년들은 우리 민족의 자본이다. 민족의 자본이 되는 청소년 대학생들을 우리가 살고 있는 역사의 현실과 사회현실을 바로 보지 못하고 황홀경에 빠져 있게 하는 것은 그들을 바보로 만드는 것이다. (김종열 1974, 78-9)

인용문은 미국과 한국 사이의 분명한 현실의 차이를 인식해야 함을 강조했다. 대학생과 청년들은 '민족의 자본'으로 비유되는데, 민족적 발전을 위해 역사와 현실을 냉철하게 인식할 것을 주문했다. 즉 더 나은 민족의 미래를 위해 후진적 현실을 극복해야 함을 강조한 셈이다. 사실상 이러한 논리는 유신체제의 그것과 별 차이 없는 논리였다. 세계를 선진-후진 구도로 단순 계열화하고 선진국을 따라잡기 위한 현재의 희생이라는 주문은 박정희 체제가 늘 강조해왔던 바였다.

주지하듯이 박정희 체제는 민족중흥, 조국근대화 등의 슬로건을 내세우며 발전주의와 민족주의를 결합한 지배담론을 구성했다. 발전주의는 서구 근대의 대표적 이데올로기였지만 2차 대전 이후 미국에 의해 전 세계적으로 확산된다. 특히 케네디 정권은 로스토우 등의 지식인을 동원해 발전주의를 미국 대외정책의 핵심으로 만들어냈다. 박정희 정권의 근대화 담론은 그 연장선상에 있다. 특히 로스토우 등의 미국 근대화론자들은 경제개발에 있어 민족주의가 가지는 의미를 강조했는데, 역시 박정희 정권의 그것과 일맥상통한다.

개신교 진영 역시 발전주의와 민족주의를 결합한 이데올로기가 강력한 영향을 미치고 있었음이 확인되지만 또한 다른 경향도 나타난다. 선진국과 한국의 차이를 자각하고 그 격차를 좁히기 위한 발전에 집단적 헌신을 주문하는 민족주의적 입장과 달리 발전된 선진국의 현실을 적극적으로 수용해야 한다는 태도도 존재했다. 엑스플로 74 주최 측의 입장을 살펴보자.

신학은 변하고 인간의 세상도 변합니다. 가령 후진국에서는 밤낮 사회, 사회하지요. 그러나 구라파의 선진국에서는 내면으로 파고들고 합리주의를 지나 신비주의를 지향하지 않습니까. 사실 사회의식은 마르크스 이상으로 인식한 사람이 있습니까. 기독교가 마르크스주의를 낳은 것은 사실이지만 지금에

와서 기독교가 마르크시즘까지 갈 수 있는가는 문제입니다. (「엑스플로 '74를 말한다」 1974, 89)

인용문은 엑스플로 74를 준비하고 주도한 김준곤의 주장이다. 그의 주장은 한국이 이미 후진국을 벗어나고 있음을 전제하거나 최소한 선진국 지향을 분명히 해야 한다는 논리로 읽힌다. 그것을 이데올로기적으로 반영하는 것이 사회 대신 개인이라는 자유주의적 전망이다. 심지어 신비주의라는 전망조차 제시되었다. 김준곤의 주장에서 흥미로운 것은 사회적 비판에 있어 개신교와 마르크시즘의 비교이다. 비판적 사회의식에 있어 마르크스를 능가할 수 없다면 개신교의 사회적 역할은 다른 것이어야 한다는 논리일 텐데, 당시의 반공주의를 염두에 둔 미묘한 화법처럼 보인다.

사실 개신교 민주화운동에 있어 마르크시즘은 최대의 경쟁자일 수 있었다. 7·4남북공동성명은 단지 민족주의적 열정의 환기로 그치지 않았다. 『씨울의 소리』가 민족통일의 구상이라는 특집을 준비했다면 『기독교사상』 1972년 11월호 특집은 「마르크스주의와 종교」였다. 모두 6편의 글이 포함된 이 특집 내용에는 반공주의적 개신교가 우려할만한 내용들이 산견된다. 김몽은 신부는 1972년 4월 남미 가톨릭 지도자 400여 명이 칠레 산티아고에 모여 사회주의를 위한 크리스천의 집회를 가진 사실을 언급하며 "크리스천이나 마르크시스트는 함께 자본주의의 해독을 제거하기 위해 노력한다는 점에서 공통점을 발견"한다는 주장을 폈다(김몽은 1972, 40~1)

김광식은 "마르크스주의나 기독교는 모두 세계변화를 획책"한다고 전제하고 "마르크스주의는 과연 적그리스도와 사탄의 역사인가? 혹은 하나님의 섭리인가? 아니면 두 가지고 중첩된 어떤 것인가?"라는 도발적 질문을 제기했다. (김광식 1972, 44) 김용구는 1965년 잘즈부르크에서 열린 현대의 마르크스주의자와 기독교도라는 토론회를 소개했다. 칼 라너, 요하네스 메츠와 같은 신학자들, 루카치, 블로흐, 아담 샤프같은 마르크스주의 철학자들과 자연과학자들이 참여한 이 토론회는 "마르크스주의자의 프로메테우스적 인간주의와 기독교적 인간주의 사이의 대화"의 필요성을 언급했다. (김용구 1972, 55-6) 박형규는 프랑코 독재에 맞서 "전투적인 무신론적 공산주의자들과 혁명을 결단한 크리스천들이 민중의 해방을 위해 같은 편에서 일할 수밖에 없"는 정세를 소개했다. (박형규 1972, 62) 지명관은 "기독자는 일종의 무신론적 계기를 가져야 하며 무신론자는 신에 대한 기독자의 신앙에 해당하는 계기를 자체 안에 가져야만 한다"는 전제하에 "기독교와 마르크스주의의 대화"가 이루어진 일본의 사례를 소개했다. (지명관 1972, 70)

장준하의 복합사회론에 이어 『기독교사상』의 지면을 장식한 마르크스주의와 기독교와의 전향적 전망 제시는 반공주의적 개신교에 상당한 우려의 대상이 되었을 가능성이 크다. 빌리 그래함 부흥회나 엑스플로 74는 이러한 우려가 상당한 동력으로 작용한 것일 수도 있다. 주지하듯이 7·4남북공동성명의 귀결은 유신체제였고 마르크스주의를 비롯한 좌파 이념에 대한 관심은 다시 한번 반공주의 공세 하에 무력화된다. 이러한 측면에서 민족주의는 자유주의와 민주주의를 통한 저항운동의 한계를 넘나들게 해주는 유력한 담론자원이지 않을 수 없었다.

이러한 맥락에서 1975년 안병무의 「민족, 민중, 교회」가 발표된다. (안병무, 1975) 이 글은 민중신학의 시작을 알리는 글로 유명하지만 애초 예정된 제목은 '민족과 교회'였다. 그러나 한완상의 조언으로 민중이 포함되었는데, 그럼에도 제목의 시작은 민족이다.

> 우리 역사에서 민족은 있어도 민중은 없었다. 그런데 이 말을 뒤집으면 정말
> 실재하는 것은 민중이고 민족이란 대외관계에서 형성되는 상대적 개념인데
> 언제나 내세운 것은 민족이었고 민족을 형성한 민중은 계속 민족을 위한다

는 이름 밑에 수탈상태에 방치되어 왔다. 우리 역사는 계속 외세의 침략과 위협을 받아왔기에 민족의식이 강했으며 민중은 나라 사랑을 지상의 과제로 알았기에 민족의 운명을 내세우는 정부에 무조건 충성을 보여왔으나 민중은 정부로부터 가장 푸대접 받는 역사가 계속됐다. 민중이 민족을 형성하고 그것을 지킬 대권을 정부에 맡겼는데 바로 이 민족이 개념화되어 민중을 혹사 착취하는 데 이용되는 일이 오늘날까지 계속됐다는 말이다. 이것은 결국 민족도 없고 민중도 없고 그것을 이용하는 정부만이 있다는 말이다. (안병무 1975, 78)

안병무는 동학, 3·1운동, 4·19 등으로 이어지는 민중의 항거를 설명하면서 민중이 민족의 실체였음을 강조했다. 그런데 쿠데타로 집권한 현 정권이 내세운 것이 민족이었고 민족적 민주주의니 조국의 근대화 등을 구호로 내세운 것이 그 증좌라는 것이다. 안병무는 민족적이라면 민족이 전제되며 민주주의라면 민중이 전제되는데, 민중은 안중에 없기 때문에 남은 것은 민족이었고 그 민족도 근대화라는 명목 아래 일본자본을 강력으로 끌어들여 퇴색해버렸다고 주장했다. (안병무 1975, 80)

안병무의 비판은 기독교 내부로도 향한다. 해방 후 그리스도 교회 역시 안중에 민족은 있어도 민중은 없었다고 한다. 그러므로 이승만 정권이 민중을 짓밟는 것을 외면하고 민족이라는 구호 밑에 깔린 민중의 신음소리에 귀 기울이려고 하지 않았다는 것이다. 그렇기에 가난하고 눌린 오클로스 (ὄχλος)의 편에서 그들을 위해 그들과 더불어 그들의 권리를 찾아주는 일이야말로 공산주의에 뺏긴 그리스도교의 본래의 것을 도로 찾아 공산주의자들을 무력하게 하는 유일한 길이 된다. (안병무 1975, 82~4)

안병무가 보기에 민중의 이익과 생존을 도외시한 '민족'이라는 개념은 사실상 이데올로기적 허구이며, 민중이 민족에 가려질 때 결국 민족도 민중도 사라지고 만다. 안병무에게 민중은 지배세력이 내세운 민족에 대항하기 위한 민족의 실체로 주목된 것이다. 이는 민족-국민 계열로 민족주의 드라이브에 나선 지배층에 대항해 민족-민중 계열의 담론적 연합을 구성한 것으로도 읽힌다. 민중 개념의 부상은 민족 개념의 정교화를 요구한다.

> 우리에게는 우리 민족하면 너무나 자명적일 만큼 새로운 정의가 필요 없다. 정치적으로는 주권을 잃은 역사의 연속이었기에 네이션나리티라는 말은 서먹서먹한 말이나, 민족이라는 뜻은 조금도 흐려지지 않았다. 까닭은 혈통, 언어, 지역 등으로 볼 때 수천 년의 역사를 그대로 유지해왔기 때문이다. 말하자면 국가(정부)는 없었어도 민족은 없어진 일이 없다. 그러므로 우리는 우리 민족을 하나의 숙명체로 알고 있기에 공동체로서의 국가 형성을 이룩할 결정적인 요소를 확보하고 있는 셈이다. (안병무 1976, 44)

안병무는 민족 개념이 모호하게 사용되고 있음을 지적하며 그 이유가 현실체로서의 민족과 개념상의 그것 사이에 큰 거리가 있기 때문이라고 설명했다. 즉 민족은 종족을 기반으로 한 개념이지만 종족과 동일한 것은 아니며 네이션을 민족으로 번역하나 국가를 전제한 국민이라는 뜻도 되는 것으로써 민족과는 다르다고 했다. 특히 한 민족을 혈통, 언어, 문화 그리고 정치적 단위의 실체 등으로 일치된 공동체라고 할 때 네이션날리티는 전혀 부합되지 않는 개념이라는 주장을 폈다. 이어 서구에서 민족 개념이 모호해진 것은 현실체가 없기 때문인데 종족을 바탕으로 한 단일 민족은 없다는 것이다. (안병무 1976, 42~3)

안병무는 서구가 혈통이나 언어와 같은 공동의 분모가 없음에도 강자로 세계를 지배한 이유로 그리스도교와 함께 희랍의 국가사상을 들고 있다. 그리스도교를 통해 히브리 민족사상의 3대 근간인 선민사상, 역사의식으로써의 미래 희망, 그리고 민족적 메시아니즘을 배웠고 희랍을 통해서는 민족적 공동체의 모체인 폴리스(Polis) 체제와 사상을 배웠다는 것이다. 폴리스는 개인 위에 있으며 개인은 이 폴리스를 위해 있을 때 존재의미가 보장된다. 그런데 그리스도교에서 받은 주권의식과 희랍의 합리적 사고에 젖은 민중은 통치권을 상대화했으며 합리적인 강권을 거부했기에 네이션의 확립은 개인, 즉 인격의 존엄성을 인정하며 권리와 자유의 폭을 넓히는 방향을 향해 경쟁할 수밖에 없었다고 설명했다. (안병무 1976, 45) 프랑스 혁명 이래 민족주의가 근대적 개혁의 추동력이었음을 설명한 것이다.

특히 안병무는 미국의 역사를 주목했다. 네이션이 미국으로 확산되어 군사적인 수단으로 통치하는 국가형성을 위한 노력을 포기하고 각자의 선택의 자유를 보장할 수 있는 연방제를 채택함으로써 혈통과 전통이 다른 민중들이 스스로 결정하여 참가할 수 있게 한 것이 국가 발전의 바탕이 되었다는 것이다. 미국은 이러한 국가형성을 곧 "천명(manifest destiny)"이라고 믿고 서부개척에 자발적으로 참가하므로 점차적으로 국민의식이 구체화됐다고 보았다. 그렇기에 미국은 남북의 심각한 대립을 극복하고 혈통과는 상관이 없는 민족과 같은 의식을 지닐 수 있는 네이션을 이룩하는 데 성공했다고 분석했다. 미국에 있어 핵심은 결국 인권의 존중과 자유와 평등이 보장되는 사회를 자발적으로 선택하는 것에 있었다고 주장했다. (안병무 1976, 47)

우리는 튼튼한 결속을 할 수 있는 중요한 바탕일 수 있는 단일민족이라는 뚜렷한 거점을 안고 있다. 그러나 우리에게 민주사회를 이룩하기 위한 가장 중요한 국가관이 정립되지 못했다. 그것은 민족의 구성원인 민중의 뜻을 묵살해온 역사 때문이다. 우리에게는 국민의 인권의식과 자유한 선택의 권리를 부여하므로 국민 전체가 자발적으로 참여하는 국가형성의 철학이 없었고,

언제나 다스리고 다스림을 받는 주종관계로 형성되는 낡은 국가관을 그대로 지속해 왔다. 주권의식을 억누른 채 밖으로부터 들어온 민주주의라는 감투를 씌워 놓은 탓에 30년이 지난 오늘까지도 야누스적 민주국가로 남아 있다. 민족은 있어도 주권의식에 투철한 민중이 없는 것, 이것이 우리의 치명적인 취약점이다. (안병무 1976, 47~8)

인용문은 서구 및 미국과 다른 한국의 특수성을 설명하고 있다. 그는 거듭 민족의 실체를 구성하는 민중의 중요성을 강조했다. 그런데 민중은 기독교와 긴밀한 관계에 있다. 즉 한국의 그리스도 교회는 민족적 수난기에 들어와서 그 운명을 함께 호흡하면서 자라왔다는 것인데, 침략세력이 비그리스도권이었기에 그리스도교-서구문명을 등에 업고 민족적 저항을 하게 됐다는 설명이 뒤따른다. 그런데 전후 20여년 그리스도교가 곧 서구문명과 동일하지 않다는 사실과 그리스도교의 본질과 민족주의가 일치되지 않는다는 사실을 발견하게 되는데, 특히 후자의 발견은 자기의 정치적 상황에서 다시 읽은 성서를 통해 가능했다고 한다.

특히 민족 구출의 영웅 모세, 히브리의 선택된 민족 등을 통해 구약의 민족주의적 계기를 설명했다. 그런데 신약은 이미 민족주의와 직접 상관이 없다고 단언했다. 유대민족의 터전이 없어졌고 탈유대 민족-세계화의 과정으로 줄달음치게 되어 그리스도교는 민족 대신 민중의 벗이 되었다는 것이며 그것을 가능케 한 것이 바로 예수다. 예수는 세계구원(하나님의 나라)을 설교했으며 눌린 자, 가난한 자, 버림받은 자들의 친구였을 뿐 아니라 그들을 미래(하나님의 나라)의 주인공이며 하나님의 아들과 딸임을 대담하게 선언하므로 한 사람 한 사람이 어떤 민족이나 나라에 속하기 이전에 하나님께 예속되었다는 사실을 알림으로써 희랍의 폴리스 사상과 전혀 다른 인간의 존엄성과 인권의 불가침성을 확립했다는 것이다.

안병무는 이러한 성서의 재발견은 감상적 민족사상을 흔들어 놓았고 참
된 민주적 민족사회를 이룩하는 데 이바지한 것으로 해석했다. 요컨대 인
간 존엄성, 인권의 확립, 자유한 인격 등을 최대한으로 보장하므로 민중이
주체가 된 민족사회를 형성하자는 것이 그의 주장의 요체다. (안병무 1976,
48~50)

이어 안병무는 민족과 관련하여 정부와 한국교회 사이의 차이와 동일성
을 설명했다. 남북의 민족적 통일의 염원과 직결된 자유 민주적 사회 형성,
무력 대신 평화통일을 위한 국력 배양의 중요성 등에서는 정부와 교회가 큰
차이가 없다고 보았다. 반면 민족의 주체성에 대한 견해와 국력의 내용에
대한 인식 차이를 거론했다. 통일은 곧 "민족주체의 싸움"인데 공산집단이
말하는 민족주체는 민중의 의사표시를 완전 봉쇄한 것이기에 인정될 수 없
으며 민주사회는 민중이 주체이기에 그 의식이 분명하면 할수록 사회가 강
해진다는 논리를 폈다. 결국 교회는 정치단체가 아니라 인간애를 바탕으로
한 종교적 공동체이지만 인간애의 집약이 곧 민족애며 그것의 구체화가 민
중을 하나님의 아들과 딸로서 그 권익을 보호하는 것이라는 결론으로 마무
리된다. (안병무 1976, 51)

안병무의 민족 이해는 보편과 특수의 착종을 보여준다. 민족과 네이션
(nation)의 번역 불가능성을 주장하는 것이 단적인 예다. 그에게 민족은 번
역어가 아니라 한국 민족의 독특한 특성을 담아내는 개념이다. 그런데 혈
통과 언어라는 단일 민족의 표징은 스탈린의 민족 규정과 매우 유사하다.
근대 서구가 만들어낸 민족 개념을 비서구적 토착성을 담아내는 개념으로
전치시키려는 안병무의 시도는 세계주의와 민족주의의 동거를 보여주는
함석헌과 비교된다. 안병무의 또 하나의 특징은 기독교 신학과 민족주의의
결합이다. 그는 구약을 통해 민족주의와 신학의 접점을 만들고 신약을 통
해 민족의 실체로서 민중을 발견하는 독법을 구사했다. 이때 하나님이 부

여한 민중의 담지 가치로 인간 존엄, 인권, 자유로운 인격 등이 제시되는데, 이는 서구 자유주의가 구성해낸 가치임이 분명하다. 요컨대 보편성을 전제한 기독교 교리와 자유주의를 교배시켜 특수한 민족(주의)을 구성하고자 한 셈이다.

> 한국 민족주의에 대한 논의가 한창이다. 그것은 근대화와 국토통일을 지향해 있는 정부의 정치적 이념으로 화장되어 있다. 반면, 오늘의 한국 현실과 그 과제에 대처해 가는 현 체제를 비판적으로 성찰하는 지식인들의 지적인 출구가 그것을 통해 열려지고 있다. ✽

인용문은 안병무의 글 바로 다음호인 1976년 2월호 『기독교사상』의 특집 〈한국기독교와 민족주의〉의 소개말이다. 7·4남북공동성명을 전후해 유신체제가 주도한 민족주의 드라이브가 개신교 계열 비판적 지식인 사회에 던진 충격파를 잘 보여주는 글이다.

> 개신교가 이 땅에 뿌리를 내리기 시작할 때 이 땅은 기름진 땅이었다. 구미의 종교인 기독교가 이 땅의 사람들에게 진실로 기쁜 소식으로 받아들여졌다 …… 마치 옥토에 뿌려진 씨처럼 그것이 힘차게 이땅에 뿌리를 내리기 시작한 것이다. 처음부터 한국교회는 역사와 상황의 맥락 속에서 하나의 정당하고 적합한 시대적 기관으로 형성되고 발전되었다. 이것을 민족교회를 불러도 좋고 민중의 교회라고 불러도 좋다. 요컨대 민족과 민중과 함께 웃고 울면서 그들과 깊이 공감한 민족 교회가 바로 한국 초대교회였다. 그렇기 때문에 한국교회는 처음부터 민족의 전통을 깡그리 무시하지 않았다. 전통과의 만

✽ 〈한국 기독교와 민족주의〉(특집) 소개말, 『기독교사상』 1976년 2월호.

남도 조심스러웠었고 또 전통의 영역을 정신적 식민지처럼 야만스럽게 약탈하려 하지도 않았다. 왜냐하면 이 전통도 우리 민족 문화유산이기 때문이다. 이렇게 볼 때 한국교회는 아시아, 아프리카의 토착교회와는 달리 처음부터 기독교를 반민족적 종교, 친제국주의 종교로 보지 않았다. 이것은 굉장한 상황적 행운이요, 신의 은총이라고도 하겠다. 이른바 오늘의 제3세계에서는 기독교적인 것이 곧 반토착적인 것, 반민족적인 것과 동일시되고 한 걸음 나아가 저 19세기의 제국주의적 서구의 앞잡이 종교로 인정되었던 것이다. 그뿐만 아니라 맑시스트에 따르면 기독교는 하나의 지독한 아편으로 인정되어 토착세력의 민족주의 운동의 정신적 에너지를 깡그리 둔화시켜버리는 반민족 운동적 요소로 낙인찍혔던 것이다. (한완상 1976, 12~13)

인용문은 민족주의 특집을 기획한 『기독교사상』 1976년 2월호 권두언이다. 권두언의 필자 한완상은 한국의 기독교가 애초부터 반민족적이지 않았던 행운을 강조했다. 기독교와 민족과의 순접을 시도하는 전략은 안병무나 함석헌과 대동소이하다. 이러한 시도는 유신체제의 민족주의에 대응하기 위한 개신교의 신학적 정당화의 일환이었다.

그러나 한완상의 주장은 사실 많은 논란을 불러올 만한 것들을 내포하고 있다. 기독교와 전통의 갈등은 이미 잘 알려진 사실임에도 한완상은 그것을 부정하고 있다. 전통의 발견 또는 발명은 그리 드문 일이 아니다. 홉스봄의 지적처럼 민족주의는 민족전통의 발명을 통해 자신의 담론적 정당성을 구축하고자 했다.

한완상 역시 기독교 전통의 재발견을 통해 민족주의와의 화해를 도모했다. 그가 이러한 전략을 편 이유는 그만큼 당대 민족주의의 영향이 컸음을 반증해준다. 특히 민족주의의 발흥은 서구를 비롯해 민족 외부에 대한 감각을 예민하게 만들었다. 박정희 체제는 서구적인 것에 대한 경멸을 숨기지 않았고 급진화된 학생운동 진영은 일본을 비롯한 외국 자본의 경제적 침탈을 제국주의적 침략이라고 성토했다.

이러한 상황에서 불과 선교 100여 년 남짓한 외래 종교로서 개신교는 민족적 전통과의 화해가 긴요했다. 한완상이 강조했듯이 제3세계에서 기독교는 종종 서구 제국주의와 동일시되었다. 한국의 경우 일본의 식민지가 됨으로써 사정이 다르기는 했지만 어쨌든 비서구 국가로서 서구적인 것에 대한 부담이 클 수밖에 없다. 더욱이 1970년대 비판적 지식인 사회와 대학생들에게 제3세계가 새롭게 주목되던 상황은 개신교의 조바심을 더 강화시켰을 가능성이 높았다.

> 미국의 근본주의 신학이 들어오기 이전의 순수한 한국 기독교 신앙, 민간종교나 불교나 유교의 영향이 많이 있건 없건 상관없이, 우리 전통 사회의 토대 위에서 제정신으로 돌아가 순수한 한국인의 심성으로 출발한 그 최초의 모습을 보아야 할 것이다. (전택부 1976, 37)

전택부는 기독교의 역사에서 미국 교회의 역할을 상대화하는 전략을 강조한다. 즉 외래 종교라는 개신교의 숙명 속에서 민족적인 것을 구축하기 위한 시도인 셈이다. 이는 미국의 위상과 그 의미에 대한 민족주의적 정정을 시도한 것이기도 하다. 1970년대 민족주의의 고양 속에 미국은 중요한 심문 대상이지 않을 수 없다. 주지하듯이 한국 현대사에서 미국의 역할은 거의 절대적이었고 개신교의 경우 그 영향이 더욱 지대했다.

앞서 보았듯이 박정희 체제는 닉슨 독트린 이후 자율적 공간을 확장시키고 있었고 유신체제 성립은 그 연장선상에 있었다. 박정희는 집권 초기부터 미국에 대해 비판적 목소리를 높이기도 했다. 반자유주의적 성향이 매우 강했던 박정희로서는 미국식 자유주의가 흔쾌히 받아들일만 한 것이 아니었다. 1970년대 들어서면 박정희 체제의 반서구적 태도가 더욱 강화된다. 이러한 분위기에서 민족주의를 둘러싼 경합에 나선 개신교 역시 자체의 전통을 강조함으로써 미국의 역할과 영향을 상대화시키고자 한 셈이다.

> 민족주의의 지상과제가 민족의 보존과 전국민이 참정할 수 있는 민주주의 형태의 근대 복지국가의 수립에 있다고 본다면 한국 개신교회는 한국 민족주의의 형성과 그 발전과정에 있어서 아래와 같은 공헌을 했다고 본다 …… 한국 민족주의의 특징을 주권회복과 외세의 압정에 대한 저항으로 규정하고 있지만 그러나 저항과 동시에 이런 저항을 넘어서서 근대화의 앞길을 개척하지 않으면 안 되는 그러한 험악한 길을 한국 민족주의는 걷지 않으면 안 되었다. 한국 개신교회는 이 민족에게 애국심과 독립사상을 고취시켰다. 한국 개신교회는 한국 민족주의에 민주주의 원칙을 도입하고 민주주의 지도력을 양성해냈다. 자치능력 부여, 고유문화와 전통을 보존, 발전, 근대적 요소 도입 …… (송길섭 1976, 38~46)

인용문은 개신교의 민족적 역할을 좀 더 확장하고 있다. 저항의 역할을 넘어 근대화에 있어서도 중요한 역할을 했음을 강조함으로써 단순한 저항 민족주의의 영역을 벗어나고자 한다. 그러나 이러한 시도는 개신교 민주화운동 진영에 있어 주된 흐름으로 보기는 힘들다. 1970년대 중반 이후 민주화운동 진영의 민족주의를 잘 보여주는 것이 3·1민주구국선언이다.

문익환이 기초한 것으로 알려진 1977년 3·1민주구국선언은 개신교 계열의 민주화운동가들의 영향이 컸다. 이 선언문의 기조는 비민주적 유신체제에 맞서 자유 민주주의를 강조하는 것이었음에도 그 기저에는 강렬한 민족주의적 열정이 깔려 있다.

8·15 해방이 부른 희망을 부수어 버린 국토분단의 비극은 이 민족에게 거듭되는 시련을 안겨주었지만, 이 민족은 끝내 희망을 버리지 않았다. 6·25동란의 폐허를 딛고 일어섰고, 4·19학생의거로 이승만 독재를 무너뜨려 "자유 민주주의"에 대한 신념을 가슴가슴에 회생시켰다. 그러나 그것도 잠깐, 이 민족은 또다시 독재정권의 쇠사슬에 매이게 되었다. 삼권분립은 허울만 남고 말았다. 국가안보라는 구실 아래 신앙과 양심의 자유는 날로 위축되어 가고 언론의 자유, 학원의 자주성은 압살당하고 말았다. 현 정권 아래서 체결된 한일협정은 이 나라의 경제를 일본 경제에 완전히 예속시켜 모든 산업과 노동력을 일본 경제침략의 희생제물로 만들어버렸다. 우리의 비원인 민족통일을 향해서 국내외로 민주세력을 키우고 규합하여 한 걸음 한 걸음 착실히 전진해야 할 이 마당에 이 나라는 일인 독재 아래 인권은 유린되고 자유는 박탈당하고 있다. 이리하여 이 민족은 목적의식과 방향감각, 민주주의에 대한 신념을 잃고 총 파국을 향해 한 걸음씩 다가서고 있다. 우리는 이를 보고만 있을 수 없어 여·야의 정치적 전략이나 이해를 넘어 이 나라의 먼 앞날을 내다보면서 「민주구국선언」을 선포하는 바이다.

"민족통일"은 오늘 이 시대가 짊어진 지상의 과업이다. 국토분단의 비극은 해방 후 30년 동안 남과 북에 독재의 구실을 마련해주었고, 국가의 번영과 민족의 행복과 창조적 발전을 위해서 동원하여야 할 정신적, 물질적 자원을 고갈시키고 있다. 외국의 군사원조 없이 백만을 넘는 남북한의 상비군을 현대무기로 무장하고 이를 유지한다는 일은 한반도의 생산력과 경제력만으로는 도저히 감당할 수 없는 일이다.

이 선언은 민청학련의 삼민선언의 연장선상에서 민족주의와 민주주의의 결합을 잘 보여준다. 그러나 민족이 더욱 강화되어 역사성을 부여하고자 했음이 특징적이다. 해방 이후의 역사를 민족과 통일이라는 키워드를 통해 요약 재현하고 있으며 결론적으로 민족통일의 당위성을 강조하는 것으로 마무리된다. 요컨대 민족주의가 전면에 부각되면서 민주주의는 그 위치가 재조정된 것으로 보인다. 즉 민주주의의 주어가 민족이 된다. 이후 비슷한 기조의 선언들이 이어진다.

3·1민주구국선언이 "이민족이 운명을 걸고 벌였던 3·1독립운동 기념일에 행하였다는 점을 중시하면서 한국의 교회가 피를 흘리며 민족을 위해 앞장섰던 당시의 정신을 되새기며 …… 3·1운동은 당시에 우리 민족의 정신적인 지주였던 우리 나라의 종교 지도자들이 주동이 되어 일제의 군국주의로부터 우리 민족을 구출하여 자유와 해방을 쟁취하려던 정의와 양심의 외침이고 행동이었다. 종교 지도자가 중심이 된 이 선구적인 운동이 오늘날까지 이 민족을 여러 가지 정치적 속박과 공산위협으로부터 굳건히 지켜온 하나의 정신적 기조를 이루어 온 것 …… 이 민족을 구출하기 위하여 교회를 통해 한국의 역사에 하나님이 직접 개입하신 것으로 믿는다. •

폭력이 민족의 양심을 재판하기에 이른 오늘의 부조리한 조국의 상황이 민족의 도덕적 근원을 오염한 것을 우려. 한민족이 이 지상에서 번영하려면 먼저 그 딛고 서야 할 도덕적 근원이 건전하여야 할 것. 함석헌, 윤보선 선생을 비롯하여 일제의 압정하에서는 겨레의 앞장에 서서 수난당하였고 …… 박정희씨를 위시한 독재집단으로서 민족 수난기에는 오히려 민족의 가슴에 총칼로 겨누었고 …… 민족을 반역함에 있어서 적군의 군졸이 되어 민족의 가슴에 총칼을 겨냥하는 일보다 더함이 어디 있으며, 조국을 배반함에 있어서 반

• NCCK, 「3·1성직자 구속 사건에 대한 우리의 입장」(1976. 3. 25.) 민주화운동기념사업회 오픈아카이브 등록 번호 00082020.

란을 일으키고 국권을 찬탈하는 짓보다 더함이 …… 민족의 정기와 국민의
기강을 바로잡기 위한 높은 차원에서 반드시 반역자들을 심판하여야 할
것……. •

확실히 1970년대 전반에 비해 후반의 선언이나 성명서들은 민족과 통일
을 전면화하는 경향이 뚜렷했다. 이는 그만큼 민족주의에 대한 인식이 깊
어지고 있다는 반증이 될 것이다. 특히 민족주의를 통일문제와 연관지어
사유했다는 점이 특징적이다.

> 통일은 전국민의 슬기와 힘으로 쟁취해야 하는 것이기에 민주화를 전제하고
> 또한 통일을 전제하지 않은 민주화는 항구 분단에 기여할 위험성이 있다. 우
> 리가 지향하는 민주화는 남과 북의 양극화를 심화시키거나 고착시키는 것이
> 어서는 안 된다. …… 우리가 지향하는 통일은 남과 북의 지배 이데올로기의
> 통일을 말하는 남북통일도 아니요, 휴전선으로 분단된 국토통일도 아니다.
> 우리가 이룩해야 하는 통일은 두 다른 이데올로기로 분열된 민족, 휴전선으
> 로 양단된 민족을 통일하는 그리고 통일된 조국은 국민이 명실공히 주인이
> 되는 민주국가여야 한다. 시간적으로는 분명히 선민주지만 내용적으로 또한
> 실질적으로 둘은 하나다. (문익환 1978, 36-7)

문익환은 민주주의와 통일의 관계를 정교하게 설명한다. 유신체제가 내
건 선건설 후통일의 문제설정에 대응해 선민주 후통일론을 대당시키고 있
으며 통일의 내용 역시 국토 통일과 남북 통일 대신 민족통일을 내세우고

• 조국민주회복남가주국민회의, 「성명서-민족의 지도자들을 재판하는 데 즈음하여」(1976. 5. 13.), 민주화운동
기념사업회 오픈아카이브 등록번호 00861038.

있다. 민주화와 통일의 관계도 시간적 선후의 문제가 중요한 것이 아니라 내용적 통일의 문제가 핵심이다.

한국의 역대 정권들은 대부분 통일 및 남북관계를 국정과제의 전면에 내세웠다. 독재정권으로 분류되는 정권들 역시 예외가 아니다. 이승만의 북진통일을 위시해 박정희와 전두환, 노태우 정권 모두 각각 통일방안을 만들어냈고 수시로 통일을 위한 정책들을 개발했다. 유신체제가 7·4남북공동성명 직후에 이루어졌다는 것은 여러모로 의미심장하다. 주지하듯이 북한 역시 '조국통일'이 모든 정책에 우선하는 최고의 가치다.

한국 현대사는 남북 정권이 최고의 적대관계를 유지하면서 다른 한편으로 통일을 최대의 과제로 내세우는 기묘한 상황의 연속이었다. 이는 분명 1민족 2국가라는 특수한 정세의 산물이면서 한반도의 국가형성과정이 완성되지 않았다는 문제의식을 촉발시켰다. 이른바 통일된 민족국가 건설이 전 민족적 과제로 제시된 것이다. 이 과제는 남북 정권은 물론이고 민주화 운동 세력에게도 핵심적 과제로 승인된 셈이다.

식민지라는 조건 하에 시작된 반일 민족주의가 분단이라는 조건하에서 통일 민족주의로 전화된 것이다. 국가권력의 입장에서 통치성 강화를 위해 이를 활용한 것은 명백하다. 남과 북 모두 자신들의 권력을 포기하면서까지 이루어야 될 통일을 긍정할 것이라 생각하기는 힘들다. 결국 남북 국가 권력의 통일은 철저하게 자신들의 권력이 상대방에게 관철되는 통일을 기본적 과제로 상정한다. 국가-권력의 속성상 이는 당연한 전략적 태도이지 않을 수 없으며 민족주의 역시 이를 위해 동원된다.

문제는 반정부 또는 반체제 운동 차원에서 제기되는 통일문제다. 통일에 대한 문익환의 입장은 국민이 주체가 되는 민족통일을 축으로 하여 민주화가 결합되는 구조를 보여준다. 민청학련 이래 민중, 민족, 민주가 결합된 문제의식의 연장일 터이다. 4·19혁명 이후 전개된 통일운동에서 드러난 것처럼 분단은 현실적 모순의 근원으로 파악되기에 통일은 이 모든 문제를 해결하는 관건적 과제로 여겨진다. 한국사회 내부의 민주화도 그 자체로 의미화되기 보다는 통일을 위한 단계처럼 파악된다.

1970년대 개신교 민주화운동 세력의 통일운동은 사실상 성명서 발표 외에는 별다른 실천 활동이 수반되지는 못했다. 그럼에도 성명서상의 의미 즉, 담론상의 중요도는 매우 높았다. 다시 말해 추상수준은 대단히 높았지만 구체적 운동으로 나타나지는 못했다.

개신교 민주화운동세력이 유신체제가 주도하는 통일전략이나 민족주의에 대해 날카로운 대립선을 구축하려 한 것은 분명했다. 그러나 그것이 당대 현실 속의 구체적 문제와 접합되지 못한다면 민중과의 괴리를 불러올 가능성이 컸다. 통일과 민족주의를 둘러싼 헤게모니 경쟁 구도를 만든 것은 상당히 중요한 의미가 있는 것이지만, 한편으로 그것이 유신체제가 설정한 이데올로기적 구도로 함몰할 가능성을 무시할 수 없다.

요컨대 1970년대는 nation building의 중요한 국면이었고 박정희 체제는 강력한 민족주의적 동원 전략을 구사했다. 이에 맞서 민주화운동 진영 역시 민족주의적 열정을 강화하고자 했다. 특히 신흥 외래 종교로서 개신교는 자신의 서구적 기원을 약화시키고 민족적 전통과의 접합을 시도했다. 신학과 성서의 새로운 해석, 전래 이래 기독교 전통의 재발견, 민족의 실체로서 민중의 발견, 당대 민족적 과제로서 통일 담론의 구성 등이 개신교 저항운동 속에서 확인되는 민족주의 전략의 구체적 사례들이다. 서구 근대가 보여준 보편 기독교 세계의 해체와 개별 국민국가의 창출이라는 역사가 20세기 한국에서 재현된 셈이었다. 다시 말해 사회와 국가의 민족화 속에 개신교의 민족화 역시 불가피했다.

결론
개신교 민주화운동의 역사적 함의

1970년대 민주화운동의 두드러진 특징 중의 하나는 개신교의 동참이었다. 비록 전면적 결합은 아니었지만, 오랫동안 국가-정부와 밀월관계를 유지했던 개신교가 조직적으로 반정부 민주화운동에 참여한 것은 분명 놀라운 일이었다. 해방 이후 좌우갈등과 한국전쟁을 거치면서 강력한 반공 입장을 견지했던 개신교계가 민주화운동에 뛰어든 것을 역사적 맥락 속에서 살펴볼 필요가 있다.

그것은 무엇보다 유신으로 상징되는 박정희 정권의 억압 질서와 깊은 관련이 있다. 유신체제는 민주주의를 형해화시킨 것은 물론 사상·양심, 언론·출판의 자유 등 자유주의적 가치를 거의 부정하는 지배질서를 구축하고자 했다. 긴급조치와 공안통치는 수많은 정치범을 양산했고 인권 문제가 국내외적으로 커다란 문제로 부각될 수밖에 없었다. 사회운동이 거의 부재했던 당시 이러한 비민주적 지배질서에 대항할 수 있는 세력은 별로 없었다. 이에 대학교수, 언론인 등의 지식인 집단과 종교계가 그 역할을 떠맡게 된다.

당시 개신교단은 미국 및 서구 기독교와 밀접한 관계를 유지하고 있었다. 한국의 개신교 자체가 선교사들의 선교활동에 의해 형성된 것이라 할 수 있기에 이러한 현상은 자연스러운 것이기도 했지만, 한국전쟁을 계기로 미국 개신교의 역할이 더욱 두드러지게 되었다. 특히 미국의 대규모 원조가 개신교를 매개로 들어오게 되면서 교회의 위력이 크게 강화되었다. 이러한 배경하에 1960년대 서구와 미국 사회에 불어닥친 사회운동의 폭발적 성장은 교회에도 지대한 영향을 미치게 된다. 세계교회협의회(WCC) 역시 그 영향하에 하나님의 선교(Missio Dei)로 상징되는 새로운 사회적 실천을 강조하게 되었고 한국의 개신교도 그 영향하에 있었다. 에큐메니컬 운동이 바야흐로 사회적 저항운동으로 확장되기 시작한 것이다.

한편 1960년대부터 본격화된 급속한 산업화는 새로운 사회적 적대와 갈등을 구조화하고 있었다. 수백만의 농민이 도시와 공업지대로 이주하여 농촌과는 전혀 다른 생활을 영위하게 되었고 전태일 분신 사건에서 보이듯이 건디기 힘든 가혹한 노동에 내몰리게 되었다. 개신교가 노동자와 도시빈민 등 새로운 사회적 정체성을 갖게 된 이들을 대상으로 한 선교활동에 나서게 된 것은 어쩌면 자연스러운 모습이었다. 그 결과 개신교는 폭발적인 성장을 거듭했다. 1970년대 중반 신도수는 이미 400만을 넘게 된다. 1973년 빌리 그래함 목사의 부흥회, 1974년 엑스플로 74는 수십, 수백만의 신도가 집결하여 개신교가 본격적으로 대중 종교로 등장했음을 알려주었다.

농촌 공동체가 제공했던 비교적 안정적인 삶의 토대가 순식간에 사라진 이주민들에게 교회는 낯선 도시에서 새로운 공동체적 안전망을 제공할 수 있는 장소일 수 있었다. 급속한 교세 확대는 개신교가 지식인과 중산층을 넘어 기층 대중을 광범위하게 결집시키고 있음을 보여준다. 교회는 단지 영혼의 안식을 찾는 곳으로 국한되지 않았으며 일종의 새로운 생활양식으로 등장했다고 할 것이다. 순복음교회와 같은 거대한 메가 처치에서부터 작은 개척 교회에 이르기까지 교회가 포괄하고 있는 다양한 신도들의 이해와 요구가 개신교의 사회활동을 압박하고 있었다.

도시산업선교회(산선)의 활동은 개신교 민주화운동의 뚜렷한 특징이다.

산선은 산업화가 초래한 변화에 개신교가 어떻게 대응했는가를 잘 보여준다. 전도를 넘어 노동자의 이해와 요구에 기반한 노동운동으로 나아가는 모습은 개신교와 저항운동의 결합을 상징한다. 산선은 개신교가 운동의 요람으로 기능할 수 있음을 여실히 보여준 셈이었다. 유사한 운동이 농민, 도시빈민 등을 대상으로도 다양하게 전개되었다.

이러한 상황 속에서 개신교는 인간 소외의 문제의식으로부터 민중신학에 이르기까지 다양한 이론적, 실천적 대안을 모색했다. 유신체제에 맞선 정치적 투쟁과 함께 사회경제적 약자들을 위한 운동이 활성화되었다. 노동자, 농민 그리고 도시빈민 등을 아우르는 사회적 약자들을 위한 운동의 기본 가치로 주목된 것이 인권이었다. 인권은 애초 정치적 박해자들을 구호하기 위한 것으로 받아들여졌지만 곧 사회적으로 핍박받는 약자들을 위한 것으로 확장되었다. 인권은 미국의 보편주의와 맞닿아 있는 가치이자 근대 서구문명의 핵심 산물로 여겨졌기에 누구도 부정하기 힘든 가치였다.

민청학련과 인혁당 그리고 남민전으로 이어지는 급진화된 사회운동 세력이 추구하던 사회변혁에 비추어 인권의 정치는 보다 온건한 사회개혁의 전망과 어울리는 가치이기도 했다. 요컨대 산업화의 모순을 전통적 마르크스주의로 분석하여 대응하고자 했던 흐름과 달리 미국은 물론 박정희 정권도 거부할 수 없는 가치였던 인권을 전면에 내세움으로써 개신교 민주화운동은 새로운 형태의 저항운동을 만들어낸 셈이었다. 이는 지배자들의 언어와 지배적인 가치와 담론을 저항자원으로 전화시키는 전복적 효과를 산출한 것이기도 했다.

한편 개신교단 사이의 차이도 분명해졌다. 신정통주의, 자유주의 신학의 영향을 받은 교단에서는 좀 더 적극적인 사회적 실천을 강조한 반면 보수주의 신학을 강조하는 교단은 이에 대립적 입장을 견지했다. 전자의 경우 민주주의와 인권의 가치에 입각한 저항운동에 적극적이었다. 특히 인권과 자유주의적 가치들이 민주화운동이라는 이름으로 저항운동의 중요한 가치로 등장하게 된 것은 중요한 역사적 함의를 가진다.

1970년대 이전까지 인권이나 자유주의적 가치들이 저항운동의 중심적 담론자원으로 역할한 경우는 찾기 힘들다. 인권과 자유는 주로 공산주의 체제를 비판하는 반공이데올로기의 활용 수단인 측면이 강했다. 미국 주도의 팍스 아메리카나는 유엔과 세계인권선언으로 상징되는 보편주의 전략을 특징으로 한다. 요컨대 냉전 질서하에서 자유와 인권은 반공을 정당화하는 보편적 가치로 재현되었기에 저항담론으로 기능하기 곤란했다. 반유신 민주화운동 단계에서 비로소 인권의 문제설정이 저항운동의 중심 가치로 떠오르게 된 것이다.

이는 운동의 주체가 크게 변모했다는 사실을 보여준다. 1960년대까지 학생운동을 제외하고 지속적이고 안정적인 운동 단위가 사실상 부재했다고 할 것이다. 그러나 1970년대는 재야라는 비판적 지식인 그룹이 형성되었는가 하면 안정적이고 조직적인 토대를 가진 개신교가 결합하게 되면서 저항운동의 주체구성이 크게 변하게 된다. 교회에 기반하여 인권과 자유에 호소하는 저항운동은 지배권력도 접해보지 못했던 새로운 상황이었다.

한국기독교교회협의회(NCCK)와 산하 인권위원회의 활동은 1970년대 개신교 민주화운동의 중심 중 하나였다. WCC와 긴밀한 관계하에서 NCCK는 초국적 국제연대를 통해 70년대 민주화운동에 뚜렷한 족적을 남겼다. 국제사면위원회(Amnesty International)가 함께 NCCK 인권위원회는 1970년대 인권운동의 핵심 기구 역할을 했으며 민주화운동이 인권의 문제의식으로 확장되는 데 결정적 역할을 했다. 양심수란 용어가 처음 사용된 것도 이 무렵이며 국가 사법체계의 정당성을 심문하는 저항운동의 영역을 개척했다고 하겠다.

모든 운동은 일정한 조직 형식을 필요로 한다. 개인의 단독 행동이 없는 것은 아니지만 사회적으로 의미있는 실천이기 위해서는 개인을 넘어선 연대와 단결의 틀이 필요한 법이다. 조직의 힘은 개인의 산술적 합 이상의 힘을 발휘하며 운동의 지속성과 안정성을 제공한다는 점에서 무엇보다 중요하다. NCCK는 개인이나 개별 교회가 아니라 교파를 넘어 개신교단 전체가 연대할 수 있는 조직적 틀의 대명사였다. 1970년대 민주화운동이 명망가 중심의 한계를 노정했다는 점에서 NCCK라는 조직적 연대틀의 존재는 더욱 귀중한 역사적 사례라고 할 것이다.

NCCK를 포함해 개신교 민주화운동이 이러한 역할을 감당할 수 있었던 중요한 조건은 트랜스내셔널한 운동 네트워크가 구축되었기 때문이기도 했다. WCC는 물론이고 일본과 유럽 그리고 북미지역에 걸쳐 개신교 네트워크가 형성되었으며 이 네트워크에는 해외로 이주한 한국인은 물론이고 현지 외국인도 참여하여 글로벌한 저항연대를 형성했다. 60년대 68혁명과 미국의 인권운동, 베트남전 반전운동 그리고 남미의 해방신학 등으로 활성화된 저항운동의 이념과 실천이 개신교 네트워크를 통해 한국의 민주화운동으로 연결되었다고 할 것이다.

한편으로 초국적 국제연대의 활성화는 한국 민주화운동의 민족주의적 감각과 복잡다단한 관계를 맺게 된다. 7·4남북공동성명은 분단문제를 환기시키는 결정적 계기였으며 통일을 중요한 과제로 설정하게 되는 민족주의적 감각을 강화했다. 게다가 베트남의 전쟁과 통일은 유신체제의 반공 이데올로기 공세의 소재이자 다른 한편으로 민족해방의 문제의식이 한국에 영향을 미치게 되는 중요한 계기였다.

유신체제 역시 반공 민족주의를 적극 강화했지만 저항진영의 민족주의적 열정과 실천도 더욱 강화되면서 민족주의는 지배와 저항이 교차하는 경합의 시공간이 되어갔다. 1970년대는 네이션 빌딩(nation building)이란 차원에서도 중요한 국면이었는데, 박정희 체제의 정책과 담론은 민족주의 이데올로기를 적극 활용하는 것이었다. 한국적 민주주의, 주체적 민족사관, 문예중흥5개년계획 등은 민족주의적 통합 전략의 일환이었다고 할 것이다.

토착화, 주체성 등의 개념이 중요하게 회자되는 국면 속에서 민중신학의 형성은 의미심장했다. 민중신학은 민중의 재발견이자 민족의 신학적 갱신이기도 했다. 그것은 유신체제에 맞선 저항주체로 민중을 호명하는 것이자 민족적 주체로 거듭나야 됨을 촉구하는 것이었다. 지배적 정치언어가 된 민주주의에는 사실상 주체의 자리가 비어 있는 셈이었다. 국민이라는 무차별적 국가적 주체 개념이 저항의 주체가 되기는 힘들었고 지배-피지배 관계를 명료하게 드러낼 수 있는 개념으로서 민중이 신학적으로 재구성된 것이었다. 민중신학은 또한 신학의 주체 위치를 문제 삼았다. 서구가 아닌 70년대 남한이라는 새로운 신학의 주체 위치를 강조함으로써 민족주의적 감각을 환기시키고자 했다.

그럼에도 불구하고 1970년대 개신교 민주화운동은 대중적 토대가 상당히 취약했다는 평가를 받기도 한다. 사실상 대부분의 운동 형태가 저명 인사나 교계 지도자들이 주도하는 성명서 발표, 기도회 개최 또는 교육 선전 활동 등으로 국한되었음이 사실이다. 그러나 개신교 민주화운동은 기존 지배질서의 한 축으로 기능해왔던 개신교가 저항의 진지로 전화될 수 있음을 보여주었다는 점에서 그 의미가 과소평가되어서는 안 된다. 개인의 기복과 안녕을 기원하는 기도의 공간인 교회가 집회와 항의의 장소가 되었으며 하나님을 기리는 예배가 저항의 의례로 전화되었고 국가원수를 위한 구국기도회 대신 양심수 석방을 촉구하는 기도회가 개최되었다.

또한 교회는 유신체제의 서슬퍼런 탄압을 피해 운동을 지속할 수 있는 드문 공간이기도 했다. 많은 청년들이 신앙도 신앙이지만 운동을 위해 교회문을 두드렸고 교회를 울타리 삼아 다양한 저항운동들을 일구어냈다. 한국의 오랜 역사에 비추어 교회 자체도 낯선 곳이었지만 하나님의 이름으로 이루어지는 운동은 더욱 낯선 것일 수 있다. 그럼에도 교회라는 작은 공간은 저항운동의 세계사적 맥락들이 재현되는 곳이자 유신에 맞선 작은 실천들이 모색되는 광장이기도 했다. 국가와 종교 간의 오랜 길항을 보건대 1970년대 개신교의 저항은 분명 역사적 사건임에 틀림없다.

개신교의 민주화운동은 존재 그 자체로 민주주의를 확장하고 심화하는 중요한 계기였다. 한국에서 민주주의는 헌법에 명기된 추상적 가치로 국한되지 않았다. 또한 서구 근대가 만들어낸 정치 질서로 환원되지도 않았다. 한국의 민주주의는 4·19혁명을 비롯해 거리에서 만들어지고 널리 퍼져나간 살아 있는 실천의 집적물이었다. 특히 1970년대는 민주주의가 저항운동의 중심 가치로 자리매김되어 사회적으로 널리 확산되는 중요한 국면을 이루었다. 심지어 박정희와 유신체제조차 거부할 수 없을 정도로 민주주의의 위력은 압도적이었다.

물론 민주주의는 서구에서 도래한 외래 가치였고 특히 해방 이후 미국의 거대한 영향력이 드리워져 있었으며 반공주의에 깊이 침윤된 것이기도 했다. 냉전과 반공 체제하에서 민주주의는 지배질서를 정당화하는 가치로 해석되곤 했다. 즉 한국의 지배질서 전체가 자유 민주주의로 집약되어 있다고 해도 과언이 아닐 것이다. 특히 미국의 영향과 자본주의적 산업화 효과로 인해 민주주의는 자유주의의 강력한 자장권을 벗어나기 힘들기도 했다. 1주1표인 시장의 자유주의는 1인1표의 민주주의를 끊임없이 포획하고자 했고 양자의 긴장과 갈등은 자유 민주주의라는 언어적 조합으로 해결될 수 있는 문제가 아닐 터이다.

그럼에도 민주주의는 한국의 가장 대표적인 저항의 정치언어로 재탄생되었다. 민주주의는 좁은 의미로 형식적, 절차적 민주주의를 의미하기도 하지만 한국의 경우 그것을 훨씬 초과하는 용례와 의미를 만들어낸다. 주지하듯이 4·19혁명은 단지 3·15부정선거라는 형식적 민주주의 훼손을 저지하기 위한 것으로 국한되지 않았다. 민주주의는 거의 모든 저항 영역으로 흘러들어 그것을 새롭게 갱신하면서 저항운동을 활성화시켰다. 노동운동만 보더라도 국가가 주도하는 노동조합 운동에 대항해 민주주의가 대항가치로 전면에 내세워졌다. 민주주의는 기존의 낡은 것, 억압적인 것을 거부하고 새로운 저항의 문법을 만들어내는 힘의 원천처럼 등장했다.

민주주의는 끊임없이 갱신되고 재해석되고 재구성되어 늘 새로운 것이되어야 했다. 개신교 역시 민주주의 해석에 있어 독특한 시각을 보여준다. 하나님이라는 절대자를 유일신으로 하는 종교의 특성상 민주주의 역시 그 영향으로부터 자유롭지 않다. 이는 인권 개념에 있어 더욱 도드라진다. 이른바 천부인권 개념은 기독교적 세계관으로 해석되어도 전혀 어색하지 않다. 하나님이라는 절대자가 인권의 제공자가 됨으로써 세속 권력의 인권탄압은 그 자체로 용인될 수 없는 것이 된다. 역사적으로 보더라도 서구의 천년왕국설, 중국의 태평천국, 한국의 동학 등 종교의 언어가 세속의 권력언어를 상대화하고 탈권위화하는 데 거대한 효과를 낸 사례는 무수히 많다.

유신체제가 벌거벗은 생명을 담보로 한 정치주체화를 밀어부쳤다면 개신교는 그것을 간단하게 하나님의 이름으로 거부할 수 있는 근거를 제공할 수 있었던 셈이다. 즉 권력의 폭력과 시장의 살벌한 생존경쟁에 내몰린 사회적 약자들에게 교회는 별로 높지 않은 문턱의 피난처가 될 수 있었다. 그곳에서 접할 수 있었던 민주주의와 인권은 그리스도의 또 다른 복음이기도 했다. 요컨대 1970년대 개신교 민주화운동이 피난처를 찾아든 약자들에게 민주주의라는 무기를 쥐여준 격이었다면, 역으로 세상의 모든 낮은 곳으로 흘러넘쳐야 할 민주주의로서는 비로소 임자를 만난 셈이었다. 그리스도의 복음과 민주주의 모두 세상의 가장 낮은 곳으로 흘러야 한다는 점에서 양자의 만남은 어쩌면 필연의 왕국이었는지도 모른다. 그 만남을 통해 또한 자유의 왕국을 상상해보는 것도 1970년대를 기억하는 하나의 방법이 될 수 있을 것이다.

참고문헌

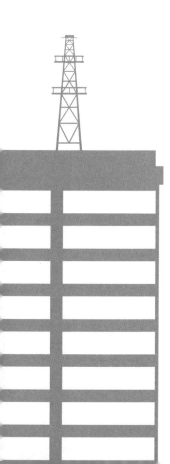

참고문헌

1. 1차 사료

CCIA. Commission of the Churches on International Affairs of the World Council of Churches).
   1974. The Churches in International Affairs: Reports, 1970-1973, Geneva: WCC, 1974.

Collection of Amnesty International International Secretariat (AIIS), International Institute of
   Social History (IISH)

Collection on Democracy and Unification in Korea, Department of Special Collections, Charles
   E. Young Research Library, University of California at Los Angeles.

Department of State, FRUS. Foreign Relations of the United States), 1969-1976, Volume XIX,
   Part 1, Korea, 1969-1972, Washington DC: US Government Printing Office, 2009.

George Ogle Papers, Pitts Theology Library, Emory University.

Gerald Ford Presidential Library.

Institute of Church in Urban-Industrial Society (ICUIS) Collection, Richard Daley Library,
   University of Illinois at Chicago.

Ivan Morris Papers, Rare Book and Manuscript Library, Columbia University.

Jimmy Carter Presidential Library.

민주화운동기념사업회 오픈아카이브.

2. 단행본, 논문, 기사, 미간행

갈봉근. 1975. 『유신헌법해설』. 한국헌법학회 출판부.

갈봉근. 1976. 『유신헌법론』. 한국헌법학회 출판부.

갈봉근. 1978. 『통일주체국민회의론』. 한국헌법학회 출판부.

강명규. 1974년. 「F. A. 하이에크론」. 『무역』 11월호

강원돈. 1990. 「죽재신학의 주제와 방법」. 『신학사상』 70. 1990/가을. 한국신학연구소.

강원돈. 1992. 『물(物)의 신학 - 실천과 유물론에 굳게 선 신학의 모색』. 서울: 한울.

강원돈. 1998. 「김용복의 경제신학 구상의 의의」. 김용복 박사 회갑 기념논문집 편찬위원회 엮음.

『민중의 사회전기와 기독교의 미래』. 서울: 한국신학연구소.

강원돈. 2005. 『지구화 시대의 사회윤리』. 서울: 한울아카데미.

강원돈. 2021. 「기독교 민중해방운동과 영성」. 『신학과 교회』 제15호.

강원용a. 1962. 「에큐메니칼 운동과 사회문제」. 『기독교사상』 제6권 2호.

강원용b. 1962. 「한국교회 혁신에의 첫 디딤」. 『기독교사상』 제6권 10호.

강원용. 1993. 『빈들에서』. 전3권. 서울: 열린문화.

강원용. 2003. 『나의 현대사』. 전5권. 서울: 한길사.

강원용. 2003. 『역사의 언덕에서』. 전5권. 서울: 한길사.

강인철. 1994. 「한국 개신교교회의 정치사회적 성격에 관한 연구: 1945-1960」. 서울대학교 박사 학위논문.

강인철. 1996. 『한국기독교회와 국가·시민 사회 : 1945-1960』. 서울: 한국기독교역사연구소.

강인철. 2003. 『전쟁과 종교』. 오산: 한신대학교 출판부.

강인철. 2007. 「박정희 정권과 개신교 교회」. 『종교문화연구』 제9호.

강인철. 2009. 「종교계의 민주화운동」. 민주화운동기념사업회 한국민주주의연구소 엮음. 『한국 민주화운동사』 2. 서울: 돌베개.

강인철. 2013. 『저항과 투항: 군사정권들과 종교』. 한신대출판부.

강인철. 2020. 「민중」. 한국학중앙연구원 편저. 『한국학 학술용어』. 성남: 한국학중앙연구원출판부.

강인철. 2023a. 『민중, 저항하는 주체: 민중의 개념사, 이론』. 서울: 성균관대학교출판부.

강인철. 2023b. 『민중, 시대와 역사 속에서: 민중의 개념사, 통사』. 서울: 성균관대학교출판부.

계훈제. 1975. 「張俊河先生이 묻히는 날」. 『씨알의소리』 7·8호. 씨알의소리사.

고성휘. 2021. 「한국 민주운동사 최장기 정치 및 저항 공론장으로서의 NCC 목요기도회」. 『기독 교사상』 11월호 (통권 제755호).

고성휘. 2024. 「목요기도회 30년 개관」. 한국기독교교회협의회(NCCK) 100주년기념사업특별위원회 외. 『목요기도회 50주년 기념행사 자료집』.

고지수. 2016. 『김재준과 개신교 민주화운동의 기원』. 서울: 선인.

고지수. 2016. 「4·19 이후 한국교회 갱신문제와 '참여' 이해」. 『사림』 57호. 91-125.

고지수. 2018. 「1960년대 기독자교수협의회의 조직과 특징」. 『사림』 63호.

고지수. 2019. 「1976년 3·1민주구국선언의 '사건화'와 반(反)유신」. 『역사연구』 37집.

고지수. 2020. 「1970년대 갈릴리교회 지식인들의 민중·민족이해와 분단체제: 문익환·안병무·서남동을 중심으로」. 『사림』 72호. 수선사학회.

고지수. 2021. 「1970년대 한국기독자교수협의회연구: 에큐메니컬 개발신학과 '한국 민중론'을 중심으로」. 『사학연구』 142호. 한국사학회.

구해근(신광영 역). 2001. 『한국 노동계급의 형성』. 서울: 창비.

권진관. 1998. 「또 다른 새로움을 향하여 : 김용복 신학의 한 평가」. 김용복 박사 회갑 기념논문집 편찬위원회 엮음. 『민중의 사회전기와 기독교의 미래』. 서울: 한국신학연구소.

권진관. 2003. 「민중신학의 역사와 주요 사상」 이화여자대학교 한국문화연구원 편. 『신학 연구 50년』. 서울: 혜안.

권진관. 2005. 「1970년대 산업선교지도자들의 입장과 활동의 특징들에 대한 연구」. 『1960-70년 대 노동자의 생활세계와 정체성』. 서울: 한울.

권호경. 1995. 「빈민조직을 통한 선교운동」. 박형규 목사고희기념문집 출판위원회 편. 『행동하는 신학 실천하는 신앙인』. 서울: (주)사회평론.

권호경. 2019. 『역사의 흐름, 사람을 향하여』. 서울: 대한기독교서회.

기독교사회문제연구원. 1983. 『1970년대 민주화운동과 기독교』. 서울: 한국기독교사회문제연구원.

기독교 재독 한인교회 협의회 (편). 2004. 『재독한인교회의 발자취』. 뒤셀도르프.

김경래. 1957. 『社會惡과 邪敎運動 : 朴泰善集團의 解剖』. 基文社.

김경일. 2021. 『한국의 민주화운동에서 노동과 여성』. 성남: 한국학중앙연구원출판부.

김경재. 1973. 「새 민족공동체 형성과 기독교의 과제 - 빌리 그래함 전도대회를 보고」. 『씨알의 소리』 3월호.

김경재 외 편. 2004. 『한국 근현대 개신교 인사 대담 녹취록』 I. 서울: 민들레책방.

김관석. 1991. 「내가 본 기독교인권운동」. 김관석목사고희기념문집출판위원회 엮음. 『이 땅에 평화를』. 서울: 성도인쇄사.

김광식. 1972. 「H. 골비쳐의 마르크스주의적 종교비판과 기독교 신앙」. 『기독교사상』 11월호.

김남일. 2007. 『민중신학자 안병무 평전』. 사계절.

김대중. 2010. 『김대중 자서전』 1. 삼인.

김명구. 2018. 『해위 윤보선 생애와 사상』. 고려대학교출판부.

김명배. 2008. 「해방 후 한국개신교 사회참여에 나타난 교회와 국가의 관계」. 『기독교철학』 7집.

김명배. 2009. 『한국 기독교 사회운동사』. 서울: 북코리아.

김명배. 2010. 「칼뱅의 정치윤리가 한국개신교회에 끼친 영향에 관한 연구」. 『기독교사회윤리』 제20집. 131-162.

김명배. 2020. 「기억의 역사로 본 영등포 산업선교회의 노동운동—인명진 목사의 구술을 중심으로」. 연규홍 외. 『한국 민주화운동과 종교: 민주화운동에 참여한 종교인들의 내면 동력에 관한 구술사적 연구』. 서울: 선인. 55-86.

김몽은. 1972. 「가톨릭의 대공산주의 정책」. 『기독교사상』 11월호.

김묘신. 2015. 「민중, 문화운동, 개신교: 동월교회의 '한국적 예배와 한국찬송가 창안 시도」. 『음악과 문화』 33.

김병서. 1995. 『한국사회와 개신교』. 서울: 한울.

김용복. 1998. 「개발독재는 불가피한 필요악이었나」. 『박정희를 넘어서』. 푸른숲.

김상근. 2024. 「작은 사람들의 방언」. 한국기독교교회협의회(NCCK) 100주년기념사업특별위원 회 외. 『목요기도회 50주년 기념행사 자료집』.

김상현. 2019. 「1960~1970년대 초 한국 에큐메니칼 운동의 '근대화'와 '발전'의 정치」. 『한국학 연구』 53호. 275-310.

김성수. 2001. 『함석헌 평전』. 서울: 삼인.

김성재. 1996. 「민중신학의 발전 과정과 방법론—1970년대 안병무·서남동을 중심하여」. 『신학사상』 95집(1996 겨울).

김성재. 2019. 「문동환 박사, 새 하늘과 새 땅의 생명공동체를 일구어온 생애」. 『기독교사상』 제724호.

김양선. 1956. 『한국기독교해방십년사』. 서울: 대한예수교장로회총회 종교교육부.

김영철. 2001. 『한국기독청년운동사』. 서울: 한국기독학생회출판부.

김영철. 2005. 「내 젊은 날, 긴급조치 9호 철폐와 반독재민주화투쟁의 행보」. 『30년만에 다시 부르는 노래』. 긴급조치9호철폐투쟁30주년기념행사 추진위원회 편. 서울: 자인.

김용구. 1972. 「로제르 가로디의 파문에서 대화로-한 마르크스주의자가 본 협의회 결론」. 『기독교사상』 11월호

김용복. 1971. 「하나님 정치와 국민개발 - 개발에 대한 신학적 고찰」. 『기독교사상』 제15권 12호.

김용복. 1979. 「한국 기독청년운동의 방향모색」. 『기독교사상』 제23권 6호.

김용복. 1982. 「해방 후 교회와 국가」. 한국기독교사회문제연구원 편 『국가권력과 기독교』 서울: 민중사.

김용복 외. 2018. 「공동대담: 민중의 사회전기에서 생명학으로 - 김용복 박사의 사회전기를 묻고 답하다」. 김용복 박사 팔순 기념논문집 출판위원회 편. 『민중과 생명』. 서울: 동연.

김용옥. 1977. 「한국교회와 민주주의」. 『기독교사상』 제21권 2호.

김원. 2003. 「여공담론의 남성주의 비판: 전전 일본에 비추어 본 한국 사례를 중심으로」. 서강대학교 박사학위논문.

김윤. 2003. 「무섭냐고? 천만에」. 민청학련운동계승사업회 편 『실록 민청학련 - 1974년 4월』 1. 서울: 학민사.

김원. 2004. 「70년대 민주노조와 교회단체: 도시산업선교회와 지오세 담론의 형성과 모순」. 『산업노동연구』 10집 1호.

김원. 2006. 『여공 1970, 그녀들의 반역사』. 서울: 이매진.

김원. 2008a. 「1971년 광주대단지 사건 연구: 도시봉기와 도시하층민」. 『기억과 전망』 18호.

김원. 2008b. 「박정희 시기의 대중시위: 공권력의 폭력과 민중의 대항폭력 사이에서」. 『내일을 여는 역사』 33.

김원 외. 2020. 『성남시 광주대단지사건 학술연구』. 성남시.

김윤. 2003. 「무섭냐고? 천만에」. 민청학련운동계승사업회 편. 『실록 민청학련—1974년 4월』 1. 서울: 학민사.

김일영. 2006. 「조국근대화론 대 대중경제론: 1971년 대선에서 박정희와 김대중의 대결」. 정성화 편. 『박정희 시대와 한국 현대사』. 서울: 선인.

김재성. 2005. 「도시산업선교가 노동운동에 미친 영향」. 『한국 개신교가 한국 근현대의 사회·문화적 변동에 끼친 영향 연구』. 한신대학교 학술원 신학연구소.

김재준. 1953. 「인간생활과 종교」. 『사상계』 1953년 4월호.

김재준. 1971. 「민주주의운동과 한국교회」. 『제3일』 제10호.

김재준. 1983. 『범용기』 3. 풀빛.

김재준. 1992. 「삼대 목사와 서남동의 민중신학」. 장공 김재준 목사 기념사업회 편. 『김재준전집』
　　제17권. 오산: 한신대출판부.

김정남. 2005. 『진실, 광장에 서다』. 서울: 창비.

김주한. 2013. 『은총의 60년 평화의 새 역사: 서울제일교회가 걸어온 길 (1953~2013)』. 서울: 바이북스.

김준. 2003. 「민주노조운동과 교회: 개신교 산업선교를 중심으로」. 한국산업사회학회 편. 『노동
　　과 발전의 사회학』. 서울: 한울.

김지형·김민희. 1994. 『통일은 됐어』. 서울: 지성사.

김진호. 1997. 「민중신학의 계보학적 이해: 문화정치학적 민중신학을 전망하며」. 제3시대그리스
　　도교연구소 편. 『시대와 민중신학』 4집.

김진호. 2001. 「한국의 근대'와 민중신학. 회고와 전망」. 『반신학의 미소』. 서울: 삼인. 270-290.

김진호. 2002. 「한국 사회의 근대성과 민중신학의 세대론적 전개를 위하여」. 제3시대그리스도교
　　연구소 편. 『시대와 민중신학』 7집.

김진호. 2004. 「'대로'(大路)에서 헤매기: 2004. 민중신학의 길 찾기 혹은 해체하기」. 제3시대그리
　　스도교연구소 편. 『시대와 민중신학』 8집.

김진호. 2012. 『시민 K, 교회를 나가다』. 서울: 현암사.

김진호. 2018. 「'운동의 신학'에서 '고통의 신학'으로: 포스트-'1987년 체제'의 민중신학」. 제3시대
　　그리스도교연구소 편. 『민중신학. 고통의 시대를 읽다』. 서울: 분도출판사.

김창락. 1987. 「민중의 해방투쟁과 민중신학. I): 1970년대의 민중운동과 안병무의 민중신학을 중
　　심으로」. 『신학연구』 제28집.

김학재. 2018. 「프로테스탄티즘과 민주주의 정신: WCC의 아시아 민주화운동 지원과 국제 연대」.
　　63-113. 정근식 외. 『한국의 민주화운동과 국제연대』. 경기도 파주: 한울.

김한수. 2019. 『한국 공동체조직화(CO) 운동의 역사: 의식화와 조직화의 만남』. 서울: 동연.

김형수. 2004. 『문익환 평전』. 실천문학사.

김효전. 1978. 「칼 슈미트 헌법이론의 한국적 전개」. 『공법의 제문제-해암 문홍주 박사 화갑기념
　　논문집』. 해암사.

김효전. 1988. 「칼 슈미트의 생애」. 칼 슈미트·김효전 역. 『정치신학』. 법문사.

김흥수. 1998. 「〈1973년 한국 그리스도인 선언〉의 작성과 배포 과정」. 기독교연구사연구소 제155
　　호 연구모임 자료발표 (미간행). www.kscf.kr.

김흥수. 1999. 『한국전쟁과 기복신앙의 확산 연구』. 서울: 한국기독교역사연구소.

김흥수. 2000. 「한국전쟁과 기독교, 1950-1953」. 『종교문화연구』 제2호.

김흥수. 2005. 「한국전쟁 시기 기독교 외원단체의 구호활동」. 『한국기독교와 역사』 23. 한국기독

교역사연구소.

김홍수. 2007. 「한국민주화기독자동지회의 결성과 활동」 『한국기독교와 역사』 27. 한국기독교 역사연구소.

김홍수. 2017. 『자유를 위한 투쟁: 김관석 목사 평전』 대한기독교서회.

김희헌. 2013. 『서남동의 철학: 민중신학에 이르다』 서울: 이화여자대학교출판부.

노길명. 2005. 『한국의 종교운동』 고려대출판부.

노진귀·정금채·임상택. 1992. 「운명교향곡 선율을 타며 등사기를 밀다」 『영광입니다: 고. 故) 김 병곤 회고 문집』 김병곤기념사업회준비위원회 편. 서울: 거름.

노찬백 외. 2002. 『한국 정치의 이해』 서울: 형설출판사.

노창식. 1992. 「민중신학과 민중교회의 실천」 안병무 박사 고희기념 논문집 출판위원회 편. 『예 수·민중·민족』 천안: 한국신학연구소.

뉴스앤조이. 2003. 「민중교회로 성공하는 법, '더욱 낮게': 도시빈민·노동자·중국동포와 함께 한 주민교회 30년」 (2003. 2. 26.)

랑시에르, 자크. 2008. 「민주주의와 인권Démocratie et droits de l'homme」 (미출판 원고) 서울 대학교 인문학연구원 주최 저명학자 초청강연 강연문.

랑시에르, 자크(양창렬 역). 2013. 『정치적인 것의 가장자리에서』 서울: 길.

랑시에르, 자크(진태원 역). 2015. 『불화: 정치와 철학』 서울: 길.

류길재. 2009. 「1960년대 말 북한의 도발과 한미관계의 균열」 한국학중앙연구원. 『박정희 시대 한미관계』

류대영. 2009. 『한국 근현대사와 기독교』 서울: 푸른역사.

류대영. 2018. 『한 권으로 읽는 한국 기독교의 역사』 서울: 한국기독교역사연구소.

류대영. 2019. 『한국 기독교 역사의 재검토』 서울: 한국기독교역사연구소.

류장현. 2006. 「민중신학 교회론의 새 지평」 김경호 외. 『교회로 간 민중신학:선교교육원 30주년 기념논문집』 서울: 만우와장공.

리스터, 루스(장상미 역). 2022. 『풍요의 시대, 무엇이 가난인가』 서울: 갈라파고스.

문교부. 1972. 『시련과극복』

문동환. 1971. 「민주주의 실현과 교회」 『기독교사상』 제15권 12호.

문동환. 2009. 『문동환 자서전: 떠돌이 목자의 노래』 서울: 삼인.

문영금·문영미. 2006. 『기린갑이와 고만녜의 꿈』 삼인.

문영미. 2017. 『세상을 품은 작은 교회』 삼인.

문익환. 1978. 「민주회복과 민족통일」 『씨알의 소리』 7·8호

문익환. 1983. 『통일은 어떻게 가능한가』 서울: 학민사.

문장식. 2009. 『한국민주화와 인권운동: 염광회를 중심해서』 서울: 쿰란출판사.

문정길. 1973. 「빌리 그래함 傳道集會 有感 - 6월호 金敬宰氏 글을 읽고」 『씨알의 소리』 1973년 7월호

박경서. 2010. 『WCC창으로 본 70년대 한국민주화인식』 서울: 지식산업사.

박경수. 1995. 『재야의 빛 장준하』 해돋이.

박길성·김경필. 2010. 「박정희 시대의 국가-기업 관계에 대한 재검토」 『아세아연구』 53권 1호.

박명수. 2015. 「민족복음화운동과 한국교회, 1965-1974」 『성결교회와 신학』 34호. 118-146.

박보경. 2010. 「1950년 한국 전쟁 당시 한국 교회의 역할」 『선교와신학』 26집.

박상훈. 1998. 「지역균열의 구조와 행태」 『박정희를 넘어서』 푸른숲.

박성준. 1997. 『민중신학의 형성과 전개: 1970년대를 중심으로』 서울: 시대와 민중사.

박인혜. 2009. 「1980년대 한국의 '새로운' 여성운동의 주체 형성 요인 연구: 크리스챤 아카데미의 '여성의 인간화' 담론과 '여성사회교육'을 중심으로」 『한국여성학』 제52집.

박정희. 1971. 『민족의 저력』 광명출판사.

박정희. 1978. 『민족중흥의 길』 광명출판사.

박태균. 2006. 『우방과 제국』 창비.

박형규. 1968. 「에큐메니칼 운동과 사회정의」 『기독교사상』 제12권 5호.

박형규. 1969. 「밝은 한국을 찾자(권두언)」 『기독교사상』 제13권 10호.

박형규. 1972. 「오트리커 편 크리스천과 마르크시스트의 대화」 『기독교사상』 11월호

박형규. 2010. 『나의 믿음은 길 위에 있다』 서울: 창비.

박홍근. 2015. 「1960년대 후반 서울 도시근대화의 성격: 도시빈민의 추방과 중산층 도시로의 공간재편」 『민주주의와 인권』 제15권 2호.

발리바르, 에티엔(진태원 역). 2010. 『우리, 유럽의 시민들? 세계화와 민주주의의 재발명』 서울: 후마니타스.

발리바르, 에티엔(진태원 역). 2011. 『정치체에 대한 권리』 서울: 후마니타스.

서남동. 1970. 「통일교회 원리강론의 비판적 연구」 『현대와 신학』 6권 1호.

서남동. 1975. 「민중의 신학: 김형효 교수의 비판에 답함」 『기독교사상』 제19권 4호.

서남동. 1976. 『전환시대의 신학』 서울: 한국신학연구소.

서남동. 1979. 「민중의 신학」 『신학사상』 24. 1979/봄. 서울: 한국신학연구소.

서남동. 1983. 『민중신학의 탐구』 서울: 한길사.

서덕석. 2022. 『조지송 평전: 산업선교의 선구자, 노동자들의 벗―조지송 목사의 삶과 사랑』 영등포산업선교회 기획. 서울: 서해문집.

센, 아마티아(김원기 역). 2012. 『자유로서의 발전』 서울: 갈라파고스.

소현숙. 2015. 「1956년 가정법률상담소 설립과 호주제 폐지를 향한 기나긴 여정」 『역사비평』 제112호. 여름호.

손승호. 2014. 「수도권특수지역선교위원회 선교자금사건」 『한국 기독교와 역사』 40호. 273-304.

손승호. 2015. 「유신체제하 한국기독교교회협의회의 인권 이해」 『한국기독교와 역사』 43호.

손승호. 2017. 『유신 체제와 한국 기독교 인권운동』 서울: 한국기독교역사연구소.

송건호. 1991. 「내가 본 기독교인권운동」. 김관석목사고희기념문집출판위원회 엮음. 『이 땅에 평화를』. 서울: 성도인쇄사.

송기득. 1990. 「민중신학의 정체」. 한국신학연구소 편. 『1980년대 한국민중신학의 전개』. 서울: 한국신학연구소.

송길섭. 1976. 「한국 개신교회와 민족주의」. 『기독교사상』 20권 10호.

송병헌. 2005. 「유신지배체제와 반유신운동: 유신체제의 권위주의적 잔재와 그 극복문제」. 『기억과 전망』 13호. 민주화운동기념사업회 한국민주주의연구소.

슈미트 칼(김효전 역). 1988. 『정치신학』. 법문사.

스미스, 조너선(장석만 역). 2013. 『종교 상상하기』. 서울: 청년사.

스텐츨, 짐 엮음. 2007. 『시대를 지킨 양심: 한국 민주화와 인권을 위해 나선 월요모임 선교사들의 이야기』. 서울: 오름

신명호. 2017. 「와우아파트 붕괴와 광주대단지 사건」. 빈민지역운동사 발간위원회 편. 『마을공동체 운동의 원형을 찾아서: 1978~1990년대 민중의 마을 만들기』. 서울: 한울.

아감벤, 조르조(박진우 역). 2008. 『호모 사케르』. 새물결.

안병무. 1970. 「인간 횃불」. 『현존』 15. (11월호). 현존사.

안병무. 1971. 「기독교화와 서구화」. 『기독교사상』 15권 12호.

안병무. 1974. 「여기 우리의 큰 과제가 있다(권두언)」. 『기독교 사상』 10월호(18권 10호).

안병무. 1975. 「민족·민중·교회」. 『기독교사상』 제19권 4호.

안병무. 1976. 「민족적 과제와 교회」. 『기독교사상』 1월호.

안병무. 1977. 「기독교와 인권과 저항」. 『역사 앞에 민중과 더불어』. 1986, 한길사.

안병무. 1979. 「예수와 민중—마가복음을 중심으로」. 『현존』 106. (1979/11월호). 현존사.

안병무. 1981. 「민중신학—마가복음을 중심으로」. 『신학사상』 34. (1981/가을). 한국신학연구소.

안병무. 1984. 「예수사건의 전승모체」. 『신학사상』 47. (1984/겨울). 한국신학연구소.

안병무. 1988. 『민중신학 이야기』. 서울: 한국신학연구소.

안병무. 1989. 「삶에서 형성된 학문과정—민중신학에 이르기까지」. 『철학과 현실』 3. (1989/여름).

안병무. 1990. 『갈릴래아의 예수』. 서울: 한국신학연구소.

안병무. 1993a. 『민중신학을 말한다: 안병무전집 2』. 서울: 한길사.

안병무. 1993b. 『민중과 성서: 안병무전집 5』. 서울: 한길사.

안병무. 1993c. 『역사와 민중: 안병무전집 6』. 서울: 한길사.

안병무. 1995. 「세계 한 민중의 지평」. 한국민중신학회 편. 『민중신학』 창간호.

안병무. 1998. 『구걸하는 초월자』. 서울: 한국신학연구소.

안병무. 1999. 『기독교의 개혁을 위한 신학』. 서울: 한국신학연구소.

안병욱 외. 2005. 『유신과 반유신』. 서울: 민주화운동기념사업회.

안승오. 2006. 「'인간화' 개념의 기원과 방향」. 『신학과 목회』 25집.

안재성. 2008. 『한국노동운동사 2: 해방 이후에서 1987년 대파업까지』. 서울: 삶이 보이는 창.

안재웅. 2016. 「아시아기독교협의회(CCA)와 한국교회」. 『기독교사상』 통권 제696호. 60-73.

안재웅. 2021. 『역사가 내미는 손 잡고』. 서울: 대한기독교서회.

알린스키, 알린. 1970. 「매일을 抵抗하라 - 사울 알린스키의 急進抵抗論」. 『사상계』 1970년 4월호.

앰네스티 한국지부. 1977. 「한국 앰네스티 5년 약사」. (미간행).

양현혜. 2020. 「한국 기독교의 역사」. 기독교와세계 편찬위원회 편. 『기독교의 세계』. 서울: 이화여자대학교출판문화원.

에큐메니안. 2022. 「20대, 투옥과 석방, 파란만장한 삶이었다」.

「엑스플로'74를 말한다(좌담)」. 1974. 『기독교사상』 10월호.

연규홍 외. 2020. 『한국 민주화운동과 종교: 민주화운동에 참여한 종교인들의 내면 동력에 관한 구술사적 연구』. 서울: 선인.

연세대학교 김대중 도서관 편. 2019. 『김대중 전집 II』 8권. 서울: 연세대학교 김대중도서관.

오재식. 2012. 『나에게 꽃으로 다가오는 현장』. 서울: 대한기독교서회.

유석성. 2005. 「WCC의 사회윤리사상」. 한국기독교윤리학회 편. 『기독교윤리학 개론』. 서울: 대한기독교서회.

유성희. 2013. 「한국YWCA 운동의 실천적 기독교 여성주의에 관한 연구: 정체성·조직·리더십을 중심으로」. 연세대학교 박사학위논문.

유성희. 2021. 『한국YWCA 100년의 여정』. 서울: 대한기독교서회.

유승태. 2017. 「그 많던 '부랑아'는 다 어디로 갔을까?: 잔여주의적 복지체제 형성과 기독교 외원단체의 연관성 탐구」. 제3시대그리스도교연구소 엮음. 『당신들의 신국』. 서울: 돌베개.

윤선자. 2002. 「1970년대의 통일운동과 '3·1민주구국선언' 사건」. 『전남사학』 12.

윤정란. 2021. 「여성농민운동가 김윤(1953-2004)의 생애와 활동」. 『숭실사학』 46.

윤진호. 2012. 「노동정책과 노동운동의 성장」. 유종일 엮음. 『박정희의 맨얼굴』. 서울: 시사IN북.

이경자. 2000. 「한국적 지역사회조직의 사회행동 모델 사례연구: 수도권도시선교위원회를 중심으로」. 신라대학교 사회정책대학원.

이계창. 1991. 『법정에서의 진실 - 명동 3·1사건·부산 미문화원 방화사건』. 서울: 가톨릭출판사.

이남희. 2015. 『민중 만들기: 한국의 민주화운동과 재현의 정치학』. 서울: 후마니타스.

이만열. 2020. 「한국 개신교의 역사를 어떻게 볼 것인가?」. 강성호 외. 『한국 현대사와 개신교』. 서울: 동연.

이명애. 2017. 「빈민지역 운동이 뿌린 씨앗이 자라: 경기도 성남」. 빈민지역운동사 발간위원회 편. 『마을공동체 운동의 원형을 찾아서: 1978~1990년대 민중의 마을 만들기』. 서울: 한울.

이문숙. 2012. 『이우정 평전 - 오직 한 가지를 택하였다』. 서울: 삼인.

이문영. 2008. 『겁 많은 자의 용기』. 서울: 삼인.

이병린. 1972. 「非宗敎人이 본 宗敎」. 『씨알의 소리』 1972년 5월호.

이삼열. 2021. 『해외에서 함께 한 민주화운동』. 서울: 동연.

이상록. 2007. 「1960~70년대 비판적 지식인들의 근대화 인식: 사상계·씨알의 소리"크리스찬아카데미 진영을 중심으로」. 『역사문제연구』 18호.

이상록. 2010. 「1960~1970년대 민주화운동 세력의 민주주의 담론」. 『역사와현실』 77집.

이상록. 2010. 「함석헌의 민중인식과 민주주의론」. 『사학연구』 97호.

이상록. 2015. 「1960~1970년대 조지 오글 목사의 도시산업선교 활동과 산업 민주주의 구상」. 『사이間SAI』 19호.

이상록. 2019. 「1979년 크리스챤 아카데미 사건을 통해 본 한국의 인권 문제」. 『역사비평』 128호.

이상록. 2020. 「민주주의는 개발주의에 어떻게 잠식되어왔는가: 1960년대 한국 지성계의 '발전'에 대한 강박」. 『역사비평』 132호.

이상철. 1991. 「1970년대 해외 민주화운동의 편모」. 『이 땅에 평화를: 운산 김관석 목사 고희기념문집』. 김관석목사고희기념문집출판위원회.

이승숙. 2018. 「나의 첫 번째 인생학교 형제의집 야학」. 박형규 목사 고희기념문집 출판위원회 편. 『박형규와 함께 그 길을 걷다』. 서울: 동연.

이영희. 1984. 『누군가는 말해야 한다』. 삼민사.

이용기. 2010a. 「총론: '새로운 민중사'의 지향과 현주소」. 『역사문제연구』 제23호. 5-30.

이용기. 2010b. 「새로운 민중사'의 모색과 구술사 방법론의 현주소」. 『역사문화연구』 제37집. 407-436.

이우정. 1985. 『한국 기독교 여성 100년의 발자취』. 서울: 민중사.

이우정. 1989. 『한국의 여성운동: 어제와 오늘』. 서울: 정우사.

이원규. 1998. 『한국 교회 무엇이 문제인가?』. 감리교신학대학교 출판부.

이원보. 2013. 『한국노동운동사: 100년의 기록』. 서울: 한국노동사회연구소.

이원호·최종덕. 2017. 「수도권도시선교회 이야기」. 빈민지역운동사 발간위원회 편. 『마을공동체운동의 원형을 찾아서: 1978~1990년대 민중의 마을 만들기』. 서울: 한울.

이유나. 2014. 『통일의 선각자 문익환의 삶과 분단극복론』. 도서출판 선인.

이유재. 2015. 「초국가적 관점에서 본 독일 한인 디아스포라」. 『역사비평』 110호. 321-343.

이은복. 1968. 『인간발견』. 한국생산성본부.

이은선. 2019. 「1970년대 한미관계와 민족복음화운동의 상관관계」. 서울신학대학교 현대기독교역사연구소 엮음. 『한미관계와 기독교』. 서울: 선인.

이장식. 1977. 『오늘의 에큐메니칼 운동』. 서울: 한국기독교교회협의회

이정민. 2019. 「동백림사건과 한독관계」. 성균관대학교 사학과 박사논문.

이정연. 2018. 「도시근대화와 종교: 1970~80년대 서울 신도심의 창출과 초대형교회의 형성」. 서울대학교 박사학위논문.

이정우. 2003. 「개발독재와 빈부격차」. 『개발독재와 박정희시대』. 창비.

이정용 편. 2010. 『민중신학, 세계신학과 대화하다』. 연규홍 역. 서울: 동연출판사.

이정은. 2008. 「해방 후 인권 담론의 형성과 제도화에 관한 연구, 1945년 - 1970년 초」 서울대학교 박사학위 논문.

이정은. 2010. 「1970년대 초중반 두 차례의 경제위기와 박정희 정부의 대응」 『한국사학보』 제38호.

이주열. 2018. 「미싱사에서 노동운동가로」 박형규 목사 고희기념문집 출판위원회 편. 『박형규와 함께 그 길을 걷다』 서울: 동연.

이주혁·권영빈. 1969. 「통일교회」 『세대』 2월호.

이준모. 1996. 「인천민중교회연합의 역사와 과제」 『시대와 민중신학』 3집. 155-171.

이진경. 2010. 『역사의 공간: 소수성, 타자성, 외부성의 사건적 사유』 서울: 휴머니스트.

이철호. 2015. 「민족 표상의 (불)가능성-생명, 씨알, 민중」 『사이』 19호.

이태영. 1972. 「基督敎人은 이래도 좋은가」 『씨알의 소리』 1972년 5월호.

이태영. 1991. 『가족법 개정운동 37년사』 서울: 한국가정법률상담소출판부.

이필우. 1978. 「하이에크의 "예종에의 길"과 윤리·도덕」 『정경연구』 9월호.

이해동. 1994. 「목요기도회는 '제3의 교회'". 한국기독교교회협의회 인권위원회 편. 『한국교회 인권선교 20년사』 서울: 한국기독교교회협의회.

이해동·이종옥. 2014. 『둘이 걸은 한 길』 1. 대한기독교서회.

이형기. 2011. 『에큐메니칼 운동의 패러다임 전환』 서울: 한들출판사.

이효재. 1979. 『여성과 사회』 서울: 정우사.

이희영. 2022. 『경계를 횡단하는 여성들 - 분단과 이주의 생애사 연구』 서울: 도서출판 푸른길.

이희호. 2008. 『이희호 자서전 동행: 고난과 영광의 회전무대』 웅진지식하우스.

인명진. 1985. 「산업사회에 있어서 복음전도의 의미」 함석헌 외. 『한국역사 속의 기독교』 서울: 한국기독교교회협의회. 313-326.

인명진. 2013. 『성문밖 사람들 이야기: 1970년대 영등포산업선교회 역사를 중심으로』 서울: 대한기독교서회.

임경석. 2018. 「해방직후 3.1운동 역사상의 분화」 『사림』 63호.

인명진. 2020. 「1970년대 영등포산업선교회 전략」 『놀린 자에게 자유를: 영등포산업선교회 선교활동 문서집』 서울: 동연.

임미리. 2012. 「1971년 광주대단지 사건의 재해석: 투쟁 주체와 결과를 중심으로」 『기억과 전망』 26호.

임인재. 2019. 「1960년대 인천도시산업선교회의 활동과 조지 오글」 『기전문화연구』 40권 2호.

장규식. 2014. 「1950~1970년대 '사상계' 지식인의 분단인식과 민족주의론의 궤적」 『한국사연구』 167호.

장대업. 2007. 「노동 연구 비판: 노동의 운동인가 노동력의 운동인가」 『마르크스주의 연구』 제4권 1호.

장석만. 2005. 「한국 개신교의 또다른 모색—기독교조선복음교회와 도시산업선교회」 『역사비평』 제70호. 103-122.

장석만. 2013. 「옮긴이의 말」 조너선 Z. 스미스(장석만 역). 『종교 상상하기』 서울: 청년사.

장숙경. 2008. 「한국 개신교의 산업선교와 정교유착」 성균관대학교 박사학위 논문.

장숙경. 2009. 「한국 개신교의 산업선교와 정교유착」 성균관대 사학과 박사학위 청구논문.

장숙경. 2009. 「산업선교의 도입과 변화과정 1957~1972」 『사림』 34호.

장숙경. 2013 『산업선교 그리고 70년대 노동운동』 서울: 선인.

장준하. 1972. 「민족주의자의 길」 『씨올의 소리』 9월호(장준하 선생 10주기 추모문집 간행위원회. 1985. 『민족주의자의 길』(장준하문집 1). 사상).

장형철. 2019. 「한국 개신교의 근본주의적 특성에 대한 종교 사회학적 고찰: 형성과 발전을 중심으로」 『신학사상』 184집.

전준봉. 2012. 『한국 교회 사회운동사』 서울: 기독교문서선교회.

전택부. 1976. 「한국 기독교와 민족운동—독립협회와 YMCA를 중심으로」 『기독교사상』 20권 10호.

전택부. 1979. 『한국에큐메니칼운동사』 서울: 한국기독교교회협의회

정근식 외, 민주화운동기념사업회 한국민주주의연구소 기획. 2018), 『한국의 민주화운동과 국제연대』 파주: 한울.

정병준. 2014. 「세계교회협의회(WCC) 에큐메니칼 신학의 전개」 『한국 기독교와 역사』 40호. 79-113.

정병준. 2021. 「박정희 정권과 기독교: 교회-국가 관계에 대한 연구사를 중심으로」 『한국 기독교와 역사』 56호. 5-39.

정상시. 2005. 「민중교회운동, 생명선교 20년 회고와 전망」 『민중과 함께 생명선교 20년: 생명선교연대 20주년 기념자료집』 서울: 한국기독교장로회 생명선교연대.

정용택. 2013. 「급진민주주의와 비시민: '구성적 외부'의 개념을 중심으로」 『급진민주주의리뷰: 데모스』 제3호. 146-185.

정용택. 2017. 「그들이 교회로 간 까닭은?: 박정희 정권기 한국 복지 체제 형성 과정에서 도시 교회의 역할과 기능」

정용택. 2018. 「왜 고통이 중요하며, 왜 고통이 문제인가?」 이상철 외, 『민중신학, 고통의 시대를 읽다』 서울: 분도출판사.

정용택. 2022a. 「프레카리아트적 노동사회의 윤리적 문제들에 대한 기독교사회윤리학적 연구」 『신학연구』 제59권 2호. 161-210.

정용택. 2022b. 「금융화 시대의 민중신학에 관한 시론적 연구—안병무의 '가능성'(Möglichkeit) 개념을 중심으로」 『신학사상』 제199집. 237-271.

정정숙. 2001. 「한국 여성인권 운동 역사에 대한 기독교적 접근」 『신학지남』 33권 1호.

정정훈. 2014. 『인권과 인권들』 서울: 그린비.

정혜진. 2014. 「고정희 전기시 연구: 주체성과 시적 실천을 중심으로」 성균관대학교 석사학위논문.

제3시대그리스도교연구소 엮음. 『당신들의 신국』 서울: 돌베개.

제3시대그리스도교연구소 편. 2017. 『당신들의 신국: 한국 사회의 보수주의와 그리스도교』 서

울: 돌베개.

제3시대그리스도교연구소 편. 2018. 『민중신학, 고통의 시대를 읽다』. 서울: 분도.

조성우. 2018. 「민주청년협의회와 이른바 '명동 YWCA 위장결혼식 사건'」. 『기억과 전망』 39호.

조승혁. 1978. 「산업선교와 노동자의 인권」. 『씨알의 소리』 11월호.

조승혁. 1978a. 「한국도시산업선교의 현황」. 조승혁 외. 『노동자와 함께: 산업선교와 노동자 인권』. 서울: 기독교대한감리회 도시산업선교중앙위원회.

조승혁. 1978b. 「교회와 노동조합운동」. 조승혁 외. 『노동자와 함께: 산업선교와 노동자 인권』. 서울: 대한기독교대한감리회 도시산업선교중앙위원회.

조승혁. 1981. 『도시산업선교의 인식』. 서울: 민중사.

조승혁 편. 1983. 『S. D. 알린스키의 생애와 사상』. 서울: 현대사상사.

조지 E. 오글. 1971. 『그리스도의 몸이 되어』. 박종화 역. 서울: 대한기독교서회.

조지 E. 오글. 1971. 「한 미국 선교사가 본 민중신학」. 이정용 편. 『민중신학, 세계신학과 대화하다』. 서울: 동연.

조지송. 1997. 「간추린 영등포 산업선교회 이야기」. 김찬국 외. 『나의 삶, 나의 이야기: 상지대 김찬국 총장과 사회·종교·학계 111인이 함께 살아온 인생』 제2권. 서울: 연이.

조화순. 1978. 「인천도시산업선교회(감리교) 편」. 조승혁 외. 『노동자와 함께: 산업선교와 노동자 인권』. 서울: 대한기독교대한감리회 도시산업선교중앙위원회.

조희연. 2007. 『박정희와 개발독재시대』. 서울: 역사비평사.

조희연. 2010. 『동원된 근대화: 박정희 개발동원체제의 정치사회적 이중성』. 서울: 후마니타스.

주민교회50년사편찬위원회 편. 『거기 너 있었는가, 그때에: 정의·평화·생명의 꼴찌공동체 주민교회 59년사』. 성남: 주민교회.

지명관. 1972. 「만남-일본에 있어서의 기독교와 마르크스주의」. 『기독교사상』 11월호.

지명관. 2008. 『한국으로부터의 통신: 세계로 발신한 민주화 운동』. 경기도 파주: 창비.

진태원. 2013. 「권리들을 가질 권리 Ⅱ」. 『웹진 민연』 통권 26호.

차성환. 2005. 「1971년 사회운동의 재평가」. 차성환 외. 『1970년대 민중운동 연구』. 서울: 민주화운동기념사업회.

채수일. 2002. 『에큐메니칼 선교신학』. 오산: 한신대 출판부.

채수일. 2003. 「하느님의 선교. Missio Dei): 한국에서의 전개와 과제」. 『선교신학』 6.

채수일. 2010. 『신학의 공공성』. 오산: 한신대 출판부.

채희완 편. 1984. 『탈춤의 사상』. 서울: 현암사.

천관우 외. 1974. 「민족통일의 구상(토론회)」. 『씨올의 소리』 8월호

체임버스, 새뮤얼(김성준 역). 2019. 『랑시에르의 교훈』. 서울: 그린비.

최신덕. 1966. 「신흥종교의 비교연구」. 『세대』 1월호

최영선. 2017. 「알린스키와 프레이리」. 빈민지역운동사 발간위원회 편. 『마을공동체 운동의 원형

을 찾아서: 1978~1990년대 민중의 마을 만들기』. 서울: 한울.

최원규. 1995. 「한국사회복지의 변천과 외원기관의 역할」. 남세진 엮음, 『한국사회복지의 선택』.
　　서울: 나남.

최인기. 2012. 『가난의 시대』. 서울: 동녘.

최장집. 2005. 『민주화 이후의 민주주의: 한국민주주의의 보수적 기원과 위기』. 서울: 후마니타스.

최종철. 1994. 「'민중교회'의 변화에 대한 사회학적 고찰」. 『경제와 사회』 제24권. 177-203.

최형묵. 1990. 「그리스도교 민중운동에서 본 민중신학」. 『신학사상』 제69집. 1990. 여름호.

최형묵. 1998. 「1990년대 민중신학 논의의 몇 가지 쟁점들」. 『시대와 민중신학』 제5호. 제3시대그
　　리스도교연구소.

최형묵. 1999. 『보이지 않는 손이 보이지 않는 것은 그 손이 없기 때문이다: 민중신학과 정치경
　　제』. 다산글방.

최형묵. 2002. 「민중해방의 정치와 '합류'의 해석학: 서남동의 『민중신학의 탐구』 다시 읽기」. 『진
　　보평론』 겨울.

최형묵. 2003. 「민중신학과 맑스주의」. 맑스코뮤날레 조직위원회 편, 『지구화시대 맑스의 현재성
　　1』. 서울: 문화과학사.

최형묵. 2009. 『한국 기독교와 권력의 길』. 서울: 로크미디어.

최형묵. 2013. 「안병무의 인권 사상」. 『신학사상』 160호.

최형묵. 2015. 『한국 근대화에 대한 기독교윤리적 평가』. 파주: 한울.

최형묵. 2023. 『민중신학 개념 지도』. 서울: 동연.

크로산, 존 도미니크(김준우 역). 2011. 『가장 위대한 기도』. 서울: 한국기독교연구소.

탁명환. 1972. 『한국의 신흥종교』. 신흥종교문제연구소.

푸코, 미셸(오트르망 역). 2012. 『생명관리정치의 탄생』. 난장.

하이에크, 프리드리히 A(정도영 역). 1973. 『예종에의 길』 상·하. 삼성문화재단.

한완상. 1976. 「한국 초대 교회로 되돌아가자(권두언)」. 『기독교사상』 20권 10호.

한완상. 1998. 「(들의 소리) 心園 안병무 박사를 생각하며」. 심원안병무선생기념사업위원회 편.
　　『갈릴래아의 예수와 안병무』. 서울: 한국신학연구소.

한운석. 2014. 「한국 개신교 교회의 인권 및 민주화운동에 대한 서독 개신교의 지원과 영향」.
　　『2014년 한국독일사학회 학술발표대회 논문집』

한운석. 2021. 「유신치하와 5·18 광주 민중항쟁 전후의 한·독 개신교 에큐메니컬 협력과 김대중
　　구명운동」. 『한국기독교와 역사』 54. 한국기독교역사연구소

한운석. 2023. 「냉전시대 한독에큐메니칼 협력」. 미발표 논문.

한인섭 대담·김정남. 2020. 『그곳에 늘 그가 있었다: 민주화운동 40년 김정남의 진실 역정』. 파주: 창비

한인섭 대담·함세웅 증언. 2018. 『이 땅에 정의를 - 함세웅신부의 시대증언』. 창비.

함석헌. 1971. 「한국기독교는 무엇을 하려는가?」. 『씨알의 소리』 1971년 8월호.

함석헌. 1975. 「절망 속의 희망」. 『기독교사상』 제19권 3호.

함석헌·서남동·이영희·고은. 1984. 『누군가 말해야 한다』. 삼민사.

허은. 2009. 「긴급조치 9호 시기 반독재민주화투쟁」. 민주화운동기념사업회 한국민주주의연구소 엮음. 『한국민주화운동사』 2. 서울: 돌베개.

현영학. 1971. 「민주주의 체제와 기독교의 인간 이해」. 『제3일』 제10호.

현영학. 1982. 「민중 속에 성육신해야」. NCC 신학연구위원회 편. 『민중과 한국신학』. 한국신학연구소.

현영학. 1990. 「민중신학과 한의 종교」. 한국신학연구소 편. 『1980년대 한국민중신학의 전개』. 서울: 한국신학연구소.

현영학. 1997. 『예수의 탈춤: 한국 그리스도교의 사회윤리』. 서울: 한국신학연구소.

현영학 외. 1974. 『현대사회와 종교』. 서울: 신구문화사.

현영학 외. 1986. 『한국 문화와 기독교윤리』. 서울: 문학과지성사.

홍석률. 2009. 「유신체제의 성립과 억압구조」. 『한국민주화운동사』 2. 돌베개.

홍지영. 1977. 『政治神學의 論理와 行態 - 基督敎에 浸透하는 共産主義戰略戰術批判』. 금란출판사.

홍현영. 2005. 「도시산업선교회와 1970년대 노동운동」. 차성환 외. 『1970년대 민중운동 연구』. 서울: 민주화운동기념사업회.

황병주. 2013. 「유신체제기 평등-불평등의 문제설정과 자유주의」. 『역사문제연구』 17-1. 역사문제연구소

황병주. 2019. 「박정희 체제와 공화주의의 행방」. 『역사비평』 127.

황용연. 2020. 「민중신학에서의 민중 용어의 작용에 대한 연구」. 『신학사상』 190. 2020/가을. 한신대학교 신학사상연구소.

황인구. 2023a. 「국제앰네스티 인권운동과 1970년대 한국의 초국가적 민주화」. 『역사비평』 143호. 108-139.

황인구. 2023b. 「김대중의 인권사상과 인권정치: 초국가적 운동과 코즈모폴리턴 비전」. 1-79. 박명림 외. 『김대중의 사상과 정치: 평화, 민주주의, 화해, 협력』. 서울: 연세대학교 출판문화원.

황인성. 1991. 「에큐메니칼운동과 청년학생운동」. 김관석목사고희기념문집출판위원회 엮음. 『이 땅에 평화를』. 서울: 성도인쇄사.

황인성. 2020. 「산업화 시대와 한국교회의 선교적 응답」. 장로회신학대학교 박사학위논문.

황홍렬. 2004. 『한국 민중교회 선교역사(1983-1997)와 민중선교론』. 서울: 한들출판사.

황홍렬. 2022. 「1970~1990년대 민중교회운동의 회고와 전망」. 한국기독교민주화운동. 〈민중교회운동 30년 역사 정리: 1970~1990년대〉 기독교민주화운동 2022-2 집담회 자료집.

NCCK 인권위원회 엮음. 2005. 『한국교회 인권운동 30년사』. 서울: 새롬.

Bayly, C.A., et al. 2006. "AHR Conversation: Transnational History." American Historical Review 111, no. 5. 1441-64.

Borgwardt, Elizabeth. 2005. A New Deal for the World: America's Vision for Human Rights.

Cambridge, Mass.: Belknap Press of Harvard University Press.

Bradley, Mark. 2014. "American Vernaculars: The United States and the Global Human Rights Imagination." Diplomatic History 38, no. 1. 1-21.

Bradley, Mark. 2016. The World Reimagined: Americans and Human Rights in the Twentieth Century. New York; Cambridge: Cambridge University Press.

Bruce Cumings, Dominion from Sea to Sea: Pacific Ascendancy and American Power, New Haven, CT: Yale University Press, 2009

Burke, Roland. 2010. Decolonization and the evolution of international human rights. Philadelphia: University of Pennsylvania Press.

Cmiel, Kenneth. 1999. "Emergence of Human Rights Politics in the United States." The Journal of American History 86, no. 3. 1231-1250.

Deranty, Jean-Philippe and Keith Breen. 2022. "Whither Work? The Politics and Ethics of Contemporary Work." Keith Breen and Jean-Philippe Deranty eds. The Politics and Ethics of Contemporary Work. Whither Work? New York: Routledge.

Fiske, Edward. 1973. "Arrests of South Korean Christian Clergy, Called Foes of Regime, Stir Worry Abroad." The New York Times (August 14).

Foot, Rosemary. 2010. "The Cold War and Human Rights." 445-465. In Melvyn P. Leffler and Odd Arne Westad, eds. The Cambridge history of the Cold War, Vol.3, Endings. New York: Cambridge University Press.

Hunt, Lynn. 2007. Inventing Human Rights: A History. New York: W. W. Norton & Company.

Hwang, Ingu. 2022. Human Rights and Transnational Democracy in South Korea. Philadelphia: UPENN Press.

Iriye, Akira et al., eds. 2012. The Human Rights Revolution: An International History. New York: Oxford University Press.

Iriye, Akira. 2002. "Internationalizing International History." 47-62. In Thomas Bender, ed. Rethinking American History in a Global Age. Berkeley: University of California Press.

Jameson, Sam. 1974. "Erosion of South Korea Freedom Scored by Opposition Leader Kim." Los Angeles Times (March 8).

Jeong, Yang-Cun. 2008. Koreanische Immigrationsgemeinden in der Bundesrepublik Deutschland. Die Entstehung, Entwiclung und Zukunft der koreanischen protestantischen Immigrationsgemeinden in der Bundesrepublik Deutschland seit 1963, Münster.

Johnson, David ed. 1975. Uppsala to Nairobi 1968-1975. New York: The WCC.

Kang, Hyuk. 2022. „Was kann die Kirche für den Frieden tun?" Der Koreakrieg im Jahr 1950: Wahrnehmung, Reaktionen und Debatten in Korea, im ÖRK und im deutschen

Protestantismus unter besonderer Berücksichtigung der Veröffentlichungen in der überregionalen deutschen evangelischen Presse, München.

Keck, Margaret E. and Kathryn Sikkink. 1998. Activists beyond Borders: Advocacy Networks in International Politics. Ithaca, NY: Cornell University Press, 1998.

Lee, Misook. 2014. "South Korea's Democratization Movements of the 1970s and 80s Communicative Interaction in Transnational Ecumenical Networks." International Journal of Korean History 19, no. 2. 241-70.

Moyn, Samuel. 2010. The Last Utopia: Human Rights in History. Cambridge, MA: Harvard University Press.

Moyn, Samuel. 2012. "Substance, Scale, and Salience: The Recent Historiography of Human Rights." Annual Review of Law and Social Science Vol. 8. 123-140.

Nam, Yun Woo. 2018. "German Prostestant Missions in South Korea 1960-70s", 튀빙겐대학교 한국학과 석사논문.

Posner, Eric. 2014. The Twilight of Human Rights Law. New York: Oxford University Press.

Reaction of Christian Leaders to Martial Law and Constitutional Changes, Political affairs and relations : Constitution/ Habib, Philip C., POL 15-5 KOR S, RG 59, NARA(국회 도서관)

Steyerl, Hito. 2012. "The Spam of the Earth: Withdrawal from Representation." E-flux Journal 32.

The Commission of the Churches on International Affairs, 1974. The Churches in International Affairs: Reports 1970-1973. Geneva: WCC.

Todd, George. 1976. "Mission and Justice," International Review of Mission, Vol. 65, No. 259. 259-61.

Turner, Thomas and Lorraine Ryan & Michelle O'Sullivan. 2020. "Does union membership matter? Political participation, attachment to democracy and generational change." European Journal of Industrial Relations Vol. 26. No, 3. 279-295.

Walzer, Michael. 1994. Thick and Thin: Moral Argument at Home and Abroad. Notre Dame: University of Notre Dame Press.

WCC. 1971. The Churches in International Affairs Reports 1970-1973.

Weingartner, Erich. 2013. "Reconciling the Human Factor: Understanding the North Korean Human Rights/Humanitarian Divide." 38 North (May 28). https://www.38north.org/2013/05/eweingartner052713/.

Woo, Milee. 2016. Koreanische Gmeinden in Deutschland. Praktisch-theologische Studien yu Problemen und Chancen, Münster.

3. 문서자료, 자료집

3·1민주구국선언관련자 편. 1998.『새롭게 타오르는 3·1민주구국선언』 사계절.

국사편찬위원회. 2005-2010.『한국민주화운동자료 목록집』1-3. 과천: 국사편찬위원회.

기쁨과희망사목연구소. 1996.『암흑속의 햇불 - 7, 80년대 민주화운동의 증언』제2권. 가톨릭출판사.

김관석목사고희기념문집출판위원회. 1991.『이 땅에 평화를』 서울: 김관석목사고희기념문집출판위원회.

명동천주교회 편. 1984.『韓國가톨릭人權運動史』 명동천주교회.

미 하원 국제관계위원회 국제기구소위원회(김병년 엮음). 2014.『프레이저보고서: 악당들의 시대, 한국현대사와 박정희시대에 대한 가장 완벽한 평가서』 레드북.

미 하원 프레이저 위원회. 1986.『프레이저 보고서』 실천문학사.

민주공화당. 1973.『민주공화당사』

민주주의국민연합. 1978.「민주국민선언」 민주화운동기념사업회 오픈아카이브.

『대한예수교장로회 총회록』

대한예수교 장로회 총회 전도부 산업선교위원회 편. 1981.『교회와 도시산업선교』 서울: 대한예수교장로회총회교육부.

민주주의국민연합발기를위한서명인일동. 1978.「민주주의 국민연합을 발기하면서」 민주화운동기념사업회 오픈아카이브.

민주주의와민족통일을위한국민연합. 1979a.「민주주의는 기본신념·통일은 지상 목표·평화는 절실한 소망」 민주화운동기념사업회 오픈아카이브.

민주주의와민족통일을위한국민연합. 1979b.「성명서(1979.11.12)」 민주화운동기념사업회 오픈아카이브.

민주화운동기념사업회·서울대학교공익인권법센터. 2013.『인권변론자료집. 1970년대)』1~6. 서울: 경인문화사.

민주화운동기념사업회 한국민주주의연구소 엮음. 2008.『한국민주화운동사 1: 제1공화국부터 제3공화국까지』 서울: 돌베개.

민주화운동기념사업회 한국민주주의연구소 엮음. 2009.『한국민주화운동사 2: 유신체제기』 서울: 돌베개.

민주화운동기념사업회 한국민주주의연구소 엮음. 2010.『한국민주화운동사 3: 서울의 봄부터 문민정부 수립까지』 서울: 돌베개.

민청학련운동계승사업회 엮음. 2003.『실록 민청학련 1974년 4월(1권)』 서울: 학민사.

민청학련운동계승사업회 엮음. 2005.『실록 민청학련 1974년 4월(4권)』 서울: 학민사.

민청학련계승사업회 엮음. 2018.『민청학련』 서울: 메디치.

방림방적주식회사진정근로자일동. 1977.「진정서[수신:노동청장님, 방림방적 사장님]」 민주화
　　운동기념사업회 오픈아카이브.

빈민지역운동사 발간위원회 엮음. 2017.『마을공동체운동의 원형을 찾아서』 서울: 한울.

새문안교회대학생회. 1974.「기독학생구국선언」 민주화운동기념사업회 오픈아카이브.

새문안교회대학생회 역사편찬위원회 엮음. 2017.『시대의 햇불, 새문안 대학생회 민주화운동
　　사』 서울: 지식공작소.

서대문민중신학교 역사편찬위원회 편. 2020.『서대문민중신학교의 증언』 서울: 동연.

양승함 외. 2010.『한국대통령 통치사료집: 박정희. 4): 유신체제 형성』 서울: 연세대학교 국가관
　　리연구원.

영등포도시산업선교위원회. 1977.「[영등포 도시산업선교위원회가 구속여성근로자 지원관련
　　교회여성연합회장에게 보낸 편지]」 민주화운동기념사업회 오픈아카이브.

영등포산업선교회 40년사 기획위원회. 1998.『영등포산업선교회 40년사』 서울: 대한예수교장
　　로회 영등포산업선교회.

영등포산업선교회.『영등포산업선교회 1958-2018』 서울: 동연.

예수교장로회청년회. 1977.「제27차대회 선언문」 민주화운동기념사업회 오픈아카이브.

이우회 외. 1980.「1979년 11월 24일 통대에 의한 대통령 선출 저지를 위한 명동 YWCA 위장결
　　혼 불법집회 사건-피고인 17명 1심 최후진술」 민주화운동기념사업회 오픈아카이브.

인천기독교도시산업선교회. 1977.「1977년도 인천기독교도시산업선교회 활동보고서」 민주화
　　운동기념사업회 오픈아카이브.

인천기독교도시산업선교회. 1978.「1978년도 활동보고서」 민주화운동기념사업회 오픈아카이브.

인천도시산업선교회. 1973.「넝쿨크럽일지」 민주화운동기념사업회 오픈아카이브.

인천도시산업선교회. 1975a.「노동자 의식화 훈련」 민주화운동기념사업회 오픈아카이브.

인천도시산업선교회. 1975b.「직장 여성부 활동 보고서」 민주화운동기념사업회 오픈아카이브.

인천도시산업선교회60주년기념사업회. 2021.『인천도시산업선교회 60년사: 1960-2021』 인천:
　　인천도시산언섭교회60주년기념사업회.

장공김재준기념사업회. 1992.『김재준 전집』14. 오산: 한신대출판부.

크리스챤아카데미 사건 대책위원회. 1979.「성명서[크리스챤아카데미 사건에 대한 성명서]」 민
　　주화운동기념사업회 오픈아카이브.

통대선출저지국민대회. 1979.「거국 민주 내각을 위한 성명서」 민주화운동기념사업회 오픈아카이브.

한국가정법률상담소 편집부. 1987.『한국가정법률상담소 삼십년사』 한국가정법률상담소출판부.

『한국감리교회총회 총회록』

한국교회여성연합회. 1972.「제6회 정기총회 보고서-이땅에 정의를」 민주화운동기념사업회 오
　　픈아카이브.

한국교회여성연합회. 1973a.「진정서[박형규목사 내란음모사건관련]」 민주화운동기념사업회

오픈아카이브.

한국교회여성연합회. 1973b. 「한국교회여성연합회가 각 교파여성지도자에 보내는 관광객과 윤락여성문제 관련 세미나 안내문」. 민주화운동기념사업회 오픈아카이브.

한국교회여성연합회. 1973c. 「성명서[매춘관광 사업의 중단과 구속학생들의 석방을 요구한다]」. 민주화운동기념사업회 오픈아카이브.

한국교회여성연합회. 1973d. 「일본관광객과 윤락여성에 관한 성명서와 결의문」. 민주화운동기념사업회 오픈아카이브.

한국교회여성연합회 1973e. 「성명서[매춘관광 사업의 즉각 중지]」. 민주화운동기념사업회 오픈아카이브.

한국교회여성연합회. 1974a. 「한국 정부에 보내는 멧세지[일본교포의 권익관련]」. 민주화운동기념사업회 오픈아카이브.

한국교회여성연합회 1974b. 「오글목사추방에대한 대통령건의문」. 민주화운동기념사업회 오픈아카이브.

한국교회여성연합회. 1977. 「건의문[여성 자원의 활성화를 진정함]」. 민주화운동기념사업회 오픈아카이브.

한국교회여성연합회. 1978. 「청와대 민원처리실장 귀하 진정서[동일방직사태관련]」. 민주화운동기념사업회 오픈아카이브.

한국교회여성연합회. 1979. 「교회의 민주화 -여신학자 협의회 보고서」. 민주화운동기념사업회 오픈아카이브.

한국교회여성연합회 교회와사회위원회. 1977a. 「대통령 각하 건의문」. 민주화운동기념사업회 오픈아카이브.

한국교회여성연합회 교회와사회위원회. 1977b. 「[교회와사회위원회가 방림방적 사장에게 보내는 방림방적의 노동조건 문제관련 편지]」. 민주화운동기념사업회 오픈아카이브.

한국교회여성연합회 인권위원회. 1974. 「담화문」. 민주화운동기념사업회 오픈아카이브.

한국교회여성연합회 한국여성유권자연맹. 1977. 「건의문[남영나이론 여성 근로자들에 대한 폭력사태관련]」. 민주화운동기념사업회 오픈아카이브.

한국교회여성연합회회장및각교단여성회회장. 1974. 「성명서[언론자유]」. 민주화운동기념사업회 오픈아카이브.

한국기독교교회협의회. 1973. 『오늘의 구원: 두 개의 협의회 보고』. 한국기독교교회협의회.

한국기독교교회협의회. 1978. 『산업선교를 왜 문제시하는가』. 한국기독교교회협의회.

한국기독교교회협의회. 1979. 「79년 크리스챤 아카데미사건 관련 성명서 및 호소문」. 민주화운동기념사업회 오픈아카이브.

한국기독교교회협의회. 1984. 『1970년대 노동현장과 증언』. 서울: 풀빛.

한국기독교교회협의회. 2005. 『한국교회 인권운동 30년사』. 한국기독교교회협의회.

한국기독교교회협의회. 2019.『한국기독교사회운동사자료집 제2권~제7권』한국기독교교회협의회
한국기독교교회협의회 신학연구위원회 편. 1982.『민중과 한국신학』 한국신학연구소.
한국기독교교회협의회 인권문제협의회. 1973. 「인권위원회 보고[인권선언문 채택]」 민주화운동기념사업회 오픈아카이브.
한국기독교교회협의회 인권위원회. 1974. 「74년 인권선언문」 민주화운동기념사업회 오픈아카이브.
한국기독교교회협의회 인권위원회. 1974.『인권과 자유: 인권문제협의회보고서』 한국기독교교회협의회.
한국기독교교회협의회 인권위원회. 1975. 「제2회 인권문제협의회-교회와 인권」 민주화운동기념사업회 오픈아카이브.
한국기독교교회협의회 인권위원회. 1994.『한국교회 인권선교 20년사』 한국기독교교회협의회.
한국기독교교회협의회 인권위원회 편. 1987a.『1970년대 민주화운동: 기독교 인권운동을 중심으로』Ⅰ. 서울: 한국기독교교회협의회.
한국기독교교회협의회 인권위원회 편. 1987b.『1970년대 민주화운동: 기독교 인권운동을 중심으로』Ⅱ. 서울: 한국기독교교회협의회.
한국기독교교회협의회 인권위원회 편. 1987c.『1970년대 민주화운동: 기독교 인권운동을 중심으로』Ⅲ. 서울: 한국기독교교회협의회.
한국기독교교회협의회 인권위원회 편. 1987d.『1970년대 민주화운동: 기독교 인권운동을 중심으로』Ⅳ. 서울: 한국기독교교회협의회.
한국기독교사회문제연구원 편. 1981.『민족주의와 기독교』 서울: 민중사.
한국기독교사회문제연구원 편. 1983.『1970년대 민주화운동과 기독교』 한국기독교사회문제연구원.
한국기독교사회문제연구원 편. 1987.『민중의 힘, 민중의 교회』 서울: 민중사.
한국기독교산업문제연구원. 1978.『도시산업화와 교회의 사명』
한국기독교역사학회. 2009.『한국기독교의 역사 Ⅲ: 해방 이후 20세기 말까지』 서울: 한국기독교역사연구소.
『한국기독교장로회 총회록』
『한국기독교장로회 회보』
한국기독교장로회역사편찬위원회. 1992.『한국 기독교 100년사』 한국기독교장로회출판사.
한국기독자교수협의회. 1974. 「1974년도 총회보고서」 민주화운동기념사업회 오픈아카이브.
한국기독청년협의회. 1985. 「기독청년운동의 전개과정: 70년대 이후 교청, 교단청년, E.Y.C 운동을 중심으로」『한국 역사 속의 기독교』 함석헌 외. 한국기독교교회협의회.
한국기독학생총연맹 50주년 기념사업회. 1998.『한국기독학생회총연맹 50년사: 한국기독학생의 사회와 교회를 위한 발자취』 서울: 다락원.
한국기독학생총연맹 학생사회개발단. 1975a.『1975년도 전반기 학생사회개발단 계획』
한국기독학생총연맹 학생사회개발단. 1975b.『학생사회개발단 1975년 5월 활동계획안 및 예산안』

한국기독학생총연맹 학생사회개발단. 1976. 『학사단 활동보고』.

한국기독학생회총연맹 50주년 기념사업회. 1998. 『한국기독학생회총연맹 50년사』. 서울: 다락원.

한국신학대학 민주화운동동지회. 2023. 『서서 죽기를 원한 사람들』. 서울: 대한기독교서회.

한국신학연구소. 1990. 『1980년대 한국민중신학의 전개』. 한국신학연구소.

한신대학술원신학연구소. 2004. 『북미주 인권·민주화·평화통일 운동자료』1. 오산: 한신대학술원.

함석헌 외. 1976. 「민주구국선언」. 민주화운동기념사업회 오픈아카이브.

해직교수협의회 외. 1979. 「나라의 민주화를 위하여」. 민주화운동기념사업회 오픈아카이브.

KSCF. 1973. 「에큐메니칼 운동과 사회정의」. 민주화운동기념사업회 오픈아카이브.

WCC[세계교회협의회]. 1993. 『역대총회 종합보고서』. 이형기 역. 서울: 한국장로교출판사.

Institutions, Projects - Annual Reports, 1950(사료철 AUS293_01_00C0059), Presbyterian Church in the U.S.A. Board of Foreign Missions, Korea Mission Records 1903-1957(사료군 AUS293), 국사편찬위원회 전자사료관.

Institutions, Projects - Annual Reports, 1951(사료철 AUS293_01_00C0060), Presbyterian Church in the U.S.A. Board of Foreign Missions, Korea Mission Records 1903-1957(사료군 AUS293), 국사편찬위원회 전자사료관.

Institutions, Projects - Annual Reports, 1952(사료철 AUS293_01_00C0061), Presbyterian Church in the U.S.A. Board of Foreign Missions, Korea Mission Records 1903-1957(사료군 AUS293), 국사편찬위원회 전자사료관.

Missionary Reports, quarterly and annual, 1949-50(사료철 AUS293_01_00C0103), Presbyterian Church in the U.S.A. Board of Foreign Missions, Korea Mission Records 1903-1957(사료군 AUS293), 국사편찬위원회 전자사료관

Missionary Reports, quarterly and annual, 1951-53(사료철 AUS293_01_00C0104), Presbyterian Church in the U.S.A. Board of Foreign Missions, Korea Mission Records 1903-1957(사료군 AUS293), 국사편찬위원회 전자사료관.

Station Reports to Mission, 1950(사료철 AUS293_01_00C0027), Presbyterian Church in the U.S.A. Board of Foreign Missions, Korea Mission Records 1903-1957(사료군 AUS293), 국사편찬위원회 전자사료관.

4. 디지털아카이브

국립중앙도서관

국사편찬위원회 전자사료관

국회도서관

김대중도서관
네이버뉴스라이브러리
닉슨 대통령도서관
디지털아카이브
미국국립문서기록관리청(NARA)
미의회도서관(Library of Congress)
민주화운동기념사업회 오픈아카이브
세계교회협의회 문서 디지털아카이브(Digital archive of WCC documents)
심원 안병무 아카이브
우드로 윌슨 센터(Woodrow Wilson Center)
장공김재준목사기념사업회 장공자료실
조지워싱턴대학교 국가안보문서관(National Security Archive)
카터 대통령도서관
포드 대통령도서관

찾아보기

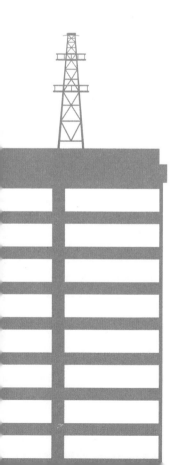

사건, 기관/단체, 기타